Stefan Schorn
Studien zur hellenistischen Biographie und Historiographie

Beiträge zur Altertumskunde

―――

Herausgegeben von Susanne Daub, Michael Erler,
Dorothee Gall, Ludwig Koenen und Clemens Zintzen

Band 345

Stefan Schorn

Studien zur hellenistischen Biographie und Historiographie

DE GRUYTER

ISBN 978-3-11-068518-3
e-ISBN (PDF) 978-3-11-044900-6
e-ISBN (EPUB) 978-3-11-044850-4
ISSN 1616-0452

Library of Congress Cataloging-in-Publication Data
A CIP catalog record for this book has been applied for at the Library of Congress.

Bibliografische Information der Deutschen Nationalbibliothek
Die Deutsche Nationalbibliothek verzeichnet diese Publikation in der Deutschen Nationalbibliografie; detaillierte bibliografische Daten sind im Internet über http://dnb.dnb.de abrufbar.

© 2019 Walter de Gruyter GmbH, Berlin/Boston
Dieser Band ist text- und seitenidentisch mit der 2018 erschienenen gebundenen Ausgabe.
Druck und Bindung: Hubert & Co. GmbH & Co. KG, Göttingen
♾ Gedruckt auf säurefreiem Papier
Printed in Germany

www.degruyter.com

Vorwort

Der vorliegende Band vereinigt meine Einzeluntersuchungen zur hellenistischen Biographie seit 2003 sowie zwei neue Aufsätze. Sie verstehen sich als Beiträge zur Rehabilitierung einer Gruppe von Werken, die man oft pauschal als literarische Spielereien oder antiquarische Materialsammlungen abgetan hat und deren Autoren man den Status von Historikern abgesprochen hat. In einigen Fällen mag eine solche Einschätzung sicher berechtigt sein, doch will ich an dieser Stelle zeigen, daß eine weitaus differenziertere Einschätzung erforderlich ist, will man diesen Werken gerecht werden.

Es handelt sich bei diesem Buch nicht um eine Geschichte der hellenistischen Biographie. Vielmehr widmen sich die hier gebündelten Aufsätze Themen, die meines Erachtens von der Forschung bisher nicht erschöpfend behandelt wurden. Einige Kapitel beschäftigen sich mit einzelnen Autoren, deren Werke, wie die aller hellenistischen Biographen, nur fragmentarisch erhalten sind, und versuchen ihre Arbeitsweise und die spezifischen Charakteristika ihrer Werke zu rekonstruieren. Diese Autoren sind Neanthes von Kyzikos (Kap. 1), Chamaileon von Herakleia (Kap. 2 und 3), Aristoxenos von Tarent (Kap. 4), Phainias von Eresos (Kap. 5) und der sogenannte *Anonymus Diodori* (Kap. 6). Andere sind übergeordneten Fragen gewidmet, die zu klären sind, wenn man die Gattung adäquat einschätzen will: der Rolle von Epitomai in der Überlieferung und ihrem Einfluß auf unser Bild von der hellenistischen Biographie (Kap. 8); dem bio-doxographischen Charakter eines Teils der hellenistischen Philosophenbiographien (Kap. 9); der Berechtigung der Apostrophierung einiger Biographen und Historiographen in unseren Quellen als Peripatetiker (Kap. 7); der Arbeitsweise des Diogenes Laertios, unserer Hauptquelle für Fragmente von Philosophenbiographien, und der Frage nach seinen direkten und indirekten Quellen (Kap. 10); der Entstehung sekundärer Traditionen (Kap. 6). Zwei Aufsätze behandeln die Rolle von Biographie innerhalb der Historiographie im engeren Sinn, der eine ihre Bedeutung in der historiographischen Theorie (Kap. 11), der andere in der historischen Praxis am Beispiel des Pythagoras (Kap. 13). Eine weitere Studie befaßt sich mit sowohl biographischen als auch historiographischen Themen (Kap. 12). Alle diese Aufsätze tragen, so hoffe ich, zu einem neuen und besseren Bild der hellenistischen Biographie bei. Ein abschließendes Kapitel (14) faßt die Ergebnisse zusammen und geht auf dem eingeschlagenen Weg weiter.

Daß dieses Buch auch die Historiographie im Titel trägt, war eine wohlüberlegte Entscheidung und hat mehrere Gründe. Zum einen ist es eine zentrale These dieses Buches, daß die hellenistische Biographie – zumindest in Teilen – als eine Form der Historiographie zu erachten ist. Des weiteren nehmen einige Aufsätze zwar von biographischen Fragestellungen ihren Ausgang, behandeln dann aber ebenso oder sogar primär Themen der Historiographie im engeren Sinn (Kap. 11– 13). Außerdem enthalten die meisten Beiträge zahlreiche Interpretationen von Einzelfragmenten, wobei ein Kennzeichen meiner Herangehensweise an diese Texte ist, daß ich ihren Inhalt, soweit möglich, im Rahmen der Parallelüberlieferung betrachte. Dies dient dazu, die spezifischen Kennzeichen und Tendenzen der interpretierten Fragmente zu erfassen. Sehr häufig handelt es sich bei diesen parallelen Texten um Passagen aus der hellenistischen Historiographie. Daher enthalten diese Erörterungen, wie ich hoffe, auch Beiträge zum Verständnis dieser Werke. Und schließlich können die Ergebnisse der Aufsätze zur Überlieferung der Fragmente, zum Umgang mit Fragmenten allgemein und zur Kreierung historischer Traditionen ebensogut bei der Interpretation von Fragmenten anderer Typen von Historiographie Anwendung finden.

Neben Biographie und Historiographie wird die Geschichte nicht eigens im Titel genannt. Dennoch hätte sie es wohl verdient. Denn die Aufsätze in diesem Band sind sowohl philologischen als auch historischen Charakters. Neben der Überlieferung der Texte und der Arbeitsweise ihrer Autoren steht gerade die Frage nach dem historischen Wert des Berichteten im Zentrum der Untersuchung. Wenn die hellenistischen Biographien die großen Akteure der griechischen Geschichte zum Thema haben, sind sie gelegentlich sogar für die Rekonstruktion den 'großen' Geschichte relevant. Sie sind aber in weitaus größerem Umfang wichtige Quellen für die Kultur-, Geistes- und Ideengeschichte sowie die Lokal- und Identitätsgeschichte der griechischen Städte.

Die Aufsätze erscheinen hier in überarbeiteter Form. Die Sprache der Originalpublikationen wurde beibehalten. Jeder antike Autor und jede übergeordnete Fragestellung, mit denen ich mich im Lauf der Zeit beschäftigte, warfen ein neues Licht auf die zuvor behandelten Themen, weshalb in den älteren Aufsätzen deutlich mehr Veränderungen erforderlich waren als in den späteren. Inhaltliche Veränderungen wurden durch eckige Klammern gekennzeichnet, während formale und stilistische Anpassungen sowie Aktualisierungen von Zitaten antiker und moderner Literatur stillschweigend vorgenommen wurden. Die Seitenzahlen der Originalpublikationen wurden aus praktischen Gründen im Text hinzugefügt.

Zu danken habe ich abschließend zahlreichen Institutionen und Einzelpersonen für Hilfe unterschiedlicher Art. Sofern dies einzelne Aufsätze betrifft, werden sie dort genannt. Zuerst will ich der KU Leuven danken, die mir von 2010 bis 2016 das Forschungsprojekt *Hellenistic Biography: Antiquarian Literature, Gossip or Historiography? Collection of Fragments with Commentaries and Syntheses within the Framework of Die Fragmente der Griechischen Historiker Continued* finanzierte. Es beinhaltete zwei Doktorandenstellen sowie großzügige Sachmittel, die es mir ermöglichten, meine Ideen auf Tagungen zur Diskussion zu stellen und selbst Workshops in Leuven zu veranstalten. Letzteres geschah in Zusammenarbeit mit LECTIO (*Leuven Centre for the Study of the Transmission of Texts and Ideas in Antiquity, the Middle Ages and the Renaissance*). Im Rahmen des von LECTIO ins Leben gerufenen *Laboratory for Critical Text Editing* organisierte ich zusammen mit Kollegen unter anderem Workshops zum Thema *Collecting Fragments in the 21st Century*.

Die Verlage, bei denen die Erstpublikationen erschienen, haben dem überarbeiteten Wiederabdruck zugestimmt. Michael Erler hat im Namen der Herausgeber das Buch in die *Beiträge zur Altertumskunde* aufgenommen und mit stetem Interesse begleitet. Die Mitarbeiter von De Gruyter, Marco Acquafredda und Olena Gainulina, haben es kompetent und mit viel Geduld betreut. Ihnen allen danke ich sehr. Zu danken habe ich schließlich auch Brian Lapsa für die sprachliche Durchsicht der englischen Beiträge und Joes Minis für die Hilfe bei der Redaktion dieses Bandes.

Ganz besonders danke ich am Ende dieser Arbeit meiner Frau Jenny Maennl-Schorn für ihr Verständnis, daß man als Wissenschaftler selten Feierabend hat oder haben will, und für ihre Unterstützung in allen Bereichen des Lebens.

Inhalt

Vorwort —— V

1		'Periegetische Biographie' – 'Historische Biographie': Neanthes von Kyzikos (FGrHist 84) als Biograph —— 1
1.1		Einleitung —— 1
1.2		Werke —— 3
1.3		Analyse der biographischen Fragmente —— 6
1.3.1		Platon —— 6
1.3.2		Pythagoras und Pythagoreer (einschließlich Empedokles) —— 17
1.3.2.1		Empedokles —— 17
1.3.2.2		Biographisches zu den Pythagoreern im Kontext der *Nach Städten geordneten Mythen* —— 22
1.3.2.3		Pythagoras und die Pythagoreer —— 26
1.3.2.4		Fazit zur Behandlung der Pythagoreer —— 29
1.3.3		Weitere biographische Fragmente —— 29
1.3.3.1		Sophokles —— 29
1.3.3.2		Antisthenes —— 31
1.3.3.3		Themistokles (aus den *Hellenika*) —— 33
1.3.3.4		Timon, der Menschenfeind —— 34
1.3.3.5		Xenophanes —— 35
1.3.3.6		Laïs (und ihre Liebhaber) und Epicharm —— 36
1.3.3.7		Periandros —— 37
1.3.3.8		Heraklit —— 38
1.3.3.9		Ibykos und Anakreon (aus den *Jahrbüchern*) —— 39
1.4		Auswertung der Analyse der Fragmente: Neanthes als Autor —— 40
1.5		Anhang 2017: Neanthes der Jüngere (FGrHist 171) als Autor aller Werke unter dem Namen Neanthes? Zu einer Interpretation von Jan P. Stronk —— 45
2		Chamaileonstudien —— 51
2.1		Vorbemerkung —— 51
2.2		Fragment 24 Wehrli = 23 Giordano = 26 Martano (= Ath. 9,389f–390a) —— 53
2.3		Fragment 25 Wehrli = 24 Giordano = 27 Martano (= Ath. 13,600f–601a) —— 55
2.4		Fragment 26 Wehrli = 25 Giordano = 28 Martano (= Ath. 13,599c–d) —— 57

2.5	Fragment 34 Wehrli = 34 Giordano = 37 Martano (= Ath. 10,456c–457a) —— **59**	
2.6	Fragment 36 Wehrli = 36 Giordano = 39 Martano (= Ath. 12,533e–534b) —— **62**	
2.7	Fragment 40a Wehrli = 40a Giordano = 43a Martano (= Ath. 10,428f–429a) —— **66**	
2.8	Fragment 41 Wehrli = 41 Giordano = 44 Martano (= Ath. 1,21e–f) —— **68**	
2.9	Fragment 42 Wehrli = 42 Giordano = 45 Martano (= Ath. 14,628d–e) —— **69**	
2.10	Zusammenfassung: Die 'Methode des Chamaileon' bei Chamaileon —— **70**	
2.11	Anhang zur Abgrenzung der Chamaileonfragmente —— **73**	
2.11.1	Fragment 31 Wehrli = 31 Giordano = 35 Martano (= Ath. 13,573c–574b) —— **73**	
2.11.2	Fragment 33 Wehrli = 33 Giordano = 36 Martano (= Ath. 14,656c–e) —— **74**	
2.11.3	Fragment 41 Wehrli = 41 Giordano = 44 Martano (= Ath. 14,628d–e) —— **75**	
2.11.4	Fragment 42 Wehrli = 42 Giordano = 45 Martano (= Ath. 14,628d–e) —— **76**	
3	**Chaimaileon: Biographie und Schriften Περὶ τοῦ δεῖνα —— 79**	
3.1	Einleitung —— **79**	
3.2	Βίοι und Schriften Περὶ τοῦ δεῖνα —— **82**	
3.3	Der Charakter von Chamaileons Schriften Περὶ τοῦ δεῖνα —— **86**	
3.3.1	Titel und Form —— **87**	
3.3.2	Chamaileons Schriften als Kommentare? —— **87**	
3.3.3	Verwendung von Zeugnissen außerhalb der Werke der Porträtierten —— **91**	
3.3.4	Anordnung des Stoffes —— **93**	
3.3.5	Die sogenannte 'Methode des Chamaileon' —— **94**	
3.3.6	Heranziehen von Paralleltexten —— **94**	
3.3.7	Autopsie als Prinzip —— **94**	
3.3.8	Der biographische Charakter der Fragmente —— **95**	
3.3.9	Fragmente aus den Schriften über die homerischen Epen —— **99**	
3.3.10	Die Περὶ τοῦ δεῖνα-Schriften als Biographien —— **101**	

4	**Aristoxenus' Biographical Method** —— 107	
4.1	Introduction —— 107	
4.2	External Evidence —— 110	
4.2.1	Cicero —— 110	
4.2.2	Jerome and Suetonius —— 111	
4.2.3	Plutarch —— 113	
4.3	Internal Evidence —— 126	
4.3.1	The *Life of Socrates* —— 126	
4.3.2	The *Life of Plato* —— 142	
4.3.3	The *Life of Telestes* —— 144	
4.3.4	The *Life of Pythagoras*, the biographies of Pythagoreans and other works —— 144	
4.4	Conclusion —— 145	
5	**Biography and History in Phaenias of Eresus** —— 149	
5.1	Introduction —— 149	
5.2	*On poets* (Περὶ ποιητῶν) —— 151	
5.2.1	Fragment 38 —— 152	
5.2.2	Fragment 25 —— 154	
5.2.3	Fragment 17 —— 156	
5.3	*On the Socratics* (Περὶ τῶν Σωκρατικῶν) —— 160	
5.3.1	Fragment 36 —— 163	
5.3.2	Fragment 37 —— 165	
5.3.3	Fragment 56b —— 168	
5.4	Fragments on Themistocles, Solon and tyrants —— 169	
5.4.1	Fragment 29 —— 174	
5.4.2	Fragment 34 —— 175	
5.4.3	Fragment 31 —— 177	
5.4.4	Fragment 30 —— 181	
5.4.5	Fragment 32 —— 183	
5.4.6	Fragment 26 —— 186	
5.4.7	Concluding remarks —— 186	
5.5	General conclusion: Phaenias as a biographer and a historian —— 189	
6	**Die Pythagoreer im zehnten Buch der *Bibliothek* Diodors: Quellen, Traditionen – und Manipulationen** —— 193	
6.1	Einleitung —— 193	
6.2	Die Reihenfolge der Fragmente —— 196	

6.3	Lebensdaten und Chronologie des Pythagoras —— 200	
6.4	Der antipythagoreische Aufstand —— 202	
6.5	Archytas —— 206	
6.6	Das Kapitel über pythagoreische Freundschaft —— 207	
6.6.1	Kleinias und Proros —— 207	
6.6.2	Damon und Phintias —— 210	
6.6.3	Die hohe Wertschätzung der Freundschaft —— 217	
6.6.4	Das Geheimnis um den Grund für den pythagoreischen Freundeskult —— 218	
6.6.5	Pherekydes —— 219	
6.6.6	Fazit —— 219	
6.7	Die pythagoreischen Gedächtnisübungen —— 219	
6.8	Die pythagoreischen Übungen in Selbstbeherrschung —— 221	
6.9	Das *Tripartitum* als Quelle —— 223	
6.10	Die Pythagoreer als Vegetarier und die Lehre von der Seelenwanderung —— 227	
6.11	Die Reden des Pythagoras und seine göttliche Verehrung —— 233	
6.12	Pythagoras als der Erfinder des Wortes Philosophie —— 236	
6.13	Ergebnisse und Ausblick —— 237	
6.14	Anhang: Zur Textgestaltung von Diod. 10 F 7 Cohen-Skalli (= 10,5,1 Vogel = Constant. Porph. *Excerpt. de virt. et vit.* Diod. 64, p. 222 Büttner-Wobst – Roos) —— 243	
7	**Wer wurde in der Antike als Peripatetiker bezeichnet? —— 245**	
7.1	Das Problem —— 245	
7.2	Zur Bedeutungsentwicklung von Περιπατητικός —— 247	
7.3	Strabon über Agatharchides —— 253	
7.4	Athenaios über Satyros —— 255	
7.5	Clemens von Alexandreia über Aristobulos —— 259	
7.6	Phlegon über Antisthenes —— 262	
7.7	Sergius über Athenodoros —— 264	
7.8	Hieronymus über Hermippos —— 265	
7.9	Nonius Marcellus —— 270	
7.10	Schlußfolgerungen —— 271	
8	**Epitomai und hellenistische Biographie —— 279**	
8.1	Einleitung —— 279	
8.2	Satyros' Euripidesvita und das Γένος καὶ βίος Εὐριπίδου —— 281	

8.3	Herakleides Lembos als Epitomator hellenistischer Biographien —— **288**	
8.4	Die Rolle anderer Handbücher —— **299**	
9	**Bio-Doxographie in hellenistischer Zeit —— 301**	
9.1	Einleitung —— **301**	
9.2	Doxographische Werke —— **304**	
9.3	Biographien —— **305**	
9.4	Diokles von Magnesia —— **311**	
9.5	Die *Abfolgen der Philosophen* (Διαδοχαὶ τῶν φιλοσόφων) —— **314**	
9.6	Schriften *Über Philosophie* (Περὶ φιλοσοφίας) —— **328**	
9.7	Ergebnis —— **336**	
10	**Jørgen Mejers *Diogenes Laertius and His Hellenistic Background* nach 30 Jahren – einige Überlegungen —— 339**	
10.1	Einleitung —— **339**	
10.2	Die Arbeitsweise des Diogenes Laertios —— **341**	
10.2.1	J. Mejer —— **341**	
10.2.2	Haupt- oder Urquelle mit Ergänzungen: S.N. Mouraviev, D.E. Hahm, M.-O. Goulet-Cazé —— **343**	
10.2.3	Philodems *Index Academicorum* —— **345**	
10.2.4	Agnostizismus hinsichtlich des Direktheitsgrades von Zitaten. Möglichkeiten der Identifizierung von Hinzufügungen: R. Goulet u.a. —— **350**	
10.3	Direkte oder indirekte Verwendung: einige Beispiele —— **355**	
10.3.1	Favorin —— **355**	
10.3.2	Hermippos, Satyros, Sotion, Herakleides Lembos —— **356**	
10.3.2.1	Hermippos —— **356**	
10.3.2.2	Sotion, Satyros und Herakleides Lembos —— **358**	
10.3.3	Antigonos von Karystos —— **361**	
10.3.4	Philodem —— **361**	
10.4	Ausblick: Was noch zu tun ist —— **363**	
11	**Historiographie, Biographie und Enkomion. Theorie der Biographie und Historiographie bei Diodor und Polybios —— 365**	
11.1	Biographie und Historiographie bei Diodor —— **365**	
11.2	Diodor und die Theorie des Enkomions bei Isokrates —— **372**	
11.3	Biographie und Historiographie bei Polybios —— **378**	
11.4	Plutarch und die Theorie des Enkomions —— **384**	

11.5	Der Ursprung der Antithese Enkomion–Historiographie —— 385	
11.6	Schlußbetrachtung —— 390	

12	**Überlegungen zu P. Oxy. LXXI 4808 —— 393**	
12.1	Einleitung —— 393	
12.2	Ein neues Hermippos-Fragment und die Datierung des Kleitarchos —— 394	
12.3	Die Beurteilung des Hieronymos von Kardia —— 398	
12.4	Die historiographische und historische Konzeption des Autors —— 402	
12.5	Die Rolle der Wahrheit und der aktiven Teilnahme des Geschichtsschreibers am historischen Geschehen —— 406	

13	**Pythagoras in the Historical Tradition: from Herodotus to Diodorus Siculus —— 409**	
13.1	Introduction —— 409	
13.2	Herodotus —— 410	
13.3	The fourth and early third centuries —— 415	
13.4	Timaeus —— 417	
13.5	Neanthes of Cyzicus —— 422	
13.6	From Neanthes to Diodorus —— 425	
13.7	Diodorus —— 426	

14	**Die hellenistische Biographie in neuem Licht —— 431**	
14.1	Biographie als Historiographie —— 431	
14.2	Einige spätere Entwicklungen —— 445	
14.3	Methodologische Erkenntnisse —— 448	

Literaturverzeichnis —— 451

Verzeichnis der Erstpublikationen —— 481

Eigennamen —— 483

Stellen —— 491

1 'Periegetische Biographie' – 'Historische Biographie': Neanthes von Kyzikos (FGrHist 84) als Biograph

1.1 Einleitung

Neanthes von Kyzikos, der früheste Autor einer Schrift *Über berühmte Männer* (Περὶ ἐνδόξων ἀνδρῶν),[1] gehört zu denjenigen Biographen, die bisher als Literaten kaum wahrgenommen worden sind. Dies erstaunt, da von ihm einige zum Teil recht umfangreiche biographische Fragmente erhalten sind. Zu den von Felix Jacoby unter Nr. 84 gesammelten Resten seiner Werke kommen einige Kolumnen in Philodems *Academicorum index* mit interessanten Nachrichten aus dem Leben Platons, die bei Jacoby nicht oder nur in unzulänglicher Form zu finden sind. Der Umfang, in dem Philodem aus Neanthes zitiert, wurde von Konrad Gaiser erkannt. Er hat daneben wichtige Beiträge zur Textkonstitution geliefert, die einen enormen Fortschritt gegenüber der alten Ausgabe von Siegfried Mekler bedeuten,[2] die noch Jacoby verwendet hatte.[3] Vielfach sind sie freilich sehr gewagt und nicht mit dem papyrologischen Befund zu vereinen. Und so stellt die nachfolgende Ausgabe von Tiziano Dorandi einen wichtigen Schritt hin zu einer zuverlässigen Textgestaltung dar.[4] Nach Dorandi hat sich Enzo Puglia des *Academicorum index* angenommen, und zwar gerade der Passagen aus Neanthes. Er hat eine neue Lesung der Passage über Platons letzte Lebenstage vorgelegt sowie eine Neubearbeitung der Kolumne, in der vom Verkauf Platons in die Sklaverei berichtet wird.[5] Dem *Academicorum index* ist es auch, wie Walter Burkert herausgestellt hat, zu verdanken, daß Neanthes relativ genau datiert werden kann. Da dort deutlich wird, daß sich Neanthes auf Philipp von Opus und den Kyniker Philiskos von Aigina als seine persönlichen Gewährsmänner für Angaben über Platon beruft, ist erwiesen, daß er schon im 4. Jh. aktiv gewesen ist und nicht erst am Ende des 3. und Anfang des 2. Jh.s, wie man bisher mit Jacoby zumeist angenommen

---

1 Den Titel bezeugt allein St. Byz. κ 209 Billerbeck, s.v. Κραστός = F 13. [Zu diesen Werken siehe nun Engels 2005; Schorn 2014a, 709.]
2 Mekler 1902.
3 Vgl. zum Umfang des Referats aus Neanthes Gaiser 1983a, 54–58; 1988, 80; 107–109; eingehende Kommentierung der Passagen: 407–438.
4 Dorandi 1991, 218–222 (Kommentar).
5 [Puglia 2005; 2006.]

hat.⁶ Philipp wurde wohl | [116] Ende des 5. Jh.s geboren und starb daher kaum viel später als 320.⁷ Hierzu paßt, daß Neanthes in der *Suda* als Schüler des Isokrateers Philiskos von Milet bezeichnet wird, der ca. 405/0 geboren wurde und wohl nicht lange nach 324 gestorben ist.⁸ Wenn er zwischen dem Tod Platons (348/7) und dem Philipps schon erwachsen war, muß er mindestens 350 geboren sein, vielleicht sogar viel früher. Es ist daher möglich, aber nicht ganz sicher, daß er mit dem in einer delphischen Inschrift von ca. 274 geehrten Neanthes aus Kyzikos identisch ist.⁹ Wahrscheinlich ist eine Identifizierung freilich doch, da eine solche Ehrung gut zu entsprechenden Auszeichnungen für umherziehende Historiker paßt, zu denen auch Neanthes zu zählen ist.¹⁰ Man kommt so auf eine Lebenszeit von ca. 360/350 bis mindestens 274.¹¹ Burkert weist auf die Bedeutung hin, die Neanthes' Frühdatierung im Hinblick auf einige Traditionen über Platon besitzt, beläßt es aber ansonsten bei der knappen Bemerkung: „Durch die neue Datierung verschiebt sich manches in dem Beziehungsgeflecht der hellenistischen Quellen."¹², Welch große Bedeutung es hat, daß es sich beim Biographen Neanthes um einen Autor des 4. Jh.s handelt, ist bis heute kaum gewürdigt worden. Diese Erkenntnis führt dazu, daß eine Reihe wichtiger Überlieferungskomplexe neu aufgerollt werden muß und mögliche Abhängigkeiten neu zu bestimmen sind.

---

6 Spätdatierung bei Jacoby zu FGrHist 84 Einleitung (II C, 144–145). Dieser Ansatz findet sich auch in wichtigen Analysen biographischer Traditionen, wie z.B. bei Bidez 1894, 60–67 (zu Empedokles); Frühdatierung durch Burkert 2000, doch hatte man auch schon zuvor den Biographen mit dem älteren Neanthes identifiziert: Laqueur 1935, 2108–2109; Gaiser 1988, 107; nun auch Fuentes González 2005, 587–588. [Zu Stronks Datierung siehe den Anhang, S. 45–49. Baron zu BNJ 84 (Biographical Essay. I. Date) folgt meiner Datierung und Zuweisung der Werke.]
7 Theys 1998a, 252–253; zu spät (* 385–380) setzt ihn Lasserre 1987, 503–505 an.
8 *Suda* ν 114, s.v. Νεάνθης = T 1; zur Datierung vgl. Solmsen 1938, 2384–2385; etwas später setzt seinen Tod Engels 1998b, 364–365 an, allerdings wegen der Schülerschaft, die es freilich zu datieren gilt. [Einen Fehler in der Überlieferung erwägt nun Baron zu BNJ 84 T 1a: Verwechslung von Neanthes' Quelle Philiskos von Aigina mit dem Rhetor aus Milet.]
9 Syll.³ 377 = FD III 1,429 = T 2; Zweifel an der Identität bei Burkert 2000, 79; Identifizierung bei Chaniotis 1988, 297–299; Fuentes González 2005, 588. [Auch Baron zu BNJ 84 T 2 und Stronk zu BNJ 117 (Biographical Essay) sehen im Geehrten den älteren Neanthes.]
10 Den Hinweis auf die Praxis von Ehrungen für umherziehende Historiker verdanke ich Johannes Engels in der Diskussion nach meinem Vortrag; zur entsprechenden Arbeitsweise des Neanthes siehe unten, S. 43–44.
11 [Dem folgt Baron zu BNJ 84 (Biographical Essay. I. Date).]
12 Burkert 2000, 79.

Ich möchte in dieser Studie vor allem versuchen, Neanthes als Autor etwas näher zu kommen, das heißt vor allem seiner Arbeitsweise und dem Charakter seiner Biographien.

Das Problem ist allgemein bekannt: Bei Diogenes Laertios, Athenaios oder sonst einem Quellenautor werden für eine Angabe zwei oder mehr Autoren zitiert, so daß sich die Frage stellt, ob der eine den anderen benutzt oder vielleicht sogar namentlich zitiert hat und ob Diogenes die Quellenangaben, die er in seiner Vorlage gefunden hatte, einfach übernommen hat. Man ist heute zu Recht davon abgekommen, wie selbstverständlich anzunehmen, daß der jeweils jüngste Autor den oder die älteren namentlich zitiert haben muß. In vielen Fällen läßt sich zeigen, daß ein späterer Kompilator im Idealfall identische oder, wie wohl häufig der Fall, nur ähnliche Angaben zu einer Zitatkette vereinigt hat. Für eine Überraschung sorgte in dieser Hinsicht etwa die Entdeckung der *Euripidesvita* des Satyros, die deutlich machte, daß der Biograph zwar in großem Umfang aus den Werken des Tragikers und der zeitgenössischen Komödiendichter zitiert, | [117] seine unmittelbaren Vorlagen aber komplett verschweigt und nicht auf Varianten in der Überlieferung eingeht. Satyros stellt daher im Überlieferungsprozeß, soweit wir sehen, immer eine 'Sackgasse' dar.[13] Die Frage scheint also berechtigt zu sein, ob nicht auch andere Biographen so verfuhren wie Satyros. Um so interessanter scheint es mir daher zu sein, daß wir von Neanthes Fragmente besitzen, die einerseits Hinweise darauf geben, warum und in welcher Weise er sich mit dem Leben von Personen der Vergangenheit und der Gegenwart beschäftigt hat, und die andererseits einen Blick auf seine Arbeits- und Zitierweise ermöglichen.

1.2 Werke

Zunächst ist auf die Frage einzugehen, welche der überlieferten Fragmente dem Biographen zuzuweisen sind und welche einem Homonymen unbekannter Herkunft: Athenaios zitiert an einer Stelle aus der Schrift eines Neanthes mit dem Titel Περὶ Ἄτταλον ἱστορίαι (15,966d = F 4). Ältester in Frage kommende Attalos ist Attalos I. von Pergamon (241–197), so daß der Verfasser dieser Schrift frühestens in die 2. Hälfte des 3. Jh.s oder die 1. Hälfte des 2. Jh.s gehört[14] und nicht mit

---

13 Zu Satyros' Umgang mit seinen Quellen vgl. Schorn 2004, 37–46.
14 So datiert Jacoby zu FGrHist 84 Einleitung (II C, 144).

dem Autor des 4. Jh.s identisch sein kann.[15] Jacoby wies alle historischen Schriften, also auch *Über berühmte Männer*, dem jüngeren Autor zu. Da der Biograph aber sicher in die 2. Hälfte des 4. Jh.s gehört, stellt sich die Frage neu, welche Schriften außerdem vom Biographen stammen. Ziemlich sicher ist dies bei dem mythographischen Werk *Nach Städten geordnete Mythen* (Κατὰ πόλιν μυθικά; F 6–12): Diogenes Laertios zitiert an mehreren Stellen Neanthes für biographische Informationen über Philosophen, darunter Pythagoreer, wobei der Autor der Schrift Περὶ ἐνδόξων ἀνδρῶν gemeint sein muß. Aus der *Pythagorasvita* des Porphyrios ist ersichtlich, daß die Angaben des Neanthes über Pythagoras nicht in der Schrift *Über berühmte Männer* standen, wie man erwarten würde, sondern in *Nach Städten geordnete Mythen*. Will man also nicht einen Biographen Neanthes – den Autor von Περὶ ἐνδόξων ἀνδρῶν – und einen Mythensammler Neanthes annehmen, die beide über die Biographien des Pythagoras und der Pythagoreer geschrieben haben, dann muß man den Biographen mit dem Mythensammler identifizieren.

Auch für die Identifizierung des Biographen mit einem Neanthes, der ein Werk *Über Riten*[16] (Περὶ τελετῶν; F 14–16) verfaßt hat, gibt es gute Gründe: An der einzigen Stelle, an der der Titel *Über berühmte Männer* erscheint, bei | [118] Stephanos von Byzanz, wird Neanthes als Gewährsmann für die Herkunft der Hetäre Laïs aus der sizilischen Stadt Krastos zitiert.[17] Hinzugefügt wird, daß sie der Perieget Polemon hingegen als Korintherin bezeichnet habe. Bei Athenaios wird unter Berufung auf Timaios berichtet, sie habe aus Hykkara in Sizilien gestammt.[18] Polemon habe dem im sechsten Buch seiner Schrift *Gegen Timaios* (Πρὸς Τίμαιον) zugestimmt und erklärt, sie sei als Kriegsgefangene von dort nach Korinth gekommen und in Thessalien getötet worden.[19] Er ergänzt hier offenkundig nur die Darstellung seines Kontrahenten. Schon früher hat man vermutet, daß Polemon gegen die Ansicht des Neanthes polemisiert habe.[20] In der Tat bezeugt Athenaios für Polemon eine *Gegenschrift gegen Neanthes* (Πρὸς Νεάνθην

---

15 Das Problem der Scheidung zweier Personen übersieht Zecchini 1989, 92–94; 165–166 bei seiner Analyse der Quellen des Athenaios. Er weist alle Schriften dem Autor der *Attalosgeschichte* zu. Diese Spätdatierung hat Folgen im Hinblick auf die von ihm angenommenen Abhängigkeitsverhältnisse und Überlieferungswege.
16 [Diese Übersetzung scheint mir nun zutreffender zu sein als *Über Mysterien*.]
17 St. Byz. κ 209 Billerbeck, s.v. Κραστός = F 13.
18 Ath. 13,589a = FGrHist 566 F 24a.
19 Ath. 13,588c; 589a–b = Polem. Hist. F 44 Preller. Daß sie nach Korinth kam, berichtete wohl auch Timaios, so daß sich Polemons Ergänzung auf die Todesgeschichte beschränkte; vgl. Jacoby zu FGrHist 566 F 23–24.
20 Göller 1818, 167; Jacoby zu F 13.

ἀντιγραψαί), in der er sich gegen die Historizität eines Berichtes im zweiten Buch von Neanthes Schrift *Über Riten* wendet.[21] [Es ist eine plausible Vermutung, daß Polemon in dieser Schrift auch an Neanthes' Darstellung der Herkunft der Laïs Kritik übte. Trifft dies zu, hat] Polemon also offenkundig sowohl in der Schrift *Gegen Timaios* – zustimmend und ergänzend – als auch in der *Gegenschrift gegen Neanthes* – kritisierend und verbessernd – zu den Lebensumständen der Laïs Stellung bezogen.[22] Da es sich bei Neanthes, der sich über die Herkunft der Laïs äußert, um den Biographen handelt, Polemon aber [aller Wahrscheinlichkeit nach] nur gegen eine Person dieses Namens geschrieben hat, ist dieser mit dem Autor der Schrift *Über Riten* zu identifizieren. [Aber auch wenn man davon ausgeht, daß sich Polemon nur in der Schrift gegen Timaios mit der Herkunft der Hetäre befaßte, macht es die Stephanosstelle wahrscheinlich, daß Polemik gegen Neanthes vorliegt. Auch dann ist es unwahrscheinlich, daß sich der Perieget mit zwei Autoren dieses Namens auseinandersetzte. Zur Identifizierung paßt zudem, daß die Themen der Fragmente aus *Über Riten* die Interessen unseres Autor widerspiegeln; zu F 16 siehe unten, S. 46–47.]

Es bleiben die *Hellenika* (F 1–3) und die *Jahrbücher* (Ὧροι; F 5). Erstere zitiert Athenaios dreimal und Plutarch einmal, letztere Athenaios einmal. Da für die *Hellenika* ein ausgesprochenes Interesse an der Biographie des Themistokles erkennbar ist und das einzige Fragment aus den *Jahrbüchern* über Erfindungen des Ibykos und Anakreon berichtet, dürften sie dem Biographen zuzuweisen sein.

Die *Suda* nennt keine Werke des älteren Neanthes, während im *Violarium* der Ps.-Eudokia, die sonst die *Suda* ausschreibt, hinzugefügt ist: Ἔγραψε Περὶ κακοζηλίας ῥητορικῆς καὶ λόγους πολλοὺς πανηγυρικούς.[23] Hier muß ein Irrtum oder eine bewußte Fälschung des Autors der Kompilation vorliegen, der jedenfalls kein eigenständiger Quellenwert zukommt.[24] | [119]

---

21 Ath. 13,602f = T 3; F 16.
22 Die Kritik an Neanthes scheint bei Stephanos verzerrt wiedergegeben zu sein. Der Gegensatz ist nicht Herkunft aus Krastos *versus* Herkunft aus Korinth. Neanthes hat offenkundig berichtet, sie stamme aus Krastos und habe in Korinth 'gewirkt', was alle Welt wußte und von wo sich ihr Ruf verbreitete. Polemon erklärte, sie stamme aus Hykkara und sei erst später nach Korinth übergesiedelt, was zu der Angabe verkürzt wurde, sie stamme aus Korinth.
23 [Eudoc.] *Viol.* 712 p. 510 Flach = T 1b.
24 Pulch 1880, 86–87 meint, hier sei Material aus dem Lemma κ 231, s.v. Καλλίνικος angefügt worden; vgl. auch Jacoby zu T 1, der allerdings irreführend ist, wenn er den Zusatz von Ps.-Eudokia als T 1b unter die Neanthesfragmente aufnimmt. Zu 'Eudokia' vgl. zuletzt Kindstrand 2000 [und siehe unten den Anhang, S. 45–46].

Für den jüngeren Neanthes bleibt also wohl nur die *Attalosgeschichte*.[25] [...]. [Der jüngste Versuch von Jan P. Stronk, wieder alle namentlich bekannten Werke für den jüngeren Neanthes zu reklamieren, überzeugt nicht (s. dazu S. 45–49).[26]]

1.3 Analyse der biographischen Fragmente

1.3.1 Platon

Einen ersten und entscheidenden Zugang zur Arbeitsweise des Neanthes liefern uns die Fragmente, die Philodem in seinem *Academicorum index* erhalten hat.[27] Allein durch sie wird deutlich, daß Neanthes sein Wissen über Platon nicht etwa eigener Interpretation der Werke Platons mittels der 'Methode des Chamaileon'[28] oder früheren Viten des Philosophen verdankt, sondern daß er Zeitzeugen über den inzwischen Verstorbenen befragt hat. Er tat dies, obschon es zu seiner Zeit sicher schon biographische Schriften über den Philosophen gab: eine Schrift des Speusippos mit dem Titel *Leichenmahl für Platon* oder *Enkomion auf Platon*,[29] die

---

25 So zuletzt auch Fuentes González 2005, 589–590 ohne eingehende Argumentation. [In der Originalfassung dieses Beitrags erwog ich, daß es vielleicht sogar nur einen einzigen Autor des Namens Neanthes gegeben habe und die Erwähnung des jüngeren Neanthes auf einem Überlieferungsfehler beruhen könnte. Dies hat Stronk zu BNJ 171 (Bibliographical Essay) zu Recht kritisiert.]
26 [Stronk, Biographical Essay zu BNJ 171.]
27 Nur zwei dieser Fragmente finden sich bei Jacoby in unzureichender Weise ediert (F 21b; 23 [in BNJ werden jetzt die neueren Editionen für die Textausgabe verwendet]). Ausgabe des Gesamtpapyrus: Dorandi 1991. Neanthes wird zitiert: *Ind. Acad.*, P. Herc. 1021, col. II 38–V 19 p. 133–134 Dorandi; Verbesserungen in der Textkonstitution der Neanthesexzerpte: Puglia 2005; 2006; das *additamentum II in marg. infer.* zum Text Philodems findet sich vollständig nur bei Gaiser 1988, 180; wieder abgedruckt bei Isnardi Parente 1995, 249 (F 149a); vgl. Dorandi 1991, 222.
28 [Dazu siehe Schorn 2008 und 2007/2010 = Kap. 2 und 3 in diesem Band sowie Schorn 2014a, 682–684.]
29 FGrHist 1009 F 1–3; F 1–2 Tarán; F 147–153 Isnardi Parente mit Isnardi Parente 1982a, 357–359 (F 149a); Isnardi Parente 1995, 265 (F 149a). Daß die beiden Titel dieselbe Schrift meinen, scheint mir erwiesen zu sein; vgl. Isnardi Parente 1980, 215–216; Tarán 1981, 230–233; Schefer 1996, 268–275; Theys 1998b, 223–224.

wohl kurz nach Platons Tod entstand,[30] und vielleicht schon die Werke *Über Platon* von Philipp von Opus[31] und von Platons Schüler Hermodoros | [120] von Syrakus,[32] Xenokrates' *Über das Leben Platons,*[33] Phainias' Schrift *Über die Sokratiker*[34] sowie Erasts' und Asklepiades' *Apomnemoneumata*.[35] Neanthes' Gewährsmänner waren Philipp von Opus, der ihm persönlich von den letzten Tagen und Tod Platons berichtet hat,[36] und der Kyniker und Diogenesschüler Philiskos von Aigina, von dem er Informationen über Platons Namen und dessen Verkauf in die Sklaverei auf Aigina erhalten hat.[37] Philipp muß er in Athen getroffen haben, vielleicht auch Philiskos, der sich zumindest zeitweise dort aufgehalten hat, aber irgendwann zwischen 349 und 342 Elementarlehrer Alexanders des Großen gewesen ist.[38] Der eigentliche Bericht vom Tod Platons nach Neanthes ist verloren. Philodem erklärt allerdings, daß er dem des Speusippos (im *Enkomion*) widersprochen habe, der berichtet hatte, Platon sei im Schlaf gestorben.[39] Dies galt in der Antike als besonders sanfter Tod, den Lieblinge der Götter sterben.[40] Der erhaltene Teil des Berichts, den Neanthes Philipp verdankt, überliefert den Besuch eines

---

30 Zur Datierung Schefer 1996, 275.
31 FGrHist 1011 T 2 = T 1 Lasserre; Bei FGrHist 1011 F 1 = F 14a Lasserre kann von einer Zuweisung an diese Schrift nicht die Rede sein, da es sich um das Neanthesfragment handelt, dessen Informationen dieser einem persönlichen Gespräch mit Philipp verdankt. Ob Philipp dies auch in der Schrift *Über Platon* berichtet hat, muß völlig offenbleiben. Grundlos ist die Annahme von Lasserre 1987, 604–605, hier werde als mündliche Tradition präsentiert, was in Wirklichkeit dem Werk *Über Platon* entstammt. Theys 1998a, 256 erwägt diese Möglichkeit, wenngleich sie in Anm. 35 die Interpretation von Lasserre als nicht zwingend bezeichnet.
32 FGrHist 1008 F 1–2 = Hermod. F 4; 7–8 Isnardi Parente.
33 FGrHist 1010 F 1 = Xenocr. F 264–266 Isnardi Parente.
34 FGrHist 1012 F 11–12 = F 36–37 Engels (RUSCH) = F 30–31 Wehrli.
35 Erast. F 1 Lasserre; Asclep. F 1 Lasserre.
36 [Φίλιππος ὁ φ]ι[λό]σ[οφος ἀσ]τρολόγος [τ' ἐ]ξηγεῖτ' αὐτῶι γεγονὼς ἀναγραφεὺς τοῦ Πλάτωνος καὶ ἀκουστής, Phld. *Ind. Acad.*, P. Herc. 1021, col. III 35–39 p. 133–134 Dorandi; es ist unbestritten, daß hier von Philipp die Rede ist; vgl. zuletzt Theys 1998b, 232 Anm. 112; Puglia 2005, 123; auch findet die Annahme von Lasserre 1987, 219–220, nach der Philodem hier nicht aus Neanthes, sondern aus Hermodoros zitiert, keine Anhänger mehr; vgl. Gaiser 1988, 108–109; 428–429; Dorandi 1991, 37; Theys 1998a, 256; Puglia 2005, 123 mit Anm. 8.
37 Νεάνθης δὲ Φιλ[ί]σκου φησὶν ἀκηκοέναι το[ῦ] Α[ἰ]γινήτου, Phld. *Ind. Acad.*, P. Herc. 1021, col. II 38–40 p. 133 Dorandi.
38 Zu den Lebensumständen und zur Chronologie vgl. Schorn 2004, 161 Anm. 62.
39 Phld. *Ind. Acad.*, P. Herc. 1021, *additamentum II ad col. 5 in marg. infer.* p. 180 Gaiser; nicht vollständig abgedruckt bei Dorandi 1991, doch vgl. dort, S. 222. [Überblick über die Traditionen vom Tod Platons in Erler 2007, 56–58.]
40 Riginos 1976, 195–196; Schefer 1996, 279; Theys 1998b, 233; Bollansée 1999a, 496 mit Anm. 196.

Chaldäers bei Platon:[41] Einige Tage nach dessen Ankunft habe Platon Fieber bekommen. Der Chaldäer habe unter Begleitung einer thrakischen Flötenspielerin ein Lied aus seiner Heimat angestimmt, wobei er mit dem Finger wie ein Dirigent den Takt angegeben habe. Daraufhin habe Platon wie von Sinnen geschrien und Fragen gestellt (die im Exzerpt Philodems nicht näher spezifiziert werden). Der Chaldäer habe der Situation die Brisanz genommen, indem er Verse eines (uns unbekannten) Tragödiendichters über die fehlende Musikalität der Barbaren zitiert habe. | [121] Über diese Bemerkung habe sich Platon sehr gefreut, er habe den Chaldäer bewundert und sei ruhig gewesen. Nachdem Platon – in derselben Nacht oder später? – zur Unzeit in der Nacht erwacht sei, habe er einen weiteren Fieberstoß erlitten. Er habe sich beklagt (κω]κύογ[τος) – und hier bricht der Text ab. Ich will nicht näher darauf eingehen, ob diese Darstellung historisch zutreffend ist. Bemerkenswert ist in jedem Fall, daß schon die engsten Mitarbeiter Platons unterschiedliche Erzählungen von seinem Tod verbreiteten, Speusippos eine verklärende, dem 'apollinischen Charakter' des Philosophen entsprechende, Philipp eine Fassung, die Platon als 'normalen Menschen' erscheinen läßt: er braust auf, beruhigt sich wieder, freut sich, regeneriert sich kurzfristig, klagt und erliegt schließlich, wie es scheint, einem unspektakulären Fieberleiden. Platon wird durchaus mit Sympathie geschildert und erweckt das Mitleid des Lesers, ist aber ohne erkennbare Stilisierung zum θεῖος ἀνήρ. Und genau dies ist ein Charakteristikum, das auch andere Zeugnisse des Neanthes über Platon kennzeichnet. Auch dort scheint der Autor eine idealisierende Stilisierung nach Art des Speusippos korrigieren zu wollen, so bei der auf den ersten Blick nebensächlich erscheinenden Angabe, Platon sei mit 84 Jahren gestorben, die durch Diogenes Laertios vermittelt ist:[42] Denn mit guten Gründen hat man häufig angenommen, daß die Überlieferung, Platon sei im Alter von 81 Jahren gestorben, in Speusippos' *Platonenkomion* zu finden gewesen sei, das den apollinischen Charakter des

---

41 Das Resümee des Inhalts im folgenden nach der neuen Textkonstitution von Puglia 2005: Phld. *Ind. Acad.*, P. Herc. 1021 col. III 39–V 19 (Fragment nicht bei Jacoby, [aber BNJ 84 F 21b]): Γεγηρακὼς ἤδη Πλάτων ξέν[ον] ὑπεδέξ[ατ]ο Χαλδα[ῖο]ν, ε[ἶθ᾽ ἡμέρας] τινὰς ἐπύρεξε[ν. Ἐκεῖ]ν[ο]ς δ᾽ ὑπὸ Θράιττης ἐγγε[νὲς] μέλος ἦρ<μ>οττε δακτύλ[ωι] ἐνδιδοὺ[ς] ῥυθμόν. Αὐτόθι δ᾽ ὡς πα[ρα]φρονο[ῦ]ντα φωνεῖν τὸν Πλάτωνα καὶ ἐπερωτῆσαι. Τοῦ δ᾽ εἰπόντος· ἐννοεῖς ὡς πάντηι τὸ βάρβαρον ἀμα[θ]ές· ἅτε γε „παράρυθμον οὖ[ς γ]ῇ βάρβαρος φέρουσα" τ[ὰς χ]εῖρας ἀδυνατεῖ μα[θεῖν], ἡσθῆναι μεγάλως καὶ ἐν ε[ὐ]δίαι μεγάληι τὸν ἄνδρα [θαυ]μ[ά]ζειν ἐπ[εὶ κ]αὶ ταῦτ᾽ ἐπὶ νοῦν ἥρχετ᾽ [α]ὐτῶι. Καὶ [π]ροάγει· διαθερμαγθέτος δὲ [μ]ᾶλλον ἔκ τ[ι]νος ἐγέρσεως νύκτωρ ἀ[κ]αιρότερον [γε]νομέν[ης], ἔπειτα κω]κύογ[τος ....
42 Diog. Laert. 3,3 = F 20.

Philosophen hervorgehoben hat.[43] Den apollinischen Charakter dieser Zahl (9^2) heben die anonymen *Prolegomena zu Platon* hervor, und er wird auch schon von Seneca vorausgesetzt.[44] Schon der Platonschüler Hermodoros muß von diesem Alter ausgegangen sein, da er Platon beim Tod des Sokrates 28 Jahre sein läßt.[45] Später sollte sich Apollodor diesem Ansatz anschließen.[46] Neanthes' Angabe des Lebensalters mit 84 Jahren ist singulär, und | [122] man hat häufig eine Verschreibung für 82 angenommen, was auch anderswo als Lebensalter Platons erscheint.[47] Wie dem auch sei, Neanthes widerspricht dem Ansatz, der von akademischer Seite vertreten wurde und durch den man mit Hilfe einer zahlenmystischen Ausdeutung versuchte, die Göttlichkeit Platons zu untermauern. Neanthes hat also auch hier offenkundig die Richtigkeit der elogischen bzw. 'offiziellen' akademischen Darstellung hinterfragt und die Angabe korrigiert. Da seine Quelle unbekannt ist und wir nicht wissen, ob er vielleicht eine platonfeindliche Tradition aufgegriffen hat, muß offenbleiben, welche Angabe über Platons Lebensalter zutreffend ist.

---

43 So z.B. Isnardi Parente 1980, 384–387; Schefer 1996, 268–289, v.a. 276–278 zum Lebensalter; Schefer 2001, v.a. 154–168; auch Dörrie – Baltes 1990, 418–422, v.a. 421, vermuten dieses Alter in der Darstellung des Speusippos; zurückhaltend Theys 1998b, 229, die in Anm. 83 weitere Vertreter der Ansicht aufführt, die eine Lebenszeit Platons von 81 Jahren in der Darstellung des Speusippos annehmen; nicht überzeugend sind Versuche zu erweisen, daß Speusippos in dieser Schrift den apollonischen Charakter Platons abgelehnt habe; in diesem Sinne Riginos 1976, 9–13; 25–27 (zur Bedeutung der Zahl); Tarán 1981, 228–229; dagegen Theys 1998b, 228–229. Die Vaterschaft Apollons findet sich schon im 4. Jh. außerhalb des Peripatos, wie ein Zitat aus einem Werk des Aristandros, des Sehers Alexanders des Großen, zeigt. Nach Origines, der das Zitat überliefert (*Cels.* 6,8), berichteten mehrere Platoniker in ihren Platonbiographien davon; vgl. Theys 1998b, 227.
44 *Proleg. in Plat. phil.* 6,1–11 Westerink = Baustein 60.4 Dörrie – Baltes; Sen. *Epist.* 58,31 = Baustein 60.3 Dörrie – Baltes.
45 FGrHist 1008 F 1b = Hermod. F 4–5 Isnardi Parente; vgl. Bollansée 1998, 204; gerechnet wird hier nach natürlichen Jahren, nicht nach attischen; vgl. Jacoby 1902, 305–306.
46 FGrHist 244 F 37 = Diog. Laert. 3,2. Die chronographische Angabe gehört Apollodor, nicht Hermippos; richtig z.B. Hermipp., FGrHist 1026 F 70 mit Bollansée 1999a, 499–501; noch falsch Hermipp. F 41 Wehrli; Baustein 60.1 Dörrie – Baltes. Umfassend zu den chronologischen Ansätzen von Platons Leben Jacoby 1902, 304–312; Kühhas 1947, 25–34.
47 πδ = 84, wobei δ = δύο; so Jacoby 1902, 306–307 und bei den Fragmenten des Neanthes im Text (F 20); anders Diels: πδ = Verschreibung für πα, doch vgl. die Bemerkungen Jacobys, a.a.O.; den überlieferten Text hat nun auch die neue Ausgabe des Diogenes Laertios von Marcovich 1990 [und nun auch Dorandi 2013a]; vgl. auch Kühhas 1947, 30–32; Dörrie – Baltes 1990, 419 mit Anm. 3–4.

Eine solche, Platon gegenüber nicht von vorneherein positiv eingestellte Tradition liegt bei den Berichten vor, die Neanthes beim Kynikers Philiskos von Aigina über Platon gehört hat. Laut Philiskos erhielt Platon seinen Namen von seinen Verwandten aufgrund seiner breiten Stirn.[48] Seit Alexandros Polyhistor ist die Tradition bezeugt, er habe zuerst nach seinem Großvater Aristokles geheißen, sei aber von seinem Turnlehrer wegen seiner kräftigen Konstitution in Platon, verstanden als 'der Stämmige', umbenannt worden.[49] Andere führen die Umbenennung auf die Breite seines Stils zurück.[50] Von einer Umbenennung weiß Neanthes offenkundig noch nichts, und seine Erzählung ist die am wenigsten fiktiv ausgestaltete, wie Gaiser zu Recht betont.[51] Daß 'Platon' der ursprüngliche Name des Philosophen war und nicht ein Spitzname, zeigen die Selbsterwähnungen in den Dialogen.[52] Ob die Legende von der Umbenennung schon zur Zeit des Neanthes existierte, wissen wir nicht. Die Tatsache, daß schon Timon von Phleius den Namen für ein Wortspiel nutzte, weist auf eine frühe Entstehungszeit solcher Spekulationen hin.[53] Immerhin läßt Neanthes' Erzählung zu, daß Platon zunächst anders (Aristokles?) hätte heißen sollen.[54] Denn hier geben die Verwandten, nicht wie üblich der Vater den Namen.[55] Die breite Stirn war daher vielleicht der Anlaß, daß diese den Vater umgestimmt haben. Es liegt hier eine der vielen Geschichten vor, die erklären sollen, warum eine Person einen bestimmten Namen trug. Instruktiv ist hierbei der Vergleich mit Pythagoras, der seinen Namen erhalten haben soll, da ihn Pythias angekündigt | [123] habe. (Ps.-)Epimenides, Eudoxos und der Akademiker Xenokrates gehen sogar so weit, Apollon zu seinem Vater zu machen.[56] Man sieht hier die analoge Konstruktion zu Platon, der nach Speusippos' *Enkomion* ebenfalls ein Sohn Apollons war.[57] Neanthes' Angabe ist auch hier wieder ernüchternd: bei Platon war es ein auffallendes, vielleicht sogar unschönes

---

48 Phld. *Ind. Acad.*, P. Herc. 1021, col. II 40–43 p. 133 Dorandi = F 21b (mit unzureichendem Text); die Angabe überliefert auch Diog. Laert. 3,4 unter Berufung auf Neanthes = F 21a.
49 FGrHist 273 F 88 = F 4 Giannattasio Andria.
50 Diog. Laert. 3,4; zu den Traditionen und zu weiteren Belegen vgl. Notopoulos 1939; Riginos 1976, 35–38; Gaiser 1988, 408–409; Giannattasio Andria 1989, 123–124.
51 Gaiser 1988, 409.
52 *Ap.* 34a; 38b; *Phd.* 59b; vgl. dazu Notopoulos 1939.
53 F 19 Di Marco.
54 Dies erkennt Gaiser 1988, 409.
55 Zum Prozeß der Namensgebung vgl. Notopoulos 1939, 141.
56 Iamb. *VP* 7 = Epimenid., FGrHist 457 F 16 = Eudox. F 324 Lasserre = Xenocr. F 221 Isnardi Parente.
57 Vgl. Isnardi Parente 1982b, 221: Platon nach Pythagoras stilisiert; vgl. Lasserre 1966, 264; zurückhaltend hinsichtlich der Priorität der Pythagoras- bzw. der Platonlegende Riginos 1976, 13–14; Theys 1998b, 230. Beide erscheinen in jedem Fall gleichzeitig bei der ersten Generation der

körperliches Merkmal, das ausschlaggebend für die Namensgebung war. Auch diese Angabe unterstreicht also die 'Normalität' des Philosophen.

Neanthes' Bericht über den Namen Platons ist in einer weiteren Hinsicht aufschlußreich. Denn die Geschichte setzt [wahrscheinlich] voraus, daß Platon auf Aigina geboren wurde, eine Tradition, die auch von Diogenes Laertios bezeugt wird.[58] Neanthes hat also, wie es scheint, beim Aigineten Philiskos eine lokale Tradition gefunden, ähnlich der unmittelbar sich anschließenden vom Verkauf Platons in die Sklaverei auf Aigina, für die er denselben Gewährsmann anführt. Ob diese Berichte zutreffen, ist schwer auszumachen. Denn dem Kyniker ist zuzutrauen, daß er das etwas spöttische Aition für Platons Namen erfunden und als Lokaltradition ausgegeben hat. Auch daß die Geburt in Aigina eine athenfeindliche Propagada der ewigen Rivalin Aigina dargestellt habe, ist vermutet worden. Die Aufnahme einer solchen regionalen Variante paßt jedenfalls sehr gut zu Neanthes' Arbeitsweise und Interessenspektrum, wie sie auch in den im folgenden zu besprechenden Fragmenten deutlich werden.[59]

Kommen wir zum Bericht des Philiskos über den Verkauf Platons in die Sklaverei auf Aigina.[60] [Der Text ist nicht in allen Details deutlich, wenngleich Dorandi, Puglia und Luppe in den letzten Jahren zu seinem Verständnis beigetragen haben.[61]] So viel scheint mir sicher zu sein: Platon wird auf Aigina von Spartanern zusammen mit anderen Athenern verkauft, ohne als der berühmte | [124] Philosoph erkannt zu werden. Es ist von Furcht Platons die Rede, davon, daß er sich seinem Käufer offenbarte und ihm χάρις πολλή, also wohl materiell: reichen

---

Schüler Platons, so daß anzunehmen ist, daß in der Akademie bewußt die Parallelität der beiden Gestalten propagiert wurde.
58 Gaiser 1988, 408. Geburt auf Aigina: Diog. Laert. 3,3: die dort für die Spezifizierung „im Haus des Pheidiades des Sohnes des Thales" angeführte Quelle Favorin (F 32 Mensching = 64 Barigazzi = 69 Amato) geht ebenso von dieser Lokalisierung aus; Anonym. *Proleg. Plat. phil.* 2,10–13 Westerink; *Suda*, π 1707, s.v. Πλάτων; vgl. Riginos 1976, 33–34; [zu den Traditionen siehe Erler 2007, 43–44].
59 Mensching 1963, 119 Anm. 39 vermutet, das Geburtshaus Platons auf Aigina könne später eine Touristenattraktion gewesen sein. Dies würde zu den weiteren Zeugnissen über die biographischen Notizen des Neanthes passen, die gerne von solchen Sehenswürdigkeiten ihren Ausgang nehmen. Kühhas 1947, 35 weist darauf hin, daß die Nachricht von der Geburt auf Aigina nur bei Diogenes Laertios erscheint und deshalb offenkundig wenig verbreitet war; dies paßt ebenso zu einer aiginetischen Lokaltradition; Riginos 1976, 33–34 erwägt eine athenfeindliche Tradition. Mensching 1963, 119 Anm. 40 sieht eine Polemik; unklar ist dabei, ob gegen Athen oder gegen Platon.
60 Phld. *Ind. Acad.*, P. Herc. 1021, col. II 43–III 15 p. 133 Dorandi.
61 [Neben der Edition und dem Kommentar Dorandis siehe Puglia 2006; Luppe 2008.]

Lohn, versprach, falls er ihn rette. [Wenn eine neue Ergänzung Puglias das Richtige trifft, erkannte ihn daraufhin der Käufer an seiner breiten Stirn als Platon.⁶²] Bei der Lektüre denkt man unwillkürlich an die Berichte vom Verkauf des Kynikers Diogenes in die Sklaverei, und es hat den Anschein, als seien die beiden Geschichten antithetische Pendants:⁶³ dort der Kyniker, der sich trotz äußerer Knechtschaft innere Freiheit bewahrt, mit seiner Situation zufrieden ist und als Sklave sein positives Wirken entfaltet, hier der ängstliche, reiche Platon, der sich nach Freiheit sehnt. [Der Zusammenhang mit Platons breiter Stirn bringt ein komisches Element in die Geschichte, einen leichten Spott über den Philosophen, der aber offensichtlich nicht bösartig war.]

Zu diesen Zeugnissen über Platon kommt ein weiteres, das Diogenes Laertios überliefert:⁶⁴ Als Platon in Olympia gewesen sei, hätten sich alle Griechen nach ihm umgedreht. Er sei damals auch mit Dion zusammengetroffen, der im Begriff gewesen sei, gegen Dionysios zu ziehen. Dies muß sich bei den Olympischen Spielen des Jahres 360 ereignet haben.⁶⁵ Neanthes' Quelle für diese Information wird leider nicht genannt. Es ist nicht notwendig, diese mit Burkert im 7. platonischen Brief zu sehen, der ebenfalls von diesem Treffen berichtet.⁶⁶ Dort findet sich nichts von der Bewunderung der Anwesenden für Platon. Es ist wahrscheinlicher, daß sowohl der 7. Brief, sei er nun echt oder kurz nach Platons Tod entstanden, als auch Neanthes deshalb übereinstimmen, da beide authentische Informationen über Platons Aufenthalt in Olympia überliefern. Als Quelle des Neanthes kann man daher wohl auch hier an einen Akademiker wie Philipp oder sonst einen Platon wohlgesonnenen Zeitgenossen denken, der bei den Ereignissen zugegen gewesen ist.⁶⁷

---

62 [Dies eine neue Interpretation von Puglia 2006, 182, der Luppe 2008, 162 zustimmt und die er weiter ausbaut.]
63 Die Frage der Priorität soll hier nicht erörtert werden. Die Zeugnisse für den Verkauf des Diogenes sind gesammelt als SSR V B 70–80. Zu den Traditionen über den Verkauf des Diogenes in die Sklaverei vgl. Giannantoni 1990, IV 453–460 (mit weiterer Literatur); zu den Traditionen über den Verkauf Platons vgl. Gaiser 1983b [und Puglia 2006. Dillon 2012, 285–288 meint, auch Aristoxenos habe davon berichtet. Dies muß aber unsicher bleiben, und wenn dem so war, wissen wir nicht, in welcher Form dies geschah].
64 Diog. Laert. 3,25 = F 22.
65 Burkert 2000, 80.
66 Plat. *Ep.* 7,350c–d; vgl. Burkert 2000, 80
67 Bemerkenswert ist, daß bei Philodem unmittelbar vor dem sicher auf Neanthes zurückgehenden Exzerpt von Platons Zusammentreffen mit Dion in Olympia die Rede ist (Phld. *Ind. Acad.*, P. Herc. 1021, col. Z 7ff. p. 132 Dorandi. Philodem erklärt zuvor (Phld. *Ind. Acad.*, P. Herc. 1021, col. X 2–5 p. 130 Dorandi, er werde die Begebenheiten aus dem Leben Platons, die im Zusammenhang mit Sizilien stehen, auf der Basis verschiedener Quellen berichten; dazu vgl. Gaiser 1988,

In einem anderen Kontext hat Neanthes eine platonfeindliche Tradition erhalten. Unter den Fragmenten, die sich mit der Biographie des Pythagoras und der Geschichte der Pythagoreer beschäftigen, finden wir die bekannte Erzählung von Myllias und Timycha, für die sich Porphyrios und Iamblich auf Hippobotos und Neanthes berufen[68] und die zeigen soll, daß Pythagoreer keine Freundschaft mit Außenstehenden schlossen:[69] Der Tyrann Dionysios (I. | [125] oder II.) habe Soldaten entsandt, die einer Gruppe von Pythagoreern auflauern sollten, welche wie in jedem Jahr mit Änderung der Jahreszeit von Tarent nach Metapontion zogen, und die diese zu ihm bringen sollten. Die Soldaten seien aus einem Hinterhalt über die Ahnungslosen hergefallen, die daraufhin geflohen seien. Als sie auf ihrer Flucht an ein Bohnenfeld gelangt seien, das sie nicht haben überqueren wollen, um nicht mit den Bohnen in Berührung zu kommen, seien sie stehengeblieben, hätten sich tapfer mit Stöcken und Steinen verteidigt und seien schließlich allesamt getötet worden, so daß niemand von ihnen zu Dionysios habe gebracht werden können. Allerdings hätten dessen Schergen zwei Nachzügler, Myllias und seine hochschwangere und deshalb langsame Frau Timycha, fangen und zum Tyrannen bringen können. Dieser habe ihnen angeboten, gemeinsam mit ihm zu regieren, was sie abgelehnt hätten. Als sie ihm ebensowenig den Grund für das Verbot, Bohnen zu berühren, haben mitteilen wollen, habe er die Frau foltern lassen. Diese habe sich die Zunge abgebissen, um sich so der Möglichkeit zu berauben, das Geheimnis zu offenbaren.

Bei dieser Erzählung fühlt sich der Autor veranlaßt zu begründen, warum die Pythagoreer zunächst geflohen seien. Er will offenkundig vermeiden, daß dies als Zeichen von Feigheit gewertet wird. Er erklärt hierzu, sie hätten dieses Verhalten nicht als mit der Arete für unvereinbar angesehen, denn „sie wußten, daß die Tapferkeit in dem Wissen um das besteht, was zu fliehen und was zu ertragen ist, so wie es der wahre Logos eingibt"[70]. Diese Vorstellung von Tapferkeit entspricht der Definition, wie sie in Platons *Protagoras*, *Laches* und *Politeia* zu finden ist.[71] Wir befinden uns somit unvermittelt im Kontext der Plagiatsvorwürfe

---

103–105; Dorandi 1991, 33; 215. Vielleicht liegt daher in col. Z beim Bericht von Platons Treffen mit Dion bereits Neanthes als Quelle vor.

68 Porph. *VP* 61; Iamb. *VP* 189–194 = F 31a/b = Hippobot. F 18–19 Gigante; bei Porphyrios bricht allerdings der Text nach den einleitenden Worten ab.

69 Iamb. *VP* 189; 194.

70 Iamb. *VP* 190: Τὴν γὰρ ἀνδρείαν ᾔδεισαν φευκτέων τε καὶ ὑπομενετέων ἐπιστήμην, ὡς ἂν ὁ ὀρθὸς ὑπαγορεύῃ λόγος.

71 Pl. *Prt.* 360d: Ἡ σοφία ἄρα τῶν δεινῶν καὶ μὴ δεινῶν ἀνδρεία ἐστίν, ἐναντία οὖσα τῇ τούτων ἀμαθίᾳ; *La*. 194e: Ταύτην ἔγωγε, ὦ Λάχης, τὴν τῶν δεινῶν καὶ θαρραλέων ἐπιστήμην καὶ ἐν πολέμῳ καὶ ἐν τοῖς ἄλλοις ἅπασιν (Definition des Nikias, die dieser aber von Sokrates hat; vgl. auch

gegen Platon, dem man unterstellte, bei Pythagoras geistigen Diebstahl begangen zu haben.[72] Der Erfinder der Geschichte wollte durch die Inanspruchnahme dieses 'Platonzitats' für die pythagoreische Lehre unterstellen, daß dieser die entsprechende Doktrin von dort entnommen habe.[73]

Auch der Bericht vom Angebot des Dionysios an die beiden Pythagoreer, mit ihm gemeinsam zu herrschen, hat eine antiplatonische Spitze: Während Platon vergeblich versuchte, von den beiden Dionysioi als philosophischer Ratgeber akzeptiert zu werden und Einfluß auf ihre Regierung zu gewinnen, ist der Dionysios hier von selbst bereit, die Pythagoreer an der Herrschaft zu beteiligen. | [126] Unterschwellig schwingt noch dazu der Vorwurf mit, daß sich Platon – anders als die Pythagoreer – um die Freundschaft mit einem Tyrannen bemüht habe.

Wir haben hier durch die Neudatierung des Neanthes das früheste Zeugnis vorliegen, das Platon vorwirft, seine Ethik den Pythagoreern zu verdanken, und falls die entsprechenden Schriften des Aristoxenos und des Alkimos jünger sind, das früheste Zeugnis für den Plagiatsvorwurf überhaupt, das uns vielleicht bis an die Lebenszeit Platons bringt.[74]

199a–d); *R.* 4,430b: Τὴν δὴ τοιαύτην δύναμιν καὶ σωτηρίαν διὰ παντὸς δόξης ὀρθῆς τε καὶ νομίμου δεινῶν τε πέρι καὶ μὴ ἀνδρείαν ἔγωγε καλῶ καὶ τίθεμαι, εἰ μή τι σὺ ἄλλο λέγεις.

72 Zu den Traditionen vgl. Brisson 1993.

73 Allein bei Riedweg 2007, 57 finde ich den Anklang an Platon erkannt, allerdings ohne Hinweis auf den polemischen Charakter, der damit verbunden ist.

74 [Del Mastro 2012, 285–291 veröffentlicht ein neues Fragment der Platonbiographie aus Philodems *Academicorum index* in P. Herc. 1691. In pezzo 2, col. II 7ff. wird dort allem Anschein nach von der Publikation pythagoreischer Bücher während des Archotats des Polyzelos (367/6) gesprochen. In Z. 13–17 ist zu lesen: τῶν δὲ [παρ' ἐκ]ε̣[ί]νου . [.] .. Περὶ φύσ[εως] κ̣[αὶ] | τῶ̣ν [Π]ερὶ [..] .. [± 5]ων | ως .. οπ .. τα[..] π̣[ε]φ̣ύ̣|κασι etc. „diejenigen (Bücher), die von ihm (veröffentlicht wurden) ... *Über die Natur* und diejenigen *Über* [---] sind". Del Mastro vermutet, daß das Fragment aus dem Teil des *Index* stammen könnte, in dem Philodem Dikaiarchos exzerpiert (285); auch Verhasselt zu Dicaearch., FGrHist 1400 F 62 erachtet Dikaiarchos als „a very likely source", geht aber nicht so weit, den Text unter die Fragmenten des Dikaiarchos aufzunehmen. In der Einleitung zu seiner Edition (§ 4.9) ist er zurückhaltender, was dessen Autorschaft betrifft: „However, it remains debatable whether Dikaiarchos is indeed already cited in P. Herc. 1691 pezzo 2." Del Masto (287) erklärt, es sei nicht sicher zu entscheiden, ob hier von der Geschichte vom Kauf des einen Buches oder der drei Bücher des Pythagoras die Rede ist. Verhasselt (zu F 62) sieht hier die Tradition vom Kauf des einen Buches vorliegen. Allerdings scheint nach Περὶ φύσ[εως] noch ein weiteres Werk erwähnt gewesen zu sein. S. 288 Anm. 87 erklärt Del Mastro: „il secondo titolo si potrebbe forse leggere Π]ερὶ [τῶ]ν̣ π̣[ολιτικ]ῶν". Dies ist aber sehr unsicher. Des weiteren ist es schwer, im Text noch das dritte Buch über die Ethik unterzubringen. Es könnte also sein, daß schon Dikaiarchos vom Kauf der drei pythagoreischen Bücher durch Platon berichtet hat. Dies könnte dann als Hinweis darauf gesehen werden, daß das *Tripartitum* schon in das 4. Jh. v.Chr. datiert, genauer gesagt vor Dikaiarchos. Dann wäre er der früheste noch kenntliche Autor, der

Neanthes' Interesse an Traditionen, die mit Örtlichkeiten verbunden sind, wird auch aus dem eben besprochenen Fragment über Myllias und Timycha deutlich. Zudem zeigen Detailinformationen, daß hier ein Bericht vorliegt, der Kenntnis der lokalen Gegebenheiten voraussetzt und letztlich auf einen Einheimischen zurückgehen muß: Der Autor weiß von dem jahreszeitbedingten alljährlichen Ortswechsel der Pythagoreer. Der Überfall auf sie findet in einem Gebiet namens Phanai statt, das als schluchtenreich und im Tarentiner Land gelegen beschrieben wird und das sonst unbekannt ist.[75] Der Anführer von Dionysios' Schergen war nach dieser Erzählung Eurymenes von Syrakus, der Bruder Dions. Dieser Bruder des bekannten Platonfreundes wird überhaupt nur hier erwähnt und ist daher von der Forschung weitgehend übersehen worden.[76]

Daß Neanthes die antiplatonische Ausrichtung der Erzählung wohl erkannt und in jedem Fall Platon als Plagiator des Pythagoras gesehen hat, beweist ein weiteres Fragment. Dort erklärt Neanthes, bis auf die Zeit des Philolaos und des Empedokles hätten die Pythagoreer Zugang zu ihren Lehren gewährt; nachdem aber Empedokles pythagoreische Lehren in seinem Gedicht veröffentlicht habe, hätten die Pythagoreer ein Gesetz erlassen, keinem ἐποποιός mehr Zugang dazu zu gewähren. Und er fährt fort: „Dasselbe, sagt er, sei auch Platon widerfahren. Denn auch er sei ausgeschlossen worden (*oder*: auch ihm sei der Zutritt verwehrt worden)."[77] Die Formulierung ist nicht ganz eindeutig: fiel Platon unter das 'Dichtergesetz', und wurde ihm die Teilhabe an pythagoreischer Lehre verwehrt (die er sich dann auf illegalem Wege verschaffte), oder aber erhielt er – als Nicht-Dichter – Zugang, mißbrauchte ihn aber ebenso wie Empedokles zur Veröffentlichung pythagoreischer *arcana* und wurde deshalb im Anschluß ausgeschlossen? Dazu später mehr. | [127]

Was ist Neanthes' Zeugnis über Platon im Hinblick auf seine Arbeit als Biograph und seine Tendenz zu entnehmen? Platon erscheint nicht als unsympathisch. Er ist ehrfurchtgebietend und berühmt, so daß in Olympia aller Augen auf

---

die Physik, Politik und Ethik Platons auf Pythagoras zurückführte und ihn zum Plagiator machte. Aber es ist zu betonen, daß die Autorschaft des Dikaiarchos und die Erwähnung der drei Bücher unsicher sind.]

75 Φάναις cod., Deubner; Jacoby hat aber diese Form als Konjektur Scaligers im Apparat und setzt Φάλαις als Überlieferung in den Text.

76 Berve 1957, 18 nennt ihn, spricht aber von einer Erwähnung „im Rahmen einer freilich nicht sehr glaubwürdigen Tradition (Neanthes F 31b)"; ein RE-Artikel fehlt; der Bruder erscheint nicht im Stemma zu Dion bei Nails 2002, 130.

77 Diog. Laert. 8,55 = F 26: Φησὶ δὲ Νεάνθης ὅτι μέχρι Φιλολάου καὶ Ἐμπεδοκλέους ἐκοινώνουν οἱ Πυθαγορικοὶ τῶν λόγων. Ἐπεὶ δ' αὐτὸς διὰ τῆς ποιήσεως ἐδημοσίωσεν αὐτά, νόμον ἔθεντο μηδενὶ μεταδώσειν ἐποποιῷ. Τὸ δ' αὐτὸ καὶ Πλάτωνα παθεῖν φησι· καὶ γὰρ τοῦτον κωλυθῆναι.

ihm ruhen. Dennoch oder gerade deshalb hebt Neanthes gerade das hervor, was Platon zum 'normalen Menschen' macht: Krankheit, Leid, Angst, ein auffallendes, vielleicht unschönes Körpermerkmal und unlauteres Verhalten als Wissenschaftler. Seine Darstellung richtet sich gegen eine Verklärung im Stile des Speusippos, ist aber nicht grundsätzlich antiplatonisch. Bemerkenswert hier wie in vielen anderen Fragmenten des Neanthes ist, daß die Erzählungen in Verbindung mit Orten stehen, an denen sich eine Person aufgehalten hat: Aigina, Athen, Olympia, Sizilien. Wichtig ist, daß Neanthes seine Gewährsmänner mitteilt. Dadurch dokumentiert er für den Leser, wie die ihm präsentierten Fakten im Hinblick auf ihre Historizität bzw. ihre Tendenz einzuschätzen sind: wohl vertrauenswürdige *intima* von einem engen Mitarbeiter Platons, Desillusionierendes [und leicht Spöttisches] vom Kyniker, Polemisches aus einer pythagoreischen Quelle.

Eine Frage bleibt noch: Wie gelang es Neanthes, Zugang zu seinen Informanten zu erlangen, vor allem zu Philipp von Opus und vielleicht zu weiteren Platon nahestehenden Personen, um Auskünfte über den Schulgründer zu erlangen, die mit der 'offiziellen Stilisierung' nicht in Einklang standen? Es sei hier daran erinnert, daß Neanthes Schüler des Philiskos von Milet, eines Isokratesschülers, war, weshalb ein so enger Umgang mit den Mitgliedern der konkurrierenden Schule nicht ganz selbstverständlich ist. Eine plausible Vermutung scheint mir in dieser Hinsicht möglich zu sein: Neanthes' Lehrer Philiskos scheint eine hohe Meinung von Platon gehabt zu haben, da er ihn als geistigen Urheber der persönlichen Größe des Redners Lykurg erachtet hat. Er hat also offenkundig die Platonfeindschaft seines Lehrers nicht weitergepflegt.[78] Außerdem befanden sich unter den Mitgliedern der Akademie mindestens zwei Personen aus Kyzikos: Timolaos und der Mathematiker Athenaios.[79] Zu erwähnen ist weiterhin, daß Eudoxos, der Verbindungen zur Akademie hatte, seine Schule von Kyzikos nach Athen verlegt

---

78 Philisc., FGrHist 1013 F 1; dazu vgl. Engels 1998b, 364.
79 Timolaos: Phld. *Acad. ind.*, P. Herc. 1021 col. VI 1a–2a und P. Herc. 164 fr. 12,1–2 p. 135 und 178 Dorandi = Speus., FGrHist 1009 F 3a–b = F 153 Isnardi Parente (nicht als F in Tarán 1981, doch vgl. 231 Anm. 13); Athenaios: Procl. *In Eucl.* p. 67,16–19 Friedlein; unklar ist, ob bei Philodem im Anschluß an die zitierte Stelle, an der er sich auf Speusippos beruft, Athenaios das Ethnikon eines Timola(o)s ist oder der Eigenname eines weiteren Kyzikeners; als Ethnikon interpretieren es Dorandi 1991, 39; 224 und Gaiser 1988, 441–442, der aber auch die zweite Möglichkeit erwägt, wie nun auch wieder Theys 1998b, 221–222; interpretiert man den Text in dieser Weise, wird dort wohl auch noch ein Kalligenes aus Kyzikos erwähnt.

hat.[80] Solche Kontakte über Landsleute dürften es wohl gewesen sein, die den Zugang vermittelt haben. | [128]

1.3.2 Pythagoras und Pythagoreer (einschließlich Empedokles)

1.3.2.1 Empedokles

Kommen wir zu dem Fragment über die illegale Veröffentlichung pythagoreischer Lehren durch Empedokles zurück und werfen wir einen Blick auf die Rekonstruktion von dessen Leben durch Neanthes. κωλυθῆναι, „Platon wurde vom pythagoreischem Unterricht ausgeschlossen" bzw. „ihm wurde der Zutritt dazu verwehrt", greift die Formulierung eines unmittelbar vorangehenden Timaiosreferats auf, das folgendermaßen lautet:

> Er (scil. Empedokles) sei Schüler des Pythagoras gewesen, wie Timaios im neunten Buch berichtet, wobei er erklärt, er sei damals wegen Diebstahl geistigen Eigentums verurteilt worden (wie auch Platon) und von der Teilhabe ausgeschlossen worden (...).[81]

Die Ähnlichkeit zum Neanthesreferat in Struktur und Formulierung fällt sogleich auf und ist schon von Joseph Bidez als Beleg dafür gewertet worden, daß Neanthes Timaios benutzt habe.[82] Ist eine solche Benutzung auch nach Neanthes' Neudatierung möglich? Burkert verweist zu Recht darauf, daß nun auch dieser als Quelle für Timaios in Frage kommt.[83] Wann Timaios sein Geschichtswerk verfaßte, ist unklar. Teile davon können schon in den letzten Jahrzehnten des 4. Jh.s entstanden sein, als sich Timaios in Athen aufhielt, wie Neanthes zunächst Schüler des Philiskos von Milet war und dann als Verbannter dort lebte.[84] Neanthes

---

80 Zu den Verbindungen des Eudoxos zur Akademie und zur Verlegung seiner Schule von Kyzikos nach Athen vgl. Lasserre 1966, 139–143.
81 Diog. Laert. 8,54 = FGrHist 566 F 14: Ἀκοῦσαι δ' αὐτὸν Πυθαγόρου Τίμαιος διὰ τῆς ἐνάτης ἱστορεῖ, λέγων ὅτι καταγνωσθεὶς ἐπὶ λογοκλοπίᾳ τότε, καθὰ καὶ Πλάτων, τῶν λόγων ἐκωλύθη μετέχειν. [Vgl. Schorn 2014b, 304 und 309 = unten, S. 418 und 423].
82 Bidez 1894, 62–66; allerdings ist für ihn ohnehin nur dieses Quellenverhältnis möglich, da er den jüngeren Neanthes als den Biographen erachtet.
83 Burkert 2000, 79.
84 Die Biographie des Timaios und die genaue Zeit seiner Verbannung sind unklar. Er hat sich insgesamt 50 Jahre in Athen aufgehalten (FGrHist 566 T 4c–d = Plb. 12,25h,1; 12,25d,1). Ob er nach Sizilien zurückkehrte, ist umstritten; zur Biographie vgl. Jacoby zu FGrHist 566 Einleitung (IIIb [Text], 526–533); Vattuone 2002, 178–184: „l'opera prese forma in fasi diverse, ma nel suo complesso soltanto dopo la vicenda occidentale di Pirro (280–275)" (183); nach Jacoby (533) wurde Timaios erst in Athen zum Historiker; seine Geburt setzt er (IIIb [Text], 530–531) mit 360/350

und er können sich also sogar persönlich gekannt haben.[85] Ein Vergleich zwischen den Timaios- und den Neanthesfragmenten macht es sehr wahrscheinlich, daß es Neanthes war, der die *Sikelika* des Timaios gekannt, | [129] ergänzt und korrigiert hat, wie noch im folgenden zu zeigen ist.[86] Das Neanthesfragment bei Diogenes Laertios geht nach κωλυθῆναι folgendermaßen weiter:

> Wer von ihnen (scil. den Pythagoreern) sein Lehrer war, sagte er (scil. Neanthes) nicht. Denn der Brief, der als der des Telauges kursiert, nach dem er Zugang zu Hippasos und Brotinos erlangt habe, sei nicht vertrauenswürdig.[87]

Wenngleich also Neanthes von einem Einfluß pythagoreischer Lehre auf Empedokles ausging, konnte er keinen 'Lehrer' namhaft machen. Dies zeigt, daß Neanthes dann, wenn er nicht über glaubhafte Quellen verfügte, 'Mut zur Lücke' bewies, was ihn von zahlreichen seiner Biographenkollegen unterschied. Er rezipierte zwar den Telaugesbrief, hielt ihn aber für unglaubwürdig, d.h. wahrscheinlich für gefälscht (warum, wird sogleich noch zu erörtern sein). Es zeigt sich also auch hier, daß er seine Quellen, in diesem Fall eine schriftliche Primärquelle, nannte, auch solche, denen er nicht vertraute, und daß er deren Darstellung referierte.

Warum folgte Neanthes den Ausführungen des Telaugesbriefes nicht? Zum einen sah er wohl ein chronologisches Problem. Neanthes scheint ein ausgeprägtes Interesse an Fragen der Chronologie besessen zu haben,[88] was nicht verwundert, wenn er auch der Verfasser der *Jahrbücher* (Ὧροι) gewesen ist. Er datierte Pythagoras mit

---

und kaum nach 340 an. [Baron 2013, 17–22: „our best estimate for Timaeus' dates is 350–260" (22); C.B. Champion zu Timae., BNJ 566 (Biographical Essay) datiert 356–260.]

85 Eine weitere Übereinstimmung zwischen Timaios und Neanthes sieht Bidez 1894, 64 zwischen Timae. F 134 = Diog. Laert. 8,64 (ὑπεγράφετο τυραννίδος ἀρχήν) und Neanth. F 28 = Diog. Laert. 8,72 (τυραννίδος ἀρχὴν ὑποφύεσθαι). In der Tat sehen dort beide Autoren Empedokles als demokratischen Politiker und Kämpfer gegen die aufkommende Tyrannis. Wenn bei Diogenes Laertios (8,65) im Anschluß an das Timaiosfragment von ἰσότης die Rede ist, die Empedokles propagiert habe und von der auch bei Neanthes im weiteren Verlauf des Fragments die Rede ist, so ist zu bemerken, daß die Zugehörigkeit von 8,65 zum Timaiosfragment unsicher ist (Text nicht bei Jacoby). Es bleibt aber die identische politische Einschätzung des Empedokles durch die beiden Autoren. [Zur Einschätzung des Politikers Empedokles bei Timaios und Neanthes siehe Horky 2016, 55–66.]

86 Hier haben die Ausführungen von Bidez 1894, 62–66 weiterhin Gültigkeit. Er geht von einer Benutzung des Timaios aus.

87 Diog. Laert. 8,55 = F 26: Τίνος μέντοι γε αὐτῶν ἤκουσεν ὁ Ἐμπεδοκλῆς, οὐκ εἶπε· τὴν γὰρ περιφερομένην ὡς Τηλαύγους ἐπιστολὴν ὅτι τε μετέσχεν Ἱππάσου καὶ Βροτίνου, μὴ εἶναι ἀξιόπιστον.

88 F 20 (Platon); F 28 (Empedokles); F 33 (Pythagoras).

Hilfe des bekannten Synchronismus mit Polykrates, und zwar wohl in der Art, daß er für das Jahr 532/1 Pythagoras' Akme und seinen Weggang von Samos ansetzte[89] und ihn um 490 sterben ließ. Empedokles sah er als ungefähren Zeitgenossen des Philolaos,[90] den Empfänger des Telaugesbriefes. Philolaos lebte etwa von 470 bis in die 380er Jahre,[91] Empedokles' Geburt setzte die Antike an den Anfang des 5. Jh.s.[92] Dieser zeitlichen Einordnung der Personen folgte offenkundig auch Neanthes, wozu paßt, daß er Empedokles als Kämpfer gegen die aufkommende Tyrannis darstellt, was in die Phase nach dem Ende der Tyrannis in Akragas gehören muß, also nach 471.[93] Da er Empedokles 77 Jahre alt werden läßt,[94] kann ihn Pythagoras' Sohn | [130] Telauges nicht überlebt haben, was aber der Telaugesbrief voraussetzt.[95] Hatte dieser Brief ein in sich stimmiges chronologisches System, was hier vorausgesetzt werden soll, so mußte nach ihm Pythagoras bis weit ins 5. Jh. gelebt haben.[96] Dies entspricht dem

---

89 Dies z.B. der Ansatz des Aristoxenos (F 16 Wehrli) und Apollodors (FGrHist 244 F 338–339); vgl. dazu Jacoby 1902, 215–227; Burkert 1962, 176 = 1972, 110.
90 Dies zeigt Diog. Laert. 8,55 = F 26.
91 Hinsichtlich seiner Geburt gibt es einen Spielraum von 480–440; zur Datierung vgl. Huffman 1993, 1–6.
92 Vgl. die Stellen und Diskussion bei Wright 1981, 3–6; Jacoby 1902, 271–277.
93 Diog. Laert. 8,72 = F 28; vgl. Waele 1971, 109–115 (versuchter Staatsstreich kurz nach 446).
94 Diog. Laert. 8,73 = F 28.
95 Diog. Laert. 8,74. Die Zeugnisse zu Telauges' Schriften sind gesammelt bei Thesleff 1965, 188–189.
96 Nach dem Brief stürzt Empedokles ὑπὸ γήρως (Diog. Laert. 8,74) ins Meer, war also mindestens 70 Jahre alt. Läßt man Pythagoras um 490 sterben (was schon spät ist), muß sein Sohn spätestens 520 geboren sein, wohl aber noch weit früher. Er galt allgemein als Pythagoras' Nachfolger, ist also bei dessen Tod als erwachsen vorgestellt; Pythagoras wäre um diese Zeit etwa 52 Jahre alt gewesen. Um diese Zeit müßte man dann auch die Geburt des Empedokles ansetzen, von dessen Tod mit 70 Jahren Telauges im Jahr 450 berichten konnte. Philolaos als Adressat des Briefes wäre dann etwa 20 Jahre alt. Allerdings ist eine derartige Frühdatierung des Empedokles in den Quellen nicht bezeugt, und man hatte wohl eine relativ genaue Vorstellung von der wirklichen Lebenszeit des Empedokles, da er politisch in seiner Heimatstadt tätig war, worüber vor Timaios wohl schon Philistos und Antiochos von Syrakus berichtet hatten. Die zweite Möglichkeit besteht darin, daß man, wie üblich, von der Geburt des Empedokles um 495/0 ausgeht. Dann setzt der Telaugesbrief seinen Tod etwa ins Jahr 425. Auch Telauges muß dann etwa gleichzeitig mit Empedokles geboren sein, so daß der Tod des Pythagoras bis 475 oder weiter nach unten rücken würde. Solche Ansätze hat es offensichtlich gegeben; vgl. unten, Anm. 97 und 98.

chronologischen Ansatz, mit dem auch Alkidamas[97] und Timaios[98] Pythagoras datiert haben. | [131]

---

[97] Alcid. F 8 Avezzù = Diog. Laert. 8,56: Ἀλκίδαμας δ' ἐν τῷ Φυσικῷ φησι κατὰ τοὺς αὐτοὺς χρόνους Ζήνωνα καὶ Ἐμπεδοκλέα ἀκοῦσαι Παρμενίδου, εἶθ' ὕστερον ἀποχωρῆσαι, καὶ τὸν μὲν Ζήνωνα κατ' ἰδίαν φιλοσοφῆσαι, τὸν δὲ Ἀναξαγόρου διακοῦσαι καὶ Πυθαγόρου· καὶ τοῦ μὲν τὴν σεμνότητα ζηλῶσαι τοῦ τε βίου καὶ τοῦ σχήματος, τοῦ δὲ τὴν φιλοσοφίαν. Da Empedokles das Auftreten des Pythagoras nachgeahmt habe, muß Alkidamas von einer persönlichen Schülerschaft gesprochen haben. Nach Aristoteles (*Metaph.* 1,3 p. 984a11–13) war Anaxagoras älter als Empedokles, verfaßte seine Werke aber später; vgl. Jacoby 1902, 273. Theoretisch ist es denkbar, daß Alkidamas vom Todesjahr des Pythagoras um 500 ausgegangen ist. Apollodor setzt die Akme des Pamenides ins Jahr 504/1, während sich aus Platons *Parmenides* (127aff.) ein Geburtsjahr um 515 für ihn und von 490 für Zenon ergibt; vgl. Tarán 1965, 3–5 zu den Ansätzen; Jacoby 1902, 232 mit Anm. 3. Zenon gilt allgemein als wenig älterer Zeitgenosse des Empedokles, wobei offenkundig auch Alkidamas aufgrund des gemeinsamen Schülerverhältnisses beide als gleichalt erachtet. Nach Apollodor wurde Zenon 504/1 geboren, nach anderen sogar etwas später. Einen Frühansatz findet man allerdings in der *Suda* (ζ 77, s.v. Ζήνων), die die Akme mit Ol. 68 = 508/5 ansetzt, was aber wohl auf einem Schreibfehler beruht (οη' ist in οθ' zu verbessern; vgl. Jacoby 1902, 233). Im Falle des Anaxagoras findet man neben dem apollodorischen Ansatz (* 500/499; † 428/7; FGrHist 244 F 31) auch die Tradition, die ihn zum Schüler des Anaximenes macht, seine Geburt also weit ins 6. Jh. hochsetzt. Da es für Empedokles keinen und für Zenon nur einen höchst unsicheren Ansatz der Geburt weit im 6. Jh. gibt, schwebte also wohl auch Alkidamas eine Spätdatierung des Pythagoras vor. Rechnet man – abgesehen von Pythagoras – mit den apollodorischen Daten, ergibt sich folgendes Bild: Zenon (* 504/1) und Empedokles (* 483) waren zuerst Schüler des Parmenides (* 540). Empedokles wurde später Schüler des Anaxagoras (* 500/499) und des Pythagoras, der entsprechend bis weit ins 5. Jh. lebte; bei diesem Ansatz des Empedokles lebte er mindestens bis 463. Datiert man Empedokles, wie andere, etwas höher, kommt man auf einen zeitlichen Ansatz wie im Telaugesbrief.

[98] Timaios (FGrHist 566 F 14 = Diog. Laert. 8,54) macht Empedokles zum direkten Schüler des Pythagoras, was allgemein als anachronistisch angesehen wird; vgl. Bidez 1894, 42; Wright 1981, 7 mit Anm. 26. Es ist allerdings vollkommen unmöglich, daß sich ein Autor wie Timaios, der sich so intensiv mit chronologischen Fragen beschäftigt hat, einen derartigen Fehler geleistet hat. Auch hier ist es grundsätzlich wieder möglich, entweder von einer Frühdatierung des Empedokles (in der Antike aber nicht bezeugt; vgl. Anm. 96) oder einer Spätdatierung des Pythagoras auszugehen. Im Falle des Timaios ist allerdings die späte, d.h. übliche, zeitliche Einordnung des Empedokles zu erschließen, was Burkert 1962, 176 Anm. 8 = 1972, 111 Anm. 7 (mit einer Ergänzung gegenüber dem Original: Iamb. *VP* 44 haben Pythagoras' Worte das Jahr 496 als *terminus post quem*; Burkert vermutet Timaios als Quelle) entgangen zu sein scheint: Wenn Timaios vom Ruhm von Empedokles' Großvater spricht, setzt dies dessen Olympiasieg voraus; vgl. Bidez 1894, 42. Diesen datiert die gesamte chronographische Tradition, von der Timaios zumindest Aristoteles bekannt gewesen mußte, in das Jahr 496 (Ol. 71) (Eratosthenes bei Diog. Laert. 8,51 unter Verweis auf Aristot. F 71 Rose = 863 Gigon = Apollod., FGrHist 244 F 32a). Diesen Ansatz hatte sicher auch Timaios, da dessen Werk ausgiebig für die Empedoklesbiographie des Diogenes Laertios exzerpiert worden ist und nichts Gegenteiliges dort oder anderswo erscheint. Auch Timaios läßt Empedokles gegen die aufkommende Tyrannis kämpfen, also nach 471 (Diog. Laert. 8,64

Ebenso im Widerspruch zum Telaugesbrief, nach dem Empedokles des weiteren aufgrund seines Alters während einer Seefahrt ins Meer gestürzt und ertrunken sei,[99] steht Neanthes' Bericht vom Tod des Philosophen.[100] In seiner Darstellung fiel er auf einer Reise als Festgesandter nach Messana vom Wagen und starb in Folge eines Beinbruchs. Sei Grab befinde sich in Megara (Hyblaia), das tatsächlich auf dem Weg von Akragas nach Messana liegt, wenn man entlang der Küste reist. Die Existenz des Grabmals scheint für Neanthes neben dem chronologischen Problem ausschlaggebend gewesen zu sein, den Bericht des Telaugesbriefes zu verwerfen: Es ist also ein Monument einschließlich des dazugehörenden Aition, das Neanthes' Rekonstruktion der Biographie bestimmt. Nur er berichtet davon, und es kann kein Zweifel daran bestehen, daß es sich um eine lokale Tradition handelt.

Wie schon Bidez gesehen hat, liest sich Neanthes' Bericht vom Tod des Empedokles wie eine Antwort auf den des Timaios.[101] Timaios polemisiert ausdrücklich gegen die von Herakleides Pontikos verbreitete Legende, Empedokles habe sich in den Ätna gestürzt und erklärt in diesem Zusammenhang:[102]

> Er wanderte in die Peloponnes aus und kehrte überhaupt nicht zurück. Daher sei auch sein Ende unbekannt. (...) Er starb auf der Peloponnes. Es ist also nicht widersinnig, daß es kein Grab von ihm gibt. Denn auch bei vielen anderen ist dies der Fall.

Timaios scheint demnach lediglich die Fassung der Todesgeschichte vom Sprung in den Ätna zu kennen. Neanthes füllt aufgrund lokaler Überlieferung die Lücken, die Timaios' Bericht läßt, und korrigiert ihn: es gibt doch ein Grab und eine glaubhafte Erzählung von seinem Tod. Neanthes antwortet hier also auf Timaios' Darstellung und ebenso knüpft er strukturell und in Formulierungen an sie an, als er von Empedokles' und Platons Verbindung zu den | [132] Pythagoreern berichtet, modifiziert aber jeweils die Überlieferung aufgrund seiner differierenden

---

= Timae., FGrHist 566 F 134). Daß der Großvater im Jahr 496 Olympiasieger war, paßt aber kaum zu einer Geburt des Empedokles spätestens 520. Der Vater wäre dann ca. 550, der Großvater 580 geboren und zur Zeit seines Olympiasieges weit über 80. [Zur Chronologie des Pythagoras bei Timaios siehe Schorn 2014b, 307 = unten, S. 421].

99 Diog. Laert. 8,74.
100 Diog. Laert. 8,73 = F 28. Daß dieser Bericht noch zum Neanthesfragment gehört, das durch einen Einschub aus Favorin nur unterbrochen wird, ist allgemein anerkannt; vgl. Jacobys Textgestaltung und Jacoby 1902, 276 mit Anm. 12; Bidez 1894, 64–65; Centrone 1992, 4210.
101 Bidez 1894, 64–66.
102 Diog. Laert. 8,71–72 = Timae., FGrHist 566 F 6 = Heraclid. Pont. F 84 Wehrli = 94 Schütrumpf.

Chronologie und macht sie dadurch 'ärmer', daß er auf eine Benennung des Lehrers des Empedokles verzichtet. [Daß es kennzeichnend für eine spätere Überlieferung ist, wenn sie eine ältere stillschweigend korrigiert, deren Struktur und einige Formulierungen beizubehalten, wird unten, Kap. 6, gezeigt. Somit bestätigen die hier und dort gemachten Beobachtungen einander.]

Feldforschung zeigt auch das letzte Empedokles betreffende Fragment:[103] Aristoteles hatte ganz allgemein (καθόλου) berichtet, daß Empedokles Tragödien verfaßt habe.[104] Neanthes erklärt, dieser habe sie als junger Mann geschrieben, und er habe selbst sieben Tragödien aufgefunden (ἐντετυχηκέναι).[105]

1.3.2.2 Biographisches zu den Pythagoreern im Kontext der *Nach Städten geordneten Mythen*

Wo handelte Neanthes von Empedokles? Dies zeigt sich, wenn Diogenes Laertios F 28 über Empedokles einleitet: „Neanthes von Kyzikos, der auch über die Pythagoreer gesprochen hat, erklärt (...)"[106]. Daß dies in *Über berühmte Männer* geschah, würde man vermuten, doch zeigt F 29, daß die Biographie des Pythagoras im 5. Buch der *Mythika* [= *Nach Städten geordnete Mythen*] behandelt wurde. Diese Angabe hat man immer wieder wegkonjizieren wollen,[107] doch besteht kein Grund dazu. Ob Neanthes das schon dort Erzählte auch in *Über berühmte Männer* wiederholte, dort also Biographisches aus seinen anderen Schriften sammelte und wiederverwendete, [oder ob er Material aus dem biographischen Werk auch in andere Schriften einfügte,] muß offen bleiben. Jacoby hielt es für unwahrscheinlich, daß von Pythagoras' Geburt in *Nach Städten geordnete Mythen* gehandelt wurde.[108] Und doch ist die Überlieferung eindeutig. Neanthes berichtete dort außerdem von dessen Reisen in seiner Jugend, und es zeigt sich auch, daß er

---

103 Diog. Laert. 8,58 = F 27.
104 Diog. Laert. 8,58 = Aristot. F 70 Rose = 17 Gigon.
105 Der Text ist z.T. unsicher: καὶ αὐτὸν ἔπειτα ἐντετυχηκέναι *codd.*, καὶ αὐτῶν (αὐτὸς Cobet) ἑπτὰ ἐντετυχηκέναι Diels. Jedenfalls ist das Aufspüren der Tragödien sicher überliefert; anders aber nun M. Patillon – J.-F. Balaudé in: Goulet-Cazé 1999a, 986 Anm. 9 καὶ αὐτὸν ἔπειτα ἀφεικέναι „et qu'ensuite il les a reniées"; vgl. Fuentes González 2005, 594.
106 Diog. Laert. 8,72: Νεάνθης δ' ὁ Κυζικηνὸς ὁ καὶ περὶ τῶν Πυθαγορικῶν εἰπών φησι.
107 Jacoby F 8 und 29 im Apparat Περὶ τῶν Πυθαγορικῶν; noch bei Fuentes González 2005, 588 erscheint, wenngleich mit Fragezeichen, diese Schrift über die Pythagoreer unter den Werken des Neanthes. [Auch Stronk zu BNJ 117 (Biographical Essay) und Baron zu BNJ 84 F 29a erwägen ichre Existenz.]
108 Jacoby zu F 29.

nicht von Apollons Vaterschaft gesprochen hat, was eine Behandlung von Pythagoras' Biographie in dem mythologischen Werk am ehesten hätte rechtfertigen können. Wenn er in *Nach Städten geordnete Mythen* offenkundig eine Biographie des Pythagoras einlegte, macht dies vielmehr deutlich, daß in den Werken des Autors keine so strikte Abgrenzung zwischen einzelnen Gattungen zu finden war, wie man dies vielleicht erwartet hätte. In den *Mythika* betitelten Schriften im ersten Band von Jacobys Historikerfragmenten sind für solche Schriften lediglich Angaben bezeugt, die in der Götter- bzw. Heroenzeit angesiedelt sind. Solche finden sich natürlich auch bei Neanthes.[109] F 9 allerdings bringt ein Aition für die Einrichtung des Kultes der Aphrodite Porne in | [133] Abydos, das eindeutig in historischer Zeit angesiedelt ist und von der Befreiung der Stadt von einer fremden Besatzung durch die Tat von Hetären berichtet.[110] In F 10 wird erklärt, daß die Phyle Aiantis in Athen das Privileg besessen habe, daß die von ihr gestellten Chöre bei Agonen nicht als letzte bewertet würden.[111] Ob dafür ein mythisches Aition erzählt wurde, wissen wir nicht. Deutlich wird freilich, daß Neanthes eine Konzeption von 'Mythos' hatte, die etwa mit 'Sage' oder 'Legende' am ehesten charakterisiert wird, was bei einem Autor von *Mythika* am Ende des 4. Jh.s singulär zu sein scheint. Immerhin kann man hier auf den von Graziano Arrighetti hervorgehobenen Sprachgebrauch bei Aristoteles und Satyros verweisen, die in den Berichten von der legendären Absetzung des Sardanapal und vom Tod des Euripides ihre Gewährsmänner als μυθολογοῦντες bezeichnen.[112] Von einer solchen Apostrophierung zu einer Eingliederung der entsprechenden Geschichten in *Mythika* ist es nur noch ein kleiner Schritt. Wenn Neanthes demnach Pythagoras und Empedokles in einer solchen Schrift abhandelte, heißt dies allerdings nicht, daß er den entsprechenden Berichten keinerlei Wahrheitsgehalt zugebilligt hätte. Wäre dem so, bliebe es unverständlich, warum er in diesem Zusammenhang die Darstellungen anderer als falsch und seine eigenen als richtig bezeichnet hat. Es ging ihm offenkundig darum, Erzählungen auszuscheiden, die sachlich oder chronologisch nicht möglich waren. Über Pythagoras und Empedokles waren bis zur Zeit des Neanthes bereits die unglaublichsten Wundergeschichten in Umlauf gekommen. Genau diese finden sich bei Neanthes nicht, jedenfalls nicht als seine Meinung. Wie im Falle Platons versucht er, das Menschliche an diesen Gestalten

---

109 F 6; 11; 12.
110 Ath. 13,572e–f = F 9; [dazu siehe auch den Anhang, S. 47–48.]
111 Plu. *Quaest. conv.* 1,10,2 p. 628b–d.
112 Siehe Arrighetti 2007, 95. [Von einer weiten Vorstellung von 'Mythos' bei Neanthes gehen auch Baron zu BNJ 84 F 9 und Stronk zu BNJ 171 F 6; 9 aus. Eine mögliche andere Erklärung in Schorn 2014b, 308–309 = unten, S. 423.]

zu rekonstruieren, die Fakten ihres Lebens und das, was diese Personen mit der Gegenwart verbindet, d.h. Zeugnisse ihres Lebens. Ich schlage daher vor, die historischen Rekonstruktionen, die Neanthes von den Viten des Pythagoras und des Empedokles in *Nach Städten geordnete Mythen* versucht hat, als Kritik und Gegendarstellung zur allzu legendenhaften Darstellung anderer Autoren zu sehen. Von dieser nahm wohl Neanthes' Behandlung der Frage in dem Werk ihren Ausgang, diese scheint er besprochen, aber abgelehnt zu haben, um an ihre Stelle chronologisch und sachlich stimmige Rekonstruktionen zu setzen.

Das verstärkte Eindringen von Biographischem in Neanthes' *Nach Städten geordnete Mythen* kann man in gewisser Weise als natürlich bezeichnen. Um dieses Werk zu verfassen, reiste er allem Anschein nach durch die griechische Welt und exzerpierte ältere Werke auf der Suche nach Mythen, wobei er offenkundig gerade an solchen Interesse hatte, die mit bestimmten Örtlichkeiten verbunden waren. Einige Beispiele, die das analoge Vorgehen beim Umgang mit mythischen und biographischen Informationen zeigen, seien hier angeführt: | [134]

Neanthes notierte eine Geschichte aus Sipylos,[113] die das dortige riesige Felsgesicht als Niobe deutete und die einen gänzlich anderen Niobemythos überliefert als den üblichen.[114] Diese Darstellung umfaßt Niobes Abstammung und Familienverhältnisse, berichtet vom Tod ihres Mannes, der inzestuösen Liebe ihres Vaters, der Ermordung ihrer Kinder durch diesen und ihrem Selbstmord. Es handelt sich um die Kurzbiographie einer mythischen Figur. Ebendies ist der Fall beim Mythos über Kleite, der das Aition für eine Quelle in Kyzikos bildete:[115] An zwei Stellen der Scholien zu Apollonios Rhodios wird hierfür Neanthes (einmal mit der Werkangabe *Mythika*) gemeinsam mit Deiochos zitiert, der etwa zwischen 450 und 430 Werke *Über Kyzikos* und *Über Samothrake* verfaßte und von Prokonnesos oder Kyzikos stammte.[116] Das Werk *Über Kyzikos* wird insgesamt neunmal in diesen Scholien zitiert, siebenmal im Bezug auf den Aufenthalt der Argonauten

---

[113] Parth. 33 = F 6 [Νεάνθης ist dort plausible Konjektur Heynes für Νέανθος; vgl. Baron zu BNJ 84 F 6; nur die Buchzahl 2, nicht aber der Titel wird genannt, doch nimmt man nach Jacoby allgemein und wohl zu Recht an, daß es um ein Fragment aus dem mythographischen Werk geht; vgl. Baron zu BNJ 84 F 6; Stronk zu BNJ 171 F 6 (mit Zurückhaltung)]; Parthenios zitiert für diese Version der Niobesage außerdem Xanthos den Lyder (FGrHist 765 F 20) und Simias von Rhodos (F 5 Powell), von denen ersterer als Quelle für Neanthes in Frage kommt.

[114] Vgl. Lightfoot 1999, 542–544 (auch zum Kontext, in dem die Berichte vom Mythos zu sehen sind); zum Felsenbild finden sich einige Bemerkungen bei Bürcher 1927, 277–280, v.a. 280.

[115] *Sch. Apoll. Rhod.* 1,1063; 1065–1066 = F 11–12.

[116] FGrHist 471. Von der Existenz der Schrift *Über Samothrake* erfuhr man erst nach Erscheinen der Fragmentsammlung von Jacoby: F 11 Mette = Hdn. Καθολικὴ προσῳδία, *Cod. Vind. Hist. Gr.* 10 *fol.* 25f; zum Autor siehe nun den Kommentar von Vecchio 1998, zur Datierung ebd., 19–25.

in Kyzikos. An beiden Stellen, an denen Neanthes erscheint, wird seine Darstellung vom Tod der Kleite, aus deren Tränen die nach ihr benannte Quelle in Kyzikos entstanden sei, als in Übereinstimmung mit der des Deiochos zitiert.[117] Es ist nun schwerlich vorstellbar, daß Neanthes die Lokalgeschichte seines Landsmannes nicht gekannt und benutzt hat.[118] Für dieses Aition ist er aber wohl auch ohne schriftliche Vorlage ausgekommen. Bemerkenswert ist, daß er auch hier wieder als Quelle für das Aition einer lokalen Sehenswürdigkeit erscheint. Ob er wie Deiochos auch vom Heiligtum des Apollon Iasonios und vom Grab des Kyzikos berichtet hat, wissen wir nicht, wahrscheinlich ist dies aber.[119] In den Zusammenhang kyzikenischer Lokalsagen in Verbindung mit Örtlichkeiten gehört aber in jedem Fall die Nachricht in F 39, die Argonauten hätten auf ihrer Fahrt zum Phasis die Heiligtümer der idäischen Mutter bei Kyzikos gegründet.[120] Ob diese Erzählung in *Nach Städten geordnete Mythen* oder in *Über Riten* gehört, wissen wir nicht. Im Zusammenhang mit diesem Fragment ist wohl ein weiteres, bei Harpokration überliefertes Fragment zu sehen:[121]

> Attis wird bei den Phrygern am meisten verehrt als Diener der Göttermutter. Neanthes legte den Mythos über ihn dar. Die Darstellung ist aber mystisch. | [135]

Neanthes hat offenkundig auch Elemente der Biographie des Attis berichtet, etwa wie Hermesianax, und ist dafür unser frühester Autor.[122] Die soeben besprochenen Fragmente zeigen, wie ich meine, die enge Verbindung von Biographischem, Mythischem und Periegetischem bei Neanthes: Kulte und Plätze können in gleicher Weise Anlaß sein, mythische und 'wirkliche' Lebensabrisse zu geben, die vom Monument ihren Ausgang nehmen und in ihrem Inhalt sehr wahrscheinlich weitgehend durch den Anlaß, der auf sie geführt hat, determiniert sind. Wenn Neanthes solche mythischen 'Biographien' in seine Sammlung aufnahm, lag es nicht fern, auch Aitia zu übernehmen, die mit historischen Persönlichkeiten verbunden waren.

---

117 Zur Interpretation der relevanten Fragmente vgl. Vecchio 1998, 125–128.
118 So auch Jacoby zu FGrHist 471 Einleitung, Anm. 9 (IIIb [Noten], 218 Anm. 9).
119 Siehe Deioch., FGrHist 471 F 5 und 9.
120 Str. 1,2,38 p. 45 = F 39.
121 Harp. α 260 Keaney, s.v. Ἄττης ὕης = F 37.
122 Kyzikos war ein wichtiges Zentrum des Kults der Magna Mater; Hermesian. F 8 Powell = Paus. 7,17,5; anders deutet die Neanthesstelle Hepding 1903, 102, der μυστικὸς δὲ ὁ λόγος nicht auf die Darstellung des Neanthes, sondern auf das, was der Lexikograph erklären will, bezieht, nämlich ὕης ἄττης ἄττης ὕης.

Aber nicht nur in *Nach Städten geordnete Mythen*, sondern auch in den *Historien*, den *Jahrbüchern* und der Schrift *Über Riten* haben biographische Angaben nach Ausweis der Reste eine wichtige Rolle gespielt. Dies entspricht einer Tendenz, wie sie in dieser Zeit auch bei anderen Autoren zu beobachten ist. Wenn Neanthes in der Schrift *Über Riten* von einer Entsühnung Attikas durch Epimenides berichtet,[123] so haben wir hier ein Element aus der Legende um diesen Mann vorliegen, das sich ebenso in einem biographischen Kontext bei der Behandlung der archaischen Weisen hätte finden können und das die Überschneidungsbereiche von Biographie und Kultschriftstellerei zeigt.[124]

1.3.2.3 Pythagoras und die Pythagoreer

Kommen wir zu den Pythagoras und die Pythagoreer betreffenden Fragmenten zurück.[125] Sie bestätigen den Eindruck, der bei der Analyse der Platon und Empedokles behandelnden Stellen entstanden ist, ermöglichen aber auch weitere Einblicke in Tendenz und Arbeitsweise des Neanthes.

Porphyrios beruft sich zu Beginn der Pythagorasvita für die Frage nach der Herkunft des Philosophen auf Neanthes.[126] Pythagoras war für Neanthes ein Sohn des Mnesarchos, also wie auch Platon Sohn eines Sterblichen, nicht Apollons. Auch hier interessieren Neanthes vor allem die Orte, an denen sich der Mann aufgehalten hat. Sein Vater stammte nach seiner Darstellung aus Tyros in Syrien und war wegen einer Getreidespende mit dem Bürgerrecht von Samos ausgezeichnet worden. Neanthes referiert aber ebenso die Meinung | [136] 'anderer', nach denen der Vater Tyrrhener aus Lemnos gewesen sei und als Händler das Bürgerrecht erhalten habe.[127] Weiterhin hat Neanthes mit ziemlicher Sicherheit auch die 'Standardversion' referiert, nach der Pythagoras Samier gewesen sei, die Porphyrios ganz zu Anfang anführt.[128] Wer die 'anderen' waren, die Pythagoras zum Tyrrhenier machten, zeigt ein Referat bei Clemens von Alexandreia, das deutlich macht, wie man später das Werk des Neanthes verwendet hat:

---

123 Ath. 13,602c–d = F 16.
124 In der Tat finden wir diese Geschichte später in der *Epimenides-Vita* des Diogenes Laertios (1,110).
125 Neben den Empedokles betreffenden Fragmenten (F 26–28), der im Rahmen der Pythagoreer behandelt wurde, sind dies F 29–33.
126 Porph. *VP* 1–2 = F 29a.
127 Porph. *VP* 2: Λέγει δ' ὁ Νεάνθης ἄλλους εἶναι οἵ τὸν πατέρα αὐτοῦ Τυρρηνὸν ἀποφαίνονται τῶν τὴν Λῆμνον ἀποικησάντων ...
128 Vgl. Burkert 1962, 91 mit Anm. 24 und 27 = 1972, 102 mit Anm. 24 und 27.

> Pythagoras, der Sohn des Mnesarchos, war Samier, wie Hippobotos sagt, wie aber Aristoxenos in der Biographie des Pythagoras und Aristoteles und Theopomp, Tyrrhener, wie aber Neanthes, Syrer oder Tyrier.[129]

Hippobotos erscheint fünfmal gemeinsam mit Neanthes, und es besteht kein Zweifel, daß er Neanthes benutzt hat.[130] Aus dem Vergleich mit Porphyrios ist zu ersehen, daß die Clemensstelle eine Kurzfassung der Darstellung des Neanthes ist. Neanthes hat also demnach mindestens zwei (ἄλλοι) der Autoren zitiert, die Pythagoras zum Tyrrhener machten, für die allgemeine Ansicht, er sei Samier, scheint er lediglich auf die *communis opinio* verwiesen zu haben. Diese machte sich Hippobotos zu eigen, führte aber ebenso diejenige des Neanthes an und – aus zweiter Hand – die von Aristoxenos, Aristoteles [?] und Theopomp. In dieser Weise dürften viele Spätere das Werk des Neanthes verwendet haben.

Neanthes berichtet an derselben Stelle noch von der Erziehung des Pythagoras zuerst bei den Chaldäern in Tyros, dann bei Pherekydes und dem greisen Kreophyleer Hermodamas auf Samos, von den Handelsreisen des Vaters nach Italien, auf denen ihn der junge (νέον ὄντα) Pythagoras begleitet habe und wohin er später ausgewandert (ἀποπλεῦσαι) sei, des weiteren von seinen beiden Brüdern Eunostos und Tyrrhenos.

An einer Stelle der ps.-iamblichischen *Theologumena arithmeticae* wird Neanthes gemeinsam mit dem Pythagoreer Androkydes (Περὶ τῶν συμβόλων), dem Pythagoreer Eubulides, Aristoxenos und – wieder – Hippobotos für die Chronologie des Pythagoras zitiert:[131] er sei 82 Jahre alt geworden und alle 216 Jahre wiedergeboren worden. Auf den hier zu findenden Synchronismus mit Polykrates wurde schon oben hingewiesen.[132] Es findet sich in den *Theologumena arithmeticae* außerdem die Angabe, daß Pythagoras wegen der Tyrannis des Polykrates nach Ägypten ausgewandert sei, um mit den dortigen Priestern zu verkehren, von dort aber nach der Eroberung des Landes durch Kambyses (525 v.Chr.) nach Babylon gebracht und in die Mysterien eingeweiht worden | [137] sei. Ob wirklich alles in diesem 'Zitatnest' auch bei Neanthes gestanden hat, ist nicht ganz sicher. Deutlich wird jedenfalls, daß die Chronologie der Ereignisse auch hier sorgfältig ist und wie auch sonst ein ausgeprägtes Interesse an Örtlichkeiten deutlich wird, an denen sich der Portraitierte aufgehalten hat. Es ist zu vermuten, daß der Verfasser der *Nach Städten geordneten Mythen* von Pythagoras' Einweihung in die

---

129 Clem. Al. *Strom.* 1,62,2 = F 29b = Hippobot. F 12 Gigante = Aristox. F 11b Wehrli = Aristot. F 190 Rose = 155 Gigon = Theopomp., FGrHist 115 F 72.
130 Vgl. Burkert 1962, 91 mit Anm. 27 = 1972, 102 Anm. 27.
131 [Iamb.] *Theol. ar.* p. 40b Ast = F 33 = Hippob. F 13 Gigante = Aristox. F 12 Wehrli.
132 Siehe oben, S. 18–19.

Mysterien berichtet hat, daß einige, wenn nicht alle der älteren Autoren durch ihn vermittelt sind und er dann wieder von Hippobotos ausgeschrieben worden ist. Ob Neanthes an die Wiedergeburten geglaubt oder nur die Meinungen seiner allesamt pythagoreischen Quellen referiert hat, wissen wir nicht.

Ein Zusammenhang zur Vita des Pythagoras besteht bei einem weiteren Zeugnis, das wiederum Porphyrios überliefert, diesmal aber in seiner Schrift *Über die Enthaltung von tierischer Nahrung*.[133] Dort zitiert er Neanthes gemeinsam mit der Schrift *Über Zypern und Phoinikien* des sonst völlig unbekannten Asklepiades von Zypern. Sie werden als Zeugen dafür angeführt, daß sich die Syrer zunächst tierischer Nahrung enthalten, dann zur Schadensabwehr Tiere geopfert und später auch selbst verzehrt hätten. Es gilt als höchst unwahrscheinlich, daß Porphyrios den entlegenen Autor gekannt hat, und man nimmt daher wohl zu Recht an, daß dieser über Neanthes vermittelt ist, auf den sich Porphyrios mehrfach für Pythagoreisches beruft. Dieser dürfte auf seiner Suche nach lokalen Mythen und regionaler Kultpraxis den Spezialautor zitiert haben.[134] Es zeigt sich hier wieder, warum Pythagoras in einer mythographischen Schrift behandelt werden konnte: das pythagoreische Verbot des Fleischgenusses stellt die Verbindung her zur Kultpraxis in Syrien, wo Pythagoras erzogen worden ist.

Ein letztes Fragment mit Informationen über Pythagoreisches handelt vom bekannten antipythagoreischen Pogrom in Süditalien, wobei Neanthes von Porphyrios für die Einzelangabe zitiert wird, beim Brandanschlag auf das pythagoreische Vereinslokal seien allein Archippos und Lysis entkommen. Letzterer sei später in Theben Lehrer des Epameinondas gewesen.[135] Auch hier interessieren Neanthes wieder die eigentlichen Fakten und der Bezug zur Gegenwart bzw. zur jüngeren Vergangenheit.[136] | [138]

---

133 Porph. *Abst.* 4,15 = F 32 (aber nur der Anfang) = Asclepiad. Cypr., FGrHist 752 F 1. Auch Jacoby geht von einer Verbindung zu Pythagoras aus, da er das Fragment unter die *Pythagorica* einordnet.
134 So Jacoby zu F 32, aber anders am Rand zu Asclepiad. Cypr., FGrHist 752 F 1; für die Vermittlung durch Neanthes auch Bernays 1866, 156; Schwartz 1896; Patillon – Segonds – Brisson 1995, 79 Anm. 218; vgl. XXXIV–XXXV. [Zu Asklepiades' und Neanthes' Theorien zur Entstehung des Tieropfers siehe Schorn 2009.]
135 Porph. *VP* 55 = F 30.
136 Das Attentat muß nach Neanthes um 450 stattgefunden haben. Er kann nicht davon gesprochen haben, daß Pythagoras zur Zeit des Anschlages zur Bestattung seines Lehrers Pherekydes auf Samos war, wie es die Darstellung des Porphyrios suggeriert. Natürlich war nach Neanthes Pythagoras nicht beim Anschlag anwesend, da er nach seiner Chronologie zu dieser Zeit längst tot war. Der Fehler liegt bei Porphyrios oder seiner Quelle, die aus dem Faktum der Abwesenheit des Pythagoras in der Erzählung des Neanthes und der Abwesenheit des Pythagoras wegen der

1.3.2.4 Fazit zur Behandlung der Pythagoreer

Neanthes hat für die Rekonstruktion der Vita des Pythagoras und der Geschichte des Pythagoreismus (wozu auch Empedokles zählt) offenkundig zahlreiche Quellen herangezogen und kritisch geprüft. Die Rekonstruktion der Reisen des Pythagoras in dessen Jugend scheint sein Werk gewesen zu sein, da sich Hippobotos hierfür nur auf ihn, aber nicht auf einen weiteren Autor beruft, Neanthes folglich wohl keinen Gewährsmann genannt hat. Die Erzählung von Myllias und Timycha klingt nach lokaler Tradition wie auch die Nachricht vom Grab des Empedokles und der Bericht vom Aufenthalt des Lysis in Theben bei Epameinondas. An schriftlichen Quellen sind neben den Tragödien des Empedokles der Telaugesbrief und Timaios für die Empedoklesvita, weiterhin Aristoteles [?], Aristoxenos und Theopomp für Pythagoras' Herkunft (vielleicht nicht alle) und Androkydes, Eubulides und wieder Aristoxenos (vielleicht nicht alle) für seine Chronologie und Asklepiades von Zypern für die syrische Kultpraxis zu erschließen. Neanthes dürfte daher ein wichtiger Mittler der Forschungen des 4. Jh.s für die spätere Zeit gewesen sein. Sein Werk empfahl sich, da es offenkundig in großem Umfang frühere Werke und lokale Traditionen verarbeitete, die Spätere übernehmen konnten, ohne Neanthes als Zwischenquelle deutlich zu machen, um sich auf diese Weise das Mäntelchen der Belesenheit umzuhängen. Seine Darstellung zeichnet sich auch hier durch Sachlichkeit, Bezug auf die Fakten des Lebens und chronologische Stimmigkeit aus.

1.3.3 Weitere biographische Fragmente

1.3.3.1 Sophokles

In verschiedener Hinsicht aufschlußreich ist ein Fragment über den Tod des Sophokles, das im anonymen *Genos* des Dichters überliefert wird und die einzige Angabe darstellt, die der Kyzikener über den Tragiker überliefert:[137]

Bestattung des Pherekydes bei anderen die beiden chronologisch unvereinbaren Berichte miteinander verquickt hat. Man hat daher zu Unrecht von einer a-chronischen Konzeption der Zeit bei den Pythagoreern gesprochen: Musti 1989 und 1990. Ich werde an anderer Stelle durch eine Analyse der entsprechenden antiken Traditionen zeigen, daß es keine spezielle pythagoreische Konzeption von Zeit gegeben hat, sondern daß die Probleme durch eine Kombination miteinander unvereinbarer Chronologien des Pythagoras durch spätere Autoren entstanden sind. [Zur Abgrenzung des Fragments siehe auch Schorn 2013a, 197–199 = unten, S. 204–205.]
137 *Vit. Soph.* 14 = F 18 = Ister, FGrHist 334 F 37.

Istros und Neanthes erklären, er sei auf folgende Weise gestorben. Der Schauspieler Kallippides sei von einem Auftritt aus Opus um die Choen herum zurückgekehrt und habe ihm eine Weintraube geschickt. Sophokles aber habe eine Beere, die noch unreif war, in den Mund genommen und sei aufgrund seines hohen Alters daran erstickt. Satyros sagt,[138] er habe die *Antigone* vorgelesen und sei im Schlußteil zu einem breit dargelegten Gedanken gekommen, der kein Komma und keinen Punkt zum Innehalten | [139] gehabt habe. Da habe er seine Stimme so angestrengt, daß er mitsamt seiner Stimme auch sein Leben ausgehaucht habe. Andere aber sagen, er sei nach dem Vorlesen des Stückes, als er als Sieger ausgerufen worden war, aus Freude über den Sieg gestorben.

Was die Geschichte des Neanthes vor denen des Satyros und der 'anderen' auszeichnet, ist ihr ungewöhnlich ausgeprägtes Lokalkolorit:[139] Die Choen waren ein praktisch nur in Athen gefeiertes Fest und „integraler Bestandteil athenischer Identität"[140]. Sie wurden am zweiten Tag der Anthesterien gefeiert, also etwa im Januar, und stellten ein Fest des Dionysos von zum Teil sehr düsterem Charakter dar, bilden also den passenden Rahmen für den Tod des Dichters.[141] Daß es im Januar noch keine unreifen Trauben geben konnte, ist seit jeher bemerkt worden.[142] Allerdings spielten Trauben des Vorjahres bei dem Fest eine Rolle, die man an die Decke hängte, so daß sie leicht eintrockneten, aber immer noch ihre Form bewahrten. Diese dürften hier gemeint sein.[143] 'Insiderkenntnis' bezeugt ebenfalls die Einbeziehung des Kallippides, der in den letzten Jahrzehnten des 5. und ersten des 4. Jh.s einer der ersten Stars des athenischen Theaters war – von der Menge bewundert, aber auch wegen seiner Allüren und seines pathetischen Gebärdenspiels kritisiert.[144] So mag hier eine Spitze gegen ihn vorliegen, wenn er mittelbar den Tod des Dichters verschuldet. Überdies gab es an den Choen den Brauch, Geschenke und Lohn an Lehrer zu verschicken, die ihrerseits ihre Schüler bewirteten.[145] Diese Gewohnheit steht also wohl hinter dem Geschenk an den

---

138 F 5 Schorn (von dort auch die Übersetzung).
139 Zu den verschiedenen Traditionen über den Tod des Sophokles vgl. Piccolomini 1888, 103–116; Labarbe 1969; Lefkowitz 1981, 85–86; [²2012, 83–84]; Müller 1995; Schorn 2004, 177–181; vgl. auch Németh 1983.
140 Bremmer 1996, 55–61 (Zitat: 60); umfassend zum Festkomplex der Anthesterien, aber wohl zu kritisch Hamilton 1992. [Siehe auch Burkert 2011, 358–364.]
141 So auch Bremmer 1996, 57.
142 Ritter 1845, 50; vgl. Schorn 2004, 178 Anm. 138.
143 Deubner 1932, 132, der diese Form der Konservierung im Jahr 1924 noch selbst miterlebt hat.
144 Zu ihm siehe Ghiron-Bistagne 1976, 142–144; 334 (Quellen); Blume 1999.
145 Ath. 10,437d–e unter Berufung auf den Komödiendichter Eubulides (F 1 Kassel – Austin = F 57 Döring = SSR II B 6); Apemantos speiste am Choenfest bei seinem 'Vorbild' Timon, dem Menschenfeind (Plu. *Ant.* 70,2), was vielleicht auch auf Neanthes zurückgeht; dazu vgl. unten, S. 35; zum Brauch vgl. Hamilton 1992, 61.

Mann, in dessen Stücken er aufgetreten war. Diese Fassung der Todeslegende kann nur im 4. Jh. in Athen entstanden sein, da sie ungewöhnliches Detailwissen über das kulturelle Ambiente voraussetzt, während die späteren Autoren in der üblichen Weise eine Verbindung zwischen einer Tragödie des Dichters und seinem Tod herstellen und ihre Geschichten keinerlei Lokalkolorit aufweisen.

In welcher Schrift aber überlieferte Neanthes die Geschichte? Man dachte natürlich an *Über berühmte Männer*,[146] doch bieten sich weitere Möglichkeiten an: *Nach Städten geordnete Mythen* und *Über Riten*, wobei v.a. letztere attraktiv erscheint. Denn im Anschluß an die Choen scheint ein *hieros gamos* zwischen Dionysos und | [140] der Frau des Archon Basileus gefeiert worden zu sein, der geheime Opfer einschloß.[147] Da Neanthes auch sonst Geschichten erzählte, die im weiteren Sinne mit den Mythen (F 8; 10) oder den Mysterien (F 16) in Verbindung standen, ist eine Herkunft der Nachricht aus der Schrift über Riten ebenfalls denkbar. Dies würde zudem den Charakter der Erzählung erklären, die außergewöhnlich eng mit dem Fest verbunden ist. Am ehesten fand Neanthes diese Erzählung als mündliche Tradition vor Ort.[148]

1.3.3.2 Antisthenes

[Diogenes Laertios erwähnt Neanthes in einer textkritisch schwierigen Passage, in der es um die Frage nach dem Erfinder der kynischen Tracht, bestehend aus doppelt gelegtem Mantel, Stab und Ranzen, geht:[149]

> Διελέγετο (scil. Antisthenes) δ' ἐν τῷ Κυνοσάργει γυμνασίῳ μικρὸν ἄπωθεν τῶν πυλῶν· ὅθεν τινὲς καὶ τὴν κυνικὴν ἐντεῦθεν ὀνομασθῆναι· αὐτός τε ἐπεκαλεῖτο Ἁπλοκύων. Καὶ πρῶτος ἐδίπλωσε τὸν τρίβωνα, καθά φησι Διοκλῆς, καὶ μόνῳ αὐτῷ ἐχρῆτο· βάκτρον τε ἀν-

---

146 So Susemihl 1891–1892, I 618; Jacoby vor F 13.
147 Dazu Deubner 1932, 100–102; das Fest fand wohl aber nicht, wie Deubner meint, an den Choen selbst statt; vgl. hierzu Hamilton 1992, 53–65; zu seinem Zusammenhang mit den Anthesterien siehe aber Bremmer 1996, 59 mit 136 Anm. 210; vgl. auch Avagianou 1991, 177–197.
148 Allerdings ist zu vermerken, daß die Atthidographen des 4. Jh.s auch über die Choen gehandelt haben: Phanod., FGrHist 325 F 11–12; Philoch., FGrHist 328 F 57. Theoretisch kann Neanthes die Information also auch einem dieser Werke entnommen haben; vgl. etwa Philochoros' Interesse an der Biographie des Euripides: F 218; 220; 221.
149 [Diog. Laert. 6,13 = F 24 = Sosicr. Hist. F 15 Giannattasio Andria. Ich folge in der Textkonstitution Zaccaria 2016a, 141–142; Dorandi 2013a beschränkt in seiner Edition des Diogenes Laertios das Sosikratesfragment auf einen Einschub in das Neanthesfragment, d.h. auf die Variante Σωσικράτης δ' ἐν τρίτῃ Διαδοχῶν Διόδωρον τὸν Ἀσπένδιον.]

ἔλαβε καὶ πήραν. Πρῶτον (Z, Frob. : πρῶτος BPF) δὲ καὶ Νεάνθης φησὶν ἁπλῶσαι (BPF, διπλῶσαι Salmasius) θοἰμάτιον, Σωσικράτης δ' ἐν τρίτῃ Διαδοχῶν Διόδωρον τὸν Ἀσπένδιον
καὶ πώγωνα καθεῖναι καὶ βάκτρῳ καὶ πήρᾳ χρῆσθαι.

In der ursprünglichen Version meines Beitrages akzeptierte ich in der Nachfolge der meisten Editoren die Konjektur διπλῶσαι für das überlieferte ἁπλῶσαι.[150] Auf dieser Grundlage kann man in Diogenes denjenigen sehen, der in seiner Radikalität und Bedürfnislosigkeit einen Schritt weiterging als Antisthenes: statt des Mantels (θοἰμάτιον) legte er den 'Kratzemantel' (τρίβωνα) doppelt.

Pietro Zaccaria hat es aber sehr wahrscheinlich gemacht, daß das überlieferte ἁπλῶσαι richtig ist.[151] Das Doppellegen des Mantels (ἐδίπλωσε τὸν τρίβωνα), ohne darunter, wie üblich, einen Chiton zu tragen, galt der antiken Philosophiegeschichtsschreibung als 'Gründungshandlung' des Kynismus. Zaccaria zeigt, daß Neanthes mit ἁπλῶσαι auf diese Formulierung reagiert: Antisthenes sei noch extremer gewesen als Diogenes. Er habe wie Diogenes keinen Chiton getragen, aber zudem den Mantel nicht doppelt, sondern nur einfach gelegt. Entsprechend sei auch der Spitzname Ἁπλοκύων zu verstehen als „Hund, der nur einen einfach gelegten Mantel trägt".

Wie auch bei der ursprünglichen Interpretation bleibt das Zeugnis des Neanthes ein wichtiger Beleg für die enge Verbindung zwischen Antisthenes und Diogenes, die in der neueren Forschung bisweilen unterschätzt wird,[152] und bezeugt, daß Antisthenes' Rolle bei der Ausbildung des Kynismus schon im 4. Jh., vielleicht sogar noch zu Lebzeiten des Diogenes diskutiert wurde.[153]

Es ist wahrscheinlich, daß Neanthes die Information über Diogenes' Kleidung in Athen erhalten hat, vielleicht vom Kyniker Philiskos von Aigina, der ihm auch Angaben zu Platons Biographie lieferte. Da es sich offensichtlich um eine Behauptung handelt, die in den Kontext der Kontroverse um den wahren Erfinder des Kynismus gehört, muß offenbleiben, ob sie zutreffend ist. Zudem läßt der epitomatorische Charakter der Passage bei Diogenes Laertios nicht mehr erkennen, ob Neanthes hier nur die Behauptung eines Gewährsmannes überliefert oder selbst für die Richtigkeit dieser Angabe eintritt.] | [141]

---

150 Zur Abgrenzung der Fragmente vgl. Schorn 2004, 166 Anm. 78.
151 [Zum Folgenden siehe Zaccaria 2016a.]
152 So bei Giannantoni 1990, IV 232.
153 [Dies betont zu Recht auch Zaccaria 2016a, 157.]

1.3.3.3 Themistokles (aus den *Hellenika*)

Einen Hinweis auf Neanthes' Umgang mit schriftlichen Quellen bieten auch F 2 und 17 aus den *Hellenika*.[154] An zwei Stellen in Plutarchs *Themistoklesvita* wird er gemeinsam mit Phainias von Eresos, seinem wohl wenig älteren Zeitgenossen,[155] ohne Angabe des Werkes zitiert, doch ist die Herkunft der Angaben aus den *Hellenika* durch ein weiteres Zitat bei Athenaios gesichert.[156] Die erste Stelle lautet gendermaßen:[157]

> Phainias freilich sagt, seine (scil. Themistokles') Mutter sei nicht Thrakerin, sondern Karerin gewesen, und verzeichnet als ihren Namen nicht Abrotonon, sondern Euterpe. Neanthes aber fügt für sie auch die Stadt in Karien, Halikarnassos, hinzu.

Offenkundig hat also Neanthes Phainias zitiert und ergänzt.[158] Die Angabe des Ortes, die sich nur bei Neanthes findet, klingt nach lokaler Tradition, auf die Neanthes bei seinen Reisen gestoßen sein kann. Falls die Angabe, die Plutarch zuvor zitiert, schon im 4. Jh. existierte, ist hier eine Parteinahme zu Gunsten des Phainias und gegen jene Ansicht zu konstatieren.[159] | [142]

---

[154] [Obbink 2011, 291–295 präsentiert die vorläufige Edition eines Papyrus der Green Family Collection (keine Inventarnummer erwähnt), der einen Teil der mythischen Genealogie des Dionysos überliefert. Mit aller Vorsicht („no more than a guess") erwägt er als eine mögliche Identifizierung des Texts, daß es sich um ein Fragment aus Neanthes' *Hellenika* handeln könnte. Vgl. Baron zu BNJ 84 F 15.]

[155] Zur Datierung Engels 1998a, 290: geboren um 365 oder wenige Jahre früher; gestorben unter der Regierung des Demetrios von Phaleron (317–307).

[156] Ath. 13,576c–d = F 2a.

[157] Plu. *Them*. 1,2 = F 2b = Phan. Hist., FGrHist 1012 F 17 = F 29 Engels (RUSCH); vgl. Ath. 13,576c–d = F 2a.

[158] So auch Bicknell 1982, 164; Cooper 1995, 325; Engels 1998a, 330; anders Frost 1980, 62: gleiche Quelle unterschiedlich ausführlich verwendet. Zur Frage der Historizität siehe Bicknell, der die Angabe, die Mutter des Themistokles sei Karerin gewesen, ebenso verwirft wie Nepos' (*Them*. 1,2) Herkunftsbezeichnung *Acarnanam*, die er als Textkorruption von Καρίνην oder ἐκ Καρίας erklärt. Unwahrscheinlich ist seine Ansicht (168–171), daß die Mutter eine athenische Siedlerin aus Kardia gewesen sei. [Zur Überlieferung bei Phainias siehe auch Schorn 2015, 226–228 = unten, S. 174–175].

[159] So Engels 1998a, 330. Bicknell 1982, 167 sieht in Hermipp. com. F 6 West² eine Anspielung auf die thrakische Mutter.

Interesse an Örtlichkeiten weist auch die zweite Stelle auf, an der Neanthes im Verein mit Phainias zitiert wird. Dort ist von den Städten die Rede, die Themistokles vom Perserkönig für die Bestreitung seines Lebensunterhaltes zur Verfügung gestellt worden sind:[160]

> Die meisten sagen, ihm seien drei Städte geschenkt worden, für Brot, Wein und Zukost Magnesia, Lampsakos und Myus.[161] Zwei weitere fügen der Kyzikener Neanthes und Phainias hinzu: Perkote und Palaiskepsis für Lager und Bekleidung.

Auch hier hat Neanthes, wie es scheint, seine Quelle zitiert und ist ihr gefolgt.[162] In beiden Fragmenten zeigt sich die Tendenz, allgemeine Informationsbestände zu erweitern. Die Arbeitsweise und die Interessengebiete entsprechen denen in den biographischen Schriften, was als weiterer Hinweis dafür zu sehen ist, daß der Biograph auch der Autor der *Hellenika* ist. Muß man eine förmliche Biographie des Themistokles annehmen, eventuell integriert in die *Hellenika*? Möglich ist dies. Der beide Male auf Orte bezogene Charakter der Zitate läßt aber auch den Schluß zu, es habe sich lediglich um exkursionsartige Anmerkungen im Rahmen einer historiographisch-geographischen Darstellung gehandelt.[163]

1.3.3.4 Timon, der Menschenfeind

Ganz im Stile einer Kurzbiographie, wie sie in Reiseführern bei der Beschreibung von Orten zu finden ist, präsentiert sich der knappe Lebensabriß des Misanthropen Timon,[164] den ein Scholion zu Aristophanes' *Lysistrate* überliefert:[165]

---

160 Plu. *Them.* 29,11 = F 17a = Phan. Hist., FGrHist 1012 F 22 = F 34 Engels (RUSCH); vgl. Neanth. F 17b; [zur Version des Phainias siehe Schorn 2015, 228–230 = unten, S. 175–177].
161 Diese Tradition zuerst bei Thuc. 1,138,5; dazu vgl. Piccirilli, in: Carena – Manfredini – Piccirilli 1983, 278–280, dort auch im Similienapparat (S. 85) weitere Quellen mit dieser Angabe; Frost 1980, 219–223; Engels 1998a, 341–342.
162 So auch Engels 1998a, 342 (zu FGrHist 1012 F 22).
163 Plutarch zitiert noch öfter Phainias über das Leben des Themistokles: 7,6–7 = Phan. Hist., FGrHist 1012 F 18 = F 30 Engels (RUSCH); 13,2–5 = Phan. Hist., FGrHist 1012 F 19 = F 31 Engels (RUSCH); 27,2–8 = Phan. Hist., FGrHist 1012 F 20 = F 32 Engels (RUSCH); ein weiteres Fragment über Themistokles bei Ath. 2,48c = Phan. Hist., FGrHist 1012 F 21 = F 33 Engels (RUSCH). [Zu diesen Fragmenten siehe Schorn 2015, 221–242 = unten, S. 169–189.]
164 Zu diesem und den Traditionen über ihn vgl. umfassend Bertram 1906, zu Neanthes' Darstellung: 31–36; außerdem Lenschau 1937; Armstrong 1987.
165 *Sch. Ar. Lys.* 808 = F 35; von dort *Suda*, α 3508, s.v. ἀπορρῶγας.

Timon. Dies war der sogenannte Menschenhasser, von dem Neanthes erzählt, er sei lahm geworden, nachdem er von einem wilden Birnbaum gefallen sei. Da er keine Ärzte hinzugezogen habe, sei er verfault und gestorben. Und nach seinem Tod sei sein Grabmal, das auf dem Weg vom Peiraieus nach Kap Zoster und Sunion lag, unzugänglich gewesen, da es vom Meer abgerissen worden war.

Daß in dieser knappen Charakterisierung die Hälfte des Textes auf die Beschreibung und Lokalisierung des Grabes entfällt, ist wohl kein Zufall, wobei noch anzumerken ist, daß dieser Schwerpunkt nicht etwa durch den zu erklärenden Text des Aristophanes nahegelegt wird. | [143]

Man hat vermutet, daß das Timonkapitel in Plutarchs *Antoniusvita* (70) auf Neanthes zurückgeht.[166] Nach einem kurzen Hinweis auf die Datierung Timons folgen dort die Quellen, denen er seine Berühmtheit verdankt habe, die Komödien von Aristophanes und Platon, danach einige witzige Anekdoten, die seine Menschenfeindlichkeit illustrieren, und abschließend der Hinweis auf Tod und Grab einschließlich der Grabinschrift und Kallimachos' Epigramm auf ihn. Da letzteres aus chronologischen Gründen kaum bei Neanthes gestanden haben kann, liegt bei Plutarch wohl nicht nur Material aus Neanthes vor. Bemerkenswert ist freilich, daß Plutarch im Rahmen der Anekdoten vom gemeinsamen Mahl Timons und seines Nacheiferers Apemantos an den Choen berichtet, also die gleiche Situation vorliegt wie im Fragment des Neanthes über den Tod des Sophokles.[167]

Das vermeintliche Grab Timons und der halbverfallene Turm nahe der Akademie, in dem er gehaust haben soll, waren Touristenattraktionen.[168] Was Neanthes hier überliefert, ist also eine Lokalsage über einen Prominenten, wie sie sich an Örtlichkeiten festmachen und wie sie auch sonst für sein Werk charakteristisch sind.

1.3.3.5 Xenophanes

In einem stark zerstörten Papyrusfragment aus Herculaneum ist unter Berufung auf Neanthes von der Verbannung des Xenophanes aus seiner Heimat wegen Asebie die Rede.[169] Die Parallele bei Diogenes Laertios, wo allem Anschein nach

---

166 Leo 1901, 114–117.
167 Siehe oben, S. 29–31.
168 Paus. 1,30,4 (zum Turm).
169 P. Herc. 327, fr. 4 Crönert = fr. 1 Cavalieri. Der Text nach Crönert 1906, 128. Cavalieri 2002, 31–33 hat den Papyrus einer erneuten Autopsie unterzogen, doch ist dieser heute schlechter lesbar als zu Crönerts Zeit; ihre Ergebnisse bestätigen die Lesungen und Ergänzungen Crönerts.

Neanthes' Darstellung vorliegt, zeigt, daß es auch hier um Aufenthaltsorte ging: „Als er aus seiner Heimat verbannt worden war, hielt er sich in Zankle auf Sizilien und in Katane auf."[170] Auch andere Quellen des 4. Jh.s und späterer Zeit berichten von Aufenthalten des Philosophen in der *Magna Graecia*, allerdings nicht von solchen in den genannten Städten.[171] Die biographische | [144] Information hat also auch hier einen periegetischen Hintergrund und stellt wieder eine singuläre, wohl lokale Tradition dar. Sie ist weiterhin ein zusätzliches Zeugnis für Neanthes' Interesse am griechischen Westen. Mit dem Geschick des Xenophanes zu Hause in Ephesos dürfte sich Neanthes im Rahmen seiner Forschungen über diese Region beschäftigt haben, von denen auch der lydische Lokalmythos über Niobe zeugt, den das oben besprochene F 6 überliefert.[172]

1.3.3.6 Laïs (und ihre Liebhaber) und Epicharm

Stephanos von Byzanz beruft sich für die Herkunft des Dichters Epicharm und der Hetäre Laïs aus Krastos auf Sizilien auf Neanthes' Schrift *Über berühmte Männer*.[173] Das Fragment ist ein weiteres Zeugnis für Neanthes' ausgeprägtes Interesse am griechischen Westen. Wenngleich Epicharm bisweilen als Pythagoreer bezeichnet wird, ist dies kein Beweis dafür, daß Neanthes die Pythagoreer auch in *Über berühmte Männer* behandelt hat. Epicharms Herkunft war umstritten. Nach

---

170 Diog. Laert. 9,18.
171 Aristot. *Rh.* 2,23 p. 1400b6–8 = VS 21 A 13: Xenophanes spricht zu Eleaten; vgl. sein verlorenes Epos über die Gründung von Elea (Diog. Laert. 9,20 = VS 21 A 1,20); Timae., FGrHist 566 F 133 = VS 21 A 8: Xenophanes lebte zur Zeit Epicharms und Hierons, was wohl als Hinweis auf persönliche Bekanntschaft zu verstehen ist; vgl. Hippol. *Haer.* 1,14,5 = VS 21 A 33,5: Xenophanes bezieht sich auf Funde von Versteinerungen in den Steinbrüchen von Syrakus (sowie auf Malta und vielleicht auf Pharos = Lessina); Aristot. *Metaph.* 3,5 p. 1010a5–7 = VS 21 A 15 = Epich. F 143 Kassel – Austin (dort im Similienapparat Weiteres): Dictum Epicharms über Xenophanes; Diog. Laert. 9,20 = VS 21 A 1,20: Xenophanes im Gespräch mit Empedokles; Diog. Laert. 1,15: Xenophanes Schüler des Telauges; [Aristot.] *Mir.* 38 p. 833a15–16 = VS 21 A 48: Liparische Inseln; Diog. Laert. 9,20 = VS 21 A 1,20: Xenophanes von den Pythagoreern Parmeniskos und Orestades verkauft oder losgekauft (Text unsicher); zu den Aufenthalten des Xenophanes im Westen vgl. von Fritz 1967, 1543; zur Biographie nun auch Schäfer 1996, 95–104.
172 Siehe oben, S. 24.
173 St. Byz. κ 209 Billerbeck, s.v. Κραστός· ἐκ ταύτης ἦν Ἐπίχαρμος ὁ κωμικὸς καὶ Λαῒς ἡ ἑταίρα, ὡς Νεάνθης ἐν τῷ Περὶ ἐνδόξων ἀνδρῶν. Jacobys Zweifel, daß sich das Zitat auf beide Namen bezieht, sind unbegründet.

Aristoteles stammte er aus Megara Hyblaia, die *Suda* nennt außerdem Syrakus, Krastos, Samos und Kos als Alternativen.¹⁷⁴ [...]

Über die berühmte Hetäre Laïs kann schwerlich in einem Werk *Über berühmte Männer* gehandelt worden sein,¹⁷⁵ so daß die Information wohl im Zusammenhang mit einem ihrer berühmten Liebhaber oder einem Prominenten, der sonstwie mit ihr in Verbindung gebracht wurde, zu sehen ist. Zu diesen gehören u.a. Aristippos, der Kyniker Diogenes, Euripides, Philoxenos, Apelles, Demosthenes und Alexander der Große.¹⁷⁶ Auch hier widerspricht Neanthes wohl Timaios, der Laïs aus Hykkara in Sizilien stammen ließ, und ist der einzige Zeuge für diese offenkundig lokale Tradition.¹⁷⁷ | [145]

1.3.3.7 Periandros
Eine weitere wohl lokale Tradition bietet F 19, das Diogenes Laertios im Rahmen der Erörterung der verschiedenen Träger des Namens Periandros und der Frage, welcher von ihnen der Weise gewesen sei, überliefert, wobei er hierfür auf die Diskussion des 4. Jh.s v.Chr. verweist:¹⁷⁸ Platon erwähne ihn nicht unter den Weisen.¹⁷⁹ Aristoteles kenne zwei Tyrannen dieses Namens, den negativ gezeichneten von Ambrakia¹⁸⁰ und den weisen von Korinth.¹⁸¹ Sotion, Herakleides (Pontikos) und Pamphila hätten zwischen einem Tyrannen und einem Weisen aus Ambrakia unterschieden, der aber wohl ebenso als (guter) Herrscher aufgefaßt wurde.¹⁸²

---

174 Aristot. *Po.* 3 p. 1448a29–34 = T 4 Kassel – Austin; *Suda* ε 2766, s.v. Ἐπίχαρμος = T 1 Kassel – Austin; vgl. Diog. Laert. 8,78 = T 9 Kassel – Austin; zahlreiche Parallelen im Similienapparat bei Kassel – Austin.
175 [So aber Stronk zu BNJ 171 F 13: Titel nicht zu wörtlich genommen und auch herausragende Frauen behandelt.]
176 Vgl. die Belege bei Geyer 1924 und Strothmann 1999, mit differierenden Zuweisungen an verschiedene Personen dieses Namens.
177 Siehe oben, S. 17–22.
178 Diog. Laert. 1,98–99.
179 Pl. *Prt.* 343a.
180 Aristot. *Pol.* 5,4 p. 1304a31–33; 5,10 p. 1311a39–b1.
181 Diog. Laert. 1,99 = Aristot. F 517 Rose = 522 Gigon, direkt anschließend an das Neanthes-Zitat; Diog. Laert. 1,98 und Heraclid. Lemb. *Exc. Polit.* 20 Dilts = F 515 Rose = 521 Gigon; zu diesen Fragmenten, die wohl alle aus Aristoteles' *Verfassung der Korinther* stammen, vgl. Hose 2000, 175–177.
182 Sotio F 2 Wehrli; Heraclid. Pont. F 145 Wehrli = 29 Schütrumpf; der Pontiker ist wohl gemeint; vgl. Wehrli 1967–1978, VII 108–109 (zu Heraclid. Pont. F 144–145); Suppl. II 35 (zu Sotio F 2); Schorn 2004, 22; eher an Herakleides Lembos als den Pontiker denkt Hose 2000, 177; für Herakleides Lembos Cagnazzi 1997, 73: Pamphila F 5 Cagnazzi.

Ebendies habe Neanthes berichtet, außerdem daß er der Neffe des Tyrannen von Korinth gewesen sei. Neanthes scheint also auch hier eine existierende Tradition um ein Detail ergänzt zu haben. Auch wenn die Differenzierung zwischen einem Weisen und einem Tyrannen ein gelehrtes Konstrukt gewesen sein dürfte, ist die nur bei den oben genannten Autoren belegte Tradition vom weisen Herrscher von Ambrakia wohl am ehesten vor Ort propagiert worden.[183]

1.3.3.8 Heraklit

Die skurrilste Erzählung im Werk des Neanthes findet sich in einem Fragment über den Tod Heraklits.[184] Um sich von seiner Wassersucht zu kurieren, habe sich der Philosoph in Mist eingraben lassen. Da er nicht mehr aus dem Mist habe herauskommen können, sei er liegengeblieben und – unkenntlich gemacht durch den Mist – von Hunden gefressen worden. Während Heraklit in anderen Erzählungen zumeist in Mist eingegraben stirbt, scheint hier mit dem Tod durch Hunde ein Element dem Bericht hinzugefügt zu sein, wie es in Legenden über den Tod von Gottesfeinden tradiert wird.[185] Es verwundert, daß der sonst | [146] dem Phantastischen so abgeneigte Neanthes eine solche Erzählung als zutreffend erachtet haben soll. Zieht man allerdings in Betracht, daß das Eingraben in Mist tatsächliche medizinische Praxis reflektiert und die ganze Szenerie große Ähnlichkeit mit einem Reinigungsritual aufweist, wie es das *Avesta* überliefert, wird verständlich, daß Neanthes diesem Bericht glauben schenkte [– wenn er es denn tat und Diogenes Laertios hier nicht etwas als Meinung des Neanthes wiedergab, was dieser nur referierte.][186]

---

183 Zu dem Wenigen, was über Periandros von Ambrakia bekannt ist, vgl. Schütrumpf – Gehrke 1996, 455.
184 Diog. Laert. 9,4 = F 25 = VS 22 A 1,4.
185 Die Legenden vom Tod Heraklits sind gesammelt als M 27 bei Mouraviev 2003; Kommentar dort, 165–173; zum Tod durch Hunde vgl. Schorn 2004, 334–338.
186 Zu den Belegen siehe Mouraviev 2003, 170–171; unplausibel scheint mir seine Ansicht, daß die Legenden vom Tod (und Leben) Heraklits auf eine Komödie zurückgehen.

1.3.3.9 Ibykos und Anakreon (aus den *Jahrbüchern*)

Das einzige Fragment aus der Schrift mit dem Titel Ὅροι, der allgemein als Ὅροι Κυζικηνῶν, *Jahrbücher von Kyzikos*, verstanden wird,[187] handelt vom Erfinder der Sambyke, eines harfenartigen Saiteninstruments:[188]

> Neanthes von Kyzikos sagt im ersten Buch der *Jahrbücher*, daß dieses Instrument eine Erfindung des Ibykos von Rhegion sei, so wie das Barbiton eine Erfindung Anakreons sei.

Erstaunlich ist nun weniger, daß solche Heuremata, die sonst hauptsächlich in biographischem Kontext zu finden sind, in einem lokalhistorischen Jahrbuch erscheinen, da solche Werke auch sonst biographische Informationen enthalten, sondern vielmehr, daß keine der beiden Angaben für uns in eine Verbindung mit Kyzikos gebracht werden kann, während die Informationen, die sonst für entsprechende Werke bezeugt sind, soweit ich sehe, immer irgendwie mit der entsprechenden Stadt zu tun haben.[189] Es zeigt sich allerdings eine Verbindung mit anderweitig bezeugten Interessengebieten des Neanthes: Ibykos stammte aus Rhegion, also Großgriechenland, dem auch sonst sein Interesse galt. F 33 bezeugt, daß sich Neanthes wie viele andere des Synchronismus Polykrates, Pythagoras, Anakreon u.a. bedient hat. Und auch Ibykos wurde mit Hilfe des Polykrates[190] oder dessen Vater[191] datiert.

Vielleicht liegt bei dieser Angabe des Neanthes eine Polemik gegen Aristoxenos vor, der die Sambyke zu Recht, wie schon der Name zeigt, als nichtgriechisches Instrument bezeichnete,[192] oder gegen Skamon von Mytilene, der Sambykos als Erfinder nannte.[193] In jedem Fall war der Erfinder im 4. Jh. | [147] umstritten, und Ibykos mag wegen des Gleichklangs zu ἰαμβύκη, wie das Instrument auch genannt wurde, als Erfinder aufgekommen sein.[194] Auch hier liegt es nahe, an einen lokalen Anspruch der Heimatstadt zu denken.

---

187 Auch sonst werden Horoi bestimmter Städte verkürzt mit Ὅροι zitiert; vgl. z.B. Duris, FGrHist 76 F 22 = Diog. Laert. 1,119; der Buchtitel Ὅροι ohne Zusatz ist meines Wissens nicht bezeugt.
188 Ath. 4,175d–e = F 5.
189 Recht weit von speziell lampsakenischen Themen entfernt sich auch Charon von Lampsakos in seinen *Jahrbüchern von Lampsakos* (FGrHist 262 F 1–2); doch vgl. Jacobys Kommentar zur Stelle mit den möglichen Anknüpfungspunkten.
190 Eus. *Chron.* Ol. 59,4 (= 541) = PMGF T A 2: *Ibycus carminum scriptor agnoscitur.*
191 *Suda* ι 80, s.v. Ἴβυκος = PMGF T A 1. Der Text ist aber vielleicht verderbt; vgl. Woodbury 1985; Giannini 2002.
192 Aristox. F 97 Wehrli = Ath. 4,182f; zur Herkunft des Instruments vgl. Maux 1920, 2124.
193 FGrHist 476 F 5; zu den verschiedenen Traditionen über den Erfinder vgl. Jacoby zur Stelle.
194 Vgl. Maux 1920, 2124.

Nach Pindar sei Terpandros der Erfinder der Barbitos gewesen,[195] die aber ebenfalls sicher orientalischen Ursprungs ist.[196] Eben dieses Pindargedicht, das *Skolion an Hieron*, wurde auch von Aristoxenos in seiner Schrift *Über Instrumente* im Hinblick auf die Spielweise von Magadis und Pektis zitiert.[197] Es ist also anzunehmen, daß er auch auf die dort von Pindar behauptete Erfinderschaft des Terpandros zu sprechen gekommen ist, ob zustimmend oder kritisch, muß freilich offenbleiben. Auszuschließen ist eine kritische Auseinandersetzung des Neanthes mit dem Zeitgenossen also auch hier nicht. Die Barbitos galt als das Standardinstrument Anakreons,[198] und so will Neanthes vielleicht nur zum Ausdruck bringen, daß die Urheberschaft des Ibykos so sicher ist wie die Anakreons, die für ihn außer Frage steht.

1.4 Auswertung der Analyse der Fragmente: Neanthes als Autor

Neanthes' Biographien bzw. seine biographischen Einlagen im Kontext nicht speziell biographischer Werke sind im Kontext seiner periegetischen Interessen zu sehen. Auf seinen Reisen und bei seiner Lektüre sammelte er nicht allein Mythen in unterschiedlichen Varianten, Aitia von Riten und historische Informationen zur Abfassung seiner *Historien*, seiner mythographischen und seiner heortologischen Schriften, sondern auch biographische Angaben über berühmte Persönlichkeiten. Bei den meisten dieser *biographica* ist noch zu erkennen, daß sie ihren Ausgang von einer Örtlichkeit nahmen, an der sich die Person aufgehalten hat, bzw. daß solche Informationen eine wesentliche Rolle bei der biographischen Rekonstruktion spielten. Für viele der Angaben ist Neanthes der einzige Gewährsmann bzw. die Quelle Späterer, was ebenfalls die Ansicht stützt, es handle sich um seltene, lokale Traditionen. Daher mein Vorschlag, von 'periegetischer Biographie' zu sprechen.

Die Methode des Neanthes ist die eines Historikers. Für ihn scheint das Prinzip der Autopsie eine wichtige Rolle gespielt zu haben und auch das Sammeln mündlicher Traditionen vor Ort. Darin scheint er sich von seinem 'Mitschüler' Timaios unterschieden zu haben, wenn der Vorwurf des Polybios im Grundsatz zutrifft, daß dieser ein Buchgelehrter gewesen sei und seine historischen | [148]

---

195 Pind. F 125 Maehler = Terpand. T 45 Gostoli.
196 Dazu Snyder 1971–1972.
197 Ath. 14,635b–c = F 99 Wehrli.
198 Vgl. Snyder 1971–1972, 333–334; 339.

Schriften in Athen mit Hilfe der dortigen Bibliotheken verfaßt habe.[199] Durch seine Arbeitsweise konnte Neanthes einige Angaben des Timaios über Pythagoras und Empedokles korrigieren und ergänzen. Auch andere Informationsbestände scheint er gerne durch Forschungen vor Ort erweitert zu haben. [Dies ist bei einem Biographen ein vielleicht unerwartetes Vorgehen. Doch zeigt ein Blick auf andere Vertreter dieses Genres im 4. Jh., daß diese Arbeitsweise nicht vereinzelt war:] Aristoxenos integrierte Erzählungen des Spintharos in seine Biographien des Sokrates und des Archytas und will vom verbannten Tyrannen Dionysios II. die Erzählung von Damon und Phintias gehört haben. Des weiteren erklärt er, von seinem Lehrer Xenophilos Informationen über die pythagoreische Lebensweise erhalten haben.[200] Dikaiarchos bereiste für sein geographisches Werk Teile Griechenlands und berief sich für seine Darstellung der antipythagoreischen Aufstände auf mündliche Traditionen in Großgriechenland.[201] [Auch Chamaileon sammelte lokale Legenden über Dichter.[202] Daß diese Biographen wie Neanthes systematisch und, wie es scheint, im großen Umfang auf die Suche nach solchen Traditionen gingen, ist möglich, aber angesichts der Überlieferungslage nicht mit Sicherheit auszumachen. In jedem Fall wird aber deutlich, daß im 4. Jh. Feldforschung bei Biographen noch nicht ungewöhnlich war.]

Nach Art eines Historikers ist auch Neanthes' Umgang mit Quellen. Er nennt sowohl diejenigen, denen er folgt, als auch solche, deren Darstellung er ablehnt, die er aber dennoch referiert, mündliche wie schriftliche. Der Umfang, in dem er dies tat, war offensichtlich groß, [und es hat den Anschein, als ob sein Werk 'Handbuchcharakter' hatte].[203] Im Zusammenhang mit Neanthes' Freude am Sammeln unterschiedlicher Traditionen ist wohl der Vorwurf Plutarchs zu sehen,

---

199 Die Berechtigung von Polybios' Kritik an Timaios und anderen ist gerade in jüngster Zeit Gegenstand intensiver Diskussionen, die noch nicht abgeschlossen sind; vgl. Schepens 2006, 93–94 mit Anm. 43; [Baron 2013, 58–88].
200 Sokrates: F 54a Wehrli = Cyr. Adv. Iul. 6,3 p. 783d; Archytas: F 30 Wehrli = Iamb. *VP* 197; Dionysios: F 31 Wehrli = Iamb. *VP* 233–236; Xenophilos: F 29 = F 25 Wehrli = Gell. 4,11,7; vgl. Wehrli 1967–1978, II 47; 56–57; [siehe dazu Schorn 2012 = Kap. 4 in diesem Band].
201 Geographische Forschungsreisen: F 2 Mirhady = *Suda* δ 1062, s.v. Δικαίαρχος; F 118 Mirhady = Plin. *Nat.* 2,162; F 119 Mirhady = Gem. 17,5; F 124 Mirhady = Str. 2,4,1 p. 104–105; antipythagoreische Aufstände: F 41a Mirhady = FGrHist 1400 F 57a = Porph. *VP* 56. [Zu Dikaiarchos' geographischen Arbeiten siehe Verhasselt zu FGrHist 1400, Einleitung § 4.14, zu seiner Darstellung der Pythagoreer den Kommentar zu F 56–58.]
202 [Siehe Schorn 2008 und 2007/2010 = Kap. 2 und 3 in diesem Band.]
203 Von Handbuchcharakter spricht (noch von einer Datierung um 200 ausgehend) Burkert 1962, 91 = 1972, 102. [In der Erstfassung des Aufsatzes war ich zu zurückhaltend, was diese Charakterisierung angeht.]

der im Hinblick auf *Nach Städten geordnete Mythen* von dessen „Naivität in manchen Dingen (ἐν ἐνίοις εὐχέρειαν)"[204] spricht. Unter den gesammelten Traditionen waren, wie sich gezeigt hat, auch solche, die nicht der historischen Wahrheit entsprachen oder bizarre Lokallegenden darstellten. Neanthes fühlte sich offenkundig zum *referre relata* verpflichtet, was ihm den Vorwurf der Leichtgläubigkeit einbringen konnte, und er ist in dieser Hinsicht vielleicht am ehesten Herodot vergleichbar. Daß er in dieser Tradition gesehen wurde, macht Plutarch | [149] an derselben Stelle deutlich, wenn er schreibt:[205] [εὐχερὴς] μὲν οὖν, ἔφη, πρὸ[ς ἀπόδει]ξιν ἱστορίας ὁ ἀνα[γράψας], „naiv ist also, sagte er, im Hinblick auf die Darlegung seiner Forschung der, der geschrieben hat ...". Seine ἱστορίας ἀπόδειξις, so möchte ich einwenden, bietet aber, soweit wir sehen, durch die Nennung ihrer Gewährsmänner dem Leser die Möglichkeit, die Vertrauenswürdigkeit des Berichteten einzuschätzen.

Im Falle von Pythagoras, Empedokles und Platon entsprach die Darstellung des Neanthes offenkundig dem, was man als Biographien bezeichnen kann. [Dabei] standen, [wie es scheint,] die Fakten des Lebens im Zentrum der Darstellung, weniger der Versuch, ein charakterliches Gesamtbild der Personen zu entwerfen und mittels exemplarischer Episoden zu illustrieren, wenngleich auch charakterisierende Elemente nicht fehlen.

[In einem wichtigen Punkt unterscheidet sich Neanthes von zahleichen Zeitgenossen, die über das Leben anderer schrieben. Die Beschreibung eines Lebens diente bei ihnen häufig paränetischen Zwecken oder hatte zumindest moralisierenden Charakter:] Xenophon konstruierte Kyros und Agesilaos ohne große Rücksicht auf die historische Realität zu Verkörperungen seiner philosophischen Konzeptionen, und nicht anders verfuhr Isokrates im *Euagoras* mit seinem Helden. Auch die Schriften der Akademiker über Platon waren wohl weitgehend elogisch. [...] Andere entwarfen Biographien des Pythagoras und des Empedokles, die diese als *exempla* des θεῖος ἀνήρ zeichneten und mit übermenschlichen Zügen ausstatteten. Solche Tendenzen fehlen bei Neanthes. Er sammelte im Fall Platons Traditionen von Freund und Feind und entmythologisierte sein Bild, wie er es auch im Fall von Pythagoras und Empedokles tat. Die Lehre der Philosophen hat ihn offenkundig nicht interessiert. Er geht als Historiker an das Leben der Menschen heran und rekonstruiert die Eckdaten und Fakten, was bei Philosophenviten, und hierbei v.a. bei solchen zeitgenössischer Philosophen, nach meinem Wissen in dieser Weise bis auf seine Zeit ohne Beispiel ist.

---

204 Plu. *quast. conv.* 1,10,2 p. 628d = T 4 = F 10.
205 Plu. *quaest. conv.* 1,10,2 p. 628b. Der Text ist durch eine Beschädigung der Handschrift lückenhaft; zur Textgestaltung vgl. Theodorsson 1989, 158.

Und so stellt sich abschließend die Frage, in welcher Tradition Neanthes als Biograph steht. Es ist nicht die eben genannte des 4. Jh.s. Man könnte statt dessen an Autoren wie Ion von Chios oder Stesimbrotos von Thasos denken, die ebenso Erfahrungen, die sie auf Reisen gemacht haben, veröffentlicht haben. Wenn aber die Fragmente aus Ions *Epidemiai* charakteristisch für das Werk sind, war der Charakter der Schrift zwar ähnlich, aber nicht identisch: dort fanden sich Einzelepisoden, die Ion aus persönlichem Umgang mit prominenten Personen an verschiedenen Orten zu berichten hatte, nicht Lebensabrisse. Die | [150] Personen wurden durch Episoden aus ihrem privaten und öffentlichen Leben charakterisiert, allerdings allein entsprechend dem subjektiven Eindruck, den Ion von ihnen gewonnen hatte.[206] Stesimbrotos verbindet mit Neanthes die Tatsache, daß auch er ein Werk *Über Riten* neben der biographischen Schrift *Über Themistokles, Thukydides und Perikles* verfaßt hat. Der polemische Ton dieses Werkes unterscheidet es freilich von dem des Neanthes.

Am ehesten vergleichbar scheinen mir die biographischen Abrisse in den Geschichtswerken von Herodot und Thukydides zu sein. Beide Historiker ziehen schriftliche wie mündliche Quellen für ihre Darstellung heran und haben v.a. die historische Plausibilität und chronologische Stringenz im Blick, wobei sich gerade Herodot durch seine Tendenz zum *referre relata* auch bei Zweifeln an der Historizität der Überlieferung auszeichnet, was offenkundig auch ein Kennzeichen des 'Sammlers' Neanthes war. Allerdings werden vor allem bei Herodot Personen nicht nur durch sicher verbürgte Fakten, sondern auch durch Anekdoten und Apophthegmen charakterisiert.[207] Eine solche Charakterisierung scheint nach Ausweis der Fragmente bei Neanthes weniger wichtig gewesen zu sein, da ihn v.a. die Fakten des Lebens interessierten, [wenngleich sich diese Erzählelemente auch bei ihm gelegentlich finden lassen.] Die Gestalt seiner Biographien resultiert wohl daraus, daß sie Informationen vereinigen, die Neanthes im Rahmen seiner historischen, mythographischen und periegetischen Studien gesammelt hat. Die Liste seiner Werke weist ihn eindeutig als Historiker aus. Er gehört allem Anschein nach zur Gruppe der seit dem 5. Jh. bezeugten reisenden Historiker, welche die griechische Welt durchzogen, Informationen sammelten und dabei häufig auch aus ihren Werken vortrugen.[208] Gerade solche Männer wurden

---

206 Vgl. West 1985, 75; Lendle 1992, 28–32; Dover 1988, 9 charakterisiert das Werk folgendermaßen: „I propose that Ion's Ἐπιδημίαι should be given a place in the genealogy of the Socratic dialogues of Plato. Ion constructed a new literary form out of two oral forms, narrative conversation and the sayings of wise men."
207 Zu den Charakteristika des Biographischen bei Herodot vgl. Homeyer 1962, 78–79.
208 Zu diesen vgl. Schepens 2006 (mit der älteren Literatur); als einen solchen hat man auch Neanthes aufgrund seiner mythographischen Studien gesehen; vgl. Chaniotis 1988, 365–372.

gerne von den sie beherbergenden Städten geehrt, insbesondere dann, wenn sie sich um die Rekonstruktion der Geschichte (einschließlich des Mythos) des entsprechenden Ortes verdient gemacht hatten. Dies tat Neanthes durch die Propagierung lokaler Traditionen. Und so spricht Einiges dafür, daß der um 274 in Delphi geehrte Neanthes aus Kyzikos mit dem Biographen zu identifizieren ist.

Die *Suda* bezeichnet ihn als ῥήτωρ, so daß seine 'unperipatetische' bzw. unphilosophische Herangehensweise an das Leben der Portraitierten nicht verwundert.[209] Bezeichnenderweise gilt er nicht als Philosoph, was zu sein [sehr viele] Biographen des 4. Jh.s für sich in Anspruch nahmen. Daß | [151] er nicht βίοι im Stile des Aristoxenos schrieb, wollte er vielleicht schon durch den Titel Περὶ ἐνδόξων ἀνδρῶν deutlich machen. Und so könnte man, wenn man nicht im Hinblick auf den Themenschwerpunkt und die Genese von Neanthes' biographischen Interessen von 'periegetischer Biographie' sprechen will, mit Blick auf die Arbeitsweise und den Charakter der Biographien wohl auch von 'historischer Biographie' sprechen.[210]

Ist diese Rekonstruktion des biographischen Schaffens des Neanthes zutreffend, [ging er in einer Weise an das Leben der von ihm Porträtierten heran, die man angesichts der allgemein herrschenden stereotypen Vorstellung von der hellenistischen Biographie kaum erwartet hätte.] Da er schriftliche und mündliche Traditionen sammelte und ausgiebig zitierte, wurde sein Werk in späterer Zeit wohl intensiv benutzt, da man dort Informationen fand, die man sonst durch eigene Lektüre der von Neanthes rezipierten Werke selbst hätte sammeln müssen. Oft dürfte daher der von Neanthes zitierte Autor von Späteren zitiert worden sein, ohne daß Neanthes als Zwischenquelle genannt wurde. Ein Werk, [das in solchem Umfang die Vorgänger zitierte,] würde man eher in viel späterer Zeit erwarten und es in Alexandreia entstanden denken, wo Autoren die Schätze der dortigen Bibliothek zur Verfügung hatten. Doch hat es offenkundig schon am Ende des 4. Jh.s ein Werk gegeben, das große Ähnlichkeit mit dem Aussehen hatte, das einst Friedrich Leo für die von ihm postulierte 'alexandrinische Biographie' angenommen hat.[211]

---

[209] *Suda* ν 114, s.v. Νεάνθης = T 1. Auch der Peripatetiker Phainias von Eresos betrieb neben biographischen und literarhistorischen Untersuchungen historische Studien. Allerdings waren offenkundig seine historiographischen Werke in großem Umfang anekdotischen Charakters; vgl. Cooper 1995, 324 [und Schorn 2015 = Kap. 5 in diesem Band].

[210] Zur Frage nach dem Zusammenhang von Biographie und Historiographie siehe nun umfassend Schepens 2007; [Kap. 14 in diesem Band].

[211] [Zu diesem Konstrukt Leos siehe Schorn, in: Schepens – Schorn 2011, 420–421 = unten, S. 290–291.]

1.5 Anhang 2017: Neanthes der Jüngere (FGrHist 171) als Autor aller Werke unter dem Namen Neanthes? Zu einer Interpretation von Jan P. Stronk

In seiner Ausgabe der Fragmente Neanthes' des Jüngeren in BNJ 171 (online veröffentlicht am 1. Oktober 2013) reklamiert Jan P. Stronk nun wieder alle unter dem Namen Neanthes überlieferten Werke (*Historien, Attalosgeschichte, Nach Städten geordnete Mythen, Über Riten, Jahrbücher, Über berühmte Männer*) für den jüngeren Träger dieses Namens.[212] Dazu und zu einigen anderen seiner Ausführungen will ich an dieser Stelle kurz Stellung nehmen. Fragmentnummern beziehen sich dabei weiterhin auf FGrHist 84 (= BNJ 84).

Stronk datiert die Akme des älteren Neanthes aufgrund der Schülerschaft bei Philiskos von Milet (T 1a) auf ca. 300 und identifiziert ihn ebenso mit dem in Syll.³ 377 Geehrten (T 2). Das Zeugnis von P. Herc. 1021 (neuer Text jetzt in BNJ 84 F 21b) zieht er dabei nicht in Betracht. Der dort bezeugte persönliche Umgang mit Philiskos von Aigina und Philipp von Opus führt auf ein etwas früheres Geburtsdatum, ca. 360/350; siehe oben, S. 1–2.

Stronk bemängelt, daß ich dem Zeugnis der Ps.-Eudokia jeden Quellenwert abspreche und ihre Behauptung (T 1b), der Rhetor Neanthes habe Περὶ κακοζηλίας ῥητορικῆς καὶ λόγους πολλοὺς πανηγυρικούς (von Stronk übersetzt als „On Affected Rhetoric and many pompous stories") geschrieben, als bewußte Fälschung oder als Fehler des Kompilators erachte: „I have two problems with Schorn's comment: it '*must* be a mistake' (my italics), and 'anyway no independent source value'? Schorn's note accompanying this remark alone is insufficient to warrant his conclusions (Schorn, '"Periegetische Biographie"', 118 note 21 [= oben, S. 5 Anm. 24])." Hierzu ist zu bemerken, daß die Übersetzung „many pompous stories" falsch ist und λόγους πολλοὺς πανηγυρικούς bei einem Redner zu verstehen ist als „viele panegyrische Reden". Damit ist auch eine Interpretation Stronks, die auf dieser Übersetzung beruht, hinfällig. Die unter dem Namen der Eudokia zirkulierende Schrift Ἰωνιά/*Violarium* ist das Werk des bekannten Fälschers Konstantinos Palaiokappa und entstand um 1540. Sie beruht ganz auf der *Suda* und anderen Werken, die zu diesem Zeitpunkt schon gedruckt waren.[213] Die zusätzliche Information über Neanthes entstammt höchstwahrscheinlich

---

212 Die Begründung im Biographical Essay am Ende seines Beitrags.
213 Siehe zuletzt etwa Dorandi 2009, 194; Baron zu BNJ 84 T 1b (von 2014; mit weiterer Literatur).

Suda, κ 231, s.v. Καλλίνικος (vgl. κ 158, s.v. κακοζηλία).²¹⁴ Der Quellenwert des Fragments ist also Null.

Als Hauptargument für die Zuweisung der Werke an den jüngeren Neanthes bringt Stronk vor, daß sich die Kritiken Polemons in *Gegenschrift(en) gegen Neanthes* (F 16) und die des Demetrios von Skepsis (F 39) eher gegen einen älteren Zeitgenossen als einen Autor des 4./frühen 3. Jh.s gerichtet hätten, ein Argument, das er Jacoby verdankt.²¹⁵ Die Kritik der beiden Autoren, v.a. aber die Verwendung des Wortes ἀντιγραφαί im Titel wiesen darauf hin, daß Neanthes zum Zeitpunkt der Kritik noch literarisch aktiv war:

> Here, however, the connotation of the word ἀντιγραφή appears to suggest an immediate and also personal involvement in the matter, considerably reducing the time between the work of Neanthes and Demetrios's – and, since they lived almost at the same time, also Polemon's – reaction. In the whole context of this problem it is feasible, though, to surmise that the works of Neanthes that Demetrios and Polemon criticized preceded Neanthes's *History of Attalos*. Any firm evidence for this assumption, though, is lacking. Altogether though, it seems unlikely that Neanthes the Younger lived much longer after the first decade of the second century.

An der Richtigkeit dieser Interpretation sind Zweifel angebracht: Polemon war der Autor eines umfangreichen polemischen Schrifttums. Er schrieb *Gegen Timaios* (Πρὸς Τίμαιον) in mindestens 12 Büchern, *Gegen Eratosthenes* (Πρὸς Ἐρατοσθένην; auch andere Titel für das Werk bezeugt) in mindestens 2 Büchern, *Gegen Adaios und Antigonos* (Πρὸς Ἀδαῖον καὶ Ἀντίγονον) in mindestens 6 Büchern und die *Gegenschrift(en) gegen Neanthes* (Πρὸς Νεάνθην ἀντιγραφαί) in mindestens 2 Büchern.²¹⁶ Während es sich bei Eratosthenes (276/2–194)²¹⁷ und Antigonos von Karystos (* ca. 290)²¹⁸ um Autoren handelte, die einige Jahrzehnte älter waren als Polemon (* zwischen 245/4 und 220; Proxenos in Delphi 177/6),²¹⁹ war Timaios ein Zeitgenosse des älteren Neanthes. Polemon setzte sich also mit den Autoritäten der unmittelbaren und ferneren Vergangenheit auseinander. Auch beweist ἀντιγραφαί im Titel nicht, daß es sich beim Kritisierten um einen noch aktiven Zeitge-

---

214 Vgl. z.B. Pulch 1880; Baron zu BNJ 84 T 1b. Jacoby (zu FGrHist 84 T 1) läßt die genaue Herkunft des Materials zwar offen, folgt aber grundsätzlich Pulch.
215 Jacoby, Einleitung zu FGrHist 84 (II C, 144).
216 Die polemischen Werke sind F 39–69 Preller (Sammlung unvollständig).
217 Datierung nach Geus 2002, 7–15.
218 Datierung nach Dorandi 2002; vgl. Schorn 2014a, 714.
219 Die Datierung Polemons ist unsicher; die möglichen Geburtsdaten schwanken zwischen 245/4 und 180; siehe die Diskussion in Capel Badino 2014, 5–10.

nossen handelte. Erinnert sei hier nur an die Ἀντιγραφή des Stoiker Kornutos (aktiv unter Nero)[220] gegen den Stoiker Athenodoros von Tarsos († 13 oder 3 v.Chr.)[221] und die Ἀντιγραφαί des Kallimacheers Istros (aktiv im 2. Drittel des 3. Jh.s)[222] gegen Timaios, den Zeitgenossen des Neanthes.[223] Im ersten Fall richtete sich die Schrift sicher, im zweiten sehr wahrscheinlich gegen einen bereits verstorbenen Autor. Aber ich sehe an sich keinen Grund, warum ἀντιγραφή ein solches zeitliches Nahverhältnis suggerieren sollte. Bei der Polemik des Demetrios von Skepsis handelt es sich um die übliche Auseinandersetzung mit einem Vorgänger, die nichts über das zeitliche Verhältnis zu diesem aussagt.

Es ist im übrigen nicht einmal sicher, daß Polemon und Demetrios (* kurz vor 200 – mindestens 130)[224] den jüngeren Neanthes kritisiert haben können. Denn es ist nicht mehr als eine Vermutung, daß seine Περὶ Ἄτταλον ἱστορίαι Attalos I. (241–197) und nicht Attalos II. (159–138) oder Attalos III. (138–133) zum Thema hatten. Ebensowenig ist bezeugt, daß dieser Autor aus Kyzikos stammte. Wenn Stronk diese Herkunft aufgrund der *Jahrbücher* und der *Nach Städten geordneten Mythen* annimmt, deren Fragmente den Kyzikener als Autor erwähnen, stützt er sich auf Werke, bei denen die Autorschaft des jüngeren Neanthes erst zu beweisen wäre. Methodologisch stimmig wäre es, angesichts der unbekannten Herkunft des jüngeren Namensträgers zunächst einmal die Fragmente, die einem Neanthes aus Kyzikos zugeschrieben werden, demjenigen Autor zuzuweisen, für den diese Herkunft bezeugt ist, und dies ist der Autor der zahlreichen biographischen Fragmente, der ältere Neanthes. Dem Kyzikener werden in den Quellen auch *Hellenika*, *Nach Städten geordnete Mythen*, *Jahrbücher* und *Über Riten* zugeschrieben. Nur das einzige Fragment aus *Über berühmte Männer* erwähnt nicht die Herkunft des Neanthes, doch sehe ich keinen Grund, das biographische Werk nicht dem Autor der biographischen Fragmente zuzuweisen (siehe dazu auch unten).

F 9 aus *Nach Städten geordnete Mythen*, welches das Aition des Kultes der Aphrodite Porne in Abydos überliefert, enthält entgegen Stronks Ansicht (zu F 9) keinen Hinweis auf die Autorschaft des jüngeren Neanthes. Stronk erachtet das Epitheton als hellenistisch und datiert die Heldentat der Hetären, die zur Einrichtung des Kultes führte, in die Zeit der Diadochenkriege. Dann kann aber ebenso

---

220 Zur Datierung und zum Werk siehe Nock 1931, 995–997.
221 Zur Datierung siehe Philippson 1931, 47–52; Goulet 1994a, 655.
222 So Berti 2009, 1–5.
223 Ister, FGrHist 334 F 59 = Timae., FGrHist 566 T 16.
224 Datierung nach A.M. Biraschi, zu FGrHist 2013 T 1–11.

der ältere Neanthes die Quelle sein, der noch ca. 274 (T 2) in einer delphischen Inschrift geehrt wird. Diese bezieht auch Stronk auf den älteren Neanthes.

Hinsichtlich der Aufnahme bzw. des Ausschlusses von Fragmenten ist Stronks Vorgehen methodologisch problematisch, da es inkonsequent ist. Er nimmt unter die Fragmente des jüngeren Neanthes fast ausschließlich Fragmente auf, die den Buchtitel enthalten, wenngleich er es aufgrund des Inhalts und des Kontexts für möglich erachtet, daß sich auch unter den ohne Buchangabe überlieferten Fragmenten solche des jüngeren Neanthes befinden könnten. Bei welchen er dies erwägt, macht er nicht deutlich. Allerdings nimmt er mit F 6 und 12 Fragmente ohne Buchtitel auf, die Jacoby *Nach Städten geordnete Mythen* zugewiesen hatte. Bei F 12 beruft er sich darauf, daß es wie das für diese Schrift belegte F 11 aus den Scholien zu Apollonios Rhodios stammt. Dies ist in der Tat ein plausibles Argument für die Aufnahme. Man fragt sich dann aber, warum er F 17a über Themistokles nicht aufnimmt, das wie das aufgenommene F 2b ebenso aus Plutarchs *Themistoklesvita* stammt (und dann ebenso das parallele F 17b aus den Scholien zu Aristophanes' *Rittern*).

Stronk sieht im älteren Neanthes den Biographen. Dann ist es aber unplausibel, wenn er die einzige Schrift, deren Titel zeigt, daß es sich um ein biographisches Werk handelte, Περὶ ἐνδόξων ἀνδρῶν, nicht diesem, sondern dem jüngeren Neanthes zuweist. Als ἄνδρες ἔνδοξοι bezeichnete man vor allem literarisch tätige Personen wie Dichter, Redner oder Philosophen.[225] Sicher von letzterer Personengruppe handelte der ältere Neanthes.

Ebenso inkonsequent ist es, wenn Stronk zwar bezweifelt, daß F 8 = 29 über Pythagoras, das Porphyrios' Pythagorasbiographie überliefert, aus *Nach Städten geordnete Mythen* stammt, wenngleich Porphyrios dies bezeugt, er es dann aber doch aufnimmt, da er der handschriftlichen Überlieferung folgen will. Er kommt dann zu dem Schluß, daß beide Neantheis übereinstimmende Interessen hatten, z.B. Pythagoras. Da aber anzunehmen ist, daß auch die anderen Zitate aus Neanthes im genannten Werk des Porphyrios aus demselben Werk dieses Neanthes stammen (F 30; 31a und dann auch 31b aus Iamblich), hätte Stronk diese konsequenterweise auch mit aufnehmen müssen (siehe oben zu den Fragmenten über Themistokles). Dasselbe gilt für das parallele Fragment 29b aus den *Stromateis* des Clemens von Alexandreia. Dann bestünde aber kein Grund mehr, die Fragmente über Empedokles in Diogenes Laertios auszuschließen, die laut diesem (8,72 = F 28) aus Neanthes' Darstellung der Pythagoreer stammen.[226] Da Diogenes

---

[225] Engels 2005, v.a. 133–139.
[226] Stronk meint hier, daß F 28 aus einem speziellen Werk über die Pythagoreer stamme. Diese immer wieder einmal zu findende Ansicht (vgl. Jacobys Titel mit Fragezeichen, II A, 194, und zu

Laertios keinen anderen Neanthes als den Biographen zu kennen scheint, würde dies die Aufnahme aller Fragmente des Neanthes in dessen Werk bedingen.

Man sieht: so lange man nicht dazu bereit ist, die Quellenangabe in F 8 = 29 ἐν τῷ πέμπτῳ τῶν Μυθικῶν als Fehler der Überlieferung zu erachten und dieses Fragment aus denen des jüngeren Neanthes auszuschließen, ist das Band zwischen dem Biographen und dem Autor der historisch-antiquarischen Schriften nicht durchtrennt. Und wenn Biographien und *Nach Städten geordnete Mythen* vom selben Autor stammen, ist dies wahrscheinlich auch bei den anderen namentlich bekannten Werken der Fall, mit Ausnahme der *Attalosgeschichte*. In den Fragmenten dieser Gruppe finden wir, wie oben dargelegt, dieselben Interessen und dieselbe Arbeitsweise – ein Punkt, den Stronk nicht anspricht –, eine Arbeitsweise, die ich als periegetisch und historisch charakterisiert habe. Eine Beschränkung des älteren Neanthes auf die biographischen Fragmente führt zu zwei Autoren, die nicht nur denselben Namen tragen, sondern auch als Autoren 'Zwillinge' sind.[227]

Aus diesem Gründen kann ich Stronks Interpretation nicht folgen.

F 29) beruht auf der Einleitung des Referats (Νεάνθης δ' ὁ Κυζικηνὸς ὁ καὶ περὶ τῶν Πυθαγορικῶν εἰπὼν φησι ...), ist aber nicht zwingend.

227 Weitere Argumente für die Zugehörigkeit der Fragmente zu einem einzigen Autor auch in Baron, zu BNJ 84 (Biographical Essay. II. Works; vgl. dort zu F 26). Besonders erwähnenswert ist, daß die Ehrung in Delphi vielleicht auf Verdiensten beruht, die er sich durch *Nach Städten geordnete Mythen* (oder *Über Riten*) erworben hat.

2 Chamaileonstudien

2.1 Vorbemerkung

Dem Peripatetiker Chamaileon aus Herakleia am Pontos kommt in der Geschichte der griechischen Biographie eine herausragende Rolle zu. Er scheint von der Mitte des vierten bis ins erste Drittel des dritten Jahrhunderts gelebt zu haben, da er einerseits Herakleides Pontikos des Plagiats beschuldigen konnte und andererseits wohl mit einem Chamaileon identisch ist, der im Jahr 281 an einer Gesandtschaft Herakleias an Seleukos I. teilnahm und sich dort durch furchtloses Auftreten hervortat.[1]

Seine besondere Bedeutung liegt darin, daß er als einer der ersten in großem Umfang das Leben von Dichtern der archaischen und klassischen Zeit erforscht hat. Da er seine entsprechenden Schriften nicht als Βίοι bezeichnete, sondern Titel vom Typ Περὶ τοῦ δεῖνα (z. B. Περὶ Σαπφοῦς, Περὶ Στησιχόρου) wählte, wird in der Forschung diskutiert, ob es sich um Biographien im eigentlichen Sinne oder um literaturgeschichtliche Schriften gehandelt habe, in denen zwar auch Biographisches eine Rolle gespielt habe, die aber primär zum Ziel gehabt hätten, Texte zu erklären und Entwicklungen innerhalb literarischer Gattungen zu rekonstruieren.[2]

Unbestritten ist die Bedeutung von Chamaileons Methode biographischer Forschung. Unter der sogenannten 'Methode des Chamaileon', die für nahezu die gesamte literarische Biographie der Antike | [52] kennzeichnend ist, versteht man das exegetische Verfahren, Eigenschaften von Literaten und Ereignisse aus ihrem Leben mit Hilfe ihrer Werke zu rekonstruieren. Grundlage dieses Verfahrens ist die Annahme, daß sich das ἦθος eines Menschen in seinen ἔργα widerspiegle, zu

---

1 F 16 Martano (Plagiatsvorwurf) und F 1a (Gesandtschaft). [Im folgenden wird nach den Nummern der Fragmentsammlung Martanos in Martano – Matelli – Mirhady 2012 zitiert. Zur Berechtigung der Bezeichnung als Peripatetiker siehe Schorn 2003, 66–67 = unten, S. 275–276].
2 Letzteres ist die *communis opinio*. Ich vertrete erstere Ansicht in Schorn 2007/2010 [= Kap. 3 in diesem Band]. Dieser Aufsatz geht auf einen Vortrag zurück, den ich im September 2007 während der Tagung „Filosofi della scuola di Aristotele – Cameleonte e Prassifane: frammenti per una storia della critica letteraria" in Rom gehalten habe. Die Tagung war Teil des „Project Theophrastus", das es sich zum Ziel gesetzt hat, die Werke Theophrasts und der 'kleineren Peripatetiker' durch neue Fragmentsammlungen zu erschließen, die neben einer Übersetzung auch Aufsätze zu den Autoren enthalten. [Die Akten der Tagung mit der Fragmentsammlung und den interpretierenden Aufsätzen sind erschienen: Martano – Matelli – Mirhady 2012.] Vgl. Anm. 5. [Zu einigen Vorgängern Chamaileons, die sich mit Literaturgeschichte beschäftigten, siehe die Schorn 2015, 203–204 = unten, S. 151, aufgelisteten Autoren.]

denen auch seine literarischen Werke gehören. Dieses Interpretationsparadigma wurde vor allem von Graziano Arrighetti und Mary R. Lefkowitz untersucht, die maßgeblich zu seinem Verständnis beigetragen haben.[3] Das erste Beispiel einer Biographie, so Arrighetti, in der aus den Versen eines Dichters dessen Persönlichkeit rekonstruiert worden ist, stellen die 'Solonkapitel' der *Athenaion Politeia* des Aristoteles dar.[4] Im Bereich der literarischen Biographie und der Literaturgeschichte sei es Chamaileon gewesen, der dieses Interpretationsprinzip im großen Stil zur Rekonstruktion herangezogen habe, nachdem es schon bei Aristophanes die Grundlage für den *plot* der *Frösche* und die Charakterisierung von Aischylos und Euripides in dieser Komödie dargestellt habe. Zur 'Methode des Chamaileon' gehöre daneben auch die Verwendung von Aussagen der Komödie zur Rekonstruktion von Literaturgeschichte und Biographien.

Auf diesen Studien aufbauend soll im folgenden die Anwendung dieser Methode durch den Namensgeber untersucht und auf einige Aspekte hingewiesen werden, die bisher in der Forschung kaum oder nicht beachtetet worden sind. Ergänzend kommen exegetische und textkritische Bemerkungen zu den Περὶ τοῦ δεῖνα-Schriften des Autors hinzu. Die Untersuchungen verstehen sich als Beiträge zu einem umfassenden Kommentar zu diesem Autor, der noch aussteht.[5] Da | [53] nicht jeder Leser eine Ausgabe Chamaileons zur Hand haben dürfte, wird im folgenden der interpretierte Text in den meisten Fällen mit abgedruckt.[6]

---

3 Arrighetti 1987 v.a. 141–190; 1994; Lefkowitz 1981 [²2012; zusammenfassend Schorn 2014a, 682–684].
4 Arrighetti 1987, 147 in der Nachfolge von Kaibel 1893, 7.
5 [...] Die Fragmente Chamaileons sind häufig ediert und kommentiert worden, ein umfassender moderner Kommentar steht allerdings noch aus. Die ausführlichste Kommentierung findet sich in den Ausgaben von Köpke 1856 und Scorza 1934. Viele Interpretationen in der ausgezeichneten Abhandlung von Köpke haben bis heute Gültigkeit. Die Anmerkungen von Wehrli 1967–1978, IX sind sehr gut, aber bekanntermaßen knapp und selektiv, während die wenigen kommentierenden Bemerkungen von Steffen 1964 kaum über die vorangehende Forschung hinausgehen. Enttäuschend ist der Kommentar von Giordano 1990, der oft weitschweifig ist, aber auf alles andere mehr eingeht als auf Chamaileon. Entsprechend dem Usus der „Rutgers University Studies in Classical Humanities" sind die Anmerkungen in den Ausgaben von Martano 2007 [und 2012] knapp gehalten. Vorgesehen ist eine Neuausgabe der Fragmente Chamaileons auch im Rahmen des Fortsetzungsprojekts von FGrHist.
6 Grundlage ist die Ausgabe von Wehrli 1967–1978, IX, doch finden sich zahlreiche Abweichungen. [Verglichen wurde die Ausgabe von Martano 2012.]

2.2 Fragment 24 Wehrli = 23 Giordano = 26 Martano (= Ath. 9,389f–390a)

Καλοῦνται δ' οἱ πέρδικες ὑπ' ἐνίων κακκάβαι, ὡς καὶ ὑπ' Ἀλκμᾶνος λέγοντος οὕτως·
ἔπη δέ τε καὶ μέλος Ἀλκμάν
εὗρε γεγλωσσαμένον
κακκαβίδων στόμα συνθέμενος (F 39 Davies = 91 Calame),
σαφῶς ἐμφανίζων ὅτι παρὰ τῶν περδίκων ᾄδειν ἐμάνθανε. Διὸ καὶ Χαμαιλέων ὁ Ποντικὸς ἔφη τὴν εὕρεσιν τῆς μουσικῆς τοῖς ἀρχαίοις ἐπινοηθῆναι ἀπὸ τῶν ἐν ταῖς ἐρημίαις ᾀδόντων ὀρνίθων· ὧν κατὰ μίμησιν λαβεῖν σύστασιν τὴν μουσικήν. Οὐ πάντες δ' οἱ πέρδικες, φησί, κακκαβίζουσιν.

Das Fragment erscheint bei Athenaios in einem lexikographischen Kontext ('Rebhühner in der Literatur', 9,388e–390e). Zumeist erschließt man aus diesem und aus F 27 Martano [nach den Nummern dieser Ausgabe wird im folgenden zitiert] eine Schrift Περὶ Ἀλκμᾶνος, was sehr plausibel ist.[7]

Chamaileon zitiert drei Verse Alkmans, in denen dieser erklärt, er habe die Worte und die Melodie dieses Liedes gefunden, indem er die Stimme der Rebhühner wahrgenommen, d.h. nachgeahmt, habe. Wenn er hinzufügt, die alten Dichter hätten ihre Musik erfunden, indem sie Vögel in einsamer Natur nachgeahmt hätten, und erklärt: „Aber nicht alle Rebhühner machen *kakabe*", so ist zu folgern, daß er entweder die These von der Entstehung des Gesangs durch Nachahmung der Vögel am Exempel Alkmans dargelegt hat[8] oder daß er | [54] noch weitere Beispiele (mit Belegen?) angeführt hat, in denen Vögel mit ihrem Gesang Vorbilder für bestimmte Lieder gewesen sind.[9]

Wehrli spricht nur hinsichtlich F 27, das ebenfalls von Alkman handelt, von biographischer Ausrichtung, doch liegt diese ebenso hier vor. Es handelt sich bei den Versen um eine Sphragis.[10] Was lag näher, als eine solche Äußerung in autobiographischem Sinne zu interpretieren? Gerade Sphragides sowie überhaupt Be-

---

7 So Scorza 1934, 8–9; Steffen 1964, 46; Wehrli 1967–1978, IX 78–79; unentschlossen ist Giordano 1990, 148–149; [ebenso Martano 2012, 227 Anm. 2]. Köpke 1856, 36–38 dachte an den Προτρεπτικός, Marzullo 1964, 297 mit Anm. 2 an Περὶ ἡδονῆς.
8 So Wehrli 1967–1978, IX 79.
9 Vgl. ebenfalls bei Alkman die programmatische Aussage F 40 Davies = 140 Calame: ϝοῖδα δ' ὀρνίχων νόμως παντῶν. [Zustimmend zu dieser Interpretation Martano 2012, 227 Anm. 3; zu Vögeln als Inspirationsquelle Alkmans siehe Bettini 2009; Buè 2015, v.a. 371–377.]
10 Wehrli 1967–1978, IX 78; vgl. Calame 1983, 480 mit weiterer Literatur.

merkungen des lyrischen Ich waren es, die vorzugsweise von den antiken Biographen zur Rekonstruktion eines Lebens verwertet wurden.[11] Selbst heute ist dies noch häufig der Fall, oder es wird zumindest diskutiert, ob bzw. wie aus solchen Stellen von Gedichten Aussagen über die Person des Autors möglich sind.[12] Chamaileon begründet mit diesen Versen Alkmans zwar ein Faktum der Literaturgeschichte, doch existiert daneben ebenso eine biographische Komponente. Die Ermittlung des Erfinders einer bestimmten Liedform oder überhaupt einer Innovation war fester Bestandteil von Biographien. Denn eine Erfindung stellt, wie oben dargelegt, ein ἔργον dar und sagt daher nach antikem Verständnis immer auch etwas über den Charakter, das ἦθος, einer Person aus. Dies war der Grund dafür, daß Biographen eifrig auch die unbedeutendsten Erfindungen der von ichnen Porträtierten sammelten.

Im Zusammenhang mit diesem Fragment wurde häufig auf die antike Diskussion über die Ursache dichterischen Schaffens hingewiesen und auf die Bedeutung von Mimesis und Mathesis bei der dichterischen Produktion.[13] Gentili sieht hier eine Verbindung zur Antithese 'Dichtung als Ergebnis eines Lernprozesses' *versus* 'Befähigung zum Dichten von Natur aus'.[14] Eben diesen Kontext haben wir bei Chamaileon in F 43 vorliegen, wo Aischylos und Sophokles Exempel dieser konträren Konzepte darstellen, und in F 34, das | [55] die 'Dichterweihe' Pindars zum Thema hat. Trifft diese Einschätzung zu, ergibt sich daraus eine interessante Folgerung: F 26 suggeriert, daß ursprünglich jede Form von Musik als Quelle der Inspiration Vögel in einsamer Natur hatte. Daraus muß man schließen, daß nach Meinung Chamaileons zu Anfang *keine* Art der Musik – auch nicht diejenige Alkmans – göttlich inspiriert, sondern die gesamte frühe griechische Musik Ergebnis von Mimesis war. Aus 'biographischer Sicht' bedeutet dies, daß Chamaileon Alkman wie auch Sophokles und die 'alten Dichter' zu denjenigen Dichtern zählte, die ihre Kunst als Handwerk ausübten und nicht als Sprachrohr einer Gottheit fungierten.

---

11 Vgl. z.B. Timoth. *Pers.* 206–212 Hordern mit der darauf basierenden biographischen Tradition, die Hordern 2002, 7–9 bespricht.
12 Vgl. etwa die Diskussion im Zusammenhang mit Hesiod: Stoddard 2004 (mit der Forschungsliteratur) und die Rezension des Buches von Arrighetti 2007.
13 Siehe v.a. Gentili 1971; Calame 1983, 480; Giordano 1990, 147.
14 Gentili 1971, 65.

2.3 Fragment 25 Wehrli = 24 Giordano = 27 Martano (= Ath. 13,600f–601a)

Ἀρχύτας δ' ὁ ἁρμονικός, ὥς φησι Χαμαιλέων, Ἀλκμᾶνα γεγονέναι τῶν ἐρωτικῶν μελῶν ἡγεμόνα καὶ ἐκδοῦναι πρῶτον μέλος ἀκόλαστον, ὄντα καὶ περὶ τὰς γυναῖκας καὶ τὴν τοιαύτην μοῦσαν εἰς τὰς διατριβάς. Διὸ καὶ λέγειν ἔν τινι τῶν μελῶν·
    Ἔρως με δηὖτε Κύπριδος ἕκατι
    γλυκὺς κατείβων καρδίαν ἰαίνει (F 59a Davies = 148 Calame).
Λέγει δὲ καὶ ὡς τῆς Μεγαλοστράτης οὐ μετρίως (Schweighaeuser, συμμέτρως A) ἐρασθείς, ποιητρίας μὲν οὔσης, δυναμένης δὲ καὶ διὰ τὴν ὁμιλίαν τοὺς ἐραστὰς προσελκύσασθαι. Λέγει δὲ οὕτως περὶ αὐτῆς·
    τοῦθ' ἀδεῖαν Μουσᾶν ἔδειξε
    δῶρον μάκαιρα παρθένων
    ἁ ξανθὰ Μεγαλοστράτα (F 59b Davies = 149 Calame).

Der Text des Fragments ist in einiger Hinsicht unsicher. Aus dem Kontext bei Athenaios (13,600d: λέγει οὖν περὶ αὐτοῦ [scil. Anakreon] καὶ ὁ κράτιστος Κριτίας τάδε) ist ein λέγει zum Subjekt Archytas zu ergänzen. Chamaileon beruft sich für die Angabe, Alkman sei der erste gewesen, der ein μέλος ἀκόλαστον, ein erotisches Gedicht, verfaßt habe, auf „Archytas den Harmoniker". Hierbei ist umstritten, welcher Archytas damit gemeint ist, der Pythagoreer aus Tarent (* ca. 435–410; † 360–350) oder der Musiker aus Mytilene, den Diogenes Laertios (8,82) erwähnt (nicht datierbar).[15] Der Pythagoreer scheint mir | [56] der wahrscheinlichere Kandidat zu sein. Dies legt zum einen seine Charakterisierung als „Harmoniker" nahe. Zum anderen müßte man bei einer Identifizierung mit dem Musiker davon ausgehen, daß dieser nicht nur die Werke Alkmans vorgetragen hat (wogegen nichts einzuwenden ist), sondern auch als deren Exeget und Biograph des Dichters tätig geworden ist, wofür es keinerlei Anhaltspunkte gibt. Das Subjekt von λέγει (Z. 6) wird ebenfalls diskutiert: Archytas, Chamaileon oder Alkman,[16] wobei auch hier die Konstruktion (λέγει δὲ καὶ ὡς ... ἐρασθείς. Λέγει δὲ οὕτως

---

15 Marzullo 1964, 297–298 plädiert für den Pythagoreer; ebenso Steffen 1964, 46–47; Wehrli 1967–1978, IX 79; Giordano 1990, 149–150; [Martano 2012, 229 Anm. 1; Ercoles 2013, 527–528 mit Anm. 896]. Huffman 2005, 26–27 entscheidet sich nun für den Musiker aus Mytilene, „since songs by Alcman might have been part of his repertoire, while we have no other evidence that Archytas of Tarentum engaged in analysis of poetry" (27); vgl. dort, S. 5–6, zur Chronologie des Pythagoreers.
16 Für Alkman: Marzullo 1964, 300–301 (er athetiert das folgende λέγει δ' οὕτως περὶ αὐτῆς); Calame 1983, 146; 561; für Chamaileon oder Archytas: Gulick 1927–1941, VI 237 Anm. h; Martano 2007, 159; [vgl. 2012, 227 Anm. 0]; für Archytas: Garzya 1954, 150.

περὶ αὐτῆς) auffällig ist. Will man keine Textverderbnis annehmen, so muß Alkman Subjekt der beiden λέγει sein.[17] Dann ist allerdings nicht ganz sicher, ob hier überhaupt noch das Zitat aus Chamaileon weitergeht oder eine Hinzufügung des Athenaios vorliegt. Akzeptiert man, daß Athenaios hier immer noch aus Chamaileon zitiert, kann das Chamaileonfragment sogar noch länger sein, als es oben abgedruckt ist, und auch die folgenden Zitate aus Stesichoros, Ibykos und Pindar umfassen.[18] Die älteren Editoren lassen das Fragment mit ἰαίνει enden,[19] während die jüngeren den Text wie oben als Fragment Chamaileons präsentieren.[20] Ich gehe davon aus, daß Alkman Subjekt ist, Athenaios hier aber immer noch aus Archytas, vermittelt durch Chamaileon, zitiert.

Wir haben hier ein perfektes Beispiel für die Anwendung der 'Methode des Chamaileon' vorliegen. Zum einen wird sie zur Rekonstruktion der Literaturgeschichte angewandt: Alkman wird als erster Verfasser eines erotischen Liedes ermittelt. Zum anderen wird aus | [57] dem Faktum, daß er ein solches Lied komponiert hat, auf einen Charakterzug geschlossen: er sei an Frauen interessiert gewesen (so jedenfalls verstehe ich den wohl verderbten Text). Ein zusätzliches Faktum, eine konkrete Liebe Alkmans, wird weiteren Versen entnommen: die Liebe zu Megalostrata. Hinzu kommt, daß aus den Versen gefolgert wird, daß diese selbst Dichterin gewesen sei und es verstanden habe, ihre Liebhaber an sich zu binden, wobei man allenfalls erstere Information (mittels einer falschen Interpretation) den Versen entnehmen kann. Es ist schwer zu glauben, daß Archytas und Chamaileon einfach das lyrische Ich mit dem Dichter gleichgesetzt und nicht beachtet haben, daß Megalostrata der Name der Chorführerin war und die Worte von einem Mädchenchor gesungen wurden.[21] Was Archytas angeht, so muß man wohl davon ausgehen, daß er das Gedicht in dieser Weise gedeutet hat. Doch vielleicht handelte es sich um eine spaßhafte Interpretation.[22] Im Hinblick auf Chamaileon ist von den Interpreten bisher noch nicht genügend beachtet worden,

---

17 Zu λέγειν ὡς mit Part. Nom. siehe Kühner – Gerth ³1898–1904, II 2, 94 Anm. 4.
18 So von Wilamowitz-Moellendorff 1913, 108 Anm. 2 (bis 601e). Vgl. auch die Literatur bei Martano 2007, 159–160; [2012, 227–228 Anm. 0]. Dies ist nicht unmöglich. Trifft diese Annahme zu, so vermute ich, daß Athenaios hier nicht einen fortlaufenden Text Chamaileons zitiert, sondern Belege für leidenschaftliche Liebe aus verschiedenen Schriften des Pontikers zusammengetragen hat. Schriften Chamaileons *Über Stesichoros* und *Über Pindar* sind belegt.
19 Köpke 1856, 38; Scorza 1934, 8–9 mit Anm. 1.
20 F 24 Steffen; F 25 Wehrli; F 24 Giordano; F 27 Martano [mit Martano 2012, 227–228 Anm. 0].
21 Zur Identität des Chores und der Megalostrata vgl. Marzullo 1964, 301–302; Calame 1983, 561; zustimmend Gerber 1994/1996, 45.
22 Wir haben keinen Hinweis darauf, in welchem Kontext Archytas diese Interpretation vorgetragen hat.

daß er sich auf eine Quelle beruft, sich aber selbst nicht dazu äußert, wie er die Richtigkeit der Interpretationen des Archytas einschätzt. Es gibt im Text keinen Hinweis darauf, daß er sich ihr angeschlossen hat. Weiterhin verdient es Aufmerksamkeit, daß hier die 'Methode des Chamaileon' bereits von einem Pythagoreer vom Ende des 5./Anfang des 4. Jh.s angewandt worden ist, um zum einen ein Faktum der Literaturgeschichte zu rekonstruieren (Alkman als Erfinder der Gattung 'erotisches Gedicht'), darüber hinaus aber auch, um eine generelle Charaktereigenschaft des Dichters zu belegen (Interesse an Frauen) und um ein spezifisches Ereignis aus dem Leben des Autors zu dokumentieren (Liebe zu Megalostrata). Die erste Information mag man als durchaus seriös bezeichnen: offenkundig schloß Archytas aus dem frühesten Beleg für ein erotisches Lied auf dessen Verfasser als Begründer der Gattung. So verfährt auch Chamaileon bei seinen Rekonstruktionen der Literaturgeschichte.[23] Der Rückschluß auf den allgemeinen Charakter des Dichters ist schon weniger sicher und | [58] geht von der Prämisse einer Identität von lyrischem Ich und Verfasser aus, während die Rekonstruktion einer leidenschaftlichen Liebe zu Megalostrata auf Grundlage der zweiten Verspartie weit über das hinausgeht, was diese aussagt. Die Interpretation stellt eines von vielen Beispielen in der antiken biographischen Literatur dar, in denen Verse lediglich den Ausgangspunkt für eine weit ausholende freie Erfindung darstellen. Wir haben in dieser Interpretation des Archytas also schon die 'Methode des Chamaileon' in voll ausgeprägter Form vorliegen.[24]

2.4 Fragment 26 Wehrli = 25 Giordano = 28 Martano (= Ath. 13,599c–d)

[[Ἐν τούτοις ὁ Ἑρμεσιάναξ σφάλλεται συγχρονεῖν οἰόμενος Σαπφὼ καὶ Ἀνακρέοντα, τὸν μὲν κατὰ Κῦρον καὶ Πολυκράτην γενόμενον, τὴν δὲ κατ' Ἀλυάττην τὸν Κροίσου πατέρα.]] Χαμαιλέων δ' ἐν τῷ Περὶ Σαπφοῦς καὶ λέγειν τινάς φησιν εἰς αὐτὴν πεποιῆσθαι ὑπὸ Ἀνακρέοντος τάδε·
σφαίρῃ δεῦτέ με πορφυρέῃ
βάλλων χρυσοκόμης Ἔρως
νήνι ποικιλοσαμβάλῳ
συμπαίζειν προκαλεῖται.
Ἡ δ' – ἐστὶν γὰρ ἀπ' εὐκτίτου
Λέσβου – τὴν μὲν ἐμὴν κόμην,
λευκὴ γάρ, καταμέμφεται,
πρὸς δ' ἄλλην τινὰ χάσκει (F 13 Page = 13 Gentili = 6 Leo).

---

23 Siehe unten, S. 66–69, zu F 43 und 44.
24 [Zustimmend Martano 2012, 229 Anm. 2.]

Καὶ τὴν Σαπφὼ δὲ πρὸς αὐτὸν ταῦτά φησιν εἰπεῖν·
κεῖνον, ὦ χρυσόθρονε Μοῦσ', ἔνισπες
ὕμνον, ἐκ τᾶς καλλιγύναικος ἐσθλᾶς
Τήιος χώρας ὃν ἄειδε τερπνῶς
πρέσβυς ἀγαυός (F adesp. 35 [953] Page).
Ὅτι δὲ οὐκ ἔστι Σαπφοῦς τοῦτο τὸ ᾆσμα παντί που δῆλον. [[Ἐγὼ δὲ ἡγοῦμαι παίζειν τὸν Ἑρμησιάνακτα περὶ τούτου τοῦ Ἔρωτος.]]

Das Fragment stellt ein ausgezeichnetes Beispiel dafür dar, zu welch bizarren Ergebnissen eine unsachgemäße Anwendung der 'Methode des Chamaileon' führt, aber auch für die Art der Anwendung dieses Interpretationsparadigmas. Ausgangspunkt der Interpretation des Anakreongedichts war, daß das lyrische Ich – ein schon alter Mann – in ein Mädchen aus Lesbos verliebt ist, von ihm aber wegen seines grauen Haares verschmäht wird und das Mädchen statt dessen „ein anderes" anhimmelt. Dabei wird πρὸς δ' ἄλλην τινὰ χάσκει nicht korrekt | [59] auf κόμην – ein anderes, d.h. nicht graues, Haar[25] – bezogen, sondern als „eine andere Frau" verstanden, so daß durch die Verbindung mit Lesbos ein Bezug zu Sappho nahelag.[26] Die Verse, die Sappho an Anakreon adressiert habe, berichtet Chamaileon sicher auch unter Berufung auf die τινες, selbst wenn Athenaios hier ungenau referiert.[27] Denn der Kommentar des Athenaios (bzw. des Sprechers im Dialog) setzt erst mit ἐγὼ δὲ ἡγοῦμαι ein.[28] Demnach hat bereits Chamaileon darauf hingewiesen, daß die vorangegangenen Verse nicht von Sappho stammen können, was nur so verstanden werden kann, daß er sich gegen eine entsprechende Interpretation gewandt hat. Die Verbindung zum Anakreonfragment stellt die Erwähnung des „ehrwürdigen Alten aus Teos" dar. Daß die Hochschätzung gegenüber 'Anakreon', die aus diesen Versen deutlich wird, nicht zu der Ablehnung paßt, die dieser in seinen Versen beklagt, scheint den Erfinder dieser biographischen Episode nicht gestört zu haben.

Viele Interpreten haben bereits darauf hingewiesen, daß auch Hermesianax von der Rivalität zwischen Anakreon und Alkaios um Sappho berichtete und daß

---

25 Ich verstehe dies als „auf das Haar eines anderen, das noch nicht grau ist"; [eine Liste von Wissenschaftlern, die diese Interpretation befürworten, in Leo 2015, 73 Anm. 132; Vertreter der Interpretation „eine andere (Frau)" ebd., 73–74 Anm. 133; der Autor macht den Versuch, beide Interpretationen zu kombinieren: 73–76; 89–90].
26 Vgl. Giordano 1990, 151 mit weiterer Literatur in Anm. 206.
27 Siehe Wehrli 1967–1978, IX 80.
28 Darauf verweist zu Recht Martano 2007, 162 [2012, 231 Anm. 1]; vgl. schon Scorza 1934, 13 Anm. 2.

Archilochos und Hipponax als ihre Liebhaber in Diphilos' *Sappho* auftraten.²⁹ Die Häufigkeit des Titels *Sappho* in der Mittleren und Neuen Komödie weist auf die Beliebtheit derartiger Themen hin.³⁰ So wäre der haarsträubende Anachronismus durch die Tradition zu erklären. Einige Interpreten betonen aber zu Recht, daß Chamaileon die biographische Ausdeutung der Verse unter Berufung auf τινες berichtet und sich auf diese Weise wohl von der Überlieferung distanziert.³¹ Hier hat uns Athenaios sogar das Argument | [60] erhalten, das er gegen die Richtigkeit dieser Interpretation angeführt hat. Das Beispiel zeigt, daß es Chamaileon offenkundig als seine Aufgabe verstanden hat, vorhandene Informationen zu sammeln und zu überliefern, auch wenn er sie selbst als falsch abgelehnt hat.³²

2.5 Fragment 34 Wehrli = 34 Giordano = 37 Martano (= Ath. 10,456c–457a)

Γριφώδη δ' ἐστὶ καὶ Σιμωνίδῃ (T 108 Poltera) ταῦτα πεποιημένα, ὥς φησι Χαμαιλέων ὁ Ἡρακλεώτης ἐν τῷ Περὶ Σιμωνίδου·
    μιξονόμου τε πατὴρ ἐρίφου καὶ σχέτλιος ἰχθύς
    πλησίον ἠρείσαντο καρήατα· παῖδα δὲ νυκτός
    δεξάμενοι βλεφάροισι Διωνύσοιο ἄνακτος
    βουφόνον οὐκ ἐθέλουσι τιθηνεῖσθαι θεράποντα (F 69 Diehl).
Φασὶ δ' οἱ μὲν ἐπί τινος τῶν ἀρχαίων ἀναθημάτων ἐν Χαλκίδι τοῦτ' ἐπιγεγράφθαι, πεποιῆσθαι δ' ἐν αὐτῷ τράγον καὶ δελφῖνα, περὶ ὧν εἶναι τὸν λόγον τοῦτον. Οἱ δὲ εἰς ἐπιτόνιον ψαλτηρίου δελφῖνα καὶ τράγον εἰργασμένον εἰρῆσθαι καὶ εἶναι τὸν βουφόνον καὶ τοῦ Διονύσου θεράποντα τὸν διθύραμβον. Οἱ δέ φασιν ἐν Ἰουλίδι τὸν τῷ Διονύσῳ θυόμενον βοῦν ὑπό τινος τῶν νεανίσκων παίεσθαι πελέκει. Πλησίον δὲ τῆς ἑορτῆς οὔσης εἰς χαλκεῖον δοθῆναι τὸν πέλεκυν· τὸν οὖν Σιμωνίδην ἔτι νέον ὄντα βαδίσαι πρὸς τὸν χαλκέα κομιούμενον αὐτόν. Ἰδόντα δὲ καὶ τὸν τεχνίτην κοιμώμενον καὶ τὸν ἀσκὸν καὶ τὸν καρκίνον εἰκῇ κείμενον καὶ

---

29 Hermes. F 7,47–56 Powell [dazu jetzt Di Marco 2013, der zu Recht darauf hinweist, daß die Prioritätsfrage zwischen Chamaileon und Hermesianax ungeklärt ist]; Diphil. F 70–71 Kassel – Austin.
30 Belege bei Giordano 1990, 153.
31 Scorza 1934, 13; Steffen 1964, 47–48; Wehrli 1967–1978, IX 80; Martano 2007, 162; [2012, 231 Anm. 1; Di Marco 2013, 50–53; de Kreij 2016, 62; M. de Kreij – Ch. Meccariello zu FGrHist 1139 F 1 fr. 1 col. II 1–3]; anders Köpke 1856, 20; Giordano 1990, 152, der Chamaileon unterstellt, er habe Sappho und Anakreon zu Zeitgenossen gemacht. Auch Arrighetti 1987, 143 und 1994, 230–231 geht davon aus, daß Chamaileon der ihm vorliegenden Tradition gefolgt sei; [ihm schließt sich Leo 2015, 72 an].
32 [Zustimmend Martano 2012, 231 Anm. 1.; das Fragment interpretiert nun auch Yatromanolakis 2007, 355–359.]

ἐπαλλήλως ἔχοντα τὰ ἔμπροσθεν, οὕτως ἐλθόντα εἰπεῖν πρὸς τοὺς συνήθεις τὸ προειρημένον πρόβλημα. Τὸν μὲν γὰρ τοῦ ἐρίφου πατέρα τὸν ἀσκὸν εἶναι, σχέτλιον δὲ ἰχθὺν τὸν καρκίνον, νυκτὸς δὲ παῖδα τὸν ὕπνον, βουφόνον δὲ καὶ Διονύσου θεράποντα τὸν πέλεκυν. Πεποίηκε δὲ καὶ ἕτερον ἐπίγραμμα ὁ Σιμωνίδης, ὃ παρέχει τοῖς ἀπείροις τῆς ἱστορίας ἀπορίαν·

 φημὶ τὸν οὐκ ἐθέλοντα φέρειν τέττιγος ἄεθλον
 τῷ Πανοπηιάδῃ δώσειν μέγα δεῖπνον Ἐπειῷ (F 70 Diehl).

Λέγεται δὲ ἐν τῇ Καρθαίᾳ διατρίβοντα αὐτὸν διδάσκειν τοὺς χορούς. Εἶναι δὲ τὸ χορηγεῖον ἄνω πρὸς Ἀπόλλωνος ἱερῷ μακρὰν τῆς θαλάσσης. Ὑδρεύεσθαι οὖν καὶ τοὺς ἄλλους καὶ τοὺς περὶ τὸν Σιμωνίδην κάτωθεν, ἔνθα ἦν ἡ κρήνη. Ἀνακομίζοντος δ' αὐτοῖς τὸ ὕδωρ ὄνου, ὃν ἐκάλουν Ἐπειὸν διὰ τὸ μυθολογεῖσθαι τοῦτο δρᾶν ἐκεῖνον καὶ ἀναγεγράφθαι ἐν τῷ τοῦ Ἀπόλλωνος ἱερῷ τὸν Τρωικὸν μῦθον, ἐν ᾧ ὁ Ἐπειὸς ὑδροφορεῖ τοῖς Ἀτρείδαις, ὡς καὶ Στησίχορός φησιν·

 ᾤκτιρε γὰρ αὐτὸν ὕδωρ | [61]
 αἰεὶ φορέοντα Διὸς κούρα βασιλεῦσιν (F 200 Davies).

Ὑπαρχόντων οὖν τούτων ταχθῆναί φασι τῷ μὴ παραγινομένῳ τῶν χορευτῶν εἰς τὴν ὡρισμένην ὥραν παρέχειν τῷ ὄνῳ χοίνικα κριθῶν. Τοῦτ' οὖν κἂν τῷ ποιήματι λέγεσθαι, καὶ εἶναι τὸν μὲν οὐ φέροντα τὸ τοῦ τέττιγος ἄεθλον τὸν οὐκ ἐθέλοντα ᾄδειν, Πανοπηιάδην δὲ τὸν ὄνον, μέγα δὲ δεῖπνον τὴν χοίνικα τῶν κριθῶν.

Vom ersten Rätsel, das vom Vater des Ziegenbocks, dem Fisch und dem rindertötenden Diener des Dionysos handelt, hat Chamaileon drei Lösungsmöglichkeiten referiert (φασὶ δ' οἱ μὲν ... οἱ δὲ ... οἱ δέ φασιν, Z. 7, 8 und 10). Wehrli meint, Chamaileon habe die dritte dieser Deutungen als zutreffend erachtet, da sie biographischen Charakters sei.[33] Und in der Tat erklärt sie allein die Verse des Rätsels vollständig, während bei den beiden ersten die zweite Hälfte des Rätsels unerläutert bleibt.[34] Allerdings zitiert Athenaios sonst offensichtlich immer genau aus Chamaileon und differenziert zwischen Berichten, für die sich der Peripatetiker selbst verbürgt bzw. für welche er sich auf Gewährsmänner beruft. Warum hätte er hier von dieser Zitierweise abrücken sollen?

Auch bei der einzigen, ebenfalls 'biographischen' Erklärung des zweiten Rätsels, das vom Mann handelt, der nicht den Siegespreis der Zikade davontragen will und deshalb dem Panopiaden Epeios ein großes Mahl ausrichten muß, beruft sich der Autor für die Lösung erneut auf eine unbestimmte Quelle (λέγεται ... φασι, Z. 21 und 29). Dies kann schwerlich Zufall sein. Die Zurückhaltung hinsichtlich der Richtigkeit der Erklärungen beider Rätsel war also wohl beabsichtigt.

---

33 Wehrli 1967–1978, IX 83.
34 Vgl. Christ 1941, 73.

Die dritte Erklärung des ersten Rätsels zeichnet sich durch Lokalkolorit aus. Sie berichtet von einem Dionysosfest in Iulis, das sonst nur durch Inschriften bezeugt ist.[35] Wenngleich Chamaileon die Attika vorgelagerte Insel Keos persönlich kennen konnte [und daher eine solche Geschichte hätte erfinden können], so ist es doch plausibel, in der Erwähnung dieses unbedeutenden lokalen Festes ein Zeichen dafür zu sehen, daß diese Erklärung des Rätsels in der Heimat des Dichters entstanden ist. Dies gilt ebenso für die einzige | [62] Interpretation, die Chamaileon für das zweite Rätsel anführt. Sie verlegt die dazugehörende biographische Ausdeutung nach Karthaia auf Keos, wo Simonides Lehrer von Chören gewesen sei. Sie erklärt genau die Lage des Heiligtums des Apollon an einem hochgelegenen Ort und weiß von einer Inschrift in diesem Tempel mit dem Τρωικὸς μῦθος. Aus der Literatur erfahren wir nur durch Antoninus Liberalis (1) von Jungfrauenchören an den dortigen Pythien, auf die sich die Erklärung bei Chamaileon nicht beziehen kann. Eine Inschrift aber erwähnt Choregen von Männer- und von Knabenchören.[36] Diese könnten zu dem Fest gehören, das Chamaileon erwähnt. Auch dieses war lediglich von lokaler Bedeutung. Wenngleich auch hier Chamaileon Kenntnis von den Örtlichkeiten auf der nahen Insel haben konnte, [die ihm als Grundlage für eine Erfindung hätte dienen können,] so ist es doch wahrscheinlich, daß die Interpretation von der Insel stammt.

Es gibt nun meines Erachtens zwei mögliche Interpretationen für den Befund: Stammen die beiden Deutungen mit dem lokalen Hintergrund von Chamaileon, so kannte er die Insel gut. Er hat sich dann als Erfinder der Geschichten hinter fiktiven anonymen Gewährsmännern versteckt. Für eine solche Annahme spricht aber wohl lediglich der gelehrte Verweis auf Stesichoros, da Chamaileon auch anderswo gern solche Parallelen einfließen läßt (vgl. F 35). Doch kann es sich dabei ebenso um eine Hinzufügung Chamaileons zu dem Bericht handeln, der ihm vorlag, oder die Parallele fand sich schon bei seinen Gewährsleuten. Daher ist die Berufung auf die Quellen wohl echt. Weshalb hätte der Herakleote auch zwei deutlich keisch-lokalpatriotisch gefärbte Anekdoten kreieren sollen? Die Herkunft der Geschichte von der Insel scheint vielmehr der Grund dafür gewesen zu sein, daß er sich mit seiner Zustimmung zurückhielt. Zu sehr rückt dabei die Heimat des Dichters in den Vordergrund, als daß dies nicht Verdacht erregen mußte. Trifft diese Annahme zu, so gab es spätestens im späten 4. Jh. auf

---

35 Mit diesem Dionysosfest sind wohl die Dionysien gemeint, die einen ἀγὼν τῶν τραγῳδιῶν mit einschlossen, wovon in IG XII 5,599,8–10 und 604,4–5 die Rede ist; vgl. Nilsson 1906, 305 mit Anm. 2 (mit Verweis auf Chamaileon).
36 IG XII 5,544; vgl. Nilsson 1906, 160 mit Anm. 1, der aber keine Verbindung zum Chamaileonfragment herstellt.

der Insel eine Tendenz, die Gedichte des berühmten Sohnes biographisch und im Kontext des Kultes der Heimat zu interpretieren. Wenig später, in der Mitte des 3. Jh.s, finden wir auf Paros exakt dasselbe Phänomen im Hinblick auf Archilochos:
| [63] Dies bezeugt die Inschrift des Mnesiepes, in der die Gedichte des Dichters biographisch und in ihrem Verhältnis zur Entwicklung des Kultes der Stadt interpretiert werden. Einen Teil der Angaben, so der Verfasser der Inschrift (E 1 col. II 20–22), habe er selbst herausgefunden, anderes wiederum alter Überlieferung entnommen (παραδέδοται τε ἡμῖν ὑπὸ τῶν ἀρχαίων).[37] Um authentische historische Überlieferung handelt es sich zwar weder dort noch bei Chamaileon, doch dürfte die alte 'Überlieferung' schon ins 4. oder 5. Jh. gehören.[38] Es zeigt sich, daß die sog. 'Methode des Chamaileon' überall dort schon vor und zu der Zeit des Peripatetikers praktiziert wurde, wo man Gedichte eines großen Kindes der eigenen Stadt zur Konstruktion und zum Ruhm der eigenen Geschichte ausdeuten wollte.[39]

Chamaileon zeigt auch hier einen sorgfältigen und kritischen Umgang mit seinen Quellen. Er fühlt sich zum *referre relata* verpflichtet, nicht jedoch zu unkritischer Aneignung der Überlieferung.

2.6 Fragment 36 Wehrli = 36 Giordano = 39 Martano (= Ath. 12,533e–534b)

Χαμαιλέων δ' ὁ Ποντικὸς ἐν τῷ Περὶ Ἀνακρέοντος προθεὶς τό·
ξανθῇ δ' Εὐρυπύλῃ μέλει
ὁ περιφόρητος Ἀρτέμων (F 27 [372] Page = 8 Gentili = 5 Leo),
τὴν προσηγορίαν ταύτην λαβεῖν τὸν Ἀρτέμωνα διὰ τὸ τρυφερῶς βιοῦντα περιφέρεσθαι ἐπὶ κλίνης. Καὶ γὰρ Ἀνακρέων αὐτὸν ἐκ πενίας εἰς τρυφὴν ὁρμῆσαί φησιν ἐν τούτοις·
πρὶν μὲν ἔχων βερβέριον, καλύμματ' ἐσφηκωμένα ...

---

[37] Die beste Ausgabe der Inschrift findet sich nun bei [Ornaghi 2009, 38–49; vgl. auch] Clay 2004, 104–110. [Dazu siehe Schorn 2014a, 712–715.]

[38] Müller 1985, v.a. 136 datiert diese Überlieferung der Alten an den Anfang des 5. Jh.s oder sogar früher.

[39] Hier ist zusätzlich die Inschrift des Sosthenes von derselben Insel zu nennen, in der ebenfalls die 'Methode des Chamaileon' praktiziert wird (FGrHist 502; Neuausgaben in Clay 2004, 110–118 [und Ornaghi 2009, 50–63]). Sie stammt zwar erst aus der 1. Hälfte des 1. Jh.s v.Chr., doch stellt sie lediglich die Zusammenfassung des Textes eines gewissen Demeas dar, dessen Datierung unsicher ist. Zur Anwendung der 'Methode des Chamaileon' in diesen Inschriften siehe Majoli 1993. [Livrea 2012, 50–53 verteidigt nun die Echtheit der beiden Gedichte mit guten Gründen. Daß man sie in der Heimat des Dichters für authentisch erachtete, zeigen die lokalen Interpretationen.]

(*sequuntur versus octo*)
νῦν δ' ἐπιβαίνει σατινέων χρύσεα φορέων καθέρματα
παῖς Κύκης καὶ σκιαδίσκην ἐλεφαντίνην φορεῖ
γυναιξὶν αὔτως (F 43 [388] Page = 82 Gentili) | [64]

Im Hinblick auf Chamaileons Arbeitsweise ist auch seine Interpretation von περιφόρητος im Anakreon-Fragment interessant. Artemon sei vom Dichter als περιφόρητος bezeichnet worden, da er einen luxuriösen Lebensstil gepflegt und sich deshalb auf einer κλίνη habe umhertragen lassen. Wohl zur Stützung seiner Interpretation zitiert Chamaileon das berühmte Gedicht, in dem der Dichter Artemon attackiert, da er von einem erbärmlichen und verbrecherischen Leben durch Wohlstand zu einem verweichlicht-weibischen Lebensstil übergegangen sei. Er sah wohl eine Bestätigung seiner Erklärung von περιφόρητος darin, daß Artemon dort als auf einem luxuriösen Wagen einherfahrend beschrieben wird.

F 39 gehört einem Themenbereich an, der fester Bestandteil jeder antiken Dichterbiographie ist, dem Verhältnis des Porträtierten zu seinen Zeitgenossen und der Frage, wie sich dieses in seinen Werken niedergeschlagen hat. Hierbei interessierten die Biographen vor allen Feindschaften und 'literarische Fehden'. Eurypyle erscheint als Geliebte des Archilochos bei Dioskorides und Antipatros von Sidon, was sicher auf dessen Dichtung zurückgeht.[40] Oft hat man daher vermutet, daß es sich bei F 43 [388] Page um eine Invektive des verschmähten Liebhabers Anakreon gehandelt habe,[41] und entsprechend dürfte das Fragment von Chamaileon interpretiert worden sein.

Problematisch ist ein anderer Punkt in der Interpretation des Chamaileonfragments: Es gab zur Zeit der Belagerung von Samos durch die Athener (441–439 v.Chr.) einen gelähmten Architekten von Kriegsmaschinen des Perikles, der ebenfalls Artemon hieß und den Spitznamen περιφόρητος erhalten haben soll, da er auf einer Liege zu den Bauten habe getragen werden müssen. Von ihm berichtet Plutarch unter Berufung auf Ephoros das Folgende (*Per.* 27,3–4):[42]

Ἔφορος (FGrHist 70 F 194) δὲ καὶ μηχαναῖς χρήσασθαι τὸν Περικλέα, τὴν καινότητα θαυμαστοῖς, Ἀρτέμωνος τοῦ μηχανικοῦ παρ<ασχ>όντος, ὃν χωλὸν ὄντα καὶ φορείῳ πρὸς τὰ κατεπείγοντα τῶν ἔργων προσκομιζόμενον ὀνομασθῆναι περιφόρητον. Τοῦτο μὲν οὖν Ἡρακλείδης | [65] ὁ Ποντικός (F 60 Wehrli = 45 Schütrumpf) ἐλέγχει τοῖς Ἀνακρέοντος ποιήμασιν ἐν οἷς ὁ περιφόρητος Ἀρτέμων ὀνομάζεται πολλαῖς ἔμπροσθεν ἡλικίαις τοῦ περὶ Σάμον πολέμου καὶ τῶν πραγμάτων ἐκείνων· τὸν δ' Ἀρτέμωνά φησι τρυφερόν τινα τῷ βίῳ καὶ πρὸς τοὺς φόβους μαλακὸν ὄντα καὶ καταπλῆγα τὰ πολλὰ μὲν οἴκοι καθέζεσθαι, χαλκῆν ἀσπίδα τῆς

---

40 Dioscor., *AP* 7,31,10 = 19,10 Gow – Page; Antipat. Sid., *AP* 7,27,5 = 15,5 Gow – Page.
41 Belege für diese Position bei Brown 1983, 7.
42 Vgl. auch *Schol. Aristoph. Ach.* 850a.

κεφαλῆς αὐτοῦ δυεῖν οἰκετῶν ὑπερεχόντων, ὥστε μηδὲν ἐμπεσεῖν τῶν ἄνωθεν, εἰ δὲ βιασ-
θείη προελθεῖν, ἐν κλινιδίῳ κρεμαστῷ παρὰ τὴν γῆν αὐτὴν περιφερόμενον κομίζεσθαι καὶ
διὰ τοῦτο κληθῆναι περιφόρητον.

Giordano meint nun, Chamaileon „probabilmente confuse il περιφόρητος Ἀρτέμων di Anacreonte con l'omonimo architetto, zoppo, costruttore di straordinarie
macchine da guerra"[43]. Denselben Fehler habe bereits Herakleides Pontikos begangen. Diese Interpretation scheint unzutreffend zu sein. Zunächst ist zu fragen:
Wogegen wendet sich Herakleides? Dem Text Plutarchs nach zu schließen dagegen, daß der Architekt wegen seiner Lähmung als περιφόρητος bezeichnet worden ist. Herakleides leugnet also entweder, daß der Architekt überhaupt lahm
gewesen sei, und meint, daß seine Lahmheit eine aitiologische Erfindung gewesen sei, die seinen Spitznamen habe erklären sollen. Dies hält auch ein Teil der
modernen Forschung für historisch richtig.[44] Oder Herakleides will sagen, daß er
zwar lahm gewesen sei, ihm der Spitzname aber in Anlehnung an den Artemon
bei Anakreon gegeben worden sei. Auch dies wird von zahlreichen Wissenschaftlern als historisch richtig erachtet.[45]

Es kann ausgeschlossen werden, daß Herakleides, Chamaileon oder Ephoros
den kapitalen chronologischen Fehler begangen haben, den Architekten mit dem
von Anakreon verspotteten Artemon verwechselt oder ihn mit diesem identifiziert zu haben, wie ihnen immer wieder vorgeworfen wurde.[46] Denn in keinem
der Texte ist davon die | [66] Rede. Von Herakleides wird sogar berichtet, er habe
darauf hingewiesen, daß der Zeitgenosse Anakreons viel früher gelebt habe
(oben, Z. 3–6), und Ephoros bringt den Architekten überhaupt nicht mit Anakreon in Verbindung. Eine Identifizierung des Artemon bei Anakreon mit dem Architekten findet sich erst sehr spät, in einem Scholion zu Aristophanes.[47]

---

43 Giordano 1990, 175.
44 Scorza 1934, 17.
45 So z.B. Crusius 1896; Jacoby zu FGrHist 70 F 194–195; Wehrli 1967–1978, VII 81; als Möglichkeit auch bei Brown 1983, 5; wieder anders Flacelière – Chambry 1964, 233 Anm. zu p. 45 (*Per.*
27,4): Epitheton irrtümlich von Ephoros dem Architekten zugelegt, seine Lahmheit vielleicht
deshalb erfunden; ähnlich Slater 1978, 186. Von Polyklet gab es einen *Artemon periphoretos*
(Plin. *Nat.* 34,56): *(fecit) Artemona* (scil. *Polycletus*), *qui periphoretus appellatus est*. Gemeint ist
wohl der Architekt; vgl. Crusius 1896; Stadter 1989, 254.
46 So aber Giordano 1990, 175 hinsichtlich Chamaileon und Herakleides, Brown 1983 hinsichtlich Ephoros und wohl auch Chamaileon und Herakleides; in Bezug auf Ephoros Slater 1978, 186;
[nicht Chamaileon und Herakleides, aber vielleicht Ephoros: Martano 2008, 33–35].
47 *Schol. Aristoph. Ach.* 850a, wo aber dieser Artemon in die Zeit des Aristeides († um 467) datiert
wird. Es liegt also ein Versuch vor, die problematische Identifizierung des Artemon bei Anakreon
mit dem Architekten chronologisch hinzubiegen.

Es besteht allenfalls die Möglichkeit, daß Chamaileon (wie auch Herakleides) die Bedeutung des Adjektivs bei Anakreon falsch interpretiert hat. Und in der Tat geht man heute in der Forschung weitgehend davon aus, daß περιφόρητος im Anakreonfragment die Bedeutung „berüchtigt" und nicht „umhergetragen" habe.[48] Schon im 5. Jh. war die Wendung ὁ περιφόρητος Ἀρτέμων sprichwörtlich, wie eine Anspielung bei Aristophanes (*Ach.* 850) zeigt. Ein Scholion zur Stelle (*Schol. ad* 850a) erklärt, das Sprichwort beziehe sich ἐπὶ καλοῦ καὶ ἁρπαζομένου πρὸς πάντων παιδός, fügt aber hinzu: καὶ πάντες οἱ σοφοὶ περιφόρητοι καλοῦνται. Zenobios erklärt: τάττεται δὲ ἐπὶ τῶν πάνυ ποθουμένων, denn Artemon sei in seiner Jugend περιμάχητος γυναιξίν gewesen.[49] Trotz der geringfügigen Widersprüchlichkeit der Erklärungen (ein begehrter Knabe für männliche Liebhaber *oder* ein begehrter jugendlicher Liebhaber für Frauen) wird hier als Bedeutung von περιφόρητος „bei allen bekannt, berüchtigt" deutlich. Aus der zweiten Erklärung in den Aristophanesscholien ist die positive Bedeutung „berühmt" zu erschließen. In diesen beiden Bedeutungen erscheint das Wort außerhalb der paröomiographischen Literatur allerdings erst bei Eustathios.[50] Sonst findet sich nur περιφορητός, „umhergetragen, transportabel". Es läßt sich letztlich nicht klären, ob das Adjektiv zur Zeit Anakreons schon in übertragener Bedeutung existierte. Allein Scorza scheint angenommen zu haben, daß es bei ihm in der ursprünglichen Bedeutung „umhergetragen" verwendet worden sei.[51] | [67] Doch selbst wenn es hier in der Bedeutung „berüchtigt" Verwendung fand, so schwang doch auch die wörtliche mit. Dies zeigt die Tatsache, daß dem Architekten wegen seiner Lahmheit sein Spitzname verpaßt wurde bzw. aus dem Spitznamen auf Lahmheit geschlossen wurde, und ebenso das Anakreongedicht, das Chamaileon zu Recht zur Stützung seiner Interpretation zitiert und in dem davon die Rede ist, daß Artemon auf einem für Frauen typischen Wagen herumfuhr.[52] Auf ein solches Verhalten wollte Anakreon vielleicht durch die Verwendung des doppeldeutigen Adjektivs anspielen. Ergebnis späterer biographischer Ausdeutung war es dann, daß Artemon auf einer Liege herumgetragen worden sei. Ein kapitaler Fehler ist

---

48 Siehe z.B. LSJ s.v. II: „notorious, infamous"; Gentili 1958, 10; Slater 1978, 186–187 mit Anm. 8; Brown 1983, 14; [Leo 2015, 70–71 vermutet eine sexuelle Konnotation: „Forse ... è *famosus* per sordidi motivi, 'passa di mano in mano' in senso figurato e volgare perché desiderato per prestazioni sessuali? – da molte persone, non necessariamente da giovani donne."
49 Zenob. Ath. 1,64 p. 356 Miller; vgl. *Append. prov.* 4,32 (CPG I 441).
50 „Berühmt": *De capt. Thessalon.* p. 92,20 Kyriakidis (in Bezug auf Thessaloniki); „berüchtigt": *Schol. in Hom. Od.* II p. 202,25 Stallbaum (ὁ περιφόρητος Σίσυφος).
51 Scorza 1934, 17.
52 Chantraine 1999, II 989, s.v. σατίναι: „,voiture confortable et luxurieuse', utilisée surtout pour les femmes".

Chamaileon bei seiner Interpretation daher nicht unterlaufen. Er hat allenfalls eine bewußte Zweideutigkeit des Dichters zu wörtlich genommen. Vergleicht man seine Deutung mit der des Herakleides Pontikos – wobei die Prioritätsfrage ungeklärt ist –, so fällt auf, daß Chamaileon wesentlich weniger ausführlich ist und er dem Adjektiv περιφόρητος an Biographischem lediglich entnimmt, daß sich Artemon aus Verweichlichung habe herumtragen lassen. Herakleides macht daraus eine deutlich ausführlichere Charakterisierung, und es ist zweifelhaft, ob er für die zahlreichen Details Belege bei Anakreon finden konnte.

2.7 Fragment 40a Wehrli = 40a Giordano = 43a Martano (= Ath. 10,428f–429a)

Ἐπεὶ καὶ τὸν Αἰσχύλον ἐγὼ φαίην ἂν τοῦτό γε διαμαρτάνειν· πρῶτος γὰρ ἐκεῖνος καὶ οὐχ, ὡς ἔνιοί φασιν, Εὐριπίδης παρήγαγε τὴν τῶν μεθυόντων ὄψιν εἰς τραγῳδίαν. Ἐν γὰρ τοῖς Καβείροις (p. 214 Radt) εἰσάγει τοὺς περὶ τὸν Ἰάσονα μεθύοντας. Ἃ δ' αὐτὸς ὁ τραγῳδοποιὸς ἐποίει, ταῦτα τοῖς ἥρωσι περιέθηκε· μεθύων γοῦν ἔγραφε τὰς τραγῳδίας. Διὸ καὶ Σοφοκλῆς αὐτῷ μεμφόμενος ἔλεγεν ὅτι· ὦ Αἰσχύλε, εἰ καὶ τὰ δέοντα ποιεῖς, ἀλλ' οὖν οὐκ εἰδώς γε ποιεῖς, ὥς ἱστορεῖ Χαμαιλέων ἐν τῷ Περὶ Αἰσχύλου (Τ 117a Radt).

Chamaileon setzt sich hier mit anderen Interpreten kritisch auseinander und polemisiert gegen diejenigen, die meinen, Euripides habe | [68] als erster Tragiker Betrunkene auf die Bühne gebracht. Als Gegenbeweis führt er Aischylos' *Kabeiroi* an. Er kannte also aus seinen literarischen Studien einen früheren Beleg. Davon ausgehend generalisiert er. Nach der programmatischen Aussage: Ἃ δ' αὐτὸς ὁ τραγῳδοποιὸς ἐποίει, ταῦτα τοῖς ἥρωσι περιέθηκε, folgt die biographische Ausdeutung des darstellerischen Elements, die darin besteht, daß Aischylos stets (ἔγραφε) betrunken gedichtet habe. Zur Bekräftigung dieser – sicher gewagten – Deutung fügt er ein Apophthegma des Sophokles an, das diese Deutung bestätigen soll.

Chamaileon scheint hierbei den Ausspruch des Sophokles nicht richtig interpretiert zu haben.[53] Denn aus dem Apophthegma allein wird nicht deutlich, daß Sophokles Aischylos Trunkenheit beim Dichten vorwirft, sondern lediglich, daß er nach seiner Ansicht nicht im Vollbesitz seines Bewußtseins dichtet. Wir befinden uns also wieder im Kontext des Streites: 'Dichtung als Ergebnis göttlicher Inspiration', was für Aischylos charakteristisch ist, *versus* 'Dichtung als Produkt des Verstandes', wofür Sophokles steht.[54] Zur Entschuldigung Chamaileons

---

53 Vgl. auch Radt zu Aeschyl. T 117a; Arrighetti 1987, 143; Giordano 1990, 179.
54 Vgl. oben, S. 54; [dies erwägt auch Mirhady 2012, 390–392].

[könnte man darauf hinweisen,] daß etwa zur gleichen Zeit der Peripatetiker Kallisthenes von Aischylos erklärt hat, er habe im Rausch gedichtet,[55] und eine solche Einschätzung weit verbreitet gewesen ist.[56] Aus der Verbindung der Aussagen 'Aischylos ist ein gottbegeisterter Dichter'[57] und 'Aischylos bringt Trunkene auf die Bühne' entstand offensichtlich die Angabe 'Aischylos dichtet im Rausch'. Die Arbeitsweise hier entspricht der in F 39 (über Artemon περιφόρητος): Chamaileon verbindet unterschiedliche Texte und kommt so zu einer biographischen Angabe. Die literaturgeschichtliche Information, die Chamaileon dem Text des Aischylos entnimmt, scheint korrekt zu sein, nicht allerdings der allgemeine Rückschluß auf den Charakter des Dichters. [Es ist aber auch denkbar, daß Chamaileons Interpretation eher scherzhaft gemeint war und er durch die Bloßlegung seines 'exegetischen Prinzips' deutlich machen wollte, daß die so gewonnenen Daten *cum grano salis* zu nehmen sind. Dies wäre analog zu einer ähnlicher programmatischen Passage bei Satyros (F 6 fr. 39 col. IX Schorn):

> (Euripides erwarb) ebenda (auf Salamis) eine Höhle, die ihre Öffnung zum Meer hin hatte und verbrachte in ihr für sich allein seine Zeit damit, daß er immer über irgend etwas nachdachte und schrieb, wobei er ausnahmslos alles verachtete, was nicht großartig und ehrwürdig war. Jedenfalls sagt Aristophanes, gleichsam als sei er zu einer Aussage in dieser Sache vor Gericht geladen worden, die Worte: 'Wie er seine Figuren reden läßt, so ist er selbst.'

Im heiteren Dialog des Satyros wird Aristophanes als der größte Kritiker des Euripides dargestellt. Hier aber werden seine eigenen Worte von einem der Sprecher als Argument benutzt, Euripides einen erhabenen Charakter zu bescheinigen. Man sieht, daß hier – wie auch an anderen Stellen des Dialogs – mit der 'Methode des Chamaileon' gespielt wird. Dies könnte auch bei Chamaileon der Fall gewesen sein. Daß dies im Fragment nicht mehr deutlich wird, wäre dann auf seinen exzerpthaften Charakter zurückzuführen.[58] | [69]

---

55 Callisth., FGrHist 124 F 46 = Aeschyl. T 117e Radt. Die Priorität ist unklar; Kallisthenes als den früheren nimmt nicht zwingend Köpke 1856, 35 an.
56 Belege: T 117a–g Radt.
57 Schon Aristoph. *Ran.* 814–817 wird Aischylos mit Begriffen von μανία beschrieben; vgl. Gudeman 1934, 307; Lucas 1968, 177–178.
58 [Vgl. Mirhady 2012, 389–392, der davon ausgeht, daß im Text oben die Argumentation des Athenaios oder seines Sprechers Ulpian vorliegt. Ich bin hier anderer Meinung, doch weist Mirhady zu Recht darauf hin, daß die Argumentation hier scherzhaft sein kann. Diese Möglichkeit besteht ebenso, wenn man in Chamaileon den Autor des Gedankengangs sieht. Arrighetti 2008, 68–69 verweist (unter Bezugnahme auf die Vortragsfassung von Mirhadys Aufsatz) zu Recht auf

2.8 Fragment 41 Wehrli = 41 Giordano = 44 Martano (= Ath. 1,21e–f)

[[Καὶ Αἰσχύλος δὲ οὐ μόνον ἐξεῦρε τὴν τῆς στολῆς εὐπρέπειαν καὶ σεμνότητα, ἣν ζηλώσαντες οἱ ἱεροφάνται καὶ δᾳδοῦχοι ἀμφιέννυνται, ἀλλὰ]] καὶ πολλὰ σχήματα ὀρχηστικὰ αὐτὸς ἐξευρίσκων ἀνεδίδου τοῖς χορευταῖς. Χαμαιλέων γοῦν πρῶτον αὐτόν φησι σχηματίσαι τοὺς χοροὺς ὀρχηστοδιδασκάλοις οὐ χρησάμενον, ἀλλὰ καὶ αὐτὸν τοῖς χοροῖς τὰ σχήματα ποιοῦντα τῶν ὀρχήσεων, καὶ ὅλως πᾶσαν τὴν τῆς τραγῳδίας οἰκονομίαν εἰς ἑαυτὸν περιιστᾶν. Ὑπεκρίνετο γοῦν μετὰ τοῦ εἰκότος τὰ δράματα, Ἀριστοφάνης γοῦν – παρὰ δὲ τοῖς κωμικοῖς ἡ περὶ τῶν τραγικῶν ἀπόκειται πίστις – ποιεῖ αὐτὸν Αἰσχύλον λέγοντα·
(A) τοῖσι χοροῖς αὐτὸς τὰ σχήματ' ἐποίουν (F 696a Kassel – Austin)
[καὶ πάλιν·] (del. Schweighaeuser)
(B) τοὺς Φρύγας οἶδα θεωρῶν,
ὅτε τῷ Πριάμῳ συλλυσόμενοι τὸν παῖδ' ἦλθον τεθνεῶτα
πολλὰ τοιαυτὶ καὶ τοιαυτὶ καὶ δεῦρο σχηματίσαντας (F 696b Kassel – Austin).

Zur Abgrenzung des Referates aus Chamaileon siehe den Anhang, S. 75–76.

Daß Aischylos als *erster* Tragiker selbst auch Choreograph gewesen sei, wird durch die von Chamaileon zitierten Verse nicht belegt. Will man also nicht annehmen, daß hier eine unzulässige Erweiterung der Aussage der Aristophanesverse vorliegt oder daß Athenaios bzw. sein Epitomator, dessen Text hier allein vorliegt, gerade ein entsprechendes Zeugnis weggelassen hat,[59] so muß man sich fragen, wie Chamaileon aufgrund dieser Verse zu seiner Annahme gekommen ist. Ich meine, Chamaileon hat in der Literatur keinen Beleg dafür gefunden, daß ein anderer Tragiker aus früherer Zeit zugleich Choreograph gewesen ist. Was etwa Thespis angeht, der von Athenaios als Choreograph bezeichnet wird,[60] so hatte Chamaileon kaum noch Fragmente aus seinen Stücken zur Verfügung[61] und

---

Satyros, dessen *Euripidesvita*, da sie erhalten ist, zeige, daß viele Interpretationen nicht ernst gemeint sind. Diese Möglichkeit sei auch bei Chamaileon zu erwägen.]
59 Ein solches hat es wohl nicht gegeben. Hätte ein Zitat existiert, in dem Aischylos als der erste Tragiker-Choreograph bezeichnet wird, wäre es überflüssig gewesen, das weniger aussagekräftige Zitat überhaupt zu bringen. Auch Lefkowitz 1981, 74 [= ²2012, 76] sieht in den Worten des Komödien-Aischylos die Quelle der literaturgeschichtlichen Angabe.
60 Ath. 1,22a.
61 Zur Überlieferung der Stücke des Thespis siehe Lloyd-Jones 1990, 226–227, der davon ausgeht, daß sich durch Traktate wie den des Glaukos von Rhegion einzelne Verse oder Passagen bis in spätere Zeit erhalten haben. Daß z.B. schon Aristoteles keine Texte des Thespis mehr gelesen habe, war und ist ebenfalls eine weitverbreitete Ansicht; vgl. Rudberg 1947, 15–16.

konnte wohl auch in der | [70] Komödie keine entsprechenden Angaben finden.[62] So dürfte er auf Aischylos als den ersten Tragiker-Choreographen gekommen sein. Die Methode der Interpretation ist offensichtlich die gleiche wie in F 43 (Aischylos bringt Betrunkene auf die Bühne; vgl. F 27 [aus Archytas]): Der früheste Beleg lieferte Chamaileon den Erfinder.

2.9 Fragment 42 Wehrli = 42 Giordano = 45 Martano (= Ath. 14,628d–e)

[[Καὶ γὰρ ἐν ὀρχήσει καὶ πορείᾳ καλὸν μὲν εὐσχημοσύνη καὶ κόσμος, αἰσχρὸν δὲ ἀταξία καὶ τὸ φορτικόν. Διὰ τοῦτο γὰρ καὶ ἐξ ἀρχῆς συνέταττον οἱ ποιηταὶ τοῖς ἐλευθέροις τὰς ὀρχήσεις καὶ ἐχρῶντο τοῖς σχήμασι σημείοις μόνον τῶν ᾀδομένων, τηροῦντες αἰεὶ τὸ εὐγενὲς καὶ ἀνδρῶδες ἐπ' αὐτῶν, ὅθεν καὶ ὑπορχήματα τὰ τοιαῦτα προσηγόρευον. Εἰ δέ τις ἀμέτρως διαθείη τὴν σχηματοποιίαν καὶ ταῖς ᾠδαῖς ἐπιτυγχάνων μηδὲν λέγοι κατὰ τὴν ὄρχησιν, οὗτος δ' ἦν ἀδόκιμος.]] Διὸ καὶ Ἀριστοφάνης ἢ Πλάτων ἐν ταῖς Σκευαῖς, ὡς Χαμαιλέων φησίν, εἴρηκεν οὕτως·
    ὥστ' εἴ τις ὀρχοῖτ' εὖ, θέαμ' ἦν· νῦν δὲ δρῶσιν οὐδέν,
    ἀλλ' ὥσπερ ἀπόπληκτοι στάδην ἑστῶτες ὠρύονται
    (Plat. F 138 Kassel – Austin).
Ἦν γὰρ τὸ τῆς ὀρχήσεως γένος τῆς ἐν τοῖς χοροῖς εὔσχημον τότε καὶ μεγαλοπρεπὲς καὶ ὡσανεὶ τὰς ἐν τοῖς ὅπλοις κινήσεις ἀπομιμούμενον.

Zur Abgrenzung des Referates aus Chamaileon siehe den Anhang, S. 76–77.

Am plausibelsten scheint mir eine Verbindung zu F 44 und daher eine Zuordnung zu Περὶ Αἰσχύλου zu sein.[63] Auch F 44 hat den Tanz zum Thema. Der Zusammenhang scheint gewesen zu sein, daß zur Zeit des Aischylos, anders als zu derjenigen der Aufführung der Σκευαί (etwa 390er Jahre), der Tanz noch ein εὔσχημον und μεγαλοπρεπές gewesen sei. | [71]

Auch hier dient die Komödie wieder zur Rekonstruktion eines Faktums der Literaturgeschichte.

---

[62] Das Distichon des Phrynichos (F 1 Diehl = T 13 Snell), das Plutarch (*Quaest. conv.* 8,9 p. 732f) zitiert, kannte Chamaileon dann nicht. Doch ist es wohl erst hellenistisch; vgl. Snell zur Stelle und Kassel – Austin zu Aristoph. F 696,1+4.

[63] Vgl. Wehrli 1967–1978, IX 86; Steffen 1964, 55–56; Giordano 1990, 180–181, der hier aber als Kontext, wie es scheint, „il tema delle innovazioni tecniche" sieht; andere Zuweisungen: Köpke 1856, 37: Προτρεπτικός; Scorza 1934, 30: Περὶ κωμῳδίας; [vgl. Martano 2012, 275 Anm. 3].

2.10 Zusammenfassung: Die 'Methode des Chamaileon' bei Chamaileon

Die nach ihm benannte Methode findet sich im Werk Chamaileons zum Zweck der Gewinnung literarhistorischer und biographischer Angaben. Hierbei werden gerade Aussagen des lyrischen Ich als autobiographische Bekenntnisse gewertet. Zahlreiche so gewonnene 'Fakten' sind höchst problematisch. Bisher ist allerdings seitens der Forschung nicht genügend beachtet worden,[64] daß sich Chamaileon in den meisten der entsprechenden Fälle auf Quellen beruft, er diese Interpretationen also lediglich referiert, sich aber nicht für ihre Richtigkeit verbürgt. Dies ist der Fall bei den Berichten von der Liebe Alkmans zu Megalostrata und seinem Interesse an Frauen überhaupt (F 27), bei der Erzählung von der Liebe Anakreons zu Sappho und den Versen der Dichterin an ihren Kollegen (F 28), wo Chamaileon selbst auf die Unrichtigkeit dieser Interpretation hingewiesen zu haben scheint, sowie bei den Erklärungen für die γρῖφοι des Simonides (F 37). In F 39, bei der Erklärung von Artemons Epitheton περιφόρητος, spricht Chamaileon in eigener Person. Auch wenn seine biographische Interpretation vielleicht falsch ist, so geht er doch wissenschaftlich korrekt vor, indem er eine Parallele zur Erklärung der Verse heranzieht, und er hat wohl lediglich eine bewußte Zweideutigkeit des Dichters zu einseitig interpretiert.[65] Seine biographische Ausdeutung geht – anders als bei Herakleides Pontikos – kaum über den ihm vorliegenden Text hinaus und stellt jedenfalls kein phantasievolles biographisches Konstrukt dar, wie dies bei den von ihm referierten Interpretationen oft der Fall ist. Bleibt noch die befremdliche Angabe, Aischylos habe stets betrunken gedichtet | [72] (F 43). Diese Interpretation kann man damit erklären, daß Aischylos als der inspirierte Dichter schlechthin galt und es somit ein kleiner Schritt zu dieser Folgerung war, wenn man die wichtige Rolle des Weines als Mittel poetischer Inspiration in der Diskussion der Zeit bedenkt. Auch hier stützte Chamaileon seine Erklärung wieder durch ein weiteres Zeugnis. Bemerkenswert ist, daß sich gerade bei dieser Interpretation die bekannte programmatische Bemerkung finden läßt: „Was der Tragödiendichter (scil. Aischylos) tat, das ließ er seine Helden tun." Sie scheint

---

64 Allein im Zusammenhang mit F 28, wo sich Chamaileon auf ungenannte Gewährsmänner beruft, hat man darauf verwiesen, daß er sich auf diese Weise wohl von der Interpretation distanziert; vgl. oben, S. 58.
65 In F 42 ist es zwar wahrscheinlich, daß Chamaileon aus der Nennung von Schweinen als Nahrungsmitteln bei Aischylos auf eine Vorliebe des Dichters geschlossen hat, doch ist in diesem Fall das Zitat bei Athenaios so vage, daß nicht deutlich wird, ob Chamaileon diese Meinung als seine eigene oder eine fremde präsentiert hat.

dadurch veranlaßt zu sein, daß Chamaileon hier keine Aussage des Dichters in der ersten Person Singular vorweisen konnte, sondern aus einer Szene als ganzer auf eine Eigenschaft des Dichters zurückgeschlossen hat. [Auch ist denkbar, daß Chamaileon auf diese Weise mit einem Augenzwinkern deutlich machen wollte, daß eine Interpretation, die auf der Basis dieses exegetischen Grundsatzes gewonnen ist, eher scherzhaften Charakters ist.] Es ist bemerkenswert, daß Chamaileon nach Ausweis der Fragmente aus Versen von Dichtern nur auf allgemeine Charakterzüge und Verhaltensweisen von Personen geschlossen hat (bei Artemon: F 39, bei Aischylos: F 43), aber nicht davon ausgehend ganze Episoden aus deren Leben konstruiert zu haben scheint.[66]

Es wird insgesamt deutlich, daß Chamaileon biographische Interpretationen mehr in seinen Quellen gesammelt als selbst produziert hat. Dies gilt gerade für solche Extrapolationen aus Versen, bei denen nicht lediglich ein Charakterzug, sondern eine Episode des Lebens erschlossen wird. Abgesehen von Archytas bleiben seine Quellen namenlos. Da es sich bei diesem wohl um den Pythagoreer handelt, muß man hier einen Hinweis darauf sehen, daß die 'Methode des Chamaileon' schon von einem Gelehrten der ersten Hälfte des 4. Jh.s zum Zwecke literaturgeschichtlich-biographischer Rekonstruktion praktiziert worden ist. In einem anderen Fall (F 37) läßt sich eine lokale Tradition von der Insel Keos über ihren berühmten Sohn Simonides erschließen. Hierbei werden seine Gedichte biographisch mit | [73] dem religiösen Leben der Insel verknüpft. Auf Paros findet sich mindestens schon zur selben Zeit im Kult des Archilochos das gleiche hermeneutische Prinzip. Es scheint demnach an Orten, die eine große Dichterpersönlichkeit hervorgebracht haben, zur Pflege und zum Ruhm der eigenen Vergangenheit weithin angewandt worden zu sein. Die 'Methode des Chamaileon' war allem Anschein nach also schon vor der Zeit des Namensgebers viel weiter verbreitet, als bisher angenommen.[67] So gewonnene Informationen sammelte

---

[66] Bei der Erzählung von den Bienen, die in Pindars Mund ihr Nest gebaut und ihn so zum Dichter geweiht haben, liegt Chamaileons Bericht nur über zahlreiche Zwischenquellen vermittelt vor, weshalb unklar ist, wie er diese Geschichte berichtet hat: F 32a–b Wehrli, vollständiger F 32a–c Giordano = F 34a–c Martano; vgl. Schorn 2007/2010, 49–50 Anm. 61. Hier ist noch auf F 35 zu verweisen, in dem Chamaileon ein Skolion Pindars interpretiert. Der Kontext dort war allem Anschein nach, daß Chamaileon in den Aussagen des lyrischen Ich solche des Dichters sah und deshalb erklären mußte, wie es Pindar möglich war, die korinthischen Sakralprostituierten derart zu rühmen. Es ging also auch dort allgemein um den Charakter des Dichters; vgl. Schorn 2007/2010, 54–55 [= unten, S. 98–99].

[67] Auch Arrighetti 1987 verweist auf weitere Anwendungen der 'Methode des Chamaileon' in früherer Zeit, so z.B. im *Certamen Homeri et Hesiodi* (d.h. der Urfassung des Alkidamas; [dazu siehe Schorn 2014a, 694–695]).

Chamaileon in seinen Schriften vom Typ Περὶ τοῦ δεῖνα. Dabei sah er es offenkundig als seine Aufgabe an, auch falsche und tendenzielle biographische Interpretationen von Versen zu referieren.

Chamaileons eigene Interpretationen mit der nach ihm benannten Methode, die in den Bereich der Literaturgeschichte gehören, sind durchaus seriös: Er erschließt die Inspiration Alkmans durch Vögel aus desssen Versen (F 26) und findet Betrunkene auf der Bühne zuerst bei Aischylos belegt (F 43), wodurch er andere Interpreten widerlegt, die in Euripides den Erfinder dieser Darstellungsweise sahen.

Vergleichbar dem Umgang Chamaileons mit den Werken der Porträtierten ist seine Verwendung der Komödie als Quelle. Programmatisch ist auch hier eine seiner Äußerungen: „Bei den Komikern finden sich vertrauenswürdige Angaben über die Tragiker" (F 44). [Auch hier ist zu erwägen, daß diese Aussage mit einem Augenzwinkern gemacht wurde. Denn Chamaileon war sich sicher bewußt, daß die Figuren der Komödie nicht den realen entsprechen. Für die literaturwissenschaftliche Frage, die er an der entsprechenden Stelle behandelt, ist die Komödie als Quelle aber sehr wohl brauchbar. Eine solche Interpretation könnte diese etwas emphatisch klingende und dadurch heiter wirkende programmatische Aussage erklären.] Er verwendet die Komödie in den erhaltenen Fragmenten primär zur Rekonstruktion von Literaturgeschichte. Wenn er Aristophanes entnimmt, daß Aischylos als erster Tragiker zugleich Choreograph gewesen sei (F 44), so ist dies zwar falsch, aber Ergebnis eines plausiblen exegetischen Prinzips: für Aischylos fand er dies offensichtlich zuerst bezeugt. Dem Komiker Platon entnimmt er die zutreffende Angabe über die Entwicklung des Tanzes in seinem Verhältnis zum Text (F 45). Sein Interesse an Heuremata war sichtlich ausgeprägt, und für entsprechende Forschung war die Komödie grundsätzlich eine nicht ungeeignete Quelle. Es hat den Anschein, als habe Chamaileon die Werke der Dichter, die Komödie und andere Traditionen systematisch nach Erfindern durchsucht. Der früheste | [74] Beleg zeigte ihm den Erfinder. Fand er dabei Fehler in der Forschungsliteratur, so korrigierte er sie. Anders als bei Satyros und anderen Biographen haben wir im Fall Chamaileons keine Belege dafür, daß er auch Angaben über Charakter und Privatleben von Komödienfiguren auf die historischen Personen übertragen hat.

Bemerkenswert ist, daß Chamaileon zweimal seine hermeneutischen Grundsätze explizit macht: hinsichtlich der Exegese der Werke der Porträtierten und hinsichtlich der Rolle der Komödie als Quelle. Auf diese Weise macht er deutlich, auf welcher Grundlage die Interpretationen entstanden sind, und gibt dem Leser die Gelegenheit, dem Interpretationsparadigma, und somit dem Ergebnis, zu folgen oder nicht. [Es handelt sich beide Male wohl auch um ein *caveat*.] Indem er grundsätzlich die Texte zitiert, denen er oder andere Exegeten die Angaben über die Dichter entnommen haben, bietet er dem Leser ebenso die Möglichkeit, die Richtigkeit der Deutung zu überprüfen. Auch dies ist Zeichen einer wissenschaftlich korrekten Arbeitsweise. Man sollte daher davon abkommen, in Chamaileon primär einen Produzenten unglaublicher Geschichten zu sehen, die mit viel Witz und Phantasie auf der Grundlage der Werke der Porträtierten und der Komödie fabriziert worden sind. Er berichtet diese, distanziert sich aber von den unglaubwürdigsten. Es handelt sich bei der 'Methode des Chamaileon' also um ein exegetisches Prinzip, für das der Peripatetiker Beispiele gesammelt und das er selbst eher zurückhaltend angewandt hat. Seine eigenen Interpretationen haben lediglich zum Ziel, allgemeine Angaben über Charakter und Verhalten von Menschen zu gewinnen und Elemente der Literaturgeschichte zu rekonstruieren. Daß er im lyrischen Ich autobiographische Aussagen des jeweiligen Dichters gesehen hat, mag man ihm nachsehen, wenn man bedenkt, daß das hermeneutische Prinzip, zwischen Autor und lyrischem Ich zu unterscheiden, erst ein Ergebnis der Philologie des 20. Jh.s ist. [Da uns die Werke des Chamaileon als ganze nicht erhalten sind, können wir zudem nicht mit Sicherheit sagen, mit wie viel Ernst und Nachdruck derartige Behauptungen von ihm vertreten wurden.]

2.11 Anhang zur Abgrenzung der Chamaileonfragmente

2.11.1 Fragment 31 Wehrli = 31 Giordano = 35 Martano (= Ath. 13,573c–574b)

Der Umfang des langen Fragments ist von Wilamowitz richtig erkannt worden, der das ganze Referat mit Ausnahme des Einschubs ὡς καὶ Θεόπομπος ἱστορεῖ (FGrHist 115 F 285a) καὶ Τίμαιος ἐν τῇ ἑβδόμῃ | [75] (FGrHist 566 F 10) auf Chamaileon zurückgeführt hat. Da dies in der Vergangenheit nicht immer akzeptiert worden ist, seien einige Bemerkungen zur Richtigkeit dieser Abgrenzung angefügt, die auf den Ausführungen von Wilamowitz aufbauen und diese ergänzen.[68] Athe-

---

68 Von Wilamowitz-Moellendorff 1889, 3–7, v.a. 3–4 = 1962, 660–666, v.a. 660–661; Jacoby zu Theopomp., FGrHist 115 F 285; van Groningen 1956, 12–13; Wehrli 1967–1978, IX 82; auch Giordano 1990, 166–168 scheint von dieser Abgrenzung auszugehen, doch äußert er sich nicht explizit. Seine typische Gleichgültigkeit hinsichtlich so zentraler Fragen zeigt seine einzige Bemerkung zu diesem Problem (166): „Il racconto di Ateneo è in gran parte desunto dall'opera che su Pindaro scrisse Cameleonte e in qualche misura dalle testimonianze degli storici Timeo e Teopompo, i cui interessi etnografici rispecchiano un palese intento di censura della moralità privata." Anders Page 1981, 208–209, der in der Nachfolge von Boas 1905, 59–62 davon ausgeht, daß

naios zitiert zu Beginn Chamaileon für die Angabe, daß die Korinther bei wichtigen Bitten an Aphrodite, die das Wohl des Staates zum Inhalt haben, auch die Hetären an den Gebeten teilnehmen lassen. Wenig später berichtet er ebenfalls unter Berufung auf Chamaileon, daß Privatleute Aphrodite bei Erfüllung ihrer Bitten Sakralprostituierte stiften. Für letztere Angabe dient Chamaileon das zitierte Skolion Pindars (F 122 Maehler) als Beleg. Für erstere bliebe er einen solchen schuldig, wenn nicht auch die Nachricht über das Verhalten der korinthischen Hetären im Perserkrieg, einschließlich der dazugehörenden Simonidesverse (Epigr. 14 Page = F 104 Diehl), auf ihn zurückgingen.[69] Wie Athenaios aber referiert, könnte diese Passage auch auf Theopomp und Timaios zurückgehen. Kann vielleicht Chamaileon die beiden Historiker zitiert haben? Bei Theopomp ist dies zeitlich zwar möglich, sachlich aber nicht. Denn Theopomps Darstellung der Ereignisse, die *Schol. Pind. Ol.* 13,32b p. 364 Drachmann (= FGrHist 115 F 285b) überliefert, differiert stark von der bei Chamaileon.[70] Dadurch ist auch ausgeschlossen, daß Athenaios hier Theopomps Darstellung referiert. Daß Chamaileon Timaios zitiert hat, ist zeitlich [zwar möglich,[71] doch hat dieser] kaum die Ereignisse des griechischen Mutterlandes so ausführlich berichtet, daß er für | [76] eine solch nebensächliche Angabe Verse des Simonides zitiert hat. Jacoby führt diese daher zu Recht nicht beim Abdruck des Timaiosfragments an. Auch Timaios fällt daher als Quelle des Athenaios weg.[72] Daher ist der Einschub wie oben beschrieben festzusetzen. Athenaios fügt also in das Referat aus Chamaileon ein, daß Theopomp und Timaios davon berichtet haben, daß die Hetären von Korinth während des Perserkrieges für das Heil des Landes gebetet haben.

2.11.2 Fragment 33 Wehrli = 33 Giordano = 36 Martano (= Ath. 14,656c–e)

F 36 wird von Athenaios (14,656c–e) in einem Abschnitt über Tiere in der Literatur zitiert. Zum Thema 'Hase' zitiert er allein Chamaileon. Es fällt allerdings auf, daß nur die erste Anekdote zum übergeordneten Thema paßt, da in der zweiten nicht von einem Tier die Rede ist. Da dieser Teil also aus dem Rahmen fällt und

---

dieser Teil des Textes auf Chamaileon zurückgeht; ebenso Bravi 2006, 62. [Wie oben nun auch Martano 2012, 253 Anm. 5; anders aber, wie es scheint 251 Anm. 0.]

69 Man beachte: Chamaileon war mit Simonides' Werken wohlvertraut, da er auch Περὶ Σιμωνίδου geschrieben hat (F 36–38) [...].
70 Eine Analyse bietet van Groningen 1956.
71 [Zu seiner Datierung siehe oben, S. 17–18 mit Anm. 84.]
72 [So auch Martano 2012, 253 Anm. 2.]

nicht in die thematische Sektion bei Athenaios gehört, muß man annehmen, daß er schon bei Chamaileon in Verbindung mit dem ersten angeführt worden ist. So wird deutlich, daß wir hier ein zusammenhängendes Stück aus der Darstellung des Peripatetikers vorliegen haben.[73]

2.11.3 Fragment 41 Wehrli = 41 Giordano = 44 Martano (= Ath. 14,628d–e)

Der Text findet sich oben, S. 68, abgedruckt. Hier seien einige Bemerkungen zur Abgrenzung des Referats aus Chamaileon und zur Textgestaltung hinzugefügt. Was den Umfang angeht, so folge ich den jüngeren Editoren und der Mehrheit der Forschung.[74] Wehrli bemerkt zu Recht, daß allein der Bericht über den Tanz, nicht aber derjenige | [77] über die Kleidung unter Berufung auf Chamaileon von Athenaios erzählt wird.[75] Da die Einführung vieler Tanzformen auch auf Phrynichos zurückgeführt wird (Plu. *Quaest. conv.* 8,9 p. 732f) und bei Athenaios (1,22a) auch von Thespis, Pratinas und Phrynichos berichtet wird, sie hätten ihre Chöre selbst einstudiert, bezweifeln Wehrli und Steffen die Richtigkeit der Überlieferung und meinen, Chamaileon müsse davon gesprochen haben, daß Aischylos auf diesem Gebiet eine besondere Meisterschaft an den Tag gelegt habe.[76] Doch lediglich aus dem Umstand, daß die Angabe Chamaileons falsch ist und selbst in der Antike Gegenteiliges behauptet wurde, kann nicht geschlossen werden, daß

---

73 Von Wilamowitz-Moellendorff 1913, 148–150 hat vermutet, daß Chamaileon diese Anekdoten einer Anekdotensammlung entnommen hat, den ἄτακτοι λόγοι, die Alexander von Aphrodisias (*In Aristot. met.* p. 818,10 Heyduck) noch besessen zu haben scheint. Man habe sie sich vorzustellen wie die Sammlung in P. Hib. I 17. [Martano 2012, 255 Anm. 2 geht vom selben Umfang aus, meint aber, daß die zwei Anekdoten bei Chamaileon nicht unbedingt zusammenhängend berichtet wurden. Dies ist möglich. Poltera nimmt die Passage unter zwei Nummern (107 und 96) unter die Simonidestestimonien auf.]
74 Es gibt keinen Grund, mit Köpke 1856, 33 und Scorza 1934, 34 anzunehmen, daß Ἀριστοφάνης ... σχηματίσαντας eine Hinzufügung des Athenaios darstellt. Denn die Verse des Aristophanes belegen nicht nur die literarhistorische Aussage Chamaileons, sondern diese ist ihnen sogar entnommen. Deshalb ist es höchst unwahrscheinlich, daß sie Chamaileon nicht zitiert hat und sie erst wieder von Athenaios in einen Zusammenhang mit der literarhistorischen Angabe gebracht worden sind. Chamaileon nennt die Quellen seiner Informationen. Richtig Leo 1901, 104–105; so auch die Editoren: F 41 Wehrli; F 40 Steffen; F 41 Giordano; Bagordo 1998, 114 (F 8); zur Diskussion: Martano 2007, 195; [2012, 273 Anm. 3].
75 Wehrli 1967–1978, IX 86; anders Köpke 1856, 33; Körte 1907, 200; wohl auch Giordano 1990, 80.
76 Wehrli 1967–1978, IX 86; Steffen 1964, 55.

er diese Auffassung nicht vertreten habe. Eine Erklärung für diese Ansicht Chamaileons findet sich oben, S. 68–69.

Neben der Angabe, Aischylos sei Choreograph gewesen, findet sich eine weitere: Er habe die gesamte Gestaltung der Tragödie an sich gezogen. Wenn dies begründet wird: „er spielte jedenfalls, wie es wahrscheinlich ist, als Schauspieler in den Dramen", so müssen einige Schritte der Argumentation ausgefallen sein. Dies ist wohl eine Folge der Epitomierung des Athenaiostextes, der hier nicht im Original überliefert ist.

Direkt schließt eine weitere Begründung an: „Aristophanes jedenfalls (γοῦν Musurus, οὖν CE) läßt Aischylos sagen", gefolgt von zwei Verspartien. Was begründen diese? In V. 1 spricht Aischylos in einer Komödie des Aristophanes und erklärt, er selbst sei für seine Chöre der Choreograph gewesen. Aus der Aussage des 'Komödien-Aischylos' in der 1. Person schließt Chamaileon also auf den historischen. Das zweite Zitat, das mit καὶ πάλιν eingeführt wird, ist problematisch. Es bezeugt lediglich, daß der Chor in Aischylos' *Phrygern*, der aus den Begleitern des Priamos bei der Lösung Hektors bestand, tanzte. Da der Sprecher erklärt, er habe die *Phryger* im Theater gesehen (τοὺς Φρύγας οἶδα θεωρῶν), kann dieser nicht Aischylos sein, wie suggeriert wird, da dieser laut Chamaileon selbst Schauspieler in seinen | [78] Stücken gewesen sei.[77] Daher spricht viel dafür, mit Kassel – Austin dem Vorschlag Schweighaeusers zu folgen und in den Versen die Antwort einer Komödienfigur auf die Worte des Aischylos zu sehen.[78] Es handelt sich also um ein einziges Zitat, nicht um zwei. Der Fehler ist sicher nicht Chamaileon zuzuschreiben, sondern geht auf Athenaios oder eher noch auf seinen Epitomator zurück, dessen Text hier allein überliefert ist. Die Textfassung Chamaileons ist demnach wie oben abgedruckt zu rekonstruieren.

2.11.4 Fragment 42 Wehrli = 42 Giordano = 45 Martano (= Ath. 14,628d–e)

Der Text findet sich oben, S. 69, abgedruckt. Der Umfang des Fragments scheint in den Sammlungen zu großzügig zu sein. Der erste Teil (καὶ γὰρ ἐν ὀρχήσει ... ἦν

---

[77] Deshalb scheitert auch die Erklärung von Desrousseaux – Astruc 1956, 49 Anm. 2: „A qui Eschyle dit-il cela? Peut-être à quelque moquer qui contestait la vraisemblance de ses pièces, ou de sa tragédie: *Les Phrygiens ou le rachat d'Hector*." Giordano 1990, 180 hat offenkundig keine Einwände dagegen. Schon Casaubonus bei Schweighaeuser 1801–1807, I 176–177 hat auf die Problematik hingewiesen und daher οἶσθα für οἶδα konjiziert.

[78] Schweighaeuser 1801–1807, I 177; vgl. Kassel – Austin zu F 696,2: „Φρύγας Aeschyli hic bomolochus spectasse meminit ut Persas alter ille in Ranis, Bacchus (v. 1028), choros uterque ridicule admiratus."

ἀδόκιμος) kann nicht auf Chamaileon zurückgehen, da dort davon ausgegangen wird, daß die Dichter von Anfang an (ἐξ ἀρχῆς) zugleich auch Choreographen gewesen sind. Dies widerspricht Chamaileons Annahme in F 44, nach der vor Aischylos Tragödiendichter und Choreographen unterschiedliche Personen gewesen sind.[79] Sicher Chamaileon gehört nur das Zitat aus den Σκευαί Platons und wahrscheinlich die sich anschließende Interpretation der Verse (ἦν γὰρ ... ἀπομιμούμενον).[80] Hier entstammt die Interpretation nicht allein den Versen, sondern liefert Informationen, die deutlich darüber hinausgehen und eine genaue Kenntnis der | [79] Geschichte des Tanzes voraussetzen.[81] Chamaileons Quelle hierfür ist unbekannt.

---

79 Daher wird die Richtigkeit der Überlieferung von F 44 angezweifelt; doch vgl. oben, S. 68–69 und S. 76.
80 Den ganzen Abschnitt (Ath. 14,628d–e) präsentieren zahlreiche Editoren als Fragment Chamaileons: F 42 Wehrli; F 41 Steffen; F 42 Giordano; Bagordo 1998, 114–115 (F 9); [Martano F 45]; allerdings spricht Scorza 1934, 31 zumindest den ersten Teil Chamaileon ab, vielleicht sogar die Interpretation der Komödienverse, was mir aber aus ihren Worten nicht ganz klar wird. Nur das Platonzitat führt Köpke 1856, 37 auf Chamaileon zurück.
81 Gehört dieser Teil zum Chamaileonfragment, so ist ein weiteres Argument gegen eine Zuschreibung des ersten Teils an Chamaileon darin zu finden, daß die Aussagen teilweise die dort getroffenen wiederholen: ἦν γὰρ ... μεγαλοπρεπές ~ ἐν ὀρχήσει καὶ πορείᾳ καλὸν μὲν εὐσχημούνη καὶ κόσμος. Außerdem scheint sich auch ein Widerspruch finden zu lassen: im ersten Teil wird davon ausgegangen, daß sich der Tanz immer dem Text anpaßte, im letzten, daß die Tanzschritte die Bewegungen von Soldaten in Waffen nachahmten, was nicht immer zum Text gepaßt haben kann.

3 Chaimaileon: Biographie und Schriften Περὶ τοῦ δεῖνα

3.1 Einleitung

Ziel meines Beitrages ist es zu versuchen, den literarischen Charakter der Schriften Chamaileons vom Typ Περὶ τοῦ δεῖνα etwas genauer zu bestimmen, als dies bisher in der Forschung der Fall gewesen ist, und zugleich Chamaileons spezifische Arbeitsweise näher zu betrachten. Unter Schriften Περὶ τοῦ δεῖνα verstehe ich solche, die einen Titel vom Typus Περὶ + Eigenname im Genitiv tragen,[1] im Unterschied zu Werken, deren Titel die Struktur Βίος + Name im Genitiv aufweist. Ich werde unten noch näher auf die beiden Gruppen von Schriften eingehen.

Der Name Chamaileon fehlt in kaum einer Abhandlung zur Geschichte der griechischen Biographie, und sei es nur aus dem Grund, daß die sogenannte 'Methode des Chamaileon' kennzeichnend für weite Teile der antiken literarischen Biographie gewesen ist.[2] Ist von Chamaileon in diesem Rahmen die Rede, geschieht dies allerdings gewöhnlich mit dem Hinweis, daß es sich bei seinen Schriften nicht um Biographien im eigentlichen Sinn gehandelt habe, sondern um literaturgeschichtlich und exegetisch ausgerichtete Werke, in denen auch Biographisches eine Rolle gespielt habe.[3] | [32]

Bisweilen liest man aber auch von „Chamaileons Biographien", doch sagen die entsprechenden Interpreten nicht, warum es sich nach ihrer Ansicht um Biographien und nicht um literaturgeschichtliche Schriften gehandelt habe, und es

---

1 Vgl. LSJ s.v. δεῖνα, ὁ, ἡ, τό, gen. δεῖνος ... sts. indecl. „such an one, so-and-so". Ich folge hier der von Leo 1904 = 1960, 387–394 eingeführten Terminologie.
2 Siehe dazu oben, Kap. 2.
3 So z.B. Momigliano 1993, 70; 73; Camassa 1994, 316; bei Sonnabend 2002 erscheint der Name Chamaileons nicht, auch Stuart 1928 behandelt ihn nicht. Auffällig ist es, wie erfindungsreich Wehrli in seinem RE-Artikel (1968) bei der Bezeichnung der Schriften Chamaileons ist. Nachdem er einmal von „Biographie" gesprochen hat, meidet er sichtlich diese Benennung und spricht von „literaturgeschichtlichen Schriften", „selbständige[r] Publikation über Alkman", „Dichtermonographien", „Schrift über Anakreon", „Pindarmonographie" etc. In seiner Edition (Wehrli 1967–1978, IX 75) spricht Wehrli einerseits von „Dichterbiographie", zitiert aber dann mit Zustimmung und wörtlich Leos Charakterisierung von Chamaileons Schriften, wie sie dieser in seiner Monographie von 1901 gegeben hat.

hat ganz den Anschein, daß hier der Begriff 'Biographie' nicht streng terminologisch, sondern eher allgemein im Sinne von 'Schriften, in denen (auch) Biographisches eine Rolle gespielt hat', gebraucht wird.[4]

Zu der Gruppe von Interpreten, die in Chamaileons Περὶ τοῦ δεῖνα-Schriften explizit keine Biographien sehen, gehört auch der jüngste Kommentator David Giordano.[5] Er beruft sich für diese Einschätzung auf Friedrich Leos grundlegende und noch heute als ganze nicht ersetzte Monographie *Die griechisch-römische Biographie nach ihrer litterarischen Form* aus dem Jahr 1901[6] und auf einen Aufsatz Leos, den dieser kurz nach der *editio princeps* der Papyrusfragmente von Didymos' Περὶ Δημοσθένους verfaßt hat und in dem er die Gattung Περὶ τοῦ δεῖνα unter dem Eindruck des Neufundes charakterisiert oder, wie manchmal formuliert wird, 'entdeckt' hat.[7]

In seiner Monographie entwickelt Leo anhand der Fragmente von Chamaileons Schriften ein Konzept der Gattung Περὶ τοῦ δεῖνα.[8] Aufgrund der Titelgebung, mit der Chamaileon an diejenige älterer Autoren wie Aristoteles und Herakleides Pontikos anknüpfe, bestreitet Leo, daß in diesen Schriften versucht worden sei, „das Leben des Mannes, Herkunft, Jugendgeschichte, Entwicklung zu reconstruiren. Vielmehr deuten die Titel nur auf Untersuchungen über die Dichter und ihre Gedichte" (105). Dennoch erkennt er an, daß diese Schriften „ganz wesentlich auf die Persönlichkeiten gerichtet" waren. Sie seien aber nur „in dem Sinne unter | [33] die litterarische Biographie zu rechnen wie Aristoteles περὶ ποιητῶν" (105). Chamaileon werde nicht für das γένος oder die Grundzüge der Lebensbeschreibung zitiert, sondern nur für Charakterzüge, Anekdoten und Heuremata. Außerdem verwende Chamaileon keine Zeugnisse außerhalb der Werke der Porträtierten, außer bei Aischylos, wo Aristophanes einmal die Quelle darstelle (F 44 Martano; [nach dieser Sammlung wird im folgenden zitiert]). Statt dessen habe er aus Stellen von Gedichten auf Handlungen und Erlebnisse der Dichter geschlossen. Bei fast allen Fragmenten könne man feststellen, daß die biographische Information einer Gedichtstelle entstamme. Leo scheint weiterhin zu bezweifeln, daß aus F 15 gefolgert werden könne, daß Chamaileon über Herkunft und Leben Homers

---

4 So wohl z.B. bei Privitera 1965, 51: „Nelle sue biografie egli si proponeva di ricostruire la personalità dei singoli poeti basandosi sui loro scritti e sulle testimonianze di autori precedenti" (allerdings unter Berufung auf Leo); [vgl. Poltera 2008, 38 Anm. 34 „Zweifellos eine legendenhafte Biographie" (scil. *Über Simonides*)].
5 Giordano 1990, 13–17.
6 Leo 1901, 85ff.
7 Leo 1904 = 1960, 387–394; Pfeiffer 1978, 183 Anm. 147 sieht in Leo den Entdecker der Gattung; ebenso Bagordo 1998, 28.
8 Leo 1901, 104–107.

gehandelt habe, und betont statt dessen seine Exegese von Einzelstellen (107). Anders als die Βίοι des Aristoxenos „geben (scil. die Schriften Chamaileons) in der Form der Untersuchung was aus den Gedichten über die Person der Dichter und ihre Umgebung zu erschliessen war" (107). Chamaileon habe also keine Biographien geschrieben, sondern – im Fall des Thespis (F 41) – versucht, „an der Hand der ihm authentisch scheinenden Aeusserungen der Zeit in die Geschichte der ältesten Tragödie einzudringen und so die Person zu erfassen" (107). Auswahlkriterium sei gewesen, daß „für deren Biographie das Gerüst fehlte" (107).

Auf dieser Charakterisierung baut auf, was Leo später, nach der Veröffentlichung von Didymos' Περὶ Δημοσθένους, über Schriften Περὶ τοῦ δεῖνα und über Chamaileon im speziellen ausführt:[9] ausgehend von der gleichen Struktur des Titels schließt Leo auf gleiche literarische Form. Er betont erneut die Unterschiedlichkeit zu Aristoxenos' Biographien und sieht Chamaileons Werke dadurch charakterisiert, daß „aus einzelnen Stellen des Textes auf Handlungen, Erlebnisse, Charakterzüge des Dichters Schlüsse gezogen wurden, dass eine Art von persönlich-sachlicher Interpretation der Gedichte den Grundstock eines solchen Buches bildete".[10] Unter Hinweis auf F 39 sieht er in Chamaileons Büchern Kommentare, in denen unter Lemmata Chamaileons Interpretationen von Textstellen zu finden gewesen seien. Er nimmt also dieselbe literarische Form an, wie sie in Didymos' Werk zu finden ist. Einschränkend fügt er hinzu, daß aufgrund der Allgemeinheit des Titels Περὶ τοῦ δεῖνα nicht die entsprechenden Schriften aller Autoren diese Form | [34] gehabt haben müssen. „Andrerseits lehren viele Fragmente, dass Bücher mit solchem Titel über das Persönliche, Biographische, Litterarhistorische, überhaupt über das Sachliche hinaus auf die Worterklärung eingingen" (257–258 = 391). Die Schriften Περὶ τοῦ δεῖνα hätten sich von den späteren ὑπομνήματα dadurch unterschieden, daß sie auch ohne die kommentierte Vorlage hätten gelesen werden können. Weitere Unterschiede seien gewesen, daß sie auch stilistische Ansprüche erhoben hätten und anders als jene nicht den ganzen Text, sondern „die für den Mann und seine historische Umgebung wichtigen Stellen" (259 = 392) erklärt hätten.

---

9 Leo 1904, v.a. 257–260 = 1960, v.a. 390–394; vgl. schon Casaubonus bei Schweighaeuser 1801–1807, IV 77.
10 Leo 1904, 257 = 1960, 390.

3.2 Βίοι und Schriften Περὶ τοῦ δεῖνα

Die wissenschaftliche Auseinandersetzung mit Leos Buch, die auch nach 100 Jahren noch nicht abgeschlossen ist, hat in vielerlei Hinsicht *eine* charakteristische Schwäche seiner Interpretationen deutlich machen können. Diese besteht darin, daß er oftmals von zu strengen und einheitlichen literarischen Formen ausgeht, was dem bisweilen lockereren Umgang antiker Autoren mit Gattungen und ihren Spielarten nicht gerecht wird.[11] Daher ist zu fragen, ob die Antike wirklich eine so strenge Unterscheidung zwischen Biographien im eigentlichen Sinn und Schriften Περὶ τοῦ δεῖνα kannte.

Leo hat durchaus erkannt, daß der Titel Περὶ τοῦ δεῖνα eine große inhaltliche Bandbreite zuläßt. Dennoch scheint er es nicht für möglich zu halten, daß es sich bei solchen Schriften auch um Biographien im eigentlichen Sinne handeln konnte. Um zu überprüfen, ob die Antike zwischen Biographien und Schriften Περὶ τοῦ δεῖνα strikt geschieden hat, ist zweierlei nötig. Es ist einerseits zu klären, was eigentlich eine Biographie ist, was sie kennzeichnet und was ihre formalen und inhaltlichen Charakteristika sind. Andererseits sind diese Fragen auch für die Περὶ τοῦ δεῖνα-Schriften zu stellen, speziell für diejenigen Chamaileons. Was die Biographie angeht, so will ich mich darauf konzentrieren, was charakteristisch für Schriften mit dem Titel Βίοι in der Antike war, insbesondere für Βίοι von Dichtern.[12] Zu dieser Frage existieren zwar Vorarbeiten, | [35] aber keine systematischen Untersuchungen. Ganz schlecht sieht es bei den Schriften Περὶ τοῦ δεῖνα aus, zu denen es im Grunde nur Leos Studien und einige wenige neuere Beiträge gibt, in denen in Detailfragen Einspruch gegen Leo erhoben wird.[13] Aber auch Leo

---

11 Erinnert sei hier nur an Leos längst widerlegte, aber immer wieder in der Literatur auftauchende Differenzierung zwischen peripatetischer und alexandrinischer Biographie; [dazu siehe Schorn, in Schepens – Schorn 2010, 420–421 = unten, S. 290–291].

12 Wenn moderne Interpreten von der antiken Biographie sprechen, gehen sie häufig von den Charakteristika moderner Biographien aus und versuchen auf dieser Basis zu bestimmen, welche Werke der Antike als Biographien bezeichnet werden können. Mein Ansatz geht von den antiken Konzepten aus. Wenngleich die Antike Theorien der Historiographie hervorgebracht hat, gab es allem Anschein nach keine solche, welche die Beschreibung des Lebens Einzelner zum Thema hatte. Doch wurden solche Werke verfaßt und trugen gewöhnlich den Titel Βίος. Betrachtet man diese Gruppe von Schriften als 'Gattung', so kann man ihre Charakteristika bestimmen und davon ausgehend fragen, welche Werke anderen Titels identische oder ähnliche Charakteristika aufweisen; [diese Methode auch in Schorn 2014a, 679–683; 686].

13 Dieser Einspruch bezieht sich vor allem auf Leos strikte Differenzierung zwischen Schriften Περὶ τοῦ δεῖνα und ὑπομνήματα, also Kommentaren; siehe dazu West 1970, 290–291; Theodoridis 1972, 32–33; vgl. Bagordo 1998, 46 Anm. 81; gegen Leos Differenzierung zwischen Schriften Περὶ βίων und Βίοι siehe Jacoby, FGrHist IIIb (Text), 379 (zu Titel Nr. 20). Arrighetti 1994, 238,

hat es nicht geleistet, die komplette Masse der zumeist fragmentarisch erhaltenen Schriften Περὶ τοῦ δεῖνα zu sammeln, zu sichten und davon ausgehend eine Charakterisierung und eventuell Entwicklung dieses Typs von Schriften zu erarbeiten – und sei es nur für die entsprechenden Schriften über Dichter. Ich habe dies versucht, mit einem Schwerpunkt auf den Schriften über Dichter, bin mir aber sicher, Einiges übersehen zu haben.[14] Ich fasse im folgenden nur die wichtigsten | [36] Ergebnisse zusammen.

Beginnen wir mit den eigentlichen Βίοι. Sammelt man Βίοι von Dichtern, so kommt man schnell zu einem Ende. Abgesehen von den spätantiken anonymen Kompilationen vom Typus Γένος καὶ βίος τοῦ δεῖνα finde ich lediglich einen Βίος des Telestes von Aristoxenos (F 117 Wehrli), die Βίοι des Aischylos, Sophokles und Euripides von Satyros [und Plutarchs Βίοι Hesiods, Pindars und Arats, die für uns aber kaum mehr als die Titel sind.[15]] Von Satyros' Βίος Εὐριπίδου ist ein langes Papyrusfragment erhalten.[16] Es ist schwer möglich, auf dieser geringen

---

übt allerdings Kritik an Leos Praxis, anhand des Titels auf den Inhalt der Περὶ τοῦ δεῖνα-Schriften zu schließen. Dort, 212–216, betont Arrighetti zu Recht die Nähe von „ricerca biografica" und „riflessione sulla letteratura" in der griechischen Literatur und die Schwierigkeit zu unterscheiden, ob es sich bei manchen peripatetischen Schriften um „opere biografiche contenenti elementi di genuina critica letteraria" oder um „'commentaries on poets', seppure ricchi di dati biografici" handelt. Am deutlichsten ist Gallo 1997, 161–164, der auf den Biographiecharakter mancher dieser Schriften hinweist.

14 Müllers *Fragmenta Historicorum Graecorum* verzeichnen nicht alle diese Schriften. Wenn von solchen Schriften nur der Titel bekannt ist, erwähnt sie Müller nur in den einleitenden Paragraphen zu den Fragmentsammlungen. Aber auch wenn ein oder wenige Fragmente erhalten sind, wird dies nicht immer durch eine Überschrift deutlich gemacht, so daß man im Grunde gezwungen ist, den kompletten Text zu lesen. Denn manche Autoren und ihre entsprechenden Schriften werden nur *en passant* im Zusammenhang mit Homonymen erwähnt. Müllers Indizes sind zudem nicht vollständig. Von Jacobys *Fragmenten der Griechischen Historiker* fehlen gerade die entsprechenden Bände noch, und wenn man von den Editionen und Fragmentsammlungen der Dichter ausgeht, so stellt man fest, daß deren Fragmente zwar mit Akribie gesammelt und immer wieder ediert werden, daß für viele aber keine Testimoniensammlungen existieren, in denen Hinweise auf Schriften über diese Dichter zu finden wären. Man muß also von Handbüchern und Lexika ausgehen. Die selektiven Testimoniensammlungen in den Ausgaben der frühen griechischen Dichter in der *Loeb Classical Library* sind sehr nützlich sowie Bagordo 1998 für das Drama und Davies 1991 für Alkman, Stesichoros und Ibykos; [für Stesichoros ist nun Ercoles 2013 unentbehrlich und ein Musterbeispiel dafür, wie eine kommentierte Testimoniensammlung zu gestalten ist; Testimoniensammlung zu Simonides ohne Kommentar, aber mit einigen Fußnoten in Poltera 2008].

15 [Hesiod: Lamprias Nr. 35; Pindar: Lamprias Nr. 36 und F 9 Sandbach; Arat: Lamprias Nr. 40.]
16 P. Oxy. IX 1176 = Satyr. F 6 Schorn.

Textgrundlage eine Gattungstypologie zu erstellen. Was die Form und die Gewichtung der einzelnen Themen in den antiken Βίοι angeht, muß Vieles offenbleiben. Was allerdings die *Euripidesvita* des Satyros gezeigt hat und was unserem Verständnis von Biographie vielleicht zuwiderläuft, ist – abgesehen von ihrer dialogischen Form –, daß in einem antiken Dichter-Βίος sehr viele literaturwissenschaftliche Angaben und Zitate aus dessen Werken zu finden sind.[17] Der erste Teil über die τέχνη des Euripides ist zwar weitgehend verloren, doch scheinen dort literaturgeschichtliche Themen einen großen Raum eingenommen zu haben. Aber auch der zweite Teil besteht v.a. aus Interpretationen von Euripideszitaten, Komikerstellen und anderen Zitaten, die im Hinblick auf Ereignisse im Leben sowie den Charakter und die Interessen des Dichters interpretiert werden. Die genauen Lebensumstände (Lebens- und Aufführungsdaten etc.) haben offenkundig kaum interessiert. Lediglich ganz grob ist eine Orientierung am Verlauf von Euripides' Leben festzustellen. Die Präsentation des Materials ist primär thematisch: Euripides und die Philosophen, Euripides und die Demagogen, Euripides und die Dichterkollegen etc. Erst nach mehreren thematischen Sektionen folgen abschließend die Nachrichten über Euripides' Weggang von Athen nach Makedonien, über einige Erlebnisse dort und über seinen Tod, der allem Anschein nach nicht einmal datiert wurde. Daraus wird deutlich, daß ein antiker Dichterbios, anders als eine moderne Dichterbiographie, eine kuriose Mischung aus Lebensbeschreibung und Textinterpretation darstellt.[18] Eine solche Einschätzung findet Bestätigung in den Fragmenten aus Satyros' *Sophoklesvita* und in den späten Schriften vom Typus Γένος καὶ βίος τοῦ | [37] δεῖνα. Kurt Latte sah einst aufgrund der merkwürdigen Form von Satyros' *Euripidesvita* eine Verbindung zur Problemata-Literatur.[19] Dies ist nicht ganz falsch, doch darf nicht übersehen werden, daß in den Βίοι alle literarhistorischen Bemerkungen und Textinterpretationen letztlich biographisch ausgerichtet sind und zum Ziel haben, eine Aussage über Leistung, Persönlichkeit oder Leben des Dichters zu begründen. Dies ist bei der Problemata-Literatur nicht der Fall, da dort literarische Fragen um ihrer selbst willen behandelt werden. Insofern trifft Momiglianos klassische Definition von Biographie: „An account of the life of a man from birth to death is what I call biography",[20] nur mit Einschränkungen auf den Dichter-Βίος zu. Innerhalb eines nur grob chronologischen Rahmens hatte der Autor alle Freiheit, das Material

---

17 Dies machen in Ansätzen etwa schon die anonymen Tragikerviten der Handschriften deutlich.
18 Zu diesem Aspekt vgl. Arrighetti 1994.
19 Auf diese mündlich vorgetragene Ansicht Lattes beruft sich Dihle 1970, 105 Anm. 1.
20 Momigliano 1993, 11.

nach seinem Belieben zu präsentieren, sogar in Dialogform. Er selektierte aus der ihm vorliegenden Tradition eher das, was er für notwendig im Hinblick auf die Persönlichkeit des Dichters hielt, als Angaben über den Verlauf von dessen Leben.

Kommen wir zu den Schriften vom Typ Περὶ τοῦ δεῖνα. Wie Leo richtig erkannt hat, läßt diese Art des Titels eine große inhaltliche Bandbreite zu. Bei zahlreichen dieser Schriften handelte es sich in der Tat um Kommentare. Ist dies der Fall, sind sie in der Regel mehrbändig, wobei oft die einzelnen Bücher Untertitel tragen, die das kommentierte Werk bezeichnen.[21] Andere Schriften dieses Titels waren eindeutig biographisch. Komplett erhalten ist meines Wissens nur die als *Certamen Homeri et Hesiodi* bekannte Schrift, die in der Überlieferung den Titel trägt: Περὶ Ὁμήρου καὶ Ἡσιόδου καὶ τοῦ γένους καὶ ἀγῶνος αὐτῶν. Es handelt sich um eine 'Parallelbiographie' mit Schwerpunkt auf dem Wettkampf.[22] Die Werke des Hermippos trugen alle Titel vom Typ Περὶ τοῦ δεῖνα, doch handelte es sich zweifellos um Biographien im antiken | [38] Verständnis.[23] Einen interessanten Fall stellt weiterhin P. Oxy. XV 1800 dar. Er enthält u.a. eine Sammlung kurzer Dichterviten (darunter auch eine Sapphovita, in der Chamael. F 29 zitiert wird). Alle tragen Überschriften Περὶ τοῦ δεῖνα. Lamedica hat gemeint, daß es sich um Epitomai ursprünglich längerer Darstellungen handelt, in denen mit der 'Methode des Chamaileon' die Lebensumstände der Dichter rekonstruiert worden sind.[24] [Daß Informationen oft auf diese Weise gewonnen wurden, hat meines Erachtens auch heute noch Gültigkeit, während mir die Hypothese von der Epitomierung, der ich mich ursprünglich angeschlossen hatte, heute nicht mehr als notwendig erscheint. Es könnte sich bei der Sammlung um ein Beispiel für eine Kollektivbio-

---

21 So in Didymos' Schrift, die im Papyrus den Titel trägt: Διδύμου Περὶ Δημοσθένους κη Φιλιππικῶν γ'. Zur Erklärung des Titels siehe die Diskussion der Positionen bei Harding 2006, 4–20; vgl. Apollodor von Athen, Περὶ Ἐπιχάρμου (in mind. 6 Büchern; FGrHist 244 F 213 = F 8 Bagordo) und Περὶ Σώφρονος (in mind. 4 Büchern; FGrHist 244 F 214–218 = F 9–14 Bagordo). So wohl auch Sosibios: Περὶ Ἀλκμᾶνος (in mind. drei Büchern; FGrHist 595 F 6).
22 [Dazu siehe Schorn 2014a, 694–695]. Pseudo-Plutarchs als *De Homero* bekannte Schrift muß hier außer Betracht bleiben, da der Titel in der Überlieferung zwischen Περὶ Ὁμήρου und Ὁμήρου Βίος etc. schwankt. Diese Differenzen in der Überlieferung stellen aber einen Beleg für die im folgenden vertretene These dar, daß man in der Antike keinen grundsätzlichen Unterschied zwischen Βίοι und Schriften Περὶ τοῦ δεῖνα empfunden hat.
23 Zu diesen siehe Bollansée 1999a und 1999b.
24 Lamedica 1985.

graphie handeln, die vielleicht aus einem Schulkontext stammt. Auch dies könnte Umfang und Inhalt der Biographien erklären.[25] Hinzu kommt, daß in der Überlieferung identische Schriften einmal als Βίοι und ein andermal als Περὶ τοῦ δεῖνα-Schriften zitiert werden.[26] Daraus wird ersichtlich, daß von den antiken Autoren kein grundsätzlicher Unterschied zwischen beiden Typen empfunden wurde. Es zeigt sich also, daß Schriften Περὶ τοῦ δεῖνα durchaus dem entsprochen haben können, was man in der Antike unter Biographien verstand.[27]

Eine Ausrichtung auf die Daten des Lebens, wie man sie heute in Biographien eigentlich erwartet, in der Antike aber dort nicht immer antrifft, findet sich überraschender Weise in einer Περὶ τοῦ δεῖνα-Schrift: in Neanthes' Περὶ ἐνδόξων ἀνδρῶν. Dort versuchte dieser, wie es scheint, historisch genau die Eckdaten des Lebens der Porträtierten zu rekonstruieren.[28] Wenngleich angesichts des fragmentarischen Erhaltungszustandes von Neanthes' Werken vieles offenbleiben muß, so ist es doch wahrscheinlich, daß sie dem nahegekommen sind, was man heute unter Biographien versteht.

3.3 Der Charakter von Chamaileons Schriften Περὶ τοῦ δεῖνα

Im folgenden sollen die Ansichten Leos über die Schriften Chamaileons vom Typ Περὶ τοῦ δεῖνα überprüft werden. Zusätzlich sollen einige Charakteristika dieser Schriften betrachtet werden, die Leo nicht behandelt hat. Um das wichtigste Ergebnis gleich vorwegzunehmen: weder formal noch inhaltlich spricht etwas dagegen, | [39] in Chamaileons Schriften Dichterbiographien im antiken Sinne zu sehen.

---

25 [Siehe M. de Kreij – Ch. Meccariello, Einleitung zu FGrHist 1139 (= P. Oxy. XV 1800).]
26 So z.B. bei Aristoxenos F 11b Wehrli = Clem. Al. *Strom.* 1,62,2: ἐν τῷ Πυθαγόρου βίῳ, aber F 14 = Diog. Laert. 1,118: ἐν τῷ περὶ Πυθαγόρου καὶ τῶν γνωρίμων αὐτοῦ und F 25 = Gell. 4,11,4: *in libro, quem de Pythagora reliquit.* Antig. Car. F 2a Dorandi = Diog. Laert. 9,62: ἐν τῷ Περὶ Πύρρωνος, aber F 4a = Aristocl. ap. Euseb. *PE* 14,18,26: Ἀντίγονος ... ἀναγράψας τὸν βίον φησὶ τὸν Πύρρωνα...; F 34a = Ath. 13,607e: ἐν τῷ Περὶ Ζήνωνος, aber F 35a =Ath. 13,603e: ἐν τῷ Περὶ Ζήνωνος βίῳ.
27 Gallo 1997, 161–164 weist zu Recht darauf hin, daß P. Oxy. XV 1800 und die Schriften des Hermippos Biographien darstellten.
28 Zu dieser Schrift vgl. Schorn 2007 [= Kap. 1 in diesem Band].

3.3.1 Titel und Form

Beginnen wir mit Leos grundsätzlicher Annahme, der Titel einer Schrift lasse Rückschlüsse auf ihre literarische Form zu. Daß dies für Schriften Περὶ τοῦ δεῖνα und für Βίοι unzutreffend ist, wurde bereits oben dargelegt. Einige der Texte, die dies zweifellos zeigen, waren allerdings in den Jahren 1901 und 1904, als Leo seine Arbeiten veröffentlichte, noch nicht bekannt, so z.B. die Biographien in P. Oxy. XV 1800 mit Titeln Περὶ τοῦ δεῖνα und vor allem die *Euripidesvita* des Satyros in P. Oxy. IX 1176, die erst im Jahr 1912 publiziert wurde. Leo hat zwar gleich nach ihrer Veröffentlichung in einem wichtigen Aufsatz maßgeblich zum Verständnis dieses Textes beigetragen,[29] aber aus dem Fund keine Folgerungen im Hinblick auf seine Konzeption von Schriften Περὶ τοῦ δεῖνα gezogen – wie er dies ebensowenig hinsichtlich seiner grundsätzlichen Vorstellung von der Entwicklung der hellenistischen Biographie getan hat, die in Teilen durch die Entdeckung der Schrift des Satyros als falsch erwiesen worden ist.

3.3.2 Chamaileons Schriften als Kommentare?

Einen wesentlichen Unterschied zwischen Chamaileons Schriften und Satyros' *Euripidesvita* sah Leo in der Art, in der in ihnen das Material präsentiert wird.[30] Natürlich erkannte er, daß beide in der Methode der Gewinnung biographischer Informationen große Übereinstimmungen aufweisen und die *Euripidesvita* stark literaturgeschichtlich ausgerichtet ist. Was die Darstellungsweise angeht, so bezeichnete er diejenige Chamaileons als 'induktiv', da hier zuerst Verse eines Autors als Lemma zitiert werden, auf die dann die Deutung folgt. Die des Satyros klassifizierte er als 'deduktiv', da dort zuerst das biographische Faktum festgestellt wird und dann die Verse zitiert werden, die es belegen und – so ist hinzuzufügen – denen die biographische Information entnommen ist.[31] | [40]

F 39 ist hierbei Leos Kronzeuge für die Kommentarform von Chamaileons Schriften:[32]

---

29 Leo 1912 = 1960, 365–383.
30 Leo 1912, 276 = 1960, 368–369; vgl. zu Leos Konzeption Arrighetti 1987, 144–145.
31 „Wenn man sich ein Buch περὶ Εὐριπίδου in Chamaeleons Stil vorstellt und die inductive Methode in die deductive umkehrt, so dass statt der Untersuchung mit den Folgerungen die Resultate mit den Belegen auftreten, so hat man das Buch des Satyros": Leo 1912, 276 = 1960, 369.
32 [Zu diesem Fragment siehe auch Schorn 2008, 63–67 = oben, S. 62–66.]

Χαμαιλέων δ' ὁ Ποντικὸς ἐν τῷ Περὶ Ἀνακρέοντος προθεὶς τό· ξανθῇ δ' Εὐρυπύλη μέλει ὁ περιφόρητος Ἀρτέμων, τὴν προσηγορίαν ταύτην λαβεῖν τὸν Ἀρτέμωνα διὰ τὸ τρυφερῶς βιοῦντα περιφέρεσθαι ἐπὶ κλίνης.

In der Tat wird in Didymos' Περὶ Δημοσθένους regelmäßig die Formel προθείς verwendet, um einzuführen, daß Philochoros unter einer bestimmten Jahresangabe eine Information überliefert, so z.B. col. I 14–15: προθεὶς ἄρχοντα Σωσ[ι]γέ[νη φησὶ ταῦ]τα (scil. Philochoros = FGrHist 328 F 159). Entsprechend seiner Theorie folgerte Leo aus der identischen Titelstruktur auf identischen Inhalt, und da er προθείς bei Didymos als 'unter dem Lemma' verstand, schloß er, daß auch Chamaileons Werke Kommentare gewesen seien. Προθείς ist bei Didymos aber eher zu verstehen als 'unter der Überschrift', d.h. in dem Kapitel, das die Ereignisse eines bestimmten Archontenjahres verzeichnet.[33]

Athenaios, der das Chamaileon-Fragment überliefert, gebraucht προθείς in unterschiedlicher Bedeutung. Es kann „unter dem Lemma anführen"[34] bedeuten, aber auch „(zuerst) darlegen"[35] und „(vorher) zitieren", letzteres 1,84b, wo von Versen des Antimachos die Rede ist, die der Komödiendichter Eriphos (F 2 Kassel – Austin) als seine eigenen zitiert und anschließend noch eigene angefügt habe. Der Sprachgebrauch bei Athenaios zeigt also, daß mit προθείς im Grunde jede vorherige Nennung, Darlegung oder Zitierung gemeint sein kann, auf die eine Erklärung oder Ergänzung folgt.[36] Man braucht daher bei Chamaileon keinesfalls ein Lemma, gefolgt von einem Kommentar anzunehmen. Χαμαιλέων ... προθείς heißt lediglich, daß dieser Verse zuerst zitiert und dann interpretiert hat, wie es vielfach – aber nicht immer, wie gleich zu zeigen ist – seiner Darstellungsweise entspricht. Der Gebrauch von προθείς beweist also | [41] nicht, daß Chamaileons Bücher Kommentare waren.

Gegen eine solche Annahme lassen sich ausgehend von den erhaltenen Fragmenten zudem mehrere Argumente geltend machen. Zum einen gibt es entgegen

---

33 Vgl. Harding 2006, 104.
34 Ath. 3,89a: Ἀπολλόδωρος δ' ὁ Ἀθηναῖος ἐν τοῖς Περὶ Σώφρονος προθεὶς τὰ λιχνοτέρα τᾶν πορφυρᾶν φησὶν ... (Erklärung des Sprichwortes) (Apollod., FGrHist 244 F 216); Ath. 7,281e: Ἀπολλόδωρος ὁ Ἀθηναῖος ἐν τῷ τρίτῳ Περὶ Σώφρονος τῷ εἰς τοὺς ἀνδρείους μίμους προθεὶς τὸ καταπυγοτέραν τ' ἀλφηστᾶν φησίν· ... (Erklärung) (Apollod., FGrHist 244 F 214); Ath. 11,468e-f: Φιλήμων δ' ἐν τοῖς Ἀττικοῖς Ὀνόμασιν ἢ Γλώτταις προθεὶς καλπίς φησι· ... (Erklärung); Ath. 11,493c-d: Σωσίβιος δ' ὁ λυτικὸς προθεὶς τὰ ἔπη· ἄλλος μὲν ... γράφει κατὰ λέξιν· ... (Erklärung) (FGrHist 595 F 26).
35 Ath. 9,410a: ... ὡς καὶ Κλείδημος ἐν τῷ ἐπιγραφομένῳ Ἐξηγητικῷ. Προθεὶς γὰρ περὶ ἐναγισμῶν γράφει τάδε· ... (FGrHist 323 F 14).
36 Vgl. LSJ, s.v. προτίθημι II 4; IV 1; cf. Jos. Ap. 1,185, wo Ps.-Hecat. De Iud. (FGrHist 264 F 21) zitiert wird.

Leos Ansicht einige sichere Beispiele für die 'deduktive' Art der Präsentation. In F 27 werden zuerst zwei Fakten konstatiert (Alkman als Erfinder erotischer Lieder und in Megalostrate verliebt) und dann mit Hilfe von Zitaten belegt.[37] Dasselbe gilt für F 44, wo auf die literaturgeschichtlich-biographische Angabe, Aischylos sei als erster Tragiker zugleich Choreograph gewesen, die Verse folgen, die dies belegen und denen die Information entnommen ist.[38] Will man nicht annehmen, daß Athenaios, unsere Quelle der Fragmente, seine Vorlage umgestellt hat, ist dieser Befund unvereinbar mit der Vorstellung, daß es sich um Kommentare handelte.

Von großer Wichtigkeit für das Verständnis von Chamaileons Arbeitsweise und die Form seiner Schriften ist auch das lange F 35.[39] Chamaileon berichtet von einer Sitte in Korinth, wonach dort, wenn es um wichtige Belange des Staates geht, auch möglichst viele Hetären zu Aphrodite beten und später an den Opfern teilnehmen. Als Beleg hierfür erinnert er an die Gebete der korinthischen Hetären während des Perserkrieges. Nach dem Sieg hätten die Korinther zum Dank ein Bild von ihnen im Tempel aufgestellt, das „noch heute vorhanden" sei, und Simonides habe ein Epigramm zu ihren Ehren verfaßt, das Chamaileon zitiert (*Epigr.* 14 [732–735] Page). Chamaileon fügt an, es sei im privaten Bereich dort üblich gewesen, bei der Einlösung von Gelübden der Aphrodite Hetären für die örtliche Tempelprostitution zu stiften. Dies habe Xenophon von Korinth getan, für den Pindar das Epinikion (*Ol.* 13) und das Skolion (F 122 Maehler) für das Dankopfer verfaßt habe, an dem auch die gestifteten Hetären teilgenommen hätten. Diesen Brauch im privaten Bereich belegt Chamaileon mit Versen aus dem Skolion. Anschließend zitiert er auch den Anfang des Gedichtes, wo Pindar die Hetären direkt anspricht. Diese Verse seien Pindar gewagt erschienen, weshalb er anschließend erklärt habe: „Aber ich frage mich, was die Herren des Isthmos von mir sagen werden, da ich einen solchen Anfang des süßsinnigen Skolions geschaffen habe, der verbunden ist mit öffentlichen Frauen". Doch habe er selbstbewußt hinzugefügt: „Wir zeigen am reinen Prüfstein, was Gold | [42] ist".[40]

---

37 [Zu diesem Fragment siehe Schorn 2008, 55–58 = oben, S. 55–57.]
38 Zur Argumentation und Textgestaltung siehe Schorn 2008, 69–70; 76–78 [= oben, S. 68–69 und 75–76].
39 Zum Umfang des Fragments siehe Schorn 2008, 74–76 [= oben, S. 73–74; Budin 2008, 112–152 diskutiert die Passage und versucht das Zeugnis Chamaileons als Beleg für sakrale Prostitution in Korinth zu entkräften].
40 Zur Interpretation dieses Verses siehe Schmitz 1970, 32: „Nimmt man nun auch die Prüfstein-Metapher ernst, so kann man sagen: eben dadurch hat sich seine Dichtung als lauteres Gold erwiesen, dass sie auch dieses Thema brillant bewältigen kann". Vgl. Van Groningen 1960,

Blickt man in eine beliebige Pindarausgabe, so stellt man fest, daß die Reihenfolge der Verse von der bei Athenaios differiert.⁴¹ Das Gedicht beginnt, wie Chamaileon sagt, mit πολύξεναι, und der Text ist dann durchgehend erhalten bis ἀνάγκᾳ πᾶν καλόν. Dann fehlen drei Verse, und es schließt sich Strophe III mit ἀλλὰ θαυμάζω bis ξυναῖς γυναιξίν an und die erste Zeile von Strophe IV bis βασάνῳ. Nach einer Lücke (von vielleicht nur einem Vers) folgen die Verse, die Chamaileon als erste zitiert hat. Danach scheint nicht viel zu fehlen.⁴² Nach einem Kommentar zu diesem Skolion sehen die Ausführungen Chamaileons nicht aus. Schon allein der Umstand, daß Chamaileon aus Gründen der Argumentation die Verse nicht in der ursprünglichen Reihenfolge zitiert, spricht dagegen. Doch angenommen, Athenaios hat den Text des Chamaileon umgestellt (auch wenn diese Annahme sehr unwahrscheinlich ist)? Gegen die Kommentarhypothese spricht dennoch, daß Chamaileon offensichtlich fast das komplette Gedicht zitiert hat. Wir hätten also keinen Kommentar, sondern eine kommentierte Edition vorliegen. Daß Chamaileon aber derartige Schriften verfaßt hat, ist nicht bezeugt und auch nicht aus den übrigen Fragmenten ableitbar.

Auch bei F 28, das aus Περὶ Σαπφοῦς stammt, kann man es sich schwer vorstellen, daß es auf einen Sapphokommentar zurückgeht. Unter Berufung auf nicht näher spezifizierte Gewährsleute zitiert dort Chamaileon Verse Anakreons, die angeblich von seiner verschmähten Liebe zu Sappho berichten, und Verse Sapphos, die sich auf Anakreon beziehen sollen. Würde es sich bei Περὶ Σαπφοῦς um einen Kommentar handeln, so müßte es sich bei dem kommentierten Gedicht um das Pseudepigraphon F adesp. 35 [953] Page handeln, von dem Chamaileon selbst erklärt, es stamme für jedermann ersichtlich nicht von der Dichterin.⁴³ | [43]

---

37 „nous (les poètes en général, et moi en particulier) nous disposons d'une pierre de touche infaillible qui nous permet de montrer à d'autres ce qui est or pur".
41 Zu dem, was bei Chamaileon wohl ausgefallen ist, siehe von Wilamowitz-Moellendorff 1922, 375; Van Groningen 1960, 21–22; vgl. außerdem die Ausgaben von Cecil M. Bowra ²1947 (F 107), Alexander Turyn 1958 (F 130), Herwig Maehler 1989 (F 122), William H. Race 1997 (F 122).
42 Vgl. von Wilamowitz-Moellendorff 1922, 375: vielleicht noch ein Segenswunsch für den Stifter.
43 [Zu diesem Fragment siehe Schorn 2008, 58–60 = oben, S. 57–59.] Der Kommentar des Athenaios (bzw. des Sprechers im Dialog) setzt erst mit ἐγὼ δὲ ἡγοῦμαι ein. Demnach referiert der Satz ὅτι δὲ οὐκ ἔστι Σαπφοῦς τοῦτο τὸ ᾆσμα παντί που δῆλον noch die Worte Chamaileons. Darauf verweist zu Recht Martano 2007, 162; [2012, 231 Anm. 1]; vgl. schon Scorza 1934, 13 Anm. 2; Schorn 2008, 59 = oben, S. 58; der oben vorgetragenen Interpretation, nach der es sich bei Chamaileons Schriften nicht um Lemmakommentare handelte, stimmt Arrighetti 2008, 66–67 zu].

3.3.3 Verwendung von Zeugnissen außerhalb der Werke der Porträtierten

Auch inhaltliche Argumente sprechen dagegen, daß es sich bei den Schriften um Kommentare mit Lemmata gehandelt hat. Leo ist der Ansicht, Chamaileon habe fast alle biographisch-literaturwissenschaftlichen Informationen über die von ihm Porträtierten deren Werken entnommen und nur in einem Fall, F 44, Aristophanes als externe Quelle für die Angabe verwendet, Aischylos sei als erster Tragiker zugleich Choreograph gewesen. Zu ergänzen ist, daß er sich auch in F 45, das sehr wahrscheinlich aus Περὶ Αἰσχύλου stammt,[44] für eine literaturwissenschaftliche Angabe über die Rolle des Tanzes in der Tragödie auf eine Komödie berufen hat. Somit wird also auch die Komödie als wichtige Quelle von Informationen deutlich. Wie kann man sich diese Art von Information, die offenkundig keinen Bezug zu Versen des Tragikers hat, in einem Lemma-Kommentar vorstellen?

Ähnlich problematisch ist die Annahme eines Kommentars im Fall von Περὶ Θέσπιδος (F 41). Wohl schon im 4. Jh. gab es kaum noch Reste von Thespis' Stücken, wenngleich nicht auszuschließen ist, daß sich etwa durch literaturwissenschaftliche oder biographische Traktate (wie z.B. den des Glaukos von Rhegion) einzelne Verse oder Passagen erhalten hatten.[45] Was hätte Chamaileon also interpretieren sollen?[46] Laut Aristoxenos (F 114 Wehrli) hat allerdings Herakleides Pontikos (F 181 Wehrli = 1,92 Schütrumpf) Tragödien auf den Namen des Thespis gefälscht.[47] Sollte diese Angabe zutreffen, so ist es dennoch sehr unwahrscheinlich, daß Chamaileon auf diese Schriften hereingefallen ist, da ihn eine literarische Fehde mit Herakleides verband, den er des Plagiats an seinen Arbeiten über Hesiod und Homer beschuldigte (F 16). Das einzige erhaltene Fragment aus dieser Schrift Chamaileons berichtet von einer Innovation des | [44] Dichters. Im Falle von Περὶ Θέσπιδος dürfte ein großer Teil der Schrift derartige Dinge zum Thema gehabt haben. Wirft man einen Blick in die Testimoniensammlung Snells (TrGF 1), so wird deutlich, daß von Thespis' Leben offenkundig wenig bekannt war oder 'rekonstruiert' werden konnte.[48] Daher dürfte sich Chamaileons Schrift gerade

---

44 Zur Zuweisung siehe Wehrli 1967–1978, IX 86; Steffen 1964, 55–56; Giordano 1990, 180–181; Schorn 2008, 70 [= oben, S. 69]. Skeptisch Martano 2007, 196–197; [2012, 275 Anm. 3].
45 So zu Recht Lloyd-Jones 1990, 226–227. Daß Aristoteles keine Texte des Thespis mehr gelesen habe, war und ist ebenfalls eine weitverbreitete Ansicht; vgl. Rudberg 1947, 15–16.
46 Andererseits kann man folgern: hätte Chamaileon einen Kommentar zu Thespis geschrieben, wäre wohl eine wesentlich größere Zahl an Fragmenten überliefert.
47 Dazu siehe Wehrli 1967–1978, II 82–83; eine weitere Erklärung bei Lesky 1972, 50–51.
48 Ausnahmen vor allem: T 1: Herkunft; T 14: der Thespiskarren; T 17: Kritik Solons; T 19: Phrynichos als Schüler.

mit Fragen der Heuremata und der Position des Thespis in der Geschichte der Entwicklung der Tragödie beschäftigt haben, was im antiken Sinne biographisch war.[49] Dafür mußte Chamaileon nach Zeugnissen außerhalb der Dichtung des Tragikers suchen. Es ist schwer vorstellbar, wie Chamaileon in einem Lemmata-Kommentar derartige Informationen hätte unterbringen sollen, für die es in den Werken des behandelten Autors offenkundig keine Belege gab.

Es existieren daneben mindestens zwei Fragmente biographischen Inhalts, in denen die Informationen offenkundig weder den Werken der Porträtierten noch der Komödie entstammen: F 36 zeigt Simonides (T 107 und 96 Poltera) als schlagfertigen Gast bei Gelagen.[50] Er reagiert hier mit der spaßhaften Umformung eines Homerverses auf eine schlechte Behandlung durch seinen Gastgeber. Auch Kallistratos berichtet von einem improvisierten Epigramm, einem elegischen γρῖφος,[51] durch das Simonides darauf aufmerksam gemacht habe, daß er Schnee zur Kühlung seines Weines wünsche, den andere Gäste, aber nicht er, erhalten hätten.[52] Die Situation ist also analog zu der bei Chamaileon: Simonides erleidet eine Zurücksetzung beim Gelage und reagiert entsprechend als Dichter mit witzigen Versen.[53] Während aber das dort zitierte Epigramm auch ohne die dazugehörende Anekdote verständlich ist und existiert haben kann, ist dies bei der von Chamaileon zitierten Homerparodie nicht der Fall. Es hat auch nicht den Anschein, als sei diese ursprünglich länger gewesen. Rahmen und zitierter Vers gehören also untrennbar zusammen. Es kann sich hier also nicht um einen Vers handeln, der von Chamaileon kommentiert wurde. Hinzu kommt ein Apophthegma des Simonides, das im Anschluß zitiert wird und offenkundig gar nicht auf Verse des Dichters zurückgeht. | [45]

Noch deutlichere Beispiele für Nachrichten aus dem Leben eines Mannes, die nicht auf eine biographische Interpretation seiner Werke zurückgehen, stellen die beiden Anekdoten über Lasos von Hermione dar (F 33). Es handelt sich um zwei der typischen Wortspiele des Lasos, die als Lasismata bekannt waren (T 9 Brussich). Die Entstehung solcher Anekdoten wird meist schon ins 5. Jh. gesetzt.[54]

---

49 Dazu siehe S. 95–96.
50 [Zum Umfang des Fragments siehe Schorn 2008, 76 = oben, S. 74–75.]
51 So charakterisiert Bartol 1998, das Gedicht.
52 Simon. *Epigr.* 88 Page = F 25 West² = Callistr., FGrHist 348 F 3. Molyneux 1992, 131 mit Anm. 103 vermutet in der Nachfolge von Boas 1905, 116 und Wehrli 1967–1978, IX 83 als Quelle des Kallistratos Chamaileon bzw. eine gemeinsame Quelle, der beide ihre Anekdoten entnommen haben.
53 Vgl. Christ 1941, 69–70.
54 So Privitera 1965, 49–50; Giordano 1990, 165; Brussich 2000, 59.

Eine der Anekdoten erscheint auch unter den Fabeln Aesops (246 Chambry). Bemerkenswert ist, daß bei diesen volkstümlichen Erzählungen keine Verse als Belege für ihre 'Historizität' angeführt oder sie anderweitig mit Versen in Verbindung gebracht werden. Dies zeigt, daß es sich bei ihnen nicht um das Ergebnis einer Interpretation von Dichterversen handelt. Ihrem Inhalt nach kann man sie sich ohnehin schwerlich als Extrapolationen aus einem der Chorlieder des Lasos vorstellen. Chamaileon hat also anscheinend auch außerhalb der Literatur biographische Zeugnisse und Anekdoten gesammelt und diese in seinen Schriften präsentiert. Es ist nicht ersichtlich, wie diese in einem Lemmata-Kommentar hätten untergebracht werden können.

3.3.4 Anordnung des Stoffes

Es ist nicht ganz sicher, in welcher Weise Chamaileon sein Material arrangiert hat. Die oftmals längeren Fragmente, die Athenaios überliefert, scheinen allerdings einige Hinweise darauf zu liefern. Zusammengenommen weisen die Fragmente darauf hin, daß Chamaileon die Berichte über die Porträtierten in thematischen Sektionen präsentiert hat. Das Zitat in F 33 ist allem Anschein nach fortlaufend und scheint einer thematischen Sektion 'Lasismata zum Thema Fisch' zu entstammen. Fortlaufend ist auch F 36.[55] Es läßt keine sichere Entscheidung darüber zu, ob in Chamaileons Περὶ Σιμωνίδου eine chronologische oder eine thematische Anordnung des Stoffes gewählt war. Zeitlich spielen beide Anekdoten am Hofe Hierons, beide Male soll die Habgier des Dichters illustriert werden. F 27 scheint einem Abschnitt 'Alkman und Erotik' zu entstammen.[56] Ausgehend von den Gedichten des Autors wird im Hinblick auf das Thema seine Position in der Literaturgeschichte definiert: er war der 'Erfinder' des Genres 'erotisches Gedicht'. Anschließend wird auf seinen Charakter im allgemeinen geschlossen und ein konkretes Beispiel für ein Objekt seiner | [46] Begierde präsentiert. In F 43 ist eine ähnliche Argumentation festzustellen.[57] Ausgehend von der literaturgeschichtlichen Feststellung, daß Aischylos als erster Tragiker Betrunkene auf die Bühne gebracht habe, die sich gegen andere Interpreten wendet, folgt nach einer programmatischen Äußerung die Folgerung auf die Persönlichkeit des Dichters: er habe stets betrunken gedichtet. Diese Ansicht wird anschließend durch eine Anekdote untermauert. Thema ist hier also 'Aischylos und der Rausch/ Wein'. Die

---

55 Vgl. zu diesem Fragment Schorn 2008, 76 [= oben, S. 74–75].
56 [Vgl. zu diesem Fragment Schorn 2008, 55–58 = oben, S. 55–57.]
57 [Vgl. zu diesem Fragment Schorn 2008, 67–68 = oben, S. 66–67.]

beiden γρῖφοι in F 38 scheinen derselben keischen Quelle zu entstammen. Vielleicht hat sie Chamaileon daher im Zusammenhang zitiert.[58]

Eine Anordnung des Stoffes nach thematischen Sektionen schließt es nicht aus, daß es sich bei Chamaileons Schriften um Biographien im antiken Sinn gehandelt hat. Nicht nur in Suetons Kaiserbiographien, sondern auch in Satyros' Βίος Εὐριπίδου und in anderen Biographien findet sich ebendieses Gestaltungsprinzip.[59] Es war in der antiken Biographie offenkundig weit verbreitet.

3.3.5 Die sogenannte 'Methode des Chamaileon'

[In der Originalfassung des Beitrags folgte hier ein Kapitel, das die Ergebnisse des Aufsatzes von 2008, v.a. die Zusammenfassung (S. 71–74 = oben, S. 70–73), wiederholte.] | [51]

3.3.6 Heranziehen von Paralleltexten

In den vorangehenden Ausführungen zur 'Methode des Chamaileon' wurde bereits ein weiteres Charakteristikum der Arbeitsweise des Peripatetikers deutlich. Chamaileon zieht bei der Interpretation von Texten gerne andere Texte des porträtierten Dichters oder auch anderer Autoren heran, um seine eigene Deutung zu stützen, oder er kombiniert unterschiedliche Texte, um so zu neuen Erkenntnissen zu gelangen. Dies ist der Fall bei der Erklärung des Epithetons περιφόρητος (F 39) und bei der Feststellung, Aischylos dichte im Rausch (F 43). Ebenso in F 35, bei der Interpretation des Pindarskolions, zieht er einen Paralleltext heran, ein Epigramm des Simonides, und zeigt sich informiert über die korinthischen Nomoi seiner Zeit.

3.3.7 Autopsie als Prinzip

Bei Chamaileons Erklärungen zum Pindarskolion wird ein weiteres Charakteristikum seiner Exegese deutlich. Sie zeigen ihn als seriösen Wissenschaftler, der bei der biographischen Rekonstruktion auch die Methoden anwendet, die für Histo-

---

[58] Zu diesen siehe Schorn 2008, 60–63 [= oben, S. 59–62].
[59] Ebenso in Lukians *Leben des Demonax* und Philons *Über das Leben Mose*.

riker charakteristisch sind. Denn das Bild mit den Hetären im Tempel der Aphrodite in Korinth hat er offenkundig noch selbst gesehen, oder er hat seine Informationen von einem Augenzeugen, dem er vertraute, da er erklärt, es sei „noch heute vorhanden". Auch Theopomp hat das Epigramm des Simonides offenkundig noch vor Ort gelesen und beschreibt seinen Standort mit „auf der linken Seite, wenn man hineingeht"[60]. Allerdings bezieht er es auf die korinthischen Ehefrauen, die Aphrodite darum gebeten hatten, ihren Männern Liebe zum Kampf zu verleihen, und denen nach einer anderen – mit ziemlicher Sicherheit auf Theopomp zurückgehenden – Stelle die Korinther zum Dank eherne Standbilder an der genannten Stelle errichtet hätten.[61] Mit Van Groningen muß man wohl annehmen, daß sich Statuen, Bild und Epigramm in unmittelbarer Nähe zueinander befanden, was dazu führte, daß Chamaileon und Theopomp das Epigramm auf unterschiedliche Personen bezogen.[62] Auch heute noch wird diskutiert, welcher der beiden Interpreten das Epigramm auf die richtige Gruppe von Frauen bezogen hat.[63] | [52]

Im Fall von F 37, bei der Interpretation des ersten Rätselgedichts des Simonides (T 108 Poltera), referiert Chamaileon drei unterschiedliche Erklärungen.[64] In der ersten wird in den Versen eine Inschrift auf einem Weihgeschenk in Chalkis gesehen. Offenkundig hat Chamaileon diese aber nicht gesehen, und so läßt er es vielleicht gerade deshalb offen, ob diese oder eine der beiden anderen von ihm referierten Deutungen zutreffend ist.

3.3.8 Der biographische Charakter der Fragmente

Bei allen Fragmenten aus den Περὶ τοῦ δεῖνα-Schriften läßt sich ein biographischer Kontext erkennen, oder es besteht zumindest die Möglichkeit, daß ein solcher vorliegt. Auf einige Fälle, bei denen dies nicht auf den ersten Blick ersichtlich ist, will ich kurz eingehen. Chamaileon zeigt ein besonderes Interesse an Erfindungen (εὑρήματα). Er teilt dieses mit der gesamten antiken Biographie. Denn

---

60 FGrHist 115 F 285b.
61 Plu. *Herod. malign.* 39 p. 871a–b.
62 Van Groningen 1956.
63 Van Groningen 1956, 22 und Bravi 2006, 62–63 bevorzugen die Interpretation Theopomps, Kurke 1996, 64–65 diejenige Chamaileons.
64 [Vgl. Schorn 2008, 60–63 = oben, S. 59–62.]

in kaum einer Biographie eines Literaten fehlte wohl eine Sektion über die Heuremata des Porträtierten.[65] Nach unserem Gefühl handelt es sich hierbei eher um Elemente der Literaturgeschichte, doch für die Antike mit ihrem Konzept der Übereinstimmung von ἔργα und ἦθος stellt ein Heurema immer auch ein Indiz für die Persönlichkeit und die Bedeutung eines Menschen dar. Solche Heuremata finden wir in F 26 (Alkman inspiriert durch Vögel),[66] in F 27 (Alkman Erfinder erotischer Lieder [aus Archytas]), wo gleich im | [53] Anschluß auf die Persönlichkeit des Dichters geschlossen und ein konkretes Beispiel angefügt wird, d.h. die enge Verbindung zum 'eigentlich Biographischen' deutlich wird,[67] in F 41 (Thespis wählt Stoffe, die außerhalb des dionysischen Themenbereiches liegen) und in F 43 (Aischylos bringt als erster Betrunkene auf die Bühne), wo erneut im Anschluß wieder zum 'eigentlich Biographischen' übergegangen und Aischylos' Charakter diskutiert wird.[68] Das berühmte neuere Fragment, das explizit zwei Palinodien des Stesichoros bezeugt (F 32), deren Anfänge Chamaileon zitiert, kann auf den ersten Blick als literaturkritische bzw. exegetische Angabe erscheinen. Die Parallelüberlieferung zeigt allerdings, daß dieses Gedicht bzw. diese Gedichte fester Bestandteil der Stesichoros-Biographie war bzw. waren. Stesichoros' 'blasphemi-

---

65 In den anonymen spätantiken Tragikerviten, die gemeinsam mit den Tragödien überliefert sind und letztlich auf die hellenistische Zeit zurückgehen, finden sich regelmäßig Sektionen über Heuremata der Dichter, die wiederum in den größeren Rahmen der Behandlung der τέχνη der Autoren gehören: Aeschyl. T 1,14–15 Radt (= *Vita Aeschyl.*); vgl. T 100–110; Soph. T 1,4; 1,6 ; 1,23 Radt (= *Vita Soph.*); vgl. T 95–99; Eurip. T 1 I A 2 Kannicht (= *Vita Eur.*); vgl. T 135–141. Auch die *Euripidesvita* des Satyros enthielt in ihrem ersten, weitgehend verlorenen Teil einen entsprechenden Abschnitt; siehe dazu Schorn 2004, 181–196; vgl. auch Satyros' *Sophoklesvita* F 3 Schorn über ein Heurema des Dichters.
66 Die Darstellung bei Chamaileon macht Alkman zudem zu einem Dichter, dessen Werke nicht Ergebnis göttlicher Inspiration, sondern Werke des Verstandes sind; [vgl. dazu Schorn 2008, 55 = oben, S. 54]. Eine vergleichbare Diskussion gab es in der *Euripidesvita* des Satyros. Diese enthielt im weitgehend verlorenen ersten Teil, dem Abschnitt über die τέχνη des Dichters, eine Diskussion über dichterische Inspiration, wovon zwei in diesem Kontext ungewöhnliche Zitate zeugen. Im Rahmen dieser Diskussion wurden Verse der *Odyssee* über die schädlichen Folgen von Weingenuß zitiert (*Od.* 14,463–467) und die berühmte Stelle aus Platons *Phaidros* über den Wahnsinn (μανία), der von den Musen herrührt und Dichtung hervorbringt, die solcher überlegen ist, welche allein aufgrund von τέχνη geschaffen wird (Plat. *Phdr.* 245a6–8). Das *Odyssee*-Zitat in F 6 fr. 9 Schorn, das *Phaidros*-Zitat in F 6 fr. 16 col. I. Zum Kontext dieser Fragmente siehe Schorn 2001, v.a. 18–21; 2004, 192–195.
67 [Vgl. zu diesem Fragment Schorn 2008, 55–58 = oben, S. 55–57.]
68 [Vgl. zu diesem Fragment Schorn 2008, 67–68 = oben, S. 66–67.]

sche' Darstellung des Ehebruchs der Helena habe dazu geführt, daß er sein Augenlicht verloren und erst wiedererlangt habe, nachdem er diese Äußerung widerrufen habe.[69]

In anderen Fällen kann eine Nachricht ursprünglich in einen ethischen Kontext gehört haben, wie er für Dichterbiographien üblich ist. In F 30, wo von der Vertonung von Gedichten Homers, Hesiods, Archilochos', Mimnermos' und Phokylides' die Rede ist, ging es wohl um das Verhältnis zwischen Text und Melodie. Thema war in diesem Fall die pädagogische Funktion der Musik und der Dichter, ein Thema, wie es auch in Biographien zu finden ist.[70] Der Text des Scholions, das F 31b überliefert, ist heillos verderbt. Sicher ist lediglich, daß sich Chamaileon mit der Frage der Autorschaft einer Ode beschäftigt hat, die zwischen Stesichoros und Lamprokles umstritten war.[71] Die Schrift Chamaileons, aus der diese Angabe stammt, wird in den Quellen nicht angegeben, doch liegt es nahe, an Περὶ Στησιχόρου zu denken.[72] Der Kontext braucht hier kein rein exegetischer gewesen zu sein. Giordano betont zu | [54] Recht die große Bedeutung, die diese Ode in der traditionellen Erziehung spielte, und in eine entsprechende pädagogisch-ethische Diskussion kann die Angabe gehören.[73] Einen alternativen Kontext stellt eine Diskussion der Autorschaft dar, ein auch in Dichterbiographien typisches Thema.[74] Wir wären dann ebenso im Kontext der Diskussion der ἔργα eines Dichters,

---

69 Belege bei Giordano 1990, 160–161; vgl. zum wahrscheinlichen biographischen Kontext zuletzt Kelly 2007, der die frühere Forschungsliteratur verzeichnet; [siehe auch Ercoles 2013, 306–326 zur biographischen Tradition über die Erblindung; die Fragmente der *Helena* und der *Palinodie*: F 84–91 Davies – Finglass 2014 mit Kommentar, S. 299–343].
70 So Wehrli 1967–1978, IX 80–81; Giordano 1990, 148–150; eine Vermutung über den Kontext innerhalb Περὶ Στησιχόρου bei Scorza 1934, 9–10; andere Aspekte bei Köpke 1856, 18–19. Es darf nicht vergessen werden, daß Homer, Hesiod und Phokylides als die Lehrer Griechenlands galten; [diese Stelle ist nun Stesich. Tb 21 Ercoles].
71 Verschiedene Interpretationen bei Holwerda 1952 und Arrighetti 1987, 85–89; 215–218; vgl. Martano 2007, 166–167; [2012, 239 Anm. 1]; daß Chamaileon die Textgestaltung diskutiert hat, ist unwahrscheinlich.
72 So die allgemeine Zuweisung in den Editionen.
73 Giordano 1990, 156; 158, unter Hinweis auf Aristoph. *Nub.* 967.
74 Echtheitskritik hat allem Anschein nach auch in Dichterbiographien eine Rolle gespielt. Die Frage nach der Anzahl der verfaßten Stücke und den Spuria findet sich in den anonymen Tragikerviten, was eine Beschäftigung mit Echtheitsfragen voraussetzt: Aeschyl. T 1,13 Radt; Soph. T 1,18 Radt; Eur. T 1 I A 9 Kannicht. Auch sonst erscheint sie in Biographien: Satyros stellte die Frage nach der Echtheit der Schriften des Kynikers Diogenes, die er verneinte, und deren 'wahren' Autor er nannte, und Sosikrates erklärte die Diatriben des Aristippos für unecht, um hier nur zwei Beispiele zu nennen: Satyr. F 1 Schorn; Sosicr. F 10 Giannattasio Andria = FGrHist 461 T 3.

die Rückschlüsse auf die Person selbst erlauben. Um die Frage nach der Autorschaft kann es auch in F 45 gegangen sein, wo Chamaileon die Σκευαί als Komödie des Aristophanes oder Platons bezeichnet. Allerdings ist es dort wahrscheinlicher, daß der Niedergang des Tanzes in der Tragödie nach der Zeit des Aischylos den Zusammenhang darstellte.[75] Entsprechende Ausblicke finden sich auch in Satyros' *Euripidesvita*.[76] Ein ethischer Kontext scheint auch in F 38 vorzuliegen, wo vom Verbot von Philosophie und Rhetorik in vielen Städten und v.a. in Sparta διὰ τὰς ἐν τοῖς λόγοις ὑμῶν φιλοτιμίας καὶ ἔριδας καὶ τοὺς ἀκαίρους ἐλέγχους gesprochen wird, auch wenn der genaue Bezug zu Stesichoros nicht mehr deutlich wird.[77] In F 35 ist die Intention Chamaileons apologetisch innerhalb eines biographischen Kontexts.[78] Es geht ihm darum, Pindar vor dem Vorwurf zu schützen, über Obszönes, also Unpassendes, gedichtet zu haben. Um diesen möglichen oder tatsächlichen Vorwurf zu entkräften, argumentiert Chamaileon zweigleisig: er verweist auf den Brauch | [55] privater Stiftungen von Hetären als Folge von Gelübden, zeigt also, daß der Inhalt des Gedichtes mit dem *decorum* in Korinth vereinbar war. Um seine Position zu untermauern, berichtet er noch zusätzlich vom Verhalten der Hetären im Perserkrieg, von ihrer Einbindung staatlicherseits in Gebete und Opfer und von ihrer Ehrung durch ein Bild und eine Inschrift, deren Text noch dazu von Simonides stammt. Der Kontext ist zweifellos biographisch. 'Pindar selbst' meldet sich in dem Gedicht zu Wort und fragt sich, wie die Korinther seine Worte wohl aufnehmen werden. Wilamowitz hat einst die Verse so interpretiert, daß Pindar das Gedicht bei der Feier selbst vorgetragen habe.[79] Wie dem auch sei, Chamaileon sah in den Worten des lyrischen Ich eine Aussage des Dichters, einen Einblick in dessen 'Werkstatt' – und viele moderne Interpre-

---

75 [Vgl. zu diesem Fragment Schorn 2008, 70–71 = oben, S. 69.]
76 Satyros findet Übereinstimmungen in der Einschätzung lasterhafter Jugendlicher bei Euripides und in der späteren Komödie (F 6 fr. 39 col. V–VI Schorn), ebenso registriert er einen Einfluß des Euripides in formaler Hinsicht auf diese, was die verwendeten Handlungselemente angeht (F 6 fr. 39 col. VII 1–27 Schorn). Auch beim Redner Demosthenes entdeckt Satyros Euripides' Einfluß auf dessen Ideen und Vortragsstil (F 6 fr. 39 col. VIII Schorn). Immer werden diese Parallelen durch zum Teil lange Zitate belegt, so daß es nicht zu verwundern braucht, wenn Chamaileon die Verse Platons in Περὶ Αἰσχύλου zitiert hat. Sie enthalten eine Parallele zum Ideal des Aischylos aus späterer Zeit und weisen auf Mißstände in der eigenen Zeit oder der jüngeren Vergangenheit hin.
77 Unplausibel ist die Erklärung von Giordano 1990, 174.
78 [Vgl. zu diesem Fragment Schorn 2008, 74–76 = oben, S. 73–74.]
79 Von Wilamowitz-Moellendorff 1922, 375; vgl. Van Groningen 1960, 48; 49–50, der es aber nicht beim Opfer, sondern beim anschließenden Bankett vorgetragen glaubt; ebenso als Vermutung bei Kurke 1996, 50.

ten taten dies ebenso. Wir befinden uns hier in einem Kontext, der charakteristisch für die antike Biographie ist. Thema ist das Verhältnis zwischen dem Dichter und seinem Publikum und seine Widerspiegelung in den Versen des Autors. Gerade Konflikte interessierten hierbei die Interpreten. Zwei Beispiele mögen genügen. Timotheos erwähnt in seinen *Persern* Konflikte in Sparta, wo seine moderne Musik auf Ablehnung gestoßen sei. Die biographische Tradition hat dies breit ausgeschmückt und von den musikalischen Innovationen des Dichters zu berichten gewußt, v.a. von der Erhöhung der Saitenzahl, die in Sparta die Ephoren auf den Plan gerufen habe, und sogar von einem Gesetz der Stadt gegen den Dichter.[80] Im Falle des Archilochos war es die sexuelle Thematik seiner Gedichte, die Auslöser für Proteste seiner Mitbürger gewesen sei. Davon berichtet ausführlich die Inschrift des Mnesiepes aus Paros (3. Jh. v.Chr.).[81] Ganz und gar unverdächtig ist es, daß Chamaileon bei seiner Argumentation sehr weit ausholt und neben historischen Fakten sogar Verse eines anderen Dichters anführt. Nicht anders verfährt Satyros an nicht wenigen Stellen seiner *Euripidesvita*.[82] Der Kontext war hier also letztlich | [56] ein ethischer. Das positive Bild von Pindars Persönlichkeit sollte gegen Angriffe in Schutz genommen werden.

Zusammenfassend ist festzustellen: es gibt in keinem Fragment aus einer Περὶ τοῦ δεῖνα-Schrift Chamaileons einen Hinweis darauf, daß eine Dichterstelle um ihrer selbst erklärt worden wäre oder sich dort Worterklärungen und grammatikalische Erläuterungen gefunden hätten. Alle Interpretationen sind in antikem Sinne biographisch.

3.3.9 Fragmente aus den Schriften über die homerischen Epen

Ein zusätzliches Argument für den Biographie-Charakter der Περὶ τοῦ δεῖνα-Schriften Chamaileons liefern die Fragmente aus denjenigen Schriften, deren Titel nicht nach diesem Schema gestaltet ist. Ich meine die Fragmente aus der

---

80 Timoth. *Pers.* 206–212 Hordern mit der darauf basierenden biographischen Tradition, die Hordern 2002, 7–9, bespricht.
81 E 1 III; zur Rekonstruktion der hier stark zerstörten Inschrift vgl. Clay 2001; Clay 2004; [Ornaghi 2009, 156–176].
82 In F 42 (Schweine in den Tragödien des Aischylos) sieht man zumeist einen autobiographischen Zusammenhang: aus den zahlreichen Erwähnungen habe Chamaileon auf eine Vorliebe des Autors geschlossen: Wehrli 1967–1978, IX 85; vgl. Giordano 1990, 178; so auch schon Scorza 1934, 36. Offen läßt den Kontext bei Chamaileon Steffen 1964, 54. Eine solche biographische Interpretation ist möglich, doch läßt das Zitat keine Aussage darüber zu, ob Chamaileon hier eine eigene oder eine fremde Interpretation vorgetragen hat.

Schrift Περὶ Ἰλιάδος und dem zu erschließenden Werk Περὶ Ὀδυσσείας. Bisweilen hat man vermutet, sie seien Teile eines größeren Werkes Περὶ Ὁμήρου gewesen.[83] Ich bezweifle, daß diese Ansicht richtig ist. Denn es scheint mir angesichts der erhaltenen Fragmente kein Zufall zu sein, daß die Schrift Περὶ Ἰλιάδος nicht den Namen des Dichters, sondern den der Schrift im Titel hat. Was wir dort finden, sind sprachliche und sachliche Erklärungen zum Text Homers: Thestes sei auch Idmon genannt worden wegen seines Kenntnisreichtums (F 23), der Akkusativ von Πολυδάμας müsse Πολυδάμαν (mit ν) lauten (F 18), an einer Stelle sei ἐπιμηνίσαντος statt ἀπομηνίσαντος zu lesen (F 19). Ein weiteres Fragment (F 20) behandelt ein ethisch-literaturwissenschaftliches Problem: das ἐθελόκακον des Zeus. Der Kontext ist der Charakter der Götter bei Homer und somit die Frage nach der Richtigkeit ihrer Darstellung durch den Dichter. Weitere Fragmente (F 17; 21–22; 24) behandeln sprachliche und exegetische Probleme. Nach Ausweis aller Fragmente handelte es sich bei Περὶ Ἰλιάδος und Περὶ Ὀδυσσείας um typische Schriften eines Grammatikers, der den Text Homers kommentiert. Und als solcher wird Chamaileon in diesem Kontext auch zu Recht an einer Stelle bezeichnet (Χαμαιλέοντος ... τοῦ γραμματικοῦ, F 21b). | [57]

Einer solchen Einschätzung dieser Schrift widerspricht meines Erachtens nicht F 15. Tatian, der es überliefert (*Or. ad Graec.* 31), erwähnt dort Chamaileon in einer langen Liste von Autoren, die περὶ γὰρ τῆς Ὁμήρου ποιήσεως γένους τε αὐτοῦ καὶ χρόνου καθ' ὃν ἤκμαζεν geschrieben haben.[84] Ein Blick auf die Liste der aufgezählten Gelehrten macht deutlich, daß lediglich summarisch diejenigen genannt werden, die sich in irgendeiner Weise mit Person oder Dichtung Homers beschäftigt haben, daß aber aus Tatians Worten nicht geschlossen werden kann, jeder der Genannten habe sich mit allen Bereichen der Homerphilologie und -biographie beschäftigt. Ich will nicht ausschließen, daß Chamaileon auch eine biographisch ausgerichtete Schrift Περὶ Ὁμήρου verfaßt hat.[85] Allerdings zeigen die Fragmente aus der (den) homerexegetischen Schrift(en), daß er offenkundig schon im Titel zwischen biographischen und grammatischen Werken unterschieden hat.

---

83 So z.B. Köpke 1856, 15; Scorza 1934, 3; Steffen 1964, 16; 43.
84 Er erscheint dort gemeinsam mit Theagenes von Rhegion, Stesimbrotos von Thasos, Antimachos von Kolophon, Herodot von Halikarnassos, Dionysios von Olynth, Ephoros von Kyme, Philochoros von Athen, dem Peripatetiker Megakleides, Zenodot, Aristophanes, Kallimachos, Krates, Eratosthenes, Aristarch und Apollodor.
85 Aus den Worten Tatians sicher erschließen läßt sich eine Homerbiographie aber nicht; anders Köpke 1856, 15.

3.3.10 Die Περὶ τοῦ δεῖνα-Schriften als Biographien

Die vorangegangenen Ausführungen haben gezeigt, daß nichts dagegen, sondern vielmehr alles dafür spricht, daß es sich bei den Περὶ τοῦ δεῖνα-Schriften Chamaileons um Dichterbiographien im antiken Sinn gehandelt hat. Im folgenden will ich noch auf einige Argumente Leos gegen eine solche Annahme eingehen und mit einer generellen Einschätzung Chamaileons schließen.

Nach Leo wurde in Chamaileons Schriften nicht versucht, „das Leben des Mannes, Herkunft, Jugendgeschichte, Entwicklung zu rekonstruieren". Chamaileon werde daher nicht für das γένος oder die Grundzüge der Lebensbeschreibung zitiert, sondern nur für Charakterzüge, Anekdoten, Erlebnisse und Heuremata. Die Schriften enthielten, so Leo, in der Form einer Untersuchung, was aus den Gedichten über die Persönlichkeit des Dichters und sein Umgebung herauszufinden war, Chamaileon habe versucht, „die Person zu erfassen".

Diese Charakterisierung Leos ist zum Teil sachlich falsch, zum Teil richtig, doch mit falscher Schlußfolgerung.

Daß die Jugendgeschichte fehlt, ist falsch: sie findet sich in F 34 (Pindars Musenweihe) und in F 37 (Simonides als | [58] Rätselsteller). Das heißt, Chamaileon geht dann auf Kindheit und Jugend ein, wenn sich dort schon Anzeichen späterer Entwicklungen oder Fähigkeiten aufzeigen lassen, wenn es also irgendwie von Nutzen für das Verständnis des Porträtierten ist. Wenn Leo eine Beschreibung der Entwicklung der Persönlichkeit vermißt, so entspricht dies einer Forderung, die man heute an Biographien stellt, die aber für die antike Biographie nicht zu erwarten ist. Denn oft ging man dort von einem gleichbleibenden Charakter des Menschen aus, was sich vor allem daran zeigt, daß man versuchte, schon in der Kindheit und Jugend Eigenschaften und Fähigkeiten zu finden, die dann den Erwachsenen kennzeichneten. Doch fand sich bei Chamaileon vielleicht sogar ein Beispiel für eine charakterliche Entwicklung, nämlich in der Darstellung des Simonides. In F 37, das in Simonides' Jugend angesiedelt ist, erscheint Simonides ganz als ein σοφός.[86] In F 36, das den alten Simonides (T 96 Poltera) am Hofe Hierons zeigt, findet sich hingegen eine negative Charakterisierung des Dichters als geldgierig.[87] Chamaileon hat daher vielleicht die Habgier als Kennzeichen des

---

86 Zu diesem Zug der Simonideslegende vgl. neben Bell 1978 auch Christ 1941, 52–61.
87 Chamaileon folgt hier einem Bild des Dichters, das u.a. schon bei Aristophanes (*Pax* 607–609), Xenophanes (VS 21 B 21), Aristoteles (*Rh.* 3,2 p. 1405b23–28) und Theophrast (F 516 FHS&G) zu finden ist und welches die biographische Tradition weitgehend dominiert; die vielen Belege diskutiert Bell 1978; vgl. auch Christ 1941, 61–67. Offensichtlich paßt Chamaileon die beiden ur-

Simonides im Alter erachtet, wie dies wohl auch bei Aristophanes (*Pax* 607–609) und in der späteren biographischen Tradition der Fall ist.[88] | [59]

Daß Nachrichten über γένος, Eltern und Tod der Dichter nicht bezeugt sind, ist zwar zutreffend, aber meines Erachtens nur durch die Überlieferung bedingt. Die meisten Zeugnisse aus den Schriften Chamaileons überliefert Athenaios und dieser hatte an derartigen Informationen kein Interesse. Nehmen wir z.B. nur die entsprechenden Angaben über die drei großen Tragiker, die von zahlreichen Autoren in vielen Varianten überliefert werden. Ein Blick in die Testimoniensammlung der *Tragicorum Graecorum Fragmenta* zeigt, daß Athenaios hierfür als Quelle ausfällt.[89] Daher verwundert es nicht, wenn für Chamaileon entsprechende Zeugnisse (noch) fehlen.

Entgegen Leos Ansicht sind nicht alle biographischen und literaturgeschichtlichen Angaben Extrapolationen aus den Werken der Porträtierten, wie oben gezeigt worden ist.

Die übrigen von Leo aufgezählten Charakteristika (Anekdoten, Heuremata, Charakterzüge, weitausgreifende Interpretationen von Gedichten, aus denen in großem Umfang zitiert wird) sind der Tat für Chamaileons Schriften kennzeichnend. Anders als dieser aber meinte, stellen sie nicht Argumente *gegen*, sondern *für* eine Zugehörigkeit dieser Werke zur Gattung Biographie dar. Daß Dichterbio-

---

sprünglich nicht Simonides-feindlichen Anekdoten dieser Argumentation an. Denn bei der Homerparodie handelt es sich im Grunde um nichts anderes als um eine witzige Parodie, wie sie fester Bestandteil antiker Stegreifdichtung bei Symposien war und durch welche die Teilnehmer zu glänzen versuchten. Die zweite Anekdote stellt – nimmt man die einleitenden Worte Chamaileons weg – Simonides' Charakter ein ausgezeichnetes Zeugnis aus. Durch sein Verhalten trägt er zum Ruhm seines Gönners bei, zeigt seine eigene κοσμιότης und weist mit einer schlagfertigen Antwort den Vorwurf der Habgier zurück, wie Christ 1941, 68 zeigt. Die Betonung dieses Charakterzuges findet sich ebenfalls bisweilen in der Tradition: Bell 1978, 64. Gegen diese wendet sich Chamaileon offensichtlich, weshalb er die Anekdote neu interpretiert. Da also bei beiden Anekdoten eine böswillige Uminterpretation vorliegt und vor allem die zweite bei unbefangenem Lesen Chamaileons Deutung zuwiderläuft, ist zu folgern, daß Chamaileon diese Geschichten nicht erfunden, sondern der Tradition übernommen hat.

88 Vgl. Bell 1978, 38 u.ö. zu diesem Aspekt der Simonideslegende; [M. de Kreij – Ch. Meccariello zu FGrHist 1139 F 1 fr. 1 col. II 12–13; die Testimonien zu diesem Thema sind gesammelt als T 74–77 Poltera]. Bill Fortenbaugh macht mich darauf aufmerksam, daß eine solche Verhaltensänderung zwischen Jugend und Alter peripatetischer Lehre entspricht; vgl. Fortenbaugh 2007, 59.

89 Zwar erscheint der Tod des Euripides *Ath.* 13,598d–e; dies geschieht aber nur zufällig im Rahmen des Zitats eines langen Gedichts des Hermesianax (F 7,61–68 Powell = Eur. T 106a Kannicht), das angeführt wird, um Liebesbeziehungen berühmter Männer aufzuzeigen.

graphien dadurch gekennzeichnet waren, wurde allerdings erst durch die Publikation von Satyros' *Euripidesvita* richtig klar, also nachdem Leo seine Beiträge zu Chamaileon veröffentlicht hatte.⁹⁰

Wenn Leo mehrfach auf Unterschiede zwischen Chamaileons Schriften und den Βίοι des Aristoxenos hinweist, so sind diese zwar unzweifelhaft vorhanden, aber darin begründet, daß dieser Personen porträtierte, für welche die Quellenlage von Grund auf verschieden war. Aristoxenos schrieb Βίοι des Pythagoras, Archytas, Platon, Sokrates und Telestes. Allein letzterer war ein Dichter. Von seiner Biographie ist aber lediglich eine einzige Anekdote erhalten, so daß hier kaum ein Vergleich mit Chamaileon möglich ist.⁹¹ Sie unterschied sich aber wohl sehr von den Biographien Chamaileons, da Aristoxenos Telestes persönlich kannte und nicht darauf angewiesen war, biographische Informationen aus dessen Dichtung zu | [60] extrapolieren. Für die anderen Biographien, zumeist Viten von Philosophen der jüngeren Vergangenheit, standen Aristoxenos ganz andere Quellen zur Verfügung als Chamaileon für seine Darstellungen. Denn in vielen Fällen wird deutlich, daß Aristoxenos noch Zeitzeugen der Porträtierten befragt oder lokale Traditionen erforscht hat.⁹² Chamaileon standen für seine biographischen Studien lediglich letztere bisweilen zur Verfügung. Über das Leben der meisten Dichter, über die er schrieb, dürften sich nahezu keine authentischen Informationen bis ins 4. Jh. erhalten haben.⁹³ So war Chamaileon auf mündliche, meist legendenhafte Traditionen, biographische Angaben in Werken anderer und auf die Gedichte der Porträtierten selbst angewiesen, wollte er eine biographische Rekonstruktion versuchen. Daß die so gewonnenen Informationen, wenn sie sich auf Begebenheiten aus dem Leben außerhalb des eigentlichen dichterischen Schaffens bezogen, oft mit Vorsicht zu genießen waren und viele derartige Angaben, die er in seinen Quellen fand, historisch zweifelhaft waren, hat er allem Anschein nach erkannt. Er fühlte sich zwar offensichtlich zum *referre relata* verpflichtet, nicht aber zu einer kritiklosen Aneignung dessen, was er bezeugt fand.⁹⁴ Ich halte es für entschuldbar, daß er grundsätzlich Aussagen des

---

90 Hinzu kommt noch die Inschrift des Mnesiepes über Archilochos, die ebenfalls erst später gefunden wurde. Dieses Werk trägt zwar nicht den Titel Βίος, doch handelt es sich um eine – zumindest teilweise – Biographie des Dichters, die ganz ähnliche Charakteristika aufweist wie die *Euripidesvita* des Satyros; [zusammenfassend dazu Schorn 2014a, 712–715].
91 Fr. 117 Wehrli.
92 [Zur Arbeitsweise des Aristoxenos siehe Schorn 2012 = Kap. 4 in diesem Band.]
93 Dies gilt vielleicht nicht für Aischylos, für den eventuell Schriften wie die *Epidemiai* des Ion von Chios authentische Informationen überliefert haben.
94 [Zustimmend Arrighetti 2008, 67–69.]

lyrischen Ich, die sich auf die Dichtung selbst bezogen, als autobiographisch erachtete. Wer kann mit Sicherheit behaupten, daß sie nicht zumindest bisweilen die persönliche Meinung des Dichters reflektieren? Und sind moderne Interpreten nicht erst seit kurzem vorsichtig geworden gegenüber der autobiographischen Verwertbarkeit solcher Aussagen?

Bemerkenswert ist, daß Chamaileon zweimal seine hermeneutischen Grundsätze explizit macht: hinsichtlich der Exegese der Werke der Porträtierten und der Rolle der Komödie als Quelle. Auf diese Weise macht er deutlich, auf welcher Grundlage die Interpretationen entstanden sind, und gibt dem Leser die Gelegenheit, diesem Interpretationsparadigma und somit dem Ergebnis zu folgen oder nicht. Indem er grundsätzlich die Texte zitiert, denen er und andere Exegeten die Angaben über die Dichter entnommen haben, gibt er auch hier dem Leser die Möglichkeit, die Richtigkeit der Deutung zu überprüfen. Auch dies möchte ich als wissenschaftlich seriöse Arbeitsweise bezeichnen. [Ob Chamaileon seine Interpretationen immer mit Nachdruck und Ernst vorgetragen hat oder oft auch ein scherzhafter Ton herrschte, wie dies etwa bei Satyros der Fall ist, könnten wir nur mit Sicherheit feststellen, wenn uns seine Werke vollständig vorlägen. Auch dies sollte nicht vergessen werden.[95]]

Was waren also Chamaileons Περὶ τοῦ δεῖνα-Schriften? Meines Erachtens handelte es sich um Sammlungen schon existierender | [61] biographischer Interpretationen und biographischer Überlieferungen, ergänzt durch die Ergebnisse von Chamaileons eigener Forschung. Ich sehe in ihnen daher eine der typischen peripatetischen Materialsammlungen, genauer gesagt: Sammlungen von biographischen Informationen über die Dichter der Vergangenheit. Soweit möglich, dürften dort alle erreichbaren oder zumindest alle relevanten Informationen gesammelt gewesen sein, und es dürfte in jedem Fall versucht worden sein, grob die Umrisse des Lebens und möglichst genau die Persönlichkeit der Dichter zu rekonstruieren. Die bisweilen deutlich werdende ethische Ausrichtung der Darstellung macht deutlich, daß sich die Funktion dieser Werke nicht in der eines reinen Wissensspeichers erschöpfte. Wie auch sonst in der peripatetischen Biographie üblich, scheint auch Chamaileon eine moralische Belehrung intendiert zu haben. Sowohl die erschlossene Form als auch der noch kenntliche Inhalt sprechen dafür, daß es sich um Biographien im antiken Sinn gehandelt hat, wie dies auch bei anderen Schriften mit Titeln dieses Typs der Fall war. Zieht man

---

95 [Dies schon in Schorn 2008, 74 = oben, S. 72–73.]

die extreme Seltenheit von Dichter-Βίοι in Betracht,[96] so war offensichtlich die übliche Titelgebung für Lebensbeschreibungen von Dichtern vom Typ Περὶ τοῦ δεῖνα.[97]

---

96 Siehe oben, S. 83–84.
97 Die oben zu findenden Ausführungen stellen eine erweiterte Fassung meines Vortrages bei der Tagung „Filosofi dalla scuola di Aristotele – Cameleonte e Prassifane: frammenti per una storia della critica letteraria antica" im September 2007 in Rom dar. Ich danke den Organisatoren Elisabetta Matelli und Andrea Martano für die Einladung und Christoph Riedweg für die gastliche Aufnahme im Istituto Svizzero. Darüber hinaus danke ich Bill Fortenbaugh, dem Leiter des Project Theophrastus, der mir gestattet hat, meine Ergebnisse bereits an dieser Stelle [= Schorn 2007/2010] zu präsentieren. Eine englische Fassung meines Beitrages ist in den Kongreßakten erschienen.

4 Aristoxenus' Biographical Method

4.1 Introduction

[According to the *Suda* (F 1 Wehrli; references in the following are to this collection), Aristoxenus was originally from Tarentum and was a student of his father Mnesias-Spintharus, Lamprus of Erythrae, the Pythagorean Xenophilus and finally Aristotle, whom he hoped to succeed as head of his school. When this did not happen, he openly broke with the Lyceum. Aristoxenus had thus a background in various philosophical currents, and his life as well as his doctrines show that he remained an independent thinker throughout his career.[1] The dates of his life cannot be established with certainty. The same *Suda* relates that he "lived" (γέγονε) at the times of Alexander and afterwards. On this basis, the year of his birth has been calculated in various ways, ranging form 379 to 352,[2] but a date in the 370s seems most likely. If this is correct, he was a little older than Neanthes and Chamaeleon and about the same age as Phaenias.

He is the first author who is reported to have written works titled Βίος: biographies of Pythagoras, Archytas (and perhaps other Pythagoreans), Socrates, Plato and Telestes.[3]] | [177]

The negative assessment of Aristoxenus' biographies in modern scholarship is highly influenced by the verdict pronounced by Friedrich Leo more than a hundred years ago:[4]

> What we learn about the topics and the contents of these βίοι shows in a surprising way the fundamental features of this whole kind of literature in later times: the life of a person is treated who lived hundreds of years ago and about whom there was no documentary tradition; legendary traditions and deductions based on it are accepted: | [178] characteristic traits are invented and especially malicious gossip is propagated, exaggerated and invented as a consequence of a hostile attitude (about Socrates and Plato), and here we even find already the tendency to besmirch the relationship between teacher and pupil (fr. 25)[5] and to denigrate the social position of the father (fr. 41), which is found regularly in the later tradition. Oral traditions of contemporaries made the account lively especially because they were partial and these individual impressions cast a light on the persons that had caused them (esp. fr. 28). There is one common feature of all these βίοι: they are all written in the

---

1 [See, e.g., Huffman 2012c, 126–128.]
2 [See Schorn 2014a, 705 for references.]
3 [See Schorn 2014a, 705 with literature.]
4 Leo 1901, 102–103.
5 Leo quotes here and in the following from Müller's collection of Aristoxenus' fragments (1848). F 25 = F 52a–b Wehrli; F 41 = F 115 Wehrli; F 28 = F 54a Wehrli.

heat of the moment as a consequence of the attitude of the author against the persons he writes about, as a consequence of hatred against some of them, of love for others and of religious veneration for the one and only Pythagoras.

Aristoxenus is here an admirer and a panegyrist of Pythagoras and a malicious detractor of Socrates and Plato. This view is also maintained in the standard modern works on ancient biography, such as those of Stuart,[6] Dihle,[7] Momigliano,[8] and Sonnabend,[9] as well as in Wehrli's edition of the fragments.[10] This evaluation is based on a chapter in Plutarch's *On the malignity of Herodotus*, where a passage from Aristoxenus' *Life of Socrates* is presented as an example of malignity, and on another from Porphyry's *History of philosophy*, in which the Neo-Platonist accuses Aristoxenus of being hostile to Socrates.[11] The fragments of the *Life of Socrates* and the *Life of Plato* are generally seen as agreeing with the assessment in these texts. As a result, Aristoxenus' testimony has been widely neglected in biographical works on Socrates and Plato, whereas it is, surprisingly, highly valued as a source for the history of Pythagoreanism in Magna Graecia. The effort undertaken by von Mess in 1916 to rehabilitate Aristoxenus as a biographer of Socrates has not met with much approval. However, there | [179] have also been some other scholars before and after von Mess who – albeit in somewhat out of the way places – doubted that his biographies of Socrates and Plato could have been as one-sided as generally believed. Diels, e.g., notes in a footnote that "Spintharus-Aristoxenus is not such an evil calumniator as he has been regarded since Luzak's one-sided criticism," without going into details.[12] Gudeman, in a review of Stuart's book, points out that in Aristoxenus' *Lives* of Socrates and Plato, slander (ψόγος) cannot have played a dominating role, basing this judgment on Plutarch's testimony in *Non posse suav*. 10 = F 10a.[13] In his handwritten notes for his edition of the Aristoxenus fragments as part of *Die Fragmente der Griechischen Historiker*, which are available to the Jacoby continuation project in Leuven, Jacoby shares this view as well.[14] Minar, in his monograph on the Pythagoreans,

---

6 Stuart 1928, e.g., 131 and 158–159.
7 Dihle 1970, 70 and 1987, 16.
8 Momigliano 1993, 74–76.
9 Sonnabend 2002, 70–71
10 Wehrli 1967–1978, II 48–54 and 65–68; 1968, 337 and 341–342; [thus still in Giangiulio 2016, 123; a more balanced evaluation in Hägg 2012, 69–77].
11 F 55 = Plu. *Her. mal.* 9 p. 856c and Porph. F 212 Smith = Aristox. F 51 = Cyr. *Adv. Iul.* 6,34 p. 817c.
12 Diels 1887, 258 n. 1. Diels here polemicizes against Luzak 1809.
13 Gudeman 1929, 43; this passage will be dealt with in detail below.
14 P. 165b n. 2 of the manuscript.

claims that the negative assessment of Aristoxenus is the consequence of the uncritical reverence of modern interpreters towards Socrates and Plato. Some of the traits that Aristoxenus ascribes to Socrates, he says, can be verified from Plato, others are not so negative as to prove enmity.[15] As for Aristoxenus' picture of Pythagoras he concludes: "His historical data are mostly reliable, where they can be controlled,"[16] on which Jacoby comments somewhat enigmatically in his handwritten notes: "a rehabilitation of the biographer (that probably deserves to be considered?)."[17] In a paper at the 2006 conference on Hellenistic Biography in Würzburg, William W. Fortenbaugh pointed out that in Aristoxenus "Socrates is presented as a complex individual who was in most respects a man of moderation but in regard to sex a man of strong desire."[18] Concerning Plato he considers the evidence as mixed: some data are positive, others damning. And most recently, Carl Huffman, in his contribution to this volume, has also come to a more positive assessment of | [180] Aristoxenus' *Life of Socrates*.[19] I thus feel in good company, when I take up the cudgels for Aristoxenus in the following.

In order to define the character of Aristoxenus' biographies, I will study external and internal evidence. First, I will analyze the assessment of Aristoxenus by ancient authors, both as an author in general and also especially as an author of biographies. Some of them may still have had his complete works at their disposal or may at least have read more extensive excerpts than we possess today. It is a well known fact that ancient authors often manipulated quotations and paraphrases in order to fit their own arguments and that they had a preference for referring to an authority for spectacular information and for information which they wanted to prove wrong.[20] Our sight is, therefore, likely to be blurred by the pieces of text transmitted under the name of a lost author, which may not be representative and which may give a distorted view as a consequence of the intentions of the source authors. In the second part of the paper, I will interpret some fragments that show how Aristoxenus worked as a biographer, taking into account the problems arising from indirect transmission, and I will try to show to

---

15 Minar 1942, 97–98.
16 Minar 1942, 98.
17 "Eine (wohl zu überlegende?) ehrenrettung des biographen" p. 157b n. 2 of the manuscript.
18 Fortenbaugh (2007) 73–76, the quotation is on p. 73.
19 [Huffman 2012b.]
20 On the difficulties in dealing with works transmitted indirectly, see Brunt 1980, who declares on p. 477 that collections of fragments "abound in mere allusions. paraphrases, and condensations, which are often very inadequate mirrors of what the lost historians actually wrote;" highly instructive is also Lenfant 1999. On the difficulties arising from the indirect transmission of Hellenistic biography, see Schorn in Schepens – Schorn 2010, 418–430 [= below, pp. 288–300].

what extent his way of working corresponds to and differs from that of other early biographers. This will, I hope, lead to a reappraisal of Aristoxenus both as a biographer and also as a historical source.

4.2 External Evidence

4.2.1 Cicero

In one of his letters to Atticus, Cicero presents Aristoxenus and Dicaearchus as models of erudition.[21] Cicero admits to flattering his freedman Dionysius, the teacher of his son, as if he were Dicaearchus or Aristoxenus and not the garrulous and incompetent teacher that he was. Four times he mentions Aristoxenus in the *Tusculan disputations*:[22] | [181] In 1,19 = F 120a he reports Aristoxenus' theory of the soul, speaking of him as "a musician as well as a philosopher" *(musicus idemque philosophus)*. When he later criticizes his doctrine, he, however, considers it necessary to emphasize his erudition twice (1,41 = F 120b): "Dicaearchus and his contemporary and fellow-pupil Aristoxenus, learned men of course (*doctos sane homines*)" he says,[23] and somewhat later on Aristoxenus alone: "But let him, learned as he may be – and he is – (*quamvis eruditus sit, sicut est*) leave this subject to his master Aristotle, and himself teach singing." In *De finibus* 5,50 = F 69b, Cicero praises him for having spent much energy on musicology[24] and also, in *De oratore* 3,132 = F 69a, he shows admiration for him and Damon for having embraced the field of music as a whole. Cicero's admiration is certainly a consequence of Aristoxenus' enormous oeuvre of, allegedly, 453 books and especially of his authoritative position as a musicologist, but he also has respect for him as a philosopher. Would the Academic Cicero have shown such a highly positive attitude, if Aristoxenus had written slanderous biographies of Socrates and Plato?

---

21 Cic. *Att.* 8,4,1 = Aristox. F 4 = Dicaearch. F 7 Mirhady = FGrHist 1400 T 33.
22 Cic. *Tusc.* 1,19 = F 120a; 1,24 = F 119; 1,41 = F 120b.
23 *Dicaearchum vero cum Aristoxeno ... aequali et condiscipulo suo, doctos sane homines*: transl. Douglas 1985, 43. Here too, with *aequali et condiscipulo suo, doctos sane homines*, Wehrli leaves out an important part of the text.
24 It is remarkable to find here in a list of outstanding intellectuals together with Aristophanes of Byzantium, Pythagoras, Plato and Democritus even if Cicero may have taken it over from Posidonius, as Gigon – Straume-Zimmermann 1988, 553 assume in their commentary.

4.2.2 Jerome and Suetonius

In the preface to *De viris illustribus* (1–2), published in 392 or 393, the Church Father Jerome announces that he will write short biographical sketches of all the ecclesiastical authors who wrote on the *Holy Scripture* in the period between the death of Christ and the 14th year of the reign of Theodosius, following the example of Suetonius. And he adds: "Among the Greeks Hermippus the Peripatetic (F 1 Wehrli = FGrHist 1026 T 1), Antigonus of Carystus (F 1 Dorandi), Satyrus (T 6 Schorn), a learned man, and Aristoxenus the musician – the most erudite by far of them all – *(longe omnium doctissimus, Aristoxenus musicus;* F 10b) have undertaken a similar enterprise, as have Varro, Santra (T 6 Funaioli), Nepos, Hyginus and Tranquillus (F *1 Reifferscheid) – whose example you urge us to follow – among the | [182] Romans."[25] Scholars have agreed for a long time that Jerome did not read any of the Greek authors but found their names in the preface of Suetonius' *De viris illustribus,* who referred to these authorities in the same or in a similar way to legitimate his own enterprise.[26] Would Jerome have praised Aristoxenus in such a way, if the latter's biographies of Socrates and Plato presented distorted and negative pictures of these philosophers? If he did not know anything about him, he certainly could have. But is it possible that he was familiar with some works of Aristoxenus, maybe via quotations in later authors? He only mentions Aristoxenus one other time, in his *Chronicle,* where he confuses him with the poet from Selinus, making him thus a contemporary of Archilochus and Simonides (F 9). Such a mistake rules out the possibility that he knew anything about his biographies around 380 when the *Chronicle* was composed. But if we assume hypothetically that by 393 he may at least have gotten some – indirect – knowledge of Aristoxenus as a biographer, we may doubt that he would have pronounced such a positive judgment on the Tarentine's erudition, if he had the impression that the latter's *Life of Socrates* had a polemical character, since Socrates is generally evaluated positively throughout Jerome's works.[27] In *Epist.* 60,4 he notes in his favor that Socrates shared one of the fundamental Christian dogmas, that of the immortality of the soul, and also in other places, where he mostly uses material from the anecdotal tradition, the picture of the Athenian is generally positive. So he probably would not have praised someone who slandered Socrates.

---

25 Transl. Bollansée 1999a, 3 (slightly modified).
26 See Schorn 2004, 149 with the scholarship in n. 2.
27 Socrates is mentioned twelve times by Jerome. The passages have been discussed by Opelt 1983, 201–202, whom I follow here; the major passages can be found in SSR I G 88–94.

The case of Plato is somewhat different. Jerome probably did not have direct knowledge of Plato's dialogues, but he likes to refer to him as an authority.[28] Although he calls him "the first among philosophers" *(princeps philosophorum)*[29] and, in a letter of 387, deplores the | [183] fact that Plato was hardly read by anyone any more,[30] Courcelle is no doubt right when he observes that Jerome's general attitude towards the Athenian is negative and that he despises Plato as well as Pythagoras as a consequence of their doctrines on the human soul,[31] an assessment which is in agreement with Hagendahl's general conclusions about Jerome's views on pagan philosophers.[32] A negative portrayal of Plato by Aristoxenus would, therefore, have been unproblematic for Jerome. On the other hand, he would have probably objected to a hagiographical account of Pythagoras.

Be that as it may, since it cannot be shown that Jerome's assessment of Aristoxenus is based on real knowledge of the latter's works, it is wiser not to emphasize his testimony too much. It only proves that a Christian intellectual of the fourth century with a pagan educational background, who was active as a biographer, was not aware of any problematic aspects of Aristoxenus' biographies.

Not to be underestimated is, however, the fact that the characterization of Aristoxenus as *longe omnium doctissimus* most probably goes back to Suetonius. He listed him among his Hellenistic predecessors, and it is to be assumed that he presented him and the other authors he mentions as models for writing *De viris illustribus*. He would hardly have included Aristoxenus in his list, if this man had given an ill-founded negative account of Socrates and Plato. Admittedly, we do not know anything about Suetonius' philosophical views. If he had any at all, he did not articulate them in his *Lives*.[33] But Suetonius certainly cannot be blamed for being biased. In principle he presents positive as well as negative data on his

---

28 Courcelle 1948, 53–59; Hagendahl 1958, 126; 177; 317, etc. and Hagendahl – Waszink 1991, 134–135.
29 *Adv. Pelag.* 1,14 p. 506d: *Quid Platoni et Petro? Ut ille enim princeps philosophorum, ita hic apostolorum fuit*. Plato is called *sapientiae princeps* also in *Adv. Jov.* 1,42 p. 273b.
30 *In Epist. ad Galat.* 3,487 (PL 26 p. 401b): *quotusquisque nunc Aristotelem legit? Quanti Platonis vel libros novere, vel nomen? Vix in angulis otiosi eos senes recolunt*; cf. Courcelle 1948, 55–56 and Tigerstedt 1974, 11 with n. 56.
31 Courcelle 1948, 56.
32 Hagendahl 1958, 317: "His attitude towards the philosophers is mostly unfavorable or hostile, partly on the ground that the heretics rely on them."
33 Cf. Gascou 1984, 713–716 with n. 20. Plato is mentioned once, but in an apophthegma of Caligula (*Cal.* 34,3). This interpretation represents the *communis opinio;* differently Cizek (1977) 160–167, who wants to see some influence of the New Academy in Suetonius' *Lives*. The evidence he adduces is however weak. If he were right, a positive assessment of an enemy of Plato would certainly be excluded.

heroes and to a large extent leaves it to his readers to draw their own conclusions on this basis. Since we have to assume that he was very familiar with the works of the Hellenistic | [184] biographers he refers to, we have to conclude that Aristoxenus' biographies were not characterized by unjustified polemics.

4.2.3 Plutarch

F 10a comes from Plutarch's *Non posse suaviter vivi secundum Epicurum* (9–10 p. 1092e–1093c). I quote it here with more context than in Wehrli's edition:

Ὑπομνῆσαι δὲ βραχέως αἵ θ' ἱστορίαι πάρεισι πολλὰς μὲν ἐπιτερπεῖς διατριβὰς ἔχουσαι <u>τὸ δ' ἐπιθυμοῦν ἀεὶ τῆς ἀληθοῦς</u> ἀκόρεστον καταλείπουσαι καὶ ἄπληστον ἡδονῆς· δι' ἣν οὐδὲ τὸ ψεῦδος ἀμοιρεῖ χάριτος, ἀλλὰ καὶ πλάσμασι καὶ ποιήμασι τοῦ πιστεύεσθαι μὴ προσόντος ἔνεστιν ὅμως τὸ πεῖθον. (10) Ἐννόει γάρ, ὡς δακνόμενοι τὸν Πλάτωνος ἀναγινώσκομεν Ἀτλαντικὸν καὶ τὰ τελευταῖα τῆς Ἰλιάδος, οἷον ἱερῶν κλειομένων ἢ θεάτρων ἐπιποθοῦντες τοῦ μύθου τὸ λειπόμενον. <u>Αὐτῆς δὲ τῆς ἀληθείας ἡ μάθησις</u> οὕτως ἐράσμιόν ἐστι καὶ ποθεινὸν ὡς τὸ ζῆν καὶ τὸ εἶναι, διὰ τὸ γινώσκειν· τοῦ δὲ θανάτου τὰ σκυθρωπότατα λήθη καὶ ἄγνοια καὶ σκότος. Ἦ καὶ νὴ Δία μάχονται τοῖς φθείρουσι τῶν ἀποθανόντων τὴν αἴσθησιν ὀλίγου δεῖν ἅπαντες, ὡς ἐν μόνῳ τῷ αἰσθανομένῳ καὶ γινώσκοντι τῆς ψυχῆς τιθέμενοι τὸ ζῆν καὶ τὸ εἶναι καὶ τὸ χαίρειν. Ἔστι γὰρ καὶ τοῖς ἀνιῶσι τὸ μεθ' ἡδονῆς τινος ἀκούεσθαι· καὶ ταραττόμενοι πολλάκις ὑπὸ τῶν λεγομένων καὶ κλαίοντες ὅμως λέγειν κελεύομεν, ὥσπερ οὗτος·
 'Οἴμοι πρὸς αὐτῷ γ' εἰμὶ τῷ δεινῷ λέγειν.'
 'Κἄγωγ' ἀκούειν· ἀλλ' ὅμως ἀκουστέον' (Soph. *OT* 1169–1170).
Ἀλλὰ τοῦτο μὲν ἔοικε τῆς περὶ τὸ πάντα γινώσκειν ἡδονῆς ἀκρασία τις εἶναι καὶ ῥύσις ἐκβιαζομένη τὸν λογισμόν, ὅταν δὲ <u>μηδὲν ἔχουσα βλαβερὸν ἢ λυπηρὸν ἱστορία καὶ διήγησις ἐπὶ πράξεσι καλαῖς καὶ μεγάλαις προσλάβῃ λόγον ἔχοντα δύναμιν καὶ χάριν,</u> ὡς τὸν Ἡροδότου τὰ Ἑλληνικὰ καὶ τὰ Περσικὰ τὸν Ξενοφῶντος, 'ὅσσα θ' Ὅμηρος ἐθέσπισε θέσκελα εἰδώς' (Suppl. Hell. 1153) ἢ ἃς Περιόδους Εὔδοξος (F 272 Lasserre) ἢ Κτίσεις καὶ Πολιτείας Ἀριστοτέλης (not in Rose; Tit. 143,12 Gigon) ἢ Βίους ἀνδρῶν Ἀριστόξενος ἔγραψεν, <u>οὐ μόνον μέγα καὶ πολὺ τὸ εὐφραῖνον ἀλλὰ καὶ καθαρὸν καὶ ἀμεταμέλητόν ἐστι.</u> Τίς δ' ἂν φάγοι πεινῶν καὶ πίοι διψῶν τὰ Φαιάκων ἥδιον ἢ διέλθοι τὸν Ὀδυσσέως | [185] ἀπόλογον τῆς πλάνης; Τίς δ' ἂν ἡσθείη συναναπαυσάμενος τῇ καλλίστῃ γυναικὶ μᾶλλον ἢ προσαγρυπνήσας οἷς γέγραφε περὶ Πανθείας Ξενοφῶν (*Cyr.* 4,6,11–7,3,16) ἢ περὶ Τιμοκλείας Ἀριστόβουλος (FGrHist 139 F 2) ἢ Θήβης Θεόπομπος (FGrHist 115 F 337).

For a brief reminder, however, we can appeal first to history, providing as it does many hours of agreeable pastime, but yet leaving us with our thirst for more and still more truth insatiable and unblunted with pleasure; a pleasure moreover which lends to fiction a power to charm, and the purest fabrications and poetic inventions, to which no belief is accorded, are none the less enticing. (10) Thus reflect how keenly we are stirred as we read Plato's tale of Atlantis and the last part of the *Iliad*; we regret as much to miss the rest of the story as if it were some temple or theatre for which the hour of closing had come. But to learn the truth itself is a thing as dear to us and desirable as to live and be, because it brings us knowledge, and the most dismal part of death is oblivion and ignorance and darkness. Indeed it is for

this that almost the whole of mankind are opposed to those who deny all awareness to the dead, showing in this that they take living and being and the feeling of delight to be found only in the part of the soul that is aware and knows. For even those who bring us painful news are nevertheless listened to with a certain pleasure, and although it often happens that we are disturbed by what is said and weep, we nevertheless bid them speak on, as in the play:
   – Ah! Now I come to what I dread to utter.
   – And I to hear; yet hear the thing I must.
Here, however, it appears that somehow the delight we take in knowing the whole story gets out of hand and a strong current of passion overpowers our reason. But when history or narrative involves no harm or pain, and to its theme of splendid and great actions it adds the power and charm of eloquence, as do Herodotus' *Greek History*, Xenophon's *Persian History* and „the wondrous word inspired Homer sang" or Eudoxus' *Description of the World*, Aristotle's *Foundations and Constitutions of Cities*, or Aristoxenus' *Lives*, the joy it gives is not only great and abundant, but untainted as well and attended with no regret. Who would take greater pleasure in stilling his hunger or quenching his thirst with Phaeacian good cheer than in following Odysseus' tale of his wanderings? Who would find greater pleasure in going to bed with the most beautiful of women than in sitting up | [186] with Xenophon's story of Pantheia, Aristobulus' of Timocleia, or Theopompus' of Thebe?[34]

Wehrli only prints ὅταν δὲ μηδὲν ... χάριν, ὡς and ἣ βίους ... ἀμεταμέλητόν ἐστι, but the context in which Aristoxenus is mentioned is very instructive, not to say decisive, and should thus not be neglected. *Non posse suaviter* is a philosophical dialogue with Aristodemus and Theon as main speakers. Zeuxippus and Plutarch himself are present too, but only speak a few words. The work stages a conversation following a lecture given by Plutarch on the Epicurean Colotes' treatise, *On the point that it is not possible even to live according to the doctrines of other philosophers*, that corresponds to Plutarch's *Against Colotes*. Now, Aristodemus and Theon aim at proving that it is not possible to live according to Epicurus' theory that pleasure is the goal. Theon is the speaker at 1093b–c, so one might think that he, being a figure in a dialogue, does not necessarily express Plutarch's views.[35] The grammarian Theon appears often in Plutarch's works, from the earliest to the latest, where he is portrayed as a man of great culture. Apparently he was one of Plutarch's closest philosophical friends. Puech even considers him some kind of stand-in for Plutarch.[36] In *Non posse suaviter* he appears as "a perfectly trained

---

34 Transl. Einarson – De Lacy 1967, 57–61 (slightly modified).
35 Theon is, with interruptions, speaker of the first section from 3–19 p. 1087c–1100c and again from 25–31 p. 1104a–1107c.
36 Puech 1992, 4886: "Partout, Théon apparaît comme une sorte de double de Plutarque." Cf. Ziegler 1934, 2064: "Aus dieser Darstellung sowie aus der lebenslänglichen Freundschaft und geistigen Vertrautheit mit Plutarch ergibt sich, daß er im großen ganzen ein diesem ähnlicher

Academic philosopher and a professed enemy of Epicureanism,"[37] as Ziegler puts it. In the passage in question, he speaks without irony and he comes back later to Aristoxenus in a list of specialists in certain areas, where Aristoxenus is mentioned as an expert in modulation together with Theophrastus (F 715 FHS&G) as a specialist in concords and Aristotle (F 99 Rose = 47 Gigon) as a specialist in Homer.[38] Even if the rhetorical question | [187] at the end of the quoted text is no doubt overenthusiastic — Pelling speaks of "over-argument"[39] — Theon's fundamental statement that the passages from Xenophon, Aristobulus and Theopompus that he lists are outstanding reading cannot be doubted. Not even Plutarch, who is 'present' while these words are being spoken, opposes Theon. I will come back later to the question whether Theon here serves as Plutarch's mouthpiece. It may suffice for the moment to note that Plutarch has an Academic philosopher make such a positive statement about Aristoxenus.

Theon's (and perhaps Plutarch's) assessment of Aristoxenus' *Lives* in this passage is of interest for our assessment of these works in several respects. First, he regards Aristoxenus' *Lives* as "history about splendid and great actions" (ἱστορία ... ἐπὶ πράξεσι καλαῖς καὶ μεγάλαις). That he uses the word ἱστορία ("history") is fundamental, especially if we bear in mind that modern scholarship on classical literature usually distinguishes historiography from biography on the basis of the first chapter of Plutarch's *Life of Alexander*, where both genres are set against one another. As a consequence, the latter is regarded as part of so-called antiquarian literature by modern scholars. Hence, Theon holds a concept of ἱστορία that goes beyond historiography *stricto sensu* as it not only comprises Herodotus' *Hellenica*, Xenophon's *Persica* (i.e., *Cyropedia*), Theopompus' *Philippica* or *Hellenica* and Aristobulus' *History of Alexander*, but also Eudoxus' *Periodos* (i.e., geography), Aristotle's *Foundations and Constitutions* (i.e., antiquarian literature) and Aristoxenus' *Lives of Men* (i.e., biography).[40] What scholars, following

---

Mensch von ähnlicher Bildung gewesen sein muß, in der ihn nur die stärkere Betontheit des grammatisch-philologischen Interesses von dem universaler gerichteten Freund unterschieden haben mag." Against the idea that there were three different persons named Theon, ibid., 2064–2066, followed by Zacher 1982, 16–17 and Puech 1992, 4886.
37 Ziegler 1934, 2064.
38 13 p. 1095e.
39 Pelling 2007, 156.
40 Homer's epics appear on this list but are not, however, regarded as ἱστορία. In the preceding section Theon had described the *Iliad* as ψεῦδος, as "myth." Here, he says both history (ἱστορία) and fiction (διήγησις) can be read without regret; the *Iliad* thus serves as an example for the latter. For a more detailed analysis of the argument see my forthcoming commentary.

Momigliano's authoritative interpretation,[41] today generally keep distinct, historiography in a strict sense on the one hand and antiquarian literature on the other, are here put on the same level and classified as ἱστορία. But there is more. For Theon ἱστορία implies scholarly research, especially on the past, with the intention of uncovering the truth, as he makes clear twice in | [188] this passage.[42] This characteristic he concedes to the aforementioned works, including Aristoxenus' *Lives*.

Second, Theon emphasizes the positive effect these works have on the reader and he characterizes their contents as "splendid and great actions" (πράξεις καλαὶ καὶ μεγάλαι). Their content is thus contrasted with the aforementioned unpleasant information that men want to acquire on account of a sometimes irrational desire for knowledge. He states that the presentation is rhetorically powerful and attractive (προσλάβῃ λόγον ἔχοντα δύναμιν καὶ χάριν), that reading it "involves no harm or pain" (μηδὲν ἔχουσα βλαβερὸν ἢ λυπηρὸν) and that "the joy it gives is not only great and abundant, but untainted as well and attended with no regret" (οὐ μόνον μέγα καὶ πολὺ τὸ εὐφραῖνον ἀλλὰ καὶ καθαρὸν καὶ ἀμεταμέλητόν ἐστι).[43] From this passage Gudeman rightly concluded that slander (ψόγος) cannot have played a prominent role in Aristoxenus' biographies. I would even go one step further. The Platonist Plutarch would hardly have the Platonist Theon praise in such a manner a work that was hostile towards Socrates and Plato or that was a crude encomiastic biography of Pythagoras, in which the hero is presented as the only philosophical ideal at the expense of all other philosophers. Although Plutarch has respect for Pythagoras and sees him as a forerunner of Plato, Pythagoras is a distant second to the Athenian, and Plutarch sometimes distances himself from Pythagorean doctrine. In contrast he greatly admires Socrates and praises Plato as the perfection of philosophy. Such a view seems to have been standard among Platonists of his time, and is, therefore, shared by the literary figure Theon. An account that contradicts this view, even if it were true, would not be attractive reading for such a philosopher. The argumentative context thus shows that, all in all, the information found in Aristoxenus cannot have been slanderous, to say the least.

---

[41] Momigliano 1993, 12; 41; 109. Schepens 2007, rightly contests this view.

[42] Cf. Pelling 2007, 156 with n. 39. Pelling makes this point very clear (156): "What is more, the context in the essay makes it clear that Plutarch is concerned here with truth as well as with moral uplift: the reason why the pleasure is so 'pure' is that the events (Pelling here speaks about the Persian War) were the way the narrative describes them."

[43] Transl. Einarson – De Lacy 1967, 59–61.

Finally, it remains to be explained how the positive evaluation of Herodotus and Aristoxenus in this passage can be reconciled with the | [189] harsh criticism of Herodotus' general credibility and honesty in *De Herodoti malignitate*. There we find Aristoxenus mentioned in a list of authors who were in certain respects malicious. Is Theon thus not Plutarch's mouthpiece and are the statements in *Non posse suaviter* not in agreement with Plutarch's personal opinion? In order to give an answer to this question we first have to analyze *De Herodoti malignitate* and especially the passage in which Plutarch discusses Aristoxenus (9 p. 856c–d = F 55). In Wehrli's edition it reads as follows:

> Ἐγγὺς δὲ τούτων εἰσὶν οἱ τοῖς ψόγοις ἐπαίνους τινὰς παρατιθέντες, ὡς ἐπὶ Σωκράτους Ἀριστόξενος, ἀπαίδευτον καὶ ἀμαθῆ καὶ ἀκόλαστον εἰπών, ἐπήνεγκεν 'ἀδικία δ' οὐ προσῆν.'

> Similar to these writers are those who qualify their censure with some expressions of praise, as Aristoxenus did in his verdict on Socrates, calling him uneducated, without knowledge and licentious, and adding "but there was no real harm in him."[44]

But here too we have to take the context into consideration, since Plutarch states subsequently:

> Ὥσπερ γὰρ οἱ σύν τινι τέχνῃ καὶ δεινότητι κολακεύοντες ἔστιν ὅτε πολλοῖς καὶ μακροῖς ἐπαίνοις ψόγους παραμιγνύουσιν ἐλαφρούς, οἷον ἥδυσμα τῇ κολακείᾳ τὴν παρρησίαν ἐμβάλλοντες, οὕτω τὸ κακόηθες εἰς πίστιν ὧν ψέγει προϋποτίθεται τὸν ἔπαινον.

> Just as men who flatter with some degree of skill and finesse sometimes mingle expressions of gentle criticism with their catalogue of praises, introducing the element of frankness as a sort of seasoning to their flattery, so malice offers some preliminary praise to make its accusations seem convincing.[45]

This is a description of the last of eight ways of being malicious (κακοήθης) that Plutarch lists at the beginning of his work. Plutarch uses Aristoxenus as the example of an author who is κακοήθης, because he adds positive remarks to his criticism in order to be persuasive. Comparing him with flatterers who add a little criticism to their | [190] flattery, he even suggests that the negative aspects were quantitatively more prominent.

The correct understanding of this passage is closely connected to that of the entire *De Herodoti malignitate,* which has puzzled scholars for a long time. In this pamphlet Plutarch quite aggressively and often unfairly attacks Herodotus for

---

44 Transl. Pearson 1965, 19 (slightly modified).
45 Transl. Pearson 1965, 19–21.

being a malicious and systematic liar. He declares it his intention to defend his Boeotian ancestors and all the other Greeks against the lies of the historian, since they have all suffered under the vicious distortions of Herodotus. Today, hardly anyone still regards *De Herodoti malignitate* as spurious (which would immediately solve many problems of interpretation).[46] Furthermore, it is improbable that Plutarch changed his mind between the time he wrote *Non posse suaviter* and – most probably later – *De Herodoti malignitate*.[47] It cannot be the case that *Non posse suaviter* refers just to the literary quality of Herodotus' *History*, which Plutarch concedes to the historian, while he disputes Herodotus' ability as a reliable historian in *De Herodoti malignitate*, as Theander and others think.[48] As stated above, Theon's words show that he also conceded that Herodotus had the intention of presenting an account in accordance with the facts (ἱστορία). In the most recent contribution to the problem, Pelling explains the differences as a consequence of different genres: "It does indeed appear that Plutarch can have different mindsets and follow different principles at different generic moments." Pelling shows that Plutarch in his *Life of Themistocles* does not even himself meet the demands made for good historiography in *De Herodoti malignitate*, where his account is by no means complimentary to all Greeks.[49]

If Plutarch thus judges the same works and authors differently according to genre, one wonders whether his testimony can be used at all, or, if it can, to which of the two evaluations one should attach greater importance. Therefore, we have to ask ourselves to which | [191] literary genres *Non posse suaviter* and *De Herodoti malignitate* belong, what function the references to the various historians have and whether there is any reason to believe that, due to rhetorical strategy, Plutarch may affirm something that does not correspond to his personal opinion or may have an interlocutor in a dialogue utter such a statement.

I will deal with *De Herodoti malignitate* first. A crucial step for a correct understanding of that work has been taken by Homeyer, who has convincingly interpreted it as standing in the tradition of literary and historiographical polemics

---

46 So still Podlecki 1975, 92; but see Harrison 1992, 4663 and Hershbell 1993, 143.
47 On this possibility see Pelling 2007, 157, who however does not endorse it.
48 So Theander 1951, 45–46 and also Hershbell 1993, esp. 151–157.
49 Cf. Pelling 1990, 32–35 = 2002, 150–152 for more violations against the principles from *De Herodoti malignitate* in Plutarch's *Lives*. The same is shown by Teodorsson 1997, 443–446 for the *Life of Themistocles* and for other biographies. He goes as far as to maintain that these principles do not play any role in the *Lives*; differently Wardman 1974, 192; cf. Russell 1973, 61–62.

in the Hellenistic period.⁵⁰ The venomous attacks against Herodotus, she explains, distinguish this work from others of Plutarch. His allegations are mostly ill-founded. He quotes single phrases out of context or paraphrases inaccurately in order to give a negative interpretation, and in doing so his line of argument is rarely convincing. His allegations against Herodotus sometimes also apply to himself. This method, including false allegations and personal slander, corresponds to what is common in such works of literature, as Homeyer points out. Polybius' nasty and often unjustified criticism of his predecessors in book 12 presents a good parallel.⁵¹

More recently Seavey has interpreted the work as a *controversia*, i.e. a fictional court-speech, which is characterized by greater license than historiographical and philosophical works. He has shown that it has the structure of a court-speech and that it contains juridical vocabulary and other elements of forensic oratory. He is right in claiming that in such a speech truth and fairness do not matter and that the speaker does not shrink from anything that may convince the jury, not even from lying and deceiving, if demanded by the situation.⁵² Although, as I [192] I think, *De Herodoti malignitate* cannot be regarded as a *controversia* in the strict sense, since such literary topics do not seem to be attested for that genre,⁵³ the similarities Seavey has discovered help us understand this work better and they supplement and support Homeyer's interpretation. We do not know much about what was usual in literary and historiographical polemics, but elements from law-court speeches seem to have been common in such works. The use of these features, as Hershbell remarks, can be regarded as quite natural,

---

50 Homeyer 1967; Pearson 1965, 6 regards *De Herodoti malignitate* as an ethical essay: "The *De Malignitate* is an ethical essay, not an attempt at historical criticism or a political pamphlet in defense of the Boeotians; and Plutarch's credit is better preserved if this is constantly borne in mind by his readers."
51 Homeyer 1967, 184 refers to the polemics that we find in Polybius against Theopompus, Ephorus and Timaeus; on Plutarch's way of working see also Bowen 1992, 4–9. Marincola 1994, esp. 194–195 defends the historiographical character of *De Herodoti malignitate* and emphasizes the role of polemics in the context of historiography. The motives for Plutarch's enmity do not need to be discussed here; for various explanations, see Homeyer 1967; Hershbell 1993, 159–162; Teodorsson 1997, esp. 440 and 447 and Bowen 1992, 3–4.
52 Seavey 1991; cf. already Russell 1973, 60: "Perhaps it could be called a kind of scholarly *controversia*. Herodotus is, as it were, on trial in the imagination, and any forensic cliché or sharp practice can be used to discredit him;" cf. also Bowen 1992, 4; but see the qualifying remarks on Seavey by Hershbell 1993, 158–159. Nikolaidis 1997, 339 n. 37 regards the essay as standing in the tradition of historiographical and juridical rhetoric, but concludes: "since moralizing is peculiar to both rhetoric and ancient historiography, the treatise defies exact genre-classification."
53 On *controversiae* see Clarke 1966, 90–95 and Kennedy 1972, 314–324.

since both historians and forensic speakers have to convince an audience to follow their reconstruction of the events rather than that of their opponents.[54] And Flower, following Rohde, notices that "Theopompus writes like a prosecuting attorney, using crude and low language in order to make personal attacks."[55] We cannot go into further details regarding this characteristic of Hellenistic historiography. It suffices to observe here that the contributions of Homeyer and Seavey have made it clear that in such a work we have to reckon with serious distortions of the truth.

On the other hand, it cannot be excluded that Theon in *Non posse suaviter* twists the facts and is not very particular about truth. History is often 'adapted' to philosophical truth in philosophical works and historians may be praised or criticized unduly. But it is very difficult to think of any reason why distortion should be employed in the passage in which Theon refers to Aristoxenus' biographies. He could have chosen from an enormous number of historians those that had a good reputation in order to illustrate his statement that historiography can be pleasant and profitable reading. He had absolutely no reason to include an author who was controversial.

So one is likely to be inclined to give more weight to Plutarch's statement in *Non posse suaviter*. This assumption is confirmed by another test. It seems to be promising also to review how Plutarch, in his other works, evaluates the various authors presented in *Non* | [193] *posse suaviter* as exemplary and those criticized or recommended in *De Herodoti malignitate*. In the former case these are Herodotus, Xenophon, Homer, Eudoxus, Aristotle, Aristoxenus and single passages from Xenophon, Aristobulus and Theopompus, in the latter Thucydides, the poets of Old Comedy, Theopompus, Ephorus, Philistus and Aristoxenus. Such a review will give us insight into how his various assessments of authors, and especially that of Aristoxenus, should be evaluated.

I begin with *Non posse suaviter*. It appears that the assessments of authors in this treatise, with the single exception of Herodotus, correspond to those in other works of Plutarch. Herodotus is indeed generally assessed critically or negatively in the *Lives* and in the *Moralia*.[56] As for Xenophon, all of Plutarch's works testify to his enthusiasm for the Athenian.[57] He also admires Homer who is "admirable" (θαυμαστός) and "the wisest" (σοφώτατος) (*Alex.* 26,7) and the poet most quoted

---

54 Hershbell 1993, 158.
55 Flower 1997, 177; cf. Rohde 1901, II 17–19.
56 For Plutarch's assessment of Herodotus see Hershbell 1993; cf. Pelling 2007.
57 Münscher 1920, 127–130 (with references).

in his works.⁵⁸ Eudoxus is listed among the "wisest of the Greeks" (Ἑλλήνων οἱ σοφώτατοι)⁵⁹ in *De Iside et Osiride*, and other works also show that Plutarch thinks highly of him.⁶⁰ The same is true for Aristotle whom Plutarch praises several times and who takes second place after Plato despite some criticism on occasion.⁶¹ In the case of Aristoxenus the other references in Plutarch's works are indicative as well. He is quoted for single pieces of information about the Spartan Lycurgus and Alexander the Great.⁶² In the only place where he is referred to for information on Plato, Plutarch does not indicate that he | [194] regards his testimony as untrustworthy.⁶³ In the list of authors quoted for Socrates' bigamy, he is only one authority among several. And even though Plutarch, following Panaetius, contests the historicity of the story, he is far from being polemical.⁶⁴ All this points to a generally favorable attitude toward Aristoxenus.

In addition to these general assessments of whole works of authors, Plutarch also speaks of three specific passages in historical works, which he considers outstanding pieces of historiography. The enthusiastic praise for the presentations of the three women Pantheia, Timocleia and Thebe, which are found in the works of Xenophon, Aristobulus and Theopompus, is also compatible with the assessments of these authors elsewhere in the *Corpus Plutarcheum*. I have already spoken about Xenophon above. The story of Timocleia from Aristobulus seems to have been one of Plutarch's favorites, since he tells it in detail in *Mul. virt.* 24, less elaborately in *Alex.* 12, and he also mentions it in *Coniug. praec.* 48 p. 145f.⁶⁵ The-

---

58 On Plutarch and Homer see, e.g., de Wet 1988, 15–20; Alexiou 2000a; D'Ippolito 2004 (with literature) and Bréchet 2005; I have not seen Bréchet 2003, which is summarized in Bréchet 2004–2005.
59 *De Isid.* 10 p. 354 d–e = T 17 Lasserre.
60 In *Non posse suav.* 11 p. 1094a–b, shortly after the passage in discussion, Theon praises Eudoxus again; cf. *Adv. Col.* 32 p. 1126c–d = D 70 Lasserre (a positive remark on Eudoxus as a lawgiver) and *Marc.* 14,9 = D 27 Lasserre (admiration for his achievements in the fields of mechanics and geometry); the disagreement on a question of detail in *Pyth. or.* 17 p. 402d = F 352 Lasserre can be ignored.
61 *Stoic. rep.* 15 p. 1041a; Plutarch speaks of Plato and Aristotle as δυεῖν τῶν ἀρίστων φιλοσόφων. The places where Plutarch speaks of Aristotle have been collected and discussed by Donini 1986, 215–219 and Babut 1994, 522–525 = 1996, 23–28.
62 *Lyc.* 31,4 = F 44 and *Alex.* 4,4 = F 132.
63 *Tim.* 15,5 = F 32.
64 *Arist.* 27,3–4 = SSR I B 49 = F 58.
65 Although Plutarch only mentions Aristobulus as a source in our passage, it is rightly assumed in modern scholarship that he has also used the latter's Alexander history in other places. Jacoby even prints *Mul. virt.* 24 among the fragments of Aristobulus in small print together with

opompus, however, is an author Plutarch appreciates less due to the latter's predilection for criticism and polemics. In the case of six out of eighteen quotations from his works, Plutarch adds critical or ironical remarks.[66] However, this general antipathy does not prevent Plutarch from appreciating individual parts of this historian's works. This becomes clear in a passage in which Plutarch gives a programmatic statement about his use of Theopompus. He declares (*Lys.* 30,2 = FGrHist 115 F 333) that one has to believe Theopompus more when he praises than when he criticizes, since he prefers criticizing to praising. This is precisely what Plutarch does in the passage under discussion. As in the case of the Timocleia story, Plutarch tells the story of Thebe more elaborately | [195] elsewhere, in *Pelop.* 35, without naming his source, Theopompus, which shows his sympathy with this account.[67]

With Theopompus we have come to the authors who are criticized in *De Herodoti malignitate*. In the introductory chapters Plutarch describes different forms of malignity (κακοήθεια), for which he gives illustrative examples from earlier historians. He creates an artificial ideal of historiography that enables him to interpret basically any critical remark in a historiographical work as a result of malignity.[68] As he does in the main section on Herodotus, he here deals sloppily with the texts of the authors to whom he refers and he adapts them to the needs of his current argument.

He first places Herodotus on a level with Theopompus, who is for him and for others the malicious historian par excellence,[69] and maintains that Herodotus' malignity is "of a smoother and softer variety than that of Theopompus, but its effect is more penetrating and more painful — just as winds can create more discomfort by seeping through a narrow crack than when they spend their force out in the open."[70] Thucydides, on the other hand, serves as a positive example

---

the passage from *Non posse suav.* (FGrHist 139 F 2a–b); on Plutarch's use of Aristobulus' Timocleia story, cf. Pearson 1960, 154–155; Stadter 1965, 112–115 and Hamilton 1969, LV and 31. Seavey 1991, 41 is not right in assuming that Plutarch insinuates that Thebe has base motives in the *Life of Pelopidas*.

66 Cf. Theander 1951, 58.
67 Cf. Westlake 1939, 14–15; the use of Theopompus in the *Life of Pelopidas* is considered as a possibility also by Georgiadou 1997, 24–25; 223.
68 Cf. Pearson 1965, 5.
69 *Her. mal.* 1 p. 855a; on the negative image of Theopompus as a historian see the testimonies collected by Jacoby under FGrHist 115 T 25; cf. Homeyer 1967, 184 and Flower 1997, 169–183, esp. 176–177.
70 Plu. *Her. mal.* 1 p. 855a; transl. Pearson 1965, 11.

throughout the introduction,⁷¹ which is in agreement with his overall positive attitude towards Thucydides in other works. He presents him as a historian who does not use severe (δυσχερεστάτοις) words to characterize persons, if friendlier terms are at hand (ἐπιεικεστέρων παρόντων).⁷² As an example, he refers to the Athenian's descriptions of Nicias and Cleon, but he conceals the fact that Thucydides, in other places than those referred to here, is much less unsparing in his criticism of Cleon and that, on the whole, he gives a distorted picture of the demagogue.⁷³ Furthermore, Plutarch himself uses the word madness (μανία) in describing Cleon in *Nic.* 7,6, whereas its use is | [196] regarded here as a sign of malignity (κακοήθεια).⁷⁴ Subsequently he presents Thucydides as an author who leaves out information that is discreditable to a person, when it is not relevant for the account. Here too, Cleon serves as an example, since Thucydides "never gave any specific account of his misdeeds," which is again misleading; he notes on the positive side that Thucydides contents himself with calling the demagogue Hyperbolus "mean" (μοχθηρός).⁷⁵ He himself is again more critical towards Hyperbolus and goes further in characterizing him negatively in the *Life of Nicias*.⁷⁶ The comic poets are also accused of malignity, since they claim that Pericles started the Peloponnesian War on account of Aspasia and Phidias.⁷⁷ Here too, Plutarch himself reports this allegation in the *Life of Pericles* without pronouncing himself seriously against its correctness.⁷⁸ Ephorus is assessed positively, since, although he knew of the treachery of Themistocles, he said: "when Pausanias told him about it and invited him to share in the expected rewards, he was not persuaded to accept the offer."⁷⁹ Here Plutarch conceals that Ephorus' *Historiae* was fundamentally pro-Athenian and anti-Spartan⁸⁰ and that this may be the reason for his not charging Themistocles with treachery. Plutarch's complaint that Herodotus was biased towards certain cities, would thus also apply to Ephorus. Furthermore, he fails to note that Ephorus, following Old Comedy, is among the authors who regard the events around Phidias and Anaxagoras as the reason that Pericles

---

71 On this see Lachenaud in Cuvigny – Lachenaud 1981, 117.
72 Plu. *Her. mal.* 2 p. 855b.
73 Pearson 1965, 11 n. e with reference to Thuc. 4,39,3.
74 Pearson 1965, 11 n. e.
75 Plu. *Her. mal.* 3 p. 855c; transl. Pearson 1965, 13.
76 Plu. *Nic.* 11,3–8; cf. Pearson 1965, 17 n. b.
77 Plu. *Her. mal.* 6 p. 855f–856a.
78 Plu. *Per.* 24–32 (Samian and Peloponnesian Wars); cf. Pearson 1965, 17 n. b.
79 *Her. mal.* 4 p. 855f–856a = Ephor., FGrHist 70 F 189 (transl. Pearson 1965, 15–17). See also 36 p. 869a = FGrHist 70 F 187, where Plutarch refers to Ephorus against Herodotus.
80 On this characteristic of Ephorus' *Historiae*, see Barber 1935, 88–105.

started the Peloponnesian War, a story that reveals, according to Plutarch, the malignity of the comic poets, as I have noted above.[81] Furthermore, Plutarch himself | [197] is quite critical of Ephorus in other parts of his *oeuvre* and we get the impression that he was not among his favorites.[82]

An even odder positive example is Philistus of Syracuse, who is lauded together with Thucydides for leaving out negative reports, if they are not relevant to the historical account. In an overly subtle way Plutarch argues that he "omitted all the crimes of Dionysius against the barbarians which were not tied up with the story of Greek events."[83] Philistus was for many years a very close associate of the tyrant Dionysius I, and he dedicated the last four books of his eleven-volume *Sicilian History* to the rule of Dionysius, presenting him not as a tyrant but as the perfect monarch.[84] If it did not totally run counter to Plutarch's argument, one would be inclined to think that he speaks with irony when he recommends keeping some of the crimes of a tyrant secret. How is this consistent with the historian's goal of uncovering and reporting the truth? Instead, the partiality of the propagandist is reinterpreted positively as abstinence from malignity. In his other works, especially in the *Life of Dion*, Plutarch's picture of Philistus is, however, extremely negative. He is presented as the leader of the opposition against the political reforms of Dion and Plato,[85] and, in a programmatic statement, Plutarch vigorously attacks his pro-tyrannical attitude:

> For, although he is most skillful in furnishing unjust deeds and base natures with specious motives, and in discovering decorous names for them, still, even he, with all his artifice, cannot extricate himself from the charge of having been the greatest lover of tyrants alive,

---

81 Diod. 12,38 = FGrHist 70 F 196. There is an excellent reconstruction and interpretation of Ephorus' discussion of the outbreak of the Peloponnesian War in Schepens 2007a, 77–99.

82 *Praec. rei publ. ger.* 6 p. 803b = FGrHist 70 T 21 (Plutarch criticizes the speeches of generals in his work); *De garr.* 22 p. 514c = FGrHist 70 F 213 (garrulity); on Plutarch's criticism of Ephorus' praise of Philistus, see below.

83 *Her. mal.* 3 p. 855c–d = Philist., FGrHist 556 T 13b (transl. Pearson 1965, 13). Differently Muccioli 2000, 303–304, who thinks that Philistus is being criticized here; the interpretation by Theander 1951, 34 and 63–65, who emphasizes the varying assessments of Philistus in Plutarch, is correct.

84 On this aspect of Philistus' *Sicilian History*, see Schorn 2010.

85 See esp. Plu. *Dion* 11,4 = Philist., FGrHist 566 T 5c: Philistus is called back from exile as "counterpoise" (ἀντίταγμα) against Plato and his followers.

and more than anyone else always an emulous admirer of luxury, power, wealth, and marriage alliances of tyrants.[86] | [198]

In this very passage he also calls the same Ephorus, who is presented in *De Herodoti malignitate* as a positive example, crazy, because of his praise for Philistus.[87]

The reasoning in the introduction to *De Herodoti malignitate* is thus highly artificial and full of 'evidence' that does not stand up to close examination. Plutarch picks out single elements and episodes from the works of historians that he regards as supporting his argument. His assessments often contradict statements in his other works; the examples are taken out of their contexts and are thus sometimes misleading. In addition, Plutarch himself, in his other works, is guilty of the same things he denounces here. His only aim in the preface to *De Herodoti malignitate* is to create artificial categories of malicious behavior with the help of the dubious examples mentioned above in order to be able to run down Herodotus in the main section of his work.

It is in this context that the negative comments on Aristoxenus are found, which leads to the following conclusions:

1) We have a remarkable situation, where what Theon says corresponds, with the exception of what he asserts about Herodotus, to what Plutarch otherwise holds in his works and to what seems to have been his personal opinion and the *communis opinio* in his circle. So Theon is only to a limited extent Plutarch's mouthpiece. He is rather the embodiment of an orthodox Academic of Plutarch's circle. This is the reason for the many correspondences with Plutarch's other works. What sets Plutarch apart from his friends is his strong local patriotism and, as a result, his strange hatred of Herodotus. This negative assessment of Herodotus seems to have been an isolated position within the group, so that Plutarch could have his friend Theon include this historian among the exemplary authors in a literary dialogue. I do not see any good reason why the Academic Theon should have included Herodotus and Aristoxenus among the exemplary authors unless they had a good reputation and were generally appreciated by Academics.

2) Plutarch's other works do not reveal a hostile attitude towards Aristoxenus, and Aristoxenus' inclusion among the examples of malignity (κακοήθεια) in

---

[86] Plu. *Dion* 35–36, quotation 36,3 = Philist., FGrHist 566 F 23a (transl. Perrin 1918, 79); see also Plu. *Pel.* 34,1 = Philist., FGrHist 566 F 40b: Plutarch here criticizes Philistus' account of the funeral of Dionysius I.
[87] Plu. *Dion* 36,3 = Ephor., FGrHist 70 F 220.

De Herodoti malignitate is part of an artificial line of argument. The pamphlet thus just shows that it was possible, if necessary, to exhibit a hostile attitude toward part of Aristoxenus' | [199] *Life of Socrates* within the context of historiographical polemics, but it does not show that Aristoxenus was really malicious nor that Plutarch personally thought he was. Plutarch's criticism of Aristoxenus should be taken as seriously as his praise of Philistus and his criticism on the comic poets.

3) With the exception of Theopompus, the examples of malignity (κακοήθεια) in the introduction of *De Herodoti malignitate* refer to single passages in the works of historians. Even if, therefore, this testimony were trustworthy, this would not mean that Plutarch thought that Aristoxenus' *Life of Socrates* was, as a whole, characterized by malignity, but only the passage in which that character trait of Socrates is described.

4) It is furthermore important to see that, according to Plutarch, praise and blame were mixed in Aristoxenus' *Life of Socrates*. This fundamental statement is surely correct and crucial for our understanding of the work. The reason that Plutarch gives for it, however, is a consequence of his own argument in *De Herodoti malignitate* and a misinterpretation of the evidence, as is the case with many of his assessments of other historians in the context.

With one exception, I have now completed the survey of the external evidence for Aristoxenus' reputation as a biographer. The exception, i.e., the allegation of being hostile (δυσμενής) toward Socrates that we find in the *History of philosophy* of the Neo-Platonist Porphyry, will be discussed later in detail. For now, it is sufficient to observe that the external evidence shows that positive evaluations of Aristoxenus as an author prevailed in antiquity and that he did not have the general reputation of being biased or even malicious.[88]

4.3 Internal Evidence

4.3.1 The *Life of Socrates*

In what follows, I will take a closer look at a series of fragments from Aristoxenus' biographies in order to reevaluate the way he worked. I | [200] will compare the

---

88 Von Mess 1916, 85 is thus not right when he states: "Auch das Altertum ist daher bei aller hohen Einschätzung seiner [scil. Aristoxenus'] grundlegenden Forschungen ziemlich einig in der abfälligen Beurteilung seines Charakters und seiner Kritik."

outcome with the methods used by other early Hellenistic biographers. What I will present here are still the preliminary findings of a commentary on the historical fragments of Aristoxenus that I am currently writing for *Die Fragmente der Griechischen Historiker Continued*. These results reflect how far my work has proceeded up to this point. This means that most of my examples come from the *Life of Socrates*, some from the *Life of Plato*, and only very few from the *Life of Pythagoras* or from other works. This imbalance may be excused by the fact that the *Life of Socrates*, in particular, is highly significant for an appraisal of Aristoxenus and that by analyzing its fragments, we can get a good picture of how Aristoxenus worked. As mentioned above, modern scholarship has mostly agreed with Plutarch's and Porphyry's criticism, because it could not do much with a tradition that characterized Socrates as an "irascible sex addict," according to the usual interpretation of the text, and that contradicts completely the glorification of Socrates that prevails in modern accounts as a result of the Socrates legend created by Socratic philosophers.

When I started working on the fragments of the *Life of Socrates*, I quickly realized that all existing collections of fragments are unsuitable for the purpose of getting a clear picture of the work's content.[89] I base my judgment mainly upon the following considerations:

1) Cyril in *Contra Iulianum* and Theodoret in *Graecarum affectionum curatio*, each quote the same two passages from Porphyry's *History of philosophy*, where the latter relies on Aristoxenus' *Life of Socrates*. These are our most substantial and most significant fragments of this work of Aristoxenus. In modern collections of Aristoxenus, these passages are usually broken into individual parts, which makes it difficult, sometimes even impossible, to follow Aristoxenus' argument.

2) Fragments are often not printed with sufficient context, a shortcoming that has already become obvious in the discussion of the two testimonia in Plutarch. At times, only the context or the words by which the source authors recapitulate the contents of the Aristoxenus fragments make their specific meaning clear. | [201]

3) The amount of text printed as fragments of Aristoxenus in modern collections is not always convincing and it can be shown that more text can be credited to him. By analyzing the quotation technique of our source authors, Cyril and Theodoret, some additional text can be attributed to Aristoxenus with a fair amount of certainty. In a recently published article, Andreas Patzer has

---

89 I.e., Müller, FHG II 280–281 F 25–31; Wehrli 1967–1978, II F 51–60; Giannantoni, SSR I B 41–51 and Kaiser 2010.

shown that a comparison of the traditions in Porphyry with parallel sources reveals that, when Cyril and Theodoret refer to Porphyry for information on Socrates, that information, for the most part, goes back to Aristoxenus.[90]

4) The standard text of Cyril's *Contra Iulianum* has been that of Migne, which is itself a reprint of Auberts' edition of 1638. Wolfram Kinzig from the University of Bonn has been working for some time now on a new edition of this important text, and he was kind enough to make all the relevant passages of his new critical text available to me in advance. With the help of the new text, some problems in constituting the text disappear, and it becomes obvious that, when we have a twofold transmission of the same passages from Aristoxenus in Cyril and Theodoret, the text transmitted by Cyril is, in most cases, superior to the tradition in Theodoret.[91]

First of all, I would like to comment briefly on the transmission of the text. It has been generally assumed that Cyril and Theodoret used | [202] Porphyry's *History of philosophy* directly.[92] But this assumption is far from certain. In both authors we find two blocks of quotations from Porphyry, which exhibit close similarity in both structure and content. Within the quotations, we find almost identical breaks. The introductions to the quotations, the places in the text of Porphyry where the quotations begin, and the wider context in which they appear are similar or identical. This all makes it very probable that both Christian authors are

---

90 Patzer 2006, 38 [= 2012, 188]; on Aristoxenus' *Life of Socrates* see 35–55. I strongly disagree with Patzer's general interpretation of the work. The only passage where positive evidence for Aristoxenian authorship is hard to find is Theod. 12,65, on the quarrels between Xanthippe, Myrto and Socrates. Carl Huffman reminds me of the fact that this account "does assume the bigamy tradition, but Aristoxenus was not the only one to report that tradition. One might argue that the continuity with the preceding passages suggests that it also comes from Aristoxenus. The problem is that the continuity is broken at precisely this point, since Theodoret switches from the indirect discourse he was using to quote from Porphyry to direct discourse, which might suggest a change of source that Theodoret is now paraphrasing."
91 Most important is his constitution of the text in Cyr. *Adv. Iul.* 6,34 p. 817c–d. His edition shows, furthermore, that the text in the older editions was based on manuscripts in which single words and parts of sentences are missing, which may give the impression that Theodoret's quotations from Porphyry/Aristoxenus are more accurate. The text found in the better manuscripts of Cyril is clearly superior to that in Theodoret, who manipulates Porphyry's text in order to make it fit his argument; this will be shown in greater detail in my forthcoming commentary for FGrHist Continued. [By now the new edition of *Contra Iulianum* has been published: Kinzig – Brüggemann 2017.]
92 Grant 1964, 273–275; Évieux in Burguière – Évieux 1985, 63–64 and Hammerstaedt 1996, 96 n. 102.

not quoting directly from Porphyry but via an intermediary source, where an already abbreviated version of Porphyry's account could be found.⁹³

At the same time, Porphyry probably did not use Aristoxenus' *Life of Socrates* directly either. This conclusion follows from the fact that he did not use Aristoxenus' *Life of Pythagoras* directly in his own *Life of Pythagoras*. There the line of transmission was probably: Aristoxenus → Neanthes of Cyzicus → Nicomachus of Gerasa →| [203] Porphyry.⁹⁴ Unfortunately this assumption cannot simply be transferred to Porphyry's and Aristoxenus' biographies of Socrates, because the Pythagorizing Middle Platonist Nicomachus is not known to have written a *Life of Socrates*. And, in the case of Neanthes, we do not have evidence for such a work either, although it is possible that he wrote one, if we take his interests in Socratics, such as Plato and Antisthenes, into account. We know that Neanthes quoted from Aristoxenus' *Life of Pythagoras* in his *Collection of Myths*, which included a biography of Pythagoras, and we also know that his works were a sort of handbook that assembled a wide range of different traditions. This might suggest that they also played a role in the transmission of Aristoxenus' *Life of Socrates*, although we cannot tell for sure.

---

93 Cyril and Theodoret introduce the quotation from Porphyry on the profession of Socrates singling him out among philosophers. Both speak formally of Σωφρονίσκου Σωκράτης and use almost identical words to describe him as the son of a stone cutter (Cyril: ἐξέφυ ... λιθουργοῦ δὲ πατρός; Theod.: ἐκ λιθοκόπου μὲν ἔφυ πατρός). After that, they both declare that the following account is taken from book 3 of Porphyry's *History of philosophy*. Between the last two points, both authors use a superlative to describe the work of Socrates as a workman. According to Cyril he excelled in this profession; according to Theodoret he practiced it most of his life. I will argue in my commentary that Theodoret, as in other places, has manipulated his original, although keeping the structure of the original text. It has been shown that Theodoret knew most works of Porphyry only through Eusebius (cf. Canivet 1957, 264–265). Canivet's arguments for the view that he knew the *History of philosophy* directly are that 1) Theodoret could not find his quotations from it in Eusebius and that 2) Theodoret claims to have used it together with Aetius' *Placita* and Plutarch's (= ps.-Plutarch's) epitome of Aetius (Theod. 2,95; 4,31 and 5,16 = Porph. T 195–197 Smith). But as Canivet (270–271), following Diels, himself admits, it is highly unlikely that Theodoret really made use of ps.-Plutarch's epitome. He only names the epitomator because he is an accepted authority, which is supposed to impress his pagan audience. This is all the more true for Porphyry, so that Theodoret may have cheated here as well. It can be, furthermore, excluded that Theodoret depends on Cyril or vice versa (the works were written around the same time), since both quote material from Porphyry's *Life of Socrates* not found in the other's work. I thus follow Roos 1886, 4, Beutler 1953, 287 and Jacoby on FGrHist 260 F 4–24 in postulating an intermediary source.

94 See e.g., Burkert 1972, 98–102. Radicke 1999, 124–125 (on FGrHist 1063) argues that the source of Nicomachus is Aristoxenus or Hippobotus; cf. Schorn 2007, 136–137 [= above, pp. 27–28].

It is nevertheless reasonable to assume that Aristoxenus' *Life of Socrates* was used by most authors who have transmitted fragments of it only via intermediary sources, in which just the most spectacular passages were included, namely those also quoted by Cyril and Theodoret (i.e., by Porphyry). This is suggested by the fact that, with the exception of two quotations,[95] all other quotations in ancient literature refer to those passages, so we can assume that they were notorious in antiquity. All of this does not prove that Porphyry had no direct knowledge of Aristoxenus, but the evidence points, as I think, in this direction.

If then, as I suggest, Porphyry did not use Aristoxenus' *Life of Socrates* directly but by means of an intermediary source, which probably contained an ambiguous selection of spectacular passages, it is perfectly possible that he got the wrong idea of its character and tendency, and that this was the reason why Porphyry classified it as hostile towards Socrates. What he read in these excerpts contradicted the presentation of Socrates in Plato's dialogues, which will have been an additional reason for the Neo-Platonist to consider Aristoxenus as an enemy of Socrates. But even if he still had the complete text at his disposal, he could have wrongly come to such a conclusion, since it seems to have contained a substantial amount of information that contradicted the common Academic view of Socrates. If Aristoxenus | [204] endorsed this tradition or merely did not oppose it, this could have been regarded as evidence for hostility as well. We can, therefore, conclude that Porphyry's testimony on the character of Aristoxenus' *Life of Socrates* is also of questionable value.

As I have mentioned above, the parallel tradition shows that almost everything reported by Porphyry about Socrates goes back to Aristoxenus, unless Porphyry explicitly refers to a different source.[96] This means that Theodoret 1,27–29 transmits material from Aristoxenus and that in book 12 not only § 61–65 but § 61–68 go back to Aristoxenus as well as 4,2 = Porph. F 216 Smith.[97] In Cyril's *Contra Iulianum*, we find the Aristoxenus-tradition in addition in 7,11 p.845a–b, although Cyril does not there refer to his source explicitly. As a rule, Theodoret and Cyril only state at the beginnings of their quotation blocks that Porphyry refers to Aristoxenus as a source (and they do not even do this in every instance), because it is of no importance to their own argument that Aristoxenus is ultimately the source of the information. They want to discredit Socrates and, in order to do so,

---

[95] F 53 = Eus. *PE* 11,3,6–9 = SSR I B 43 = Aristocl. F 1 p. 30–34 Heiland = 1,8 Chiesara and F 60 = *Schol. Plat. Ap.* 7 *ad* 18b3 Cufalo = SSR I B 51.
[96] Cf. Patzer 2006, 37–38 [= 2012, 187–188]; see von Mess 1916, 84–85.
[97] On the possible exception of 12,65 see n. 90.

they invoke against him the authority of Porphyry, the great enemy of the Christians, whose testimony cannot be challenged by their pagan audience. Therefore, they regularly write "Porphyry says" even where Porphyry names Aristoxenus as his source and although Porphyry, in an often overlooked programmatic statement, emphasizes that in his *Life of Socrates* he collects positive *and* negative traditions about the philosopher.[98] It is thus wrong to assume, as some scholars have, that Porphyry agrees with Aristoxenus.[99] In fact, somewhat later he characterizes Aristoxenus as hostile towards Socrates and thus as untrustworthy. The intention of the two Christian authors has also had a determining influence on the selection of the material that they quote from Porphyry. Von Mess has already rightly emphasized that they only chose highly negative information, so that we are likely to get a | [205] one-sided picture of Aristoxenus' *Life of Socrates*, given that most of the text has been preserved by them.[100]

The main characteristic of Aristoxenus' method is that he collected mostly oral traditions in order to correct the idealized picture of Socrates created and propagated by the Socratics and especially by Plato.[101] This approach, also common in his other biographies, is similar to what his younger contemporary Neanthes of Cyzicus (* ca. 360/350; † after 274) did in his *On famous men* and in other works, which included, among other things, biographies of Pythagoras and the Pythagoreans, Empedocles, Plato, and perhaps Antisthenes.[102] In an effort to collect material for these works, Neanthes traveled around and collected literary and oral sources as well as local accounts that often had to do with visits Neanthes' heroes had paid to the various localities. In the case of Plato, he interviewed Philip of Opus about the last days of the philosopher's life.[103] He also approached the Cynic Philiscus of Aegina to collect information about Plato's childhood, and he learnt from him a story from Aegina about the meaning of Plato's name. In

---

98 Cyr. *Adv. Iul.* 6,34 p. 817c (not in Wehrli): Τούτων δὲ οὕτω σαφηνισθέντων λέγωμεν περὶ Σωκράτους τὰ παρὰ τοῖς ἄλλοις μνήμης κατηξιωμένα τὰ μὲν πρὸς ἔπαινον αὐτοῦ καὶ ψόγον πολλαχῶς ὑπὸ τῶν λογίων ἀνδρῶν μεμυθευμένα ἐπ' ὀλίγον φυλοκρινοῦντες ...
99 But thus Staab 2002, 112 and already in antiquity: Socrat. *Hist. eccl.* 3,23,14 = Porph. F 210 Smith.
100 Cf. von Mess 1916, 84–85 and 90.
101 On the anti-Platonic, not anti-Socratic, character of the *Life of Socrates*, on Aristoxenus' goal of correcting idealizing tales and on his empirical approach, see already the short remarks by von Mess 1916, 82–84 and 98.
102 On Neanthes as a biographer, see Schorn 2007 [= ch. 1 in this volume]. The following summarizes the results of this study.
103 Phld. *Ind. Acad.*, P. Herc. 1021 III 39–V 19 (F not in FGrHist 84; BNJ 84 F 21b); there is a new text in Puglia 2005.

addition, the Cynic reported to him that Plato had once been sold as a slave on Aegina.[104] For the biographies of Pythagoras and the Pythagoreans, Neanthes used literary, archaeological (Empedocles' tomb) and oral sources of mostly Pythagorean origin.[105] He was not only active as a biographer but also wrote historiographical works *stricto sensu* as well, a *Hellenica* and books on local history, and works that are usually classified as "antiquarian." In all these works he applied the methods of historiographical research.[106] Characteristic | [206] of his method is that he quoted traditions and sources of all kinds (stating explicitly the names of the people from whom he received them), even those he did not consider to be correct, that he visited and inspected the places he wrote about in his works (i.e., the historiographical principle of autopsy applies), and that he showed great interest in chronological questions. As I have mentioned above, among the many sources he quoted were also Aristoxenus' works about Pythagoras. It becomes apparent that he was primarily interested in famous people about whom fantastic and idealizing biographical accounts already existed. He considered it his duty to correct these traditions through his fieldwork and to reconstruct the historical truth.

A similar approach can also be discerned in the case of other early biographers. I am thinking of Antigonus of Carystus (* ca. 290; biographies written after 225) and of the often-criticized Chamaeleon of Heracleia (* hardly before 350; † after 281). In his old age, Antigonus wrote down his personal recollections of his encounters with famous philosophers in his youth.[107] He supplemented these notes with literary and oral sources to produce full-fledged biographies. He was not interested in the doctrines of these philosophers, used anecdotal material only on a small scale (here his biographies differ from those of Neanthes, who included such reports but often criticized them) and was especially interested in the everyday behavior of his heroes (as was Aristoxenus).

---

104 *Ind. Acad.*, P. Herc. 1021 II 38–V 19 p. 133–134 Dorandi; the text printed as FGrHist 84 F 21b is based on an old and insufficient edition; there is a new text in Puglia 2006; [BNJ 84 F 21 is now based on Puglia and other recent editions of the papyrus].
105 FGrHist 84 F 26–33. The biographical treatments of the Pythagoreans were not part of *On famous men* but of his *Collection of myths according to cities*.
106 *Hellenica*: FGrHist 84 F 1–3; *Yearbooks* (of Cyzicus): F 5; *Collection of myths according to cities*: F 6–12 and *On rites*: F 14–16.
107 On Antigonus as a biographer, see the introduction in Dorandi 1999, esp. LXXIV–LXXXI, on which the following is based; cf. also von Wilamowitz-Moellendorff 1881, esp. 127–129; [Schorn 2014a, 715–716].

Chamaeleon has given his name to the so-called 'method of Chamaeleon.'[108] This method describes a literary technique that is considered to be very common in ancient literary biography. It involves the reconstruction of the biographies of poets (and other writers) in a fantastic way with the help of the poets' own works: Aeschylus was the first tragedian who introduced drunkards on stage, so he must have written poetry while he was drunk, to give just one example of this exegetical approach. But a closer look reveals that Chamaeleon | [207] himself practiced this method only to a very limited extent. He utilized the poems of Alcman, Pindar, and others [for the most part] to reconstruct, quite successfully at times, the history of literature. When this method is used in his works to reconstruct the biographies of his heroes, it appears that he is usually reporting interpretations of others, especially local traditions. Thus, it can be shown that Neanthes and Chamaeleon often collect and report traditions, without accepting them uncritically.

I believe that Aristoxenus needs to be seen as one of these early biographers, who collected and corrected existing biographical data. But there is more to it. It is likely that his reports are sometimes more reliable than those of others in depicting the historical Socrates, although it needs to be emphasized that he focuses on Socrates as a person and not on Socrates as a philosopher.

In his *Life of Socrates*, Aristoxenus explicitly names his own father (and/or teacher) Spintharus, as a source who knew Socrates in person and thus could provide a first-hand account.[109] It has not yet been noted, so it seems, that Aristoxenus claims (in Cyril's better version of the text) to have learnt "the things about him" (τὰ περὶ αὐτοῦ) from Spintharus, which could mean that *everything* he reports about Socrates goes back to Spintharus or at least everything until he mentions a new source. Spintharus is certainly his source for his account of Socrates' power of persuasion, of his occasional irascibility, and probably also of his strong sex drive, including the stories about Socrates' 'bigamy' with Myrto and Xanthippe and his intercourse with prostitutes.[110] At the end of this passage (i.e., at the end of § 65 in Theodoret's text or even at the end of § 64 as Carl Huffman

---

108 On Chamaeleon, see Schorn 2008 and 2007/2010 [= above, chs. 2 and 3]; cf. Schorn 2014a, 682– 684; 710–712. I here repeat some results of these studies. On the 'method of Chamaeleon' in Greek biography, see Arrighetti 1987, esp. 141–190.
109 Cyr. *Adv. Iul.* 6,3 p. 781d–784a = F 54a = Porph., FGrHist 260 F 10 = F 211 Smith: λέγει δὲ ὁ Ἀριστόξενος ἀφηγούμενος τὸν βίον τοῦ Σωκράτους ἀκηκοέναι Σπινθάρου τὰ περὶ αὐτοῦ, ὃς ἦν εἷς τῶν τούτῳ ἐντυχόντων; cf. von Mess 1916, 90.
110 For a detailed exposition showing that these reports go back to Spintharus, see my forthcoming commentary.

suggests[111]), the account based on Spintharus seems to come to an end. A report about Socrates as a dissipated young man follows: Socrates did not obey his father, did not want to work in his father's workshop, and, at the age of 17, started a sexual relationship with the philosopher Archelaus, with whom he stayed for many years and who converted | [208] Socrates to philosophy. Archelaus' instruction made Socrates stop living a dissolute life and lead the life of a philosopher instead. If Theod. 4,2 = Porph. F 216 Smith reflects the Aristoxenus tradition, as I think it does, Aristoxenus claimed that the education by Archelaus enabled Socrates to eradicate (ἀφανίσαι) the character trait of licentiousness (ἀκολασία), a fact that is swept under the carpet here by Theodoret, in order to present Socrates as negatively as possible.[112] For this story, as it seems, Aristoxenus referred to anonymous, probably oral sources (ἐλέγετο/φασίν), but this vagueness may also be a consequence of the fact that the text here is only what is left of Aristoxenus' text after the process of repeated epitomization. Aristoxenus may very well have named his sources. Be that as it may, this report cannot rely on Spintharus as an eyewitness, as is the case with what Aristoxenus reports about Socrates' character before. [Aristoxenus was probably born in the 370s,] which means that his father/teacher could not have known Socrates as a young man, because the latter was born in 469. Therefore, if Aristoxenus really derives everything he reports about Socrates from Spintharus, he must have told him about these events from hearsay. But most likely, this part of the report has nothing to do with Spintharus. Also, where Aristoxenus speaks about Socrates spending his time in the Agora — with which F 59 seems to be connected — he reveals that what he reports is that for which (some) people blamed Socrates.[113]

The strange characterization of Socrates proposed in the tradition going back to Spintharus can be better understood, if we read it within the context of other parallel sources. Regarding the so-called 'bigamy,' it needs to be emphasized that Aristotle already wrote about it in his dialogue *On noble birth*.[114] A passage in the *Rhetoric* 2,15 p. 1390b28–31 shows that Aristotle considered this a historical fact. Otherwise, he could not have named the sons of Socrates as examples of "well-born" | [209] (εὐγενεῖς), who degenerated. This is only possible if he regarded

---

111 See above, n. 90.
112 Theod. 4,2 = Porph. F 216 Smith: Καὶ γὰρ τὸν Σωκράτην τὸν Σωφρονίσκου φησὶν ὁ Πορφύριος εἰς ἀκολασίαν, ἡνίκα νέος ἦν, ἀποκλίναντα, σπουδῇ καὶ διδαχῇ τούτους μὲν ἀφανίσαι τοὺς τύπους, τοὺς δὲ τῆς φιλοσοφίας ἐκμάξασθαι.
113 On this story and its tendency, see below.
114 I here follow Labarbe 1998. The most important sources are: Cic. *Fat.* 10 (the Latin quotations in the following derive from this work); *Tusc.* 4,80; Alex. Aphr. *Fat.* 6 and [Plu.] Περὶ ἀσκήσεως p. 527 Bücheler in Gildemeister – Bücheler 1872 = SSR I C 49.

them to be the children of the noble Myrto, not the humble Xanthippe. We know that Aristotle also drew on oral Athenian traditions about Socrates, which means that it is unnecessary to assume that *On noble birth* reports the fiction of a lost Socratic dialogue, as has been suggested.[115] As I have already pointed out, the passage in the *Rhetoric* shows that he regarded Myrto as a historical person. Furthermore, he makes it clear elsewhere that he was aware of the fictional character of the Socratic dialogues.[116] This means that there is no reason to believe that he fell for such a story in a Socratic dialogue that is lost today.[117] Just like many other interpreters, I thus believe that, at the end of his life, there were really two women in Socrates' life, Myrto as a legitimate spouse and Xanthippe as a concubine, exactly as Aristoxenus reports.[118] This was *de iure* perfectly possible, just as were the occasional relations with prostitutes, which Aristoxenus also reports. It cannot be denied that, for a philosopher in the classical sense, such a behavior was not appropriate. What then was Aristoxenus' intention?

In a recent article Klaus Döring has taken a crucial step for a correct understanding of Aristoxenus' characterization of Socrates.[119] He has connected Aristoxenus' account with three other texts, the aforementioned *On noble birth*, the dialogue *Zopyrus* written by the Socratic Phaedo, and a passage in the ps.-Aristotelian *Problemata physica* (30,1 p. 953a10–955a40), where the problem of melancholia is discussed. In the *Zopyrus* Socrates meets the Persian physiognomist Zopyrus, who concludes from Socrates' appearance that he is stupid (*stultus*), dim-witted (*bardus*), and devoted to women (*mulierosus*).[120] | [210] The people in attendance start laughing or show some indignation. Socrates himself agrees with this characterization and explains that, by nature, he was indeed of such a character. However, by means of will (*voluntas*), study (*studium*), and discipline (*disciplina*), he has been able to extirpate these characteristics.

---

115 E.g., by Laurenti 1987, II 781–821; contra: Labarbe 1998; cf. Döring 1998, 147–148.
116 Cf. Deman 1942, 119–120.
117 As proposed by Maier 1913, 81 n. 1.
118 Fitton 1970; Bicknell 1974; Cromey 1980; Ogden 1996; Labarbe 1998; cf. also Döring 1998, 147–148; differently von Mess 1916, 92–96; the Myrto-Xanthippe-story serves for him as an example that Aristoxenus was not always critical enough. He regards Aristoxenus' interpretation a "Fehlgriff," but nevertheless speaks of his "Wahrheitsliebe" (95).
119 Döring 2007. The following interpretation largely depends on Döring's study.
120 On the dialogue see Rossetti 1980. Von Mess 1916, 89 with n. 2 already uses the Zopyrus story in order to show that Socrates had a "genialische Kraftnatur" and that he was not a "Mustermensch" (89 n. 2). But he did not realize that the Socratic Phaedo was the source of the account.

The passage in *Problemata physica* also serves to illustrate this. As Van der Eijk has shown, it is consistent with Aristotle's theory of melancholia and probably contains Aristotelian doctrine.[121] The anonymous author there discusses the question: "Why is it that all those who have become eminent in philosophy or politics or poetry or the arts are melancholics?" He thereupon names Socrates among the celebrities who were melancholics by nature (and not because they have, e.g., drunk wine). These men, the author explains, have an excess of black bile in their bodies, which has mostly negative consequences. Black bile can become warm or cold. If it becomes very cold, those with an excess of black bile become dull and stupid (νωθροὶ καὶ μωροί); if it becomes warm, they become frenzied (μανικοί), naturally clever (εὐφυεῖς), amorous (ἐρωτικοί), and easily moved to anger and desire (εὐκίνητοι πρὸς τοὺς θυμοὺς καὶ τὰς ἐπιθυμίας); some of them become quite loquacious (λάλοι μᾶλλον). A positive effect occurs if the heat of the bile has a moderate temperature: "Those in whom the excessive heat dies down to a mean temperature are atrabilious, but they are cleverer and less eccentric and in many respects superior to others either in mental accomplishments or in the arts or in public life."[122] The author of *Problemata* describes the strong sexual drive of melancholics elsewhere, and Aristotle also mentions the latter's intemperance (ἀκολασία).[123] Döring makes it seem very probable that Socrates was also depicted as a melancholic in *On noble birth* and that Aristotle did not just discuss whether and how the good qualities of a well-born (εὐγενής) person could be passed on to his or her children but also whether and how melancholia was passed on. Therefore, | [211] it may be that it was not just the Peripatetic author of *Problemata* who regarded Socrates as a melancholic but also Aristotle himself, and that the characteristics of a melancholic that we find in *Problemata* also shaped the portrayal of Socrates in *On noble birth*. The idea of Socrates as a melancholic in *Problemata* implies that he was, according to the author's theory, in a permanent state of anomaly. Even if the temperature of his black bile had a moderate temperature, he was only "cleverer and less eccentric" than those melancholics whose black bile was too hot and who, as a consequence, were frenzied, amorous, and easily moved to anger and desire. The comparatives indicate that according to the author even men like Socrates had, to some extent, shortcomings. Moreover, the author of *Problemata* stresses the fact that the temperature of the black bile often varied. This means that we have to assume that, at

---

121 Van der Eijk 1990, esp. 61–72.
122 [Aristot.] *Pr.* 30,1 p. 954a39–b4; Trans. Forster 1984.
123 [Aristot.] *Pr.* 30,1 p. 953b32–33; 30,1 p. 954a32 and 4,30 p. 880a30–34; Aristot. *EN* 7,8 p. 1150b25–28 and 7,15 p. 1154b11–15; cf. Döring 2007, 264.

different times, the melancholic was characterized by all the qualities mentioned before for those whose black bile had a warm, moderate, or cold temperature.

It is obvious that Aristoxenus has not invented his characterization of Socrates as, for example, Patzer maintains. I do not find any reason to assume that Aristoxenus did not acquire his information from various oral sources, as he claims. But this means that we have, as it seems, independent sources that portray Socrates as a problematic character:

1) Socrates' direct disciple Phaedo, who affirms that Socrates had himself perfectly under control with the help of philosophy. This means, however, that Phaedo must have assumed that this had not been the case *before* Socrates became a philosopher.
2) The Anonymi in Aristoxenus, who report that Socrates was an unruly young man who was made a philosopher by Archelaus (§ 66–68 in Theodoret's text).
3) Spintharus, who claims that even as an adult and as a philosopher Socrates could not always control his feelings.
4) Aristotle, according to whom Socrates had a sexual relationship with two women at the same time (and who probably regarded Socrates as a melancholic with all its consequences).
5) The Peripatetic author of *Problemata*, who similarly regards Socrates as a melancholic.

I am inclined to see as the reason for this concordance that they all derived from the personality and life of the historical Socrates and to conclude that he really had — at least sometimes — a difficult character. The parallel tradition, therefore, basically confirms Aristoxenus' account. | [212]

In other fragments, too, Aristoxenus has been wrongly suspected of slandering Socrates. I limit myself to a few examples. In Theodoret 12,66–67, which goes back to Aristoxenus, as is shown by F 52a–b,[124] it is reported that Socrates was already about 17 years old when he became the beloved (ἐρώμενος) of Archelaus and that he stayed with him for many years. Patzer assumes that Socrates was also — and correctly — presented as Archelaus' ἐρώμενος by Ion of Chios, since Aristoxenus could not have invented such a story out of nothing, if he wanted it to be plausible. But Patzer goes further and argues that Aristoxenus added to the harmless story of Socrates being Archelaus' beloved as a boy the details that Socrates was already 17 years old at the beginning of this relationship and that he

---

[124] See Patzer 2006, passim [~ 2012, 163–202].

lived together with Archelaus for many years. Since after the age of 17 such relationships were no longer permitted, Aristoxenus thus turned Socrates into a practicing passive homosexual, which was not socially accepted. Patzer thus regards the story as highly derogatory.[125]

But regardless of when the sexual relationship started, it is crucial to note that the philosophical eros is regarded as absolutely positive in this account. Its result is a moral improvement of Socrates and, if 4,2 goes back to Aristoxenus, Archelaus' education made the tendency towards licentiousness disappear from Socrates' character. But even if one is not inclined to accept Aristoxenian paternity of that passage, the same is obviously presupposed in the statement in 12,67 according to which Socrates was made a philosopher by Archelaus. The point here is that he led a dissolute life *as a young man*, which is presented as the opposite of the philosophical way of life that is characteristic of Socrates in later years.

That the account was not intended to throw a negative light on Socrates is also shown by an interesting correspondence with the philosophy of the Socratic Antisthenes. This correspondence proves that the philosophical eros towards an older pupil, understood as implying not only a spiritual but also a sexual relationship, could be regarded as positive even by a Socratic philosopher. In a fragment of Antisthenes' *Herakles* we read:[126] "To him (= Chiron) Herakles seems to have come | [213] out of desire and to have had intercourse with him in his cave, venerating Pan. He was the only Centaur he did not kill, but he was his disciple as the Socratic Antisthenes says in the *Herakles*." Here too the disciple is a young man surely beyond the age of the usual beloved boy (ἐρώμενος), here too sex is part of the educational program and the first step on Herakles' path to becoming a sage.

The report by Ion of Chios that Socrates as a young man travelled to Samos with Archelaus is one of the few pieces of information on the life of Socrates that has been generally — and rightly — regarded as historical.[127] The least that can be said about the version Aristoxenus transmits, is that it is compatible with this report and that it gives a positive account of Socrates' personality development.

---

125 Patzer 2006, esp. 38–50 [~ 2012, 188–199] differently von Mess 1916, 92, who thinks of a merely intellectual relationship, which is hardly compatible with the Greek text.
126 [Eratosth.] *Cat.* 40 = SSR V A 92,1–6: Ἐφ' ὃν Ἡρακλῆς δοκεῖ ἐλθεῖν δι' ἔρωτα, ᾧ καὶ συνεῖναι ἐν τῷ ἄντρῳ τιμῶν τὸν Πᾶνα. Μόνον δὲ τῶν Κενταύρων οὐκ ἀνεῖλεν, ἀλλ' ἤκουεν αὐτοῦ, καθάπερ Ἀντισθένης φησὶν ὁ Σωκρατικὸς ἐν τῷ Ἡρακλεῖ.
127 Ion, FGrHist 392 F 9 = Diog. Laert. 2,23: Ἴων δὲ ὁ Χῖος καὶ νέον ὄντα εἰς Σάμον σὺν Ἀρχελάῳ ἀποδημῆσαι; on the historicity see, e.g., Döring 1998, 146 and Patzer 2006, 10–16 [= 2012, 164–169].

Theodoret 1,29 reports the Aristoxenus-tradition as is shown by F 55.[128] Here Socrates is described as "lacking talent in no respect" (πρὸς οὐδὲν μὲν ἀφυῆ) but "uneducated in every respect" (ἀπαίδευτον δὲ περὶ πάντα). He was not even able to read and write properly and when he read a text aloud he stuttered like a child. This too has been interpreted as calumny.[129] But since Socrates was "lacking talent in no respect" he obviously deliberately dismissed traditional education, considering it unnecessary for his philosophical life. He was nevertheless, as Spintharus emphasizes, one of the most convincing men he ever met, which seems to prove that Socrates was right in assuming that such an education was of no use for a philosopher. This is, to be sure, not the Socrates Plato and Xenophon present, but there is, again, a striking agreement with the philosophy of Antisthenes. According to this Socratic philosopher it was possible to become and to be a sage without being able to read or write and without rhetorical training.[130] Unfortunately this report appears only in | [214] the doxographical tradition; it would be interesting to know whether Antisthenes characterized his Socrates in this way.

In F 59 = Diog. Laert. 2,20, we read: Φησὶ δ' αὐτὸν Ἀριστοξένος ὁ Σπινθάρου καὶ χρηματίσασθαι· τιθέντα γοῦν τὸ βαλλόμενον κέρμα ἀθροίζειν· εἶτ' ἀναλώσαντα πάλιν τιθέναι. The meaning of this sentence, which is obviously a highly condensed résumé of an account that was originally much longer,[131] has been much discussed. I understand it to mean: "Aristoxenus, the son of Spintharus, says that he (scil. Socrates) also engaged in financial transactions. He would at all events deposit money in a bank, collect the little sums accruing, and then, when he had spent them, deposit the money again."[132] Philosophers involved in money transactions were a favorite target of polemics in ancient biography, and making a living in such a way is surely not compatible with aristocratic ethics. Here it is decisive that Aristoxenus speaks of "small coins" (κέρμα). It is thus assumed by Aristoxenus (or by the tradition he reports) that Socrates had a certain sum of money at his disposal, which he cannot have considered to be very large. Although Socrates had this modest fortune, he was content with living from the scarce interest

---

128 Cf. Patzer 2006, 36 [= 2012, 186].
129 So Patzer 2006, 36 [= 2012, 186].
130 SSR V A 161 = Diog. Laert. 6,103–104 and Stob. 2,31,76 = SSR V A 173.
131 Theod. 12,68 also goes back to this account.
132 Cf. M. Narcy, in Goulet-Cazé 1999a, 230: "Aristoxène, fils de Spintharus, dit qu'il fit aussi des opérations financières. Par exemple, il faisait un placement, accumulait la petite somme qu'il en tirait, puis, quand il l'avait dépensée, faisait un nouveau placement." Differently, e.g., von Mess 1916, 96–98, who nevertheless does not see here anti-Socratic polemics; his interpretation of κέρμα as "small sums of money" is, however, correct. [On the discussion in Antiquity about the way Socrates made a living, cf. Schorn 2015, 219–220 = below, pp. 166–167].

it yielded. He did not even invest it continuously, but only when he had spent the interest of his last investment. He is thus depicted as a man who voluntarily restricts himself and who avoids any income that is above what is necessary. Although Socrates is also depicted by Plato and Xenophon as poor and modest in his needs, it is again Antisthenes who presents being content to have only what is absolutely necessary as something good.[133] | [215]

One last point on the *Life of Socrates*: As I have pointed out above, only two fragments do not belong to the thematic blocks that we find in Porphyry. In the first one (F 60), which deals with the prosecution of the philosopher, it cannot be established for sure what Aristoxenus reported about the events. The second one, however, which deals with Socrates' instruction by an Indian (F 53), gives a positive picture of Socrates.

Aristoxenus presents himself in the *Life of Socrates* as a serious researcher, who tries to correct the legendary and idealizing picture created by Socratics like Plato and Xenophon by resorting to independent oral sources. His Socrates is much more realistic than the artificial figure found in the works of these Socratics,[134] and the example of the tradition on Socrates' strong sexual drive shows that Aristoxenus may sometimes be closer to the truth than is usually assumed. The correspondences of some elements in his picture of Socrates with some features of Antisthenes' doctrine are puzzling and deserve further research.[135] To be sure Aristoxenus' Socrates does not correspond to the ideal of the sage Antisthenes projected on the mythical Herakles and the semi-legendary Cyrus the Great. His sage is an epitome of self-control, which is incompatible with the Socrates sometimes not in control of himself, whom we find in Spintharus' account. But we do not know whether Antisthenes' Socrates was stylized as a sage. We know, however, that what we find in the doxographical tradition as Antisthenes' doctrines was, at least in part, put in the mouth of the Socrates of his dialogues.[136] So is the Socrates whom Aristoxenus presents identical with the Socrates of Antisthenes?

---

133 'Antisthenes' in Xenophon's *Symposium*: Xen. *Smp.* 3,8 = SSR V A 81; *Smp.* 4,34–44 = SSR V A 82 and *Smp.* 4,61–64 = SSR V A 13,1–24; cf. in addition: Diog. Laert. 6,2 = SSR V A 12,5–6; Plu. *Quaest. conv.* 2,1,7 p. 623e = SSR V B 20 and Epict. *Ench.* 3,24,67–69 = SSR V B 22.
134 I am glad to see that I am here in agreement with the Carl Huffman's assessment of the *Life of Socrates* [= Huffman 2012b]. This view is also held by von Mess 1916, 82–84.
135 There is at least one more correspondence than the ones mentioned above. Antisthenes advocates the use of prostitutes in order to satisfy one's sexual needs (Diog. Laert. 6,4 = SSR V A 6]). This is precisely what Socrates does as a consequence of his strong sex drive. Carl Huffman [2012, 274–275] here proposes a different interpretation of Aristoxenus' text.
136 There are hints that the *Herakles* was a dialogue about the hero with Socrates as one of the interlocutors. I have a forthcoming paper on Antisthenes' *Herakles*.

Aristoxenus seem to draw on traditions found in oral sources, such as Spintharus and others. This agrees with what we know about Aristoxenus' working method in his other biographies and with what can be seen in the works of other | [216] early biographers. It is possible that some of the anonymous traditions that he reports were originally not anonymous and that the names of the sources have been replaced by more general references like "they say" (φασί) and "it was said" (ἐλέγετο) in the course of repeated epitomization and quotation. If, however, the name of the source was originally Antisthenes, this is quite unlikely. It is hard to imagine why Porphyry, Theodoret or any other author should have eliminated a prominent name such as that of the Socratic. It is also hard to imagine why Aristoxenus should have resorted to deception and have presented material that he had found in Antisthenes as traditions he had gotten from oral sources. The assumption that he introduced as oral traditions what he read in Antisthenes about Socrates or, even worse, that he falsely projected elements of the doctrine of Antisthenes on Socrates, would be contrary to everything we can deduce from the way he worked in his biographies. Of course, we cannot rule out that some of his sources were influenced by the picture Antisthenes had drawn of Socrates and that Aristoxenus, unwittingly, regarded these reports as first-hand testimonies. In this case his testimony would not be independent from Antisthenes, and we would have to conclude that he just reproduced the *Sokratesdichtung* of another Socratic philosopher. But if we take the references to *various* sources seriously, it is hard to believe that these *different* sources were all influenced by Antisthenes' account. As shown above, there is no case where Aristoxenus can be shown to have falsified a report. Where his reports can be compared to other sources that cannot be regarded as malicious, they agree or are compatible with them. If we are willing to accept that Aristoxenus was an honest reporter of what he had heard about Socrates, is it not then possible to regard the correspondences between him and Antisthenes as independent testimonies reflecting the personality of the great philosopher? Aristoxenus, as a student of Aristotle, must have been familiar with Antisthenes' works and thus with Antisthenes' Socrates. My impression is that he did not trust Antisthenes' Socratic dialogues, since he did not fall for the Socrates legend of other Socratics. And he was right in doing so. Instead, he did fieldwork among eyewitnesses and collected data from hearsay reports. It seems that by doing so, he found confirmed at least part of what he read in Antisthenes. May this not give us a glimpse of the historical Socrates? | [217]

What can be excluded is that Aristoxenus was a Pythagorean zealot who slandered Socrates in order to show the superiority of Pythagorean doctrine. His picture of Socrates was not anti-Socratic, but surely anti-Platonic.[137] He presented Socrates as a man with great talents and with weaknesses, which, since they were caused by his nature, excused his behavior to some extent. In order to correct the fictional Socrates of the Socratics, he collected non-literary evidence, which means in this case oral traditions. This is exactly what characterizes the biographies of Neanthes: portrayals of historical persons, who had been idealized by others, as normal human beings on the basis of material independent of these idealizing sources. Neanthes often just presented stories that contradicted the idealized presentations, informing the reader about the sources of these stories. We do not know whether Aristoxenus proceeded in the same way. At all events, the fragments give the impression that he presented a coherent picture of Socrates. But this may be a result of the fact that in later times it was precisely the apparently negative aspects of Aristoxenus' account and not those that agreed with other accounts of Socrates that attracted the interest of authors and that were accordingly quoted. Aristoxenus' work was surely not malicious, but it was so contradictory to the idealized Socrates of many Socratics that Platonists like Plutarch and Porphyry could claim that it was hostile to the Athenian.

4.3.2 The *Life of Plato*

The fragments preserved from the *Life of Plato* confirm this appraisal of the *Life of Socrates*. But here the evidence is much less conclusive, since we often possess only very short fragments, and it is likely that through the process of repeated epitomization much of the original content has been lost. This biography too has usually been regarded as hostile to its 'hero,' but positive aspects can be found here as well. Thus, we read in F 61 that Plato served Athens well in the military. On the other hand, F 67 presents Plato as plagiarizing from Protagoras. To accuse someone of plagiarism was so common in antiquity as to be almost normal and even Aristoxenus himself (F 68) was listed along with Plato, Aristotle, Speusippus and Xenocrates among those who plagiarized Pythagorean doctrine, "as | [218] the Pythagoreans claim," which shows the source of the accusation. The charge of plagiarism has also been thought to be behind F 131 from the *Historika hypomnemata*, where it is said that Plato wanted to burn all the writings of Democritus

---

[137] See von Mess 1916, 98.

that he could get hold of. Some interpreters think that he wanted to conceal that he had plagiarized them,[138] whereas others assume that jealousy was the motive behind this act or that he wanted to hush the voice of the materialist.[139] Be that as it may, the identity of the heroes who prevented Plato from doing so, the Pythagoreans Amyclas and Clinias, makes it probable that this story too arose as part of Pythagorean polemics. Fragments 67 and 131 have been transmitted by Diogenes Laertius, who usually condenses testimonia to their 'basic message.' Thus, we cannot be sure that Aristoxenus endorsed this tradition. He may just have reported the point of view of others. It is one of the major problems in dealing with Hellenistic biography, that what is presented as the opinion of biographer X is often something he just reported without endorsing it.[140]

Only one fragment is more extensive and it shows that Aristoxenus' approach here corresponds to the procedure in his *Life of Socrates* (F 32/63 = Plu. *Tim.* 15,5). It indicates that Aristoxenus visited Dionysius II, while the latter was living in exile in Corinth, and that he interviewed him about his relationship with Plato:

> Further, when Aristoxenus the musician and certain others inquired what his complaint against Plato was and what its origin, he told them that of the many ills with which tyranny abounded there was none so great as this, that no one of those reputed to be friends speaks frankly with the tyrant; for indeed it was by such friends that he himself had been deprived of Plato's good will.[141]

It is noteworthy that neither Plato nor Dionysius is shown in an unfavorable light:[142] Plato was benevolent and the tyrant regretted what had happened. This fragment thus not only shows that Aristoxenus went to Corinth but also that his opinion of Plato was | [219] not one-sidedly negative. Aristoxenus also provides evidence about Plato in the *Elementa harmonica,* where he gives a report about Plato's lecture *On the Good* on the basis of "what Aristotle used to tell."[143] In the case of Plato, too, there existed an encomiastic tradition propagated by his first disciples and by later Academics. Obviously — and rightly — Aristoxenus did not trust this tradition in writing his *Life of Plato* and instead tried to get back to the

---

138 So Wehrli 1967–1978, II 86.
139 Envy: Riginos 1976, 166 (= anecdote no. 123). In private correspondence Carl Huffman points out that Plato's motive could have been that "Democritus was a materialist who denied the priority of soul to body for which Plato argues," which is perfectly possible.
140 I have tried to show this in Schepens – Schorn 2010, 418–430 [= below, ch. 8].
141 Trans. Perrin 1918, 295–297.
142 [Cf. Dillon 2012, 288–289.]
143 Aristox. *Harm.* 39–40 Da Rios.

historical person by collecting independent testimonies, including eyewitness reports.¹⁴⁴ This shall suffice to illustrate Aristoxenus' approach in his biographies of the two philosophers, whom he did not know in person but for whom an oral tradition existed.

4.3.3 The *Life of Telestes*

The biography of Telestes, a man whom Aristoxenus knew personally, is a special case. We also find such cases among the biographies of Antigonus of Carystus. Unfortunately only a single fragment (F 117) has been preserved from this *Life*, which makes comparison impossible.¹⁴⁵ [The fragment does not allow us to assess how Aristoxenus presented this representative of the so-called New Music that he detested.]

4.3.4 The *Life of Pythagoras*, the biographies of Pythagoreans and other works

Finally, here are a few cursory remarks on the *Life of Pythagoras* and the lives of other Pythagoreans. *Prima facie* the impression one gets from the lives discussed above is confirmed in the case of these lives. Indeed, some aspects of Aristoxenus' method can be identified even more clearly in these texts. The portrayal of the Pythagoreans was generally positive, but not one-sidedly encomiastic. As Carl Huffman points out, the Pythagorean Archytas was described as prone to anger, which is unlikely to be complimentary.¹⁴⁶ [One of Aristoxenus' intentions was to

---

144 [Dillon 2012 sees in many of Aristoxenus' fragments on Plato a hostile bias, but in the end concludes: "It would seem that he had no great affection or reverence for Plato, but such evidence as we have indicates that he produced a reasonably informative and not entirely unbalanced job, the more apparently bizarre aspects of which, on closer inspection, can be seen to yield useful data." (294)]

145 [See now the commentary by J. Spittler on the paradoxographer Apollonius, the source of F 117: FGrHist 1672 c. 40.]

146 [Huffman 2012b, 267–269.] Cf. von Mess (1916) 84 n. 1, who states that the *Life of Archytas* seems to have been free of legendary traits.

refute some of the legends that had developed around Pythagoras and his followers.[147] For that reason,] he seems to rely mostly on oral reports of later Pythagoreans and on local traditions. Among his sources we find Xenophilus and other Pythagoreans,[148] Spintharus again[149] and Dionysius II again,[150] | [220] who is even said to have told him *often* about Phintias and Damon, which suggests a closer relationship between Aristoxenus and Dionysius. Other reports seem to go back to local traditions in his hometown Tarentum.[151]

His chronology of the anti-Pythagorean revolt seems to be coherent. His mostly positive representation of the Pythagoreans is due, on the one hand, to his informants and, on the other hand, to the authors who quote his works and who are pro-Pythagorean for the most part. But it is important to note that he did not exclusively consult people expected to be pro-Pythagorean. Among his informants is Dionysius II, whose relationship to the Pythagoreans was not always smooth.

[It is possible that the doctrines of the Pythagoreans and others played a more prominent role in these works than it may seem on the basis of the extant fragments that we have.[152]]

Fragments from other works show that Aristoxenus also confronted the problem of the authenticity of literary works and that he studied the customs and traditions of Mantinea.[153] F 44 proves that he also used archaeological sources and that he collected evidence on journeys, in this case in order to identify the place where the Spartan Lycurgus had died.

4.4 Conclusion

His biographical and 'antiquarian' works show Aristoxenus as a historian, who carefully collected information, traveled to acquire it and named his sources accurately. By doing so, he enabled his readers to assess the origin and often also

---

147 [See Zhmud 2012b, esp. 229, who, however, stresses that "the reality he described happened to be quite idealized". On Aristoxenus as a historian of Pythagoras, see also Huffman 2012c; 2014b, 285–295.]
148 F 18, 25 and 43.
149 F 30 = 49.
150 F 31; cf. F 50. [On Dionysius II as an important source of Aristoxenus' for the Pythagoreans, see Schorn 2013a, 203–218 = below, pp. 207–217].
151 F 47–48.
152 [Cf. Schorn 2013b, 30–31 = below, pp. 307–308.]
153 See F 45 and F 45 I.

the credibility of a piece of information. Methodologically and in the way in which he presented the results of his research to his audience, Aristoxenus' biographies bear similarities to those of his younger contemporary Neanthes of Cyzicus. I have classified the latter's biographies as periegetic[154] and Aristoxenus' biographies were also in a certain way periegetic, with the difference that Neanthes seems to have traveled much more than Aristoxenus. Another difference is that Neanthes also used literary traditions on a large scale. This [might suggest that he should be considered] a representative of a later generation of biographers, who were not yet bookish, but also not mere empiricists as Aristoxenus seems to have been,[155] [if the picture that emerges from the fragments is not misleading. We can assume that Aristoxenus knew the literary presentations of Socrates by his pupils, and it is possible that he referred to them before he presented the contrasting picture based on the reports of Spintharus and others. It need not surprise us that tradition has left no trace of this. Authors using Aristoxenus in later times would not have referred to what Plato or another Socratic said according to Aristoxenus, since they themselves would have been familiar with these authors, or they would at least have claimed to have direct knowledge even if they were in fact relying on Aristoxenus.] Aristoxenus was a historian, not | [221] a philosophical zealot who praised one party and deprecated another. That the tendency of a historian is in some way determined by his origin and education is a matter of fact, especially in the case of historians in antiquity. [And Aristoxenus was probably less an uninvolved outsider than Neanthes seems to have been, when he wrote about the lives of philosophers.] It should not be denied, however, that he made an effort to uncover the truth, as has been rightly stressed by von Mess. [...] Plutarch's characterization of Aristoxenus *Lives* as "history" (ἱστορία) is, therefore, completely legitimate.

Suetonius calls Aristoxenus *longe omnium doctissimus*. That such an evaluation excludes a one-sided treatment has already been mentioned.[156] One reason for this praise may be that Suetonius recognized some similarities between the *Lives* of Aristoxenus and his own biographies. Suetonius tries to find out as much as he can about all possible aspects of the lives of the people whom he treats, and he does not pass over any source. He chronicles positive and negative facts and presents them largely without personal comments, leaving it to the readers to

---

154 Schorn 2007 [= ch. 1 in this volume].
155 As Andrew Barker pointed out to me in the discussion after my lecture, an empirical approach such as is described above is also characteristic of Aristoxenus' musicological works.
156 See above, pp. 111–113.

draw their own conclusions.[157] We do not have evidence that Aristoxenus used this form of presentation as well. He probably did not. But Suetonius is likely to have admired the abundance and breadth of traditions utilized in Aristoxenus' works. This appears to have been one of the reasons why, for him, Aristoxenus was the *longe omnium doctissimus* among Hellenistic biographers.[158]

---

157 On Suetonius' method see De Coninck 1978.
158 This contribution is a result of the research project "Hellenistic biography: antiquarian literature, gossip or historiography? Collection of fragments with commentaries and syntheses within the framework of "Fragmente der Griechischen Historiker Continued" financed by "Onderzoeksfonds K.U. Leuven / Research Fund K.U. Leuven." This project is affiliated with "LECTIO" (Leuven Centre for the Study of the Transmission of Texts and Ideas in Antiquity, the Middle Ages and the Renaissance).
My paper has profited a great deal from the discussions with the participants in the Aristoxenus conference at DePauw University and especially from the remarks sent to me by Carl Huffman after my lecture. Although we agree in many, and I would say, the most important aspects of the interpretation of Aristoxenus' *Life of Socrates*, there are nevertheless quite a few things upon which we disagree. I have not considered it necessary to enter into a discussion with his views in the text or in the footnotes. The readers will be easily able to assess our arguments themselves.

5 Biography and History in Phaenias of Eresus

5.1 Introduction

[Phaenias of Eresus was, like his compatriot Theophrastus, a direct disciple of Aristotle, but the dates of his life cannot be reconstructed very precisely. From the *Suda* we learn that he lived (ἦν) at the time of the 111th Olympiad (336–332) and later under Alexander the Great (reg. 336–323). This has led scholars to date his birth variously to 376/3, around 365, or around 360/355, and his death either under Demetrius of Phalerum's rule (317-307) or in the early 3rd century.[1] He may have joined Aristotle's school during the latter's stay at Mytilene (345–343). Whether he ever lived in Athens as a member of the Peripatos must remain an open question, as there is no evidence about such a stay.[2] Like many other first generation Peripatetics, he was a prolific writer with a broad range of interests.] | [201]

Much ink has been spilt over the character of Phaenias' works, of which some fragments of historical and biographical content have been preserved. What has puzzled scholars most is the role these works may have played in the early history of Greek biography. But given the small number of fragments preserved and the ambivalent character of their book titles, without a papyrus find or a similar wonder, we will probably never find out whether these works were biographies in a strict sense, philosophical or historical works in which biographical aspects also played a certain role, collections of anecdotes or some other kind of collections of information around certain topics. The works of Phaenias that fall into this category are: *On poets*, *On the Socratics*, *On the tyrants of Sicily*, *Killings of tyrants for revenge* (here one could at the most think of partial biographies) and *Against the sophists*.[3] No less problematic are several fragments on Solon and Themistocles that have to a large extent been preserved by the relevant *Lives* of Plutarch without indication of the | [202] book title. Already Leo noted that "at least Themistocles, the strongest personality of the older Attic history and already privileged by

---

1 [*Suda* φ 73, s.v. Φανίας ἢ Φαινίας = F 1 Engels (RUSCH); references in the following are to this edition of Phaenias; on the dates of his life, see e.g. Engels 1998a, 290 (* ca. 365; † under Demetrius of Phalerum); Sollenberger 2015 (*376–373; † perhaps early 3rd century); Zhmud 2015, 385 (* 360/355; † "[he] lived well into the third century".]
2 [Cf. Engels 1998a, 290 (with some inaccuracies); 2015, 291; Fortenbaugh 2015, 102–104; Sollenberger 2015, 135–136.]
3 Cf. Momigliano 1993, 77–78.

Thucydides, was dealt with in a wholly biographical manner (scil. by Phaenias)."[4] However, Leo avoids expressing himself about the provenance of these texts. Momigliano speaks of "fine specimens of biographical style," but then closes his discussion of Phaenias' position in the history of early biography with the words: "In the present state of our knowledge it would be absurd to deny altogether that Phaenias wrote biographies; but it is a waste of time to try to guess what sort of biography Phaenias may have written, since we cannot be certain that there even was biography by Phaenias."[5] That is undoubtedly correct. But what we can do is study Phaenias' book titles and biographical and historical fragments in the context of biographical and historical literature. That is what I intend to do with a focus on the biographical aspects. The questions I want to ask are: Who wrote works with identical or similar titles and what can we learn about the Peripatetic by comparing their contents with the remains of Phaenias' works? How does the information in Phaenias relate to other traditions on the same events and persons, and what can we infer from these relationships about the distinctive characteristics and tendencies of our author's works? One problem is, however, that many of the relevant works are preserved in fragments as well, so their interpretation relies in part equally on hypotheses. In addition, I want to examine the reliability of Phaenias and, in connection with that, the role philosophy may have played in his biographical and historical presentations. To Leo Phaenias was a "scholar to whom authentic material and detecting the truth did matter,"[6] whereas to Laqueur Phaenias' *Life of Themistocles* (whose existence he took for granted) was "a treatise on φιλοτιμία, exemplified by one person" and full of inventions.[7] And until recently it was generally assumed that in *Killings of tyrants for revenge* Phaenias wanted to illustrate a theory contained | [203] in Aristotle's *Politics* by historical examples.[8] So one may ask whether philosophical aims had an impact on what he narrated and if they led to distortions or even pure inventions.

For a full understanding of Phaenias as biographer and historian, a thorough analysis of all historical and biographical fragments would be necessary. This is not possible in the current article. But I have tried to make a representative choice

---

4 Leo 1901, 110: "wenigstens Themistokles, die stärkste Persönlichkeit der älteren attischen Geschichte und schon von Thukydides bevorzugt, ist ganz biographisch behandelt."
5 Momigliano 1993, 78.
6 Leo 1901, 109: "ein Forscher, dem es noch auf authentisches Material und Ermittlung der Wahrheit ankam."
7 Laqueur 1938, 1588: "eine Abhandlung über φιλοτιμία, dargelegt an einer Person."
8 Aristot. *Pol.* 5,10 p. 1311a25–27; see Wehrli 1967–1978, IX 32; Momigliano 1993, 77–78; Cooper 1995, 324; Engels 1998a, 300; differently now Schütrumpf 2015.

of fragments, which I have analyzed in detail, while others have been dealt with cursorily. Needless to say, when our author is spoken of here as a biographer and historian, this is not meant to suggest that he wrote formal biographies or historiographical works. It only designates an author who wrote about lives and events of the past in whatever work of literature. In what way he did this will be the subject of the following pages.

5.2 *On poets* (Περὶ ποιητῶν)

When Phaenias published his Περὶ ποιητῶν, works of this kind had been written for decades. Probably still in the 5th century B.C., Glaucus of Rhegium wrote the first book on the history of literature and music which is referred to in our sources by the (not original) titles Περὶ τῶν ἀρχαίων ποιητῶν καὶ μουσικῶν, Ἀναγραφὴ ὑπὲρ τῶν ἀρχαίων ποιητῶν and Περὶ ποιητῶν.[9] Others composed treatises on certain groups of poets like citharodes or tragedians, books on single poets or works Περὶ μουσικῆς that often also dealt with single musicians. From the long list of authors to be included in FGrHist IV, I select only a few predecessors of Phaenias and some contemporary Peripatetics: Damastes of Sigeum, Περὶ ποιητῶν καὶ σοφιστῶν, Alcidamas, Περὶ Ὁμήρου, Aristotle, Περὶ ποιητῶν, Aristoxenus, Περὶ τραγῳδοποιῶν, Heraclides Ponticus, Περὶ τῆς Ὁμήρου καὶ Ἡσιόδου | [204] ἡλικίας, Περὶ Ἀρχιλόχου καὶ Ὁμήρου, Περὶ μουσικῆς, Περὶ ποιητικῆς καὶ ποιητῶν, Dicaearchus, Περὶ Διονυσιακῶν ἀγώνων, Περὶ μουσικῶν ἀγώνων, Περὶ Ἀλκαίου, Duris of Samos, Περὶ Εὐριπίδου καὶ Σοφοκλέους, Lynceus of Samos, Περὶ Μενάνδρου, etc. Some works only contained the rough outline of literary and musical history (names of authors with only basic biographical data or none at all, information on discipleships, innovations, dates), some were commentaries, others collections of full biographies and again others collections of various kinds of information about poets (biographical and other as well). One may also add local chronicles like Atthides and the genre Περὶ εὑρημάτων (*On inventions*) both of which regularly contained information on poets (biographical and otherwise). On the basis of one sure and two possible, i.e. assigned, fragments, almost nothing can be said about the position of Phaenias' Περὶ ποιητῶν within this tradition. In

---

9 Probably none of those titles is original, but each was given to the work later. They show, however, that it was seen as belonging to the tradition of works with such titles; for the fragments, see Lanata 1963, 270–281; on the content and character of the work, see Huxley 1968. The titles: Περὶ τῶν ἀρχαίων ποιητῶν τε καὶ μουσικῶν ([Plu.] *De mus.* 4 p. 1132e = F 1 Lanata), Ἀναγραφὴ ὑπὲρ τῶν ἀρχαίων ποιητῶν ([Plu.] *De mus.* 7 p. 1133f = F 2 Lanata), Περὶ ποιητῶν ([Plu.] *Vit. X or.* 833d [mentioned only in Lanata's commentary on p. 272]); cf. Huxley 1968, 47.

addition, ascriptions of fragments without book titles to attested works, as convincing as they may seem, always have to be regarded with some reserve, as is shown by F 15a/b, which deals with the bad poets of nomes Telenicus and Argas. If it were transmitted without the book title, it would probably have been assigned to *On poets*, and nobody would ever have guessed that it came from *Against the sophists*, as this work is only attested in this fragment. And even if the book title were known from another source, one would hardly have expected this fragment to have been part of this work.[10]

5.2.1 Fragment 38

Let us have a closer look at F 38. Wehrli regards it as remarkable that the citharist Stratonicus was treated in a work *On poets*, because citharists were instrumentalists and did not sing, so they were not poets. Thus Wehrli assumed that a broad concept of poet had been applied in this work.[11] Nevertheless, such a conclusion is not necessary because Athenaeus has preserved two lyrical verses of Stratonicus. In them Stratonicus mocks the Pythagorean Diodorus of Aspendus for displaying the outfit of a Cynic.[12] Thus our musician was also a poet. Moreover, he was well known as a mocker, and Athenaeus reports many of his witticisms. In these sayings he sometimes made use of the | [205] verses by other poets.[13] In addition, he was an influential teacher of music and thus probably of citharodes as well; they were lyre-players *and* poets at the same time, and he compiled a διάγραμμα, which is likely to have been used by the latter as well. All that, especially the first point, explains perfectly his presence in Phaenias' work.

Before we come to the content of F 38, a word on its scope is in place. Wehrli, Engels and others have it end with ἀπίθανος, probably because the text is in direct speech up to this point; when after this the story of Statonicus' death is narrated, it continues in indirect speech, with reference to hearsay (φασιν).[14] I think that

---

10 Cf. below, p. 169, on the problem of assigning fragments without the book title to attested works.
11 Wehrli 1967–1978, IX 38.
12 Ath. 4,163e = *Supplementum Hellenisticum* nr. 737; on the verses, see López Cruces 1991; [on Diodorus' Cynic garb, cf. Schorn 2014b, 305–306 = below, p. 419].
13 On that feature of his sayings, see Gilula 2000, 432–433.
14 F 32 Wehrli; Engels, FGrHist 1012 F 13 and F 38 (RUSCH); the same delineation in Kaibel 1887–1890, II 272, Gulick 1927–1941, IV 96; L. Citelli, in: Canfora 2001, IV 385; A. Marchiori, in: Canfora 2001, II 873 (see there, n. 3, for further literature on the delineation of the text); Gilula 2000, 424–425; [Fortenbaugh 2015, 125 n. 74].

the argument of Athenaeus makes it probable that the fragment also includes the death story. The long section 8,348d–353d consists of many funny anecdotes that are told to illustrate the quick-wittedness and witticisms of Stratonicus. It closes with the quotation from Phaenias and the death story. Before the Phaenias fragment there is a quotation from Ephorus' second book *On inventions* (FGrHist 70 F 2) where it is claimed that with such witticisms our poet and Philoxenus of Cythera aimed at imitating Simonides. Thematically, the first part of the Phaenias fragment is out of place in this section as it does not deal with the jokes of the musician but with his innovations. Only its last sentence fits the general topic: "Nor in the matter of humor did he fail to hit the mark."[15] Afterwards, the text continues with one of Stratonicus' witticisms, viz. the one that led to his death. If we delineate the fragment as in the recent editions of Phaenias, we have to assume that Athenaeus quoted Phaenias in this section because of the pointless statement: "Nor in the matter of humor did he fail to hit the mark," and that he did so after he had already quoted more than 60 examples of his jokes and although the man, if for anything, was famous for his funny sayings. These were already collected immediately after his death by various authors like Theophrastus, | [206] Callisthenes, Clearchus, and Timaeus, all quoted by Athenaeus in the preceding text.[16] It seems to me quite unlikely that Athenaeus included a passage from Phaenias, which for the most part did not fit thematically, just because of this last rather pointless sentence. It is much likelier that he included an excerpt from our author that is, in its first part, not pertinent, while in its second part provides an example of Stratonicus' witticism. This is the case if we let the excerpt continue after ἀπίθανος and include the report of the joke about the sons of king Nicocles of Salamis that cost him his life. Following Müller and Olson, I thus regard the whole text up to υἱούς as belonging to the Phaenias fragment.[17] The change from direct to indirect speech in the second part of the fragment can easily be explained if we assume that Phaenias considered the musical innovations of

---

15 Here and in the following translations and paraphrases I am drawing freely on Engels' translations in FGrHist IV A 1. I have done the same in other places with Olson's translation of Athenaeus, 2006–2012, Hicks' translation of Diogenes Laertius 1925, and Perrin's translation of Plutarch's *Life of Themistocles*, 1914.
16 Cf. Maas 1931, 327 for a list of authors who transmit Stratonicus' witticisms; on Stratonicus, see now Gilula 2000.
17 Müller, FHG II 299 F 17; Olson 2006–2012, IV 97 n. 152; this delineation also in Schweighaeuser 1801–1807, IV 617 (following Casaubonus), who conjectures φησί for the transmitted φασί: Schweighaeuser 1803, 298.

Stratonicus as certain facts, while he wanted to label the death story, which indeed sounds legendary,[18] as hearsay without endorsing its historicity.

If this interpretation is correct, three topics or sections of Phaenias' treatment of Stratonicus can still be discerned: first a section on inventions, typical of works of the Περὶ τοῦ δεῖνα type,[19] and second the death story which was also a recurrent element in such works, especially, but not exclusively, when they contained biographies. Third, the sentence "Nor in the matter of humor did he fail to hit the mark" may suggest that Phaenias had also collected other examples of Stratonicus' jokes. This would not be surprising considering the eagerness with which his contemporaries were gathering them. Thus the work may have been a collection of biographies or a collection of loose biographical and possibly other data on poets. In any case, nothing suggests that Phaenias' | [207] work was a commentary or a sober work that only contained information strictly related to the development of poetry.[20]

5.2.2 Fragment 25

F 25 deals with the relative chronology of early Greek poets. According to Phaenias, the Lesbian poet Lesches lived before Terpander and defeated Arctinus in a contest, and Terpander was younger than Archilochus. Scholars assign the fragment either to the local chronicle *The prytaneis of Eresus* or to *On poets*.[21] At any rate, together with F 24 (absolute date for the Return of the Heraclidae), F 27 (Solon's year of death dated by an Athenian archon) and the very fact that he authored a chronicle, it attests Phaenias' special interest in chronology, an interest that has various parallels in the early Peripatos.[22]

---

18 On the topos 'tyrant punishes poet/philosopher for his frankness', see e.g. Dionysius I – Philoxenus (with Muccioli 2004); Nicocreon of Salamis – Anaxarchus (with Schorn 2004, 385 with n. 1035; 430–433).
19 See e.g., Glauc. F 2–3 Lanata; on the interest in *heuremata* in the Peripatos, see Engels 1998a, 319; [Fortenbaugh 2014, 106–112; 135–195; cf. Schorn 2008 = above, ch. 2, on Chamaeleon.]
20 On the various possible contents of works Περὶ τοῦ δεῖνα, see Schorn 2007/2010 [= above, ch. 3].
21 Engels, FGrHist 1012 F 10 under *The prytaneis of Eresus*; cf. his commentary on p. 315–316; Wehrli 1967–1978, IX F 33 under *On poets*; cf. his commentary on p. 39, where Wehrli also considers assignation to *The prytaneis of Eresus*.
22 Cf. Mosshammer 1978, 109; Engels 1998a, 311–312. Wehrli 1967–1978, IX 33 states that Demetrius of Phalerum's Ἀρχόντων ἀναγραφή is closest in character to our work; Engels 1998a, 312

Mosshammer has made it very probable that Phaenias' chronological system was adopted in some entries of the *Marmor Parium*, a chronographical work preserved by an inscription that was only a few years younger than Phaenias' chronicle (the inscription was erected in 264).[23] It is however improbable that the author used Phaenias to a large extent, as Boeckh once conjectured.[24] According to Mosshammer, the dates on Lesches, Terpander, and Arion, and perhaps those on Sappho and Alcaeus come from Phaenias, i.e. the chronological data on the poets from Lesbos. Mosshammer does not mention any poet from another place for whom the use of Phaenias' dating system can be demonstrated. This is a clear indication that the author of the inscription used Phaenias' local chronicle, and not *On poets* where | [208] also (or only?) poets from other places were discussed.[25] To what extent such a chronicle could also contain biographical information, besides pure chronological data, is shown by similar works:[26] the only fragment of Neanthes' *Yearbooks* deals with innovations by Ibycus and Anacreon;[27] in the *List of archons* by Demetrius of Phalerum it is claimed that the term 'Seven Sages' was introduced in the year of Damasios (582/1).[28] He dates the beginning of Anaxagoras' stay in Athens to the archonship of Kallias (456/5) and mentions that at this time the philosopher was 20 years old and resided there for 30 years.[29] As one can see, in such 'lists of magistrates' we cannot expect extensive biographical reports but at most only basic chronological data and single items of information.[30] Thus

---

mentions in addition Aristotle's and Callisthenes' list of winners at the Pythian Games, Mosshammer 1978, 110 points to the collections of constitutions by Aristotle and his students. Chronological calculations, usually in the form of relative chronologies, were also part of other historical works, see e.g. Theophrastus (doxography); Eudemus (astronomy); Chamaeleon and Hieronymus of Rhodes (cultural history and history of literature), as Mosshammer rightly adds. [On Phaenias' chronological interests, see now esp. Cooper 2015.]

23 See Mosshammer 1978; [Rotstein 2016, 111 with n. 72 only reports this interpretation without commenting on it].
24 Boeckh 1843, 304–306; cf. Mosshammer 1978, 108; Engels 1998a, 315–316.
25 Nothing suggests that *The prytaneis of Eresus* were a universal chronicle; cf. Mosshammer 1978, 108; Wehrli 1967–1978, IX 33; see Wehrli *loc. cit.* and Engels 1998a, 312–313 for plausible explanations for the presence of information from outside Eresus.
26 On similar works, see Engels 1998a, 311–312.
27 Neanthes, FGrHist 84 F 5 with Schorn 2007, 146–147 [= above, pp. 39–40].
28 Dem. Phal. F 149 Wehrli = F 93 SOD.
29 Dem. Phal. F 150 Wehrli = F 94 SOD.
30 I would not put the work on the same level with the two works on tyrants and call them "highly anecdotal," as Cooper 1995, 324 does. The anecdotal character of the chronicle was in any case different from that of the two other works. Nor would I want to speak, as Cooper 1995 329 [cf. 2015, 261–262] does, of a *diadoche*: "a succession of rulers or magistrates." This would

The prytaneis of Eresus will also have contained this kind of information about the poets from Lesbos. F 25, if its attribution is correct, points in this direction as well. For the content of *On poets*, assigning F 25 to *The prytaneis of Eresos* means that there is no evidence that in this work Phaenias dealt with the poets of the Archaic period.

5.2.3 Fragment 17

F 17, the last fragment one may be inclined to assign to *On poets*, seems to confirm this. It gives a report about the relationship between the tyrant Dionysius I and Philoxenus of Cythera, a poet who died only a few years before Phaenias was born.[31] In its first part it transmits an amusing *bon mot* of the poet. When during a dinner with Dionysius I a large mullet was set before the tyrant and a small one before | [209] himself,

> he took it up in his hands and placed it to his ear. When Dionysius asked him why he did that, Philoxenus answered that he was writing a poem *Galateia* and desired to ask the mullet some questions about Nereus and his daughters. And the creature, on being asked, had answered that she had been caught when too young, and therefore had not joined Nereus' company; but her sister, the one set before Dionysius, was older, and knew accurately all he wished to learn. So Dionysius, with a laugh, sent him the mullet that had been served to himself.

The fragment continues after the anecdote but probably somewhat less literally.[32] Caught at seducing Dionysius' mistress, whose name also happened to be Galateia, he was thrown into the quarries where he wrote the *Cyclops*, in which he represented Polyphemus as Dionysius, the nymph as the mistress of the same name, and Odysseus as himself. I do not want to dwell on the complicated ques-

---

mean that every work that dates according to eponymous magistrates is a *diadoche*, which would lead the idea of *diadoche ad absurdum*.

31 Engels, FGrHist 1012 F 2 and F 17 (RUSCH) and F 13 Wehrli (both under *On the tyrants of Sicily*) = Philox. T 30 Fongoni; in the commentary, on p. 31, Wehrli emphasizes that the fragment can also stem from *On poets*, as Schweighaeuser 1801–1807, I 76 and Voisin 1824, 64 n. 1 thought; according to Muccioli 2004, 125 the story could have been included in both works.
32 Philox. F 2 Fongoni. Cf. Wehrli 1967–1978, IX 31. By using normal letter size, Engels (FGrHist 2012 F 2) shows that he does not regard the following as a verbal quotation. The preceding text is printed in spaced letters, which indicates verbal quotation. [In his RUSCH edition he does not distinguish between different degrees of authenticity.]

tions in connection with the title, contents, and reports about the genesis of Philoxenus' *Cyclops or Galateia*.³³ What we have in this Phaenias fragment are typical anecdotes about poets. They are good examples of the so-called 'method of Chamaeleon', i.e. the biographical interpretation of poetry (often in a fantastic manner) or the invention of stories from the poet's life related to his famous poems.³⁴ In the first anecdote, the poet feels treated improperly by Dionysius at a dinner party and reacts in a way that fits his profession as a poet and that is related to one of his famous poems. Chamaeleon and Callistratus tell a similar story about Simonides.³⁵ In the second, some more links between the poem and the story itself can be discerned which show how the story was created by using the content of the poem, as has been made plausible by Arnott, following others:³⁶ In | [210] the lost *Cyclops or Galateia*, Philoxenus modified the story known from the *Odyssey*. He presented Polyphemus as living together with his mistress Galateia in his cave when Odysseus came and seduced her. As a consequence, Odysseus was locked up in the cave by Polyphemus but was able to escape in the end. Incidentally, the story played out on Sicily. So since it was located on this island, Dionysius I was near-sighted, Philoxenus very probably sojourned at his court and since – possibly but not necessarily – the relationship between the two men was troubled, the whole story about Philoxenus, the mistress Galateia, and the incarceration was made up. The reference to the source of the tale, here Philoxenus' poem, can regularly be found in anecdotes made up with the method of Chamaeleon. Sometimes such references are included as authoritative quotations that serve to confirm the truth of the story: the poet himself alludes to his experience in his work, so it must be true. Sometimes they have the function of signals of irony that help the reader identify the source of the story and, consequently, 'decode' it thereby discerning the elements used to make it up. In the

---

33 A comprehensive but sometimes speculative treatment in Muccioli 2004; [cf. Coppola 2002, 91–98; Fongoni 2014, 97–115].
34 On the 'method of Chamaeleon', see esp. Arrighetti 1987, 141–190; Schorn 2007/2010 [= ch. 2 in this volume]; 2014, 682–683. One may think of the stories about the death of Euripides (on the basis of *Bacchae*) and of Sophocles (related to *Antigone*); for more details, see Schorn 2004, 177–181; 334–339.
35 See Chamael. F 33 Wehrli = F 36 Martano; Callistr., FGrHist 348 F 3; Wehrli 1967–1978, IX 31 mentions the parallels in his commentary; cf. Schorn 2007/2010, 44 [= above, p. 92]; also Engels 1998a, 299 speaks of a typical anecdote.
36 See Arnott 1996, 140 who refers to Webster 1953, 20–21 and Robert 1923, 1351–1357.

latter case, the stories are often told as hearsay in order to emphasize their fictional character.³⁷

In addition, Attic comedy may have contributed to the formation of the biographical legend. In Alexis' *Galateia*, produced between the late 360's and the 340's,³⁸ a slave narrates that something unpleasant happened to his master as a young man (the text is corrupt, so we do not know what exactly occurred), because he was striving for philosophical knowledge and spent all his time with the brilliant sophist Aristippus who outstepped all other men in licentiousness (ἀκολασία).³⁹ The speaker of these words is probably Polyphemus' slave (anachronisms of this kind are not uncommon in Middle Comedy).⁴⁰ In reality it was the tyrant Dionysius I who spent a lot of time with Aristippus, and it was because of this relationship and his life of luxury in Syracuse that Aristippus was often criticized. Thus in this play Polyphemus and Dionysius were related to one another.⁴¹ If the | [211] identification of the speaker is correct, Polyphemus was described with traits of Dionysius I.⁴²

We do not know if Phaenias, by pointing to the origin of the story, wanted to confirm or undermine its credibility, as his report seems to be abbreviated. The abbreviation is probably due to the fact that the report comes from book I of Athenaeus of which only the epitome has been preserved. In the first and (probably) verbal part of the text, as well as in the second he reports the facts without reservation and in direct speech, which may suggest that the reference to the poem was meant as an authoritative quotation. But nothing excludes the possibility that a signal of irony or an explicit statement of the author has been left out by Athenaeus or his epitomator, by which Phaenias showed reticence toward its historicity. We therefore cannot decide how seriously Phaenias took this story.

---

37 Such stories are presented as hearsay e.g. in Satyrus und Chamaeleon; cf. Schorn 2004, esp. 46–49 and 2007/2010 [= ch. 3 in this volume].
38 Thus Arnott 1996, 141 n. 1.
39 F 37 Kassel – Austin = Ath. 12,544e–f.
40 Examples of such anachronisms in Arnott 1996, 141.
41 *Pace* Arnott 1996, 140–141 who writes: "The extant frs. are easily interpreted (*pace* Breitenbach 1908, 159 and Nesselrath 1990, 295) in terms of non-political myth travesty, perhaps owing nothing more to Philoxenus than the general story." (quote on p. 141). Nesselrath 1990, 295 thinks that Dionysius' slave may be the speaker.
42 Arnott 1996, 140–141, following Webster, argues that Philoxenus' poem did not contain an allegorical message. He regards Phaenias' interpretation as a "Peripatetic aberration (...) which arose when its originator misconstrued as gospel truth some burlesque on the Athenian comic stage which parodied Philoxenus' poem by identifying the poet as Odysseus, inventing the story of Philoxenus' amour to suit the story in the dithyramb and travestying the short-sighted Dionysius as Polyphemus." (p. 140).

As for the evaluation of Phaenias as a biographer and historian, the following general observations can be made on the basis of this fragment:
1) The first anecdote presents a friendly picture of Dionysius I: he has a sense of humor. So obviously he was not portrayed in a totally negative manner. This may bring Phaenias' fellow Peripatetic Aristoxenus to mind since he speaks about his own meetings with Dionysius II during the latter's exile in Corinth, where the tyrant told him his version of the conflict with Plato. Here too, the tyrant is depicted in a favorable way.[43]
2) The fragment not only illustrates Philoxenus' gluttony but also the debauched life at the tyrant's court.[44] The following sentence is of special interest: "Dionysius was fond of getting drunk in the company of Philoxenus." Muccioli rightly observes that this portrayal of | [212] Dionysius as a drinker contradicts the larger part of the tradition on this man which depicts him as cruel and ruthless but not as a drinker.[45] There are clear hints that the historical Dionysius had no shortcomings in this respect and that this topical character trait of a tyrant was transferred to him only sometime after his death.[46] The same is true for the tradition that makes him devoted to sexual pleasure, which may be implied in the second anecdote. Phaenias seems to have been the first or one of the first authors to depict him as a drinker and possibly as devoted to sexual pleasure.[47] Here I see a philosopher or author at work, who adapts the tyrant to the well-known stereotype, rather than a historian.
3) Engels is right in emphasizing that Stratonicus was only one generation younger than Phaenias.[48] One may add: Philoxenus only two. It is remarkable that the biographical information about two recently deceased poets is already so strongly influenced by legendary traits while nothing speaks against

---

43 F 32 = 63 Wehrli with Schorn 2012, 218 [= above, p. 143].
44 Cf. Engels 1998a, 299.
45 Muccioli 2004, 125.
46 Cf. Schorn 2010, 53–54 with literature in n. 86; McKinlay 1939, remains fundamental.
47 The latter is the case if the Galateia story is to be interpreted in this sense. It is possible that Dionysius I was represented as a drinker in Theopomp., FGrHist 115 F 225b and F 134; but strictly speaking, Theopompus only claims that he liked to surround himself with drinkers, gamblers and those who led a life of luxury. He does not say that he himself led such a life; see McKinlay 1939, 56.
48 Engels 1998a, 319.

the correctness of Phaenias' general remarks on Stratonicus' role in the history of music. One would rather expect such a phenomenon in the treatment of a life of the distant past.[49]

4) As mentioned above, there is no evidence that Phaenias also wrote in detail about the poets of the Archaic period (leaving aside the limited information on the Lesbian poets inserted into his local chronicle). Thus Leo's assumption that Chamaeleon was the first to undertake a substantial biographical reconstruction of poets such as Alcaeus, Sappho, and others is still valid.[50] |
[213]

5.3 *On the Socratics* (Περὶ τῶν Σωκρατικῶν)

Phaenias is the first author we know of who composed a book *On the Socratics*.[51] For the first time the students of Socrates are treated as a distinct group with their common teacher Socrates as the connecting element.[52] It has often been claimed that in this work Phaenias uses a simple form of *diadoche*,[53] but Zhmud's characterization of it as group portrait seems to describe its character better.[54]

One certain and one assigned text deal with Antisthenes and Aristippus, so that we do not know whether Phaenias also wrote about Socrates' students who did not come to the fore as philosophers. Both fragments can be classified as biographical.

Phaenias and his generation were [perhaps] the last to be able to meet at least some of the first generation Socratics at an age when they were already old

---

49 Phaenias is not the only author who could be blamed for that; one may think of Philochorus (FGrHist 328 F 221), who saw in Eur. F 588 Kannicht a reference to the death of Socrates.
50 Leo 1901, 107.
51 The character of the work has been described in different ways: Engels 1998a, 317: "*On the Socratics* was probably a collection of anecdotes on or an early collective biography of the Socratics." Wehrli 1967–1978, IX 38 speaks of "Philosophenbiographien."
52 Cf. e.g. Bodin 1917, 153; Cooper 1995, 329; Engels 1998a, 317 with reference to Mejer 1978, 74–75; Mejer writes on p. 75: "It is worth noticing that the title of Phaenias' work shows that the Socratics were conceived as a group very early."
53 See Cooper 1995, 329: "perhaps a philosophical διαδοχή" with reference to Leo 1901, 110 and Wehrli 1967–1978, IX 38.
54 See Zhmud 2015, 274–278, for arguments [and the possible example of Aristoxenos' *On Pythagoras and his students*].

enough themselves to question them about their life and doctrine:⁵⁵ Euclides († probably shortly after 366), Antisthenes († ca. 365), Aeschines (* 430; † after 357), Aristippus († ca. 355), Xenophon († shortly after 354), Plato († 348/7), and Phaedo (* 418/6; † ?). At any rate, they could still interview eyewitnesses of all of them. Of two early biographers, contemporaries of Phaenias, we know that they indeed collected information in this way:

Aristoxenus (* ca. 376/3) collected information for his *Life of Socrates* from his father and/or teacher Spintharus of whom he declares that he had met Socrates in person.⁵⁶ For the *Life of Plato* he talked to Dionysius II in Corinth,⁵⁷ in the *Elementa harmonica* he reports on | [214] Plato's lecture *On the Good* drawing on what Aristotle had told him;⁵⁸ he composed a biography of the poet Telestes, his personal acquaintance, and for his account on the last Pythagoreans he made enquiries among the last living members of the school.⁵⁹ In his works he mentions these sources by name and so enables the reader to assess the tendency and reliability of the reported facts.

Neanthes of Cyzicus (ca. 360/50–after 274) proceeded in a similar way.⁶⁰ He travelled the Greek world and heard from Philip of Opus the latter's version of Plato's death⁶¹ and from the Cynic Philiscus of Aegina the story about Plato's sale into slavery, and why he bore the name Plato.⁶² At the time of Phaenias and also later on (one may think, e.g., of Antigonus of Carystus) it was thus not yet uncommon for a biographer to go in search of eyewitnesses. To be sure, that practice does not mean that their biographies only contained correct information. Neanthes got from the Cynic a cock-and-bull story [on the reason why the philosopher was named Plato]. But by naming his sources he showed just how serious such reports had to be taken. In addition, he and other biographers made use of written sources about the persons they were portraying. Their biographical method (and

---

55 The often approximate dates are taken from Döring 1998. [Phaenias could only have met with these men if we assume not merely an early date of birth but also an early stay at Athens, which is, however, not attested; see above, p. 149, on Phaenias' date.]
56 F 54a Wehrli. I am summarizing in the following some results of Schorn 2012 [= ch. 4 in this volume]; cf. Huffman 2012b.
57 F 32 = 63 Wehrli.
58 Aristox. *Harm.* 39–40 Da Rios.
59 F 18 = 49; 25; 30; 31; 43 Wehrli.
60 I am summarizing some results of Schorn 2007 [= ch. 1 in this volume].
61 Phld. *Hist. Acad.*, P. Herc. 1021 col. III 39–V 19 Dorandi (not in FGrHist; BNJ 84 F 21b).
62 Phld. *Hist. Acad.*, P. Herc. 1021 col. II 38–III 17 Dorandi (= BNJ 84 F 21b); Diog. Laert. 3,4 = FGrHist 84 F 21a (name of Plato).

that of Antigonus), as far as their use of sources is concerned, is thus in line with that of many historians of their time.

This raises the question: did Phaenias work like this too? The fragments discussed so far should make the reader skeptical. Although Phaenias was the first author of a biographical work titled *On the Socratics*, he was not the first to write about their lives. What written sources was he able to use? We know of a wide range of works on Plato before and at the time of Phaenias, encomiastic, biographical and bio-doxographical works, written by Speusippus, Philip of Opus, Hermodorus, Xenocrates, Erastes, and Asclepiades.[63] Neanthes dedicated a chapter of *On famous men* to Plato but is probably a little later than our man. He [...] seems to have | [215] referred to Phaenias for details about the biography of Themistocles.[64] Whether Dicaearchus' work in which he dealt with Plato's life preceded or followed Phaenias, we do not know.[65]

As far as I can see, there were no works on other single Socratics in the time before Phaenias, so he may have been the first author of a biographical work on these men. However, he could draw on biographical information in other genres of literature. I will limit myself to the two Socratics mentioned in the Phaenias fragments.[66] Antisthenes appears as a speaker in Xenophon's *Symposium* where he explains his way of life, and there may have been other philosophical dialogues where he was among the interlocutors. Aristippus was an interlocutor in Xenophon's *Memorabilia* and he may have appeared in a dialogue of Aeschines because we know that in one of them it was stated that Aristippus came to Athens because of Socrates' fame.[67] We find scattered pieces of information about Antisthenes' doctrine in Aristotle, and there may have been some biographical data in Aristotle's lost exoteric works. Of Theopompus' *Against the school of Plato* one certain and one assigned fragment on Antisthenes are preserved: he was the only Socratic Theopompus praised, for "he had consummate skill and could by means

---

63 For details, see Schorn 2007, 119–120 [= above, pp. 6–7].
64 Cf. Schorn 2007, 141, following Cooper 1995, 325 and Engels 1998a, 330.
65 Dicaearch. F 46–51 Mirhady = FGrHist 1400 F 63; 22; 60–62; 64b; on Plato in Dicaearchus, see White 2001, esp. 218–228; [Verhasselt's commentary on FGrHist 1400 F 59–63 is now essential reading; cf. Verhasselt 2017].
66 The biographical and doxographical tradition on Aristippus in French translation (also with uncertain allusions) in Gouirand 2005; the original texts in SSR IV A (Aristippus) and V A (Antisthenes). On the lost works in which Antisthenes was mentioned, see Goulet-Cazé, in: Goulet-Cazé – Hellmann 1994, 245, for those that mentioned Aristippus, see Goulet, in: Caujolle-Zaslawsky – Goulet – Queyrel 1994, 372.
67 SSR IV A 1,1–3 with Dittmar 1912, 60–64.

of agreeable discourse win over whomsoever he pleased."⁶⁸ In addition, Theopompus accuses Plato of plagiarizing Antisthenes and Aristippus.⁶⁹ It is probable that this pamphlet contained more biographical information on the two Socratics. Attic comedy also provides some contemporary 'biographical' information on Aristippus,⁷⁰ whereas Neanthes' *On famous men,* in which he spoke about Antisthenes' dress, was probably later than | [216] Phaenias' book (s. above).⁷¹ A few decades later Idomeneus' *On the Socratics* and Timon's *Silli* were written.⁷² So much for the background. Let us now have a look at the fragments and see where Phaenias got his information.

5.3.1 Fragment 36

F 36 contains an apothegm of Antisthenes: "When someone asked him (sc. Antisthenes) what he must do to be a good and noble man (καλὸς κἀγαθός), he replied, 'you must learn from those who know that the faults (τὰ κακά) you have are to be avoided.'" Wehrli and Engels see in Antisthenes' words a Cynic re-interpretation of the archaic ideal of *arete*.⁷³ That is no doubt correct, but I think there is more to be said. In the final analysis, these words contain an epitome of Antisthenes' concept of *arete* and education in one sentence. I cannot go into details here and have to limit myself to some general remarks on Antisthenes' philosophy:⁷⁴ He distinguishes between 'human knowledge' and 'human things' on the one hand and 'heavenly knowledge' and 'heavenly things' on the other. Human things like wealth, success, fame etc. are regarded as the aim in life by the common people, and human knowledge serves them to achieve these things. Whoever wants to become wise, however, has to learn that they are worthless.⁷⁵ These things and

---

68 FGrHist 115 F 295, transl. by Hicks 1925.
69 FGrHist 115 F 259.
70 On Aristippus, see the fragment of Alexis' *Galateia,* mentioned above, p. 157. On philosophers in comedy in general, see Weiher 1913.
71 FGrHist 84 F 24. [On this fragment, see pp. 31–32 in this volume.]
72 Timon F 37 Di Marco.
73 Wehrli 1967–1978, IX 38; Engels 1998a, 318.
74 I will come back to this topic in a more detailed study. In his discussion of Antisthenes' concept of *arete* and the way to reach it, Brancacci 1990, refers several times to our fragment (= SSR V A 172): 97 n. 30; 117 n. 83; 149 n. 5; [a new edition of Antisthenes with commentary in Prince 2015 (the fragment numbers are the same as in SSR)].
75 See esp. Themist. *de virtute* p. 33 Schantau (*ed. syriac.*) = SSR V A 96.

this knowledge are the κακά in our fragment. With the help of heavenly knowledge, i.e. real philosophical knowledge about the nature of things, one can realize this. Whoever becomes wise is independent of others and infallible.[76] This is Antisthenes' idea of καλοκἀγαθία. He exemplifies the way that leads to this goal in two dialogues by means of two exemplary heroes: Cyrus the Older and Herakles.[77] Only the content of the *Greater Herakles* can still be reconstructed to some extent: One scene shows a conversation between the protagonist and Chiron, another between him and Prometheus.[78] Chiron and Prometheus are "those who know." | [217] They lead Herakles on the way to wisdom and convince him that what he has done and aimed at so far is futile. In her commentary on the Antisthenes fragments, Decleva Caizzi points out that the apothegm in our fragment is the variant of a saying from the dialogue *Cyrus*, preserved by Arsenius:[79] "When the king Cyrus was asked what the most important knowledge was, he said: 'To forget the faults (τὰ κακά).'" The message is the same as in our fragment but expressed with different words. Thus our apothegm seems to stem from this dialogue, or the *Greater Herakles*, or another dialogue or treatise on the same topic (if there was one). In any case, it summarizes the fundamental message of the twin dialogues *Cyrus* and *Greater Herakles* in one sentence. Most probably, the words of an interlocutor or the quintessence of a work have been transferred to its author and have, at the same time, been converted into the question and answer pattern that is typical for apothegms – a very well-known phenomenon in antiquity. A substantial part of the philosophers' apothegms available to us are the result of that process of transformation.[80] So it is not surprising that the same transformation happened to the above-mentioned saying from the *Cyrus*: While Arsenius has preserved the original context with Cyrus as the speaker of the words, in all other authors Antisthenes has taken the place of Cyrus.[81]

---

76 Diog. Laert. 6,105 = SSR V A 99.
77 Diog. Laert. 6,2 = SSR V A 85.
78 The fragments in SSR V A 92–99.
79 Κῦρος ὁ βασιλεὺς ἐρωτηθεὶς τί ἀναγκαιότατον εἴη μάθημα, 'τὸ ἀπομαθεῖν,' ἔφη, 'τὰ κακά.' Cf. Decleva Caizzi 1966, 126 (on F 175 = SSR V A 87 = Arsen. p. 502,13–14). See already Dittmar 1912, 72–73 n. 21: "Phainias (...) überliefert (...) eine andere Fassung des Gedankens;" cf. ibid. 305–306. Wehrli is not explicit in his commentary as for the sources of *On the Socratics*: "Stofflich ist die reiche Literatur der Sokratikerdialoge benützt," where he may be thinking of F 37.
80 Antisthenes wrote treatises and dialogues, and there is no evidence that he appeared himself in his dialogues as an interlocutor. Thus from whatever work the apothegm may have come, we have to assume that it was converted into the question and answer form that makes it a 'biographical event.'
81 Stob. 2,31,34; Diog. Laert. 6,7; *Cod. Neapol.* II D 22 n. 9 = SSR V A 87,2–10.

What is interesting is that the transfer of the saying to Antisthenes in our fragment and its conversion into the typical pattern took place so early. Antisthenes died around 365; thus he was, like Philoxenus, about two generations older than Phaenias. So we have to realize that an author as early as Phaenias contributed to this 'personalization' or 'biographization' of philosophical doctrine, which we rather expect in later authors. | [218]

5.3.2 Fragment 37

A second fragment (F 37), without indication of the book title, reports that Aristippus charged fees from his students. If we consider that in the same fragment we also read that he was a sophist (σοφιστεύσας), it is surprising that it is generally taken for granted that it belonged to *On the Socratics*, and that nobody seems to have considered that it may come from *Against the sophists*, all the more as it is clearly polemical[82] against the sophist Aristippus.[83] The source question is not irrelevant. For if we want to assess the credibility of the claims in F 37, it is important to know if it comes from a (possibly) historical or a polemical work.

The designation of Aristippus as a sophist is perfectly in line with Aristotelian thought. In the *Metaphysics*, Aristippus is mentioned among the sophists who reject mathematics.[84] In his study of the use of this term in Aristotle, Classen has shown that the Stagirite does not use it for the thinkers called sophists today, but for Aristippus and some of his own contemporaries who "with their efforts do not strive after recognizing the truth but after reaching a certain goal in life,"[85] and Aristippus did not search for truth as he did not accept mathematics.[86] Furthermore according to Aristotle, sophists intend to make money and try to fool others by pretending to dispose of knowledge they do not have.[87] Thus the reasons why Aristotle calls Aristippus a sophist are that he did not pursue the truth, and that he charged fees and regarded pleasure as the goal in life. More or less contempo-

---

[82] Cf. e.g. Engels 1998a, 318–319.
[83] No such consideration in the editions of Müller, Wehrli, Engels, FGrHist 1012 (but differently now F 37 n. 1) and Voisin 1824, 40–44.
[84] Aristot. *Metaph.* 3,2 p. 996a30–b1 etc. = SSR IV A 170.
[85] Classen 1986, 210.
[86] Classen 1986, 202.
[87] Classen 1986, 194.

rary to Aristotle's *Metaphysics* is Alexis' *Galateia* where we find the same denomination of Aristippus.[88] It can hardly be regarded as coincidence that for the second time in our study of Phaenias we come across this comedy as an important parallel source. But I do not see how the things may be interrelated.[89] The content of our fragment suggests that | [219] for Phaenias charging fees was decisive for calling Aristippus a sophist. The claim that Aristippus only taught students who paid for the classes seems to be correct and is attested by many sources. In all likelihood, already Xenophon alludes to it.[90]

It is somewhat more difficult to establish what else was claimed by Phaenias.[91] When Aristippus is said to have been the *first* Socratic to charge fees, that implies that others did so too. Who may they have been? He cannot possibly have thought of Plato and Xenophon. But about Aeschines and Antisthenes (and maybe later Megarians) we find anecdotes in other authors that imply teachings against payment.[92] If for Phaenias such a practice was enough to identify a philosopher as a sophist and if he had these stories about the two Socratics in mind, his image of the Socratics is likely to have been negative to some extent. He seems to suggest that even Socrates, although he obviously did not demand payment for his teachings, accepted money from his students, as he says: "(Aristippus) was the first Socratic to charge fees (εἰσεπράξατο: aorist) and to send money to his master (ἀπέστελλε BPΦ, ἀπέστειλε F; the imperfect is correct)." Is the imperfect *de conatu* or iterative? I think the latter because Phaenias continues: "And *on*

---

88 See above, p. 157.
89 More examples for the denomination of Aristippus as a sophist in Mannebach 1961, 93 (on F 151); Giannantoni 1990, IV 143–144. The use of the word in Aristotle also explains why Phaenias could call two musicians sophists in *Against the sophists*; differently Wehrli 1967–1978, IX 29. Aristotle calls the poet Polyidus a sophist; cf. Kerferd – Flashar 1998, 7. Classen 1986, 191 regards it as possible that Aristotle is thinking here of works by Polyidus on literary criticism. In *Against Diodorus* (F 14) Phaenias calls the sophist Polyxenus the inventor of the argument of the 'third man'. He was indeed a travelling sophist, but the denomination has probably to do with his sojourn at the court of Dionysius II. Wehrli 1967–1978, IX 29 und Cooper 1995, 335, following older research, consider it as possible that *Against Diodorus* was part of *Against the sophists*.
90 The fragments have been collected as F 3–8 Mannebach ("Aristippum mercede docuisse") and in SSR IV A 1–14 ("De Aristippo Socratis sectatore et mercede docente"). Xen. *Mem.* 1,2,60 = SSR IV A 3; it is the *communis opinio* that Xenophon here alludes to Aristippus; see e.g. Mannebach 1961, 65 (on F 3–8); Giannantoni 1990, IV 143 (with literature).
91 Mannebach's interpretation of the passage, 1961, 65; 101–102, which is accepted by Giannantoni 1990, IV 144, is not convincing.
92 Diog. Laert. 2,62 = SSR VI A 13,62 (Aeschines); 6,4 and 6,9 = SSR V A 169 and 172,9 (Antisthenes); the references are from Döring 1972, 95; 1998, 181; cf. Gigon 1979, 291.

one occasion a sum of 20 minae which he had sent was returned to him." So Phaenias implies that Socrates did accept smaller sums but not a large one. Did he regard him as a sophist too? | [220]

The role of the *daimonion* is no less strange. Socrates declares that it did not allow him to take the 20 minae "as the offer annoyed him (= Socrates)." Obviously, in this situation he uses the *daimonion* as an excuse. Is this meant to cast a negative light on him?[93] I think that such an interpretation would go too far. The fragment is part of the lively discussion of the question how Socrates earned his living, to which also Phaenias' contemporaries and fellow Peripatetics Aristoxenus and Demetrius of Phaleron contributed.[94] According to my reading of the fragment, Phaenias assessed it positively that Socrates deliberately accepted only small gifts. He must have conceded to Socrates that he had to live on something. So why not on voluntary small donations by his friends? In addition, Phaenias obviously accepted lying for the good cause, as F 26 and F 30 show.[95] Such a positive interpretation of the text is also in agreement with the general tenor of Aristoxenus' albeit different story about Socrates' income. According to him, Socrates deposited money in a bank and lived on the modest interests it yielded.[96]

What can we say about Phaenias' possible sources and the reliability of his account? Giannantoni has argued that Aristippus' designation as a sophist and the various anecdotes in our sources that show him and Socrates discussing the question of fees, go back to polemics among the Socratics and that especially Plato and the Academics emphasized this (negative) aspect of Aristippus.[97] Generally such a background is possible, but in our fragment the picture of Socrates does not fit that of Plato and the early Academy. Therefore we should not look in this direction for Phaenias' source. To me it seems impossible to trace back the source of the story. As for the reliability of Phaenias' reports, most things we read here sound anecdotal and implausible (Aristippus as a teacher before the death of Socrates, the role of the *daimonion*).

---

[93] The fragment also plays a role in the discussion of the question if Aristippus was active as a teacher before the death of Socrates; see Döring 1998, 248; cf. Zeller 1922, 338.
[94] Aristox. F 59 Wehrli with Schorn 2012, 214 [= above, pp. 139–140]; Dem. Phal. F 95 Wehrli = F 102 SOD.
[95] See below, pp. 181–186.
[96] [On this fragment, see Schorn 2012, 214 = above, pp. 139–140.]
[97] Giannantoni 1958, 31–32.

5.3.3 Fragment 56b

Another fragment of Phaenias (F 56b), again transmitted without book title, is doxographical and seems to shed a better light on Phaenias as a | [221] historian of philosophy. With reference to Hippys of Rhegium he summarizes the cosmology of the otherwise unknown Petron of Himera.[98] [There are, however reasons to doubt that such a Petron really existed before Hippys, who is reported to have lived at the time of the Persian Wars (and Hippys' existence has been doubted as well). As Petron's theory has some Platonic flavor, his work may be a 4th century invention, not much older than Phaenias' times.[99] Thus it may be that Phaenias fell for a recent forgery.] We cannot assign Phaenias' fragment with any plausibility to a one of his known works. The doxographical interest that it reveals might suggest that *On the Socratics* was bio-doxographical, i.e. that it contained separate doxographical sections. This would not have been exceptional in the 4th century B.C.[100] However, in F 36 doxography has been translated into biography, which makes it probable that questions of doctrine were not treated in separate and systematic sections but were part of the biography where they illustrated the character of the philosopher.

It has been suggested that Phaenias' *On the Socratics* and the homonymous work of the Epicurean Idomeneus, written a few decades later, were somehow related with one another, and some scholars have suspected that Idomeneus' work was directed against Phaenias'.[101] And indeed, it was polemical. We can still recognize attacks on Socrates, Plato, and Aeschines.[102] Unfortunately, there are no direct points of contact between the fragments of the two works, so the question has to remain open if the later author reacted to the earlier one. But the fact

---

[98] F 56b = F 12 Wehrli = Hippys, FGrHist 554 F 5. Wehrli prints the fragment among those of *On the tyrants of Sicily*; Müller, FHG II 300 F 22 thought of a more comprehensive work *On philosophers* of which *On the Socratics* was a part.
[99] [See Zhmud 2015, 278–285.]
[100] On bio-doxographical works, see Schorn 2013b [= ch. 9 in this volume].
[101] E.g. Bignone 1973, I 445 n. 136; *contra* Angeli 1981a, 57–58 with n. 227.
[102] Socrates and Aeschines as teachers of rhetoric (F 24; cf. F 25 Angeli); Aeschines, not Crito advised Socrates to escape from prison; Plato is lying because Aeschines was a friend of Aristippus (F 26–27 Angeli); Aeschines is not the author of the dialogues under his name; they were written by Socrates and given to him by Xanthippe (F 26; 28 Angeli); thus Aeschines was a plagiarist; originally, such a claim could have had a positive bias: Aeschines presents the 'real Socrates'; cf. Döring 1998, 203.

that the later homonymous work was polemical should remind us of the possibility that this may also have been the case with Phaenias' work. If F 37 comes from it, it did contain at least an attack on Aristippus.

5.4 Fragments on Themistocles, Solon and tyrants

The provenance of the fragments on Solon and Themistocles is unknown, and they have been claimed for various works: *The prytaneis* | [222] *of Eresos*,[103] an unattested historical work,[104] an unattested *Atthis*, monographs on/biographies of both statesmen,[105] an unattested book *On ways of life* (Περὶ βίων),[106] an unattested book on tyrants, an excursus in *On the tyrants of Sicily*,[107] and *Against the sophists*.[108] It is hopeless to try to find an answer to this question. Cooper aptly reminds us that we only learn from one passage that the biographical fragments of Neanthes on Themistocles come from his *Hellenica*.[109] If this one fragment were not preserved, we would probably have claimed all these texts for his *On famous men*.[110] And I should like to add that the biographical treatment of Pythagoras by the same Neanthes was included in *Myths according to cities*.[111] This shows that in the 4th century B.C., biographical accounts were more often parts of larger works than independent books. As regards Themistocles in Phaenias, one has the impression that the work in question contained the major part of the information one would need to write his biography.[112]

---

103 Müller, FHG II 294–297; *contra* Cooper 1995, 325. The list in the following is from Cooper; cf. Engels 1998a, 328.
104 Müller, FHG II 293.
105 Leo 1901, 110 (*Atthis* or monographs); Bodin 1915; 1917; [Zhmud 2015, 273–274] (biography of Themistocles).
106 Wehrli 1967–1978, IX 34 only as one possibility among others.
107 Podlecki 1975, 104.
108 Cooper 1995, 329–335; I am discussing Cooper's interpretation below.
109 Cooper 1995, 325–326 and already Bodin 1917, 152–153.
110 [I am aware of the fact that works *On famous men* mostly dealt with philosophers, poets, and other men active in the field of literature. But one fragment of Amphicrates' homonymous work deals with Themistocles (FHG IV 300 F 1).]
111 On that and the consequences for the history of biography, see Schorn 2007, 132–135 [= above, pp. 22–26].
112 See Leo 1901, 110; Engels 1998a, 328; Muccioli 2008, 463; [also Engels 2015, 293–295 leaves the provenance of Phaenias' fragments on Solon and Themistocles undecided].

Cooper proposed an interesting interpretation of the texts on Solon and Themistocles.[113] As a starting point he takes chapter 2,6 of Plutarch's *Life of Themistocles*, the work that has preserved most fragments of Phaenias on Themistocles. There we read that Themistocles was the disciple/admirer (ζηλωτήν) of Mnesiphilus. This Mnesiphilus

> was neither a rhetorician nor one of the so-called physical philosophers, but a cultivator of what was then called 'sophia' or wisdom (...). Mnesiphilus received this 'sophia', and handed it down, as though it were the doctrine of a sect, in unbroken tradition from Solon (ὥσπερ αἵρεσιν ἐκ διαδοχῆς ἀπὸ Σόλωνος). His successors blended it with forensic arts, and shifted its application from public affairs to | [223] language, and were dubbed 'sophists (σοφισταί).'[114]

In another work, Plutarch makes it explicit that he regards Mnesiphilus as a *direct* student of Solon.[115] Cooper thinks that Phaenias was Plutarch's source for the *diadoche* Solon–Mnesiphilus–Themistocles–sophists, and he ascribes this text and all fragments on Themistocles, transmitted by this biography, to *Against the sophists*.[116] He conjectures that Phaenias presented Solon, a politician of the old days, as a real politician in analogy to the old musicians Terpander and Phrynis who were real and good musicians. For in the only certain fragment of *Against the sophists* (F 15) these two musicians are contrasted with two new and bad ones, Telenicus and Argas. Thus he concludes that Phaenias conceived a development "from the practical wisdom of Solon to the sophistry of Themistocles and later sophists."[117] If Cooper is right, we have to regard Phaenias as an author whose description of historical figures was strongly influenced by his philosophical conceptions.

I see, however, some problems with this reconstruction:
1) Plutarch does not reveal his source for this chapter, whereas in several other places he explicitly states that he is following Phaenias. Why not here?
2) The word 'sophist', which one would expect in such an argument, does not appear in Phaenias' fragments on Solon and Themistocles.
3) The chronology of the *diadoche* Solon–Mnesiphilus–Themistocles is highly problematic.[118] In F 27 Phaenias gives the archonship of Hegestratus (560/59)

---

113 Cooper 1995; [cf. 2015, 255–261.]
114 Plu. *Them.* 2,6, trans. Perrin 1914 (and in the following).
115 Plu. *Conv. sept. sap.* 11 p. 154c: Μνησίφιλος δ' ὁ Ἀθηναῖος, ἑταῖρος ὢν καὶ ζηλωτὴς Σόλωνος.
116 Cooper 1995, 334; [cf. 2015, 255–261].
117 Cooper 1995, 334.
118 On the chronological issues, see Frost 1980, 68; Piccirilli in: Carena – Manfredini –Piccirilli 1983, 227 (he thinks of Theophrastus as the author of the *diadoche*); Muccioli 2008, 466–467.

as the date of Solon's death. So if Mnesiphilus was a student of Solon, he can hardly have been the teacher of Themistocles, especially as Plutarch declares that he was Themistocles' advisor when the latter was already active as a politician. It was a generally known fact that Mnesiphilus was still alive in 480 when the battle of Salamis took place, and Frost refers to ostraca that bear his | [224] name and probably date from 487/6.[119] It is difficult to believe that a chronographer like Phaenias, whom we know to have dealt with the chronology of Solon, should not have realized or should have accepted the anachronism for reasons of argument.

4) Another problem regards the image of the two Athenians in Phaenias. They are characterized in the same manner: Solon lies in order to save Athens from internal strife, and Themistocles lies, blackmails, and acts in a way improper under normal circumstances to save first Greece and later himself when he is wronged by his fellow Athenians. Both use rhetoric and lies to attain their legitimate goals. Thus the fragments are in conflict with the theory of degeneration.

5) In F 28 Phaenias discusses the etymology of *kyrbeis*. That does not point to a polemical work but rather to a work with a more general interest in the Athenian and his work.

6) Phaenias' image of Themistocles is not as negative as has often been thought. This will be set forth in detail in the following.[120] | [225]

---

[119] On the disputed role of Mnesiphilus as an adviser of Themistocles at the battle of Salamis, see Hdt. 8,57–58. The identification of our Mnesiphilus with the man on the ostraca cannot be doubted since the ostraca also mention his demotic; cf. Frost 1980, 68; Piccirilli in: Carena – Manfredini –Piccirilli 1983, 227.

[120] There are more problems: 1) "His (scil. Phaenias') list of 'political sophists' may have culminated with Themistocles, whose political skill had less to do with good deeds and more to do with persuasive speech and sophistry." (334): But Themistocles was a man of action as well, and his role at the battle of Salamis can be regarded as a "good deed." He used rhetoric only as a means to reach his goals. 2) I do not totally understand the position of Themistocles in Cooper's *diadoche*. According to Plutarch, Mnesiphilus was succeeded by the sophists. That means that he does not include Themistocles in this *diadoche* at all. Was Themistocles also a sophist ("political sophistry" 334; "the sophistry of Themistocles" 334) or their precursor ("a genuine precursor of the sophists" 334)? Plutarch does not call him a sophist, and as I read the text, only the sophists and not yet Themistocles "blended it (scil. the σοφία of Mnesiphilus) with forensic arts, and shifted its application from public affairs to language, and were dubbed 'sophists'." Thus Themistocles is not the link between Mnesiphilus and the sophists but stands outside the *diadoche* Solon–Mnesiphilus–sophists. If we want to include him, he is, as a student of Mnesiphilus,

In conclusion: although the *diadoche* in Plutarch may be of Peripatetic origin, there is nothing that speaks for, but much that speaks against Phaenias as its author.[121]

Almost everything we read in Phaenias about Solon and Themistocles are singular pieces of information, attested by no other source, or at least versions that are not in accordance with the *communis opinio* in antiquity. However, we should not conclude from this that Phaenias' work was a collection of curios. In general, authors only name their sources when these differ from the *koine historia*, not when they report generally accepted stories, so that, in the case of fragmentary authors, the exceptional outnumbers the conventional. What does surprise, however, is that the majority of modern scholars regard hardly any of Phaenias' singular reports as correct: They accept the chronology in F 27 (starting date of Pisistratus' tyranny in the archonship of Comeas; death of Solon in the archonship of Hegestratus). They reject as unhistorical:

F 26 (Solon deceives the Athenian parties)
F 29 (name and provenance of Themistocles' mother)
F 30 (Themistocles outwits Architeles before the battle of Salamis)
F 31 (human sacrifice before the battle of Salamis)
F 32 (conversation between Themistocles and Artabanus)
F 34 (number of cities Themistocles received from the Persian king).[122]

Recently however, some scholars have accepted one of those reports each as historical: F 26, F 29, F 30 (the chronology), F 31 and F 34. If each of them is right, Phaenias reemerges as a highly reliable but so far generally misjudged historian;

---

a parallel figure to the sophists, but one who has taken over from Mnesiphilus his genuine doctrine, the one not yet spoiled by the sophists. 3) About the younger, 'sophistical' poets in F 15, Cooper states: "A decline is obviously imagined here from true μουσικοί of the past to mere σοφισταί of the present, who can reproduce songs only mechanically." But according to Phaenias these younger poets also composed songs, just bad ones.

121 Leão 2003–2004, 58 agrees with Cooper. Muccioli 2008, 466–468 is more cautious and only speaks of a Peripatetic origin of the *diadoche*. [Engels 2015, 296–297 also rejects Cooper's interpretation.]

122 I leave aside F 28 (etymology of *kyrbeis*) [on which, see Engels 2015, 302–306], F 33 (imitators of Themistocles at the Persian court; here not all information seems to be correct; see Engels 1998a, 339–341; Muccioli 2008, 474); F 35 (etymology of Kerykes: all family trees of the Kerykes are later constructs. Phaenias' version corresponds to the version propagated by the members of the clan, not to the *communis opinio*; see Toepffer 1889, 81 with reference to Paus. 1,38,3; Wehrli 1969, 37; Engels 1998a, 342–343).

if the *communis opinio* proves to be correct, as an extremely untrustworthy one.[123] Thus we have to | [226] investigate first the historicity of his descriptions, and in a second step we can try to determine his tendency and his image of Themistocles. As far as the latter question is concerned, the *communis opinio* can be found in Engels' commentary:

> P[hainias] regarded Themistokles as an ambivalent character. He acknowledged his intelligence, his military genius, his strategic and diplomatic skills (...) his rhetorical power and ready wit as well as his personal courage in seeking a place of refuge with his Persian enemies. But at the same time he emphasized some faults of character or sinister and ambiguous aspects of Themistocles[124]

(i.e. taking bribes, blackmailing, participating in a human sacrifice, deserting the Greeks and being a pro-Persian tyrant). He concludes that Themistocles "was no example for P[hainias'] readers to imitate." Cooper's assessment is similar,[125] whereas Muccioli's contribution amounts to a rehabilitation of Themistocles in Phaenias. He focuses on Plutarch's *Life of Themistocles* and concludes that his assessment of Themistocles is generally positive. Despite all "chiaroscuri," Plutarch regards him as an "exemplary character," as the hero who saved Greece and acquired fame despite the envy of the Athenians.[126] Although Plutarch elsewhere disapproves of the kind of actions he reports with reference to Phaenias, in the case of Themistocles they are always interpreted in favor of the hero and justified as necessary for the good cause. For most of these actions, Muccioli concludes that Phaenias also interpreted them in a positive way. So let us have a closer look at the single fragments to see which interpreter is right. I will limit myself to discussing the fragments that seem to me most pertinent.

---

123 Cf. e.g. Podlecki 1975, 104: "It must have been full of bizarre and even hair-raising details (...) details were invented to give semblance, rather than the substance, of truth."
124 Engels 1998a, 328–329; [this position is restated in Engels 2015, 306–314].
125 "A common thread throughout the fragments of Phaenias, is Themistocles' ability to win over opposition to his own end" (...) "His (scil. Phaenias') list of 'political sophists' may have culminated with Themistocles, whose political skill had less to do with good deeds and more to do with persuasive speech and sophistry." Cooper 1995, 330; 334.
126 See Muccioli 2008, 465 and *passim* on the following. My own analysis is much indebted to Muccioli's.

5.4.1 Fragment 29

The ancient sources are in disagreement as to the name and origin of Themistocles' mother. Therefore Engels concludes that no reliable information was available to ancient historians. According to Amphicrates (FHG IV 300 F 1; 1st century B.C.), she was a Thracian hetaera called Habrotonon, a version that almost certainly goes back to a joke in | [227] comedy.[127] Nepos (perhaps drawing on Ephorus) transmits that she was a citizen from Acarnania,[128] and finally according to Phaenias she was a Carian named Euterpe. It is generally and correctly assumed that Neanthes quoted Phaenias (as he did in F 34) and added the name of the city, Halicarnassus.[129] Although having a foreign mother is not a glorious chapter in the life of an Athenian politician,[130] there is no need to regard all these traditions as hostile towards Themistocles. It was just the *communis opinio* (and possibly correct) that his mother was no Athenian. The epigram quoted by Amphicrates shows that the fact could be interpreted in a positive way: although a Thracian, she was the mother of the great Themistocles. I cannot see anything negative in Phaenias' version. It is significant that he has her come from Asia Minor, i.e. from a region near his homeland Lesbos, so he might have followed a local tradition. As there was no consensus about her provenance, it is not unlikely that many places claimed the honor of being her homeland. Neanthes' testimony may also be seen as pointing to this interpretation, as we know that he was especially keen on collecting local traditions.[131]

Recently, Nollé and Wenninger have advocated the correctness of Phaenias' and Neanthes' version. They do not believe that it was by chance that Artaxerxes

---

127 On the tradition, see Bicknell 1982 (not always convincing); some of the results in the following can already be found in Schorn 2007, 141–142 [= above, pp. 33–34]; cf. Engels 1998a, 329–330. On Amphicrates, see Bicknell 1982, 166–167.

128 Nep. *Them.* 1,2; for Ephorus as his possible source, see Bicknell 1982, 169. Bradley 1967/1991, 9–10 and 33 is cautious but also tends towards Ephorus as Nepos' source in this chapter.

129 Thus Cooper 1995, 330; Engels 1998a, 330; Schorn 2007, 141 [= above, p. 33] (with further bibliography). Some scholars have tried to solve the problem with the help of conjectures: Bicknell 1982, thinks that the mother was not Carian but came from Cardia on the Thracian Chersonese; Lewis 1983, 245 conjectures that she came from Agora (on the basis of Plu. *Amat.* 9 p. 753d: ἐξ ἀγορᾶς).

130 See also Engels 1998a, 329–330, who remarks in addition that all the places named were not very prestigious. [Engels 2015, 307–308, sees in Phaenias' version "an indirect insult against Themistokles as a nothos coming from a very barbarian stock" (308).]

131 On Neanthes' method of collecting information, see Schorn 2007 [= ch. 1 in this volume].

made Themistocles the lord of Magnesia in Caria. If his mother really was a Hellenized Carian, that was indeed a clever move.[132] But it may as well have been the other way round, i.e. that the origin of the mother was localized in this area in order to explain why the Persian king chose this place. There are no strong | [228] arguments in favor or against Phaenias' and Neanthes' version, so that the question has to remain open for now.

5.4.2 Fragment 34

According to Thucydides and most other sources, Themistocles was given three cities by the Persian king for his aliment:[133] Magnesia for bread, Lampsacus for wine, and Myus for fish. Phaenias and Neanthes (again!) list in addition Percote and Palaescepsis for bedding and clothes. Athenaeus also names these five cities, but without an indication of source, and adds that the king ordered Themistocles to wear only Persian dress, and gave him as a sixth city, Gambrium, for his clothing.[134] This last tradition is almost certainly unhistorical and will remain out of consideration in the following.[135] For Magnesia, Themistocles' place of residence, his rule is attested by coins. That he received the revenues of Lampsacus, perhaps without being its ruler, is shown by a 3rd century B.C. inscription that mentions a festival in his honor.[136] The correctness of the tradition on Myus has also not been

---

132 Nollé – Wenninger 1998–1999, 56–61.
133 Thuc. 1,138,5; additional sources in Engels 1998a, 341 n. 221.
134 Ath. 1,29f (no source indicated because from the epitome). It is remarkable that this passage is preceded by a fragment of Phaenias (F 45; no work title mentioned) on the cultivation of wine in Mende. We are here in a section on wine, and it is possible that Athenaeus gave two excerpts from Phaenias, one after the other, and that the epitomator omitted Phaenias' name the second time. But then, what about Gambrium, which Phaenias and Neanthes did not mention according to Plutarch? Either Plutarch is wrong (which is improbable) or the Phaenias fragment in Athenaeus stops with ἱματισμόν, and is followed by further information that Athenaeus has found elsewhere.
135 At that time Gambrium was under the rule of Gongylus of Eretria who is likely to have received its revenues; see Piccirilli in: Carena – Manfredini –Piccirilli 1983, 279. Keaveney 2003, 73–74 rejects the tradition on Gambrium although he regards it as possible that part of the revenues could have been given to Themistocles. Cagnazzi 2001, 48–49 accepts the tradition since Themistocles is represented on coins wearing a Persian dress. This hardly proves such an *order*.
136 Coins: Nollé 1996; Nollé – Wenninger 1998–1999; inscription: I. Lampsakos 3; cf. e.g. Piccirilli in: Carena – Manfredini –Piccirilli 1983, 279–80; Nollé – Wenninger 1998–1999, 50–51. I will not discuss here the question if Lampsacus and Myus were members of the Delian League; on that see Keaveney 2003, 75–87.

challenged, although in this case documentary evidence is lacking. Most scholars reject Phaenias' and Neanthes' testimony.[137] | [229] The strongest argument against the historicity of their version is the silence of Thucydides.[138] In addition, the passage from Athenaeus shows that this list (as others) tended to be expanded.[139] It might speak for the correctness of the Phaenias tradition that we know from other sources that the Persian king did indeed donate cities in order to provide clothes, but a clever falsifier could also have been aware of this.[140] Again, the absence of the two cities in Thucydides may be accounted for by the fact that they were small and brought in insignificant revenues, and therefore, the historian may not have considered them worth mentioning.[141] They are both located in the Troad near Lampsacus and one source even speaks of Percote as being situated on the territory of Lampsacus.[142] So one may argue that Thucydides has limited himself to mentioning the principal town of the Troad. The Troad is located onshore opposite Lesbos, and there is no reason to doubt that Phaenias was familiar with this area. If this were not a matter of course, one could point to F 40 in which Phaenias mentions the use of soil for the cure of eye diseases in Eresus and the area of Neandria in the Troad. It is thus possible that in F 34 Phaenias transmits local traditions. Needless to say that this does not imply that those were necessarily historically correct.[143] People were proud of Themistocles' presence, as our sources prove for Magnesia and Lampsacus. So they remembered

---

137 Against historicity: Podlecki 1975, 104; Lenardon 1978, 149; Engels 1998a, 341–342; Keaveney 2003, 73–74; Marr 1998, 155; for historicity: Sancisi-Weerdenburg 1988; Piccirilli in: Carena – Manfredini –Piccirilli 1983, 278–279 (implicitly); Briant 1985, 58; 60; Nollé – Wenninger 1998–1999, 30 n. 4.
138 The arguments of Keaveney 2003, 73–74 are not compelling.
139 Cf. Marr 1998, 155; Engels 1998a, 342 thinks that Phaenias "wanted to improve this authoritative narrative by giving additional detail."
140 See e.g. Xen. *An.* 1,4,9; Hdt. 2,98,1 with Briant 1985; Sancisi-Weerdenburg 1988; 373; Nollé – Wenninger 1998–1999, 52–56; cf. Marr 1994.
141 Thus Nollé – Wenninger 1998–1999, 30 n. 4; their second argument is less convincing: "Vielleicht gab es auch ideologische Vorbehalte gegen die Vorstellung, Themistokles habe persische Kleidung getragen." In this case one would expect to find this argument in the extensive anti-Themistoclean tradition.
142 *Schol. Hom. Il.* 11,229; be that as it may, Percote was the neighboring city of Lampsacus; the tribute paid by Percote as a member of the Delian League was small, which shows its insignificance; cf. Ruge 1937, 863. Palaescepsis was south of Lampsacus and not situated on its territory. On the difficulty of localizing it and the possible existence of two cities of this name, see Radt 2002–2011, VII 495–496 with reference to Cook 1973, 302–304.
143 We do not know if Neanthes agreed with Phaenias after having checked his claim on location (as he often did) or only reported Phaenias' tradition (which in later tradition became "Neanthes and Phaenias say").

having been part of his fiefdom – or may have | [230] invented this to spice up the history of their city.¹⁴⁴ So here too, we cannot decide for sure whether our author is correct, but the arguments against historicity seem to be somewhat better founded. If any bias is to be detected in F 34, it is likely to be sympathy for Themistocles: he was held in even greater honor by the king than according to the classical report of Thucydides.

5.4.3 Fragment 31

Phaenias is the only author to claim that before the battle of Salamis three noble Persians, sons of Xerxes' sister Sandake, were sacrificed to Dionysus Omestes. The enraged Athenian mariners are said to have forced Themistocles to carry out such a sacrifice against his will, as the prophet Euphrantides had demanded it on account of a divine sign. The historicity of this event is contested by the majority of scholars mainly for three reasons:[145]
1) Aeschylus and Herodotus do not mention it.
2) According to Plu. *Arist.* 9,2 the three Persians were caught on the island of Psyttaleia, an island that was conquered only after the battle, as Aeschylus and Herodotus report.[146]
3) Several details of the sacrifice are in disagreement with Greek cult practice, and it is incomprehensible why the Persians should have been sacrificed to Dionysus Omestes, a god not worshipped in Athens, but incidentally in Phaenias' homeland Lesbos.[147]

The latter point deserves more attention. Ancient authors believed in human sacrifices in the cult of Dionysus Omestes or Omadios.[148] Euelpis of Carystus, an author of uncertain date, relates that on Chios and Tenedos men were dismembered in honor of Dionysus Omadios in the past (ἔθυον: imperfect, thus regularly).[149] When Aelian speaks of the sacrifice of a calf for Dionysus Anthroporrhaistes on

---

144 On the 'afterlife' of Themistocles in Magnesia until Imperial times, see Nollé – Wenninger 1998–1999.
145 See Henrichs 1980, 210–224; cf. Engels 1998a, 333–334; Graf 1985, 74–80; Hughes 1991, 111–115; [Lebreton 2009, 194–198]. Bonnechere 1994, 288–293 remains undecided.
146 Aeschyl. *Pers.* 441–464; Hdt. 8,95; cf. Henrichs 1980, 210–211 with n. 1.
147 [Engels 2015, 311, following Lebreton 2009, 198, regards this as an argument that Phaenias invented the story.]
148 On the following, see Graf 1985, 74–80.
149 Euelpis, FHG IV 408 = Porph. *Abst.* 2,55.

Chios that was regarded as a substitute for a human sacrifice, he probably refers to the same cult.[150] For Lesbos, Alcaeus attests a common cult of Dionysus | [231] Omestes, Zeus and Aeolian Hera.[151] This must refer to the sanctuary of the Lesbian amphictiony in Massa. Graf rightly associates the report of a certain Dosiadas, who probably lived in the first half of the 3rd century B.C., with this cult. He claims that on Lesbos humans are sacrificed to Dionysus (προσάγειν ... λέγει, i.e. at his time).[152] Thus even some 100 years after Phaenias, at least one author believed in the existence of such sacrifices on Lesbos. Graf and others, however, rightly exclude the existence of an institutionalized human sacrifice as part of this cult in historical times. Rather there must have been a sacrifice that was interpreted as its substitute.[153]

Following Henrichs, Graf thus concludes that Phaenias has transferred an element of a cult from his island to the Themistocles legend.[154] Engels, too, speaks of an invention by Phaenias, but one for which the planned but not executed human sacrifice before the battle of Leuctra may have served as a model.[155] The arguments adduced recently by Grünewald in favor of the historicity of the event rather expose the fiction, above all the fact that Themistocles is depicted in a similar way as Agamemnon in Euripides' *Iphigenia at Aulis*.[156] This can be regarded as a hint that this tragedy served as a source of inspiration for our story. The fact that the terminology of sacrifice in Phaenias is more literary than taken from actual cult practice, and seems to show influence of tragic diction, also points in this direction.[157]

---

150 Ael. *NA* 12,43; this interpretation in Henrichs 1980, 222 with n. 6 and esp. Graf 1985, 77.
151 Alcaeus F 129,9 Lobel – Page.
152 Dosiad., FGrHist 458 F 7; cf. Graf 1985, 76; on the date of Dosiadas, see Jacoby's introduction to his commentary on Dosiadas (p. 330–331), and now Bertelli, on BNJ 458 (Biographical Essay). For the identification of the cult in Alcaeus with that in the sanctuary of the amphictiony, see Graf 1985, 75 n. 15.
153 Graf 1985, 77. Graf does not address the problem that Dosiadas uses the present tense. Henrichs 1980, 223–224: "It follows that the worship of Dionysos the Raw-Eater was restricted to the earliest periods of Greek religion, and regionally confined to Lesbos and two adjacent islands." It is possible that Dosiadas made a mistake and spoke of human sacrifice in his own time although only substitution sacrifices were brought. Something similar we find in the tradition on the cult of Zeus Lykaios.
154 Henrichs 1980, 221–223; Graf 1985, 76; [Lebreton 2009, 197–198].
155 Engels 1998a, 335–336.
156 Grünewald 2001.
157 That was seen by Henrichs 1980, 239.

Interpreters differ about the reasons for the invention and its function within Phaenias' account. Laqueur speaks of hostility towards | [232] Themistocles without going into details.[158] Wehrli wants to discover a link with Themistocles' sojourn in Persia. The mother of the slaughtered men, the king's sister, tried in vain to take vengeance on Themistocles, as we learn from Diod. 11,57,1. The story of the sacrifice is thus thought to have had the function of showing "what resistances had to be overcome before the conciliation of the Persian king and his former enemy."[159] For Engels, Phaenias presents Themistocles as a man "who at the moment of crisis gives way to the brutal and irrational emotions of the masses. Although Themistocles disdained the barbarian practice (...) he is unable to prevent such a cruel ritual."[160] But Engels also emphasizes that the initiative was taken by the prophet. Henrichs sees a pro-Themistoclean tendency in the story. It "was designed to illustrate the humanity of Themistokles, who opposed it (...), and the depravity of the Athenian mob who carried it out."[161] Muccioli argues that the impossibility to prevent the sacrifice legitimized Themistocles' behavior in the eyes of Plutarch and probably also of Phaenias. Thus, here again, he does not detect a hostile attitude towards Themistocles.[162]

Muccioli also discusses the religious aspects of the sacrifice as far as Plutarch is concerned. Plutarch speaks of an irrational act of the people, "as so often happens at moments of crisis." This explanation seems to be an addition by Plutarch to the story, as it reflects a typical Plutarchean pattern of thought.[163] Muccioli emphasizes Plutarch's uncertainty regarding the necessity and effectiveness of human sacrifices. On the one side, he detests them as barbarian, on the other side, he is uncertain whether, when executed on demand of a higher being, they sometimes lead to the desired effect, or not. Plutarch tends to | [233] admit the influence of evil demons to whom such sacrifices have to be brought, and Dionysus, as

---

158 Laqueur 1938, 1577.
159 Wehrli 1967–1978, IX 35: "Diese Erzählung (scil. in Diodorus) ist eine Variante derjenigen des Ph[ainias] und will wie jene zeigen, welche Widerstände bei der Aussöhnung zwischen dem Perserkönig und seinem einstigen Feinde zu überwinden waren." Wehrli is followed by Cooper 1995, 330–331.
160 Engels 1998a, 333; [cf. 2015, 310–311].
161 Henrichs 1980, 215 n. 1.
162 Muccioli 2008, 472; still another interpretation in Hughes 1991, 114–115: "Thus I am inclined to agree with Peter Green, who attributes the story to 'an anonymous Athenian propagandist'. A story first designed to attack Themistocles was later converted artfully by Phaenias to illustrate his humanity." (p. 115).
163 On the Plutarchean character of this idea, see Muccioli 2008, 471–472 with references.

Muccioli points out, is a demon and not a god for Plutarch.[164] This interpretation seems to me fully convincing.

Muccioli, however, does not address the question how Phaenias may have assessed the religious aspects of the sacrifice. And indeed, we do not know anything from other sources about Phaenias' views on human sacrifice. We are better informed about those of his friend and fellow Peripatetic Theophrastus. In *On piety*, Theophrastus opposes them as aberrations in the cult of the gods. However, the human sacrifices he discusses there are different from the one in Phaenias. They are first fruit offerings to the gods of what serves as food. Unfortunately we ignore what he thought about such sacrifices for demons. But we do not know anyway whether Phaenias regarded Dionysus as a demon; he probably did not, as Dionysus was one of the three major deities of the island. Roughly contemporary with Theophrastus and Phaenias is a fragment of Asclepiades of Cyprus in which he describes a human sacrifice in Syria in early times as a sacrifice that had to be performed of necessity.[165] The idea that a higher being may demand such a sacrifice is thus not alien to the 4th century B.C. All this evidence does not help much, and the only key to Phaenias' assessment of this sacrifice is the text of the fragment under discussion. It is the identity of the deity to whom the men are sacrificed that makes it unlikely that Phaenias wanted to discredit Themistocles by this story. We have here an invented story, found in an author from Lesbos, in which one of the main gods of his island demands a human sacrifice according to the interpretation of the prophet. Since Phaenias does not claim that the prophet misinterpreted the divine sign, the sacrifice obviously led to the desired result, and the Greeks were not punished by the gods for committing such a horrible deed, in Phaenias' view, Dionysus really must have ordered it, and the interpretation of the sign by Euphrantides must have been correct. In this reading, the Lesbian god becomes the helper of the Greeks, and as such responsible, and maybe even exclusively responsible for the Greek victory. It should not be seen as a negative point that Themistocles did not realize the necessity of the sacrifice himself. His resistance is meant to show his humanity, as Henrichs rightly notes. It | [234] is striking that Phaenias (or only Plutarch?) does not make it explicit that the Persians were slaughtered and burnt. He only states that the sacrifice was carried out,[166] which plays down the active role of Themistocles. This too, points to a positive assessment of Themistocles in this situation.

---

164 Muccioli 2008, 472–473.
165 Asclep. Cypr., FGrHist 752 F 1; with Schorn 2009.
166 See Engels 1998a, 333.

In conclusion: The story seems to be an invention of Lesbian provenance with the intention to claim a contribution of their god to the Greek victory.[167] Themistocles appears as humane, but submitting to necessity. Here as in the following story, one of his main characteristics becomes visible: he has a goal that he wants to reach at all costs. Thus he is disposed to do things that are normally unacceptable. He could not oppose the Athenian mob, so he had to carry out the sacrifice. Otherwise he would not have been able to put his strategy into action. I have no doubt that Phaenias regarded the victory of the Greeks over the Persians as a goal that justified such an extraordinary measure.

5.4.4 Fragment 30

The story of Themistocles' bribing and blackmailing Architeles has almost certainly been invented on the basis of elements in Herodotus and Thucydides: one is the bribery of the Spartan Eurybiades and the Corinthian Adimantus in the same historical situation in Herodotus,[168] the other is the blackmailing of the captain of the ship that carried Themistocles on his flight to Asia in Thucydides.[169] Thus Phaenias' version combines elements of two classical accounts in order to create a new story that is more spectacular than the existing tradition. In addition, some anachronisms reveal the forgery.[170]

The main problem with this story, however, is to establish what exactly Phaenias reported. In Herodotus, the Euboeans fail to convince the Spartan Eurybiades, the commander-in-chief of the Greek sea | [235] forces, to fight at Artemisium as he wants to withdraw to the Peloponnese out of fear of the enormous number of the Persian ships. At this moment Eurybiades has not yet been notified about the plan of the Persians to surround the Greeks. To save their island, the Euboeans bribe Themistocles with 30 talents, and Themistocles, for his part, bribes Eu-

---

167 Engels 1998a, 333: perhaps from Ctesias' *Persica*.
168 Hdt. 8,4–5; Engels 1998a, 330: "P[hainias] probably invented the second story about Themistokles and Architeles as an elaboration (or as a double) of the well-known story in Herodotos about Eurybiades and Themistokles." Cf. Wehrli 1967–1978, IX 35: "eine noch reicher ausgeschmückte Parallele zu der von Herodot 8,5 erzählten Bestechung des Eurybiades und des Korinthers Adeimantos." Against the historicity of Phaenias' story also Podlecki 1975, 104; Marr 1998, 89.
169 Thuc. 1,137,2; cf. Plu. *Them*. 25,2.
170 On the terms 'trierarch', 'sacred state trireme' and the payments for the mariners, see Frost 1980, 107; Marr 1998, 89.

rybiades with five talents. When the Corinthian commander Adimantus still refuses to fight, he too receives a bribe of three talents from Themistocles. The rest of the Euboean money he keeps for himself. In *De Herodoti malignitate*, Plutarch protests against the claim that the Greeks would have planned to flee and only fought because of the Euboean money.[171] Piccirilli and Muccioli argue that in the *Life of Themistocles* Plutarch reports first Herodotus' version according to which Themistocles bribed Eurybiades, but then chooses that of Phaenias as it is less hostile against Themistocles.[172] The problem with this reading is that Plutarch does not oppose Herodotus' story in this chapter and does not show any preference for Phaenias either. Let us have a closer look at the structure of the passage. Having stated that Themistocles, by leaving the command to the Spartans, seems to have done more to save Greece than anyone else, he speaks about Eurybiades' fear and intention to retreat to the Peloponnese. Contrary to Herodotus, in whose report Eurybiades' main incentive is fear, here the Spartan has a very good reason to be terrified and to sail away as he is informed about the Persian strategy to surround the Greeks. When the Euboeans hear about his plans they send Themistocles "large sums of money" which he hands on completely to Eurybiades. That, as Plutarch states, is reported by Herodotus. But his claim is only true for the main line of the story. The biographer has changed it in two important respects:[173] First, Eurybiades has a good reason for retreat, and second, Themistocles does not keep any of the bribe | [236] money for himself. In doing so, Plutarch modifies the tendency of the story in Herodotus, whose main intention is to show that Themistocles was corrupt. After this report follows the excerpt from Phaenias (7,6–7). Thus concerning the structure of the story, Plutarch follows Herodotus with the difference that instead of the Corinthian Adimantus, the Athenian Architeles is bribed or rather blackmailed.[174] If we read the whole passage in Plutarch without Herodotus at the back of our mind, we get the impression that Themistocles must have used his own money to pay the one talent to Architeles as he had given the whole

---

[171] Plu. *Her. mal.* 34 p. 867b–c; cf. Frost 1980, 106.
[172] Piccirilli in: Carena – Manfredini –Piccirilli 1983, 240–241: "secondo Plutarco, Temistocle, ricevuto il denaro dall'euboico Pelagonte, lo fece accettare con un'inganno ad Architele (…) non c'è dubbio che il biografo, pur conoscendo la versione erodotea, le preferì quella di Fania (F 24 W²), in quanto meno sfavorevole a Temistocle"; Muccioli 2008, 470: "Significativamente il biografo prima ricorda il racconto di Erodoto, ma subito dopo gli preferisce quello di Fania, in cui è contenuto l'episodio relativo ad Architele, racconto sicuramente meno ostile all'Ateniese e in linea con il pensiero plutarcheo."
[173] The theory of Fernández Nieto 1994, 661 about the genesis of this passage makes things unnecessarily complicated.
[174] Cf. Frost 1980, 107.

sum received from the Euboeans to Eurybiades. That means that both briberies are interpreted by Plutarch in favor of Themistocles. His strategy is efficient, as history will show, and he does everything to put it into practice. So Plutarch adds the second story from Phaenias, because "like the previous story, it portrays Themistocles as employing dubious means, not to enrich himself, but to secure a desirable objective for the Greeks as a whole," as Marr rightly puts it.[175]

The question we have to ask now is whether this positive reinterpretation of the events was already present in Phaenias. Did he, like Herodotus, mention the bribery of Themistocles by the Euboeans or only that of Architeles by Themistocles? If Themistocles received money from the Euboeans, did he keep the lion's share for himself (as in Herodotus) or not (as in Plutarch)? Since Plutarch has been shown to have manipulated the account of Herodotus, we have to be aware of this possibility with respect to the Phaenias version as well. If Phaenias' account corresponded to that of Herodotus with the exception that Adimantus was replaced by Architeles,[176] he has even increased the meanness of Themistocles' behavior. He is corrupt, keeps the lion's share of the money for himself and, instead of bribing a Corinthian, he blackmails a fellow Athenian. So he is even more unscrupulous than in Herodotus.[177] If the story instead corresponded to that in Plutarch or if Phaenias did not even mention the bribing by the Euboeans, and had Themistocles give his own money to Architeles in | [237] order to be able to put his strategy into practice, Phaenias presented Themistocles in a positive light. Thus Plutarch's account allows a pro-Themistoclean as well as an anti-Themistoclean reconstruction of the story in Phaenias, and I do not see any possibility to decide on the basis of Plutarch's text which one is to be preferred.

5.4.5 Fragment 32

Thus the image of Themistocles in Phaenias seems to depend mainly on F 32, which shows Themistocles in conversation with the chiliarch Artabanus after his flight to Persia. This conversation is a prelude to the encounter with the king himself. Reasons of language and content make it probable that Plutarch has also

---

[175] Marr 1998, 89; cf. Muccioli 2008, 470: Themistocles is not corrupt in Plutarch.
[176] Thus Bodin 1917, 151–152.
[177] Cf. Wehrli 1967–1978, IX 35 (quoted above, n. 168); Engels 1998a, 331: "Obviously, P[hainias] has brought an element of malice into his picture of Themistokles." [Cf. Engels 2015, 308–310.] Differently Bodin 1917, 152.

drawn on Phaenias for his account of this second conversation.[178] What Themistocles did during his exile in Persia was a crucial part in every presentation of Themistocles' life in antiquity. As a historical fact, the sojourn had to be taken into account by friends and foes of the Athenian, and it is especially this episode that shows the overall picture that an author had of Themistocles.

In the meeting with Artabanus which Plutarch reports with reference to Phaenias (and in the meeting with the king, probably from the same source), Themistocles appears as rhetorically and diplomatically skilled, and the detailed and colorful description of the event does not show any contempt for Themistocles' behavior. He is neither blamed for defecting to the enemy nor for accepting *proskynesis*.[179] He is rather represented in a positive manner by Plutarch.

If Plutarch, therefore, for the better part of his account, follows Phaenias for these events, this is a clear sign that in his source the same or a similar tendency was found. Plutarch was able to make use of various pro-Themistoclean authors for this episode, e.g. Ephorus whom he often uses as a source and on whom Diodorus probably | [238] relies in his chapter on Themistocles.[180] So why should he have used a tradition hostile to his hero and reworked it in a way to make it fit his own ideas of the Athenian? Furthermore, there is no other author Plutarch refers to more often in his *Life of Themistocles* than Phaenias, and he never does so in a polemical manner. This too, points to a tendency similar to Plutarch's. If, as generally assumed, the conversation between Themistocles and the king also goes back to Phaenias, the Eresian had offered a religious legitimation for the flight to Persia: the vision of Olbius and the oracle of Zeus at Dodona had ordered Themistocles to go there.[181] All of this points to a positive appraisal of this period of Themistocles' life by Phaenias.

Unfortunately, we do not know what Phaenias reported about Themistocles' death. In the pro-Themistoclean version of the legend he commits suicide in order

---

178 Thus the *communis opinio*, see Bodin 1915, 268; Laqueur 1938, 1567–1576; Wehrli 1967–1978, IX 36; Frost 1980, 209–212; Engels 1998a, 338 (implicitly); Cooper 1995, 331; [2015, 259–260]; Marr 1998, 147; Muccioli 2008, 474. Unlike Thucydides, Phaenias had probably Themistocles meet Xerxes, not his successor Artaxerxes, to make the story more spectacular, as most interpreters believe; see e.g. Wehrli 1967–1978, IX 36; Cooper 1995, 331–332 with n. 37; [2015, 258–261]. That is only an insignificant anachronism, which does not show carelessness in chronological matters. Even today there in no certainty on this question.
179 See Muccioli 2008, 473–476 on Plutarch's tendency; cf. Bodin 1915, 266–268. Differently Engels 1998a, 338–339: "Themistokles is described by P[hainias] as a traitor to the Hellenic cause and a political turncoat"; [cf. 2015, 312–313].
180 Thus e.g. Bodin 1915, 257–258; Podlecki 1975, 92–100; Marr 1995, 159.
181 Plu. *Them*. 28,5; cf. 26,2–3.

not to be forced to march against Greece and compromise his fame. That means that he lied to the king when he promised to make his empire bigger, i.e. to conquer Greece. Plutarch accepts this version also, and claims to have found it in most of the sources. It may have been the version of Phaenias as well and would have fitted excellently his assessment of the Athenian.[182] Lying for the good cause was acceptable for Phaenias as F 26 and possibly F 30 and F 37 show. We need not be surprised about such an attitude towards lying. It is perfectly in line with Peripatetic doctrine.[183]

Plutarch recognizes Themistocles' weaknesses, but evaluates him positively as the savior of Greece, and as a person unduly prosecuted after his heroic deeds. It is characteristic of his Themistocles that he does not shy away from mean and dubious actions to reach his goals. As Plutarch approves of his goals, he accepts the means. In all likelihood the picture in Phaenias was very similar.[184] Thus the central | [239] points of Muccioli's analysis are confirmed. It is remarkable that the author of a critical work on tyrants did not present a more negative picture of a man who, as the lord of Magnesia, has to be regarded a tyrant in that phase of his life.[185]

Two fragments of Theophrastus on Themistocles, also quoted in Plutarch's *Life of Themistocles*, seem to support this interpretation.[186] In the first, Themistocles is said to have urged the Greeks at the Olympic Games to destroy the tents of the tyrant Hieron of Syracuse, and to exclude his horses from the competition. In this fictitious story Themistocles appears as an enemy of tyrants and a champion of Greek freedom. In the second fragment we read that Themistocles owned 80 talents at the time his property was confiscated. Yet before entering politics, he had possessed less than three talents. This report is at least exaggerated. Its intention was probably to suggest illegal enrichment.[187] In a third fragment, preserved on papyrus, no clear bias can be discerned. It reports that on his flight

---

182 The legend of the suicide in Plu. *Them.* 31,4–7. It was already known to Thucydides (1,138,1) who did not believe it; an allusion in Aristoph. *Eq.* 80–84 (produced in 424 B.C.). By committing suicide, Themistocles saves Greece for the second time in Diod. 11,58,2-3. On the legend of the suicide, which was probably spread early by Themistocles' relatives, see Marr 1995, 163–164; 1999, 161; Nollé – Wenninger 1998–1999, 30–33.
183 See Zembaty 1993; cf. the commentators on Aristot. *EN* 4,13: Apostle 1975, 254 (n. 5 on 4,13); Zanata 1986, 517–518 n. 9; Bodéüs 2004, 215 n. 1.
184 Thus Muccioli 2008. Bodin 1915, 280 calls Phaenias an "apologist."
185 On the 'tyrannical' character of his rule, see Nollé – Wenninger 1998–1999, 59.
186 Plu. *Them.* 25,1 and 25,3 = 612–613 FHS&G. The first text is from *On Kingship*.
187 Against the historicity of the two stories, see Marr 1999, 143; 146–147; Piccirilli in: Carena – Manfredini –Piccirilli 1983, 272; 275; on that of the first one, see also Mirhady 1992, 137–138.

Themistocles came to Corcyra, being a benefactor of the city. As arbiter in a dispute between Corcyra and Corinth he had adjudged 20 talents to Corcyra. The historicity of this story is doubtful.[188] Thus in Theophrastus' picture of Themistocles we equally find positive and negative aspects – as well as historically very problematic accounts.

5.4.6 Fragment 26

The fact that Solon is depicted as 'Themistoclean' in this episode, because he is lying to the competing parties in Athens in order to save the city, is the result of a collage technique comparable to the transferal of narrative elements from one story to another, which we find in other fragments of Phaenias: the Athenian is characterized with a trait of another savior of the city, Themistocles.[189] | [240]

5.4.7 Concluding remarks

What we learn from the fragments on Solon and Themistocles about Phaenias as a biographer and a historian is in line with what we have seen before and supplements the picture: Phaenias transmits mostly singular pieces of information, some of which are related to the area he comes from (mother of Themistocles; human sacrifice; revenues of Themistocles). The ways in which the surely unhistorical reports are fabricated are well-known from biographical and historical literature: combination of elements from existing stories, to make the new one more

---

[188] P. Oxy. VII 1012, fr. 9 col. II 23–34 = 611 FHS&G (from Περὶ καιρῶν); cf. Plu. *Them.* 24,1 (probably from Theophrastus). On the problems of historicity, see Mirhady 1992, 135–137. Piccirilli in: Carena – Manfredini –Piccirilli 1983, 270 accepts the story as historical.

[189] On Solon's 'Themistoclean' character in this fragment, see Wehrli 1967–1978, IX 34; Piccirilli in: Manfredini – Piccirilli 1995, 178; Muccioli 2008, 467. I would exclude that Phaenias did not approve of Solon's behavior and that he had a negative view of the Athenian. I am thus in disagreement with Leão 2003–2004, [followed by Engels 2015, 301,] who speaks of a "Dark Side of Solon's Political Activity" and sees in the Phaenias fragment evidence for an anti-Solonian tradition at the end of the 5th century B.C. In the case of Solon's lying too, it is the result that counts; on Phaenias' positive evaluation of Solon, see e.g. Engels 1998a, 322. David 1985, accepts Phaenias' explanation as historically correct; similarly Piccirilli in: Manfredini –Piccirilli 1995, 178–179. I do not exclude that Solon did indeed act in this way, but I do not think it is likely that Phaenias had authentic information about this at his disposal. Like David in his article, he may have come to this conclusion on the basis of considerations of plausibility.

spectacular than preceding versions (Architeles), pure invention made plausible and thrilling by the use of local color and tragedy (human sacrifice), free rhetorical elaboration of a novelistic topic (Themistocles meets Artabanus), characterization of one person with character traits of another (Solon). Under these circumstances it is difficult not to detect in F 34 on the cities bestowed upon Themistocles by the Persian king another current element of fictitious stories, viz. the expansion of an existing list.[190] Considering all that, the tradition on Themistocles' mother in F 29 does not inspire much confidence. We get the impression that Phaenias employed local color to give credibility to invented stories.

Not much can be said about Phaenias' possible sources for all these stories. We can only be sure that whoever made up the story in F 30 used Herodotus and Thucydides, but less as sources of information than of inspiration for a new story.[191] By the 4th century, Themistocles had become a novelistic figure, and what we read in Phaenias and Theophrastus is indeed a novel.[192] | [241]

As for the evaluation of Phaenias as a narrator, it has become apparent that the perspective of the fragments is purely biographical, historical events only providing the frame for the characterization of his heroes Themistocles and Solon.[193] This can be due to the fact that the fragments have been preserved by a biographer, but that need not be the case.

The remaining historical and biographical fragments do not significantly change the picture. I will not dwell on *On the tyrants of Sicily* and *Tyrants killed in*

---

190 One may compare e.g. the lists of cities in which Alcibiades showed his chameleon-like character: Plu. *Alc.* 23,3–6; *Quom. adul. ab amic.* 7 p. 52d–e; Nep. *Alc.* 11,1–6; Satyr. F 20 Schorn with Schorn 2004, 404–405.
191 In modern literature one can sometimes read of Ephorus and Ctesias as Phaenias' sources; see e.g. Bodin 1917, 154; Cooper 1995, 324. This however rests on the uncertain results of *Quellenforschung*.
192 It is telling that Plutarch uses similar words to characterize both authors. He calls Phaenias an ἀνὴρ φιλόσοφος καὶ γραμμάτων οὐκ ἄπειρος ἱστορικῶν (*Them.* 13,5 = F 31) and speaks of Theophrastus as of an ἀνδρὶ φιληκόῳ καὶ ἱστορικῷ παρ' ὁντινοῦν τῶν φιλοσόφων (*Alc.* 10,4 = F 705 FHS&G); on that see Muccioli 2008, 461–463. Cooper 1995, 325 points out that Phaenias is characterized in this way in order to legitimize the inclusion of the story about the human sacrifice. Muccioli 2008, 462 concludes from the similar characterizations to similar methods of historical-biographical research in both authors. I agree with that in principle but I would rather speak of a similar levity (from a modern point of view) in both authors as to historical and biographical information.
193 See Bodin 1915, 270; cf. Engels 1998a, 328.

revenge. They seem to have been historical monographs with a strong biographical element, rather than biographies.[194] F 16 shows how rich in detail and digressions Phaenias' work on the Sicilian tyrants must have been, since he talked there about votive offerings in Delphi from the heroic age and by Lydian kings.[195] It is worth mentioning that he uses inscriptions on these objects to reconstruct the change of the material out of which the offerings in Delphi were made, and that he even quotes them *in extenso*. For all this we find parallels in biography and history of his time. Maybe he also referred to Theopompus in this context, but the combination of the quotations from Phaenias and Theopompus in F 16 may be the result of contamination by our source author Athenaeus.[196] It is a matter of discussion whether the inscriptions that Phaenias quotes could really have existed on votive offerings in Delphi.[197] Be that as it may, their | [242] use does not necessarily presuppose a visit to the place, [but such a journey should not be excluded either. Delphi was a place many upper-class men would have visited at least once in their lifetime. Thus Phaenias, too, may have done so.] Rare historical and antiquarian learning is frequent in the fragments of Phaenias' books on tyrants.[198] The description of the tyrants seems to employ the standard topoi. In F 20 we find an instructive example of a story that has been embellished by elements of another one:[199] in the etiological[200] story about the murder of the tyrants

---

194 On the 'genres', see Wehrli 1967–1978, IX 30. [A so far neglected *testimonium* of one of these two works in Phld. *Rhet*. VII, P. Herc. 1004, col. 67; see Erbì 2009, 123; 131–132; Dorandi 2016. The new text does not contribute to a better understanding of Phaenias as a historian.]
195 Here it is difficult to decide what comes from Theopompus and what from Phaenias; cf. Wehrli 1967–1978, IX 30; a plausible separation of the material in Schütrumpf 2015, 346–347.
196 Cf. Zecchini 1989, 53 [and Cooper 2015, 266–267] (Theopompus quoted by Phaenias); more cautious are Chávez Reino – Ottone 2007, 161–165 (with interesting remarks on the style of the Theopompus fragment).
197 See Page 1981, 423 on the first epigram (= nr. 117 Page, FGE): "There is no reason to doubt that an object bearing this inscription was to be seen at Delphi; Phaenias lived in the second half of the fourth century B.C., and it is noteworthy that such bogus inscriptions existed at Delphi already in his time." The second epigram is also preserved in *AP* 6,49.
198 Esp. F 18–23, F 28 and F 35. One can add the paradoxographical fragments: F 39–40.
199 Under the condition that Phaenias told the story as we read it in Parthenius (7). But the so-called 'manchettes' rather seem to indicate parallels than sources of the accounts we read there; on the problem, see Lightfoot 1999, 246–256.
200 On the etiological character, see Wehrli 1967–1978, IX 32; Engels 1998a, 304. Cf. Lightfoot 1999, 407–410; she concludes her comparison between this story and that of Harmodius und Aristogeiton with the words: "Thus it is an anaemic version of the older story, purged of its complications of plot and of outcome, and with the characters raised to a greater level of simplicity."

of Heracleia, elements of the legend about Harmodius and Aristogeiton are included.

Too little is unfortunately preserved of Phaenias' description of the deeds of Chairon, a former Academic philosopher and later tyrant of Pellene (F 21).[201] He was a contemporary of Phaenias, which implies that the Eresian, had he wanted, could surely find first-hand information. But we do not know whether he did. Phaenias emphasizes his φιλοτιμία, as all other sources do. It is interesting that he classifies the claim that Chairon out of ambition attempted to found a city named after himself, as hearsay. Thus here he seems to have been cautious.

5.5 General conclusion: Phaenias as a biographer and a historian

It is not easy to come to a general conclusion about Phaenias as a biographer and historian. It has to be based on the assumption that our source authors have rendered more or less correctly what he had written, and that the transmitted fragments are to a certain extent representative of the character of his works. When much information is preserved on a single topic, as it is on Themistocles, that may be expected to be the case, but we have also seen that Plutarch, our most |
[243] important source author, ascribes to Herodotus a story that only in part corresponds to what he had actually written. Thus in the following, many statements cannot claim more than a certain degree of probability.

Phaenias had a broad range of interests, something that is not uncommon in the 4th century B.C.: various areas of philosophy, doxography, natural science, all three areas of biography (politicians, poets, philosophers), and history. As already seen by Bodin, he was not interested in revealing causalities in history – apart from the causality 'murder of tyrants out of revenge' – but in the events themselves, and especially in the protagonists. In our texts the biographical therefore dominates the historical.[202] His chronicle shows the same tendency. It was a collection of facts (sometimes biographical facts) listed on the thread of

---

[201] The most important text on Chairon has been preserved by Philodemus' *Index Academicorum* (col. XI–XII) with quotations from Hermippus and Phaenias. The only safe basis for an interpretation is Dorandi's edition (1991). Gaiser's reconstructions (1988) are castles in the air and should be ignored. [A new edition with commentary of the excerpt from Hermippus in Verhasselt 2015.]
[202] Thus already Bodin 1917, 155.

eponymous magistrates, reporting single events rather than describing historical structures.

The numerous characterizing anecdotes and the psychological interest of our author were also already noticed by Bodin.[203] However, contrary to what Bodin thought, Phaenias is not the inventor of the characterizing anecdote. Earlier authors such as Stesimbrotus, Ion of Chios, and Herodotus already characterized individuals in this way. Judging from the longer fragments, Phaenias' works were exciting reading, on occasion even spectacular and flavored with recondite erudition, unknown details, and local color. His intention in writing about the lives of others seems to have been ethical although in most of the cases the limited number of fragments prevents us from discerning the details.[204] But the use of characterizing anecdotes and the topics he is interested in point in this direction (tyranny, luxury, *kalokagathia*, money, lies, sophistry etc.) and do not surprise in a Peripatetic philosopher.

Phaenias rarely mentions his sources. Once, for a doxographical report, he names Hippys of Rhegium, once he might have quoted Theopompus, and in two fragments he quotes or mentions inscriptions from Delphi and Heracleia. Biographical information is sometimes presented as hearsay, sometimes as a fact. There is no compelling evidence that he travelled in order to collect data, as did Neanthes and | [244] Aristoxenus among his contemporaries. [Only a trip to Delphi might be conjectured.] His chronological calculations seem to have been valuable and the result of painstaking research. They were so convincing that they were used by the author of the *Marmor Parium*.

The historical value of the fragments we have discussed is often surprisingly small. Nor is there any evidence that Phaenias consulted eyewitnesses when he wrote about persons of the recent past, as is regularly the case with other biographers and historians of the 4th century B.C. Information on poets and philosophers is sometimes gained by the method of Chamaeleon, while the influence of comedy is also possible in at least one of his stories. In the fragments about politicians and tyrants it is sometimes manifest that he tells stories that have been made up by using narrative elements of older stories with the tendency of making things more spectacular. All this makes singular pieces of information, of which the provenance and historicity are uncertain, suspect. It cannot be determined beyond doubt whether Phaenias found the fictitious stories in his sources or invented them himself. Some recurrent features in them, however, seem to point to

---

203 Bodin 1917, 156.
204 Cf. Wehrli 1967–1978, IX 30–33.

a single originator, Phaenias himself.[205] [That we can sometimes see the literary models used in such composition makes it somewhat unlikely that they were local oral traditions collected by our author. The local color we find in them may be then regarded as an element added to make the inventions more credible.] If this is correct, Phaenias' ways of 'acquiring information' were more or less those that are typical for biographers of later times and that have contributed to the negative image of the genre. Then, this way of working is not a symptom of decline of the genre, a consequence of the fact that biographers wanted to be innovative at a time when no authentic information on their subjects was available anymore. We rather have to admit that in the early years of biography in Greece, i.e. the 4th century B.C., one author already worked in this way, although he wrote at a time when reliable information was still available.

---

205 [Engels 2015, 307–311; 315–316, too, sees in Phaenias the inventor of the central stories on Themistocles: F 29 (Themistocles' mother); F 30 (blackmailing of Architeles); F 31 (human sacrifice).]

6 Die Pythagoreer im zehnten Buch der *Bibliothek* Diodors: Quellen, Traditionen – und Manipulationen

6.1 Einleitung

Die Bücher, mit deren Hilfe Diodor seine Bibliothek verfaßte, sind seit jeher ein Gegenstand kontroverser Quellenforschung. Vergleichsweise wenig wurde allerdings die Frage nach Diodors Quellen im fragmentarisch erhaltenen Kapitel über die Pythagoreer im zehnten Buch diskutiert. Daher ist es begrüßenswert, daß sich Aude Cohen-Skalli in ihrer soeben erschienenen kommentierten Ausgabe der Bücher 6–10 mit dieser Frage auseinandersetzt.[1] Liest man ihren Kommentar und daneben einen separat publizierten Aufsatz über die bekannte Erzählung von Damon und Phintias,[2] stellt man fest, daß für sie Timaios eine wichtige oder sogar die Hauptquelle des Berichts Diodors darstellt. Trifft dies zu, ist dies eine wichtige Erkenntnis. Denn es | [180] ist allgemein anerkannt, daß Timaios' Beschreibung der Pythagoreer, von der nur wenige Fragmente erhalten sind, eine der wichtigsten überhaupt gewesen sein muß. Denn er schrieb als Historiker über die Pythagoreer als Teil der Geschichte des griechischen Westens, so daß man ihm *a priori* gerne mehr Glaubwürdigkeit als Philosophen wie Aristoteles, Aristoxenos, Dikaiarchos und Herakleides Pontikos zugestehen möchte, die unsere anderen wichtigen Quellen zu diesem Thema darstellen.[3] Diese Identifizierung der Quelle überrascht allerdings. Denn es herrscht in der Forschung seit langem die Ansicht, daß wir es in Diodors Pythagoreerkapitel, soweit die Quellen für Einzelinformationen überhaupt zu identifizieren sind, vor allem mit der Tradition des Aristoxenos in mehr oder weniger überarbeiteter Form zu tun haben. In dieser Frage sind sich Eduard Schwartz, Johannes Mewaldt, Armand Delatte, Isidore Lévy, Kurt von Fritz, Walter Burkert und Leonid Zhmud einig, um nur die Verfasser der wichtigsten Diskussionsbeiträge zu nennen.[4] | [181]

---

1 Cohen-Skalli 2012.
2 Cohen-Skalli 2010, 543–583.
3 Vgl. von Fritz 1963, 177; Vattuone 1991, 212.
4 Schwartz 1903a, 679; Mewaldt 1904, 47–52, der S. 47 schreibt: „Diodori librum decimum ut nitentium laciniarum acervum appelles, Aristoxeni praecipue de Pythagora Pythagoreisque librorum fragmentis moveare – quamvis ab alio retractatis et obscuratis"; Delatte 1922b, 225; Lévy 1926, 87; von Fritz 1940, 22–26; Burkert 1972, 104 Anm. 36; Zhmud 2012a, 72 mit Anm. 47 (zuerst russisch 1994, dann deutsch 1997; Übersetzungen jeweils überarbeitet); weitere Autoren bei

In ihrem Aufsatz erklärt Cohen-Skalli, die Philologen, welche die Erzählung von Damon und Phintias untersucht haben, hätten bereits die Verwendung des Timaios durch Diodor bewiesen. In einer Fußnote fügt sie hinzu, Burkert sei, wie es scheint, der erste gewesen, der dies getan habe.[5] Bei Burkert lesen wir Derartiges allerdings nicht. Er erklärt lediglich, Diodor, Iustin und Apollonios seien „Timaios-verdächtig", das heißt, er hält es für möglich, daß dort *vielleicht auch* die Tradition des Timaios neben anderen Traditionen verwendet wurde. In der dazugehörenden Fußnote nennt er als einzige sicher nachweisbare Quelle Diodors Aristoxenos und fragt anschließend in Klammern: „ob schon Timaios Aristoxenos benutzte?". In der überarbeiteten englischen Übersetzung seines Buches ist der Text in Klammern verändert. Burkert schreibt nun zu den Quellen Diodors: „there is no distinctive trace of Timaeus"[6]. Auch in der Einleitung zu ihrer Edition von | [182] Diodors Buch 10 nennt Cohen-Skalli im Zusammenhang mit einigen Passagen Timaios als Quelle Diodors und dann ebenso an verschiedenen Stellen des Kommentars.[7] Von einer *communis opinio*, nach der Timaios eine wichtige Quelle in Diodors Buch 10 oder sogar dessen Hauptquelle sei, an die Cohen-Skallis Ausführungen denken lassen, kann aber keine Rede sein, nicht einmal davon, daß es irgendeine Tendenz dazu in einem Teil der jüngeren Forschung gäbe, dies zu erwägen. Man muß einige Jahre zurückgehen, bis man auf die These stößt, Timaios habe zu den (Haupt)quellen dieses Kapitels gehört. Gabriel Cobet schlug dies im Jahr 1878 vor, ohne dafür in der Forschung viel Anklang zu finden.[8]

Schorn 2014a, 313 Anm. 104 [= unten, S. 428 Anm. 111]. Wie die Anmerkungen unten zeigen werden, hat gerade Mewaldt oft das Richtige gesehen, wenngleich auch ihm nicht immer zuzustimmen ist. Leider wurde seine wichtige Dissertation wenig rezipiert, was wahrscheinlich auch darauf zurückzuführen ist, daß sie in einem manierierten Latein geschrieben ist, das nicht immer leicht zu verstehen ist.

5 Cohen-Skalli 2012, 571 mit Anm. 82 unter Verweis auf Burkert 1962, 93 mit Anm. 36.
6 Burkert 1972, 104 Anm. 36. Hingegen hat Cobet 1878, 433 ohne nähere Begründung Timaios als Quelle der Episode von Damon und Phintias angenommen; ihm folgt Bertermann 1913, 8. De Sensi Sestito 1991, 137: „Benché anche in questa sezione del libro X la presenza di Timeo sia generalmente ammessa, va tuttavia segnalato che coi suoi frammenti mancano in questo caso riscontri più o meno puntuali, mentre ne sussistono, per taluni episodi, con frammenti di Dicearco e soprattutto di Aristosseno". Die Wissenschaftler, auf die sie in Anm. 57 für die Präsenz des Timaios in dieser Sektion von Buch 10 verweist, sprechen nicht von dieser Sektion, sondern explizit von anderen Teilen von Diodors *Bibliothek* oder ganz allgemein von Timaios' Verwendung bei Diodor. Die Ausnahme stellt Burkert in der deutschen Fassung seines Buches dar, worüber oben das Nötige gesagt ist.
7 Cohen-Skalli 2012, 178–181. Für die Einzelstellen des Kommentars siehe unten.
8 Cobet 1878, 315; 321; 386; 433; zustimmend Bertermann 1913, 14–15 und *passim*; dagegen schon Lévy 1926, 87 Anm. 2.

Im folgenden will ich vier Punkte behandeln:⁹ | [183]
1) Ich werde die einzelnen Argumente Cohen-Skallis für die Verwendung des Timaios prüfen. Das Ergebnis nehme ich gleich vorweg: sie sind alle schwach oder nicht existent. Es gibt keinen Grund zu der Annahme, daß Timaios in mehr als marginaler Weise als Quelle für das Kapitel gedient hat.
2) Ich werde versuchen darzulegen, welche Quellen in dem Kapitel verwendet wurden. Hier werden die Ergebnisse der älteren Forschung weitgehend bestätigt, teilweise aber modifiziert. Eine neue Frage möchte ich dabei allerdings stellen, und darauf kommt es mir besonders an:
3) Wie ist Diodor, oder besser gesagt, der Autor, dem er dieses Kapitel entnommen hat, mit diesen Traditionen umgegangen, wie hat er sie selektiert, modifiziert und zum Teil bis zur Unkenntlichkeit verändert und warum? Ich bin mit der Mehrheit der Forschung der Meinung, daß Diodor dieses Kapitel nicht auf der Basis vieler Quellen geschrieben hat, sondern eine ihm vorliegende, wohl späthellenistische Pythagorasbiographie verwendet hat. Es geht daher nicht um die Quellen der *Bibliothek*, sondern um die Quellen des *Anonymus Diodori*, wie der Autor des Pythagoreerkapitels oft genannt wird.[10] Ich komme am Ende dieses Aufsatzes noch einmal auf die Frage zurück, warum wir von einem *Anonymus Diodori* auszugehen haben. Der Einfachheit halber spreche ich aber im folgenden oft von Diodor, auch wenn ich | [184] seine Quelle meine. Da ich von der Übernahme *einer* Quelle ausgehe, scheint es mir legitim zu sein, mich auf dieses Kapitel zu beschränken und die weiteren Erwähnungen des Pythagoras und der Pythagoreer in anderen Büchern Diodors außer Betracht zu lassen.
4) Bevor ich auf diese Fragen zu sprechen komme, scheint es mir lohnend zu sein, die Reihenfolge der Exzerpte, die das Pythagoreerkapitel bilden, einer erneuten Prüfung zu unterziehen. Sie ist unverändert von einer Edition zur nächsten tradiert worden, seit Müller die Fragmente dieses Buches für die Diodorausgabe Dindorfs von 1842 herausgegeben hat, doch scheint sie mir an einigen Stellen revisionsbedürftig zu sein.

---

9 Dieser Beitrag nahm seinen Ausgang von meinem oben, Anm. 4, zitierten Beitrag für Carl Huffmans *History of Pythagoreanism* [= Kap. 13 in diesem Band]. Für eine Diskussion dieses Detailproblems war dort kein Platz. Daher fasse ich dort lediglich kurz einige Ergebnisse der Quellenforschung zusammen und verweise auf diesen Beitrag. Einige Wiederholungen waren natürlich nicht zu vermeiden.
10 So wird der Autor oft genannt, z.B. in der Textausgabe von Thesleff 1965, 229–237.

Doch zunächst: Was ist in dem Pythagoreerkapitel zu lesen? Der Text Diodors enthielt eine Biographie des Pythagoras von seiner Zeit in Italien an oder mit einem Schwerpunkt auf dieser Zeit. Erwähnt wurden unter anderem seine Herkunft, die Bestattung des Pherekydes und seine Reise nach Ägypten. Einen breiten Raum nahmen die pythagoreische Ethik, die Erziehung der Bürger und verschiedene andere Aspekte der pythagoreischen Lehre ein: Seelenwanderung, Vegetarismus, Freundschaft etc. Auch die Geschichte der Pythagoreer nach Pythagoras wurde behandelt: der antipythagoreische Aufstand der Anhänger Kylons und das Schicksal zweier Pythagoreer, die dem Attentat auf das Haus der Pythagoreer in Kroton entkamen. Die Darstellung war enkomiastisch und diente als *exemplum* herausragender *arete*.[11] | [185]

6.2 Die Reihenfolge der Fragmente

Buch 10 der *Bibliothek* ist nicht vollständig erhalten, sondern nur über umfangreiche Exzerpte in den *Excerpta Constantiniana*. Durch diese Sammlungen besitzen wir ca. 11 Seiten Text des Pythagoreerkapitels. Ein Vorteil bei dieser Art von Fragmenten ist, daß es sich um so gut wie wörtliche Exzerpte aus dem Originaltext handelt, nicht um 'normale Fragmente', das heißt Zitate, die in eine neue Argumentation integriert sind und daher in unterschiedlicher Weise modifiziert sein können.[12] Ein weiterer Vorteil ist, daß die beiden Exzerptreihen, welche die Fragmente überliefern, die *Excerpta de virtutibus et vitiis* und die *Excerpta de sententiis*, die Reihenfolge des ursprünglichen Textes beibehalten, so daß es möglich ist, seine Struktur bis zu einem gewissen Punkt zu rekonstruieren. Allerdings zitieren beide Exzerptreihen in den meisten Fällen unterschiedliche Angaben, so daß man herausfinden muß, wo die Texte der einen Reihe in die andere einzufügen sind. Gelegentliche Überschneidungen stellen dabei willkommene Fixpunkte dar. Ein Nachteil bei dieser Art der Überlieferung ist, daß die Exzerptoren einen Fokus auf ethisch relevanten Passagen hatten, so daß die Auswahl einseitig sein kann.[13]

---

[11] Dies zeigt 10 F 27 C.-S. (= 10,12 V.) mit seinen theoretischen Reflexionen über die Funktion von Biographie in historiographischen Werken; siehe dazu Cohen-Skalli 2012, 170–174; 378–381 Anm. 52–53; [Schorn 2014c = Kap. 11 in diesem Band].

[12] Zu den Problemen, vor die Fragmente die Interpreten stellen, die über Zitate bei späteren Autoren im Rahmen von deren Argumentation erhalten sind, siehe die Bemerkungen von Schepens 2000 zum „cover text".

[13] Zu allen diesen Aspekten der *Excerpta Constantiniana* siehe Cohen-Skalli 2012, XXXII–XXXVI; 166–167; vgl. Schorn 2014b, 311–312 [= unten, S. 426–427].

Es erscheint mir als äußerst zweifelhaft, daß die Reihenfolge der Exzerpte in den Editionen von Müller bis Cohen-Skalli | [186] an allen Stellen korrekt ist.[14] Die ursprüngliche Reihenfolge ist nicht ganz unwichtig und auch für die Frage nach den Quellen von Bedeutung, da in der jetzigen Textgestaltung aller Wahrscheinlichkeit nach Zusammengehörendes auseinandergerissen ist. In den Editionen ist die Reihenfolge so festgelegt, daß eine längere ununterbrochene Reihe von Exzerpten aus den *Excerpta de virtutibus* den Beginn der Biographie darstellt (Nr. 60–65 = 10 F 3–8 C.-S. = 10,3,1–5,2 V.).[15] Hierauf folgt eine längere ununterbrochene Reihe aus den *Excerpta de sententiis* (Nr. 75–81 = 10 F 9–16 C.-S. = 10,6,1–9,1 V.). Das letzte dieser Exzerpte (Nr. 81 = 10 F 16 C.-S. = 10,9,1 V.) stimmt mit einem Exzerpt aus den *Exc. de virt.* überein (Nr. 66 = 10 F 16 bis C.-S. = 10,9,2 V.). Von hier an ist die Reihenfolge unproblematisch. | [187]

Warum die zwei längeren Blöcke am Anfang? Ich vermute, der Grund dafür ist, daß im letzten Exzerpt der *Exc. de virt.* (Nr. 65 = 10 F 8 C.-S. = 10,5,2 V.) von der pythagoreischen Übung in Selbstbeherrschung beim Essen die Rede ist. Darauf hat man den thematisch verwandten Textblock der *Exc. de sent.* über Pythagoras' Lehre von Seelenwanderung, Vegetarismus und frugalem Leben folgen lassen. Es ist bei dieser Reihenfolge aber seltsam, daß der Autor zuerst von den pythagoreischen Übungen in Selbstbeherrschung beim Essen spricht und erst danach auf den Grund dafür eingeht, nämlich Pythagoras' Ernährungslehre. Außerdem folgen in den *Exc. de sent.* auf die Texte über die Ernährung zwei Exzerpte über die pythagoreische Freundschaft (Nr. 80–81 = 10 F 9–10 C.-S. = 10,8,1–2 V.), in denen gesagt wird, daß die Pythagoreer der Freundschaft höchsten Wert zumaßen und kein Nicht-Pythagoreer je den Grund für diesen Freundschaftskult erfahren hat, da ihn die Pythagoreer geheimhielten. Diese zwei Fragmente stehen nun extrem weit von den Fragmenten aus den *Exc. de virt.* entfernt, die anhand von Beispielen die pythagoreische Freundschaft illustrieren (Nr. 62–63 = 10 F 5–

---

14 Cohen-Skalli folgt in der Reihenfolge der Fragmente Vogel 1890, auch wenn sie eine neue Numerierung der Texte einführt (vgl. Cohen-Skalli 2012, 165). Vogel übernimmt die Reihenfolge und Kapitelnummern von Dindorf 1867, der wiederum Müller folgt, der die fragmentarischen Bücher Diodors in Dindorfs Diodorausgabe von 1842 ediert hatte: Dindorf – Müller 1842. In dieser Ausgabe sind zum ersten Mal die Fragmente Diodors nach Büchern angeordnet; vgl. Cohen-Skalli 2012, XIX–XXI. Soweit ich sehen kann, ist die Reihenfolge der Fragmente im Pythagoreerkapitel nie geändert worden, aber ich konnte nicht alle Editionen und Übersetzungen überprüfen. In Schorn 2014b [= Kap. 13 in diesem Band] gehe ich auf dieses Problem nicht ein.
15 Die zuerst genannte Nummer entspricht der Nummer der Diodor-Exzerpte in der Ausgabe der *Excerpta de virtutibus et vitiis* von Büttner-Wobst – Roos 1906 bzw. der *Excerpta de sententiis* von Boissevain 1906. Danach folgen die Fragment- bzw. Kapitelnummern der Editionen von Cohen-Skalli und Vogel.

6 C.-S. = 10,3,5–4,6 V.). Auch hier ist es so, daß erst die Beispiele angeführt werden und dann später – und zwar viel später – die allgemeinen Überlegungen zur Rolle der Freundschaft unter den Pythagoreern folgen. Die Reihenfolge der Themen ist in den heutigen Ausgaben also: Beispiele für pythagoreische Freundschaft, Gedächtnisübung, Übungen in Selbstbeherrschung beim Essen, Seelenwanderung, Vegetarismus, Wiedererkennung | [188] des Schilds des Euphorbos, Verse des Kallimachos (u.a. über Vegetarismus), Begründung der frugalen Lebensweise, Anekdote über die Selbstbeherrschung des Archytas im Zorn, Bedeutung der Freundschaft für die Pythagoreer und Geheimnis um den Grund für den Freundeskult. Dann folgen Kapitel über Ethik und andere Themen (10 F 16 C.-S. etc. = 10,9 V. etc.), doch ist dort die Reihenfolge nicht mehr problematisch.

Mewaldt hat erkannt, daß in *Exc. de virt.* Nr. 64 (= 10 F 7 C.-S. = 10,5,1 V.) und in *Exc. de sent.* 81 (= 10 F 15 C.-S. = 10,8,2–3 V.) beide Male das Thema Gedächtnis (μνήμη) erscheint und sie daher ursprünglich zusammengehörten, und somit auch die Kapitel mit den Beispielen für pythagoreische Freundschaft (*Exc. de virt.* Nr. 62–63 = 10 F 5–6 C.-S. = 10,3,5–4,6 V.) und die allgemeinen Aussagen über pythagoreische Freundschaft (*Exc. de sent.* Nr. 80–81 = 10 F 9–10 C.-S. = 10,8,1–2 V.).[16] *Exc. de sent.* 81 (= 10 F 15 C.-S. = 10,8,2–3 V.) stellt den Übergang von der Sektion über Freundschaft zur Sektion über Übungen dar und gehört daher vor *Exc. de virt.* 64 (= 10 F 7 C.-S. = 10,5,1 V.). Man kann als Argument für dieses Arrangement hinzufügen, daß der Anfang von *Exc. de sent.* 81 (= 10 F 15 C.-S. = 10,8,2–3 V.) voraussetzt, daß der Autor schon eine Reihe von Beispielen über pythagoreische Freundschaft erzählt hat (vgl. τὴν τοιαύτην διάθεσιν). *Exc. de sent.* 80 (= 10 F 14 C.-S. = 10,8,1 V.) über die Bedeutung der pythagoreischen Freundschaft gehört wohl an den Anfang der Sektion über das Thema Freundschaft, also vor *Exc. de virt.* 62 (= 10 F 5 | [189] C.-S. = 10,3,5 V.) oder besser noch vor *Exc. de virt.* 61 (= 10 F 4 C.-S. = 10,3,4 V.), das von der Pflege und Bestattung des Pherekydes durch Pythagoras handelt. Denn auch diese Erzählung stellt ein Beispiel für Treue unter Freunden dar.

Dies bedeutet, daß *Exc. de sent.* 75–80 (= 10 F 9–14 C.-S. = 10,6,1–8,1 V.) ziemlich weit an den Anfang der Biographie rücken, und dorthin passen sie auch am besten. In *Exc. de virt.* 60 (= 10 F 3 C.-S. = 10,3,1–3 V.), das wohl den Anfang der

---

16 Mewaldt 1904, 48 mit Anm. 1, wo er schreibt: „Illud (= 10 F 6a C.-S. = 10,4 V.) in Exc. virt. et vit. adservatum est, hoc (= 10 F 14 C.-S. = 10,8 V.) in Exc. Vat. Longe quae nunc separata sunt, in eundem olim lacum confluebant. Nam utriusque proxima in μνήμης aestimatione versantur, c. 5, 1 c. 8 extr. (= 10 F 7 + F 15,2 am Ende)". Weiter geht Mewaldt leider nicht auf die richtige Reihenfolge der Fragmente ein.

Biographie darstellt, spricht der Autor am Ende davon, daß Pythagoras die Menschen vom Luxusleben abbrachte, das die Ursache für die Zerstörung des Körpers und der Seele sei. Daran schließt sich perfekt *Exc. de sent.* 75–78 (= 10 F 9–12 C.-S. = 10,6,1–7,3 V.) an, wo von der pythagoreischen Seelenlehre, dem Vegetarismus und der Gesundheitslehre gehandelt wird. Diese zentralen Themen der pythagoreischen Ethik passen im übrigen viel besser an den Anfang als in die Mitte einer Darstellung der Pythagoreer. Auch das folgende *Exc. de sent.* 79 (= 10 F 13 C.-S. = 10,7,4 V.) über die Selbstbeherrschung des Archytas im Zorn schließt sich gut an diesen Themenbereich an: nach der Beherrschung beim Essen folgt (auch als Folge der richtigen Ernährung?) die Beherrschung der eigenen Emotionen. Man könnte allerdings einwenden, daß bei dieser Anordnung die Fragmente über die einfache Lebensweise aus den *Exc. de sent.* (Nr. 75–78 = 10 F 9–12 C.-S. = 10,6,1–7,1 V.) und das Fragment über die pythagoreische Übung in Selbstbeherrschung beim Essen aus den *Exc. de virt.* (Nr. 65 = 10 F 8 C.-S. = 10,5,2 V.) weit voneinander entfernt stehen. Dies erklärt sich aber dadurch, daß der Autor die pythagoreischen Übungen in einer einzigen Sektion zusammengefaßt hat, weshalb darüber erst an späterer Stelle gehandelt wird.

Die Reihenfolge der Fragmente im ersten Teil des Kapitels ist daher folgendermaßen zu rekonstruieren: | [190]

Exc. de virt. 60 (= 10 F 3 C.-S. = 10,3,1–3 V.) (Anfang der Biographie),

Exc. de sent. 75–80 (= 10 F 9–14 C.-S. = 10,6,1–8,1 V.) (Seelenwanderung, Vegetarismus, Gesundheitslehre, Selbstbeherrschung des Archytas; Überleitung zur pythagoreischen Freundschaft),

Exc. de virt. 61–63 (= 10 F 4–6 C.-S. = 10,3,4–6 V.) (Beispiele für Verhalten gegenüber Freunden: Pherekydes; Kleinias und Proros; Damon und Phintias),

Exc. de sent. 81 (= 10 F 15 C.-S. = 10,8,2–3 V.) (Übergang Freundschaft–Gedächtnis),

Exc. de virt. 64 (= 10 F 7 C.-S. = 10,5,1 V.) (Übung des Gedächtnisses),

Exc. de virt. 65 (= 10 F 8 C.-S. = 10,5,2 V.) (Übung der Selbstbeherrschung beim Essen). Dann folgt eine doxographische Sektion mit Fragmenten, die auf das *Tripartitum* zurückgehen (siehe unten), und der Schluß der Darstellung mit dem Bericht vom antipythagoreischen Aufstand. Dort ist die Reihenfolge der Texte in den Editionen unproblematisch.

Diese Reihenfolge ist bei der Besprechung der verwendeten Quellen zu beachten. Allerdings werden die Fragmente im folgenden nicht in ihrer ursprünglichen Reihenfolge diskutiert, sondern in einer Reihenfolge, die die verwendeten Quellen und den Umgang mit ihnen am besten deutlich macht.

6.3 Lebensdaten und Chronologie des Pythagoras

10 F 3 C.-S. (= 10,3 V.)[17] stellt wohl, wie erwähnt, den Anfang der Pythagorasbiographie bei Diodor dar. Er nennt Pythagoras | [191] einen Samier, kennt aber auch die Ansicht anderer (οἱ δέ), die ihn für einen Tyrrhenier halten. Zu letzteren gehört auch Aristoxenos (F 11a–c Wehrli), der hier allerdings nicht namentlich zitiert wird. Unser Autor entscheidet sich demnach für die Fassung der *communis opinio*.[18] Er datiert Pythagoras in Ol. 61 und in das Archontat des Therikles, das heißt in das Jahr 533/2. Mit ἐγνωρίζετο ist, wie gewöhnlich, die Akmé gemeint, also das 40. Lebensjahr.[19] Er hat in dieses Jahr allem Anschein nach die Übersiedlung des Pythagoras nach Kroton datiert, da die Beschreibung der Lehrtätigkeit, die im folgenden skizziert wird, den Reden entspricht, die Pythagoras nach anderen Autoren gleich nach seiner Ankunft in Kroton gehalten hat (siehe unten, S. 233–236). Die ganze Stadt, die laut seinen Worten zu Pythagoras strömte, um ihn zu hören, und die ihn wie einen Gott verehrte, war Kroton. Wir haben es hier mit der Datierung des Aristoxenos zu tun,[20] der Pythagoras im Alter von 40 Jahren aus Samos weggehen läßt, als dort die Tyrannis des Polykrates zu drückend wird (F 16 Wehrli).[21] Das Epochenjahr, in das dieses Ereignis später datiert wurde, ist im allgemeinen 532/1, so auch beim Chronographen Apollodor | [192] von Athen,[22] hier allerdings 533/2, was wohl lediglich eine kleine Ungenauigkeit darstellt.[23] Auch in Aristoxenos F 12, das in den *Theologumena arithmeticae* überliefert ist, finden wir den Synchronismus Pythagoras–Polykrates. Unter Berufung auf Androkydes, Eubulides, Aristoxenos, Hippobotos und Neanthes lesen wir dort von Pythagoras' Wiedergeburt alle 216 Jahre, unter anderem als Euphorbos. Nicht alle Angaben in diesem Kollektivzitat können auf Aristoxenos zurückgehen, aber die Datierung und die Wiedergeburt als Euphorbos passen zu seiner Chronologie.[24] Von wem bei Diodor die Umrechnung des aristoxenischen Synchronismus in

---

[17] Ich gebe im folgenden immer die doppelte Referenz: zuerst nach der neuen Numerierung Cohen-Skallis, dann in Klammern die traditionelle Numerierung, wie sie etwa in der am meisten verbreiteten Edition von Vogel zu finden ist.
[18] Die Belege für diese und andere Varianten in Cohen-Skalli 2012, 363–364 Anm. 8.
[19] Vgl. Von Fritz 1940, 25–26; vgl. Jacoby 1902, 220; FGrHist 244 F 339 (zugewiesen).
[20] So schon von Fritz 1940, 25–26.
[21] Die Aristoxenosfragmente werden im folgenden zitiert nach Wehrli 1967–1978, II.
[22] Vgl. Jacoby 1902, 215–227 (auch mit den Parallelen) und den Kommentar zu FGrHist 244 F 339.
[23] So Jacoby 1902, 220.
[24] Siehe Schorn 2014b, 309 [= unten, S. 424]. Zu Pythagoras-Euphorbos bei Diodor siehe unten, S. 232–233.

konkrete Jahre stammt, ist unbekannt. Ob man mit Jacoby Apollodor als *terminus post quem* für diese Umrechnung sehen kann, ist wahrscheinlich, aber nicht ganz sicher.[25] Die Datierung nach Archonten stammt aber nicht von ihm.

Nach der Stellung von 10 F 4 C.-S. (= 10,3,4 V.) nahe am Beginn der Biographie zu urteilen, ließ unser Autor Pythagoras seinen Lehrer Pherekydes lange vor dem antipythagoreischen Aufstand auf Delos pflegen und bestatten.[26] Anders als andere Autoren wollte er demzufolge mit der Reise von Italien | [193] nach Delos nicht Pythagoras' Abwesenheit beim Aufstand gegen die Pythagoreer begründen, wie Cohen-Skalli meint.[27] Was wir bei Diodor zum Thema Pherekydes lesen, kann der Version des Aristoxenos entsprochen haben. Allerdings erfahren wir aus F 14 Wehrli nur, daß Aristoxenos von der Bestattung des Pherekydes berichtete, nicht aber, wie er sie datierte, so daß diese Übereinstimmung unsicher bleiben muß.[28] Sicher aristoxenisch ist allerdings die Datierung des antipythagoreischen Aufstands in die Zeit nach Pythagoras (siehe unten, S. 202–203). Der Anonymus hatte daher keinen Grund, wie andere Autoren Aufstand und Pflege des Pherekydes miteinander zu verbinden, was ein weiteres Argument für die hier vertretene Datierung der Reise nach Delos ist.

Timaios hatte eine andere Chronologie des Pythagoras. Darauf weist schon das Fehlen seines Namens im oben erwähnten Kollektivzitat in den *Theologumena arithmeticae*. Trotz vieler Versuche konnte sein chronologisches System bisher mangels sicherer Fragmente nicht zur allgemeinen Zufriedenheit rekonstruiert werden. Da er aber Empedokles, | [194] dessen Geburt die antiken Quellen in die ersten Jahre des 5. Jh.s setzen (Apollodor z.B. 483/482), zum direkten Schüler

---

25 So, wie es scheint, Jacoby 1902, 220, wenn er das Datum bei Diodor als korrupte Form der Datierung Apollodors erachtet. Auch Zhmud 2012a, 72 Anm. 47 erschließt aus der Verwendung der Olympiadenrechnung eine Quelle Diodors aus der Zeit nach Apollodor; vgl. auch schon Busolt 1893–1895, II 760 Anm. 1.
26 Grundsätzlich richtig von Fritz 1940, 26, allerdings mit einer falschen Einschätzung der aristoxenischen Fassung; siehe dazu unten.
27 Cohen-Skalli 2012, 366 Anm. 12. Ihre Gleichsetzung von 10 F 4 C.-S. (= 10,3,4, V.) mit Aristox. F 14 Wehrli und Dicaearch. F 34 Wehrli = 41a Mirhady = FGrHist 1400 F 57a ist irreführend, da Dikaiarchos die Bestattung des Pherekydes in die Zeit von Pythagoras' Aufenthalt auf Samos datiert; zu Aristoxenos und Diodor siehe im Haupttext. Bei Diodor ist deutlich, daß Pythagoras von Italien aus nach Delos reist, nicht von Samos. Bei Cohen-Skalli stehen beide Alternativen zur Wahl.
28 Nicht zwingend Busolt 1893–1895, II 760 Anm. 1; Mewaldt 1904, 48; von Fritz 1940, 8–10; 26; Wehrli 1967–1978, II 53; Centrone 1992, 4203; Zhmud 2012a, 72 Anm. 47; 80, die die Bestattung des Pherekydes bei Aristoxenos in Pythagoras' Zeit auf Samos datieren; vgl. Schorn 2014b, 313 [= unten, S. 428]. Nach Schwartz 1903a, 679 stimmen Aristoxenos' und Diodors Versionen in diesem Punkt überein.

des Pythagoras macht, vertrat er einen deutlich späteren Ansatz des Philosophen, der mit einer Geburt in den 570er Jahren wie bei Diodor und Aristoxenos nicht vereinbar ist.[29] Der Umstand, daß bei Diodor das chronologische Grundgerüst nicht von Timaios stammt, spricht von vornehererin dagegen, daß seine Biographie in großem Umfang auf ihm beruht.

6.4 Der antipythagoreische Aufstand

Ein weiterer Text, der zeigt, daß bei Diodor die Tradition des Aristoxenos verwendet wurde, ist der Bericht vom antipythagoreischen Aufstand, der in unseren Exzerpten ganz am Ende zu finden ist (10 F 25–26 C.-S. = 10,11,1–2 V.; vgl. 10 F 24,2 C.-S. = 10,10,2 V.). Die Überlieferung über dieses Ereignis ist in den antiken Quellen äußerst widersprüchlich: Fand der Brandanschlag auf das Haus der Pythagoreer in Kroton in Anwesenheit des Pythagoras statt oder nach seinem Weggang nach Metapont oder lange nach seinem Tod oder als er gerade seinen Lehrer Pherekydes auf Samos bestattete? Diodor (10 F 25 C.-S. = 10,11,1 V.) berichtet, daß Pythagoras die Aufnahme des adeligen Kylon unter die Pythagoreer wegen dessen schlechten Charakters ablehnte. Aus Rache dafür taten dieser und seine Freunde in der Folgezeit alles, um den Pythagoreern zu schaden. Mit nahezu identischen Worten wie Diodor beschreiben Iamblich (*VP* 248) und Porphyrios (*VP* 54) den Charakter Kylons, was beweist, daß bei Diodor | [195] die Aristoxenos-Tradition vorliegt, den Iamblich ausdrücklich als Quelle seines Berichts nennt.[30] Er und Porphyrios haben Aristoxenos aber nicht direkt, sondern über die Zwischenquelle Nikomachos (1. Jh. n.Chr.) verwendet.[31] Porphyrios, der denselben Bericht wie Iamblich zunächst ohne Quellenangabe referiert, hat ihn gekürzt und

---

29 Trotz Jacoby zu FGrHist 566 F 13–17 (S. 552,19–21); vgl. Schorn 2014b, 307 Anm. 67 [= unten, S. 421 Anm. 74] für Literatur zur Chronologie des Timaios; zu ergänzen sind Delatte 1920, 5–13; von Fritz 1940, 49; 55; [vgl. Baron 2013, 166].
30 Dies wurde schon früher erkannt; siehe z.B. Busolt 1893–1895, II 760 Anm. 1; Schwartz 1903a, 679; Mewaldt 1904, 48; Delatte 1922b, 225; vgl. Zhmud 2012a, 110 Anm. 23; 147 Anm. 40. Siehe Diod. 10 F 25 C.-S. (= 10,11,1 V.): Ὅτι Κροτωνιάτης τις Κύλων ὄνομα, τῇ οὐσίᾳ καὶ δόξῃ πρῶτος τῶν πολιτῶν, ἐπεθύμησε Πυθαγόρειος γενέσθαι. Ὃν δὲ χαλεπὸς καὶ βίαιος τὸν τρόπον, ἔτι δὲ στασιαστὴς καὶ τυραννικός, ἀπεδοκιμάσθη. Iamb. *VP* 248: Κύλων, ἀνὴρ Κροτωνιάτης, γένει μὲν καὶ δόξῃ καὶ πλούτῳ πρωτεύων τῶν πολιτῶν, ἄλλως δὲ χαλεπός τις καὶ βίαιος καὶ θορυβώδης καὶ τυραννικὸς τὸ ἦθος (...) ἀπεδοκιμάσθη διὰ τὰς προειρημένας αἰτίας. Porph. *VP* 54: Κύλων ἀνὴρ Κροτωνιάτης, κατὰ μὲν τὸ γένος καὶ δόξαν προγονικὴν καὶ βίου περιουσίαν πάντας ὑπερβάλλων τοὺς πολίτας, χαλεπὸς δ' ἄλλως καὶ βίαιος καὶ τυραννικός.
31 Vgl. zur Zwischenquelle Nikomachos Rohde 1901, II 114–116; Staab 2002, 116–117; 120 (mit der älteren Literatur).

Eigenes hinzugefügt (siehe unten). Für die Version des Aristoxenos können wir uns daher zunächst auf Iamblich konzentrieren (= F 18 Wehrli, der nur Iamblichs Version abdruckt). Nach Aristoxenos ging Pythagoras wegen der Konflikte mit Kylon nach Metapont. Die Kyloneer bekämpften die Pythagoreer in Kroton aber auch in der Folgezeit „bis zu den letzten Pythagoreern", d.h. bis lange nach Pythagoras' Tod. Der Anschlag auf das Haus Milons, in dem sich die | [196] Pythagoreer versammelten, fand also erst nach Pythagoras' Tod statt.[32] Die zwei einzigen Überlebenden seien Archippos und Lysis gewesen. Letzterer, so Aristoxenos, ging nach Theben und wurde dort der Lehrer des Epameinondas, der ihn so verehrte, daß er ihn seinen Vater nannte. Auch was diesen letzten Punkt betrifft, finden wir dieselbe Überlieferung bei Diodor. Denn im folgenden Exzerpt (10 F 26 C.-S. = 19,11,2 V.) lesen wir, daß Lysis nach Theben ging, Lehrer des Epameinondas und aus Sympathie dessen Adoptivvater wurde. Auch ein weiteres Fragment (10 F 24,2 C.-S. = 10,10,2 V.) macht deutlich, daß Diodor wie Aristoxenos den Aufstand in die Zeit nach Pythagoras datierte. Dort erklärt Diodor: „Obwohl Pythagoras und die Pythagoreer nach ihm so großen Erfolg hatten und für die Städte die Ursache von so viel Gutem waren, entkamen sie dem Neid nicht, der alles beschmutzt". Dies liest sich wie die Überleitung Diodors zur Erzählung von Kylon, die im folgenden F 25 C.-S. (= 10,11,1 V.) beginnt. Da hier von Wohltaten der Pythagoreer *nach* Pythagoras die Rede ist, konnten sie in seiner Darstellung auch noch nach Pythagoras' Tod wirken, bevor sie durch den Anschlag vernichtet wurden. Auch hier stimmt demnach die Chronologie Diodors mit der des Aristoxenos überein.

Vergleicht man die Darstellungen bei Aristoxenos und Diodor 10 F 25 C.-S. (= 10,11,1 V.), fällt auf, daß bei Diodor der Bericht des Aristoxenos, der auf die Beschreibung von Kylons Charakter folgt, auf die wesentlichen Punkte zusammengefaßt wird. Der Sinn bleibt allerdings unverändert, | [197] es werden keine Elemente aus einer anderen Tradition hinzugefügt. Die Angabe in 10 F 26 C.-S. (= 10,11,2 V.), Lysis sei der Adoptivvater des Epameinondas geworden, anstelle von Aristoxenos' Behauptung, Epameinondas habe ihn aus Zuneigung Vater genannt, geht auf ein Mißverständnis zurück oder stellt eine Übertreibung dar. Das überschwengliche Lob für Epameinondas' Charakter in 10 F 26 fehlt hingegen bei Iamblich/Porphyrios. Wir können nicht sagen, ob es sich um eine Hinzufügung der Quelle Diodors oder Diodors selbst handelt oder ob dies die beiden anderen

---

32 Anders Cohen-Skalli 2012, 378 Anm. 50, die meint, daß hier dieselbe Version der Ereignisse vorliegt wie bei Satyros-Herakleides Lembos: Pythagoras flieht nach dem Anschlag nach Metapont. Auch ich hatte vermutet, daß bei Satyros und Diodor dieselbe Version vorliegt (Schorn 2004, 368). Dies ist nicht richtig.

Autoren (oder ihre gemeinsame Zwischenquelle Nikomachos) weggelassen haben. Zusammenfassend kann man daher festhalten, daß Diodor hier mit Kürzungen und einem kleinen Fehler (und vielleicht einer abschweifenden Hinzufügung) die Darstellung des Aristoxenos reproduziert.

Auf ein Problem ist hier aber noch einzugehen. Während Iamblich für die gesamte Erzählung von der Opposition der Kyloneer bis hin zum Schicksal der letzten Pythagoreer, zu denen auch Lysis gehört, Aristoxenos als seine Quelle nennt (am Anfang und Ende des Berichts), beruft sich Porphyrios zunächst auf keine Quelle und zitiert am Ende nur für das Faktum, daß als einzige Pythagoreer Archippos und Lysis dem Brand entkamen, Neanthes (FGrHist 84 F 30). Was wir bei ihm an dieser Stelle lesen, ist aber eine Kurzfassung dessen, was Iamblich unter Berufung auf Aristoxenos berichtet. Wie ist der Widerspruch zu erklären? Wir wissen, daß Neanthes (2. Hälfte 4./Anfang 3. Jh. v.Chr.) eine Art Handbuch verfaßte, in dem er verschiedene Erzählungen referierte und kommentierte, die er in der Literatur fand. Es gibt deutliche Hinweise darauf, daß Aristoxenos zu den Autoren gehörte, die er exzerpierte, und daß das Material aus Aristoxenos über die Vermittlung des Neanthes zu Nikomachos (und in der Folge zu Iamblich und Porphyrios) | [198] gelangte.[33] Zwei Erklärungen für den Widerspruch an unserer Stelle bieten sich daher an:

1) Iamblich hat ungenau referiert, was er bei Nikomachos gefunden hat. Dieser hatte Neanthes zitiert und erklärt, daß Neanthes sich *für einen Teil* des Berichtes auf Aristoxenos beruft, aber *als eigenen Beitrag* das Schicksal des Archippos und des Lysis hinzufügt. Iamblich berichtet aber alles unter Berufung auf die ältere Autorität. Dies würde bedeuten, daß Neanthes auch bei Diodor eine Zwischenquelle war.

2) Porphyrios las bei Nikomachos, daß der gesamte Bericht auf Aristoxenos und Neanthes zurückgeht, das heißt: Aristoxenos, zitiert von Neanthes. Am Ende seines eigenen Berichts verweist Porphyrios nur auf die eine der bei Nikomachos zitierten Autoritäten. Dies ist die wahrscheinlichere Erklärung, da wir in den Neanthes-Fragmenten häufig lesen: „Neanthes + X berichten", was meist als „X, zitiert von Neanthes" zu verstehen ist. Diese etwas irreführende Zitierweise des Porphyrios überrascht nicht. Denn Porphyrios hat den Bericht seiner Quelle Neanthes/Aristoxenos mit einem anderen Bericht kombiniert, der nicht mit jenem vereinbar ist. Dabei handelt es sich um die unmittelbar vorangehende Angabe, nach der Pythagoras nicht beim Anschlag anwesend war, da er Pherekydes auf Delos bestattete. Sie paßt nicht zu Aristoxenos'

---

33 Siehe Schorn 2007, 115–156 zur Arbeitsweise und 136, 138, 146 [= Kap. 4 in diesem Band; S. 27; 29; 39] zu Aristoxenos als Quelle des Neanthes.

Darstellung und widerspricht Neanthes' Chronologie, kann daher nicht auf die beiden zurückgehen | [199].[34] Es gibt daher keinen Grund anzunehmen, daß Aristoxenos bei Diodor durch Neanthes vermittelt ist.

Von all dem liest man in Cohen-Skallis Kommentar nichts.[35] Sie erklärt zwar, daß bei Diodor die tarentinische Version der Geschichte vom Aufstand vorliege,[36] erwähnt aber Aristoxenos nicht und zitiert nur im Vorbeigehen Iamb. *VP* 248–249 und Porph. *VP* 56 als Parallelen für den Weggang des Pythagoras nach Metapont (ohne deren Quelle Aristoxenos zu erwähnen). Sie erklärt, daß die bei Diodor zu findende Version des Aufstands Parallelen zur Darstellung des Aristoteles (bei Diog. Laert. 2,46 = F 75 Rose = 21,1 Gigon) und des Herakleides Lembos (bei Diog. Laert. 8,40 = FHG III 162 F 6) aufweise. Dies ist ungenau bzw. falsch. Aristoteles spricht an dieser Stelle nur davon, daß Kylon und Onatas (dieser fehlt bei Diodor) Widersacher des Pythagoras waren. Sie scheint hingegen Aristoteles F 191,1 Rose = 171 Gigon nicht zu kennen, in dem Aristoteles erklärt, Pythagoras habe die Revolte vorhergesagt und sei daher unbemerkt nach Metapont weggegangen. Dies kann in der Tat dieselbe Tradition wie bei Aristoxenos/Diodor sein. Die wörtlichen Übereinstimmungen zeigen allerdings, daß Diodors Quelle nicht Aristoteles, sondern Aristoxenos war. Die Darstellung des Herakleides Lembos, das heißt genaugenommen die in seiner Epitome der Biographien des Satyros (F 11 Schorn), ist mit Aristoteles, Aristoxenos und Diodor unvereinbar, da Satyros Pythagoras zur Zeit | [200] des Anschlags Pherekydes auf Delos bestatten läßt. Wie oben dargelegt, ließ Diodor dies aber schon viel früher geschehen, nämlich lange vor dem Aufstand.[37]

Und Timaios? Ist es möglich, daß bei Timaios dieselbe Tradition wie bei Aristoxenos und Diodor zu finden war? Leider fehlen uns für die Beantwortung dieser Frage namentlich bezeugte Fragmente. Allerdings gibt es eine nicht unbegründete Tendenz in der Forschung, das Pythagoreerkapitel bei Iustin (20,4) auf Timaios zurückzuführen.[38] Angenommen, diese Auffassung ist korrekt, gibt es Widersprüche zu Diodor. Denn Iustin spricht nicht von Kylon. Bei ihm (20,4,14–16) ist der Anschlag auf das Haus der Pythagoreer eine Reaktion der gesamten

---

34 Zu letzterem Punkt siehe Schorn 2007, 137–138 Anm. 130 [= oben, S. 28–29 Anm. 136].
35 Cohen-Skalli 2012, 378 Anm. 50–51.
36 Cohen-Skalli 2012, 378 Anm. 50 unter Berufung auf Cordiano 1999, 321–323.
37 Auch zu diesem Fragment sind ihre Bemerkungen, S. 366 Anm. 12, falsch; siehe oben, S. 201–202.
38 Für Belege siehe Schorn 2014b, 306–307 mit Anm. 62 [= unten, S. 421 mit Anm. 69].

Bürgerschaft gegen den exklusiven Charakter der pythagoreischen Gemeinschaft.[39]

6.5 Archytas

Instruktiv ist auch die Anekdote über Archytas in 10 F 13 C.-S. (= 10,7,4 V.), die ebenso von Iamblich (*VP* 197) unter Berufung auf Spintharos, den Vater des Aristoxenos, erzählt wird. Zu Recht reklamiert man die Passage allgemein für das Werk des Aristoxenos, in dem sich dieser mehrfach für Angaben über Pythagoreer und Sokrates auf seinen Vater beruft, zumal das Fragment eine wörtliche Übereinstimmung mit einem | [201] sicheren Aristoxenosfragment aufweist.[40] Daß Diodor auch hier letztlich auf Aristoxenos zurückgeht, zeigt das Ende der beiden Erzählungen, wo das Apophthegma des Archytas nahezu identischen Wortlaut hat.[41] Cohen-Skalli erwähnt in ihrem Kommentar zwar die parallele Tradition bei Iamblich, nicht aber, daß dort Aristoxenos die Quelle ist.[42]

Interessant sind die Differenzen zwischen den Passagen. Denn sie zeigen uns wieder, wie Diodors Quelle das ihr vorliegende Material verarbeitet hat. Die Anekdote dient bei Iamblich als Beleg dafür, daß Pythagoreer Sklaven nicht im Zorn straften, sondern in Schweigen warteten, bis sie sich wieder beruhigt hatten. Er nennt nicht nur seine Quelle Spintharos, sondern umschreibt auch die genaue historische Situation des Apophthegmas: Als Archytas von einem | [202] Feldzug

---

39 Nicht unbedingt im Widerspruch zu Aristoxenos und Diodor ist, daß Iustin den Anschein erweckt, Pythagoras sei erst nach dem Anschlag nach Metapont ausgewandert. Er nennt diese Information am Ende, nachdem er vom Brandanschlag berichtet hat. Es wurde aber vermutet, daß es sich hierbei um einen Nachtrag handelt; vgl. Wehrli 1967–1978, II 52; Schorn 2004, 365.

40 Das Fragment findet sich auch als F 30 = 49 in der Sammlung von Wehrli; vgl. von Fritz 1940, 23. Auf die wörtliche Übereinstimmung mit F 31 verweist Wehrli 1967–1978, II 56; weitere Argumente für Aristoxenos' Autorschaft bei Huffman 2005, 287–288.

41 Daß diese Passage Diodors auf Aristoxenos zurückgeht, erkennen auch Schwartz 1903a, 679; Mewaldt 1904, 48; von Fritz 1940, 22–23. Vgl. Diod. 10 F 13 C.-S. (= 10,7,4 V.): Ὅτι φασὶ τὸν Ταραντῖνον Ἀρχύταν τὸν ὄντα Πυθαγόρειον ἐπὶ μεγάλοις ἀδικήμασιν οἰκέταις ὀργισθῆναι, καὶ κατεξαναστάντα τοῦ πάθους εἰπεῖν, ὡς οὐκ ἂν ἐγενήθησαν ἀθῷοι τηλικαῦτα ἁμαρτήσαντες, εἰ μὴ ἔτυχεν ὀργιζόμενος. Iamb. *VP* 197: Ὀργισθείς τε καὶ ἀγανακτήσας οὕτως ὡς ἂν ἐκεῖνος, εἶπεν, ὡς ἔοικε, πρὸς τοὺς οἰκέτας, ὅτι εὐτυχοῦσιν, ὅτι αὐτοῖς ὥργισται· εἰ γὰρ μὴ τοῦτο συμβεβηκὸς ἦν, οὐκ ἄν ποτε αὐτοὺς ἀθῴους γενέσθαι τηλικαῦτα ἡμαρτηκότας.

42 Cohen-Skalli 2012, 373 Anm. 32. Sie verweist noch auf Cic. *Tusc.* 4,78 als Parallele und auf andere Stellen im Zusammenhang mit „le contrôle nécessaire de la colère chez les Pythagoriciens et le maintien de la mesure"; ansonsten gibt sie allgemeine biographische Hinweise zu Archytas.

gegen die Messapier zurückkam, sah er auf seinem Landgut, daß sein Verwalter und die anderen Sklaven äußerst nachlässig gewesen waren. Dies versetzte ihn in Zorn, und er sagte zu den Sklaven, „daß sie Glück haben, daß er zornig sei. Denn wäre dies nicht der Fall, würden sie nach solchen Vergehen nicht straflos davongekommen sein". Bei Diodor ist die Quellenangabe zu einem allgemeinen φασιν banalisiert, die historische Einkleidung fehlt völlig, und man meint, es ginge um *mehrere* Verfehlungen der Sklaven:

> Als der Tarentiner Archytas einmal aufgrund großer Verfehlungen seinen Sklaven zürnte, soll er, nachdem er seine Leidenschaft niedergekämpft hatte, gesagt haben, sie wären nach solchen Vergehen nicht straflos davongekommen, wenn er ihnen nicht gezürnt hätte.

Der Unterschied ist klein, aber nicht unerheblich. Bei Iamblich spricht Archytas die Worte *im Zorn*, bei Diodor, *nachdem* er seinen Zorn besiegt hat. Aber nur in der ersten Situation sind sie sinnvoll: Pythagoreer strafen nicht im Affekt, was aber nicht bedeutet, daß sie dies nicht vielleicht tun, wenn sich ihr Zorn gelegt hat und sie noch immer Strafe für angemessen halten. Dies zeigt die unmittelbar im Anschluß wieder unter Berufung auf Spintharos von Aristoxenos erzählte Anekdote über Kleinias, der Kritik und Bestrafungen ausstellte, bis sich sein Zorn gelegt hatte.[43] Diodors Worte kann man aber auch so verstehen, daß Archytas seine Sklaven nicht für ein Vergehen bestrafte, wenn dies bei ihm Zorn erregte, auch nachdem sich sein Zorn gelegt hat. Dies verfälscht die pythagoreische Doktrin ein wenig.[44] | [203]

6.6 Das Kapitel über pythagoreische Freundschaft

6.6.1 Kleinias und Proros

So gut wie sicher geht eine weitere Geschichte bei Iamblich (239) auf Aristoxenos zurück: die Erzählung von Kleinias und Proros, auch wenn dort keine Quelle im

---

43 Iamb. *VP* 198 = Aristox. F 30 Wehrli.
44 In der Version der Anekdote bei Cic. *Tusc.* 4,78, die ebenfalls ohne historischen Kontext ist, bleibt der ursprüngliche Sinn (nicht im Zorn strafen) erhalten; die Anekdote wird auch von Pythagoras erzählt: Diog. Laert. 8,20. Eine etwas andere Interpretation der Aristoxenosversion bei Huffman 2005, 288–290. Aber auch er geht von einer „revision on Diodorus' part" (289) aus.

Text erwähnt wird.⁴⁵ Denn Spintharos scheint Kleinias persönlich gekannt zu haben, jedenfalls ist er die Quelle für die bereits erwähnte Erzählung von Kleinias' Verhalten im Zorn. Kleinias erscheint im Verzeichnis der Pythagoreer am Ende der Schrift Iamblichs (267 = VS 58 A 1), das wohl ebenfalls aus Aristoxenos stammt.⁴⁶ Diogenes Laertios überliefert eine Anekdote über ihn aus Aristoxenos' *Historischen Hypomnemata*,⁴⁷ eine andere, die der Peripatetiker Chamaileon erzählt, geht wohl ebenso auf Aristoxenos zurück.⁴⁸ Aristoxenos ist daher zweifellos unsere Hauptquelle oder sogar | [204] die einzige Quelle für Informationen über diesen Mann.⁴⁹ Im verderbt überlieferten § 127 Iamblichs, in dem pythagoreische Paare aufgezählt werden, die die pythagoreische Freundschaft illustrieren, erscheinen Phintias und Damon, Platon und Archytas sowie Kleinias und Proros. Iamblich erklärt, daß Person X der Person Y von ihnen berichtet habe. Da wir aus § 233 wissen, daß Dionysios II. dem Aristoxenos von Phintias und Damon berichtet hat (siehe unten), ist so gut wie sicher, daß dort von Dionysios II. (= X) und Aristoxenos (= Y) die Rede war und letzterer auch Iamblichs Quelle für die Erzählung von Kleinias und Proros war, auch wenn er diese dann in § 239 nur unter Berufung auf φασιν berichtet.⁵⁰ Daß Dionysios II. auch eine naheliegende | [205] Quelle für die Freundschaft zwischen Platon und Archytas ist, muß nicht weiter ausgeführt werden. Iamblich/Aristoxenos berichtet in § 239 folgendes: Als Kleinias von Tarent hörte, daß Proros von Kyrene Gefahr lief, sein gesamtes Vermögen zu verlieren, nahm er einen Teil seines Vermögens, fuhr nach Kyrene und brachte die finanzielle Situation des Proros in Ordnung, ohne auf die Minderung

---

45 Vgl. Busolt 1893–1895, II 760 Anm. 1; Schwartz 1903a, 679; Mewaldt 1904, 48–49; von Fritz 1940, 29; Wehrli 1967–1978, II 56; Zhmud 2012a, 112 Anm. 34.
46 Vgl. Zhmud 2012a, 111 nach vielen anderen Wissenschaftlern, z.B. Rohde 1901, II 170–171; Burkert 1972, 105 Anm. 40.
47 Diog. Laert. 9,40 = VS 54 A 2 = 28 (54) F 2 Timpanaro Cardini = Aristox. F 131 Wehrli.
48 Chamaileon (F 5 Martano) berichtet, wie Kleinias seinen Zorn durch Lyraspiel besänftigte; vgl. damit Aristox. F 30 Wehrli (siehe Anm. 43) und die Übereinstimmung mit aristoxenischer Doktrin in F 26 Wehrli; vgl. Wehrli 1967–1978, IX 37; Steffen 1964, 37.
49 Zur spärlichen Überlieferung über Kleinias siehe Centrone 1994a, 421–422; die Testimonien (unvollständig) in Timpanaro Cardini 1958–1964, II 443–444; alle Testimonien und Pseudepigrapha in Brown 1941, 70–75.
50 Zur Identifizierung der beiden Personen und zur Quelle der Geschichte (Aristoxenos) vgl. etwa Mewaldt 1904, 24–26; Wehrli 1967–1978, II 56; Timpanaro Cardini 1958–1964, II 430 (Anm. zu F 1); Brown 1941, 71 (im Apparat zu T 5), die sich alle auf Cobet 1878, 371; 435 berufen; Rohde 1901, II 167 Anm. 1 (das Addendum); Diels – Kranz in VS 54 A 1 und 58 D 7 (I 473,19–22); Deubner – Klein 1937/1975, 72 (im Apparat zu Z. 18); mit etwas anderer Argumentation von Fritz 1940, 23; vgl. auch Van der Waerden 1979, 180; Staab 2002, 431 mit Anm. 1065; Zhmud 2012a, 107 Anm. 12.

seines eigenen Vermögens und die Gefahr durch die Seefahrt zu achten. Die Geschichte dient als Beispiel dafür, daß Pythagoreer einander halfen, auch wenn sie sich nicht persönlich kannten. Bei Diodor (10 F 6,1 C.-S. = 10,4,1 V.) fungiert die Geschichte als Beleg für dieselbe These. Die inhaltlichen Unterschiede sind gering, es fällt aber auf, daß sich kaum sprachliche Übereinstimmungen finden lassen. Man hat den Eindruck, als ob im Laufe der Überlieferung ein Autor die ursprüngliche Erzählung bewußt sprachlich so überarbeitet hat, daß sie sich dadurch von ihrer Vorlage unterscheidet. Wir werden diesem Phänomen im folgenden noch mehrfach begegnen. Wer diese Änderungen vorgenommen hat (die Quelle Diodors oder Diodor oder Iamblich oder dessen direkte Quelle Nikomachos), muß vorerst offenbleiben. Inhaltlich fällt vor allem *ein* Unterschied auf: bei Diodor hat Proros bereits sein Vermögen verloren, und es wird hinzugefügt, daß dies Folge der politischen Lage war (διά τινα πολιτικὴν περίστασιν) und er in großer Armut lebte. Die Erzählung wurde hier also etwas spektakulärer gemacht und geringfügig erweitert.

Diodor erklärt anschließend, daß ein ähnliches Verhalten auch von vielen anderen Pythagoreern berichtet wird, und geht dann zur bekannten Geschichte von Damon und Phintias über. Bei Iamblich finden wir in der langen Sektion über pythagoreische Solidarität diese beiden und noch weitere Anekdoten in folgender Reihenfolge:

1) Die | [206] Anekdote über Damon und Phintias (233–236);
2) die Anekdote über einen namenlosen Pythagoreer, der in einer Herberge vom Wirt in schwerer Krankheit bis zum Tod gepflegt wurde; später übernahm ein ihm unbekannter Pythagoreer dafür die Kosten (237–238);
3) die Anekdote über Kleinias und Proros (239);
4) die Anekdote über Thestor von Poseidonia und Thymaridas von Paros (239):[51] Als Thestor hörte, daß Thymaridas sein Vermögen verloren hatte, fuhr er zu ihm und kaufte dessen früheren Besitz zurück.

Es scheint mir eine naheliegende Schlußfolgerung zu sein, daß Diodor mit dem Verweis auf andere Geschichten über pythagoreische Solidarität die beiden zuletzt genannten meint, die er nicht aus seiner Quelle Aristoxenos übernommen hat. Und nun sehen wir auch, wo Diodors Quelle wahrscheinlich das Motiv gefunden hat, das seine Version der Kleinias-und-Proros-Geschichte von der seiner Vorlage Aristoxenos unterscheidet: er hat das Motiv des *wirklichen* Verlusts des Vermögens der Thestor-und-Thymaridas-Geschichte entnommen, die er wegläßt.

---

51 Iamb. *VP* 239 = Thymarid. T 1,3 Timpanaro Cardini (II 444).

Es ist jedenfalls nicht richtig, wenn Cohen-Skalli erklärt, daß Iamblich die Erzählung von Kleinias und Proros „dans les mêmes termes" wie Diodor wiedergibt.[52] Hier können wir sehen, daß unser Autor bisweilen mit dem Material freier umgeht und eine bekannte Geschichte mit Hilfe von Motiven aus einer anderen Erzählung modifiziert.

6.6.2 Damon und Phintias

Die letzte Erzählung, die einen Vergleich zwischen Aristoxenos und Diodor ermöglicht, ist die bekannte Geschichte von Damon und Phintias, dem pythagoreischen | [207] Freundespaar *par excellence* (10 F 6,3–6 C.-S. = 10,4,3–6 V. und 10 F 6bis,3–6 C.-S. = nicht in V.). Hier sind die Unterschiede am bemerkenswertesten und sie wurden in unterschiedlicher Weise interpretiert. Die folgenden Standpunkte der Forschung sind mir bekannt:
1) die Version Diodors ist eine Umarbeitung der Version des Aristoxenos,[53]
2) die Version des Aristoxenos ist eine Umarbeitung der Version Diodors,[54]
3) beide sind unabhängig voneinander, die Version des Aristoxenos ist die ursprüngliche und historisch korrekte,[55]
4) die Version Diodors ist historisch korrekt, Aristoxenos verfälscht den Verlauf der wirklichen Ereignisse, verwendet aber nicht Diodors Quelle (Timaios).[56]

Vergleichen wir die beiden Versionen miteinander, bevor wir uns für eine dieser Möglichkeiten entscheiden.[57] Aristoxenos (F 31 Wehrli) | [208] beruft sich für sei-

---

[52] Cohen-Skalli 2012, 188 Anm. 17.
[53] Gasse 1999, 221: alle späteren Fassungen sind Umarbeitungen der Fassung des Aristoxenos; Burkert 1972, 104 Anm. 36: Aristoxenos ist das Original, Diodor verwendet kein voralexandrinisches Material. Auch Huffman 2008, 204 sieht in Aristoxenos' Erzählung die ursprüngliche Version.
[54] Von Fritz 1940, 24–25; Wehrli 1967–1978, II 56–57; so wohl auch Riedweg 2007, 58–59, der von einer verharmlosenden Umarbeitung des Aristoxenos spricht.
[55] Gegenschatz 1981, 108–112.
[56] Cohen-Skalli 2010, 558–583.
[57] Zu anderen Fassungen, die für die Frage nach der ursprünglichen Version bzw. der Historizität der Ereignisse nicht von Bedeutung sind, siehe vor allem Gegenschatz 1981; vgl. Gasse 1911; Centrone 1994b, 607–608; Freyburger 1997; Macris 2012, 578–580.

nen Bericht auf Dionysios II., der ihm die Geschichte erzählt habe, als er als Verbannter in Korinth lebte.[58] Sie soll illustrieren, daß die Pythagoreer niemals jammerten oder flehten. Bei ihm ist der Ausgangspunkt eine Hofintrige, das heißt eine Diskussion unter Höflingen Dionysios' II., von denen einige behaupten, das würdige Verhalten, die Pflege der Freundschaft und die Emotionslosigkeit der Pythagoreer seien nur Fassade. Wenn man ihnen genug Furcht einjage, zeige sich dies. Daher denken sie sich folgenden Test aus: Sie lassen den Pythagoreer Phintias kommen und behaupten fälschlicherweise, er sei überführt, einen Anschlag auf Dionysios geplant zu haben. Der Tyrann spielt mit und verkündet, Phintias sei zum Tode verurteilt. Die erwartete Reaktion bei Phintias bleibt aber aus, er ist lediglich erstaunt und bittet Dionysios darum, den Rest des Tages darauf verwenden zu dürfen, seinen und Damons | [209] Haushalt für die Zeit nach seinem Tod zu ordnen. Denn beide leben in Gütergemeinschaft. Dionysios ist erstaunt (θαυμάζειν) und fragt, ob es einen Menschen gäbe, der bereit sei, mit seinem Leben zu bürgen (ἐρωτῆσαι, εἰ ἔστιν ὁ ἄνθρωπος οὗτος ὅστις ὑπομενεῖ θανάτου γενέσθαι ἐγγυητής). Phintias bejaht dies, man holt auf seinen Wunsch hin Damon, und dieser stimmt zu. Die Reaktion des Dionysios ist großes Erstaunen (ἐκπλαγῆναι), die Höflinge verspotten Damon als Hirschkuh, das heißt als einen Mann, der für Phintias wie die Hirschkuh für Iphigenie sterben werde. Gegen Sonnenuntergang kommt Phintias zurück, was alle überrascht. Dionysios umarmt und küßt beide und bittet darum, als Dritter in die Gruppe der Freunde aufgenommen zu werden (ἀξιῶσαι τρίτον αὐτὸν εἰς τὴν φιλίαν παραδέξασθαι). Dies lehnen beide ab.

Bei Diodor wird die Geschichte ohne Quellenangabe erzählt, auch hier ist der Tyrann Dionysios II.[59] Letzteres ist eine wichtige Erkenntnis Cohen-Skallis, die ein von den *Excerpta Constantiniana* unabhängiges Zitat dieser Passage bei Ps.-Maximos Confessor entdeckt hat, in der dieses Detail zu finden ist, während es in

---

58 Die Version des Aristoxenos ist in zwei Fassungen, bei Iamblich (*VP* 233–236) und bei Porphyrios (*VP* 59–61), überliefert, wobei diejenige Iamblichs den Vorrang verdient; anders Zhmud 2012a, 149–150 Anm. 49, der von Hinzufügungen Iamblichs ausgeht. Gegenschatz 1981, 105 zeigt aber, daß Porphyrios kürzt und dabei Fehler begeht; vgl. Staab 2002, 430–431; auch Wehrli druckt nur die Version Iamblichs als F 31 der Aristoxenosfragmente; vgl. seinen Kommentar: Wehrli 1967–1978, II 56; Porphyrios und Iamblich verwenden beide Nikomachos (1. Jh. n.Chr.; FGrHist 1063 F 3) als Zwischenquelle, wie Porphyrios ausdrücklich bezeugt. Abdruck dieser Geschichte in der Fassung Iamblichs auch in VS 58 D 7 (II 471–472; unter den Fragmenten der *Aussprüche der Pythagoreer*) = 33 (58) D 7 Timpanaro Cardini (III 304–308).
59 Abdruck dieser Fassung auch in VS 55 A 1 (mit der Bemerkung „aus Aristoxenos") = 29 (55) T 1 Timpanaro Cardini (mit der Quellenangabe Aristoxenos); zur Quelle Diodors siehe im folgenden.

den *Excerpta Constantiniana* ausgefallen ist. In allen anderen Versionen der Geschichte wird sie über Dionysios I. erzählt oder impliziert sie ihn als Handelnden.[60] Es gibt einige geringfügige sprachliche Übereinstimmungen zwischen den Texten; wenn der eine Text vom anderen abhängt, wurde auch hier die Vorlage sprachlich | [210] umgearbeitet. Allerdings existieren deutliche strukturelle Analogien, die zeigen, daß beide Traditionen zusammenhängen. Bei Diodor hat Phintias wirklich ein Attentat auf Dionysios geplant und wird dafür zum Tode verurteilt.[61] Er erbittet sich Zeit – wieviel wird hier nicht gesagt –, um seine persönlichen Verhältnisse für die Zeit nach seinem Tod zu regeln, und bietet als Bürgen für die Zeit seiner Abwesenheit einen seiner Freunde und Mitpythagoreer, Damon, an. Die Regelung des Nachlasses hat hier also nichts mit Damon zu tun, er ist einer aus der Gruppe der Pythagoreer, von Gütergemeinschaft und gemeinsamem Hausstand spricht Diodor nicht. Die Reaktion des Dionysios ist analog zu der bei Aristoxenos: er wundert sich und fragt sich, ob es einen solchen Freund gäbe, der so etwas auf sich nähme (Τοῦ δὲ δυνάστου θαυμάσαντος, εἰ τοιοῦτός ἐστι φίλος ὃς ἑαυτὸν εἰς τὴν εἱρκτὴν ἀντ' ἐκείνου παραδώσει). Damon wird geholt und stimmt zu. Auch hier folgen in der Geschichte nun die verschiedenen Reaktionen auf Damons Verhalten, allerdings nicht die des Dionysios und der Höflinge – denn es geht hier nicht um eine Hofintrige –, sondern die der Menschen aus dem Volk, von denen einige die Freundesliebe loben und andere Damon für verrückt erklären. Zur festgesetzten Stunde ist das gesamte Volk anwesend – auch dies ein Unterschied zu Aristoxenos; als die Zeit abläuft, alle schon die Hoffnung aufgeben und Damon zur Hinrichtung abgeführt wird, kommt Phintias angerannt. Alle loben seine Freundschaft, Dionysios sieht von einer Bestrafung ab und bittet, als dritter in den Kreis der Freunde aufgenommen zu werden (παρεκάλεσε | [211] τοὺς ἄνδρας τρίτον ἑαυτὸν εἰς τὴν φιλίαν προσλαβέσθαι). Daß dies abgelehnt wird, wird nicht explizit gesagt, doch ist dies nur eine Folge der Tatsache, daß es selbstverständlich war. Denn Diod. 10 F 15 C.-S. (= 10,8,2–3 V.) über das Geheimnis, das den Grund für den pythagoreischen Freundschaftskult umgab, legt nahe, daß auch bei Diodor Pythagoreer keine Freundschaft mit Nicht-

---

60 Cohen-Skalli 2010, 543–558; vgl. 2012, 189 Anm. 18; 367–368 Anm. 19: Ps.-Maximos ist von den *Excerpta* unabhängig und bietet den besseren Text an dieser Stelle; vgl. Cohen-Skalli 2012, 166; 367–368 Anm. 19.
61 Die beste Analyse der Unterschiede bei Gegenschatz 1981, 108, dem dieser Vergleich viel verdankt; vgl. auch Cohen-Skalli 2010, 563.

Pythagoreern schlossen – wie dies auch sonst in der antiken Überlieferung häufig bezeugt ist.[62]

Cohen-Skalli hat sich nicht nur in ihrem Kommentar, sondern vor allem in einem Aufsatz zur Interpretation der beiden Traditionen geäußert.[63] Nach ihrer Ansicht geht Diodor auf Timaios zurück und liefert die historisch korrekte Überlieferung. Bei Aristoxenos sieht sie eine philosophische Tendenz zur Idealisierung der Pythagoreer. Aristoxenos sei als Fälscher bekannt, er arbeite die historisch korrekte Überlieferung um, da er zum einen Dionysios II. in einem positiven Licht erscheinen lassen wolle und nicht wie in der Tradition Diodors als grausamen Tyrannen. Der Grund dafür sei, daß Aristoxenos das Sprachrohr der pro-syrakusanischen Pythagoreer Tarents um Archytas sei, die gute Beziehungen zum Tyrannen pflegten. Er habe aus dem wirklichen Attentat eine Prüfung des Phintias gemacht, um Elemente aus der Überlieferung zu entfernen, die negativ für Dionysios seien. Zum anderen wolle er die Pythagoreer verherrlichen und vom Vorwurf des versuchten | [212] Tyrannenmordes befreien, der nach Aristoxenos' Ansicht nicht mit pythagoreischer Doktrin vereinbar sei. Der Tyrannenfeind Timaios, Diodors Quelle, präsentiere ein Dionysios-feindliches, aber historisch korrektes Bild. Obwohl Cohen-Skalli Aristoxenos für diese Verfälschungen verantwortlich macht, glaubt sie dessen Behauptung, Dionysios selbst sei sein Gewährsmann.

Ich kann nicht auf alle Punkte dieser Interpretation eingehen, die mir nicht überzeugend erscheinen. Nur soviel sei hier bemerkt: sowohl die Fassung bei Aristoxenos als auch die bei Diodor sind dezidiert pro-pythagoreisch und rühmen die pythagoreische Freundschaft. Dionysios ist bei Diodor keineswegs so grausam, wie Cohen-Skalli meint. Im Gegenteil. Er will einen Verschwörer gegen sein Leben hinrichten lassen, was normal ist. Aber auch er gesteht ihm zu, vor der Hinrichtung sein Erbe zu regeln, begnadigt ihn am Ende und erkennt den edlen Charakter der beiden Pythagoreer an, so daß er ihr Freund werden will. Auch er wird also 'bekehrt', auch diese Darstellung ist daher Dionysios-freundlich, wenngleich Dionysios vielleicht als etwas weniger sympathisch erscheint als bei Aristoxenos.[64] So entfällt auch eines der Argumente für den Tyrannenfeind Timaios

---

62 Dies sei nur deshalb explizit gesagt, da Cohen-Skalli 2010, 575; 582 meint, bei Diodor und allen Autoren außer Aristoxenos sei das Ende der Geschichte offen. Im Gegenteil. Das Ende der Geschichte war so offenkundig und allgemein bekannt, daß es nicht immer eigens erwähnt werden mußte. Auch Gegenschatz 1981, 108 spricht von einem offenen Ende.
63 Cohen-Skalli 2010. Das Folgende faßt einige Punkte ihrer Argumentation auf den S. 558–583 zusammen.
64 So richtig auch Muccioli 1999, 221.

als Quelle. Daß die Pythagoreer allgemein oder lediglich Aristoxenos Tyrannenmord als unethisch abgelehnt hätten, scheint mir unbegründet zu sein.[65] Cohen-Skalli ist | [213] zuzugeben, daß Pythagoras bei Aristoxenos vor der Tyrannis des Polykrates flieht (F 16 Wehrli) und den Tyrannen Simichos durch seine Worte zur Niederlegung seiner Herrschaft veranlaßt (F 17 Wehrli). Andererseits nennt er im selben F 17 στάσις in der Polis ein Übel, das man mit allen Mitteln meiden und mit Feuer und Schwert ausmerzen müsse. Dies paßt schlecht zum Pazifismus, den Cohen-Skalli postuliert. Außerdem berichtet Iamblich davon, daß die Ermordung des Tyrannen Phalaris eine Folge der Erziehung der Menschen durch Pythagoras gewesen sei. Für den Neupythagoreer war dies eine Ruhmestat des Philosophen.[66] Dies spricht alles gegen eine Ablehnung des Tyrannenmordes in der politischen Theorie der Pythagoreer. Es wäre im übrigen höchst seltsam, wenn Aristoxenos eine Dionysios-feindliche in eine Dionysios-freundliche Darstellung verändert hätte, da auch sein Pythagoras ein Tyrannenfeind ist.[67] Sein positives Dionysios-Bild ist lediglich eine Folge seiner Quelle, die er allem Anschein nach getreu wiedergibt: Dionysios II. selbst. Es besteht kein Grund, an der Richtigkeit dieser und anderer Quellenangaben bei Aristoxenos zu zweifeln.[68] Das Bild von Aristoxenos als Verfälscher der Überlieferung und unglaubwürdigem Propagandisten hat im übrigen in jüngerer Zeit Modifizierungen erfahren und kann so | [214] nicht mehr aufrechterhalten werden.[69] Wenn Dionysios II. dem Archytas na-

---

65 Diese Vorstellung aber auch bei von Fritz 1940, 24–25; 1963, 174–175; Wehrli 1967–1978, II 56–57; mit etwas Zurückhaltung auch Riedweg 2007, 60. Nicht ganz auszuschließen ist außerdem, daß ἐπιβουλεύω vielleicht nur den Sturz, nicht die Ermordung des Tyrannen meint, wenngleich Letzteres wahrscheinlicher ist. Huffman 2008, 204 kritisiert Riedweg und erklärt zu Recht, daß es keinen Hinweis darauf gibt, daß Aristoxenos Tyrannenmord ablehnte.
66 Siehe Cohen-Skalli 2010, 573, wo sie vom „pacifisme ou, en tout cas, son indifférence à la tyrannie" spricht. Auf S. 574–575 vermutet sie, die Darstellung des Phintias bei Diodor und der Bericht bei Iamblich über Phalaris seien vielleicht nicht in Übereinstimmung mit pythagoreischer Doktrin. Dann wäre zu begründen, warum der Neupythagoreer Iamblich dies offenkundig anders sieht.
67 Vgl. die Stellen in Zhmud 2012a, 82 Anm. 89.
68 So auch Cohen-Skalli 2010, 567–568; 581; sie folgt hier zu Recht Muccioli 1999, 220–221.
69 Siehe die unabhängig voneinander entstandenen Beiträge zu Aristoxenos' Darstellung des Sokrates von Huffman 2012b und Schorn 2012 [= Kap. 4 in diesem Band] (letzterer auch zu den anderen Biographien des Aristoxenos). Es gibt jedenfalls keinen Grund zu der Annahme, daß Aristoxenos, wenn er sich auf mündliche Gewährsleute beruft, nicht das wiedergibt, was er von ihnen gehört hat. Daß er vielleicht Manches wegläßt, das nicht seiner Meinung entspricht, ist eine andere Sache.

hestand, warum sollte Aristoxenos als dessen angeblicher Propagandist eine Geschichte erfinden, in der Dionysios am edlen Charakter der Pythagoreer zweifelt (auch wenn er damit eine noch negativere Geschichte modifizieren wollte)?[70]

Es wurde beim obigen Vergleich bereits deutlich, daß beide Versionen zusammenhängen und die eine die Umarbeitung | [215] der anderen sein muß. Dies zeigen vor allem die strukturellen Übereinstimmungen. Auch sei hier noch einmal daran erinnert, daß nur in diesen beiden Versionen der Erzählung Dionysios II. die handelnde Person ist. Die Vertreter der Priorität Diodors verweisen darauf, daß seine Version die einfachere und daher wohl ursprüngliche sei und daß diejenige des Aristoxenos ein unlogisches Element enthalte: „Es ist aber klar, daß Dionysios, wenn er die Pythagoreer prüfen wollte, gar nicht voraussehen konnte, daß Phintias einen Freund bitten werde, für ihn Bürgschaft zu leisten", erklärt von Fritz.[71] Daher müsse die Version mit dem *wirklichen* Attentat die ursprüngliche sein. Dagegen hat Gegenschatz aber zu Recht eingewandt, daß Dionysios die Stellung eines Bürgen gar nicht erwartete. Er und seine Höflinge meinten, Phintias werde um Gnade flehen und vielleicht andere Pythagoreer denunzieren, um seine Haut zu retten.[72] Das Argument von von Fritz ist also hinfällig. Dagegen hat Cobet, gefolgt von Burkert und anderen, schon vor langer Zeit einen Widerspruch

---

70 Hier noch in Kürze einige weitere Punkte in Cohen-Skallis Argumentation, die mir nicht überzeugend erscheinen: S. 568: Plu. *Tim.* 15,5 = Aristox. F 31 Wehrli bestätigt im Grunde nicht die Richtigkeit der Quellenangabe des Aristoxenos (Dionysios II.). Da es sich auch hier um eine Geschichte handelt, die Aristoxenos unter Berufung auf Dionysios II. überliefert, könnte ein Skeptiker, der Aristoxenos' Quellenangaben mißtraut, behaupten, daß auch hier eine gefälschte Quellenangabe vorliegt. S. 569: Die Geschichte von Damon und Phintias bezeugt keine Intensivierung der „présence de cercles pythagoriciens à la cour de Denys II": weder bei Diodor noch bei Aristoxenos gehört Phintias zum Hof (bei letzterem ausdrücklich nicht). S. 570: Die Anekdote des Neanthes (FGrHist 84 F 31a) über Myllias und Timycha zeigt nicht nur, daß es keine „osmose culturelle" zwischen Pythagoreern und Dionysios II. gab, sondern weist auf starke Konflikte. Überhaupt wäre die Frage zu beantworten, wie sich gute Beziehungen zwischen Dionysios und den Pythagoreern in Tarent damit vertragen, daß in zwei zeitgenössischen Autoren, Aristoxenos und Neanthes, von denen ersterer eine dem Pythagoreismus nahestehende Person ist, von Konflikten mit den Pythagoreern in Syrakus zu lesen ist.
71 So z.B. von Fritz 1963, 175; vgl. 1940, 24; Wehrli 1967–1978, II 57: „Dadurch entsteht allerdings die Ungereimtheit, daß Dionysios mit dem Wunsch des Phintias, einen Bürgen zu stellen, rechnet, obwohl er ihn nicht voraussehen kann"; van der Waerden 1979, 178; Radicke 1999, 130 (zu FGrHist 1063 F 3).
72 Gegenschatz 1981, 112: „Nach dessen Darstellung ging es lediglich darum, das Verhalten der am Hofe oft gescholtenen Pythagoreer in einer gefährlichen Situation auf die Probe zu stellen. Daß sich daraus eine Bürgschaft ergeben würden, konnte – und mußte niemand vorausahnen". Der Einwand von von Fritz 1963, 175 gegen eine solche Interpretation schlägt nicht durch.

in der Version Diodors gefunden, der wirklich existiert und zeigt, daß sie sekundär ist: Wie kann Dionysios dem Phintias seine Freundschaft anbieten, nachdem dieser gerade | [216] einen Anschlag auf ihn versucht hat? Dies ist nur in der Fassung des Aristoxenos plausibel, da es dort keine Feindschaft zwischen ihnen gibt. Sie ist daher die primäre Fassung.[73] Dies paßt außerdem zur oben gemachten Beobachtung, daß es sich bei zahlreichen Geschichten bei Diodor, welche Übereinstimmungen mit Aristoxenos aufweisen, um Bearbeitungen der Originale des Aristoxenos handelt (und unten werden weitere Beispiele folgen).

Kennzeichnend für die Änderungen bei Diodor ist, daß sie die Geschichte weniger kompliziert, aber zugleich spektakulärer machen – letzteres haben wir schon oben bei Kleinias und Proros beobachtet –, und daß alle Elemente entfernt werden, die nicht dem Pythagoreerbild in Diodors Pythagoreerkapitel entsprechen. Phintias wird zum Freiheitskämpfer, zugleich wird das Bild des Dionysios etwas weniger positiv (aber nicht viel), was dem Geschmack der späteren Zeit sicher mehr entsprach als die Darstellung des Aristoxenos, in der der Tyrann fast nur ein Beobachter ist und vor allem sein Hofstaat handelt.[74] Diese Version paßt zudem besser zum allgemeinen Bild der Pythagoreer als Tyrannenfeinden. Die Gütergemeinschaft und das Zusammenleben von Damon und Phintias verschwinden, da die Pythagoreer nach Diodor keine Gütergemeinschaft praktizierten (siehe unten). Dadurch wird das Verhalten Damons noch bewundernswerter, da er nicht der Lebensgefährte, sondern nur irgendein anderer Pythagoreer ist, | [217] aber trotzdem diese Bürgschaft eingeht. Die Dramatik der Schlußszene (Damon schon auf dem Weg zur Hinrichtung) ist bis zum äußersten gesteigert. Die Fassung Diodors ist demnach eine Umarbeitung der Fassung des Aristoxenos und besitzt keinen unabhängigen Quellenwert.[75]

Für Cohen-Skalli stammen alle Fragmente Diodors, welche die pythagoreische Freundschaft illustrieren, aus Timaios. Sie sieht eine Verbindung zum bekannten Timaiosfragment über die Gütergemeinschaft unter den Pythagoreern (FGrHist 566 F13a–b).[76] Dort ist zu lesen, daß das Sprichwort „Freundesgut ist Gemeingut" (κοινὰ τὰ φίλων) auf die pythagoreische Lebensweise zurückgehe, da

---

[73] Cobet 1878, 433: „Si constabat Phintiam Dionysio *parasse necem*, absurdum est eius amicitiae tyrannum cupidum fuisse. Satis erat illi poenam et supplicium remittere". Ihm folgen Burkert 1972, 104 Anm. 36; Gegenschatz 1981, 102; 110; Huffman 2008, 204.

[74] Vgl. Gegenschatz 1981, 110–111. Nicht alle Argumente von Gegenschatz sind gleichermaßen gut, aber die wichtigsten werden ihm verdankt.

[75] Die Frage nach der Historizität der von Dionysios II. erzählten Geschichte wird hier bewußt beiseite gelassen, da sie für das Quellenverhältnis irrelevant ist.

[76] Cohen-Skalli 2010, 571–572; 2012, 179–180: 10 F 5–6; 14–15 C.-S. (= 10,3,5–4,6; 10,8 V.) aus Timaios; siehe auch 188 Anm. 17; 366–367 Anm. 15.

alle Pythagoreer ihren Besitz zum Gemeingut der Gruppe machen mußten.[77] Diese Gütergemeinschaft werde laut Cohen-Skalli am deutlichsten in der Erzählung von Kleinias und Proros. Diese Ansicht ist falsch, wie unter anderem 10 F 5 C.-S. (= 10,3,5 V.) beweist. Dort lesen wir:

> Wenn einige ihrer Freunde ihr Vermögen verloren, teilten sie ihre Güter mit ihnen wie mit Brüdern. Aber nicht nur gegenüber den Gefährten, mit denen sie täglich zusammenlebten, hatten sie diese Einstellung, sondern überhaupt gegenüber allen, die zu dieser Gruppe gehörten.

Dann folgt die Anekdote von Kleinias und Proros. Dieser Text zeigt: Die Pythagoreer bei Diodor leben *nicht* in Gütergemeinschaft wie diejenigen bei Timaios. Sonst hätten sie keinen Privatbesitz, mit dem sie | [218] ihren verarmten Glaubensgenossen helfen können.[78] Natürlich kann niemand, nicht einmal Timaios, angenommen haben, daß Pythagoreer, die an weit voneinander entfernten Orten lebten, Gütergemeinschaft praktizierten. Dies war aus praktischen Gründen nicht möglich. Aber wie das soeben zitierte Fragment zeigt, ist dies bei Diodor nicht einmal bei den Pythagoreern der Fall, die am selben Ort leben. Dies erklärt auch, warum Damon und Phintias, anders als bei Aristoxenos, hier nicht in Gütergemeinschaft leben. Gerade dieses Element der Geschichte wurde verändert. Damit ist sicher, daß Timaios hier nicht die Quelle sein kann, und damit fällt auch eines von Cohen-Skallis wichtigsten Argumenten für seine Verwendung bei Diodor weg.

6.6.3 Die hohe Wertschätzung der Freundschaft

10 F 14 C.-S. (= 10,8,1 V.) faßt allgemein zusammen, was die zwei Anekdoten in 10 F 6 C.-S. (= 10,4 V.; Kleinias und Proros; Damon und Phintias) illustrieren: die Pythagoreer legen größten Wert auf die Unverbrüchlichkeit der Freundschaft und halten die Freundschaft für das höchst Gut. Wie oben gezeigt wurde (S. 198–199), gehört es an den Anfang der Sektion über die pythagoreische Freundschaft. Da beide Anekdoten, die ihm folgen, auf Aristoxenos zurückgehen, ist dies wohl

---

77 FGrHist 566 F 13a: ἔφη δεῖν καὶ τὰς οὐσίας κοινὰς εἶναι τῶν ἐντυγχανόντων. F13b: καὶ αὐτοῦ οἱ μαθηταὶ κατετίθεντο τὰς οὐσίας εἰς ἓν ποιούμενοι.
78 Erkannt von Mewaldt 1904, 48–49; Zhmud 2012a, 149–150 mit Anm. 49, letzterer allerdings mit Ansichten über die ursprüngliche Fassung der Anekdote von Damon und Phintias, die ich nicht teile. Er will zeigen, daß die *historischen* Pythagoreer keine Gütergemeinschaft praktizierten. [Zustimmend zur Interpretation oben Bremmer 2016, 236 mit Anm. 55.]

auch bei dieser Bemerkung der Fall, wenn es sich nicht um die Worte des Autors der Biographie selbst handelt.[79] | [219]

6.6.4 Das Geheimnis um den Grund für den pythagoreischen Freundeskult

10 F 15 C.-S. (= 10,8,2–3 V.), das nach der oben vorgeschlagenen Reihenfolge auf die beiden soeben besprochenen Anekdoten folgt, gehört zum selben Themenbereich Freundschaft: Niemand habe je den Grund dafür erfahren können, warum die Pythagoreer untereinander so feste Freundschaft pflegten. Obwohl dies viele Nicht-Pythagoreer hätten herausfinden wollen, sei es niemandem gelungen, da die Pythagoreer die Gebote über dieses Thema geheimhielten und darüber keine Schriften verfaßten. Dieses Fragment schließt das Kapitel über pythagoreische Freundschaft ab und leitet zum folgenden über, in dem es um Übungen geht, hier im Speziellen um die Übung des Gedächtnisses (siehe S. 198).

Nach Cohen-Skalli erkläre Diodor hier, die Pythagoreer hätten nichts geschrieben, doch ist dies nicht korrekt.[80] Diodor sagt lediglich, daß die Pythagoreer *über dieses Thema*, d.h. den Grund für die pythagoreische Freundschaft, nichts geschrieben hätten. Da er die überarbeitete Fassung des *Tripartitum* verwendet (siehe S. 223–227) und sich das *Tripartitum* als Werk des Pythagoras präsentierte, muß er von der Existenz zumindest eines Werks des Pythagoras ausgegangen sein.

Die Quelle an dieser Stelle ist unbekannt.[81] Da aber alles zum Thema Freundschaft auf Aristoxenos zurückzugehen scheint, ist dies vielleicht auch hier der Fall. Inhaltlich paßt zu diesem Fragment Aristoxenos F 43 aus den *Erziehungsgesetzen*. Er erklärt dort, die Pythagoreer seien der Meinung, daß | [220] „nicht allen alles gesagt werden dürfe".[82] Allerdings darf man nicht vergessen, daß der Grund für die enge Freundschaft unter den Pythagoreern ein beliebtes Thema in der Literatur war, wie z.B. die Anekdote über Myllias und Timycha beweist, die bei Neanthes und Hippobotos zu lesen war.[83] Sicherheit über die Quelle ist hier daher nicht möglich, auch wenn Aristoxenos ein naheliegender Kandidat ist.

---

79 Für Aristoxenos reklamiert das Fragment Mewaldt 1904, 48.
80 Cohen-Skalli 2012, 379 Anm. 35.
81 An Aristoxenos denkt Mewaldt 1904, 48.
82 Es ist nicht ganz klar, ob sich dieser Ausspruch nur auf die Erziehung von Kindern bezieht oder allgemeine Gültigkeit hat. Was Wehrli zu Beginn als Teil des Fragments abdruckt (Veröffentlichung der drei Bücher des Pythagoras durch Philolaos), gehört nicht dazu; vgl. Schorn 2004, 363 Anm. 937.
83 Neanth., FGrHist 84 F 31a–31b = Hippobot. F 19 Gigante.

6.6.5 Pherekydes

Dieses Fragment (10 F 4 C.-S. = 10,3,4 V.) gehört nach der oben vorgeschlagenen Rekonstruktion der Biographie zum Kapitel über Freundschaft und zeigt Pythagoras selbst als Freund. Wie dargelegt (siehe S. 201), kann hier die Tradition des Aristoxenos vorliegen, doch ist dies angesichts der Kürze des entsprechenden Aristoxenosfragments nicht beweisbar.

6.6.6 Fazit

Die Informationen im Kapitel über Freundschaft gehen entweder sicher auf Aristoxenos zurück, oder es spricht nichts dagegen, daß sie dies tun. Das Ausmaß der Modifizierung des Originals schwankt sehr stark.

6.7 Die pythagoreischen Gedächtnisübungen

Nach der oben (siehe S. 198–199) vorgeschlagenen Rekonstruktion der Biographie folgt 10 F 7 C.-S. (= 10,5,1 V.) unmittelbar auf | [221] 10 F 15 C.-S. (= 10,8,2–3 V.). In 10 F 7 berichtet Diodor von den pythagoreischen Gedächtnisübungen: ein Pythagoreer steht morgens nicht auf, bevor er sich alles, was er tags zuvor getan hat, ins Gedächtnis gerufen hat. Wenn er mehr Zeit hat, geht er damit noch ein oder zwei Tage weiter zurück. Cohen-Skalli verweist für diese Praxis der Pythagoreer auf parallele Traditionen bei Iamblich und Diogenes Laertios.[84] Dabei ist ihr aber nicht – und offenbar auch kaum einem anderen – aufgefallen, daß wir in diesem Fall bei Iamblich ebenfalls das Original erhalten haben, von dem die Version Diodors eine Zusammenfassung darstellt.[85] Iamblich berichtet an zwei

---

84 Cohen-Skalli 2012, 369 Anm. 21: Iamb. *VP* 164–166; 256; Porph. *VP* 40; Diog. Laert. 8,22. Sie macht keinen Unterschied zwischen den unterschiedlichen Traditionen in diesen Berichten.
85 Rohde 1901, II 157 spricht ganz allgemein von einer Übereinstimmung zwischen Diodor und Iamb. *VP* 164–166; Bertermann 1913, 14 erkennt die wörtliche Übereinstimmung in Iamb. *VP* 165: Ἐτίμων γοῦν σφόδρα τὴν μνήμην καὶ πολλὴν αὐτῆς ἐποιοῦντο γυμνασίαν τε καὶ ἐπιμέλειαν, und Diod. 10 F 7 C.-S. (= 10,5,1 V.): τῆς μνήμης μεγίστην γυμνασίαν ἐποιοῦντο, aber nicht die entscheidende wörtliche Parallele am Ende des Berichts; außerdem ist seine Schlußfolgerung nicht korrekt; siehe unten Anm. 89. Wohl allein Mewaldt 1904, 48 hat das Richtige gesehen, aber nur kurz angedeutet. Er reklamiert das Diodorfragment für Aristoxenos wegen der Übereinstimmung mit Iamblich: „Quod ut agnoscatur (...) commemoro μνήμης γυμνασίαν (= Diod. 10 F 7 C.-S. = 10,5,1 V.) eandem, quam Jambl. § 164s genuinis coloribus depinxit".

Stellen aus unterschiedlichen Quellen Widersprüchliches über das pythagoreische Gedächtnistraining. In § 256 spricht er im Zusammenhang mit dem antipythagoreischen Aufstand über Verhaltensweisen, die man den Pythagoreern zum Vorwurf machte: Sie überlegten sich morgens alles, was sie an diesem Tag tun würden, und riefen sich am Abend alles ins Gedächtnis, was sie getan | [222] hatten. Der Zweck der Übung ist hier die Überprüfung des eigenen Handelns, also ein Gewissensspiegel, und Gedächtnistraining. Diese Tradition liegt auch bei Porph. *VP* 40, und Diog. Laert. 8,22 vor. In § 164–166 findet sich bei Iamblich die Passage, die mit Diodor übereinstimmt. Die Funktion der Übung ist hier wie bei Diodor allein die Übung des Gedächtnisses, und sie findet nur am Morgen vor dem Aufstehen statt. Auch hier zeigen einige wenige, aber signifikante wörtliche Übereinstimmungen den Zusammenhang zwischen den Texten. Entscheidend ist das Ende des Berichts. Bei Iamblich lesen wir: οὐδὲν γὰρ μεῖζον πρὸς ἐπιστήμην καὶ ἐμπειρίαν καὶ φρόνησιν τοῦ δύνασθαι μνημονεύειν und bei Diodor: τοῦτο πρὸς ἐπιστήμην καὶ φρόνησιν, ἔτι δὲ τῶν πάντων ἐμπειρίαν τε τοῦ δύνασθαι πολλὰ μνημονεύειν (siehe den Anhang, S. 243–244, zur Textverderbnis). Auch die Struktur der Passagen ist identisch, allerdings ist die Darstellung Iamblichs viel ausführlicher. Was Diodor in einem Satz zusammenfaßt: „Sie standen nicht eher aus dem Bett auf, als sie sich ins Gedächtnis gerufen hatten, was sie am Vortag getan haben, wobei sie morgens begonnen und mit dem Abend endeten", wird bei Iamblich genau ausdifferenziert: der Pythagoreer überlegt, was er zuerst gesagt oder gehört oder seinen Sklaven befohlen hat etc.[86] Dann folgt – strukturell ganz analog – die Angabe, daß die Pythagoreer, wenn sie Zeit hatten, sich auch die Dinge ins Gedächtnis | [223] riefen, die zwei oder drei Tage zuvor geschehen waren. Dann folgt die oben zitierte identische Formulierung über den Zweck der Übung, die verrät, daß beide Texte zusammengehören. Auch hier fällt auf, wie forciert einer der Autoren andere Formulierungen als seine Vorlage verwendet hat, so daß es abgesehen vom letzten Satz nur noch wenige weitere wörtliche Übereinstimmungen gibt.[87]

---

[86] In Iamb. *VP* 165 bedeutet καὶ περὶ τῶν ἐσομένων ὁ αὐτὸς λόγος wohl nicht, daß sich die Pythagoreer im Bett auch überlegten, was sie am gerade angebrochenen Tag tun würden, wie dies bei der in § 256 geschilderten Übung der Fall ist. Dies zeigt die Logik des Berichts. Der Satz ist parallel zu καὶ περὶ τῶν ἄλλων δὲ ὁ αὐτὸς λόγος im folgenden Satz. Der Ausdruck bezieht sich also auf die Dinge vom Vortag, an die sich der Pythagoreer erinnert, die nach dem ersten, zweiten, dritten kamen, die zuvor einzeln aufgeführt werden.

[87] Iamb. *VP* 164: Ἐτίμων γοῦν σφόδρα τὴν μνήμην καὶ πολλὴν αὐτῆς ἐποιοῦντο γυμνασίαν τε καὶ ἐπιμέλειαν; Diod. 10 F 7 C.-S. (= 10,5,1 V.): Ὅτι οἱ Πυθαγόρειοι καὶ τῆς μνήμης μεγίστην γυμνασίαν ἐποιοῦντο; Iamb. *VP* 165: οὐ πρότερον ἐκ; Diod. 10 F 7 C.-S. (= 10,5,1 V.): οὐ πρότερον ἐκ; Iamb. *VP* 165: εἰ δὲ πλείω σχολὴν ἄγοι ἐν τῷ διεγείρεσθαι, καὶ τὰ τρίτην ἡμέραν; Diod. 10 F 7 C.-

Wer ist die gemeinsame Quelle? Die alte Quellenforschung hat keine Ergebnisse geliefert, die die späteren Forscher überzeugt hätten. Allerdings ist erwähnenswert, daß die Version über das Gedächtnistraining an der späteren Stelle in Iamblichs Buch, also diejenige, die keine Übereinstimmung mit derjenigen Diodors aufweist, in einem Abschnitt steht, der auch heute noch von vielen Wissenschaftlern als auf Timaios basierend angesehen wird.[88] Die Vorlage Diodors war an unserer Stelle also wohl ein anderer Autor. Nichts spricht gegen Aristoxenos, aber es gibt auch keine Fragmente, die diese Vermutung untermauern könnten. Wenn man annimmt, daß in allen Fällen, in denen Diodor dieselbe Tradition wie Iamblich aufweist, Aristoxenos die gemeinsame Quelle darstellt, muß man auch hier in ihm die Quelle sehen.[89] Doch ist es nicht sicher, ob man davon | [224] ausgehen darf.[90] Da aber das im folgenden zu besprechende Fragment über Übungen in Selbstbeherrschung möglicherweise aus Aristoxenos stammt und ebenso der vorangehende Abschnitt über Freundschaft ganz oder zum großen Teil, liegt es auch hier nahe, an diese Quelle zu denken.

6.8 Die pythagoreischen Übungen in Selbstbeherrschung

Gleich im Anschluß folgt die Beschreibung der Übung der Pythagoreer in Selbstbeherrschung (ἐγκράτεια) beim Essen: Sie ließen sich einen Tisch mit herrlichen Speisen decken, betrachteten ihn eine Weile, um so ihre natürlichen Begierden

---

S. (= 10,5,1 V.) εἰ δ' ἀναστροφὴν ἔχοιεν καὶ πλείονα σχολὴν ἄγοιεν, καὶ τὰ τρίτη (...) πραχθέντα. Cohen-Skalli, 2012, 368–369 berücksichtigt bei ihrer Herstellung des korrupt überlieferten letzten Satzes Diodors die Parallele bei Iamblich nicht; siehe unten, S. 243–244, den Anhang zur Textgestaltung.

88 Siehe die Belege in Schorn 2014b, 306 Anm. 62 [= unten, S. 421 Anm. 69].

89 Aus der Übereinstimmung zwischen Iamblich und Diodor schließt Mewaldt ohne nähere Begründung auf Aristoxenos als Quelle (oben, Anm. 85). Bertermann 1913, 14–15 sieht im Autor von § 256 nach anderen Timaios und postuliert daher auch für § 164–166 denselben Autor. Genau das Gegenteil ist der Fall. Derselbe Fehler bei Cohen-Skalli 2012, 180, die aber in Anm. 50 hinzufügt: „À moins que sa source ne soit ici Aristoxène, si celui-ci est la source de Jambl. 11 et 149". Die beiden zuletzt genannten Stellen stehen in keinem mir ersichtlichen Zusammenhang mit der hier diskutierten Frage. Die Argumente von Jäger 1919, 46–48, der Aristoxenos als Quelle von Porph. *VP* 38–41 (also der anderen Version) zu erweisen versucht, sind sehr schwach. Rohde 1901, II 157 denkt für § 164–166 an eine alte und gute Quelle wie Aristoxenos oder Neanthes. Sein einziges Argument für diese Identifizierung ist die Übereinstimmung mit Diodor. Burkert 1972, 213 Anm. 19 läßt die Quellenfrage offen.

90 Siehe unten, S. 230–233.

zu stimulieren, und ließen dann das Essen von den Sklaven wegtragen, ohne davon zu essen. Cohen-Skalli verweist auf den „identischen Bericht" bei Iamb. *VP* 187.[91] Diesmal ist die Fassung Iamblichs die kürzere, da sie sich in einem wohl von Iamblich selbst komponierten Paragraphen über Besonnenheit (σωφροσύνη) befindet, in dem er teils bereits Erwähntes wiederholt, teils Neues anführt | [225], dies allerdings lediglich in stichpunktartiger Weise.[92] Zu den neuen Elementen gehört die Übung in Selbstbeherrschung. Sie findet sich außerdem – mit Varianten – bei Plu. *Gen. Soc.* 15 p. 585a. Legt man die drei Berichte nebeneinander, erkennt man trotz inhaltlicher Differenzen einige wörtliche Übereinstimmungen.[93] Ich zweifle daher nicht daran, daß Diodor und Iamblich auf dieselbe Quelle zurückgehen.[94] Was die Identität dieser Quelle betrifft, scheint Einiges auf Aristoxenos zu weisen. Denn die hier beschriebene Übung liest sich wie die praktische Umsetzung dessen, was wir in den *Lehren der Pythagoreer* des Aristoxenos lesen. In einem in derselben Iamblichschrift überlieferten Fragment differenziert Aristoxenos zwischen verschiedenen Arten der Begierden (ἐπιθυμίαι) (Iamb. *VP* 205–206[–207] = F 38 Wehrli).[95] Zu den „dazuerworbenen" | [226] (ἐπίκτητον) und daher zu meidenden Begierden gehört unter anderem die Begierde nach luxuriöser Nahrung (207). Vor solchen Begierden muß man sich durch körperliche Übungen (σωμασκίας) schützen und man muß dafür sorgen, daß die Heranwachsenden von Kindheit an das Richtige begehren und das Falsche meiden. Dies paßt

---

91 Cohen-Skalli 2012, 191 Anm. 22.
92 Zum Charakter des Paragraphen siehe Rohde 1901, II 159; vgl. zu dieser Methode Iamblichs v.a. Staab 2002, 421.
93 Diod. 10 F 8 C.-S. (= 10,5,2 V.): Ὅτι ἐποιοῦντο καὶ τῆς ἐγκρατείας γυμνασίαν τόνδε τὸν τρόπον. Παρασκευασάμενοι πάντα τὰ κατὰ τὰς λαμπροτάτας ἑστιάσεις παρατιθέμενα πολὺν αὑτοῖς ἐνέβλεπον χρόνον· εἶτα (...); Plu. *Gen. Soc.* 15 p. 585a: Ἄσκησιν δὲ καὶ μελέτην [μετὰ] ἐγκρατείας οὐχ ἥπερ ἔτι νῦν ἐφείλκυσθε πάντες ὑμεῖς, ὅταν γυμνασάμενοι καὶ κινήσαντες ὥσπερ ζῷα τὰς ὀρέξεις ἐπιστῆτε λαμπραῖς τραπέζαις καὶ ποικίλοις ἐδέσμασι πολὺν χρόνον, εἶτα ταῦτα τοῖς οἰκέταις ὑμῶν εὐωχεῖσθαι παραδόντες αὐτοὶ τὰ λιτὰ καὶ ἁπλᾶ προσφέρησθε κεκολασμέναις ἤδη ταῖς ἐπιθυμίαις; Iamb. *VP* 187: Καὶ τὸ παρατίθεσθαι μὲν ἐν ταῖς ἑστιάσεσι τὰ ἡδέα καὶ πολυτελῆ ἐδέσματα, ἀποπέμπεσθαι δὲ αὐτὰ τοῖς οἰκέταις, ἕνεκα τοῦ κολάσαι μόνον τὰς ἐπιθυμίας παρατιθέμενα.
94 Hier zweifelt aber Mewaldt 1904, 49: „Anceps haereo in una ἐγκρατείας γυμνασία iudicanda 5,2 (= 10 F 8 C.-S.) quae artificiosius multo ac molestius instituta sit quam altera illa μνήμης (d.h. das Kapitel über die Gedächtnisübung)".
95 Die Zugehörigkeit zu der Schrift zeigt die Übereinstimmung mit Aristox. F 37 Wehrli. Ich teile die Zweifel von Staab 2002, 404 mit Anm. 995 an der Richtigkeit dieser Zuweisung nicht.

zu der in 10 F 8 C.-S. (= 10,5,2 V.) beschriebenen Übung.[96] Aristoxenos kann daher gut die Quelle sein, auch wenn Sicherheit hier nicht möglich ist.

6.9 Das *Tripartitum* als Quelle

Nach den zwei Exzerpten über Übungen der Pythagoreer folgt eine doxographische Sektion mit ethischen Geboten (10 F 16–22 C.-S. = 10,9,1–8 V.). Bereits Diels erkannte, daß Diodor hier ein doxographisches Werk verwendet hat, das auch zu den Quellen des Diogenes Laertios gehört und dem er den Namen *Tripartitum* gab.[97] Es handelt sich um ein Pseudepigraphon, angeblich ein Werk des Pythagoras, in drei Büchern: *Paideutikon*, *Politikon* und *Physikon* (daher der Name *Tripartitum*).[98]

Der Text bei Diogenes Laertios (8,9–10) ist offenkundig eine stark gekürzte Fassung der Originalschrift. Sowohl der Inhalt als auch die Struktur zeigen bemerkenswerte Übereinstimmungen mit Diodor: Die Vorschriften über Sex stimmen | [227] mit kleinen Differenzen überein, beide Male werden sie durch dasselbe Apophthegma des Pythagoras belegt (Diog. Laert. 8,9 ~ Diod. 10 F 17–18 C.-S. = 10,9,3–4 V.). Darauf folgt bei beiden Autoren die Einteilung des Lebens durch Pythagoras in vier Lebensphasen zu je 20 Jahren: παῖς, νεηνίσκος, νεηνίης, γέρων (Diog. Laert.) bzw. παῖς, νέος, νεανίσκος, γέρων (Diod.). Da Diogenes die auffällige Terminologie erklärt und das ursprüngliche Ionisch beibehält (νεηνίσκος = μειράκιον; νεηνίης = ἀνήρ), gibt wohl er die originale Terminologie des *Tripartitum* wieder,[99] während sie bei Diodor dem Sprachgebrauch der hellenistischen Zeit angepaßt ist. Bei der folgenden Gleichsetzung der vier Lebensphasen mit den vier Jahreszeiten werden bei beiden Autoren dieselben Termini zur Bezeichnung der Jahreszeiten verwendet.

---

[96] Bertermann 1913, 61–62: Timaios die Quelle Iamblichs aufgrund der (unbegründeten) Zuschreibung von Diod. 10 F 8 C.-S. (= 10,5,2 V.) an diesen Historiker von Cobet 1878, 386; dagegen Staab 2002, 303 Anm. 754.
[97] Diels 1890, v.a. 461–472. Nicht überzeugend hier Mewaldt 1904, 49–51, der die doxographische Sektion für Aristoxenos' *Lehren der Pythagoreer* reklamiert.
[98] Die Reste des in ionischem Dialekt geschriebenen Werks in Thesleff 1965, 170–172.
[99] Carl Huffman weist mich darauf hin, daß Aristoxenos, den der Autor des *Tripartitum* als Quelle verwendet hat, eine unauffällige Terminologie verwendet (F 35): παῖς, νεανίσκος, ἀνήρ, πρεσβύτης/γέρων. Es ist ihm darin zuzustimmen, daß es keinen Grund zu der Annahme gibt, das *Tripartitum* überliefere eine archaische und daher authentische Terminologie, wie bisweilen angenommen wurde.

Auch Cohen-Skalli verweist auf die Übereinstimmungen zwischen Diogenes und Diodor im Abschnitt Sex/Lebensalter, wie dies ihre Vorgänger tun.[100] Allerdings gehen die Übereinstimmung wohl noch weiter und wurde die *Tripartitum*-Tradition in größerem Umfang verwendet, als sie meint. Denn bei Diogenes Laertios stehen vor dem Block „Sex/Lebensalter", das heißt am Beginn des Referats aus dem *Tripartitum*, 1) die Vorschrift über das richtige Beten und 2) die Gebote über das Maßhalten. Letzterer Punkt | [228] fehlt bei Diodor an dieser Stelle, was vielleicht daher rührt, daß er auf dieses Thema schon zuvor im Zusammenhang mit den Themen Seelenwanderung und Vegetarismus eingegangen war. Bei Diodor folgen die Vorschriften über das Opfer und das Beten allerdings *nach* dem Block „Sex/Lebensalter". Dort lesen wir zuerst, daß Pythagoras von den Opfernden nicht nur Reinheit der Kleidung, sondern auch der Seele forderte (10 F 20 C.-S. = 10,9,6 V.). Dann folgen zwei Vorschriften über das Beten, die derjenigen bei Diogenes ähneln: Bei Diogenes fordert Pythagoras, daß niemand für sich selbst beten dürfe, da niemand wisse, was für sich selbst gut sei. Bei Diodor lesen wir zuerst (10 F 21 C.-S. = 10,9,7 V.), daß laut Pythagoras die Klugen für die Dummen die Götter um das Gute bitten müssen, da letztere nicht wissen, was für sie gut sei. Dann (10 F 22 C.-S. = 10,9,8 V.) folgt die Vorschrift, daß man nur um das Gute (τἀγαθά) beten solle, nicht um einzelne Güter wie Reichtum, Kraft etc.; denn Letzteres habe schon vielen geschadet, wofür als Beispiel Verse aus Euripides' *Phoenissen* zitiert werden (V. 1364–1375). Es scheint, als ob wir es bei Diogenes mit einer fehlerhaft überlieferten Fassung dieses letzten Gebotes zu tun haben.[101] Ist dies korrekt, stammen auch noch die Fragmente über Opfer und Beten aus der gemeinsamen Quelle.[102] Dann ist es aber ebenso plausibel, daß auch das vorangehende F 16a–b C.-S. (= 10,9,1–2 V.) über die | [229] Verwendung von Eiden, das thematisch hierher gehört, aus der gemeinsamen Quelle stammt.[103] Dort finden wir neben der Vorschrift, wenig zu schwören, und, wenn man es tut, den Eid zu halten, historische Negativbeispiele von Personen (Lysandros und Demades), die bewußt von Meineiden Gebrauch machten. Der ganze doxographische Abschnitt

---

100 Cohen-Skalli 2012, 178–179; 375–376 Anm. 40–41 unter Berufung auf Delatte 1922a, 166–168.
101 So schon Angelo Mai, der *editor princeps* der *Excerpta de sententiis* (1827), in einer Anmerkung zu 10 F 21 C.-S. (= 10,9,7 V.), wiederholt in Dindorf 1828, 35: „Hinc corrigendus videtur Laertii error VIII. 9, qui ait Pythagoram interdixisse quominus pro se quisque oret, quia nesciunt homines quid sibi expediat".
102 Cohen-Skalli 2012, 376 Anm. 42 schlägt keine Quelle für dieses Kapitel vor.
103 Cohen-Skalli 2012, 374 Anm. 36–37 schlägt keine Quelle für dieses Kapitel vor.

ist daher wohl ein Exzerpt aus dem *Tripartitum*, wie bereits mehrfach in der Forschung vermutet wurde.[104] Auch beim Vergleich Diogenes–Diodor fällt wieder auf, daß sich die wörtlichen Übereinstimmungen in Grenzen halten, und auch hier hat man den Eindruck, als ob im Lauf der Überlieferung bewußt umformuliert wurde.[105]

Diels hat zudem erkannt, daß sowohl bei Diodor als auch bei Diogenes Laertios nicht das *Tripartitum* selbst verwendet worden ist. Da sich das Werk als eine Schrift des Pythagoras präsentierte, konnte dort das Apophthegma des Pythagoras nicht gestanden haben. Er postuliert daher | [230] zu Recht ein Werk, in dem das *Tripartitum* verwendet worden ist, das heißt ein Werk, in dem die Lehren des *Tripartitum* durch illustrierende Anekdoten oder Apophthegmen ergänzt worden sind.[106] Dem stimmen neben anderen zu Recht Delatte und Cohen-Skalli zu.[107] Wenn 10 F 16 C.-S. (= 10,9,1–2 V.) und 10 F 22 C.-S. (= 10,9,8 V.) mit den Anekdoten über Lysandros und Demades sowie dem Euripideszitat ebenfalls aus dieser Quelle stammen,[108] war es ein äußerst buntes Werk, in dem pythagoreische Lehre in verschiedener Weise illustriert wurde. Doch können diese Passagen auch erst von Diodors Quelle oder Diodor hinzugefügt worden sein.

---

104 Dies vermuten schon Delatte 1922a, 166–167, den Cohen-Skalli 2012 verwendet, und van der Waerden 1979, 288–289. Centrone 1992, 4191 Anm. 38 weist die Fragmente über das Beten der *Tripartitum*-Tradition zu; vgl. auch Corssen 1912, 253. 10 F 23 C.-S. (= 10,9,9 V.) faßt das Vorangehende zusammen und leitet von der Doxographie über zum biographischen Teil.
105 Trotz der inhaltlichen Übereinstimmung fällt die unterschiedliche Wortwahl v.a. an den folgenden Stellen auf: Diog. Laert. 8,9: Ἀλλὰ καί ποτ' ἐρωτηθέντα πότε δεῖ πλησιάζειν εἰπεῖν „ὅταν βούλῃ γενέσθαι αὑτοῦ ἀσθενέστερος" – Diod. 10 F 18 C.-S. (= 10,9,4 V.): Ὅτι Πυθαγόραν φασὶν ὑπό τινος ἐρωτηθέντα πότε χρηστέον ἀφροδισίοις εἰπεῖν „ὅταν ἑαυτοῦ θέλῃς ἥττων γενέσθαι". Diog. Laert. 8,10: Διαιρεῖται δὲ τὸν τοῦ ἀνθρώπου βίον οὕτως – Diod. 10 F 19 C.-S. (= 10,9,5 V.): Ὅτι οἱ Πυθαγόρειοι διῄρουν καὶ τὰς ἡλικίας τῶν ἀνθρώπων εἰς τέσσαρα μέρη.
106 Diels 1890, 463; 467. Diels spricht aber von drei Aussprüchen, die nicht im originalen *Tripartitum* zu finden gewesen sein konnten, womit er alle Gebote in Diog. Laert. 8,9–10 zu meinen scheint. Es ist aber lediglich das Apophthegma in 8,9, das durch eine Frage eingeleitet wird, die nicht in eine Schrift paßt, die sich als ein authentisches Werk des Pythagoras präsentiert. Richtig Delatte 1922a, 166.
107 Delatte 1922a, 166–168, gefolgt von Cohen-Skalli 2012, 178–179; 375–376 Anm. 40–41; sie scheint die Arbeit von Diels nicht zu kennen, da sie sich nur auf Delatte beruft. Auch Lévy 1926, 71 Anm. 4 folgt Diels in diesem Punkt seiner Interpretation. Allerdings geht er im folgenden von der Identität der drei Bücher mit den *Hypomnemata* des Pythagoras aus, die Alexandros Polyhistor zitiert (Diog. Laert. 8,25–33 = Alex. Polyh., FGrHist 273 F 93 = F 9 Giannattasio Andria = VS 58 B 1a).
108 Delatte 1922a, 167 scheint in 10 F 16 C.-S. (= 10,9,1–2 V.) nicht die historischen Exempel für die überarbeitete Version des *Tripartitum* zu reklamieren.

Cohen-Skalli vermutet, daß Diodor diese ergänzte Fassung des *Tripartitum* nicht direkt, sondern über Timaios vermittelt verwendet habe.[109] In einer Anmerkung zum Text erklärt sie, daß es sich beim Autor dieses Werkes um Alexandros Polyhistor, Androkydes oder wahrscheinlich | [231] Aristoxenos gehandelt habe,[110] und in einer anderen Anmerkung bezeichnet sie es als sehr wahrscheinlich, daß Diodor „ait lu les doxographes, principalement Aristoxène, à travers Timée".[111] Dies ist nicht möglich, da das *Tripartitum* nach Aristoxenos und Timaios entstanden ist. Schon Diels hat es sehr wahrscheinlich gemacht, daß das *Tripartitum* auf Material aus Aristoxenos' *Lehren der Pythagoreer* (Πυθαγορικαὶ ἀποφάσεις) zurückgreift.[112] Sein Autor schrieb also nach ihm. Diels denkt an einen Fälscher des 3. oder 2. Jh.s v.Chr.,[113] doch hat Burkert gezeigt, daß der *terminus ante quem* um 200 liegt, da Satyros (F 10 Schorn) das Werk und einen dazugehörenden (ebenfalls gefälschten) Brief Platons an Dion kannte. Er hat es außerdem sehr wahrscheinlich gemacht, daß das Tripartitum *nach* einer anderen pseudopythagoreischen Fälschung entstanden ist, den sogenannten pythagoreischen *Hypomnemata*, zu denen der (ebenfalls gefälschte) Lysisbrief gehört. Wir kommen daher auf eine Entstehungszeit im späten 3. Jh. v.Chr., das heißt sicher nach Timaios und Aristoxenos.[114] Wer der | [232] Autor dieses Werkes und der erweiter-

---

109 Cohen-Skalli 2012, 179.
110 Cohen-Skalli 2012, 179 Anm. 47.
111 Cohen-Skalli 2012, 179 Anm. 48.
112 Diels 1890, 465–466: Er betont vor allem die Gedankenverbindung zwischen den Themen 'Sex' und 'vier Lebensalterstufen'; vgl. das *Tripartitum* bei Diog. Laert. 8,9–10 mit Aristox. F 39 Wehrli; Delatte 1922a, 168 ist skeptisch und hält es für möglich, daß beide auf dieselbe Quelle zurückgreifen. Doch welche Schrift sollte dies gewesen sein? Daß allerdings „die gesamte Anlage des Werkes" aus den *Lehren der Pythagoreer* entnommen sei, wie Diels meint, ist nicht zu erweisen.
113 Diels 1890, 472; so auch Thesleff 1961, 32.
114 Burkert 1961, 24–26 = 2006, 243–245; zum *Tripartitum* siehe auch Burkert 1972, 223–227; dieselbe Datierung bei Zhmud 2012a, 71 Anm. 45. Lévy 1926, 70–75, der allerdings das *Tripartitum* mit den *Hypomnemata* bei Alexandros Polyhistor identifiziert, meint, daß diese „n'ont guère pu naître avant le IIIe siècle" (75); Thesleff 1961, 32: „[it] includes authentic Old Pythagorean material and was written III–II cent. B.C.". Für Timpanaro Cardini 1958–1964, I 63 (Anm. zu F 19), ist das *Tripartitum* „senz'altro una falsificazione alessandrina, da non identificarsi con gli ὑπομνήματα" (mit weiterer Literatur, in der gegen Lévys These argumentiert wird). Anders Corssen 1912, 250–254; 260: vor Androkydes (der im 4. Jh. v.Chr. schrieb); Long 2013, 159 mit Anm. 63: Alexandros Polyhistor hat die *Hypomnemata*, die er zu zitieren vorgibt, selbst komponiert und den Lysisbrief selbst gefälscht. [Zu den *Hypomnemata* siehe auch Laks 2013, der die Datierung offenläßt (372: spätes 4. bis 1. Jh. v.Chr.). – Es besteht die Möglichkeit, daß ein kürzlich veröffentlichter herkulanensischer Papyrus einen Hinweis darauf erhalten hat, daß das *Tripartitum*

ten Fassung war, wissen wir nicht. Diels vermutet als Autor der letzteren Alexandros Polyhistor, doch ist dies nicht mehr als eine Möglichkeit unter vielen.[115] Das einzige, was wir mit Sicherheit sagen können, ist, daß der *Anonymus Diodori* hier direkt oder indirekt eine Quelle verwendet, die aus dem 2.–1. Jh. v.Chr. stammt (wie lange nach dem ursprünglichen *Tripartitum* diese Überarbeitung entstanden ist, ist nicht feststellbar). Dies zeigt zugleich, daß auch Thesleffs Hypothese, der *Anonymus* könne kaum jünger als das 4. Jh. v.Chr. sein, nicht haltbar ist.[116] Zhmuds Vorschlag, daß die Übereinstimmungen zwischen Diodor und dem *Tripartitum* bei Diogenes Laertios nicht darauf zurückzuführen seien, daß | [233] Diodors Quelle das *Tripartitum* verwendet habe, sondern daß Diodor und das *Tripartitum* auf eine gemeinsame Quelle zurückgehen, die er mit Aristoxenos' *Lehren der Pythagoreer* identifiziert, ist nicht möglich.[117] Dafür sind die Übereinstimmungen zwischen Diodor und Diogenes zu groß, und man müßte dann annehmen, daß das Apophthegma des Pythagoras schon in dieser Vorlage zu finden war, was nicht zum Charakter der Fragmente der Schrift paßt. Das F 39 aus Aristoxenos' *Aussprüchen der Pythagoreer*, in dem ebenfalls die Lehre von den Lebensaltern und Vorschriften über Sex miteinander kombiniert sind, zeigt zudem, daß dieser Text nicht die gemeinsame Vorlage Diodors und des *Tripartitum*, aber gut die Grundlage für das *Tripartitum* gewesen sein und auf diese Weise Eingang in die Werke Diodors und des Diogenes gefunden haben kann.

6.10 Die Pythagoreer als Vegetarier und die Lehre von der Seelenwanderung

Im folgenden ist der Abschnitt des Pythagoreerkapitels zu besprechen, in dem der Anonymus vor allem von der Ernährung der Pythagoreer handelt und der an den Anfang der Biographie, hinter das erste Fragment (10 F 3,3 C.-S. = 10,3,3 V.),

---

schon Dikaiarchos bekannt war, also vielleicht ins 4. Jh. datiert. Allerdings sind einige Probleme mit dieser Annahme verbunden; zu den Details siehe oben S. 14 Anm. 74. Wenn sich dies als richtig erwiese, würde dies zu einigen Veränderungen im Verhältnis der Quellen zueinander führen. Es ist aber zu betonen, daß es für die überarbeitete Version des *Tripartitum*, die bei Diodor vorliegt, weiterhin keinen Hinweis auf eine so frühe Datierung gibt.]

115 Diels 1890, 462–463. Burkert 1972, 225 Anm. 34, dachte mit Zurückhaltung an Neanthes als Vermittler des *Tripartitum* bei Diogenes Laertios; doch war dies zu einer Zeit, als die Forscher (und so auch Burkert 1972, 102 Anm. 23) Neanthes noch um 200 v.Chr. datierten. Er gehört aber ins 4. Jh. v.Chr.; vgl. Burkert 2000, 76–80; Schorn 2007, 115–116 [= oben, S. 1–2].
116 Thesleff 1961, 32.
117 Zhmud 2012a, 72 Anm. 47.

gehört (siehe oben, S. 196–199). Beim Fragment über Archytas' Selbstbeherrschung im Zorn (10 F 13 C.-S. = 10,7,4 V.), das in diesen Abschnitt gehörte oder auf ihn folgte, haben wir gesehen, daß es auf Aristoxenos zurückgeht. Betrachten wir nun die ihm vorangehenden Fragmente 9–12 C.-S. (= 10,6,1–7,3 V.). Diodor verbindet Pythagoras' Lehre von der Seelenwanderung mit einem strikten Vegetarismus (10 F 9 C.-S. = 10,6,1 V.; 10 F 11 C.-S. = 10,6,4 V.). Seine Quelle ist hier keinesfalls Aristoxenos, dessen Pythagoreer mit einigen Einschränkungen | [234] Fleisch essen.[118] Dieses Fragment stammt laut Cohen-Skalli sicher („certainement") aus Timaios, da er „semble avoir été l'un des rares auteurs du IVe siècle à ne pas avoir admis que les Pythagoriciens tuaient les animaux, pour les sacrifices comme pour l'alimentation".[119] Sie verweist für diese Ansicht auf Delattes Kommentar zu Diogenes Laertios' *Pythagorasbiographie* und listet, ihm folgend, einige Autoren auf, die Pythagoras nicht als Vegetarier darstellen: eine Tradition bei Iamb. *VP* 85, Aristoxenos und Herakleides Pontikos. Liest man bei Delatte nach, vertritt er in der Tat die Ansicht, daß die Pythagoreer laut Timaios Vegetarier waren, doch liefert er keine Beweise dafür.[120] Im Gegenteil. Er erwähnt zwei Autoren des 4. Jh.s, nach denen Pythagoras Vegetarier war: Eudoxos von Knidos (F 325 Lasserre), der immerhin ein Schüler des Archytas war (T 7 Lasserre = Archyt. T A6c Huffman), was wohl zeigt, daß es auch unter Pythagoreern diese Auffassung gab, und den Alexanderhistoriker Onesikritos (FGrHist 134 F 17a). Außerdem weist er darauf hin, daß es dem Standardbild der attischen Komödie von den sogenannten Pythagoristen entspricht, daß diese Vegetarier sind, Wasser statt Wein trinken und überhaupt ein asketisches Leben führen.[121] Zhmud bietet weitere Texte aus dieser Zeit und davor, nach denen die Pythagoreer Vegetarier | [235] waren:[122] Schon Herodots Gleichsetzung von Pythagoreern, Orphikern und Anhängern der Dionysosmysterien unterstellt vielleicht die Vorstellung von den Pythagoreern als Vegetariern (2,81,1–2),[123] und wenn Neanthes Pythagoras aus Tyros in Syrien stammen läßt, ist dies wohl eine Folge seiner Ansicht, daß die Syrer in frühen Zeiten Vegetarier waren (FGrHist 84 F 29; 32).[124] Vielleicht fand sich

---

118 Siehe F 25 und 29a Wehrli. Auf die Abweichung von der aristoxenischen Tradition verweisen viele Interpreten; siehe z.B. Mewaldt 1904, 49; 51; Zhmud 2012a, 72 Anm. 47.
119 Cohen-Skalli 2012, 370–371 Anm. 24 (Zitat S. 370); ebenso 181.
120 Delatte 1922a, 193; vgl. Huffman 2012c, 135–140.
121 Dazu zuletzt Battezzato 2008, 139–164 mit der älteren Literatur.
122 Zhmud 2012a, 234–236 zu den verschiedenen Überlieferungen über den Fleischkonsum der Pythagoreer und den Passagen im folgenden.
123 Zu diesem Text siehe auch Schorn 2014b, 298–302 [= unten, S. 410–415].
124 Zu dieser Verbindung siehe auch Schorn 2009, 17–18; 2014b, 308–309 [= unten, S. 423].

diese Auffassung auch bei Dikaiarchos.[125] Man kann daher behaupten, daß die Vorstellung von den Pythagoreern als Vegetariern im 4. Jh. sehr geläufig und später die dominierende war.

Daß allerdings Timaios dieser Meinung war, ist alles andere als sicher. Für die Ansicht, daß die Pythagoreer des Timaios Vegetarier waren, verweist Delatte auf eine andere Stelle seines Kommentars.[126] Dort nimmt er ohne weitere Begründung Timaios als Quelle von Iamb. *VP* 25 an. An dieser Stelle lesen wir, daß der Sporttrainer, der eine | [236] Schrift über Fleischdiät für Athleten geschrieben hat, ein anderer Mann namens Pythagoras gewesen sei und daß Pythagoras bei seinem Besuch auf Delos Aufsehen erregt habe, da er den Altar des Apollon Genetor seine Verehrung erwies, auf dem nur unblutige Opfer dargebracht werden. Ich vermute, vor allem letztere Angabe hat Delatte an Timaios als Quelle dieses Kapitels denken lassen, da Timaios in F 147 diesen Altar und seine unblutigen Opfer erwähnt. Man hat dieses Fragment oft seiner Darstellung der Pythagoreer zugewiesen.[127] Dies ist gut möglich. Es beweist aber nicht, daß Pythagoras bei Timaios Vegetarier war. Denn auch Aristoteles berichtet in der *Verfassung von Delos* von Pythagoras' Besuch an diesem Altar (F 489 Rose = 497 Gigon) und erklärt sogar, Pythagoras habe auf der Insel nur diesen Altar verehrt, da auf ihm kein Opfertier geschlachtet wird. Andererseits überliefert er in seiner Schrift *Über die Pythagoreer*, daß die Pythagoreer nur bestimmte Teile des Tieres nicht aßen (F 194 Rose = 158 Gigon).[128] Er erachtet sie demnach nicht als Vegetarier. Selbst wenn also Timaios vom Besuch des Pythagoras am Altar in Delos berichtete, bedeutet dies nicht, daß seine Pythagoreer Vegetarier waren. Außerdem scheint ein anderes Fragment des Timaios gegen diese Annahme zu sprechen: in F 16 sagt er über Diodoros von Aspendos, den bekanntesten Pythagoristen, er habe *vorgegeben*, mit | [237] Pythagoreern Kontakt gehabt zu haben. Er macht ihm also den Status

---

125 Dies hängt davon ab, wie weit das Dikaiarchosfragment bei Porph. *VP* 19 geht; dort wird erklärt: πάντα τὰ γινόμενα ἔμψυχα ὁμογενῆ δεῖ νομίζειν. Dies unterstellt ebenfalls Vegetarismus. Mirhady (F 40) nimmt diesen Teil auf, Wehrli (F 33) nicht; [Verhasselt, FGrHist 1400 F 56 nimmt den Text in Kleindruck als unsicheren Teil des Fragments auf]. Auch Delatte 1922a, 175 reklamiert diesen Text für Dikaiarchos, vermutet dabei aber einen Einfluß des Timaios auf Dikaiarchos; Riedweg 2007, 54; 94 folgt Mirhadys Abgrenzung. Doch ist die Priorität bei den beiden Zeitgenossen nicht zu bestimmen.
126 Der Verweis ist nicht deutlich, und ich vermute, er meint S. 176–177.
127 Cobet 1878, 315; Rostagni 1956, 14; Jacoby zu FGrHist 566 F 147; Champion zu BNJ 566 F 147.
128 Vgl. auch Aristot. F 520 Rose = 523,1 Gigon über Milon von Kroton, den Aristoteles einen Vielfraß nennt. Aus anderen Quellen wissen wir, daß der Pythagoreer und Athlet für seinen enormen Fleischverzehr bekannt war; darauf bezieht sich Aristoteles' Bemerkung. Zu Aristoteles siehe Burkert 1972, 181; Zhmud 2012a, 235; Huffman 2012c, 136.

eines Pythagoreers streitig. Es wurde mehrfach vermutet – und zu Recht, wie ich meine –, daß dies der Fall war, da dessen Lebensweise, die von Vegetarismus und Askese gekennzeichnet war, Timaios' Bild von den Pythagoreern widersprach.[129] Es wäre ohnehin schwer vorstellbar, wie Timaios die Pythagoreer als strikte Vegetarier hätte darstellen können, da sie in seiner Darstellung großen Einfluß auf die Politik Krotons und Unteritaliens ausübten. Wie sollte dies möglich sein, wenn sie nicht in der Lage waren, die öffentlichen Opfer zu vollziehen, zu denen auch der gemeinsame Fleischverzehr gehört?[130] Das 'sichere Wissen' von den Pythagoreern des Timaios als Vegetarier ist also hinfällig.

In 10 F 12,1–2 C.-S. (= 10,7,1–2 V.) kommt Diodor auf die Lebensweise der Pythagoreer zurück. Pythagoras habe sie dazu aufgefordert (παρεκάλει), nach einem schlichten Leben (λιτότητα) zu streben. Denn ein aufwendiger Lebenswandel (πολυτέλεια) vernichte das Vermögen und die Körper. Die meisten Krankheiten seien eine Folge von Verdauungsstörungen, verursacht von Luxusspeisen (πολυτελείας). Pythagoras habe viele Menschen davon überzeugt, rohe Speisen (ἀπύροις σιτίοις) und Wasser zu sich zu nehmen. Hier finden sich einige interessante Parallelen zur Lehre des Aristoxenos: Sein Pythagoras fordert dazu auf, das Essen luxuriöser Speisen (κοιλίας πολυτέλεια) zu meiden (F 17 Wehrli), seine Pythagoreer frühstücken Brot und Honig, und wer dies esse, so sagt er, sei immer gesund (F 27 Wehrli). Auch bei ihm finden wir also die Verbindung von Diät | [238] und Gesundheit.[131] Zhmud vermutet daher Aristoxenos als Quelle dieses Diodorfragments.[132] Trotz aller Konvergenzen scheint es sich hier aber eher um eine Weiterentwicklung des Bildes der Pythagoreer bei Aristoxenos zu handeln. Delatte weist darauf hin, daß das Bild, das hier von den Pythagoreern gezeichnet wird, von dem der Pythagoristen des 4. Jh.s beeinflußt zu sein scheint.[133] Dies ist meines Erachtens richtig. Denn da Aristoxenos' Pythagoreer sogar Fleisch essen, kann er nicht die „feuerlosen Speisen" propagiert habe, von denen wir hier bei Diodor lesen. Welche Quelle Diodor hier verwendet, ist nicht feststellbar. Man könnte an das *Tripartitum* denken, das ab 10 F 16 C.-S. (= 10,9 V.) seine Quelle darstellt, und in παρεκάλει einen Hinweis darauf sehen. Im kurzen Exzerpt aus dieser Schrift

---

129 Siehe Burkert 1972, 203–204; Riedweg 2007, 139; Huffman 2012c, 136–137; Schorn 2014b, 306 mit Anm. 54 [= unten, S. 419 mit Anm. 60].
130 Zhmud 2012a, 236–237, führt dieses Argument an, um den Vegetarismus der historischen Pythagoreer zu bestreiten.
131 Vgl. auch F 26 Wehrli: Ὅτι οἱ Πυθαγορικοί, ὡς ἔφη Ἀριστόξενος, καθάρσει ἐχρῶντο τοῦ μὲν σώματος διὰ τῆς ἰατρικῆς, τῆς δὲ ψυχῆς διὰ τῆς μουσικῆς.
132 Zhmud 2012a, 352 Anm. 16.
133 Delatte 1922a, 175–176.

bei Diogenes Laertios (8,9) ist zu lesen: „Den Rausch bezeichnet er als außerordentlich schädlich und lehnt jegliche Übersättigung ab, wobei er sagt, man dürfe weder bei der Arbeit noch bei den Speisen das rechte Maß überschreiten". Dies klingt eher nach einer Diät im Sinne des Aristoxenos, während in 10 F 12 C.-S. (= 10,7 V.) Askese propagiert wird, so daß es mir als unwahrscheinlich erscheint, daß das Fragment auf das *Tripartitum* zurückgeht.

Cohen-Skalli verweist ohne weiteren Kommentar auf zwei Parallelen zum Bericht Diodors: Iamb. *VP* 13 und Diog. Laert. 8,13.[134] Vielleicht haben wir auch dort dieselbe Tradition wie bei Diodor vorliegen, doch ist dies viel weniger sicher als in den oben besprochenen Fällen. Die Termini bei Iamblich beschreiben vor allem *ex negativo*, | [239] was wir bei Diodor lesen,[135] während Diogenes Laertios geringfügige wörtliche Übereinstimmungen mit Diodor aufweist.[136] Auffallend ist aber auch hier die Übereinstimmung in der Argumentation, da die Lehren über die Ernährung immer mit dem Ziel der Gesundheit verbunden werden. Nach Diogenes ist die Lehre von der Seelenwanderung nur ein Vorwand. In Wirklichkeit habe Pythagoras mit einer fleischlosen und einfachen Diät Gesundheit und die Fähigkeit zu scharfsinnigem Denken angestrebt. Auch bei Iamblich scheint dies der Hintergrund zu sein: Die Diät führe zu Zeitersparnis, das heißt zu weniger Bedürfnis an Schlaf, zu Wachsamkeit und Reinheit der Seele.[137] Auch bei ihm stehen also praktische Erwägungen im Vordergrund. Eine solche Argumentation ist auch mit Diodors Worten vereinbar. Denn er empfiehlt diese Ernährung ἕνεκεν τοῦ τἀγαθὰ θηρᾶσθαι τὰ κατὰ ἀλήθειαν, was so zu verstehen ist, daß sie die Menschen zu philosophischer Forschung befähigt. Auch hier dient die Ernährung also demselben praktischen Zweck. In 10 F 9 C.-S. (= 10,6,1 V.) muß zudem nicht unbedingt ein kausaler Zusammenhang zwischen der Theorie der Seelenwanderung und dem Vegetarismus bestehen. Denn das Partizip λέγων muß nicht kausal, sondern kann auch modal sein: „er hielt Fleischverzehr für abscheulich, | [240] *wobei* er sagte, daß die Seelen nach dem Tod in andere Lebewesen eingehen". Dies kann man auch so verstehen, daß er dies nur als Vorwand behauptete. Der wirkliche Grund wird dann in 10 F 12 C.-S. (= 10,7,1–2 V.) nachgetragen. Was

---

134 Cohen-Skalli 2012, 373 Anm. 31.
135 Iamb. *VP* οἰνοποσίᾳ – Diod. ὑδροποσίαις; Iamb. κρεωφαγίᾳ, πολυφαγίᾳ – Diod. λιτότητα, πολυτέλειαν, πολυτέλειας; Iamb. *VP* λεπτῶν καὶ εὐαναδότων ἐδωδῇ – Diod. ἀπύροις σιτίοις.
136 Diog. Laert. εὐκολίαν βίου – Diod. λιτότητα; Diog. Laert. ἄπυρα – Diod. ἀπύροις σιτίοις; Diog. Laert. λιτὸν ὕδωρ – Diod. ὑδροποσίαις.
137 Iamb. *VP* 13: Ὠφεληθεὶς οὖν παρὰ Θάλεω τά τε ἄλλα καὶ <u>χρόνου μάλιστα φείδεσθαι, καὶ χάριν τούτου</u> οἰνοποσίᾳ τε καὶ κρεωφαγίᾳ καὶ ἔτι πρότερον πολυφαγίᾳ ἀποταξάμενος, τῇ δὲ τῶν λεπτῶν καὶ εὐαναδότων ἐδωδῇ συμμετρηθείς, κἀκ τούτου ὀλιγοϋπνίαν καὶ ἐπέγριαν καὶ ψυχῆς καθαρότητα κτησάμενος ὑγείαν τε ἀκριβεστάτην καὶ ἀπαρέγκλιτον τοῦ σώματος.

dazwischen erzählt wird, Pythagoras' Inkarnation als Euphorbos (F 9 Ende–F 11 C.-S. = 10,6,1 Ende–4), wird in F 9 als dessen Behauptung bezeichnet und nicht als Faktum, und die Anekdote in F 10 C.-S. (= 10,6,2–3 V.) über die Wiedererkennung des Schilds des Euphorbos durch Pythagoras im Heratempel zu Argos wird unter Berufung auf φασίν mitgeteilt. Auch dies paßt zu einer solchen Interpretation.[138] Wir haben es hier also möglicherweise mit einer rationalisierenden Interpretation zu tun, die einen Aspekt der Lehre des Pythagoras, der beim normalen Publikum anstößig sein konnte (die Legitimation des Vegetarismus durch das Übergehen von Menschenseelen in Tiere), beseitigt. Der Autor tut dies in einer Weise, die es ihm dennoch ermöglicht, die schöne Geschichte von der Wiedererkennung des Schilds des Euphorbos aufzunehmen. Die Quelle dieser Geschichte ist nicht mehr feststellbar.[139] Sie war so weitverbreitet, daß | [241] Iamblich und Porphyrios (d.h. ihre Quelle Nikomachos) aufgrund ihrer Bekanntheit auf die Wiedergabe verzichteten wollen.[140] Man kann Aristoxenos nicht ausschließen; denn im Kollektivzitat in den *Theologumena arithmeticae* (siehe oben, S. 200) über die Reinkarnationen des Pythagoras, in dem explizit Euphorbos erwähnt wird, erscheint auch sein Name.[141] Aber es gibt auch keine positiven Elemente, die für ihn sprechen, und der Kontext, der nicht aus Aristoxenos stammt, spricht gegen ihn als Quelle.

Ausgehend von der Euphorbosgeschichte zitiert unser Autor Verse aus Kallimachos' *Iambos* 1 (F 191,59–63 Pfeiffer) über den Phryger Euphorbos, den er mit Pythagoras identifiziert (10 F 11 C.-S. = 10,6,4 V.).[142] In ihnen ist auch vom Verzicht auf tierische Nahrung die Rede, was den Anknüpfungspunkt darstellt. Aber unser Autor scheint die Verse wohl auch deshalb zitiert zu haben, da dort ein neues

---

138 Vielleicht versteht auch Delatte 1922a, 176 Diodor in dieser Weise, doch wird mir dies aus seinen Worten nicht ganz deutlich. Cohen-Skalli 2012, 372–373 Anm. 30 sieht auch diese praktische Motivierung in 10 F 12 C.-S. (= 10,7 V.), doch zeigt ihre Übersetzung von 10 F 9 (= 10,6,1 V.), daß sie die Lehre von der Seelenwanderung in diesem Fragment nicht als Vorwand betrachtet; vgl. auch 370 Anm. 23.
139 In den Quellen variiert der Ort der Wiedererkennung zwischen Argos, Mykene und Didyma (letztere Fassung bei Herakleides Pontikos F 89 Wehrli = 86 Schütrumpf), wo Hermotimos, eine andere Reinkarnation des Pythagoras, den Schild erkennt; wie bei Diodor auch Ov. *Met.* 15,163–164; *Schol. Hom. Il.* 17,29–30, IV p. 334 Erbse; vgl. Federico 2000, 387–391 mit Anm. 68 zu den Varianten.
140 Porph. *VP* 27; Iamb. *VP* 63. Cohen-Skalli 2012, 175 Anm. 37 und 371 Anm. 26 verweist auf die Besprechungen der Anekdote in Delatte 1922a, 154–159; Burkert 1972, 138–141; Federico 2000.
141 Vgl. Huffman 2012c, 131–132; [2014b, 288] gegen die häufig zu findende Ansicht, Aristoxenos habe nicht von Reinkarnation gesprochen. Mewaldt 1904, 49 mit Anm. 1 will für den gesamten Abschnitt Aristoxenos als Quelle ausschließen.
142 Vgl. dazu Federico 2000, 389–391.

Thema angesprochen wird: Pythagoras/Euphorbos als Mathematiker. Nicht alle Informationen in den Worten, die das Zitat einleiten, erscheinen wieder in den zitierten Versen. Er muß also noch eine weitere Quelle gehabt haben. Auch hier ist Aristoxenos als Quelle nicht auszuschließen, doch war das Thema Pythagoras als Mathematiker und in Verbindung damit seine | [242] Reise nach Ägypten so weit verbreitet, daß man von einer Identifizierung der Quelle absehen muß.[143]

6.11 Die Reden des Pythagoras und seine göttliche Verehrung

An dieser Stelle müssen wir noch einmal auf das erste Fragment der Biographie zurückzukommen (10 F 3,2–3 C.-S. = 10,3,2–4 V.) und diejenigen Aspekte besprechen, die oben (S. 200–202) ausgespart worden sind. In diesem Text findet sich vielleicht eine Übereinstimmung mit Timaios.[144] Denn akzeptiert man eine notwendige Konjektur in Timaios, FGrHist 566 F 17, spricht Pythagoras dort von vier Altersphasen der Frauen. Auch bei ihm fand sich also dieses Konzept, dem wir im Abschnitt begegnet sind, der auf das *Tripartitum* zurückgeht. Dieses Fragment des Timaios hat eine Parallele in der Rede, die Pythagoras bei Iamblich (*VP* 56) an die | [243] Frauen Krotons richtet. Und einer solchen Rede im Werk des Timaios wird das Fragment oft zugewiesen.[145] Man hat die vier Reden nach Pythagoras' Ankunft in Kroton bei Iamblich, die er an die Jugendlichen, den Rat, die Knaben und die Frauen richtete, und die drei Reden bei Iustin an die Männer, Frauen und

---

143 Huffman 2012c, 143; [2014b, 291–292] ist der Ansicht, daß Aristoxenos Pythagoras nicht als Mathematiker dargestellt habe. Dem scheint Aristox. F 24 Wehrli zu widersprechen, wo die Beschäftigung mit Astronomie mathematisches Studium zur Voraussetzung hat, doch bezweifelt Huffman, daß dieser Satz noch Teil des Fragments ist. Huffman weist zu Recht darauf hin, daß die geringe Bedeutung von Mathematik und Naturwissenschaft beim *Anonymus Diodori* „could be partly a result of the fact that Aristoxenus was a major source for the Anonymus and he does not put much emphasis on Pythagoras as mathematician and scientist" (persönliche Mitteilung). Auf die Darstellung des Pythagoras als Mathematiker schließt Wehrli 1967–1978, II 54 auf der Basis von F 24 Wehrli. Mewaldt 1904, 51 erachtet 10 F 9–11 C.-S. (= 10,6 V.) als einen späteren Einschub in einen Text des Aristoxenos, da dort in anderer Weise als in 10 F 12 C.-S. (= 10,7,1–2 V.) über erlaubte und verbotene Speisen gesprochen wird. Dies ist gut beobachtet. Wenn die oben vorgeschlagene Erklärung zutrifft, ist der Widerspruch nur ein scheinbarer.
144 Vgl. Cohen-Skalli 2012, 365 Anm. 9; schon Mewaldt 1904, 51–52 stellt einen Zusammenhang zu den Reden des Pythagoras bei Iustin (= Timaios) her.
145 Vgl. Jacoby zu FGrHist 566 F 17 mit Anm. 193 und 204 und schon Rohde 1901, II 133; [dagegen jetzt Baron 2013, 152–156].

Kinder oft in ihrer Substanz auf Timaios zurückgeführt.¹⁴⁶ Dafür spricht in der Tat Einiges.

Auch dem *Anonymus Diodori* scheint die Tradition über die Reden des Pythagoras in Kroton bekannt gewesen zu sein. Denn in 10 F 3,2–3 C.-S. (= 10,3,2–3 V.), das wohl den Anfang seiner Biographie des Pythagoras bildet und das Wirken des Pythagoras in Kroton beschreibt, spricht er davon, daß fast die gesamte Stadt täglich zu ihm strömte „wie zu einem Gott, der zugegen ist", um ihn zu hören. Im folgenden erwähnt er noch explizit die Erziehung der jungen Männer zu Besonnenheit (ein Reflex der Rede an diese) und erklärt, daß er alle von πολυτέλεια und τρυφή abbrachte, denen die Krotoniaten wegen ihres Wohlstandes (εύπορίαν) verfallen waren. Cohen-Skalli sieht hier eine Anspielung auf die Reden des Pythagoras, von denen wir in den oben genannten Quellen lesen. Diodors Quelle sei ihrer Meinung nach Timaios.¹⁴⁷ Daß wir es hier mit einer extrem komprimierten Version der Reden des Pythagoras zu tun haben, ist in der Tat sehr | [244] wahrscheinlich (siehe oben, S. 200). Allerdings berichten auch Dikaiarchos und vielleicht der Sokratiker Antisthenes von solchen Reden des Pythagoras.¹⁴⁸ Daher beweist die Übereinstimmung keine Herkunft des Kapitels aus Timaios.

Von göttlicher Verehrung des Pythagoras spricht Diodor noch einmal, nämlich im Fragment, das auf die Exzerpte aus dem *Tripartitum* folgt (10 F 23 C.-S. = 10,9,9 V.). Dort ist zu lesen, daß Pythagoras wegen seines Aufrufs zu Besonnenheit, Tapferkeit, Unermüdlichkeit und anderen Tugenden „in gleicher Weise wie die Götter von den Krotoniaten geehrt wurde". Hier und zu 10 F 3 C.-S. (= 10,3,1–3 V.) hätte Cohen-Skalli auf eine Übereinstimmung mit Timaios, FGrHist 566 F 131 hinweisen können, nach dem die Krotoniaten Pythagoras' Haus zu einem Demeterheiligtum machten und die Gasse, in der es lag, Museion nannten.¹⁴⁹ Auch dies

---

146 Iamb. *VP* 37–54; Iust. 20,4,5–13. Für Befürworter der Zuweisung siehe Schorn 2014b, 306–307 mit Anm. 62 [= unten, S. 421 mit Anm. 69].
147 Siehe Cohen-Skalli 2012, 364–365 Anm. 9–10; sie zitiert De Sensi Sestito 1991, 135–138, die auf die Parallele zwischen καὶ τοὺς ἐντυγχάνοντας ἀπέτρεπεν ἀπὸ τῆς πολυτελείας καὶ τρυφῆς (10 F 3,3 C.-S. = 10,3,3 V.) und Pythagoras' Kampf gegen den Luxus bei Iustin verweist; an Timaios als Quelle dieses Kapitels denkt schon Mewaldt 1904, 51–52.
148 Von vier belehrenden Reden an verschiedene Bevölkerungsgruppen sprechen von den frühen Autoren Dikaiarchos F 33 Wehrli = 40 Mirhady = FGrHist 1400 F 56 (alte Männer, junge Männer, Kinder, Frauen) und vielleicht der Sokratiker Antisthenes (SSR V A 187 = T 187 Prince: Kinder, Frauen, Archonten, Epheben). Es ist aber nicht sicher, ob dieser Text zum Antisthenesfragment gehört; [Prince 2015, 613–615 verteidigt ausführlich die Zugehörigkeit zum Antisthenesfragment]. Zu den Reden siehe Burkert 1972, 115 Anm. 38; Bollansée 1999a, 275 Anm. 140 (zu FGrHist 1026 F 24); vgl. Cohen-Skalli 2012, 364 Anm. 9; [Verhasselt zu FGrHist 1400 F 56].
149 Cohen-Skalli 2012, 376–377 Anm. 48 tut dies nicht.

impliziert göttliche Ehren. Auch im wohl auf Timaios zurückgehenden Pythagoraskapitel Iustins lesen wir am Ende, die Krotoniaten hätten ihn so bewundert, daß sie aus seinem Haus einen Tempel machten und ihn als Gott verehrten (20,4,18).[150] Wir finden | [245] also sowohl bei Diodor als auch bei Timaios den Gedankengang: Belehrung der Krotoniaten führt zu göttlicher Verehrung durch diese.[151] Allerdings beweist auch diese Übereinstimmung noch keine Abhängigkeit von Timaios, da schon Aristoteles und viele Autoren nach ihm von göttlichen Ehren für Pythagoras berichteten. Bei allen Autoren dürfte diese Verehrung durch das allgemeine Wirken des Pythagoras und seine Belehrung der Menschen begründet gewesen sein. Wir müssen hier also von einem Gemeinplatz der Pythagorasbiographie sprechen.[152]

Obwohl der *Anonymus Diodori* die Tradition über die Reden des Pythagoras allem Anschein nach kannte (aus Timaios oder einem anderen Autor), zog er es vor, sie nicht zu referieren. Dies können wir aus der sehr verallgemeinernden Zusammenfassung ihres Inhalts in 10 F 3 (= 10,3,1–3 V.) erkennen und daraus, daß die *Excerpta Constantiniana* im folgenden keine Texte aus den Reden erhalten haben, obwohl diese Reden voll von exakt solchen Aussagen sind, wie sie die Exzerptoren | [246] suchten. Denn diese Reden bei Iamblich und anderen Autoren sind nichts weiter als ethische Doxographien in Form von Reden. Eine solche ethische Doxographie finden wir auch bei Diodor, allerdings in anderer Form, nämlich in den Exzerpten aus dem *Tripartitum*. Hätte der *Anonymus Diodori* sowohl die Reden als auch diese Texte aus dem *Tripartitum* aufgenommen, wäre es zu umfangreichen Doppelungen gekommen. Er scheint daher bewußt den einen Text zugunsten des anderen weggelassen zu haben. Die göttliche Verehrung des

---

150 Vgl. Burkert 1972, 104 Anm. 35 zur Übereinstimmung der Iustinstelle mit dem Timaiosfragment. Hier könnte man allerdings denken, die Angabe beziehe sich auf Metapont, wie dies bei Iamb. *VP* 170 der Fall ist; vgl. Jacoby zu FGrHist 566 F 131.
151 In FGrHist 566 F 131 werden zwar nicht explizit die Lehren des Pythagoras als Grund für seine Verehrung genannt, aber in Verbindung mit der Überlieferung bei Iustin (20,4,18; vgl. Iamb. *VP* 57) kann dieser Gedankengang bei Timaios kaum bezweifelt werden.
152 Cohen-Skalli 2012, 376–377 Anm. 48 verweist für die göttlichen Ehren seitens der Krotoniaten auf die Parallele in Hieronymos von Rhodos F 42 Wehrli = 50 White. Es ist irreführend, wenn sie davor für die Verbindungen zwischen Kroton und den Pythagoreern auf Ael. *VH* 2,26 verweist; denn dahinter verbirgt sich mit Aristoteles F 191,2 Rose = 173 Gigon ein weiterer Beleg für kultische Verehrung des Pythagoras durch die Krotoniaten; vgl. Jacoby zu FGrHist 566 F 131 zum Thema. Auf eine kleine Differenz zwischen Diodor und Iustin sei hier noch hingewiesen: Bei Iustin ist die Dekadenz der Krotoniaten eine Folge der Niederlage gegen die Lokrer. Man habe frustriert die Pflege der Tugenden und der Kriegskunst aufgegeben und sich dem Luxusleben zugewandt (20,4,1–2; 20,4,5). Bei Diodor (10 F 3,3 C.-S. = 10,3,3 V.) ist die Dekadenz eine Folge des Wohlstandes der Stadt.

Pythagoras, die zur Reden-Tradition gehört, kombinierte er daher mit dem Text, der bei ihm die Reden vertrat: dem Exzerpt aus dem *Tripartitum*. Im Grunde ist der Hinweis auf die göttliche Verehrung dort etwas deplaziert, da er anschließend auf die anti-pythagoreische Bewegung in Kroton zu sprechen kommt. Für diese Interpretation spricht auch, daß bei Iamblich auf die vier doxographischen Reden und die Angabe, daß diese zu großer Verehrung des Pythagoras führten, die Nachricht folgt, Pythagoras habe sich als erster als Philosoph bezeichnet. Diese Angabe finden wir auch bei Diodor in dem Fragment (10 F 24 C.-S. = 10,10,1 V.), das, wie es scheint,[153] auf die Doxographie und die Erwähnung der göttlichen Ehren für Pythagoras folgt.

Der *Anonymus Diodori* kannte also wohl eine Tradition, in der die Reden des Pythagoras referiert wurden, Pythagoras aufgrund dieser Belehrung in Kroton göttliche Verehrung genoß und in der im Anschluß an diese Nachrichten von der Erfindung des Wortes Philosophie durch Pythagoras gesprochen wurde. Er faßte | [247] zu Beginn seiner Biographie in äußerst komprimierter Form den Inhalt der Reden zusammen, wobei kaum noch deutlich wird, daß es sich um die Reden des Pythagoras in Kroton handelt. Er spricht allgemein von der Belehrung durch Pythagoras. Aus der ihm vorliegenden Argumentation übernimmt er außerdem die Angabe, Pythagoras sei deswegen wie ein Gott verehrt worden. Bei ihm ersetzt an späterer Stelle das Exzerpt aus dem *Tripartitum* die ethische Belehrung in der Form von Reden. Er übernimmt daher aus seiner Quelle die Argumentationsstruktur, weshalb er am Ende des Abschnitts aus dem *Tripartitum* nochmals die göttliche Verehrung des Pythagoras als Folge seiner Lehren erwähnt und anschließend mit demselben Thema fortfährt wie seine Quelle: der Erfindung des Wortes Philosophie.

6.12 Pythagoras als der Erfinder des Wortes Philosophie

Dieses Fragment über die Erfindung des Wortes Philosophie (10 F 24,1 C.-S. = 10,10,1 V.), das zugleich den Übergang zum Bericht vom antipythagoreischen Aufstand bildet, ist noch abschließend zu besprechen. Aus unbekannter Quelle wird dort berichtet, Pythagoras habe sich nicht als weise (σοφός), sondern als

---

153 Einen gewissen Unsicherheitsfaktor stellt es dar, daß 10 F 23 C.-S. (= 10,9,9 V.) und 10 F 24 C.-S. (= 10,10,1 V.) zwei unterschiedlichen Exzerptreihen angehören, so daß es nicht sicher ist, daß dazwischen kein anderer Text gestanden hat. Aber die Reihenfolge kann als sicher gelten. Es wäre ein sehr großer Zufall, wenn wir hier nicht dieselbe Argumentationsstruktur wie bei Iamblich vorliegen hätten.

Freund der Weisheit (φιλόσοφος) bezeichnet, da kein Mensch wegen der Schwäche seines Wesens weise sein könne. Dieser Ausspruch geht letztlich auf den Dialog *Über die Scheintote* des Herakleides Pontikos zurück, der eine wichtige Rolle in der Ausbildung der Pythagoraslegende spielte.[154] Riedweg hat gezeigt, daß so gut | [248] wie alle Quellen, die diese Angabe überliefern, ihren Ursprung letztlich in diesem Text haben.[155] Man kann daher wohl ausschließen, daß Aristoxenos in diesem Zusammenhang eine Rolle in der Überlieferung bei Diodor spielte. Ein Vergleich mit Iamblich führt hier nicht weiter. An einer Stelle (*VP* 58) folgt er der Version des Herakleides Pontikos, an zwei weiteren (44 [aus der Rede des Pythagoras an die Jugendlichen] und 159) finden sich einige allgemeine Übereinstimmungen. Angesichts der Bekanntheit der Erzählung kann man hieraus nicht schließen, daß die Diodortradition auch bei Iamblich vorliegt.

Zwei Punkte sind an Diodors Version erwähnenswert:
1) Das Apophthegma ist des historischen Kontexts entkleidet, den viele Fassungen erhalten haben (Gespräch mit dem Tyrannen Leon).
2) Wenn Riedwegs Rekonstruktion des Berichts des Herakleides zutrifft, handelt es sich bei Diodor um eine Version, die um ein Element aus dem Denken Platons erweitert ist. Denn nach Riedweg kann die Begründung, die Pythagoras für die Wahl des Wortes Philosophie gibt: „denn kein Mensch ist weise", oder, wie es in der Fassung bei Diog. Laert. 1,12 (= F 84 Schütrumpf) heißt, „keiner ist weise außer Gott", nicht bei Herakleides gestanden haben.[156]

Auch mit dieser Erzählung hat wohl der *Anonymus Diodori* ein sehr bekanntes Element der Pythagorasbiographie seinem Grundstock an Informationen aus Aristoxenos hinzugefügt.

6.13 Ergebnisse und Ausblick

Welche Quellen verbergen sich hinter dem *Anonymus Diodori*? Trifft die oben vorgeschlagene Analyse das Richtige | [249], nicht viele. Timaios gehört allem Anschein nach nicht dazu. Nur in einem sehr unsicheren Fall (10 F 3 C.-S. = 10,3,2

---

154 F 84–85 Schütrumpf; vgl. zur Überlieferung und zur Historizität der Angabe Riedweg 2004, 147–181, wo die ältere Literatur verzeichnet ist.
155 Siehe vor allem Riedweg 2004, 157 Anm. 55 für die Ausnahmen, zu denen Diodor nicht gehört.
156 Siehe Riedweg 2004; andere Auffassungen bei den von ihm S. 154 Anm. 42 zitierten Autoren.

V.; 10 F 23 C.-S. = 10,9,9 V.) kann die Tradition des Timaios vorliegen, ansonsten finden sich keine Spuren seiner Versionen, aber viele Angaben, die nicht mit seiner Darstellung vereinbar sind.[157] Bei vielen Fragmenten wurde deutlich, daß sie sicher oder wahrscheinlich auf Aristoxenos zurückgehen oder zumindest mit dessen Darstellung vereinbar sind. Auch das chronologische Grundgerüst ist das des Aristoxenos. Dennoch darf man Diodor nur mit der größten Vorsicht für die Rekonstruktion des Aristoxenos heranziehen.[158] Denn er verwendet dessen Darstellung in unterschiedlicher Weise: manche Berichte übernimmt er, wie es scheint, in gekürzter, aber sinngemäß unveränderter Weise (antipythagoreischer Aufstand), bei anderen sind kleine Fehler zu finden (Archytas; Lysis), bei einem anderen kreiert er eine neue Erzählung, indem er eine Anekdote durch Motive aus einer anderen erweitert (Kleinias und Proros), eine andere schreibt er fast bis zur Unkenntlichkeit um | [250] (Damon und Phintias). Neben Kürzungen fällt auf, daß der historische Rahmen der ursprünglichen Versionen mehrfach fehlt (Archytas; Erfindung des Wortes Philosophie) und daß Quellenangaben durch ein allgemeines φασιν ersetzt werden (Archytas; vgl. Euphorbos) oder ganz wegfallen (Damon und Phintias). Es ist zum einen die Tendenz festzustellen, die Darstellungen spektakulärer zu machen (Kleinias und Proros; Damon und Phintias; Askese). Zum anderen wird eine Neigung zur Standardisierung deutlich, und hier kommen wir zu den Elementen, bei denen unser Autor die Überlieferung bei Aristoxenos verändert bzw. Informationen aus anderen Quellen übernimmt. Es handelt sich oft um Veränderungen, die dazu dienen, Informationen bei Aristoxenos zu eliminieren, die für einen Leser der späthellenistischen Zeit seltsam waren. Sie werden durch *mainstream*-Versionen ersetzt: Er macht Pythagoras vom Tyrrhenier wieder zum Samier. Wenn letztere Herkunft bei Aristoxenos und anderen Autoren daher rührt, daß man mit ihr religiöses Geheimwissen des Pythagoras

---

157 Es ist auch auszuschließen, daß Timaios eine Zwischenquelle zwischen Aristoxenos und Diodor war. Denn dann könnten wir nicht erklären, warum es mindestens einen Fall gibt, in dem Diodor mit Aristoxenos übereinstimmt, aber nicht mit Timaios: in der Chronologie; ein weiterer Fall ist vielleicht die Beschreibung des antipythagoreischen Aufstandes, falls Iustin die Timaiostradition erhalten hat. Die Widersprüche zwischen Timaios und Diodor müssen hier nicht mehr wiederholt werden. Es ist unwahrscheinlich, daß sie erst auf eine Zwischenquelle zurückgehen, die die Darstellung des Timaios umgearbeitet hat.
158 Vgl. schon die Schlußfolgerung von von Fritz 1940, 25 aus seinem Vergleich der Anekdote über Damon und Phintias bei Iamblich und Diodor: „This must make us very cautious in attributing to Aristoxenos without restriction the accounts of Pythagorean history given by Diodoros". Ich hoffe, daß es die oben gemachten Ausführungen deutlich gemacht haben, mit welcher Spanne von Modifizierungen bei Diodor zu rechnen ist.

erklären wollte,[159] so paßt hierzu, daß dieser Aspekt in Diodors Biographie völlig fehlt: Pythagoras ist dort kein 'schamanistischer Wundertäter', von Tabus, wie sie in den *Symbola* zu finden sind, lesen wir dort nichts.[160] Für Leser der späteren Zeit waren die Pythagoreer Vegetarier. Auch hier verläßt der Autor die Tradition des Aristoxenos, rationalisiert aber möglicherweise den Grund für das Fleischverbot und | [251] beschreibt die Pythagoreer mit Elementen, die typisch für die Pythagoristen vom Typus des Diodoros von Aspendos sind.[161] Auch das sehr positive Bild von Dionysios II. war nicht mehr zeitgemäß und wurde zumindest dahingehend modifiziert, daß Phintias einen Tyrannenmord plante, was dann wieder dem Standardbild der Pythagoreer als Tyrannenfeinden entsprach. Auch die Vorstellung vom pythagoreischen Kommunismus verschwindet. Die Pythagoreer sind in dieser Biographie kaum noch die Mitglieder einer geheimnisvollen Sekte *avant la lettre*.[162] Sie sind ethisch vorbildliche Menschen, die jeder Leser nachahmen kann. Ihre Lehre ist *common sense*-Ethik, die sich nur noch wenig von derjenigen anderer hellenistischer Philosophenschulen unterscheidet. Was an nicht-aristoxenischen Elementen zu finden ist, scheinen also vor allem Angaben zu sein, die in der späthellenistischen Vorstellung von den Pythagoreern fest verankert waren und daher nicht fehlen durften. Welche Quelle oder Quellen unser Autor für diese Informationen benutzt hat, ist nicht mehr festzustellen, eben da es sich um Informationen handelt, die sehr weitverbreitet waren.

In vielen Fällen finden wir vollständigere Fassungen der Berichte Diodors bei Iamblich. Fast immer ist dabei Aristoxenos seine Quelle oder mögliche Quelle. Aber es gibt einen unsicheren Fall (Seelenwanderung und Vegetarismus), bei dem wir bei Iamblich vielleicht die Langfassung eines Berichts lesen, der nicht aus Aristoxenos stammt, und in mehreren Fällen ist Aristoxenos zwar als Quelle wahrscheinlich, aber nicht beweisbar. Wir können daher die Existenz einer Parallelüberlieferung bei Iamblich nicht als deutlichen Hinweis auf die gemeinsame Quelle Aristoxenos sehen. | [252]

Was hierbei von allgemeiner Wichtigkeit für den Umgang mit historischer Überlieferung ist, ist meines Erachtens die Erkenntnis, daß es meist nicht auf den

---

159 Siehe zu den verschiedenen Erklärungen für diese Herkunft Wehrli 1967–1978, II 49; Cohen-Skalli 2012, 363–364 Anm. 8.
160 Allerdings können wir nicht ganz sicher sein, daß sie dort nicht zu finden waren, da sie angesichts der Interessen der Exzerptoren kaum überliefert worden wären. Fand sich bei dem Autor aber, wie oben argumentiert wird, eine Rationalisierung des Fleischverbotes, kann sein Pythagoras kein schamanistischer Wundertäter gewesen sein.
161 Vgl. auch Centrone 1992, 4191 zur Rationalisierung.
162 Zu den Pythagoreern als Sekte *avant la lettre* siehe die interessanten Bemerkungen von Riedweg 2007, 129–136.

ersten Blick sichtbar ist, daß Diodor die Aristoxenostradition oder andere Traditionen, die bei Iamblich zu finden sind, verwendet hat. Daß es sich allerdings um diese Traditionen handelt, beweisen einige signifikante wörtliche Übereinstimmungen, die kein Zufall sein können. Die sprachliche Form des Rests des übernommenen Textes ist hingegen bewußt vollständig umgestaltet worden, ich vermute vom Autor unserer Biographie.[163] Was er aber dennoch trotz der sprachlichen und sogar inhaltlichen Änderungen oft beibehalten hat, ist die argumentative Struktur des Originaltextes. Man kann also als Regel postulieren, daß ein Maximum an sprachlicher Diversität in Kombination mit identischer argumentativer Struktur (mit oder ohne einige signifikante wörtliche Übereinstimmungen) ein Hinweis darauf sein kann, daß ein Autor den anderen verwendet hat.

Wenn wir eine ausführlichere Überlieferung bei Iamblich haben, ist die Version Diodors eine abgeleitete Fassung und, was die Differenzen betrifft, ohne eigenen Quellenwert. Die bessere Überlieferung bietet Diodor im Vergleich zur zweiten in seiner Biographie verwendeten Hauptquelle, der überarbeiteten Fassung des *Tripartitum*, dies aber vor allem deshalb, da die *Tripartitum*-Überlieferung bei Diogenes Laertios aufgrund wiederholter Epitomierung besonders schlecht ist. Auch hier können wir allerdings nicht sicher sein, daß unser Autor seine Vorlage nicht teilweise verändert hat. | [253]

Der soeben beschriebene Befund weist einige signifikante Übereinstimmungen mit dem auf, was Bruno Bleckmann im Hinblick auf die Überlieferung der Schlachtendarstellungen in den *Hellenika von Oxyrhynchos* und Diodor auf der einen und Xenophon auf der anderen Seite festgestellt hat.[164] Dort ist zu sehen, daß die Beschreibungen identischer Schlachten in beiden Traditionen strukturell oft sehr ähnlich sind, bisweilen in manchen Beschreibungen Elemente enthalten sind, die in der anderen Tradition zur Darstellung anderer Schlachten gehören, und daß es einige (wenig umfangreiche) wörtliche Übereinstimmungen zwischen beiden Traditionen gibt. Dennoch zeigen die Tendenz der Darstellung und ebenso die Darstellung des Verlaufs der Schlachten in vielen Fällen so weitgehende Widersprüche, daß beide Darstellungen nicht miteinander vereinbar sind. Bleckmann folgert daraus, daß der Autor der *Hellenika von Oxyrhynchos* ein Fälscher war, dessen Darstellungen durch Manipulation und freie Umgestaltung der Berichte Xenophons entstanden sind. Kritiker können hier freilich einwenden

---

163 Beweisen läßt sich dies aber nicht. Es scheint mir aber plausibel zu sein, daß Iamblich dort, wo er seine Quelle nennt, ihren Wortlaut eher übernimmt als der *Anonymus Diodori*, wenn er diese Quelle ohne Nennung des Namens und in inhaltlich modifizierter Weise verwendet.
164 Bleckmann 1998, 19–198, v.a. 133–148; 188–198; 2006. Ein wichtiger Vorgänger für diese Interpretation ist Busolt 1908, 255–285; 1910, 220–249.

(und haben dies auch getan), daß Übereinstimmungen daher rühren können, daß dieselben Ereignisse beschrieben werden, Schlachten nach bestimmten Mustern verliefen und beschrieben wurden und bei ihrer Darstellung ein Standardvokabular verwendet wurde. | [254] Alle Übereinstimmungen in Struktur und Formulierungen lassen sich so aber kaum erklären, und es scheint mir nicht von der Hand zu weisen zu sein, daß dieser Befund zeigt, daß die eine Tradition von der anderen verwendet wurde. Da aber die Datierung der *Hellenika von Oxyrhynchos* unsicher ist und sich je nach Identifizierung des Autors (Kratippos/Theopompos) das Prioritätsverhältnis zu Xenophon ändert sowie zudem die Rolle des Ephoros, durch den die *Hellenika von Oxyrhynchos* an Diodor vermittelt wurden, schwer einzuschätzen ist, scheinen mir auch andere Möglichkeiten zu existieren, den Sachverhalt zu erklären. Doch steht dies hier nicht zur Debatte. Wichtig und meines Erachtens richtig ist in jedem Fall die Erkenntnis, daß die gemachten Beobachtungen einen Zusammenhang zwischen den zwei Traditionen zeigen. Für die Zukunft scheint es mir daher lohnenswert zu sein, diesem Phänomen mehr Aufmerksamkeit zu schenken, als dies in der Vergangenheit der Fall war, da sich hier eine bisher wenig genutzte Möglichkeit auftut, Abhängigkeiten aufzuzeigen.[165]

Die Biographie des *Anonymus Diodori* entstand im 2. oder 1. Jh. v.Chr., in einer Zeit, als es ihm nicht mehr möglich war, die Lebensbeschreibung des Pythagoras und die Geschichte der Pythagoreer durch neues authentisches Material in besserer Weise als seine Vorgänger darzustellen. Was kann also ein Biograph in dieser Zeit tun, der eine originelle Biographie des Pythagoras schreiben will? Eine Möglichkeit besteht darin, eine 'gelehrte' Biographie mit einer Vielzahl von Zitaten aus der früheren 'wissenschaftlichen' Literatur zu schreiben, wie dies später Nikomachos von Gerasa und Diogenes Laertios taten. Dafür entscheidet sich unser Autor nicht. Er verwendet statt dessen die renommierteste alte Pythagorasbiographie, die des Aristoxenos, als Basis und gestaltet sie zeitgemäß um. Er schreibt so | [255] kein wissenschaftliches Werk für ein gelehrtes Publikum, sondern ein

---

[165] [Dasselbe Phänomen beobachten wir in der biographischen Überlieferung über Euripides. Ein Teil des anonymen *Genos* des Dichters (T 1 Kannicht), das *Suda*-Lemma zu Euripides (ε 3695) und ein Kapitel bei Gellius (15,20) gehen auf eine gemeinsame 'Urvita' zurück. Unabhängig davon und in der Tendenz und den Details oft gegensätzlich ist die Darstellung in Satyros' Euripidesbiographie (F 6 Schorn). Trotz dieser Unterschiede finden sich frappante Übereinstimmungen in den Argumentationen; vgl. dazu Schorn 2004, 29–30. Anders als in meinem Kommentar würde ich diesen Befund heute nicht mehr auf „bestimmte naheliegende Argumentationsmuster" zurückführen, sondern darauf, daß im Laufe der Überlieferung eine Tradition zur anderen umgearbeitet wurde und daß dabei die Struktur beibehalten wurde. Die Priorität der Traditionen ist allerdings ungeklärt.]

populäres. Daher muß er versuchen, seine Darstellung unterhaltsam zu gestalten. Dies hat er auch getan. Wir finden bei ihm keine Zitate aus der historiographischen oder biographischen Literatur, also keinen 'wissenschaftlichen Ballast'. Statt dessen bietet er illustrierende Dichterzitate, durch die der Autor zugleich seine Bildung zeigen und 'innovativ' sein kann: Zitate aus Kallimachos und Euripides. Sie tragen nichts zum Wissen über Pythagoras bei, was nicht auch in der biographischen Literatur zu finden gewesen wäre (so die Verse des Kallimachos), bzw. gar nichts über Pythagoras selbst (so das Euripideszitat). Denselben Charakter haben die Bemerkungen über Epameinondas sowie die Anekdoten über Lysandros und Demades. Bei den beiden letztgenannten Anekdoten ist es allerdings möglich, daß sie der Autor schon aus der erweiterten Fassung des *Tripartitum* übernommen hat. Aber auch dann dienen sie in seiner Biographie demselben Zweck wie die anderen soeben genannten Elemente. Neben Aristoxenos als Hauptquelle für die Biographie des Pythagoras und das Leben der Pythagoreer sowie dem *Tripartitum* als Hauptquelle für die Ethik verwendet er mindestens eine, vielleicht mehrere Nebenquellen für ergänzendes Material. Aus ihnen fügt er Elemente hinzu, die zur festen Vorstellung von Pythagoras und seiner Gemeinschaft in der späthellenistischen Zeit gehörten, aber bei Aristoxenos nicht zu finden waren, und er eliminiert aus der Aristoxenostradition alles, was nicht dazu paßt. Zudem arbeitet er das ihm vorliegende Material sprachlich umfassend um.[166] | [256]

Wer der Verfasser der Biographie war, können wir nicht sagen. Er schrieb frühestens im 2. Jh. v.Chr., und wenn Apollodor einen *terminus post quem* darstellt, frühestens in der 2. Hälfte dieses Jahrhunderts.[167] Schwartz' Idee, er sei der Autor einer Biographiensammlung der Sieben Weisen gewesen, die Diodor auch in Buch 9 verwendet habe, scheitert daran, daß es Pythagoras in 10 F 24,1 C.-S. (= 10,10,1 V.) ablehnt, als Weiser bezeichnet zu werden.[168] Auch die vorgeschlagene Identifizierung des Autors mit Poseidonios ist willkürlich.[169]

---

[166] Theoretisch ist es möglich, daß der Anonymus nur die inhaltlichen Änderungen vorgenommen, sprachlich aber die Darstellung seiner Vorlagen unverändert übernommen hat und daß die sprachlichen Anpassungen erst auf das Konto Diodors gehen. Dies scheint mir aber unwahrscheinlich zu sein. Denkbar sind aber zwei sprachliche Überarbeitungen, durch den Anonymus und Diodor. Dennoch meine ich, daß seitens des Anonymus eine bewußte sprachliche Neugestaltung des von ihm übernommenen Materials vorgenommen wurde.
[167] Siehe oben, S. 201.
[168] Schwartz 1903a, 679; dagegen Mewaldt 1904, 51.
[169] Vorgeschlagen von De Sensi Sestito 1991, 138 Anm. 60; 140–143; 152 unter Berufung auf Busolt 1893–1894, I 424–425 Anm. 3 u.ö., doch spricht dieser an den zitierten Stellen nur von

Von der Art der Darstellung erinnern manche Charakteristika an Satyros, der im späten 3. Jh. v.Chr. (oder etwas später) schrieb. Doch kann er nicht der Autor sein.[170] Aber die Popularisierung der Darstellung durch das Weglassen der Hinweise auf 'wissenschaftliche' Literatur, die Erweiterung eines schon oft traktierten Themas durch illustrierende Dichterzitate und geistreiche Parallelen sowie die Umgestaltung | [257] des Materials mit einem Hang zur Dramatisierung und zum Übertreffen existierender Darstellungen findet sich bei beiden Autoren und zeigt, daß es sich bei der Biographie des *Anonymus Diodori* um ein spätes Produkt handelt.

Muß man aber einen solchen Anonymus postulieren, und kann nicht Diodor selbst die Biographie in dieser Weise aus den genannten Quellen komponiert haben?[171] Dies hängt davon ab, wieviel Eigenständigkeit als Autor man ihm zutraut. Die oben beschriebene schriftstellerische Tätigkeit weist meines Erachtens eher auf einen unbekannten Biographen als auf den Autor einer Universalgeschichte, für den das Leben und die Ethik des Pythagoras trotz seines Interesses am griechischen Westen doch eher zu den weniger zentralen Themen seines Werkes gehörte. Auch was wir sonst über Diodors Umgang mit seinen Quellen wissen, scheint mir gegen ihn als Autor der Biographie zusprechen. Daher ist es meines Erachtens auch weiterhin legitim, vom *Anonymus Diodori* als dem Autor des Pythagoreerkapitels zu sprechen, den Diodor zusammengefaßt oder unverändert übernommen hat. Doch auch wenn der Autor Diodor sein sollte, ändert dies nichts an den oben gemachten Feststellungen zum Umgang mit der Überlieferung.

6.14 Anhang: Zur Textgestaltung von Diod. 10 F 7 Cohen-Skalli (= 10,5,1 Vogel = Constant. Porph. *Excerpt. de virt. et vit. Diod.* 64, p. 222 Büttner-Wobst – Roos)

In 10 F 7 C.-S. (= 10,5,1 V.) berichtet Diodor von den Gedächtnisübungen der Pythagoreer. Im letzten Satz des Exzerptes gibt er deren | [258] Funktion an. Der Text des *Codex unicus* (P) der *Excerpta de virtutibus et vitiis* ist an dieser Stelle verderbt,

---

Poseidonios als Quelle des Exkurses über Zaleukos und Charondas in 12,12–22, nicht vom Pythagoreerkapitel in Buch 10. In Band II 760 Anm. 1 schreibt er bei der Besprechung des Pythagoreerkapitels über Diodor nur: „Er schöpfte aus einem Autor des alexandrinischen Zeitalters, der vermutlich jünger als Apollodoros war und der Aristoxenos mit anderen Quellen verarbeitet hatte".
170 Insofern ist Schorn 2004, 56 zu modifizieren; siehe oben, Anm. 32.
171 Diese Ansicht stellte nach dem Vortrag Franca Landucci zur Diskussion.

da dort zu lesen ist: τοῦτο πρὸς ἐπιστήμην καὶ φρόνησιν, ἔτι δὲ τῶν πάντων ἐμπειρίαντ (über dem τ steht ein ε *in rasura*) τοῦ δύνασθαι πολλὰ μνημονεύειν (hier setzen Büttner-Wobst – Roos eine Lücke an, dann folgt das nächste Exzerpt).

Der Text ist unterschiedlich emendiert worden, und Cohen-Skalli verzeichnet die Vorschläge in ihrem Kommentar.[172] Sie selbst entscheidet sich für eine Konjektur, die ihr Claudio De Stefani brieflich mitgeteilt hat: Τοῦτο πρὸς ἐπιστήμην καὶ φρόνησιν, ἔτι δὲ τῶν πάντων ἐμπειρίαν <ἔπραττον, ἕνεκα> τοῦ δύνασθαι πολλὰ μνημονεύειν „Ils <s'adonnaient> à cette pratique pour parvenir à la connaissance, à la sagesse, et aussi à l'expérience de tout chose, et <pouvoir> en outre mémoriser beaucoup de choses".

Da oben, S. 220, gezeigt wurde, daß bei Iamb. *VP* 166 dieselbe Tradition vorliegt und gerade dieser Satz bei ihm sehr viele wörtliche Übereinstimmungen mit dem hier verderbt überlieferten aufweist, kann Iamblichs Überlieferung zur Korrektur unserer Stelle verwendet werden. Da die Tendenz bei beiden Autoren die gleiche ist, können wir davon ausgehen, daß im zur Diskussion stehenden Satz zumindest sinngemäß dieselbe Aussage getätigt wurde. Bei Iamblich lesen wir: Οὐδὲν γὰρ μεῖζον πρὸς ἐπιστήμην καὶ ἐμπειρίαν καὶ φρόνησιν τοῦ δύνασθαι μνημονεύειν.

Für die Textkonstitution wird deutlich: Die drei Akkusative hängen von πρὸς ab und machen die Intentionen der Gedächtnisübung deutlich. Das am Ende genannte τοῦ δύνασθαι πολλὰ μνημονεύειν gehört nicht mehr zu den Intentionen, sondern ist ein *genetivus comparationis*. Dies muß auch bei Diodor so gewesen sein. Dem Exzerptor scheint | [259] hier also ein Fehler unterlaufen zu sein. Wohl da ihm bewußt war, daß in diesem Satz der Zweck der Übungen mitgeteilt wird, schrieb er versehentlich τοῦτο πρὸς statt οὐδὲν γὰρ μεῖζον und erwartete wohl, daß ein Wort wie ἐποίουν folgen würde. Genau da, wo er feststellen mußte, daß er einen Fehler gemacht hat, nämlich als er zu dem *genetivus comparationis* kam, finden wir erneut eine Textverderbnis, da er dann, wie es scheint, ungeschickt und fehlerhaft den Genitiv τοῦ δύνασθαι durch ein vorangestelltes τε mit τῶν πάντων auf dieselbe Stufe stellte. Ich schlage daher vor, den Text auf der Grundlage Iamblichs zu emendieren:

[τοῦτο] <Οὐδὲν γὰρ μεῖζον> πρὸς ἐπιστήμην καὶ φρόνησιν, ἔτι δὲ τῶν πάντων ἐμπειρίαν [τε] τοῦ δύνασθαι πολλὰ μνημονεύειν.

---

172 Cohen-Skalli 2012, 368–369 Anm. 20.

7 Wer wurde in der Antike als Peripatetiker bezeichnet?

7.1 Das Problem

Vor mehr als 100 Jahren erschien Friedrich Leos epochales Werk *Die griechisch-römische Biographie nach ihrer litterarischen Form*, das bis heute eine nicht ersetzte Arbeit zu diesem Thema darstellt, auch wenn sich einige von Leos Theorien über die Entwicklung dieser Literaturgattung seitdem als zweifelhaft und bisweilen auch als unrichtig erwiesen haben.[1]

Eine seiner dort vertretenen Ansichten ist bisher nahezu kanonisch geblieben: Biographen wie Hermippos und Satyros, die in einigen antiken Quellen Peripatetiker genannt werden, und Sotion, dem in der Neuzeit diese Bezeichnung beigelegt worden ist, hätten mit dem Peripatos nichts als den Typus der literarhistorischen Studien gemein. „Diese verbunden mit kunstmäßig populärer Darstellung geben in dieser Zeit das Recht auf den Namen. Hätten Philochoros Idomeneus Neanthes in Alexandreia gesessen, so trügen sie ihn vielleicht so gut wie Satyros Hermippos und auch Sotion"[2], resümiert Leo. In der Folgezeit wurden von verschiedenen Forschern zu den genannten Personen weitere hinzugefügt, auch Vertreter anderer literarischer Genres, die ebenfalls der von ihnen gepflegten Literaturgattung das Etikett 'Peripatetiker' zu verdanken hätten. Fritz Wehrli zählt zu ihnen noch zusätzlich den als Literaten und Staatsmann im ptolemäischen Ägypten tätigen Herakleides Lembos (2. Jh. v.Chr.), den Biographen und Historiker Antisthenes von Rhodos (Ende 3./Anfang 2. Jh. v.Chr.), den in Alexandreia schreibenden Geographen und Historiker Agatharchides von Knidos (2. Jh. v.Chr.) und den Musiktheoretiker Athenodoros (Ende 2. Jh. v.Chr.).[3] Von anderen

---

[1] Leo 1901.
[2] Leo 1901, 118. Von einer solchen übertragenen Verwendung der Bezeichnung Peripatetiker in Bezug auf die „gelehrte(n) Alexandriner" Hermippos, Satyros, Agatharchides und Aristobulos ging schon Susemihl 1891–1892, I 8 aus. Er meinte, diese seien so genannt worden (bzw. hätten sich so genannt, vgl. II 629 – Susemihl differenziert hier nicht klar), da sie in Alexandreia in der Tradition des Peripatos literarisch tätig gewesen seien. Auch Sotion und Herakleides Lembos, so Susemihl, seien vermutlich so bezeichnet worden, wenngleich kein entsprechendes Zeugnis erhalten ist.
[3] Wehrli 1983, 582–585; vgl. auch Brink 1940, 904; Pfeiffer 1978, 188–189 (nur in Bezug auf Hermippos und Satyros).

wurde die Berechtigung der Bezeichnung | [40] Περιπατητικός für den in Alexandreia lebenden jüdischen Thorainterpreten Aristobulos (Mitte 2. Jh. v.Chr.)[4] und aus späterer Zeit für den Grammatiker Nonius Marcellus (wohl Ende 4. Jh. n.Chr.) bestritten.[5] Auch nach Wehrlis Meinung genügte den Zeitgenossen und der Nachwelt, daß ein Schriftsteller eine vom Peripatos bevorzugte Gattung pflegte, als Erzieher oder ethischer Berater an Königshöfen und bei einflußreichen Bürgern auftrat oder in der Hauptsache protreptische Schriften verfaßte, um dieses Epitheton zu erhalten. Zu einem ähnlichen Ergebnis gelangte jüngst wieder Jan Bollansée im Hinblick auf Hermippos und Satyros. Er bemerkte außerdem, daß fälschliche Zuweisungen zum Peripatos erst in Quellen ab dem 1. Jh. v.Chr. nachgewiesen seien.[6] Die Ansicht dieser Forscher ist demnach, daß die Pflege einer 'peripatetischen Literaturgattung', allen voran die der Biographie, verbunden mit einer Tätigkeit am alexandrinischen Museion, in dem die im Peripatos entwickelte biographische Forschung weitergeführt worden sei, den oben genannten Autoren die Bezeichnung Peripatetiker eingebracht habe, obwohl sie sich selbst nicht als solche bezeichnet hätten. Was Aristobulos und Nonius angeht, so werden zumeist andere Gründe für die fälschliche Bezeichnung als Peripatetiker angeführt. Der Widerspruch, den Stephanie West vor einigen Jahren bezüglich Satyros und Hermippos erhoben hat, fand kaum Resonanz.[7]

Hier soll untersucht werden, ob die Annahme solcher 'Halbperipatetiker', wie sie bisweilen genannt werden,[8] gerechtfertigt ist, vor allem was die Schriftsteller der hellenistischen Zeit angeht. Zunächst soll die Bedeutungsentwicklung des Begriffes Περιπατητικός näher betrachtet werden, um zu klären, ob die antiken Texte Anhaltspunkte für diese übertragene Verwendung des Wortes bieten. Hierauf ist zu prüfen, von welchen antiken Autoren die oben genannten Personen – nach allgemeiner Auffassung zu Unrecht – als Mitglieder des Peripatos bezeichnet werden | [41] und wie diese den Begriff Περιπατητικός gebrauchen, um so zu ermitteln, welcher Wert ihrem Zeugnis beizumessen ist.

Außer Betracht bleiben Sotion und Herakleides Lembos, die nur in der Neuzeit als Peripatetiker bezeichnet worden sind.[9] Es mutet schon etwas seltsam an,

---

4 Susemihl 1891–1892, I 8; mit einer anderen Begründung Walter 1964, 10–13; vgl. S. 259–262.
5 Brink 1946, 12 Anm. 1 und v.a. Mantero 1975.
6 Bollansée 1999b, 13.
7 West 1974; vgl. aber schon Dihle 1970, 104.
8 Der Begriff etwa bei Leo 1901, 102; Brink 1940, 904; [Lynch 1972, 137 u.ö. spricht von „Neo-Peripatetics"].
9 Der Sotion *ex Peripatetica disciplina* bei Gellius 1,8,1, der ein Κέρας Ἀμαλθείας geschrieben hat, ist nicht mit dem hier gemeinten Biographen identisch; vgl. Wehrli 1967–1978, I 8. Herakleides Lembos wird in der *Suda* (η 462, s.v. Ἡρακλείδης) lediglich als φιλόσοφος bezeichnet.

Schriftsteller erst mit diesem Etikett zu versehen, um dessen Berechtigung im selben Moment zu bestreiten!

7.2 Zur Bedeutungsentwicklung von Περιπατητικός

Die Entwicklung des Bedeutungsspektrums von Περιπατητικός kann aufgrund der schlechten Quellenlage nicht in allen Punkten mit Sicherheit nachgezeichnet werden, ist aber in ihren Grundtendenzen klar. Für Mitglieder des athenischen Lykeions scheint sie in der ersten Hälfte des 3. Jhs. v.Chr. aufgekommen zu sein und ist zuerst bei Kolotes bezeugt (* ca. 320 v.Chr.).[10] Es existierten aber während der gesamten Zeit des Hellenismus außerhalb Athens Schulen, in denen die Philosophie des Aristoteles gelehrt wurde.[11] Am bekanntesten ist die von Rhodos, die Eudemos nach seiner Niederlage gegen Theophrast bei der Bewerbung um das Scholarchat gegründet hatte und die auch nach seinem Tod weiterbestand.[12] Im dritten Jahrhundert scheint außerdem Praxiphanes nach seinem Weggang aus Athen auf Rhodos gelehrt zu haben.[13] Es hat dort weiterhin, wie es scheint, eine Tradition gegeben, zum Studium ins Lykeion nach Athen zu gehen,[14] was daraus zu ersehen ist, daß als weitere prominente Peripatetiker von der Insel Pasikles, der Neffe des Eudemos,[15] Hieronymos (ca. 290–230) und Andronikos, der berühmte Herausgeber der Schriften des Aristoteles aus dem ersten vorchristlichen Jahrhundert, erscheinen. Für unsere | [42] Zwecke ist vor allem die Feststellung von Bedeutung, daß in hellenistischer Zeit zahlreiche Peripatetiker aus Rhodos in Athen nachgewiesen sind und es ebenso einen Schulbetrieb auf der Insel

---

10 Kolotes bei Plu. *Adv. Col.* 14 p. 1115a; etwas später sind die Bezeugungen bei Antigonos von Karystos F 23 Dorandi (= Ath. 12,547d) und bei Hermippos F 45 Wehrli = FGrHist 1026 F 33 (= Diog. Laert. 5,2); vgl. Düring 1957, 405 und zuletzt Bollansée 2001, 90; 94 (mit weiterer Literatur). Rückprojektionen liegen vor, wenn auch Aristoteles als Peripatetiker bezeichnet wird (so schon bei Hermippos).
11 Zu diesen Schulen siehe Lynch 1972, 148; 151.
12 Darauf weist Eudem. F 6 Wehrli (= Simp. *In Ph. VI prooem.* p. 923,7–16 Diels [CAG 10]); siehe dazu Wehrli 1967–1978, VIII 78; 1983, 530; [Matelli 2002, 536–543].
13 Dies die übliche Interpretation der sich widersprechenden Herkunftsangaben, die ihn als Rhodier bzw. Mytilenaier bezeichnen; vgl. Wehrli 1983, 567; [Wehrli –Wöhrle – (Zhmud) 2004, 602; Matelli 2012, 526–528; 534–536].
14 Auch sonst scheint es ähnliche Traditionen gegeben zu haben. Aus Eresos stammten Theophrast und Phainias, ebenfalls von der Insel Lesbos wohl Praxiphanes; aus Keos Ariston und der Arzt und Theophrastschüler Erasistratos.
15 Ebenfalls noch ein direkter Aristotelesschüler; zu ihm siehe Wehrli 1983, 534; [Wehrli –Wöhrle –(Zhmud) 2004, 567; Schneider 2012].

gegeben hat.[16] Der bereits erwähnte Rhodier Hieronymos hat vielleicht in Athen eine eigene Schule gegründet, doch ist dies unsicher.[17] Daneben ist der zeitweilige Unterricht des Peripatetikers Epikrates aus Herakleia um 200 v.Chr. auf Samos durch ein Ehrendekret bezeugt,[18] und es muß noch zahlreiche andere Schulen gegeben haben, die der Philosophie des Aristoteles verpflichtet waren.[19]

Wie nannten sich die Studenten dieser Schulen, die sich nach dem dort genossenen Unterricht zur Lehre des Aristoteles bekannten, ohne jemals in Athen studiert zu haben? Ἀριστοτελικοί, Ἀριστοτέλειοι, Περιπατητικοί? Da der Name Peripatetiker vom Lehrlokal in Athen abgeleitet ist (wie der der Stoiker und Akademiker), ist zumindest die Frage berechtigt, wie lange er exklusiv für die dort Ausgebildeten verwendet worden ist und ab wann er synonym für Aristoteliker zur Bezeichnung der philosophischen Ausrichtung gebraucht werden konnte. Warum diese Frage? Es soll geklärt werden, ob sich die oben genannten 'Halbperipatetiker' in Athen aufgehalten haben müssen oder ob die ihnen beigelegte Bezeichnung lediglich bedeutet, daß sie irgendwo mit der Philosophie des Aristoteles in Berührung gekommen sind und sich zu ihr bekannt haben. Aus dem dritten und zweiten Jahrhundert geben die Quellen keinen Hinweis darauf, wie Aristoteliker genannt wurden, die keine Verbindung zur Schule in Athen hatten. Die Quellenlage verbessert sich erst um die Wende zum ersten vorchristlichen Jahrhundert, und seit dieser Zeit ist ein ziemlich weitgefaßter Peripatetikerbegriff erkennbar. Lynch beschreibt den Gebrauch von Περιπατητικός seit dieser Zeit treffend mit den Worten: „Any sectarian exponent of Aristotelian doctrines or any commentator on Aristotle might be called Peripatetikos, regardless of whether he was ever a member of the school at Athens."[20]

Hier stellt sich zunächst die Frage nach dem Ende des Lehrbetriebs im athenischen Peripatos, da Περιπατητικός nach der Schließung der Schule verständlicherweise nur noch in einem ideellen Sinn verwendet werden konnte. War dies

---

16 Zu Rhodos als Zentrum der Gelehrsamkeit in hellenistischer Zeit vgl. die Prosopographie von Mygind 1999, 247–293; als Darstellung immer noch nützlich ist Van Gelder 1900, 409–422.
17 Auf eine eigene Schule des Hieronymos schloß man wegen Hieron. Rhod. F 4 Wehrli = 4 White (= Diog. Laert. 4,41): οἱ περὶ Ἱερώνυμον τὸν Περιπατητικόν; vgl. von Wilamowitz-Moellendorff 1881, 288; Susemihl 1891–1892, I 148; Brink 1940, 934; dagegen aber Wehrli 1967–1978, X 29 (zu F 2).
18 Vgl. SEG 1,368 = IG XII 6,1,128, Z. 4–5 und Z. 12–13; [dazu Haake 2007, 185–190]; die Identifizierung mit dem Epikrates, der in Stratons Testament genannt wird (Diog. Laert. 5,62), ist nicht sicher.
19 Diese Ansicht begründet Lynch 1972, 150–151.
20 Lynch 1972, 137; vgl. dort auch zum Folgenden.

aber schon vorher möglich? Lynch hat [es wahrscheinlich gemacht], daß der Peripatos als | [43] Institution nach der Eroberung Athens durch Sulla im Jahr 86 v.Chr. nicht mehr existiert hat.[21] [Gottschalks Versuch], die von Ammonios bezeugten Scholarchate des Andronikos und des Boethos noch als historisch anzusehen, den Untergang der Schule demnach erst in den letzten Jahrzehnten vor der Zeitenwende anzusetzen, [ist hingegen wenig plausibel].[22] Einen sicheren Beleg für Περιπατητικός aus der Zeit vor 86 in Bezug auf einen Philosophen, der nachweislich nicht in Athen studiert hat, gibt es meines Wissens nicht. Allerdings nennt Cicero in dem im Jahr 56 v.Chr. verfaßten, aber in seiner Jugend im Jahr 92 angesiedelten Dialog *De oratore* Staseas von Neapel einen Peripatetiker.[23] Von einem Studium dieses Mannes in Athen und einer Mitgliedschaft im Peripatos ist bei ihm indes nichts bekannt. Vielmehr lebte der spätestens 120 v.Chr. geborene[24] Philosoph als Lehrer und langjähriger Hausgenosse bei M. Pupius Piso Frugi Calpurnianus in Rom. Da er die Bezeichnung nicht wegen einer Beschäftigung mit dem Werk des Aristoteles hat, dürfte hier der älteste Beleg für einen sektiererischen Aristoteliker vorliegen, der Peripatetiker genannt wurde, und zwar – wenn *De oratore* den Sprachgebrauch des Jahres 92 richtig wiedergibt – zu einer Zeit, als die Schule in Athen sicher noch existierte. Im *Timaeus* (entstanden nach Juni 45; dramatisches Datum 51) erklärt Cicero vom zeitweise in Athen lehrenden Kratippos von Pergamon, er sei *Peripateticorum omnium, quos quidem ego audierim, meo iudicio facile princeps.*[25] Kratippos leitete dort aber eine private Schule, die nicht mit dem Peripatos identisch war, und gehörte diesem nicht an.[26]

Xenarchos von Seleukeia wird von seinem eigenen Schüler Strabon und von Späteren Περιπατητικός genannt.[27] Er lehrte Philosophie in Alexandreia, Athen und Rom und verfaßte vielleicht ein umfangreiches Kommentarwerk zu Aristoteles. Hiervon sind lediglich Reste der Schrift *Gegen das fünfte Element* erhalten, in der er sich sehr kritisch mit den Ansichten des Schulgründers auseinandersetzt. Da ihn Strabon selbst gehört hat, dürfte die Bezeichnung Peripatetiker trotz aller

---

21 Lynch 1972, 192–207; zustimmend z.B. Glucker 1978, 364 u.ö.; Wehrli 1983, 593 u.ö.; [Wehrli – Wöhrle – (Zhmud) 2004, 495; 632–633; 636–637; Falcon 2012, 13].
22 Ammon. *In Int.* p. 5,28–29 Busse (CAG 4,5): Andronikos; *In APr.* 1,1 p. 31,12–13 Wallies (CAG 4,6): Boethos; siehe Gottschalk 1987, 1093–1097.
23 Cic. *De orat.* 1,104; vgl. *Fin.* 5,75 (45 geschrieben, dramatisches Datum 79).
24 Zur Datierung siehe Hobein 1929, 2153; Moraux 1973–1984, I 217.
25 Cic. *Tim.* 1.
26 Siehe Gottschalk 1987, 1096–1097. Lynch 1972, 205 erklärt von ihm, er sei „a private teacher doctrinally connected with Aristotelianism" gewesen.
27 Strab. 14,5,4 p. 670 (= T 1 Falcon); Jul. *Or.* 8 (5),3 p. 162a (= T 13 Falcon); Stob. 1,49,1b (= T 14 Falcon).

Kritik an Aristoteles durch den Philosophen | [44] auf diesen selbst zurückgehen.[28] [Da er in der erhaltenen Schrift Aristoteles' Annahme eines fünften Elements heftig und bisweilen polemisch bekämpft, könnte man meinen, daß die Bezeichnung wie bei Späteren (siehe unten) lediglich das Arbeitsgebiet und nicht die philosophische Überzeugung umschreibt. Es ist aber auch möglich, daß uns die Überlieferung täuscht und Xenarchos auf anderen Gebieten, wie dem der Ethik, mehr mit Aristoteles übereinstimmte als auf dem der Physik, und daß sein Widerspruch im Hinblick auf das fünfte Element von Simplikios, der unsere Quelle dafür ist, überbetont wurde.[29] Falcon folgert daher am Ende seiner Monographie über Xenarchos: „That Xenarchus departed from Aristotle's philosophy cannot be disputed. But his departures, no matter how significant they are, do not necessarily make him a rebellious follower of Aristotle."[30] Peripatetiker ist hier demnach nicht unbedingt als Aristotelesinterpret zu verstehen, sondern kann auch bedeuten, daß sich Xenarchos als Anhänger dieser Schule verstand.]

Nikolaos von Damaskos (* ca. 64 v.Chr.) wird von Plutarch an mehrfach Peripatetiker genannt.[31] Diese Bezeichnung geht mit hoher Wahrscheinlichkeit auf seine Autobiographie zurück, in der er sich als Student „der gesamten Philosophie" bezeichnet hat, die für ihn mit der des Aristoteles identisch ist, sowie als „Nacheiferer des Aristoteles" (ζηλωτής).[32] An nicht wenigen Stellen wird in seinen ethnologischen, historischen und autobiographischen Schriften peripatetisches Gedankengut deutlich,[33] daneben verfaßte er zahlreiche, nur zum Teil erhaltene Kommentare zum Werk des Stageiriten.[34] In Athen hat er sich mit ziemlicher Sicherheit nie aufgehalten.[35] Die meiste Zeit seines Lebens verbrachte er in seiner Heimatstadt, am Hof und im Gefolge Herodes' I. und in Rom. Aus der Angabe des späten Sophronios († 638), er sei Erzieher der Kinder des Antonius und

---

28 Zu ihm siehe v.a. Moraux 1973–1984, I 197–214; 1983; Wehrli 1983, 595; [Falcon 2012].
29 [Siehe Falcon 2012, 13–47 zur Ethik.]
30 [Falcon 2012, 201.]
31 Plu. *Quaest. conv.* 8,4,1 p. 723d; die Belege aus Athenaios unten Anm. 68; Simp. *In cael.* p. 3,28; 398,36–399,1 Heiberg (CAG 7); *Suda* ν 393, s.v. Νικόλαος.
32 FGrHist 90 F 132,1–2; daß das Referat der *Suda* (ν 393, s.v. Νικόλαος), das die Quelle dieser Äußerungen ist, auf die Autobiographie zurückgeht, ist unstrittig; vgl. Laqueur 1936, 364–365; 423; Wacholder 1962, 17–18; Drossaart Lulofs 1969, 2; Moraux 1973–1984, I 446; [Schorn im Druck 1, Kap. Nikolaos].
33 Dazu siehe Laqueur 1936, 423.
34 In syrischer Übersetzung ist die Schrift *Über die Philosophie des Aristoteles* erhalten; zu den verlorenen Werken siehe Laqueur 1936, 423–424, Drossaart Lulofs 1969, 6–19; Moraux 1973–1984, I 448–514; [einem Peripatiker Nikolaos, der vielleicht ins 4. Jh. n.Chr. gehört, weist nun Fazzo 2008 *Über die Philosophie des Aristoteles* zu].
35 Zur Rekonstruktion seiner Biographie siehe Laqueur 1936, 362–373.

der Kleopatra gewesen, hat man auf einen Aufenthalt in Alexandreia geschlossen.[36] Auch wenn diese Angabe zutreffend sein sollte,[37] hat Nikolaos die Bezeichnung Peripatetiker sicher nicht wegen des ohnehin nur kurzen Aufenthalts in der ptolemäischen Hauptstadt erhalten. Es liegt also auch hier die weiter gefaßte Bedeutung des Wortes vor, bei der es allein die Geisteshaltung bezeichnet.

Was die Bedeutung von Περιπατητικός in späterer Zeit angeht, so ist eine Äußerung Galens (* 129; † 216) beachtenswert:

> Θαυμάζουσι γοῦν ἄλλος ἄλλον ἰατρῶν τε ι [45] καὶ φιλοσόφων οὔτε τὰ αὑτῶν μεμαθηκότες οὔτε ἐπιστήμην ἀσκήσαντες ἀποδεικτικήν, ᾗ διακρῖναι δυνήσονται τοὺς ψευδεῖς λόγους τῶν ἀληθῶν, ἀλλ' ἔνιοι μὲν ὅτι πατέρας ἔσχον ἤτοι γ' ἐμπειρικοὺς ἢ δογματικοὺς ἢ μεθοδικούς, ἔνιοι δ' ὅτι διδασκάλους, ἄλλοι δ' ὅτι φίλους ἢ διότι κατὰ τὴν πόλιν αὐτῶν ἐθαυμάσθη τις ἀπὸ τῆσδε τῆς αἱρέσεως. Οὕτω δὲ κἀπὶ τῶν φιλοσοφίας αἱρέσεων ἄλλος κατ' ἄλλην αἰτίαν ἤτοι Πλατωνικὸς ἢ Περιπατητκὸς ἢ Στωικὸς ἢ Ἐπικούρειος ἐγένετο, νυνὶ δ' ἀφ' οὗ καὶ διαδοχαὶ <τῶν> αἱρέσεών εἰσιν[38] οὐκ ὀλίγοι κατὰ τήνδε τὴν πρόφασιν ἀναγορεύουσιν ἑαυτοὺς ἀπὸ τῆς αἱρέσεως, ὅθεν ἀνατρέφονται, μάλισθ' ὅταν ἀπορῶσιν ἀφορμῆς ἑτέρας βίου.[39]

Diese Worte könnten den Eindruck erwecken, als sei es in der zweiten Hälfte des zweiten Jahrhunderts nahezu ohne Aussagekraft gewesen, wenn sich jemand als Anhänger einer bestimmten Philosophie bezeichnete. Die Wahl der Benennung sei für jedermann mehr oder minder beliebig und von rein subjektiven Faktoren abhängig gewesen und lasse keinerlei Rückschlüsse auf die philosophische Bildung oder persönliche Überzeugung der betreffenden Person zu. Freilich übertreibt der Arzt hier, da er eine derartige inflationäre Verwendung der philosophischen Bezeichnungen als Grund dafür anführt, daß es niemals in seiner Absicht gelegen habe, Breitenwirkung durch seine Bücher zu erlangen, da sie wie die seiner Vorgänger ohnehin keine Leser fänden. Selbst ein Werk aus der Hand der Musen, so Galen, würde nicht mehr gewürdigt werden als das des schlechtesten Schreiberlings. Den Grund hierfür sieht er in der Unbildung seiner Zeitgenossen, denen es genüge, sich mit einem wohlklingenden Titel zu schmücken. Was lehrt dieser Passus über den Gebrauch von Περιπατητικός? Das Adjektiv bezeichnet zur Zeit Galens verständlicherweise nur noch eine Geisteshaltung. Wo oder wie die Inhalte der entsprechenden Philosophie erworben wurden, spielt keine Rolle. Die Kenntnisse mögen bisweilen nicht sonderlich fundiert gewesen sein, doch muß dies nicht der Regelfall gewesen sein. Da sich jemand aber aufgrund einer

---

36 Sophron. *Laudat. Cyri et Ioanni* 54, in: PG 87.3,3621 = Nic. Dam., FGrHist 90 T 2.
37 Die Historizität wird allgemein anerkannt; vgl. Laqueur 1936, 365; Wacholder 1962, 18; Moraux 1973–1984, I 446.
38 D.h. die Lehrstühle für die jeweilige Philosophie.
39 Galen. *Libr. ord.* 1,3–4 Boudon-Millot.

nur vagen geistigen Nähe einer philosophischen Richtung zugehörig fühlen konnte, ist damit zu rechnen, daß man Schriftsteller, in deren Werken man eine Affinität zu einer bestimmten Philosophie erkannte, als Mitglieder dieser Schule bezeichnete. Weiterhin nannten sich auch die Inhaber philosophischer Lehrstühle, die durch Marcus Aurelius in Athen und anderswo eingerichtet worden waren, Peripatetiker, Stoiker etc. Aus den Quellen wird deutlich, daß für ein solches Amt allein die Kenntnis der jeweiligen Philosophie erforderlich war, nicht unbedingt eine entsprechende persönliche Überzeugung.[40] [Περιπατητικός bezeichnet hier demnach möglicherweise nur das Arbeitsgebiet.]

Welches Fazit läßt sich aus dem Vorgetragenen für die uns interessierenden Autoren ziehen? Wahrscheinlich konnten sich auch zu ihrer Zeit Aristoteliker, die nicht dem Peripatos in Athen, sondern z.B. der Schule auf Rhodos angehörten, als | [46] Peripatetiker bezeichnen.[41] Dies ist aber nicht von entscheidender Bedeutung, und Studenten in Rhodos und anderswo mögen sich lediglich Aristoteliker genannt haben. In jedem Fall bekannten sie sich zur Philosophie des Stageiriten und seiner Nachfolger. Da alle Quellen, in denen die zur Debatte stehenden Autoren als Peripatetiker bezeichnet werden, nicht älter als das 1. Jh. v.Chr. sind, ist damit zu rechnen, daß der Sprachgebrauch einer späteren Zeit auf sie angewandt worden ist. Dies führt zu folgenden Schlüssen:

1) Die 'Halbperipatetiker' können formell Mitglieder der Schule in Athen gewesen sein.
2) Sie können an irgendeinem anderen Ort die Philosophie des Aristoteles studiert und sich daraufhin zu ihr bekannt haben.
3) Sie können im Nachhinein als Peripatetiker bezeichnet worden sein, weil sie sich mit dem Werk des Aristoteles oder anderer früher Peripatetiker exegetisch beschäftigt haben oder weil ein doktrinärer Einfluß des Aristoteles in ihrem Werk erkannt wurde, obwohl sie sich selbst nicht als solche erachtet haben.

Im folgenden soll ein Blick auf diejenigen Autoren geworfen werden, welche die Bezeichnung Peripatetiker nach allgemeiner Meinung fälschlicherweise bestimmten Literaten beigelegt haben, und die Autorität ihres Zeugnisses geprüft

---

40 Zu den Lehrstühlen siehe Lynch 1972, 169–177.
41 Brink 1940, 902 und Wehrli 1983, 464 sind der Ansicht, die oben erwähnten 'Halbperipatetiker' seien schon zu ihren Lebzeiten als Peripatetiker bezeichnet worden. Wenngleich ihre These von der Existenz solcher 'Halbperipatetiker' hier bestritten werden soll, ist zumindest erwähnenswert, daß auch sie einen freieren Gebrauch der Wortes ab der zweiten Hälfte des dritten Jahrhunderts annehmen.

werden. Hierbei ist entscheidend festzustellen, wie strikt die jeweiligen Schriftsteller den Begriff verwendet haben, um den Wert ihres Zeugnisses einschätzen zu können.

7.3 Strabon über Agatharchides

Allein Strabon (ca. 64 v. – 19 n.Chr.) bezeichnet den Grammatiker, Historiker und Ethnographen Agatharchides von Knidos als Peripatetiker.[42] Über die näheren Lebensumstände des Agatharchides ist wenig Sicheres bekannt. Hier genügt zu erwähnen, daß er in der ersten Hälfte des zweiten vorchristlichen Jahrhunderts in Ägypten lebte und dort als Privatsekretär und Vorleser des Herakleides Lembos und als Protegé des Kineas den Hofkreisen nahestand. Daß er dem Museion angehört habe, ist eine Vermutung von Eduard Schwartz, die keinen Rückhalt in den Quellen hat.[43] Wehrli sieht in den Fragmenten und dem erhaltenen Werk *Über das Rote Meer* keine zwingende Rechtfertigung für die Bezeichnung Peripatetiker,[44] wenngleich er es für möglich | [47] hält, daß es in der verlorenen Schrift *Über den Umgang mit Freunden* Anknüpfungspunkte zur aristotelischen Gemeinschaftslehre gegeben habe.[45] Die Werke des Agatharchides zeigen in inhaltlicher und stilistischer Beziehung aber deutlich, daß er mit der Lehre des Peripatos vertraut war und sie sich zu eigen machte. Schon vor einem Jahrhundert hat Emil August Wagner in einer von Wehrli offensichtlich nicht rezipierten Studie die peripatetischen Züge im Werk des Geographen in ethischer, politischer und vor allem naturwissenschaftlicher Hinsicht herausgearbeitet und es als Dokument des stoisch-peripatetischen Schulkampfes beschrieben.[46] So mag es genügen, auf seine Ausführungen und den RE-Artikel Agatharchides von Schwartz zu verweisen, wo das entscheidende Material zusammengetragen ist. Es ist Peter M. Fraser nur

---

42 Strab. 14,2,15 p. 656 = Agatharch., FGrHist 86 F 1: ὁ ἐκ τῶν Περιπάτων.
43 Zur Biographie des Agatharchides, die v.a. auf Phot. *Bib. cod.* 213 p. 171a beruht, vgl. Schwartz 1893, 739; Fraser 1972, II 744 Anm. 183; Burstein 1989, 12–18; [Micunco 2008, 3–14].
44 Wehrli 1983, 585.
45 Περὶ τῆς πρὸς φίλους (v.l. προσφιλοῦς) ὁμιλίας; der Titel ist bezeugt bei Phot. *Bib. cod.* 213 p. 171a.
46 Zum peripatetischen Gedankengut bei Agatharchides siehe Schwartz 1893, 740–741; Wagner 1901; Immisch 1919 (auch wenn die anonyme Pythagorasvita bei Photios (*Bib. cod.* 249 p. 438b–441b) wohl nicht, wie Immisch nachzuweisen versucht, Agatharchides gehört, ist das von ihm im Kommentar angeführte Parallelmaterial sehr erhellend; siehe zu den als Autoren der Vita vorgeschlagenen Personen Fraser 1972, I 540; II 774 Anm. 166; zu Agatharchides allgemein Fraser 1972, I,539–550; vgl. auch Verdin 1983, v.a. 417; [Wehrli –Wöhrle – (Zhmud) 2004, 625–626].

zuzustimmen, wenn er den Autor mit den Worten charakterisiert: „the philosophical affinities of Agatharchides are (...) Peripatetic (...) Strabo's description of him as a Peripatetic must indicate his formal loyalty",[47] obschon auch der Einfluß anderer philosophischer Systeme nicht zu übersehen ist. Derartiges eklektisches Verfahren ist bei fast allen Philosophen der Zeit zu beobachten und schließt keineswegs aus, daß sich jemand einer bestimmten philosophischen Schule in besonderer Weise zugehörig fühlte.[48] Am Ende seines Lebens hielt sich Agatharchides nach einer Vermutung Frasers vielleicht in Athen auf,[49] doch ist dies unsicher. Ob er dort – die Richtigkeit der Annahme vorausgesetzt – in irgendeiner Beziehung zum Peripatos stand, ist freilich unbekannt.

Bleibt noch zu prüfen, in welcher Weise Strabon die Bezeichnung Peripatetiker verwendet: Er gebraucht sie einerseits für die großen Vertreter der Schule der vorangegangenen | [48] Zeit, für Theophrast, Phainias von Eresos und Ariston von Keos.[50] Andererseits verwendet er sie für Zeitgenossen, die er zum Teil selbst kennengelernt hat. Als prominente Peripatetiker seiner Zeit aus Seleukeia in Kilikien nennt er den Politiker Athenaios und den bereits erwähnten Xenarchos.[51] Was ersteren anbelangt, so ist von seinem Studienort oder von einer Lehrtätigkeit nichts überliefert, und die Bezeichnung bezieht sich vielleicht lediglich auf sein Bekenntnis zu dieser Philosophie.[52] Zu Xenarchos wurde bereits oben das Wichtigste gesagt.[53] Weiterhin erhalten den Titel eines Peripatetikers der Aristotelesherausgeber [und -kommentator] Andronikos von Rhodos und ein sonst nicht näher bekannter Zeitgenosse Strabons mit Namen Ariston, der ein Werk über den Nil geschrieben hat.[54] Strabons Verwendung des Wortes zeigt demnach keinerlei

---

47 Fraser 1972, I 547.
48 Vgl. die Bemerkungen von Riedweg 1993, 96 in Bezug auf die analoge Situation beim Alexandriner Aristobulos.
49 Fraser 1972, I 543; II 775 Anm. 169; 779 Anm. 185. Er schließt dies aus Phot. *Bib. cod.* 250 p. 442a. Dort berichtet Agatharchides von einem hellenisierten Perser namens Boxos, der nach Verlassen seiner Heimat in Athen gelebt habe und von dem er eine bestimmte Erklärung des Namens des Roten Meeres erfahren haben will.
50 Strab. 13,2,4 p. 618: Theophrast (= F 2 FHS&G) und Phainias (F 2 Engels [RUSCH] = FGrHist 1012 T 2); 10,5,6 p. 486: Ariston von Keos (= F 2a Wehrli = 2a SDFO); vgl. 14,2,19 p. 658; an der zuletzt genannten Stelle erwähnt er auch Ariston von Kos, den Schüler und Erben [„des Peripatetikers"; F 8 Wehrli, in SDFO F 31 unter den „non recepta"; vgl. dort Anm. 3 zu diesem Fragment und zum Identifikationsproblem].
51 Strab. 14,5,4 p. 670 (= Xenarch. T 1 Falcon).
52 Zu Athenaios siehe Wehrli 1983, 596.
53 Siehe oben, S. 249–250
54 Strab. 14,2,13 p. 655: Andronikos; 17,1,5 p. 790: Ariston; zur Frage der Identität siehe Wehrli 1983, 595; [die Stelle als T 7 in Mariottis Sammlung der Fragmente des Ariston von Alexandreia].

Auffälligkeiten. Dies gilt auch für Personen, die er als Akademiker, Stoiker, Epikureer und Pythagoreer bezeichnet, wo das jeweilige Epitheton stets formelle Schulzugehörigkeit oder persönliches Bekenntnis zur entsprechenden Philosophie bezeichnet.[55] Für Agatharchides ergeben sich demnach folgende Schlüsse: Entweder verdankt er die Bezeichnung Peripatetiker einer sonst nicht bezeugten Mitgliedschaft im athenischen Lykeion oder dem Unterricht in der Philosophie des Aristoteles andernorts. Daß er sich zu dieser Philosophie bekannte, scheint festzustehen. Es spricht jedenfalls nichts dafür, daß Strabon ihn oder irgendeinen anderen Mann zu Unrecht einer bestimmten philosophischen Schule zugeordnet hat.

7.4 Athenaios über Satyros

Besonders ergiebig ist eine Untersuchung des Sprachgebrauchs im Falle des Athenaios (Anfang 3. Jh. n.Chr.) aufgrund der enormen Anzahl der von ihm zitierten Autoren. Kaum ein anderer Autor versieht so viele Personen mit der Bezeichnung Peripatetiker wie er. Bestritten wird die Richtigkeit im Hinblick auf den Biographen Satyros (ca. 2. Hälfte 3./1. Hälfte 2. Jh. v.Chr.). An drei Stellen bezeichnet Athenaios ihn als Peripatetiker, während er sich sonst mit der bloßen Nennung des Namens (mit oder ohne Angabe | [49] des Werkes) auf ihn beruft.[56] Über die näheren Lebensumstände des Satyros ist nicht viel bekannt, lediglich daß er aus Kallatis am Schwarzen Meer stammte. Von einem Aufenthalt andernorts ist nichts überliefert, auch wenn häufig behauptet wird, er habe in Alexandreia oder Oxyrhynchos gewirkt.[57] Nur wenn er auch der Verfasser der Schrift *Über die Demen von Alexandreia* ist,[58] muß er sich in Ägypten aufgehalten haben. Dies ist zwar möglich, aber alles andere als sicher.[59] Die Verbindung der sogenannten 'Halbperipatetiker' mit Alexandreia, von der Leo und Bollansée ausgehen, ist im Fall des Satyros demnach nicht mehr als ein Postulat.[60]

---

55 Was die zweite Gruppe anbelangt, sind erwähnenswert: Strabons Zeitgenosse, der Stoiker Poseidonios (16,2,10 p. 753 = FGrHist 87 T 3 = T 48 Edelstein – Kidd), der die Schule in Athen verlassen und auf Rhodos eine eigene gegründet hat; der Stoiker Archedemos, der nach seinem Weggang aus Athen in Babylon eine Schule eröffnet hat (14,5,14 p. 674 = Arched., SVF F 1).
56 Satyros wird Ath. 6,248c; 12,541c; 13,556a = T 2 Schorn Peripatetiker genannt.
57 So Gudeman 1921, 228, was oft ungeprüft übernommen wird.
58 FGrHist 631 F 1 (= Theophil. *Ad Autol.* 2,7,3–6); P. Oxy. XXVII 2465 = F *29; *28 Schorn.
59 Zum Leben des Satyros vgl. die Einleitung in meiner Ausgabe: Schorn 2004, 5–10.
60 Leo 1901, 118, der der Rekonstruktion der Biographie des Satyros durch von Wilamowitz-Moellendorff 1899 folgt; Bollansée 1999b, 11–14.

Bollansée ist der Ansicht, man wisse kaum, was genau Athenaios mit der Bezeichnung Peripatetiker meine:⁶¹ Er gebrauche sie regelmäßig für „dyed-in-the-wool Peripatetics" wie Phainias, Lykon und Ariston von Keos, aber nie für Dikaiarchos, Aristoxenos oder Herakleides Pontikos und nur dreimal für Klearchos von Soloi. An einer nach seiner Meinung seltsamen Stelle zitiert Athenaios zugleich Demetrios von Phaleron, Satyros, Aristoxenos und Aristoteles, wobei nur Satyros von ihm Peripatetiker genannt wird.⁶² Ebenso wundert sich Bollansée über diese Bezeichnung für Nikolaos von Damaskos, der nur an den Höfen des Herodes und des Augustus, d.h. nicht in Athen, residiert habe.

Doch ist der Sprachgebrauch des Athenaios gänzlich im Einklang mit den oben gewonnenen Ergebnissen. Daß er die von ihm zitierten Autoren mit unterschiedlichen Epitheta versieht, entspricht seiner Arbeitsweise und braucht nicht zu verwundern. Grundsätzlich strebt er danach, sie, wenn nötig, durch einen Namenszusatz eindeutig zu kennzeichnen und von Homonymen zu scheiden, vor allem wenn er diese ebenfalls zitiert. Bei den prominentesten Vertretern der Schule wie Aristoteles, Theophrast, Dikaiarchos, Aristoxenos und Demetrios von Phaleron kann er sich die Bezeichnung Peripatetiker sparen, da ihre philosophische Ausrichtung allgemein bekannt ist. Allein Dikaiarchos wird zweimal als direkter Aristotelesschüler bezeichnet.⁶³ Homonyme dieser Personen werden nicht zitiert, und Demetrios wird stets durch die Bezeichnung „von Phaleron" von anderen Demetrioi geschieden. Was Herakleides Pontikos angeht, so würde als Erklärung für das Fehlen der Bezeichnung Peripatetiker | [50] schon genügen, daß er durch die regelmäßig verwendete Bezeichnung „der Pontiker" hinreichend von Homonymen gesondert ist. Es ist allerdings höchst unwahrscheinlich, daß Herakleides überhaupt jemals formell der Schule des Aristoteles angehört hat.⁶⁴ Man kann hier demnach eher einen Hinweis auf die Zuverlässigkeit der Nomenklatur bei Athenaios sehen, jedenfalls keinen auf seine Unzuverlässigkeit. Außerdem werden von ihm als Peripatetiker bezeichnet: Klearchos von Soloi (immer vom gleichnamigen Komiker zu unterscheiden), Phainias von Eresos (keine

---

61 Bollansée 1999b, 12.
62 Ath. 13,555d–556a = F 16b Schorn.
63 Ath. 11,460f–461a; 15,666b = Dicaearch. F 98; 95 Wehrli = FGrHist 1400 F 20; 21a.
64 Sotion behauptet, Herakleides habe später auch Aristoteles gehört (καὶ ὕστερον ἤκουσεν Ἀριστοτέλους, ὥς φησι Σωτίων ἐν Διαδοχαῖς = Sot. F 17 Wehrli = Her. Pont. F 3,86 Wehrli = 1,86 Schütrumpf), was ein direktes Schülerverhältnis unterstellt. Dies dürfte für Diogenes Laertios, der das Fragment überliefert (5,86), der Grund gewesen sein, ihn unter die Peripatetikern einzuordnen. Gegen eine formelle Mitgliedschaft im Peripatos vgl. Wehrli 1967–1978, VII 60–61; 1983, 533; Gottschalk 1980, 3–6; [Mejer 2009, v.a. 28; etwas anders Wehrli – Wöhrle – (Zhmud) 2004, 500].

Homonymen zitiert), Lykon (einmal zitiert, mit dieser Bezeichnung von Homonymen geschieden) und Ariston von Keos (immer vom Stoiker aus Chios zu unterscheiden). Hieronymos von Rhodos wird durch die Angabe der Herkunft, die Bezeichnung der Schulzugehörigkeit oder den Titel der zitierten Schrift meist klar vom Historiker aus Kardia unterschieden. Nur an zwei Stellen, an denen nur auf einen Hieronymos verwiesen wird, ist die Zuordnung des Zitats nicht ganz sicher.[65] Noch zu nennen ist ein Klytos von Milet, ein Περιπατητικὸς φιλόσοφος, der ein direkter Schüler des Aristoteles war und nur aus Athenaios bekannt ist, da dieser zweimal aus seinem lokalhistorischen Werk über Milet zitiert.[66] In einem Exzerpt aus Poseidonios werden ein sonst nicht bekannter Peripatetiker Eurymneus, der in Athen gelehrt hat, und dessen Schüler Athenion genannt. Ersterer war vielleicht als Nachfolger des Diodoros von Tyros peripatetischer Scholarch am Ende des 2. Jhs. v.Chr. Ein weiterer Athenion, wohl der Sohn des erstgenannten, sei ebenfalls Peripatetiker gewesen. Über seinen Aufstieg zum Tyrannen Athens im Jahr 88 v.Chr. referiert Athenaios über weite Strecken aus Poseidonios, wobei noch als weiterer Peripatetiker Apellikon von Teos genannt wird, der ebenfalls der Schule in Athen angehörte.[67] Was Nikolaos von Damaskos anbelangt, den Athenaios häufig Peripatetiker nennt,[68] sei auf Ausführungen oben verwiesen.[69] | [51]

Auch bei Athenaios bezeichnet Περιπατητικός demnach Mitgliedschaft in der athenischen Schule und eine Geisteshaltung ohne Rücksicht auf den Ort der Ausbildung.[70] Ebenso strikt ist sein Sprachgebrauch hinsichtlich der anderen Philosophenschulen. Der Umkehrschluß, Athenaios erachte Personen, die er nicht als Peripatetiker bezeichnet, nicht als solche, gilt freilich nicht (vgl. die oben erwähnten Theophrast, Aristoxenos etc.). Allein im Fall des Satyros wäre demnach die Benennung unberechtigterweise aufgrund seiner Tätigkeit als Biograph auf ihn übertragen worden. Dies ist schon wegen des eindeutigen Sprachgebrauchs in Athenaios' Werk unwahrscheinlich. Zudem würde es auch deshalb

---

65 Ath. 2,48b; 5,206e = Hieronym. F 48–49 Wehrli = 59a; 62 White.
66 FGrHist 490 F 1 (= Ath. 14,655b–e); F 2 (= Ath. 12,540c–d).
67 Ath. 5,211d–215b = Posid., FGrHist 87 F 36 = F 253 Edelstein – Kidd. Zum möglichen Scholarchat des Eurymneus siehe Lynch 1972, 202; Moraux 1973–1984, I 28–29 Anm. 68; zu den beiden Peripatetikern mit Namen Athenion und zu Apellikon vgl. Wehrli 1983, 590; 593–594; [Wehrli – Wöhrle – (Zhmud) 2004, 632]; zur Athenion-Geschichte bei Poseidonios vgl. Bringmann 1997; [Antela Bernárdez 2015].
68 4,153f; 6,249a; 6,252f; 6,266e; 6,274e; 10,415e; 12,543a = FGrHist 90 F 78; 80; 95; 77b; 73; 77a.
69 Siehe oben S. 250–251.
70 Insofern ist die Feststellung von West 1970, 281: „Athenaeus gives no hint that he is using the term 'Peripatetic' in anything less than the literal sense", zu modifizieren.

verwundern, da zahlreiche andere biographisch tätige Autoren, die er zitiert, diese Bezeichnung nicht erhalten, unter ihnen sogar solche aus Alexandreia. Hier sind unter anderen zu nennen: Antigonos von Karystos, Sotion von Alexandreia, Sosikrates von Rhodos, Nikias von Nikaia, Demetrios von Magnesia und Amphikrates von Athen (zum Fehlen der Bezeichnung beim Pontiker Chamaileon und dem in Alexandreia schreibenden Hermippos von Smyrna siehe unten).

Daß Satyros zu Recht Peripatetiker genannt wird, zeigt die Menge an peripatetischem Gedankengut in seinen Biographien, v.a. in der auf Papyrus zum Teil erhaltenen Euripidesvita:[71] Seine literaturwissenschaftliche Terminologie ist aristotelisch, ebenso die Vorstellung von Homer als dem Stammvater von Tragödie und Komödie.[72] Zweimal scheint eine Art von Telos-Vorstellung vorzuliegen.[73] Die peripatetische *actio*-Lehre wird bei der Annahme eines Einflusses des Euripides auf den Vortragsstil des Demosthenes deutlich.[74] Satyros folgt Aristoteles, wenn er lediglich von zwei Phasen der Geschichte der attischen Komödie ausgeht, obwohl zu seiner Zeit möglicherweise schon das dreistufige Modell existierte.[75] Auch liegt an einer Stelle vielleicht ein Reflex der peripatetischen Sprichwortforschung | [52] vor.[76] Das Lob der gemäßigten politischen Einstellung des Euripides[77] stimmt mit der Position des Aristoteles in der *Athenaion politeia* und in der *Politik* überein.[78] Sein Werk zeichnet sich wie das anderer Peripatetiker durch eine makedonenfreundliche Haltung aus, die in der positiven Charakterzeichnung des Gewaltherrschers Archelaos deutlich wird,[79] während gegenüber Athen oft eine kritische Einstellung deutlich wird. Bisher fast unbeachtet ist geblieben, daß

---

71 P. Oxy. IX 1176 = F 6 Schorn; Arrighetti 1964; im folgenden gebe ich die Ergebnisse meines Kommentars zur Euripidesvita wieder: Schorn 2004, v.a. die Zusammenfassung S. 56–63, die hier zum Teil wörtlich übernommen wird. Für eingehende Begründungen ist der jeweilige Kommentar zur Stelle zu vergleichen. Einige der hier aufgezählten Belege für peripatetisches Gedankengut bei Satyros bringt schon Arrighetti 1987, 178–180. Er kommt aber nur zu dem Schluß: „si può dire che il legame, oltre che con la tecnica, con le dottrine aristoteliche c' è ed è ben visibile. Anzi, si dovrà credere che fra le sue (scil. Satyros') fonti su Euripide ci fossero anche i lavori della Scuola Peripatetica composti dopo Aristotele." Die Durchdringung seiner Euripidesvita von peripatetischem Denken sowohl im Detail als auch hinsichtlich der allgemeinen Konzeption kann ihren Grund aber kaum allein in den Quellen des Biographen haben.
72 Vgl. Kommentar zu F 6 fr. 39 col. VII.
73 Vgl. Kommentar zu F 6 fr. 8 col. II 3–8 und zu 39 col. VII.
74 Vgl. Kommentar zu F 6 fr. 39 col. VIII.
75 Vgl. Kommentar zu F 6 fr. 39 col. VII 18–20.
76 Vgl. Kommentar zu F 6 fr. 39 col. XXI 33–35.
77 F 6 fr. 39 col. II 23–III 18.
78 Aristot. *Ath.* 11–12.
79 Vgl. Kommentar zu F 6 fr. 39 col. XVIII 12.

Euripides in der weitgehend elogischen Darstellung des Satyros durch eine Reihe von Kennzeichen des aristotelischen μεγαλόψυχος charakterisiert wird.⁸⁰ Er ist zwar nicht gänzlich als solcher gezeichnet – handelt es sich doch um ein Idealbild –, da vor allem sein Verhalten gegenüber den Frauen nicht in dieses Schema paßt, doch sind die Berührungspunkte mit diesem Charakter verblüffend.⁸¹ Daß Satyros diese Stilisierung bewußt vornimmt, zeigt er in fr. 8 II 20–24, wo er von Euripides sagt: [ἔτι δ]ὲ καὶ τὴν [ψυ]χὴν μέγας [ἦν] σχεδὸν [ὡς] ἐν τοῖς [ποιή]μασιν. Die Fragmente der literarischen Überlieferung zeigen ebenfalls peripatetischen Einfluß, allerdings in geringerem Ausmaß, was angesichts ihres häufig nur paraphrasenhaften Charakters nicht verwundern sollte. Hier sei über Satyros' biographische Tätigkeit hinaus noch auf seine Schrift *Über Charaktere* verwiesen, die stilistisch und inhaltlich in der Tradition Theophrasts steht.⁸²

Folglich sehe ich keinen Grund, Satyros den Status eines Peripatetikers im Sinne eines philosophischen Bekenntnisses abzusprechen. Über den Ort seiner Ausbildung (Athen oder anderswo) ist freilich keine Sicherheit möglich.

7.5 Clemens von Alexandreia über Aristobulos

Clemens von Alexandreia (* ca. 150; † vor 215) und (von ihm wohl abhängig)⁸³ Eusebios bezeichnen den jüdischen Thorainterpreten Aristobulos, der um die Mitte des 2. Jhs. v.Chr. in Alexandreia | [53] lebte,⁸⁴ als Peripatetiker,⁸⁵ Eusebios aber ebenso als jüdischen Philosophen.⁸⁶ Susemihl wies ihn der Gruppe von Schriftstellern zu, die diese Bezeichnung aufgrund ihrer Tätigkeit in Alexandreia erhalten haben, wo sie in der Tradition des Peripatos schriftstellerisch tätig gewesen seien.⁸⁷ Nikolaus Walter hält es für möglich, daß ihm diese Bezeichnung

---

80 Lediglich Stevens 1956, 89 Anm. 15 schreibt: „In one passage (Fr. 37 Col. I) where Euripides is described as ἐπὶ τοῖς ἰδίοις ἀγαθοῖς ὑψηλὸς ὤν there is perhaps a slight reminiscence of the Aristotelian μεγαλόψυχος".
81 Für eine detaillierte Ausführung dieses Punktes sei auf Schorn 2004, 59–62 verwiesen.
82 Erhalten bei Ath. 4,168b-d = F 27 Schorn.
83 Vgl. Walter 1964, 10 mit Anm. 2; Holladay 1995, 72.
84 In die Zeit des Ptolemaios Philometor (180–145) wird sein Werk nun allgemein datiert; vgl. z.B. Walter 1964, 13–26; 35–40; Radice 1994, 29 Anm. 31.
85 Clem. Alex. *Strom.* 1,72,4 (Ἀρ. ὁ Περιπατητικός); Euseb. *PE* 9,6,6 (Ἀρ. τοῦ Περιπατητικοῦ); 13,11,3 (Ἀρ. ὁ Περιπατητικός). Aus Eusebios: *Chron. Pasc.* I p. 337,17 Dindorf und andere.
86 Euseb. *PE* 13,11,3 (Ἀπ. τοῦ ἐξ Ἑβραίων φιλοσόφου).
87 Susemihl 1891–1892, I 8; II 629 (an der zweiten Stelle vermutet er, Aristobulos habe sich selbst als Peripatetiker bezeichnet).

willkürlich von Clemens beigelegt worden sei, da er an einer Stelle auf die peripatetische Schule verweist.[88] Das richtige Verständnis dieses Beiwortes ist erst in jüngster Zeit durch Roberto Radice und Christoph Riedweg in zwei unabhängig voneinander entstandenen Studien entscheidend gefördert worden:[89] Die Interpolationen in der Imitation eines orphischen *hieros logos* (F 247 Kern = 378 Bernabé), den Aristobulos zitiert, entsprechen, wie Riedweg gezeigt hat, alle einer bestimmten philosophischen Grundhaltung. Der jüdische Redaktor dieser Verse gestaltet eine jüdisch-stoische Vorlage (F 245 Kern = 377 Bernabé) um, indem er mit erkennbar antistoischer Ausrichtung platonisch-aristotelische Philosopheme einfügt. Seine Theologie stimmt in erstaunlicher Weise mit derjenigen der pseudo-aristotelischen Schrift *Über die Welt* überein, die er höchstwahrscheinlich für die Umgestaltung benutzt hat.[90] Riedweg macht es weiterhin sehr plausibel, daß Aristobulos selbst dieser Redaktor gewesen ist. Aristobulos, so führt er aus, sei zwar in erster Linie ein jüdischer Philosoph gewesen, doch schließe dies nicht aus, daß er einer bestimmten griechischen Philosophenschule geistig nahestand. Ob Aristobulos sich selbst als Peripatetiker bezeichnet hat oder ob ihm dieser Titel später wegen seiner Affinität zu 'Aristoteles' verliehen worden ist, läßt er offen.[91] In ähnlicher Weise kommt Radice zu dem Ergebnis, daß sowohl die von Aristobulos zitierten pseudo-orphischen Verse von der Schrift *Über die Welt* abhängen als auch die gesamte Schrift des Aristobulos. Allerdings geht er davon aus, daß der Interpolator bereits vor Aristobulos | [54] am Werk gewesen sei und dieser die Verse in der vorliegenden Form nur zitiert habe, da sie in sein Konzept gepaßt hätten. Radice beweist, daß es das Ziel des Aristobulos gewesen sei, die Abhängigkeit der griechischen Philosophie vom Gesetz des Mose aufzuzeigen, wobei er als Bezugspunkt gerade die Schrift *Über die Welt* wählte und die Übereinstimmungen durch eine allegorische Bibelinterpretation aufzuzeigen versuchte. Die Bezeichnungen als Peripatetiker und als jüdischer Philosoph schlössen einander demnach nicht aus, da Aristobulos sowohl die peripatetische als auch die jüdische Lehre gekannt habe. Aber auch Radice äußert sich nicht zum Problem der Herkunft des Epithetons. In der Tat ist es schwer zu entscheiden, ob sich Aristobulos als Jude Peripatetiker nennen konnte oder nicht. Bevor aber auf

---

88 Walter 1964, 10–11; Clem. Al. *Strom.* 6,138,2 mit Euseb. *PE* 13,12,10; ebenso Holladay 1995, 72–73; Holladay führt die Arbeit Radices im Literaturverzeichnis auf, doch scheint er sie im Hinblick auf die Bezeichnung Peripatetiker nicht verwendet zu haben.
89 Riedweg 1993, 79–101; Radice 1994, 11–22 und *passim*; einen Einfluß der pseudoaristotelischen Schrift erkennt nun auch Walter 1996, 184 Anm. 1 an.
90 Zu dieser Schrift siehe Reale – Bos 1995.
91 Siehe Riedweg 1993, 98.

dieses Problem eingegangen wird, sei ein Blick auf den Sprachgebrauch bei Clemens geworfen. Abgesehen von Aristobulos gehören alle von ihm als Peripatetiker bezeichneten Personen der Schule in Athen an.[92] Es zeigt sich aber, daß er sonst bisweilen großzügig mit der Vergabe derartiger Titel ist.[93] Wenn er Pindar wegen des Anfangs der sechsten *Nemeischen Ode* (ἓν ἀνδρῶν, ἓν θεῶν γένος) einen Πυθαγόρειος nennt, wird dadurch lediglich eine geistige Verwandtschaft bezeichnet (Bezug zur pythagoreischen Monade).[94] In *Strom.* 1,72,4 erwähnt er den Peripatetiker Aristobulos zusammen mit dem Pythagoreer Philon (von Alexandreia). Auch die Berechtigung der Bezeichnung für diesen jüdischen Schriftsteller ist bestritten worden. Der Grund für die Beilegung dieses Epithetons durch Spätere wurde zumeist in dessen Vorliebe für Zahlenspekulationen und/oder dem dominanten Einfluß Platons auf sein Denken gesehen, da die Lehre des Atheners als Übernahme pythagoreischen Gedankengutes erachtet wurde.[95] Warum sollen sich aber nicht schon Aristobulos und Philon selbst als Peripatetiker bzw. Pythagoreer bezeichnet haben, da sie sich diesen nichtjüdischen Schulen in ihrem Denken besonders verpflichtet fühlten, zumal sie die Lehren dieser Schulen nicht als im Gegensatz zu ihrer Religion sahen?[96] Auch der Christ Clemens sah im Judentum dieser Autoren keinen Hinderungsgrund, sie als Anhänger griechischer Philosophenschulen zu bezeichnen. Mehr als eine geistige Nähe dürften die entsprechenden Autoren mit dem Titel, falls sie ihn schon selbst für sich reklamierten, aber nicht haben deutlich machen wollen, da sie sich v.a. ihrer Religion verpflichtet fühlten. Dies zeigt sich | [55] etwa dann, wenn Aristobulos vom jüdischen Glauben als ἡ καθ' ἡμᾶς αἵρησις spricht.[97] Angesichts des Sprachgebrauchs bei Clemens ist es aber ebensogut möglich daß er selbst für diese Bezeichnungen verantwortlich ist. Er legte sie diesen Schriftstellern in diesem Fall wohl bei, da er den Einfluß der entsprechenden Philosophenschulen auf ihr Werk erkannt

---

92 Clem. Al. *Strom.* 1,63,5: als Scholarchen der peripatetischen Schule erscheinen dort Aristoteles (nicht in Rose; nicht in Gigon), Theophrast (= F 11.5 FHS&G), Straton (= F 4 Wehrli = 5a Sharples), Lykon (= F 1 I Wehrli = 3a Stork), Kritolaos (= F 4 Wehrli) und Diodoros (= F 1 Wehrli); diese werden z.T. auch an anderer Stelle als Peripatetiker bezeichnet; weiterhin werden Klearchos von Soloi (*Strom.* 1,70,2 = F 5 Wehrli) und Hieronymos von Rhodos (*Strom.* 2,127,3 = F 13 Wehrli = 12 White) so genannt.
93 Vgl. Runia 1995, 6–8.
94 Clem. Al. *Strom.* 5,102,2.
95 Daß Clemens ihm aufgrund von Letzterem diese Bezeichnung beigelegt hat, ist die Ansicht von Runia 1995, 10–16.
96 In Bezug auf Philon erwägt diese Möglichkeit neben der einer Beilegung der Bezeichnung durch Clemens auch Radice 1994, 20–21.
97 Euseb. *PE* 13,12,8.

hatte, und wollte so ihrem Zeugnis mehr Autorität verleihen. So muß im Hinblick auf Aristobulos die Herkunft der Benennung als Peripatetiker wohl offenbleiben. Eine ernsthafte philosophische Überzeugung dürfte damit jedenfalls nicht beschrieben werden.

7.6 Phlegon über Antisthenes

Phlegon von Tralleis (Freigelassener Hadrians; † nach 137) referiert in seinem paradoxographischen Werk aus einer nicht näher bezeichneten Schrift eines peripatetischen Philosophen Antisthenes (Ἀντισθένης ὁ Περιπατητικὸς φιλόσοφος) romfeindliche Wundergeschichten, die sich in der Zeit nach der Schlacht bei den Thermopylen im Jahr 191 v.Chr. zugetragen haben sollen.[98] Ob diese Erzählungen zeitgenössisch oder erst im 1. Jh. v.Chr. entstanden sind, läßt sich nicht mit Sicherheit klären, und somit auch nicht, wann genau dieser Autor anzusetzen ist.[99] [Von zahlreichen Forschern wird er mit einem gleichnamigen Politiker und Historiker aus Rhodos identifiziert, der zu Beginn des 2. Jh.s v.Chr. aktiv war,[100] doch wurde diese Gleichsetzung auch bestritten.[101] Rives hat allerdings gezeigt, daß keines der Argumente gegen die Gleichsetzung stichhaltig ist.[102] Unklar ist ebenso, ob ein Antisthenes, aus dessen Φιλόσοφων διαδοχαί Diogenes Laertios an dreizehn Stellen zitiert, mit dem Rhodier oder dem Peripatetiker identisch ist. Was die Themenwahl anbelangt, spricht bei diesem Philosophiehistoriker Antisthenes nichts gegen einen Peripatetiker. In den gerade einmal dreizehn Fragmenten der *Diadochai* folgt er, wie Giannattasio Andria herausgearbeitet hat, in zweien den Ansichten des Aristoteles,[103] während die meisten anderen die für den

---

98 Phleg., FGrHist 257 F 36, III 1 = PGR n. XV F 1,3,1 Giannini.
99 Siehe die unterschiedlichen Ansätze von Janda 1966; Gauger 1980; Ferrary 1988, 250–260; vgl. zu diesem Fragment auch Gabba 1975; Martelli 1978; 1982; Porqueddu Salvioli 1982; Bearzot 1982; Amiotti 1982; Donaire Vazquez 1990, 351–358. [Im folgenden habe ich meine Meinung im Vergleich zur früheren Version des Aufsatzes geändert. Da der Abschnitt gänzlich umgeschrieben wurde, verzichte ich auf eine Angabe der Seitenzahlen der Originalausgabe.]
100 So Jacoby zu FGrHist 508 mit Anm. 4 und in der Ausgabe des Philosophiehistorikers Antisthenes von Giannattasio Andria 1989, 29–36 (mit einem Abriß der Forschung).
101 Vgl. Janda 1966, 345–356; Gauger 1980, 238–244; Ferrary 1988, 250–260; Wiemer 2001, 20–21 Anm. 8.
102 [Rives 2004.]
103 Antisth., FGrHist 508 F 3 = 3 Giannattasio Andria (= Diog. Laert. 1,40): das Dictum „Erkenne dich selbst" stamme von der Pythia ~ Aristot. F 3 Rose = 29 Gigon (= Clem. Alex. *Strom.* 1,60,3); Antisth., FGrHist 508 F 15 = 15 Giannattasio Andria (= Diog. Laert. 9,57): Diogenes von Apollonia Schüler des Anaximenes ~ Aristot. *Metaph.* 1,3 p. 984a5–7.

Peripatos typische charakterologische Ausrichtung aufweisen.¹⁰⁴ Ebenso auf eine Identifizierung mit dem Peripatetiker weist ein Faible für skurrile Erzählungen, das an das paradoxographische Interesse im Peripatos erinnert.¹⁰⁵ So ist eine Identifizierung des Philosophiehistorikers mit dem Peripatetiker, die allgemein angenommen wird,¹⁰⁶ wahrscheinlich. Hingegen gibt es für die Identifizierung des Peripatetikers mit einem von Plinius dem Älteren (*Nat.* 36,79) erwähnten Autor, der über die Pyramiden geschrieben hat und in die 2. Hälfte des 1. Jhs. v.Chr. gehört, keine Anhaltspunkte.

Von großer Bedeutung ist es nun, daß es in einer von Phlegon wohl unabhängigen Quelle, wie es scheint, einen weiteren Beleg dafür gibt, daß der Peripatetiker, der Philosophiehistoriker und der Rhodier ein und dieselbe Person sind. Im *Suda*-Artikel über den Sokratiker Antisthenes findet sich die unsinnige Angabe, dieser sei zuerst als Peripatetiker bezeichnet worden, dann aber zum Kyniker geworden.¹⁰⁷ In den Abhandlungen über den Sokratiker wird die 'peripatetische Phase' des Sokratikers zu Recht ignoriert.¹⁰⁸ Es dürfte hier eine Verwechslung vorliegen, bei der ein Element der Biographie des Peripatetikers in die des Sokratikers geraten ist, zumal derartige Fehler im Lexikon in großer Zahl vorkommen. Ebenfalls fälschlicherweise findet sich unter diesem Lemma die Angabe, der Sokratiker habe eine Schrift mit dem Titel Μαγικός verfaßt, in der er Zoroaster als den Ausgangspunkt der Weisheit und somit der Philosophie bezeichnet habe. Die Verfasserschaft dieser Schrift sei in der Antike umstritten gewesen, so das Lexikon, und sie sei dem Sokratiker Antisthenes, dem Aristoteles oder einem verderbt überlieferten Autor zugeschrieben worden: τοῦτο δέ τινες Ἀριστοτέλει, οἱ δὲ Ῥόδων (A, in den Editionen verbessert zu Ῥόδωνι) ἀνατιθέασι. Die meisten Editionen verbessern den letzteren Namen in Rhodon, der aber fast nicht bezeugt ist.¹⁰⁹ Daher verdient Berhardys 'Ῥοδίῳ den Vorzug. Das heißt, daß nach dem Lexikon die Zuweisung der Schrift zwischen dem Sokratiker Antisthenes, Aristoteles und An-

---

104 Siehe Giannattasio Andria 1989, 35–36; sie spricht nur von einer „impostazione peripatetico-teofrastea" bei der Behandlung Heraklits, Demokrits und vielleicht des Menedemos. Es gehört aber mindestens noch die Darstellung des Kynikers Diogenes hierher. Für Details siehe den jeweiligen Kommentar der Herausgeberin.
105 Vgl. Janda 1966, 362.
106 So z.B. bei Janda 1966, 356–364; Giannattasio Andria 1989, 29–36; Ferrary 1988, 257–260.
107 *Suda* α 2723, s.v. Ἀντισθένης (= SSR V A 23 = T 23 Prince): ὅστις Περιπατητικὸς ἐκλήθη πρῶτον, εἶτα ἐκύνισεν. Die Fortsetzung des Eintrags ist SSR V A 41 (am Ende) = T 41c Prince.
108 Siehe z.B. Döring 1998, 269–270.
109 [Vgl. Rives 2004, 49 mit Anm. 43.]

tisthenes aus Rhodos umstritten war und daß auch hier eine Angabe aus der Biographie des Rhodiers in diejenige des Sokratikers geraten ist.[110] Auch heute noch ist unklar, ob Aristoteles oder der Rhodier der Autor des *Magikos* war.[111] Wie dem auch sein, die Stelle legt in jedem Fall nahe, daß Peripatetiker und Rhodier identisch sind, da letzterer als Autor einer Schrift gelten konnte, die auch Aristoteles zugeschrieben wurde. Des weiteren zeigen die Fragmente des *Magikos* Interesse an philosophiegeschichtlichen Fragen.[112] Wenn man daher in der Antike den Rhodier für den Autor hielt, ist dies ein Argument dafür, daß er auch der Autor der philosophiegeschichtlichen *Diadochai* ist, die, wie oben dargelegt, peripatetischen Einfluß aufweisen.

Wir haben es hier also, wie es scheint, mit einem Peripatetiker Antisthenes zu tun, der der rhodischen Schule angehörte und im späten dritten und frühen zweiten Jh. v.Chr. lebte. Er war Autor eines historiographischen Werks und von Philosophenbiographien. Die Fragmente dieser Biographien zeigen in gewissem Umfang peripatetisches Gedankengut, etwa vergleichbar dem in den literarisch überlieferten Fragmenten des Satyros. Bleibt man bei der Vorstellung von 'Halbperipatetikern', muß man konsequenterweise auch Antisthenes als solchen erachten. Es spricht aber nichts dafür, daß Phlegons Bezeichnung des Mannes als Peripatetiker etwas anderes bezeichnet als seine philosophische Überzeugung.]

7.7 Sergius über Athenodoros

| [57] Der Peripatetiker Athenodoros wird in Sergius' (= Servius?; um 400 n.Chr.) *Donatkommentar* als Quelle Varros für die Akzentlehre genannt;[113] er schrieb wohl am Ende des 2. Jh.s v.Chr.[114] Ihn behandelt Wehrli in der Gruppe derjenigen, die keine persönliche Beziehung mehr zum Peripatos hatten und nur eine vom Peripatos bevorzugte Gattung pflegten, spricht aber bei der eigentlichen Besprechung des Mannes von dem „als Peripatetiker (...) gesicherten Musiktheoretiker Athenodoros".[115] In der Tat ist es ganz und gar willkürlich, ihm die Zugehörigkeit zu dieser Schule abzusprechen.[116] Die zwei sicher ihm gehörenden Fragmente weisen ihn als in der Tradition des Aristoxenos stehend aus. Auch gibt es keinen

---

110 Patzer 1970, 157–160; ebenso Döring 1998, 271; [Prince 2015, 164 zu T 41c].
111 [Siehe die sehr gute Diskussion von Rives 2004.]
112 [Siehe Rives 2004, v.a. 41–43.]
113 Serg. gramm. *De acc.* IV p. 530 Keil = Varro F 282 Funaioli.
114 Zu ihm siehe Pöhlmann 1966; Datierung dort auf S. 210.
115 Wehrli 1983, 585; [ebenso Wehrli – Wöhrle – (Zhmud) 2004, 626].
116 Auch Pöhlmann 1966 äußert keinen Zweifel an der Zugehörigkeit zum Peripatos.

Hinweis darauf, daß für Sergius Musiktheoretiker gleich Peripatetiker ist. Er bzw. seine Quelle Varro zeigt sich an der Stelle, an der er auf Athenodoros' Beschäftigung mit der Prosodie verweist, als wohlinformiert über die Autoren zu diesem Thema. Er erwähnt dort Glaukos von Samos und Hermokrates von Iasos, die er als Grammatiker bezeichnet, | [58] und Theophrast und Athenodoros, die er Peripatetiker nennt. Als er kurz zuvor[117] schon einmal auf Athenodoros als Autor über Fragen der Prosodie verweist, nennt er ihn im Verein mit Dionysios Thrax und Tyrannion aus Amisos, wobei er zu den beiden letztgenannten einige biographische Details anfügt. Nichts spricht dafür, daß die Bezeichnung Peripatetiker bei ihm etwas anderes als die philosophische Ausrichtung beschreibt, und folglich sollte Athenodoros als solcher angesehen werden. Aufgrund der Häufigkeit des Namens ist leider nicht mit Sicherheit auszumachen, ob der Musiktheoretiker mit einem Homonymen aus Rhodos (!) zu identifizieren ist, den Quintilian zusammen mit dem Peripatetiker Kritolaos als Gegner der Rhetorik nennt, und mit einem Verfasser von Περίπατοι, offenkundig biographischen Inhalts, aus denen Diogenes Laertios an vier Stellen referiert, ohne sich zur Herkunft ihres Autors zu äußern.[118]

7.8 Hieronymus über Hermippos

Der Biograph Hermippos von Smyrna (2. Hälfte 3./Anfang 2. Jh. v.Chr.) wird in der Einleitung von Hieronymus' im Jahre 393 entstandener Schrift *De viris illustribus* als Peripatetiker bezeichnet. Der Kirchenvater gibt dort eine Liste seiner Vorgänger im biographischen Genre: *Fecerunt quidem hoc idem apud Graecos Hermippus Peripateticus, Antigonus Carystius, Satyrus doctus vir et, longe omnium doctissimus, Aristoxenus musicus; apud Latinos autem Varro, Santra, Nepos, Hyginus et, ad cuius nos exemplum vis provocare, Tranquillus.*[119] Wäre die Bezeichnung als Peripatetiker nur in dieser sehr späten Quelle überliefert, könnte man

---

117 Serg. gramm. *De acc.* IV p. 529 Keil.
118 Quint. *Inst.* 2,17,15; Diog. Laert. 3,3; 5,36; 6,81; 9,42; die Debatte über die verschiedenen Identifizierungsversuche ist aufgearbeitet bei Pöhlmann 1966, 201–205, der „als Arbeitshypothese" von der Identität der drei genannten Athenodoroi ausgeht; Wehrli 1983, 585 (vgl. 589), bezeichnet die Identität des Musiktheoretikers mit dem Rhetorikkritiker als nicht nachweisbar, eine Identifizierung mit dem Biographen erachtet er als unwahrscheinlich; [ähnlich Wehrli – Wöhrle – (Zhmud) 2004, 626].
119 Hier. *Vir. ill. praef.* 2 = Hermipp. F 1 Wehrli = FGrHist 1026 T 1; Antig. F 1 Dorandi; Satyr. T 6 Schorn; Aristox. F 10b Wehrli; Santra T 6 Funaioli; Suet. F *1 Reifferscheid.

zu Recht skeptisch hinsichtlich der Richtigkeit der Angabe sein, zumal Hermippos' Epitheton bei Athenaios meist „der Kallimacheer" lautet.[120] Es herrscht aber seit Reifferscheids Suetonausgabe meines Erachtens zu Recht die allgemeine Annahme, daß Hieronymus von den genannten griechischen Autoren keinen gelesen hat, sondern die Namen dieser und der lateinischen Schriftsteller der *Praefatio* von Suetons Schrift *De viris illustribus* verdankt, die er auch für die Ergänzungen zu seiner Übersetzung von Eusebios' *Chronik* ausführlich exzerpiert hat.[121] Dieser Umstand verleiht der Bezeichnung mehr Gewicht, da man annehmen muß, daß der römische Biograph | [59] mit dem Werk seines Vorgängers vertraut gewesen ist und er ihm diesen Namen nicht von ungefähr beigelegt hat.[122] Hinzu kommt, daß Hermippos in einem Verzeichnis von Autoren, die über den Dichter Arat geschrieben haben und welches der *codex Vaticanus 191 fol. 209 med.* aus dem 14. Jh. erhalten hat, ebenfalls als Peripatetiker bezeichnet wird.[123] Dieses Zeugnis dürfte unabhängig von dem des Sueton-Hieronymus sein, doch ist die Herkunft der Liste leider unbekannt. Bollansée hat folgende Argumente gegen eine Mitgliedschaft des Hermippos im athenischen Peripatos vorgebracht:[124] Die Fragmente der Schriften über Aristoteles und über andere Peripatetiker wiesen eine Mischung aus günstigen, ungünstigen und sogar negativen Fakten auf. Der Biograph zeige daneben keine tiefergehende Vertrautheit mit den verschiedenen philosophischen Systemen, über deren Vertreter er schreibt. Allein die Pflege einer peripatetischen Literaturgattung beweise keine Zugehörigkeit, denn betrachtet man die Titel des Œuvres des Kallimachos,

> one cannot help being struck by the Peripatetic character thereof, so affinities with the works of established Peripatetics hardly prove anything about membership of either centre [d.h. Peripatos oder Museion; Anm. des Verf.] (Kallimachos is never called ὁ Περιπατητικός).[125]

Stephanie West hatte aus den unterschiedlichen Bezeichnungen für Hermippos einmal als Peripatetiker und ein andermal als Kallimacheer geschlossen, dieser

---

120 F 15b; 21; 48 Wehrli = FGrHist 1026 T 2 (= Ath. 2,58f; 5,213f; 15,696f).
121 Reifferscheid 1860, 367–368; er nimmt die Stelle als F *1 unter die Suetonfragmente auf; weitere Vertreter dieser Ansicht in Schorn 2004, 149 Anm. 2.
122 Vgl. etwa Macé 1900, 247.
123 F 96 Wehrli = FGrHist 1026 T 19b. Korrekt müßte von Autoren die Rede sein, die über das Firmament geschrieben haben, wie eine andere, sehr ähnliche Liste zeigt; zur Identität dieses Autors mit dem Biographen, die auf der Bezeichnung als Peripatetiker beruht, siehe Wehrli 1967–1978, Suppl. I 98–99; Bollansée 1999b, 17–18.
124 Bollansée 1999b, 9–14.
125 Bollansée 1999b, 12–13.

könne sowohl dem athenischen Peripatos als auch dem alexandrinischen Museion angehört haben, zumal Reisen zwischen beiden Städten kein Problem darstellten.[126] Diese Erklärung lehnt Bollansée ohne nähere Begründung ab. Er verweist außerdem darauf, daß die Bezeichnung Peripatetiker nur in späten Quellen erscheine und daß das Museion zwar die Arbeitsmethoden des Peripatos übernommen habe, aber deutlich un- bzw. antiperipatetische Züge zeige, weshalb sich Hermippos als dort tätiger Gelehrter kaum als Peripatetiker bezeichnet habe.

Gegen alle diese Argumente sind begründete Einwände möglich, und es existiert eine Reihe von Hinweisen, die für eine zumindest zeitweilige Zugehörigkeit zur Schule des Aristoteles sprechen, ob zu der in Athen oder zu einer 'Filiale' andernorts, muß freilich offenbleiben. Zunächst ist festzuhalten, daß der Sprachgebrauch bei Hieronymus (und auch bei Sueton) hier nicht weiterhilft, da er sonst nur | [60] allgemein von *Peripatetici* spricht. Was die wenig schmeichelhaften Angaben über Aristoteles und andere Peripatetiker angeht,[127] so ist meines Erachtens keine davon derart negativ, geschweige denn dezidiert antiperipatetisch, daß für Hermippos der Status eines Peripatetikers auszuschließen wäre. Wie Bollansée selbst mehrfach und zu Recht betont, war es oberstes Ziel dieses Biographen, eine gute und unterhaltsame Story zu erzählen, was die zahlreichen bizarren Geschichten in seinem Werk erklärt. Er wollte Aristoteles und die anderen Porträtierten nicht schmähen, er wollte unterhalten.[128] Bedenkt man die reiche antiaristotelische Überlieferung, die zur Zeit des Hermippos bereits vorlag,[129] kann man nicht gerade behaupten, er habe die schrillsten und herabsetzendsten Berichte über den Schulgründer herausgegriffen. Elogienhaft – dies muß man zugestehen – scheinen die Bücher über Aristoteles nicht gewesen zu sein, sondern unterhaltsam und in der allgemeinen Tendenz aristotelesfreundlich.[130] Ebenso verhält es sich im Hinblick auf die übrigen Peripatetiker. Manche unerfreulichen Erzählungen über Aristoteles (etwa seine Beziehung zu Herpyllis) gehörten zur

---

126 West 1974, 282.
127 Aristoteles und die Peripatetiker betreffen die Fragmente 44–58 Wehrli = FGrHist 1026 F 28–38. 73–75.
128 Bollansée 1999b, 55.
129 Siehe Düring 1957, 373–395 (Zeugnisse zum Teil aus der Zeit nach Hermippos).
130 Siehe die Einschätzungen der Vita durch Plezia 1951, 286: „(...) in universum ita narrationem suam instituit adornavitque (scil. Hermippus), ut Aristotelis pietas, merita, animi magnitudo magis elucerent"; Düring 1957, 464–465; Gigon 1958, 192: „Seine (scil. Hermippos') Tendenz war, soweit wir sehen, maßvoll enkomiastisch"; Chroust 1973, 3.

κοινὴ ἱστορία und konnten schwerlich umgangen werden.[131] Sueton, der das Werk des Hermippos wohl noch im Original kannte, scheint es jedenfalls nicht mit dem eines Peripatetikers für unvereinbar erachtet zu haben. Dies entkräftet zudem Bollansées Argument der späten Bezeugung der Bezeichnung, da nicht das Datum, sondern die Qualität einer Quelle entscheidend | [61] ist.[132] Das Beispiel des Kallimachos, auf das Bollansée verweist, ist in verschiedener Hinsicht instruktiv. Die Auffassung des großen Dichter-Gelehrten von Literatur zeigt in der Tat eine Reihe antiperipatetischer Tendenzen, die vor allem in den Resten der Schrift *Gegen Praxiphanes* deutlich werden.[133] Ist aber von einer Orthodoxie unter den Kallimachosschülern auszugehen? Meines Erachtens nicht. Spätestens nach dem Tod des Lehrers wäre sie ohnehin obsolet gewesen. Man denke außerdem an den wohl berühmtesten Schüler des Kallimachos, Apollonios Rhodios, der in einer Reihe grundsätzlicher Fragen der Literaturtheorie von seinem Lehrer abwich.[134] Das Œuvre des Kallimachos, das man, so Bollansée, allein den Titeln nach für das eines Peripatetikers erachten könnte, spricht eher gegen seine Interpretation: Wenn Kallimachos trotzdem nie als Peripatetiker bezeichnet wird – aus dem einfachen Grund, da er wohl keiner war[135] –, kann man ebenso folgern, daß ein Autor nicht allein wegen der von ihm betriebenen Studien als Peripatetiker bezeichnet wurde.

---

131 Man muß auch bedenken, daß durch die Quellenautoren gerade die besonders interessanten und somit die skandalträchtigen Geschichten herausgepickt worden sind. Wie genau Hermippos die etwas weniger schmeichelhaften Nachrichten präsentiert hat, entgeht uns in den meisten Fällen. Man denke an die Brechungen in der Überlieferung des ehelichen Mißgeschicks und des Todes des Euripides bei Satyros und im Exzerpt, das von diesem Text im *Genos* vorliegt (Satyr. F 6 fr. 39 col. X 23–XIII 22 Schorn ~ *Vit. anon. Eur.* T 1 IV 1–2 Kannicht; Satyr. F 6 fr. 39 col. XX 25–XXI Schorn ~ *Vit. anon. Eur.* T 1 II Kannicht). Auch bei Satyros liegt im übrigen der Fall vor, daß ein Autor wohl gegen seinen Willen nicht umhin konnte, etwas zu berichten, was nicht mit seinem sonstigen Bild der von ihm porträtierten Person im Einklang stand, da diese Geschichte zum festen Bestandteil einer Euripidesbiographie gehörte. Der elogienhafte Charakter der Euripidesvita des Satyros wird im Exzerpt nicht mehr deutlich; [ein Vergleich der beiden Traditionen über die Ehe des Euripides bei Schorn, in Schepens – Schorn 2010, 413–418 = unten, S. 281–288].
132 Auch Bollansée 1999b, 112 bezweifelt nicht, daß Hieronymus von Sueton abgeschrieben hat.
133 Dazu siehe Brink 1946, auf den sich auch Bollansée beruft; [vgl. Matelli 2012, 532 Anm. 46, die sich aber gegen „total enmity" zwischen Kallimachos und Praxiphanes ausspricht].
134 Zu Apollonios als Philologen siehe Pfeiffer 1978, 176–182; Auf S. 179 stellt er fest: „Die ehrwürdigen Mitglieder des Museums bildeten von Anfang an keine besonders friedliche Gemeinschaft."
135 Gegen die Annahme einer (im übrigen nicht bezeugten) förmlichen Mitgliedschaft des Kallimachos im athenischen Peripatos siehe Brink 1946, 12–16; Pfeiffer 1978, 123 Anm. 51.

Kommen wir zum peripatetischen Gedankengut im Werk des Biographen. Nicht nur in der Wahl des literarischen Genres, sondern ebenso in der spezifischen Themenwahl zeigt es sich, daß Hermippos in der Tradition des Peripatos steht. Dies wird bei seinem Interesse an frühen Gesetzgebern deutlich, das er mit Aristoteles und Theophrast teilt,[136] und an dem, das er für die Sieben Weisen hegt und das auch für Dikaiarchos bezeugt ist.[137] Dasselbe gilt für seine Forschung über die Pythagoreer, für die das Werk des Aristoteles *Über die Pythagoreer* wohl eine wichtige Quelle darstellte.[138] Peripatetische Quellen sind auch sonst häufig kenntlich, doch besagt dies allein wenig im Hinblick auf die Schulzugehörigkeit.[139] Allerdings läßt sich ein besonderes Interesse des Biographen am Peripatos als Institution erkennen. Er scheint der erste gewesen zu sein, der eine biographische Abhandlung über Aristoteles geschrieben hat, und gehört zu den frühesten Zeugen über andere prominente Peripatetiker.[140] Sein Werk enthielt eine Liste der Schüler Theophrasts, außerdem war er der Verfasser eines wichtigen Schriftenkatalogs des zweiten Scholarchen.[141] | [62] Ob er auch Schriftenverzeichnisse anderer Peripatetiker angelegt hat, ist nicht mit Sicherheit zu ermitteln, aber durchaus möglich. Zugegebenermaßen zeigen seine Fragmente weniger peripatetisches Gedankengut als die des Satyros. Dies dürfte aber daran liegen, daß dieses bei Satyros vor allem in der auf Papyrus erhaltenen Euripidesvita und nicht in den Zitaten und Referaten aus seinem Werk bei späteren Autoren deutlich wird. Ein vergleichbarer Originaltext fehlt aber für Hermippos. Alles in allem scheint nichts dagegen zu sprechen, daß Hermippos zu irgendeinem Zeitpunkt seines Lebens entweder in Athen oder anderswo am Unterricht des Peripatos teilgenommen und sich selbst als Peripatetiker bezeichnet hat. Ob sich diese Einstellung nach seiner Übersiedlung nach Alexandreia änderte, wissen wir nicht, ebensowenig, ob er nach diesem Zeitpunkt seine Verbindung zur peripatetischen Schule aufrechterhalten hat. Athenaios bezeichnet ihn möglicherweise deshalb als Kallimacheer und nicht als Peripatetiker, da Alexandreia den Ort seines späteren

---

136 Aristot. *Pol.* 2,9 p. 1269a29–1271b19 (spartanische Verfassung). 2,12 p. 1273b27–1274b28 (Liste von Gesetzgebern); Theophrast schrieb eine Schrift in drei Büchern *Gesetzgeber* (Diog. Laert. 5,45 = Thphr. F 589, Tit. 16 FHS&G); vgl. Bollansée 1999b, 23.
137 Dicaearch. F 30–32 Wehrli = FGrHist 1400 F 53–55; vgl. Bollansée 1999b, 29, der von einer Monographie des Dikaiarchos über die Sieben Weisen ausgeht; [Verhasselt zu FGrHist 1400 F 53 ist skeptisch und listet verschiedene Möglichkeiten auf].
138 Aristot. F 190–205 Rose; F 155– 179 Gigon; vgl. Bollansée 1999b, 51.
139 Eine praktische Zusammenstellung der Quellen bei Bollansée 1999b, 155.
140 Siehe Bollansée 1999b, 52–53.
141 F 54–55 Wehrli = FGrHist 1026 T 20; F 37 (= Theophr. *Metaph.* 12a3–b1; *HP* 7 *subscript. cod. Urb. gr.* 61; vgl. Moraux 1951, 212 Anm. 3.).

und vielleicht produktivsten Schaffens darstellte und er durch Kallimachos ebenfalls entscheidend geprägt wurde. Im übrigen scheint er für Athenaios schon durch den bloßen Namen (und meist den Titel des Werkes) eindeutig bestimmt zu sein, da er der einzige Prosaautor dieses Namens ist, aus dem er zitiert. Die zweimalige Bezeichnung als Kallimacheer[142] und die einmalige als Smyrnaier[143] stellen kaum mehr als *variationes* dar. Gegen eine zeitweilige Peripatetikerschaft spricht das Zeugnis des Athenaios nicht. So gibt es meines Erachtens gute Argumente, in Hermippos einen Peripatetiker zu sehen. Hat er den Namen wirklich erst von Späteren erhalten, könnte dies allenfalls von seiner Beschäftigung mit dem Peripatos und dem Werk der frühen Peripatetiker herrühren. Daher kann man nicht völlig ausschließen, daß Περιπατητικός gleich 'Aristoteles- bzw. Peripatosforscher' in anachronistischer Weise auf ihn übertragen wurde. Da seine Peripatosstudien aber nur einen kleinen Teil seines offensichtlich gewaltigen Werkes ausmachten, erscheint es mir plausibler, im Epitheton die Beschreibung seiner philosophischen Ausrichtung zu sehen.

7.9 Nonius Marcellus

Anders gelagert ist der Fall des Nonius Marcellus. In der *inscriptio* seines Werkes *De compendiosa doctrina* bezeichnet er sich[144] als *Peripateticus Thubursicensis*, d.h. als Peripatetiker aus Thubursicum Numidarum in der Provinz Africa proconsularis (heute Khamissa/Algerien). Sein Werk entstand zwischen dem 3. und dem Ende des 4. Jh.s n.Chr., wobei das Ende des 4. Jh.s den wahrscheinlichsten Zeitpunkt der Abfassung darstellt.[145] Es handelt sich um das Opus eines römischen Grammatikers, eine gewaltige Aneinanderreihung von Stichwörtern mit Erklärungen und Belegen aus römischen Autoren primär der voraugusteischen Zeit. Thematisch | [63] behandelt es unter anderem Fragen der Semantik, der Synonymik, des Genus von Substantiven und der Flexion, außerdem Realien wie Kleider, Farben und Getränke. Ein nennenswerter Einfluß peripatetischer Philosophie ist nicht zu erkennen.[146] Für Teresa Mantero, die sich intensiv mit der Frage nach der

---

142 Siehe oben Anm. 120.
143 Ath. 7,327b = FGrHist 1026 T 3.
144 Daß diese *inscriptio* auf ihn selbst zurückgeht und nicht aus späterer Zeit stammt, ist die allgemeine Annahme; vgl. von Strzelecki 1936, 883; Mantero 1975, 187.
145 Zur Datierung vgl. z.B. Mantero 1974, 142–143; [Deufert 2001 datiert um 400; zustimmend Bertini 2004, 5–7].
146 Dies hat Mantero 1975, 147–164 und *passim* gezeigt.

Berechtigung dieser Bezeichnung beschäftigt hat, steht Peripatetiker hier synonym für Grammatiker.[147] Ihre Argumentation weist allerdings einige Schwächen auf. Unter Berufung auf Sen. *Ep.* 88,42 erklärt sie, die Bezeichnung *philosophus* sei seit dem ersten nachchristlichen Jahrhundert im römischen Ambiente für Personen gebraucht worden, die sich auf dem Gebiet der Grammatik betätigten. Seneca beklagt sich allerdings an der genannten Stelle darüber, daß sich zu seiner Zeit die Philosophen mit Tätigkeiten beschäftigen, die ihnen eigentlich fremd seien und in den Arbeitsbereich des Grammatikers gehören: *syllabarum distinctiones et coniunctionum ac praepositionum proprietates*. Belege, daß Grammatiker als *Peripatetici* oder auch nur als *philosophi* bezeichnet wurden, nennt sie nicht. Nonius, so Mantero weiter, habe nur aufgrund seines methodischen Ansatzes, nicht aufgrund der philosophischen Ausrichtung den Anspruch erhoben, Peripatetiker zu heißen. Es ist in der Tat nicht auszuschließen, daß er sich wegen seines enzyklopädischen Anspruchs in der Tradition dieser Schule sah. Vielleicht besaß er aber wirklich philosophische Bildung, die in anderen Werken besser zum Ausdruck kam. Nonius selbst verweist nur auf ein weiteres, heute verlorenes Werk mit dem etwas enigmatischen Titel *Epistulae quae inscribuntur a doctrinis de peregrinando*,[148] was meist gedeutet wird als *Briefe über den Verfall der Wissenschaft* bzw. *Briefe über den Verfall der Beschäftigung mit der Philosophie*. Hier oder in anderen verlorenen Werken mag der Peripatetiker eher zum Vorschein gekommen sein,[149] doch gehört Nonius vielleicht zu den von Galen getadelten Personen, die sich eine derartige Bezeichnung lediglich aus Prestigegründen zugelegt haben (siehe oben).

7.10 Schlußfolgerungen

Bevor wir zu einer abschließenden Bewertung des bisher Festgestellten kommen, lohnt sich zunächst die Frage, warum sich Leo mit so viel Nachdruck dagegen gewandt hat, daß Satyros, Hermippos und Sotion dem athenischen Peripatos angehörten, obschon auch ihm die peripatetischen Züge in ihren Werken nicht verborgen geblieben sind. Der Grund hierfür liegt in Leos Konzeption der Entwicklung der hellenistischen Biographie. Einer seiner Grundgedanken war die Unter-

---

147 Mantero 1975, 164–178; so schon Brink 1946, 12 Anm. 1.
148 Non. III p. 723,11–12 Lindsay.
149 Angesichts unserer Unkenntnis des Inhalts der erwähnten Schrift sollte man nicht wie Mantero 1975, 164–169 ein Plädoyer gegen eine philosophische Thematik halten; [im Sinne eines philosophischen Bekenntnisses interpretiert Llorente Pinto 2009, 16 Anm. 2 die Bezeichnung Peripatetiker].

scheidung zwischen zwei Formen der Biographie dieser Zeit, einer 'peripatetischen' oder 'plutarchischen' und einer 'alexandrinischen', 'grammatischen' oder 'suetonischen'. Die erstere sei ab einem bestimmten Zeitpunkt verschwunden und habe sich zur zweiten Form entwickelt, wobei dieser Übergang mit den Namen der nach seiner Ansicht allesamt in Alexandreia tätigen Autoren Kallimachos, Hermippos, | [64] Satyros, Sotion und vor allem Herakleides Lembos in Verbindung zu bringen sei. Kallimachos habe den Übergang vermittelt, die alexandrinische Form sei wohl bei Sotion und noch wahrscheinlicher bei Herakleides Lembos zu finden gewesen, in dem Leo offensichtlich ihren Schöpfer sah. Die Unterschiede zwischen den beiden Formen waren für ihn formaler und stilistischer Art. Die peripatetische Biographie habe sich bei der Lebensbeschreibung einer freien Darstellung bedient. Die Alexandriner hätten die Forschungen der Peripatetiker weitergeführt, den Stoff durch didaskalische Studien ergänzt, ihn nach dem Wahrheitsgehalt kritisch gesichtet und klar und in wissenschaftlicher Form disponiert dargestellt. „Der hypomnematische, kunst- und schmucklose, nur der Sache dienende Stil ersetzt den rhetorischen, der bisher auf diesem Gebiete die Herrschaft hatte",[150] urteilt Leo. Daß diese Konzeption falsch ist, ist seit langem bewiesen und braucht hier nicht erneut *in extenso* dargelegt zu werden. Es mag genügen, auf die einschlägigen Arbeiten von Wolf Steidle und Graziano Arrighetti zu verweisen.[151] Leo selbst gibt zu, daß die Biographien des Satyros und des Hermippos der Form nach noch der von ihm als peripatetisch bezeichneten entsprachen. Daß die Werke des Herakleides gelehrt gewesen seien, wie er meinte, ist mit Sicherheit falsch, wie ein in der Zeit nach Leo veröffentlichter Papyrus gezeigt hat.[152] Den von ihm angenommenen Übergang der einen Form in die andere hat es demnach so nicht gegeben. Daß Leo Hermippos und Satyros den Status eines Peripatetikers absprach, lag wohl allein daran, daß er ihr Wirken in Alexandreia ansiedelte (was bezüglich Satyros eine reine Vermutung ist), er ihre Werke in irgendeiner Weise als Übergang zur alexandrinischen Biographie ansah

---

150 Leo 1901, 134. Am deutlichsten charakterisiert Leo die beiden Formen auf den Seiten 132–135.
151 Steidle 1963, 166–175 und *passim*; Arrighetti 1964, 5–25; vgl. auch Momigliano 1993, 86–88; 112–113.
152 Leo war davon ausgegangen, daß Herakleides in seinen Epitomai die Werke des Satyros, des Sotion und anderer zu *einem* Werk vereinigt habe, die Angaben geordnet und für den wissenschaftlichen Gebrauch zur Verfügung gestellt habe (Leo 1901, 135). Diese Annahme wurde durch die Publikation von Herakleides' Epitome von Hermippos' Schriften *Über Gesetzgeber*, *Über die Sieben Weisen* und *Über Pythagoras* widerlegt (P. Oxy. XI 1367 = F 82 Wehrli = FGrHist 1026 F 3). Zu Herakleides' Werk siehe Gallo 1975, 13–33; [Schorn, in Schepens – Schorn 2010, 418–428 = unten, S. 288–299].

und er dies nicht als vereinbar mit einer Zugehörigkeit zum Peripatos erachtete. Daher mußte er eine derartige übertragene Verwendung der Bezeichnung Peripatetiker postulieren. Da sich aber die entscheidenden Punkte von Leos Konzeption als unrichtig erwiesen haben, gibt es keinen Grund mehr, an seiner ohnehin widersprüchlichen Annahme von 'Halbperipatetikern' festzuhalten.

Was die Anwesenheit von Peripatetikern in Alexandreia anbelangt, braucht diese im übrigen nicht zu verwundern. Schon Theophrast soll von Ptolemaios I. vergeblich | [65] nach Ägypten eingeladen worden sein.[153] Straton war zeitweise als Lehrer des späteren Ptolemaios' II. in Alexandreia tätig,[154] und Demetrios von Phaleron fand dort Asyl und war Berater Ptolemaios' I.[155] Die einzigen alexandrinischen Vertreter der Schule in der Folgezeit sind dann die als 'Halbperipatetiker' 'eliminierten' Hermippos und Agatharchides (und vielleicht Aristobulos), bis dann im 1. Jh. v.Chr. der zeitweilige Aufenthalt einiger prominenter Peripatetiker in der Stadt bezeugt ist (Xenarchos; Ariston von Alexandreia). Ob der berühmte Arzt und Theophrastschüler Erasistratos von Keos auch in Alexandreia gewirkt hat, ist umstritten, [aber doch sehr wahrscheinlich].[156]

Bekanntlich war Alexandreia in hellenistischer Zeit niemals ein bedeutendes Zentrum der Philosophie. Philosophen des dritten und zweiten Jahrhunderts, deren Aufenthalt in der Mittelmeermetropole bezeugt ist, gehören keinesfalls zur ersten Garde ihres Berufsstandes. Bezeichnend ist, daß unter ihnen Eratosthenes die herausragendste Persönlichkeit darstellt, der als Wissenschaftler zwar Grosses geleistet hat, als eigenständiger Philosoph aber recht wenig Format aufweist.[157] So braucht es nicht zu verwundern, wenn Männer wie Agatharchides und Hermippos (und vielleicht Aristobulos) nicht zu den profiliertesten Peripatetikern gehörten, zumal sie in einer Periode schrieben, die eine Schwächephase

---

153 Die Einladung ist bezeugt bei Diog. Laert. 5,37 = Thphr. F 1,57 FHS&G; zu den Beziehungen Ptolemaios' I. zu den frühen Peripatetikern siehe Huß 2001, 230–232; 235–236; 253. Capelle 1956 folgert aus mehreren Stellen in Theophrasts botanischen Schriften, daß dieser sich in Ägypten aufgehalten haben muß. Ihm folgt Huß 2001, 231. In der Tat beweisen die angeführten Zeugnisse eine Autopsie des Beschriebenen. Es ist aber zu bedenken, daß Theophrast eine Reihe von Mitarbeitern zur Erkundung der Flora im Mittelmeergebiet umhergeschickt hat, so daß die Angaben auch von einem dieser Männer stammen können; siehe die Einwände gegen Capelle von Amigues 1988, XII–XIV.
154 Strat. F 1–2 Wehrli = 1 Sharples (= Diog. Laert. 5,58; *Suda* σ 1185, s.v. Στράτων).
155 Dem. Phal. F 61 Wehrli = 35 SOD (= Plu. *De exil.* 7 p. 601f).
156 *Contra*: Fraser 1969; *pro*: Lloyd 1975; Garofalo 1988, 21; Huß 2001, 235; [Squillace 2013, 161–166 (Literatur zur Frage: 161–162 Anm. 19)]. Aber auch die Historizität des Lehrer-Schüler-Verhältnisses wurde bezweifelt; vgl. Scarborough 1985.
157 Zur alexandrinischen Philosophie siehe Fraser 1972, I 480–494; II 693–716. Zu Eratosthenes siehe die umfassende Studie von Geus 2002.

dieser Schule darstellte, was im folgenden noch näher ausgeführt werden wird. Selbst wenn es sich also herausstellen sollte, daß auch Satyros, Antisthenes und Athenodoros eine Zeitlang in Alexandreia tätig gewesen sind, so besteht doch kein Grund, zu Leos 'Halbperipatetiker'-Theorie zurückzukehren. Dies würde das Bild von Alexandreias marginaler Rolle als Aufenthaltsort von Philosophen nur noch unterstreichen. | [66]

Ein Argument, das stets gegen die Zugehörigkeit der 'Halbperipatetiker' zum Peripatos vorgebracht wird, ist das Fehlen peripatetischen Gedankenguts in ihren Werken. Daß dieses sehr wohl vorhanden ist, wurde oben dargelegt. Würde man aber nicht eine deutlichere Präsenz erwarten? Ich meine, nicht notwendigerweise. Im Peripatos gehörte wissenschaftliche Forschung auf höchstem Niveau wie zur Zeit von Aristoteles und Theophrast längst der Vergangenheit an.[158] Gerade das Scholarchat Lykons (ca. 270–226) leitete den wissenschaftlichen Niedergang der Schule ein.[159] Schriftentitel sind von ihm nicht mehr überliefert, sein Hauptinteresse scheint nach Ausweis der Fragmente dem ethisch-pädagogischen Bereich gegolten zu haben. Besonders hervorzuheben ist ein längeres Fragment mit der Beschreibung eines Trunksüchtigen, das Parallelen zu einem Fragment aus Satyros' Schrift *Über Charaktere* aufweist.[160] Größeren philosophischen Tiefgang als die Fragmente des Satyros weisen die des Scholarchen keineswegs auf, und Cicero charakterisiert ihn wohl zu Recht als *oratione locuples, rebus ipsis ieiunior*.[161] Ähnlich lautet Ciceros Urteil über die Schriften des kurz vor 250 geborenen Ariston von Keos:

> *Concinnus deinde et elegans huius (scil. Lyconis posterus), Aristo, sed ea, quae desiderantur a magno philosopho, gravitas, in eo non fuit; scripta sane et multa et polita, sed nescio quo pacto auctoritatem oratio non habet.*[162]

---

158 Zum Niedergang des Peripatos siehe z.B. Lynch 1972, 135–144; [Wehrli –Wöhrle – (Zhmud) 2004, 498. Ich habe den Text oben unverändert gelassen; in der Nachfolge von Baltussen 2016 u.a. würde ich heute eher von einem Wechsel in den Schwerpunkten und Interessen sprechen und von einer Hinwendung zur populären Ethik. Man kann, muß dies aber nicht als Niedergang im intellektuellen Tiefgang sehen; vgl. Anm. 173. Daß aber der Peripatos im Vergleich zu anderen Philosophenschulen nur noch wenig Bedeutung hatte, steht außer Zweifel. Gegen die These vom Niedergang auch Lefevre 2016, der hinsichtlich der hier interessierenden Peripatetiker von einer unberechtigten Übertragung des Namens ausgeht.]
159 Dazu siehe Wehrli 1983, 576–578.
160 Lyc. F 26 Wehrli = 12 Stork (= Rut. Lup. 2,7); Satyr. F 27 Schorn (= Ath. 4,168b–c).
161 Cic. *Fin.* 5,13 (= Lyc. F 17 Wehrli = 11 Stork).
162 Cic. *Fin.* 5, 13 (= Arist. F 10 Wehrli = 9 SFOD).

Ein Scholarchat dieses Mannes ist nicht sicher bewiesen, doch war er einer der herausragenden Peripatetiker seiner Zeit.[163] Die Fragmente seiner Werke zeigen vor allem ein Interesse an ethischen Fragen. Bezeugt ist daneben Biographisches, Paradoxographisches und Erotisches. Auch das Wirken des Kritolaos, das in das 2. Jh. v.Chr. fällt (Teilnahme an der Philosophengesandtschaft von 156/5), bedeutet noch keine völlige Rückkehr zum alten wissenschaftlichen Peripatos. Diese setzte erst im ersten vorchristlichen Jahrhundert nach der Editionsarbeit des Andronikos ein. Die Zeit, in die die sogenannten 'Halbperipatetiker' gehören, stellte demnach eine Periode der wissenschaftlichen Krise des Peripatos dar, in der selbst dessen exponierte Vertreter ihre Außenwirkung fast ausschließlich durch populäre Schriften ethischen Charakters entfalteten. Insofern darf man geringen philosophischen Tiefgang nicht als Hinderungsgrund für eine Zugehörigkeit zu dieser Schule ansehen. Das wissenschaftliche Niveau dürfte auch in den 'Filialen' auf Rhodos und anderswo ähnlich wie in Athen gewesen sein.

Zu viel genuin peripatetisches Gedankengut sollte man darüber hinaus in biographischen, geographischen und musiktheoretischen Schriften ohnehin nicht erwarten, da es sich nicht um philosophische Schriften im eigentlichen Sinne handelt. Ein instruktives Beispiel stellt hier der Peripatetiker Chamaileon von Herakleia dar, | [67] der wohl in die zweite Hälfte des 4. Jhs. v.Chr. gehört. Bei seiner Beurteilung zeigt es sich, daß Leo und seine Nachfolger mit zweierlei Maß gemessen haben. Er wird allein von Tatian (2. Jh. n.Chr.) als Peripatetiker bezeichnet,[164] seine Zugehörigkeit zum Peripatos ist somit keineswegs besser bezeugt als die der 'Halbperipatetiker'. Zudem sind als seine Schriften außer einem Werk *Über Götter* nur populäre Schriften ethischen Inhalts und vor allem biographische und literaturwissenschaftliche Studien in Fragmenten erhalten. In seinen Werken zeigt sich zwar häufig peripatetischer Einfluß, doch fehlt ihnen ein eigentlicher philosophischer Gehalt. Hätte er um die Wende vom dritten zum zweiten Jh. v.Chr. geschrieben, wäre es ihm wohl ebenso ergangen wie Hermippos, Satyros und den anderen. So schließt man lediglich eine direkte Schülerschaft zu Aristoteles aus[165] – auch dies scheint mir nicht sonderlich konsequent

---

163 Zu ihm siehe Wehrli 1983, 579–582.
164 Tat. *Ad Graec.* 31,3 (= Chamael. F 14 Wehrli = 15 Matelli).
165 Wehrli 1967–1978, IX 69; [dagegen zu Recht Fortenbaugh 2012, 359–360 und *passim*: „That judgement seems to me hasty, albeit understandable. (...) Nevertheless, the surviving fragments do not rule out a proper training in the Peripatos. Indeed, I think that the fragments of *On Pleasure* and *On Drunkenness* support the idea that Chamaeleon was very much a contemporary and fellow student of Theophrastus" (359)].

zu sein. Hier soll keineswegs die Zugehörigkeit Chamaileons zum Peripatos bestritten werden, da das Zeugnis Tatians als durchaus glaubwürdig erscheint.[166] Bei Athenaios, der Chamaileon häufig zitiert, fehlt diese Bezeichnung vielleicht nur deshalb, weil er anscheinend der einzige Träger dieses Namens war, der literarisch tätig gewesen ist, und so die bloße Berufung auf Chamaileon (mit Titel oder auch nicht) genügte, die durch die gelegentliche Nennung der Herkunft variiert wurde. Es soll hier vielmehr deutlich gemacht werden, daß man bei biographischen oder – allgemein gesprochen – nicht im engeren Sinne philosophischen Schriften von Peripatetikern nicht auf Schritt und Tritt aristotelisches Gedankengut erwarten sollte, noch weniger dann, wenn diese nur in Fragmenten erhalten sind. Es sei an dieser Stelle an die *Athenaion Politeia* erinnert, die immer wieder Aristoteles abgesprochen wird, wobei regelmäßig der geringe philosophische Gehalt und das Fehlen philosophischer Termini als Argumente angeführt werden.[167] Erstaunlicherweise erachtet man sie dennoch als das Werk eines Peripatetikers aus dem Umkreis des Schulgründers. Zu oft wird vergessen, daß es sich um eine historische, nicht um eine philosophische Schrift handelt. Oder, um bei biographisch-literaturgeschichtlichen und nur fragmentarisch erhaltenen Schriften zu bleiben: Nur die wenigsten Fragmente von Aristoteles' Dialog *Über Dichter* könnte man als philosophisch bezeichnen. In den meisten geht es um Stilfragen, Biographisches, | [68] Heuremata, Klatschgeschichten und Ähnliches – alles Themen, die auch bei den oben besprochenen Biographen im Vordergrund stehen.[168]

Auch die Annahme, die Pflege einer bestimmten Literaturgattung könne Spätere veranlaßt haben, in einem Autor einen Peripatetiker zu sehen, erscheint mir als verfehlt. Wenn es überhaupt Genres gab, die so typisch für Peripatetiker waren, daß man einen Autor deshalb für ein Mitglied dieser Schule erachten konnte, dann gehörten geographische, historische und musiktheoretische Schriften jedenfalls nicht dazu. Was die besprochenen Autoren anbelangt, könnte man allenfalls von den Biographen behaupten, sie hätten eine Gattung gepflegt, die auch im Peripatos von besonderer Bedeutung gewesen ist. Jedoch hat Momigliano in seinen *Second Thoughts on Greek Biography* zu Recht darauf hingewiesen,

---

166 Der Apologet gibt an der entsprechenden Stelle einen Abriß der Geschichte der Homerphilologie, der von Kenntnis zeugt. Jedenfalls gibt es keinen Hinweis darauf, daß er Chamaileon (und Metakleides, in Bezug auf den man ähnlich argumentieren könnte wie hinsichtlich Chamaileon) aufgrund einer bestimmten literarischen Tätigkeit als Peripatetiker bezeichnet; vgl. zum Wert der Liste Puech 1903, 83–84.
167 Vgl. die Ausführungen gegen eine derartige Argumentation bei Chambers 1990, 77–82.
168 Aristot. F 70–77 Rose; F 14–22 Gigon; die Fragmente sind neu herausgegeben und kommentiert worden von Laurenti 1987, I 211–300.

daß die hellenistische Biographie nicht so peripatetisch geprägt war, wie allgemein angenommen wird.[169] Wenngleich seine Ausführungen in einigen Punkten wohl nicht zu halten sind, hat er doch zu Recht betont, daß Biographien im eigentlichen Sinn im hellenistischen Peripatos nur für Aristoxenos und Ariston von Keos bezeugt sind (schließt man Hermippos und Satyros aus). Werke anderer Peripatetiker Περὶ τοῦ δεῖνα waren zwar auch, aber nicht unbedingt ausschließlich biographisch ausgerichtet.[170] Dies war aber bei den Werken des Satyros und wohl bei vielen des Hermippos der Fall.[171] [Man muß sich nur die biographisch tätigen Autoren der hellenistischen Zeit vor Augen halten, um zu sehen, wie viele Nicht-Peripatetiker unter den prominenten Autoren biographischer Werke zu finden sind: Neanthes von Kyzikos, Antigonos von Karystos, Idomeneus von Lampsakos, Demetrios von Magnesia, Diokles von Magnesia und die meisten Autoren von Philosophen-Diadochai. Es scheint mir daher unwahrscheinlich zu sein, daß ein antiker Leser einen Biographen spontan mit dem Peripatos assoziierte.]

Nun könnte jemand einwenden, das bei den als 'Halbperipatetikern' klassifizierten Autoren bisweilen sichtbar werdende peripatetische Gedankengut habe ihnen in späterer Zeit den Titel eines Peripatetikers eingebracht. In diesem Fall degradiert man allerdings die antike Überlieferung endgültig zu einer beliebigen Verfügungsmasse. Denn wird eine Schulzugehörigkeit verworfen, wenn keine spezifischen Philosopheme in den Werken gesehen werden (wie zumeist bisher) und ebenso wenn diese in mehr oder minder großem Umfang kenntlich sind (was nun kaum mehr zu leugnen ist), ist zu fragen, welche Kriterien ein Autor eigentlich erfüllen muß, damit die für ihn überlieferte Schulzugehörigkeit anerkannt wird. Daß diese erst ab dem 1. Jh. v.Chr. oder später bezeugt ist, ist ebenso nicht entscheidend, wenn das Zeugnis des Quellenautors als zuverlässig gelten kann. Zu bedenken ist außerdem, daß für die inkriminierten Autoren bisweilen kaum frühere Zeugnisse vorliegen. | [69]

Auf einen letzten von Bollansée angesprochenen Punkt soll hier noch eingegangen werden.[172] Er weist, wie oben erwähnt, darauf hin, daß der Begriff Peripatetiker erst seit dem 1. Jh. v.Chr. für alexandrinische Wissenschaftler verwendet worden sei, die dieser Schule nicht angehörten, und fügt hinzu:

---

169 Momigliano 1993, 105–121 (zuerst 1971).
170 [Zu diesen Werken siehe Schorn 2007/2010 = Kap. 3 in diesem Band.]
171 Seine Werke trugen zwar Titel vom Typ Περὶ τοῦ δεῖνα, doch spricht Bollansée 1999b, sicherlich zu Recht stets von „biographies".
172 Bollansée 1999b, 13–14.

by chance (or not?) this coincides with the great wave of renewed interest in the Aristotelian (and Theophrastean) corpus of writings which followed the important edition by Andronikos of Rhodes (...) possibly, this new usage only came about in the time when the real purport of Aristotle's works stuck home again and people indiscriminately started to call writers of similar works 'Peripatetics', regardless of whether or not they ever were actual members of the Athenian school.

Dies leuchtet mir nicht ein. Denn die Schriften der 'Halbperipatetiker' glichen den exoterischen Schriften der 'richtigen' Peripatetiker, die während der gesamten Zeit des Hellenismus populär waren. Nun, als die esoterischen Schriften allgemein zugänglich waren, ins Zentrum der Betrachtung rückten und die exoterischen verdrängten, dürfte man Autoren von Werken mit nur geringem philosophischen Gehalt, die den esoterischen Schriften eines Aristoteles in jeder Hinsicht unähnlich waren, gerade nicht als Peripatetiker bezeichnet haben.

Zusammenfassend läßt sich feststellen:

Ein Aufenthalt in Alexandreia in Verbindung mit der Pflege einer 'peripatetischen Literaturgattung' als Grund für eine spätere, unberechtigte Bezeichnung als Peripatetiker ist nicht nachweisbar. In mehr oder minder großem Umfang findet sich bei den Autoren des 3./2. Jh.s v.Chr., denen man die Bezeichnung Peripatetiker hat streitig machen wollen, peripatetisches Gedankengut. Sie zeigen peripatetische Bildung und haben wohl eine entsprechende Ausbildung genossen, ob in Athen oder anderswo, muß offenbleiben. Diese Autoren dürften sich – zumindest zeitweise – als Peripatetiker bezeichnet haben, mit Ausnahme vielleicht des Aristobulos. Der zumeist geringe philosophische Gehalt ihrer Werke erklärt sich aus der Entstehungszeit, dem fragmentarischen Erhaltungszustand und vor allem daraus, daß es sich nicht um philosophische Schriften im eigentlichen Sinne handelte. Sollte einem von ihnen fälschlicherweise diese Bezeichnung zugelegt worden sein, ist dies nicht auf die Pflege einer peripatetischen Literaturgattung zurückzuführen, sondern eher auf seine Beschäftigung mit dem Peripatos. Allerdings gibt es für diese Annahme bei keinem der hier diskutierten Autoren zwingende Gründe.[173]

---

173 [Die Frage, was angesichts des Fehlens einer doktrinären Einheit im Peripatos einen Peripatetiker ausmacht, diskutiert ausführlich Baltussen 2016, v.a. 15–17; 106–163. Die Verlagerung der Interessensschwerpunkte unter den Peripatetikern von „physics, ethics, and metaphysics" hin zu „literature, rhetoric, and biography, though ethics remains on the agenda" (122–123), wie sie Baltussen nachzeichnet, bestätigt mich darin, in den oben besprochenen Autoren Personen zu sehen, die sich selbst in der Nachfolge des Aristoteles sahen – ob zu Recht oder zu Unrecht, ist weniger relevant – und sich als Peripatetiker bezeichneten.]

8 Epitomai und hellenistische Biographie

8.1 Einleitung

Unter den historiographischen Schriften des Hellenismus ist die Überlieferungslage für die Biographien besonders schlecht, da an Originaltexten kaum etwas erhalten ist.[1] Eine Ausnahme stellt die Euripidesbiographie des Satyros dar. Diese Schrift ist uns durch einen umfangreichen Papyrusfund (P. Oxy. IX 1176) bekannt geworden, den das Kolophon als Teil des sechsten Buchs von Satyros' Βίων ἀναγραφή identifiziert (Ende 3., Anfang 2. Jh. v.Chr.), das ursprünglich die Biographien des Aischylos, Sophokles und Euripides umfaßte. Erhalten ist lediglich der letzte Teil der Euripidesbiographie, 30 beinahe fortlaufende Kolumnen, von denen die obere Kolumnenhälfte teils mehr, teils weniger gut erhalten ist.[2] Daneben besitzen wir lediglich dürftige Papyrusreste von Herakleides Lembos' Epitome von Hermippos' *Über Gesetzgeber* in P. Oxy. XI 1367 = FGrHist 1026 T 5 und F 3 (1. Hälfte 2. Jh. v.Chr.). Neben dem sehr fragmentarischen Text zweier Kolumnen ist dort ebenso das Kolophon erhalten, nach dem in dieser Rolle noch zusätzlich Epitomai von Hermippos' *Über die Sieben Weisen* und *Über Pythagoras* zu finden waren, wovon allerdings keine Papyrusreste gefunden wurden. Außer diesen Texten ist noch eine Inschrift von der Insel Paros zu nennen, in der ein gewisser Mnesiepes eine Biographie des Archilochos hat verewigen lassen (3. Jh. v. Chr.).[3] Diese steht im Zusammenhang mit der Einrichtung eines Kultes zu Ehren des Dichters. | [411]

Ansonsten beruht unsere Kenntnis der hellenistischen Biographie auf 'Fragmenten' in der Form von Verweisen bei späteren Autoren, vor allem bei Diogenes Laertios, Athenaios, Plutarch, Clemens von Alexandreia und anderen. Wie problematisch es ist, auf einer solchen Grundlage verlorene Autoren mit Hilfe von

---

1 Zur Frage, ob die antike Biographie als Form der Historiographie anzusehen ist oder als antiquarische Literatur, siehe Schepens 2007.
2 Der Text wurde seit Arthur Hunts *editio princeps* aus dem Jahr 1912 wiederholt herausgegeben; die Zitate im folgenden beziehen sich auf die Ausgabe von Schorn 2004, in der der Papyrus als F 6 zu finden ist. Von der Sophoklesbiographie des Satyros hat das spätantike Γένος καὶ βίος Σοφοκλέους einige Referate erhalten (F 3–5 Schorn), von der Aischylosvita haben sich keine Spuren erhalten.
3 Die Inschrift wurde zuerst im Jahr 1954 veröffentlicht; neue Ausgaben in Chaniotis 1988, 23–32 und Clay 2004, 104–110; [Ornaghi 2009, 38–49; vgl. Schorn 2014a, 711–714 mit Bibliographie].

Fragmentsammlungen zu rekonstruieren, ist in den vergangenen Jahren mehrfach unterstrichen worden.[4] Brunt etwa betont zu Recht, daß wörtliche Zitate höchst selten sind und Fragmentsammlungen „abound in mere allusions, paraphrases, and condensations, which are often very inadequate mirrors of what the lost historians actually wrote"[5]. Und selbst bei wörtlichen Zitaten handelt es sich um dekontextualisierte Stücke, die in einen neuen Argumentationsstrang eingefügt worden sind, der mit dem ursprünglichen nichts zu tun zu haben braucht. Je nach Intention des zitierenden Autors kann so der Authentizitätsgrad des 'Fragments' variieren. Vor allem wenn ein Autor zitiert wird, um ihn zu widerlegen, ist mit Verzerrungen und Manipulationen zu rechnen. Dies ist bei den zitierenden Autoren nicht selten der Fall angesichts der Tendenz, vor allem dann auf frühere Autoritäten zu verweisen, wenn man diesen einen Fehler meint nachweisen zu können. Es kommt hinzu, daß antike Schriftsteller für gewöhnlich ihre Hauptquelle verschweigen, wenn diese mit der allgemeinen Überlieferung in Übereinstimmung ist, und nur für Strittiges, Nebensächliches, Anekdoten und außergewöhnliche Angaben Quellenangaben bieten. Dies alles macht es sehr wahrscheinlich, daß die Interpretation eines verlorenen Autors, die sich ausschließlich auf die Fragmente der literarischen Tradition stützt, sehr wahrscheinlich ein verzerrtes Bild von ihm ergeben wird, da diese oft eher ein Spiegelbild der Interessen und Qualitäten der Quellenautoren als des zitierten Autors darstellen.

Daß auf dem Weg der biographischen Überlieferung vom Originaltext bis hin zu den Historikern, Philosophen oder Buntschriftstellern in späterer Zeit, welche die Fragmente überliefern, auch Epitomai, Florilegien und Handbücher eine große Rolle gespielt haben, steht außer Frage. Niemand wird annehmen, daß Diogenes Laertios die Hunderten von Autoren gelesen hat, die er für biographische und (seltener) doxographische Angaben zitiert. Welche Autoren er direkt bzw. indirekt benutzte und welche Handbücher er zu dem Sammelsurium kompiliere, das unter dem Titel *Leben und Meinungen der berühmten Philosophen und Lehren einer jeden Schule* überliefert ist, gehört seit dem 19. Jahrhundert zum Hauptproblem der Diogenesforschung und ist von einer Lösung noch weit entfernt.[6] Ähnlich wenig Sicherheit herrscht hinsichtlich der Quellen und | [412] Arbeitsweise

---

4 Zum Folgenden siehe die wesentlich ausführlicheren Darlegungen von Brunt 1980; Lenfant 1999; Schepens 2000; vgl. auch die Aufsätze in Most 1997 und in Burkert – Gemelli Marciano – Matelli – Orelli 1998.
5 Brunt 1980, 477.
6 Die letzte umfassende Untersuchung zum Quellengebrauch des Diogenes Laertios wird Mejer 1978 verdankt; die Geschichte der Interpretation analysiert Desbordes 1990; [siehe auch Kap. 10 in diesem Band].

des Athenaios, der im Überlieferungsprozeß der hellenistischen Biographie nicht weniger wichtig ist als Diogenes und der neben Angaben über das Leben von Philosophen vor allem auch solche über Dichter und Redner erhalten hat.[7]

Was im Folgenden versucht werden soll, ist keine systematische Behandlung der Rolle, die Epitomai, Exzerpte und Handbücher für die Überlieferung der hellenistischen Biographie gespielt haben. Eine solche ist, wenn überhaupt, erst dann möglich, wenn die gesamte Überlieferung der hellenistischen Biographie vollständig gesammelt und interpretativ erschlossen ist. Vielmehr sollen einige Aspekte des Prozesses der Epitomierung, Zitierung und Tradierung von hellenistischer Biographie vorgestellt werden, um auf diese Weise bewußt zu machen, wie lückenhaft und wohl auch verzerrt das heute vorherrschende Bild von dieser historiographischen Gattung ist. [Die Ausführungen beruhen zum Teil auf der Einleitung meiner Ausgabe des Satyros, führen diese aber weiter und modifizieren sie zum Teil.[8]]

8.2 Satyros' Euripidesvita und das Γένος καὶ βίος Εὐριπίδου

Einen der wenigen Fälle, in denen man Original und spätere Bearbeitung vergleichen kann, stellen diejenigen Kapitel der Euripidesvita des Satyros dar, die auch im spätantiken Γένος καὶ βίος Εὐριπίδου in exzerpierter Form erhalten sind. In letzterem Text wird Satyros zwar nicht explizit als Quelle genannt, doch zeigen die wörtlichen und strukturellen Übereinstimmungen, daß hier zwei Passagen aus dessen Werk übernommen worden sind.[9] Um die Arbeitsweise des Exzerptors besser bewerten zu können, ist es zunächst notwendig, einige allgemeine Erläuterungen zu den Kennzeichen der Euripidesvita des Satyros vorauszuschicken, um anschließend zu überprüfen, inwiefern diese auch noch im Exzerpt zu finden sind.

Die wohl größte Überraschung bei der Veröffentlichung der Euripidesvita war, daß die Biographie in der Form eines Dialogs gehalten ist. Es unterhält sich ein uns namentlich nicht mehr kenntlicher Hauptunterredner (A), sehr wahrscheinlich ein Mann, mit einer Frau namens Eukleia und mit Diodor[-] (die

---

7 Hierzu siehe Zecchini 1989; zu den Zitaten aus der historiographischen Literatur bei Athenaios siehe die Aufsätze in Lenfant 2007.
8 [Es wurde darauf verzichtet, überall pedantisch darauf hinzuweisen, wo bestimmte Informationen v.a. in Absatz 2 bereits in der Dissertation zu finden sind. Besonders wichtig sind Schorn 2004, 18–21; 27–31; 46–49; 290–293; 302–305; 334–339.]
9 Zum Nachweis der Abhängigkeit siehe Frey 1920, 20; Schorn 2004, 290–291.

Schlußsilbe ist nicht erhalten), wahrscheinlich einer Diodora.[10] Dabei handelt es sich nicht um ein Gespräch unter gleichrangigen Partnern, sondern eher um einen Lehrvortrag von A, der durch die beiden Nebensprecherinnen nur bisweilen unterbrochen wird.[11] Lefkowitz hat als erste die Funktion der Dialogform erkannt:[12] Satyros legt die | [18] Ausführungen Dialogfiguren in den Mund, um sich so nicht selbst für die Richtigkeit der Aussagen verbürgen zu müssen. Und dies hat seinen guten Grund. Als Satyros gegen | [413] Ende des 3. Jh.s. v.Chr. über Euripides schrieb, existierten bereits so gut wie keine authentischen Nachrichten mehr über dessen Leben. Das meiste, was in der Vita daher über das Leben des Dichters berichtet wird, geht auf die Tragödien des Dichters zurück, die als autobiographische Bekenntnisse ausgedeutet werden. So wird anhand vieler Zitate das Verhältnis des Dichters zur Philosophie des Anaxagoras und des Sokrates diskutiert, zu Reichtum, zur Jugend seiner Zeit und zu den Demagogen. Eine weitere Quelle für das Leben des Dichters stellt im Dialog die Alte Komödie dar, und hier v.a. Aristophanes.

Satyros ist es nicht entgangen, auf welch dünnem Eis er sich angesichts einer solchen Quellenlage bewegte. Und so distanziert er sich vom Berichteten nicht allein dadurch, daß er die Ausführungen anderen in den Mund legt. Selbst sein Hauptsprecher trägt die 'historischen Informationen', soweit dies der fragmentarische Zustand des Papyrus noch erkennen läßt, mit deutlicher Zurückhaltung vor und gebraucht gerne Wendungen wie ὡς ἔοικεν oder ὡς μνημονεύουσιν, so daß nicht einmal der Sprecher auf der Dialogebene die Verantwortung für das Berichtete übernimmt. Die beiden Frauen läßt Satyros vor allem Abschweifungen und emotionale Ausbrüche gegen den Frauenfeind Euripides von sich geben und unterstreicht auf diese Weise die Fragwürdigkeit ihrer Behauptungen. Der gesamte Text ist überdies gespickt mit Ironiesignalen. Die zahlreichen Zitate aus den Werken des Euripides und der Komödiendichter haben auf der Dialogebene die Funktion von autoritativen Zitaten, welche die Richtigkeit einer biographischen Angabe belegen. In der Kommunikation zwischen Autor und Leser dienen sie dazu, die Quelle der Erzählung deutlich zu machen und das literarische Spiel entschlüsseln zu können. Der Autor macht somit deutlich, daß er es nicht als seine Aufgabe versteht, historisch korrektes Wissen über den Dichter zu vermitteln. Seine 'Euripidesbiographie' ist vielmehr ein Spiel mit literarischen Elementen.

---

10 Manche Interpreten gehen allerdings von nur *einer* weiblichen Gesprächspartnerin des Hauptsprechers aus mit dem Doppelnamen Diodora Eukleia; so Gerstinger 1916, 61 mit Anm. 1; Arrighetti 1964, 133–134; anders Schorn 2004, 34–35.
11 Vgl. Leo 1912, 276 = 1960, 368; Lewis 1921, 147.
12 Lefkowitz 1983; vgl. Schorn 2004, 46–49.

Der Peripatetiker Satyros konstruiert in diesem παίγνιον einen Euripides, der die Kennzeichen des aristotelischen μεγαλόψυχος, des 'Großsinnigen', trägt. Er ist ein philosophisches Exempel, keine historische Figur, das Werk ist daher philosophischen, nicht historiographischen Charakters.

Werfen wir nun einen Blick auf die Passage, in der von der Frauenfeindlichkeit des Dichters und ihren Folgen gesprochen wird, und dann auf das Exzerpt, das im *Genos* davon überliefert ist.[13] A erklärt, Euripides sei bei den Männern Athens wegen seiner mangelnden Umgänglichkeit unbeliebt gewesen, bei den Frauen wegen seiner Kritik an ihnen in seinen Tragödien (fr. 39 col. X). Sein Leben sei durch beide Geschlechter in Gefahr gekommen, durch die Männer, als Kleon ihn der Gottlosigkeit | [414] anklagte, und durch die Frauen, als diese sich an den Thesmophorien gegen ihn zusammenrotteten, um ihn zu töten. Sie hätten sein Leben aber geschont, zum einen aus Scheu vor den Musen – und hier bricht der Text ab. Wo er in der folgenden Kolumne (fr. 39 col. XI) wieder beginnt, befinden wir uns inmitten eines langen Zitats aus Euripides' *Melanippe desmotis*.[14] Das Erhaltene umfaßt die Verse 5–16 einer Rede, die dort wohl von Melanippe selbst[15] vorgetragen wurde und in der die Überlegenheit des weiblichen gegenüber dem männlichen Geschlecht verfochten wird. Im verlorenen Textstück ist, wie sogleich noch deutlich werden wird, ausgefallen, daß nicht nur die Scheu vor den Musen die Frauen von ihrem ursprünglichen Mordplan abgebracht hat, sondern auch das Versprechen des Dichters, in Zukunft nicht mehr schlecht von ihnen zu sprechen. Die Worte der Melanippe werden zitiert, um zu zeigen, daß sich Euripides an sein Versprechen gehalten und in der Folge sogar höchst positiv von den Frauen gesprochen hat. Auch das *Melanippe*-Zitat bricht nach einigen Versen ab. Wo der Text in der folgenden Kolumne (fr. 39 col. XII) wieder einsetzt, zitiert eine der Nebensprecherinnen Verse aus Aristophanes' *Thesmophoriazusen* (373–375; 335–337): „[Beschlossen hat der Rat] der Frauen [das Folgende]; Archikleia führte den Vorsitz, Lysilla war Schreiberin, den Antrag stellte Sostrate: Wenn jemand gegen das Volk der Frauen etwas Übles im Sinn hat oder mit Kleineuripides darüber verhandelt zu irgendeinem Schaden" – hier fällt ihr A ins Wort und erklärt: „Du hast zweifelsfrei erraten, was ich meine, und mir die Erklärung erspart."

Was bei dem Aristophaneszitat auffällt, ist, daß hier Verse als fortlaufend zitiert werden, die dies nicht sind und nicht einmal in dieser Reihenfolge im Stück

---

13 Satyr. F 6 fr. 39 col. IX 11–XV 17; das *Genos* findet man als T 1 in der Sammlung der Euripidesfragmente von Kannicht; seine neue Kapiteleinteilung ist hier übernommen.
14 F 494 Kannicht.
15 Vgl. Kannicht zu F 494 mit weiterer Literatur.

gesprochen werden. Die Sprecherin verändert außerdem den Text und zerstört dabei das Metrum. A tut gut daran, das Zitat durch eine lobende Bemerkung zu beenden. Denn in den bei Aristophanes nun folgenden Versen gibt die Sprecherin zu, daß alle Vorwürfe, die Euripides den Frauen macht (Ehebruch etc.) zutreffend sind. Satyros zeichnet auf diese Weise seine weibliche Dialogfigur als leidenschaftliche Verteidigerin der Sache der Frauen, die nach Anerkennung ihres literarischen Wissens heischt, aber doch nicht über fundierte Bildung verfügt. Dies ist als Ironiesignal zu deuten. Die Verse aus Aristophanes signalisieren dem Leser die Quelle des Berichts und klären über seine Historizität auf.

Mit deutlicher Zurückhaltung berichtet im folgenden A über die Ursache von Euripides' Frauenfeindlichkeit. „Euripides scheint" (ὡς ἔοικεν) einen Sklaven namens Kephisophon besessen zu haben, mit dem seine Frau Ehebruch begangen habe" – hier bricht der Text ab, und wo er wieder einsetzt (fr. 39 col. XIII), geht es noch immer um das Thema Ehebruch. Euripides habe, wie berichtet wird (ὡς μ[νη]μονεύου[σι], | [415] erst das Unrecht hingenommen und schließlich seine Frau an den Sklaven abgegeben mit den Worten: „Damit nicht er etwas mit meiner Frau hat, sondern ich mit seiner. Denn dies ist nur recht und billig, wenn ich es wünsche." Dies, so abschließend A, sei der Grund für seine Frauenfeindschaft gewesen. Durch dieses Apophthegma trägt Euripides zumindest verbal den Sieg über den Nebenbuhler davon. Hier ergreift nun wieder eine der Frauen das Wort und ereifert sich darüber, daß es unvernünftig sei, wegen der Verführten den Frauen, nicht aber wegen des Verführers den Männern zu grollen. Sie verweist auf die Lehre des Sokrates, des von Euripides bewunderten Philosophen, nach dem Laster und Tugenden bei beiden Geschlechtern zu finden seien. Hier bricht der Text ab, und in der folgenden Kolumne (fr. 39 col. XIV) referiert Eukleia über das edle Verhalten der Gattin eines Persers gegenüber einer Nebenbuhlerin, wofür sie von A übertrieben begeistert gelobt wird. Nach einer Lücke ist nun Diodora mit einer Anekdote über eine Heldentat von Frauen in einem Krieg an der Reihe. Ihre Intention scheint zu sein, die Frauen auch noch als die besseren Militärs zu erweisen. Hier fällt A.s Zustimmung schon etwas zurückhaltender aus, und er führt auf das eigentliche Thema Euripides zurück, nämlich auf seinen Konflikte mit anderen Tragikern.

Die ganze Darstellung macht deutlich, daß hier ein literarisches Spiel vorliegt. Die Sprecher 'zitieren' ihre Quellen und entlarven so die Fiktion, A weckt durch seine Zurückhaltung Zweifel an der Historizität des Erzählten, die Frauen reden sich in Rage, schießen mit ihrer Verteidigung des weiblichen Geschlechts weit über das Ziel hinaus und machen sich lächerlich.

Betrachten wir nun, was der anonyme Kompilator oder seine Zwischenquelle aus diesem Text macht. Im Gegensatz zu den entsprechenden Kompilationen über Aischylos und Sophokles stellt das Γένος Εὐριπίδου keinen einheitlichen Text dar; es setzt sich vielmehr zusammen aus dem Exzerpt aus einer Euripidesvita (I A Kannicht), gefolgt von einer weiteren Kurzvita mit besonderem Interesse für didaskalische Angaben (I B Kannicht). Es schließen sich drei Textblöcke an: II und IV Kannicht, die Exzerpte aus der Euripidesbiographie des Satyros darstellen (ohne Nennung der Quelle), und III Kannicht, ein Exzerpt aus dem zweiten Teil einer unbekannten Euripidesvita.[16] Da der Kompilator diese Texte nicht zu einem einzigen zusammengearbeitet hat, finden sich zahlreiche Wiederholungen und Varianten in den verschiedenen Teilen. Der Kompilator des *Genos* verschweigt, von wem die Euripidesbiographien stammen, die er exzerpiert. Wenn in seinem Text mehrfach auf primäre Quellen (Euripides und die Komödiendichter) oder spätere Historiker verwiesen wird (Hellanikos, Philochoros, Hermippos),[17] dann sind diese Zitate aus den exzerpierten | [416] Viten übernommen und zeigen den *terminus post quem* für die Entstehung der jeweiligen Passagen an. Die Textblöcke I A und III gehen wie auch die kurzen Euripidesbiographien bei Gellius und in der *Suda* auf eine gemeinsame 'Urvita' (Q) zurück. Sie liegt in diesen Texten in unterschiedlicher Brechung vor.[18] Möglicherweise geht auch noch I B auf Q zurück, doch ist dies nicht sicher.[19] Einen Fremdkörper in diesem Gesamtkomplex bilden die zwei Exzerpte aus Satyros, die anderes Material als die anderen Textblöcke überliefern und wohl aus diesem Grund dem *Genos* beigefügt wurden. Es ist zu bedauern, daß Q nicht erhalten ist, da man dann sehen könnte, wie derselbe Text auf zweierlei (oder sogar dreierlei) Weise im *Genos* und dann noch in unterschiedlicher Weise bei Gellius und in der *Suda* kurzgefaßt wird. So muß sich der Vergleich auf Satyros und *Genos* beschränken.

Zunächst fällt auf, daß der Dialogcharakter der Vorlage nicht mehr deutlich wird.[20] Die Erzählung ist auf die 'Fakten' reduziert, die für das Leben des Euripi-

---

16 Siehe dazu Leo 1901, 25.
17 Hellanic., FGrHist 4 T 6 in I A 5 [= Z. 16], Philoch., FGrHist 328 F 220 in I A 10 [= Z. 30], Hermipp. F 94 Wehrli = FGrHist 1026 F 84 in III 4 [= Z. 83].
18 Vgl. Schorn 2004, 27–31; anders Delcourt 1933, 278.
19 Frey 1919, 22–23 sieht in I B zu Unrecht ein Exzerpt aus Satyros. ['Urvita' und Satyros weisen auffallende strukturelle Übereinstimmungen auf; wahrscheinlich wurde im Lauf der Überlieferung die eine Tradition in die andere umgearbeitet, vergleichbar der Modifizierung der Aristoxenosüberlieferung über Pythagoras bei Diodor; siehe oben, S. 241 Anm. 165].
20 Da nicht jeder Leser die Ausgabe Kannichts zur Hand haben dürfte, hier sein Text (T 1 IV 1–3 = Satyr. F *33 Schorn): (IV 1) Ἔσκωπτε δὲ τὰς γυναῖκας διὰ τῶν ποιημάτων δι' αἰτίαν τοιάνδε· εἶχεν οἰκογενὲς μειράκιον ὀνόματι Κηφισοφῶντα. Πρὸς τοῦτον ἐφώρασε τὴν οἰκείαν γυναῖκα ἀτακτοῦσαν. Τὸ μὲν οὖν πρῶτον ἀπέτρεπεν ἁμαρτάνειν· ἐπεὶ δ' οὐκ ἔπειθε, κατέλιπεν αὐτῷ τὴν

des relevant sind. Dies bedeutet, daß die Abschweifungen der beiden Nebensprecherinnen (Frau des Persers, Heldentat im Krieg) wegfallen und ebenfalls das Zitat aus den *Thesmophoriazusen*, das auf das Konto einer der Frauen geht. Es wird zwar noch angemerkt, daß das Attentat an den Thesmophorien stattfand, so daß die Quelle der Erzählung unmittelbar deutlich wird. Wäre aber Aristophanes' Stück nicht erhalten, so wäre es weitaus schwieriger, vom *Genos* allein ausgehend den Ursprung dieser Geschichte zu bestimmen. Auf diese Weise fallen alle Fiktionalitätssignale | [417] weg, die auf der Dialogform und der Charakterisierung der Sprecherinnen basieren. In dem, was vom Lehrvortrag von A übrigbleibt, ist kaum noch sichtbar, daß dieser die Erzählung mit Zurückhaltung präsentiert und für sich lediglich in Anspruch nimmt, das Überlieferte zu berichten.[21]

Daß der Exzerptor diese Kürzungen und Modifizierungen bewußt durchgeführt hat, zeigt sich daran, daß er den Bericht in die 'chronologisch richtige' und 'logische' Reihenfolge gebracht hat, während er bei Satyros kunstvoll und nichtlinear aufgebaut ist.[22] Satyros' Ausgangspunkt ist die Feindschaft der Frauen; er erwähnt zunächst den Anschlag der Frauen und die Gründe für die Schonung des Dichters. Daran fügt er als Beleg für Satyros' Widerruf seiner Frauenfeindlichkeit die Verse aus der *Melanippe* hinzu. Erst jetzt, in Form eines Beitrags einer der Frauen, wird aus Aristophanes' *Themophoriazusen* zitiert und erst im Anschluß der Grund für Euripides' Frauenhaß nachgetragen, das Verhältnis seiner Frau mit

---

γυναῖκα βουλομένου αὐτὴν ἔχειν τοῦ Κηφισοφῶντος. Λέγει οὖν καὶ ὁ Ἀριστοφάνης (F 596 Kassel – Austin)·
Κηφισοφῶν ἄριστε καὶ μελάντατε,
σὺ γὰρ συνέζης ὡς τὰ πόλλ' Εὐριπίδῃ
καὶ συνεποίεις, ὥς φασι, τὴν μελῳδίαν.
(2) Λέγουσι δὲ καὶ ὅτι <αἱ> γυναῖκες διὰ τοὺς ψόγους, οὓς ἐποίει εἰς αὐτὰς διὰ τῶν ποιημάτων, τοῖς Θεσμοφορίοις ἐπέστησαν αὐτῷ βουλόμεναι ἀνελεῖν. Ἐφείσαντο δὲ αὐτοῦ πρῶτον μὲν διὰ τὰς Μούσας, ἔπειτα δὲ βεβαιωσαμένου μηκέτι αὐτὰς κακῶς ἐρεῖν. Ἐν γοῦν τῇ Μελανίππῃ περὶ αὐτῶν τάδε φησί (F 494,1–3 Kannicht)·
μάτην ἄρ' εἰς γυναῖκας ἐξ ἀνδρῶν ψόγος
ψάλλει κενὸν τόξευμα καὶ κακῶς λέγει·
αἱ δ' εἴσ' ἀμείνους ἀρσένων, ἐγὼ λέγω
καὶ τὰ ἑξῆς.
(3) Οὕτω δὲ αὐτὸν Φιλήμων ἠγάπησεν ὡς τολμῆσαι περὶ αὐτοῦ τοιοῦτον εἰπεῖν (F 118 Kassel – Austin)·
εἰ ταῖς ἀληθείαισιν οἱ τεθνηκότες
αἴσθησιν εἶχον ἄνδρες ὥς φασίν τινες,
ἀπηγξάμην ἂν ὥστ' ἰδεῖν Εὐριπίδην. Die Zugehörigkeit von § 3 zum Satyrosreferat ist unsicher.
21 Lediglich in IV 2 findet sich mit λέγουσι noch ein Verweis auf ungenannte Quellen.
22 Vgl. Frey 1919, 20.

Kephisophon, sowie Euripides' verbaler Sieg über den Ehebrecher. Das Exzerpt beginnt mit den Worten: „Er verspottete die Frauen in seinen Gedichten aus folgendem Grund", worauf der Bericht von der Affäre seiner Frau mit Kephisophon folgt. Die anrüchige Pointe des Apophthegmas hat der Exzerptor entweder nicht verstanden oder nicht wiedergeben wollen. Bei ihm verstößt Euripides die Frau, „da Kephisophon diese haben wollte", Euripides wird also zum Verlierer.[23] Danach zitiert er drei Verse aus einer unbekannten Komödie des Aristophanes, in der Kephisophon direkt angesprochen wird und als zum Hausstand des Euripides gehörig erscheint, die ursprünglich auch bei Satyros in der Lücke zwischen col. XII und XIII gestanden hatten.[24] Vom Attentat der Frauen an den Thesmophorien berichtet er zwar unter Berufung auf die allgemeine Überlieferung (λέγουσι), macht aber, wie erwähnt, nicht mehr die *Thesmophoriazusen* als Quelle deutlich. Chronologisch wieder an der richtigen Stelle schließen sich das Versprechen des Euripides an, auf Kritik an den | Frauen zu verzichten, und die ersten drei Verse der Rede der Melanippe, die bei Satyros in der Lücke am Ende von col. X ausgefallen sind. Der Spielcharakter der gesamten Episode wird hier nicht mehr deutlich. Die Zitate aus Aristophanes und Euripides fungieren nun als autoritative Zitate in der | [418] Kommunikation zwischen dem Autor und dem Leser und sollen die Richtigkeit des Erzählten untermauern.

Dasselbe ist der Fall bei der Verkürzung des Berichts vom Tod des Euripides, der in Makedonien von Jagdhunden des Archelaos im Wald zerfleischt worden sein soll (fr. 39 col. XX 22–XXI). Satyros beruft sich für die Geschichte auf das, was „die ältesten Geschichtenerzähler unter den Makedoniern fabulieren (μυθολο[γ]οῦσι)" – auf eine mythenhafte Erzählung also[25] – und streut auch im Verlauf der Erzählung noch ein φασι ein, wodurch er die Erzählung als Traditionsgut kennzeichnet. Im Exzerpt wird genau dieselbe Geschichte als Faktum ohne jegliche Zurückhaltung berichtet (II Kannicht).

Es wäre nicht möglich, auf der Basis dieser Referate die kunstvolle Gestaltung in der Euripidesvita des Satyros zu erahnen. Noch schlimmer, man müßte

---

23 Bei Satyros lautet der Ausspruch: τὸ ἀδίκημ' ἐν[ε]γκών, ὡς μ[νη]μονεύου[σι,] τ[ὴ]ν μὲν ἄ[ν]-θ[ρ]ωπον ἐκ[έ]λ[ε]υσεν τῶ[ι] νεανίσκ[ωι] συνοικεῖ[ν, ἐ]πειδήπερ α[ὐ]τὴ πρ[είλε]το, „ἵνα μ[ὴ τὴν] ἐμὴν ο[ὗτ]ος ἔχηι", φησίν, „ἀλλ' ἐγὼ τὴν τούτου· δίκαιον γάρ, ἅπερ βούλωμαι". Im *Genos* ist zu lesen: ἐπεὶ δ' οὐκ ἔπειθε, κατέλιπεν αὐτῷ τὴν γυναῖκα βουλομένου αὐτὴν ἔχειν τοῦ Κηφισοφῶντος. Richtig wäre also die Paraphrase gewesen: βουλόμενος ἔχειν τὴν τοῦ Κηφισοφῶντος. Es ist unwahrscheinlich, daß dieser Fehler lediglich auf einen Kopisten zurückgeht.
24 Vgl. Arrighetti 1964, 129–131 und Schorn 2004, 292–293 gegen Frey 1919, 19 und Kumaniecki 1929, 59–60.
25 Fr. 39 col. XX 29–33; vgl. Lefkowitz 1983, 341; [zur Verwendung des Wortes μυθολογέω an dieser Stelle vgl. Schorn 2007, 133 = oben, S. 23].

annehmen, daß dem Autor jegliches historisches Bewußtsein fehlte, er ohne kritischen Verstand die Aussagen von Tragödienfiguren mit denen des Dichters gleichsetzte und nicht in der Lage war, zwischen dem historischen Euripides und der Figur der Komödie zu differenzieren. Und gerade diese Interpretation hellenistischer Biographie ist gerade dann zu finden, wenn wir für Autoren lediglich auf 'Zitate' bei Späteren angewiesen sind. Die sogenannte 'Methode des Chamaileon', d.h. das Extrahieren von biographischen Episoden aus den Werken von Dichtern bzw. das phantasievolle Erfinden biographischer Angaben auf dieser Grundlage und die Übernahme von Episoden aus der Komödie, gilt daher auch als Grundprinzip der hellenistischen Literatenbiographie.[26] Der obige Vergleich zeigt, daß man zumindest Satyros nicht so große Naivität unterstellen darf und wahrscheinlich auch vielen anderen Biographen nicht. Selbst beim Biographen, der der Methode den Namen gegeben hat, zeigen die etwas weniger verkürzten Referate bei Späteren, daß auch er eine kritische Haltung gegenüber entsprechenden Angaben einnahm und lediglich Traditionen wiedergab.[27] Es ist zu vermuten, daß es auch im Fall zahlreicher anderer Biographen eher eine Folge wiederholten Epitomierens und Exzerpierens war, daß sie heute als so bar jeglichen kritischen Bewußtseins erscheinen.

8.3 Herakleides Lembos als Epitomator hellenistischer Biographien

Ein wichtiger Mittler der hellenistischen Biographie war Herakleides Lembos, der einer der produktivsten Verfasser von Epitomai gewesen zu sein scheint. Daß er zumindest drei Werke des Hermippos epitomierte, *Über Gesetzgeber*, *Über die Sieben Weisen* und *Über Pythagoras*, hat, wie erwähnt, P. Oxy. XI 1367 gezeigt. Es ist nicht auszuschließen, daß er auch noch andere Werke dieses wohl bedeutendsten hellenistischen | [419] Biographen epitomiert hat. Schon vor der Entdeckung des Papyrus war aus Diogenes Laertios bekannt, daß er Epitomai der Διαδοχαί Sotions und der Biographien (aller oder einiger?) des Satyros angefertigt hat, und Bloch hat nachgewiesen, daß auch die Epitome von Aristoteles' Πολιτεῖαι und

---

26 Vgl. schon Leo 1912.
27 Vgl. Schorn 2007/2010 und 2008 [= Kap. 2 und 3 in diesem Band].

Νόμιμα βαρβαρικά, von der Teile unter dem Namen eines nicht näher spezifizierten Herakleides über die mittelalterliche handschriftliche Tradition überliefert sind, von Herakleides Lembos stammt.²⁸

Herakleides, der Sohn des Sarapion mit dem Beinamen Lembos,²⁹ war als Diplomat im Dienst Ptolemaios' VI. (180-146) tätig und handelte für diesen den Friedensschluß mit Antiochos IV. im Jahr 169 aus.³⁰ Als Herkunftsorte erscheinen Kallatis, Alexandreia und Oxyrhynchos, wobei nicht zu entscheiden ist, ob er sich an allen drei Orten aufgehalten hat oder ob im Falle von Kallatis der Herkunftsort des von ihm epitomierten Satyros und im Fall von Alexandreia der des epitomierten Sotion irrtümlicherweise zum Geburtsort des Herakleides wurde. Am unverdächtigsten ist jedenfalls die Herkunft aus Oxyrhynchos, wo auch die Reste seiner Hermippos-Epitome gefunden wurden. Daß man dort noch im späten 2. Jh. n.Chr. das Werk las, kann unter anderem eine Folge von Lokalpatriotismus sein, doch ist diese Annahme nicht zwingend, da andere seiner Epitomai noch im späten 3. Jh. Diogenes Laertios vorlagen.³¹

In welcher Lebensphase Herakleides literarisch tätig war und neben den genannten Werke auch Historien in mindestens 37 Büchern und den nur dem Titel nach bekannten Λεμβευτικὸς λόγος schrieb, ist unbekannt, doch spricht viel für die erste Hälfte des 2. Jh.s v.Chr. Es ist erstaunlich und für die Zeit bezeichnend, daß die Werke der drei Biographen, die er epitomierte, wohl nur wenige Jahre oder Jahrzehnte zuvor entstanden waren: Satyros' Βίων ἀναγραφή wurde wohl zwischen | [420] 240 und 170 verfaßt,³² und das *floruit* des Hermippos fällt in die

---

28 Bloch 1940; vgl. schon Lucas 1940, 236–237. Diese Ansicht wurde allgemein akzeptiert. Der letzte Herausgeber der Schrift, Dilts 1971, schreibt im Titel seiner Ausgabe sogar: *Heraclidis Lembi Excerpta Politiarum*.
29 Die Bedeutung des Beinamens ist nicht sicher gedeutet, hat aber vielleicht mit seiner Tätigkeit als Epitomator zu tun. Lembos ist der Name eines leichten und schnellen Bootes, das auch von Piraten verwendet wurde. Es war außerdem als Beischiff bei größeren Schiffen im Gebrauch und wurde zur Ausbootung der Waren verwendet, wenn die großen Lastschiffe nicht direkt bis an den Kai heranfahren konnten. Eine Verbindung zu letzteren Lemboi sieht Lucas 1940, 235: „Für die Haupttätigkeit des Herakleides könnte es keinen treffenderen Ausdruck geben: das wertvolle und zu umfangreiche Originalwerk wurde durch Verkürzung bequemer und handgerechter gemacht und ihm ein größerer Benutzerkreis verschafft." Andere sehen eine Verbindung mit den Piratenschiffen und erachten Lembos als Spottnamen für den literarischen Freibeuter: Unger 1883, 505–506, zustimmend Susemihl 1891–1892, I 502 Anm. 55.
30 Zur Biographie vgl. Schneider 2000; Wehrli – Wöhrle – (Zhmud) 2004, 624, 661; [Schorn 2004, 7–9; 2014, 719–720]; eine unvollständige Sammlung der Fragmente in FHG III 167–171; eine neue Ausgabe wird im Rahmen von FGrHist IV erscheinen.
31 Dazu s. unten, S. 293.
32 Siehe Schorn 2004, 6–10.

zweite Hälfte des 3. Jh.s, wobei der Tod des Chrysippos 208/5 als das späteste erwähnte Ereignis den *terminus post quem* für zumindest einen Teil der Philosophenviten darstellt.³³ Dieses Ereignis bildet auch den *terminus post quem* für Sotions Διαδοχαί. Ihre Entstehung wird allgemein in das erste Drittel des 2. Jh.s gesetzt.³⁴ Herakleides hatte offenkundig eine Vorliebe dafür, die Werke von Peripatetikern kurz zu fassen (Aristoteles, Hermippos, Satyros; von Sotion ist keine Schulzugehörigkeit überliefert),³⁵ und interessanterweise war der peripatetische Historiker Agatharchides von Knidos sein Sekretär und Vorleser.³⁶ Die von Herakleides epitomierten biographischen Werke gehörten zusammen mit denen des Aristoxenos und Antigonos von Karystos zu den bedeutendsten der ersten Hälfte des Hellenismus.

Das epitomatorische Werk des Herakleides ist vor allem durch eine heute allgemein als falsch erachtete Interpretation bekannt geworden, die in der Forschung zur Geschichte der hellenistischen Biographie eine gewisse Rolle gespielt hat.³⁷ Sie geht auf Hecker zurück und erhielt durch die Zustimmung von Diels und Wilamowitz weithin Autorität:³⁸ Da Herakleides' Epitome der *Diadochai* Sotions laut Diogenes Laertios (5,94) allem Anschein nach sechs Bücher umfaßte,³⁹ meinte man, Herakleides habe lediglich *ein* Werk verfaßt, eine Epitome Sotions, ergänzt und verbessert durch Exzerpte aus Satyros (Diels)⁴⁰ oder eine Art Handbuch mit den Daten aus Sotion, Satyros und anderen Biographen wie Hermippos, Euphantos, Antigonos von Karystos und anderen (Wilamowitz).⁴¹ Eine derartige Annahme ist in der Tat nicht unlogisch, und Diels fragte sich zu Recht, warum Herakleides die Philosophenviten Sotions und diejenigen des Satyros separat hätte epitomieren sollen, was seines Erachtens zu lästigen Wiederholungen hätte füh-

---

33 Siehe Bollansée 1999a, 14–15.
34 Siehe Wehrli 1967–1978, Suppl. II 7.
35 Daß es sich bei den genannten Autoren wirklich um Peripatetiker handelte, verteidigt Schorn 2003 [= Kap. 7 in diesem Band] gegen die *communis opinio*.
36 ὑπογραφέα καὶ ἀναγνώστην: Agatharch, FGrHist 86 T 2.
37 Zur Forschungsgeschichte vgl. Gallo 1975, 19–21; [Schorn 2003, 63–64 = oben, S. 271–272].
38 Hecker 1850, 432.
39 Man nimmt allgemein und wohl zu Recht an, daß sich die Angabe bei Diogenes (5,94): (Herakleides) γεγραφὼς τὴν Διαδοχὴν ἐν ἓξ βιβλίοις nicht auf ein eigenständiges Werk, sondern auf seine anderweitig bekannte Epitome der *Diadochai* Sotions bezieht; vgl. Diels 1879, 149 (der hierin allerdings die 'ergänzte Epitome' sieht, die Sotion und Korrekturen aus Satyros vereine); von Kienle 1961, 92–93; Gallo 1975, 29; Wehrli 1967–1978, Suppl. II 15–16.
40 Diels 1879, 149.
41 Von Wilamowitz-Moellendorff 1881, 87–90.

ren müssen. Leo machte Herakleides | [421] dann zum Scharnier zwischen der literarisch-kunstvollen peripatetischen und der sachlich-wissenschaftlichen alexandrinischen Biographie:

> Aber was bedeutet eine Epitome aus Satyros und Sotion, verfasst mit Hinzunahme des wichtigsten biographischen Materials (Antigonos, Hermippos) in Alexandria neben Aristarch, in der folgenden biographischen Literatur vorzugsweise benutzt, was bedeutet ein solches Buch anders als die Herstellung der wissenschaftlichen Form, wie sie nun lange gültig ist, aus dem Bestande wichtiger, für ein andres Niveau hergerichteter Werke. Das gelehrte Material zog Herakleides aus, ordnete es in das biographische Schema ein und machte aus den Büchern für großes Publikum ein Buch für den wissenschaftlichen Gebrauch.[42]

Die Annahme einer solchen „*epitoma rei tractatae*" (in der Terminologie von Opelt 1962) wurde durch die Publikation von P. Oxy. XI 1367 widerlegt;[43] der Papyrus macht deutlich, daß die Hermippos-Epitome ein selbständiges Werk ohne irgendwelche Zusätze darstellt. Dafür, daß auch die Sotion- und Satyros-Epitome separate Werke waren, führt von Kienle unter anderem an, daß sich Diogenes Laertios gewöhnlich entweder auf die eine oder die andere Epitome beruft und daß Satyros auch Viten von Nichtphilosophen verfaßte, die dann in einer separaten Epitome hätten stehen müssen.[44] Es herrscht heute also unumstritten die Meinung von Herakleides als unselbständigem Epitomator vor, der einzeln die bedeutendsten Biographien seiner Zeit kurzfaßte.

Eine Charakterisierung von Herakleides' Tätigkeit als Epitomator hat vom Papyrus mit der Hermippos-Epitome auszugehen, deren Kennzeichen Gallo in der Nachfolge Blochs herausgearbeitet hat:[45] Das Fragment beginnt mit einem Bericht über einen namentlich nicht mehr kenntlichen Gesetzgeber zur Zeit eines Ptolemäers, der von seinen Mitbürgern verurteilt wird und nach Korinth geht (col. I 1–19), es schließt sich ein Passus über Demonax, den 'König der Mantineer', und seine Gesetzgebung für Kyrene an (col. I 19–39). Hier wie im folgenden wird der Gesetzgeber, um den es jeweils geht, Lemma-artig zu Beginn genannt. Es ist auch von Demonax' sonst nicht bezeugter Tätigkeit in Barke die Rede, und am Ende wird darauf verwiesen, daß auch Herodot Demonax als Gesetzgeber von Kyrene nennt (4,161). Es hat den Anschein, als werde dies hinzugefügt, um zu

---

42 Leo 1901, 135.
43 Darauf weisen schon die Erstherausgeber Grenfell – Hunt 1915, 113–114 hin.
44 Von Kienle 1961, 92.
45 Das Folgende weitgehend nach Gallo 1975, 25–33 und Bloch 1940, 34–37 mit wenigen Modifizierungen; vgl. auch Bollansée 1999b, 98–102.

verdeutlichen, daß sich dessen Überlieferung von der des Hermippos unterscheidet.[46] Daß Herakleides die Struktur des exzerpierten Werkes beibehalten hat und seine Epitome die Möglichkeit bot, aus zweiter Hand genau auf das Original zu verweisen, zeigt sich im folgenden. | [422] Nach der Überschrift β (d.h. Buch 2 von Hermippos' Werk) beginnt eine neue Sektion, diesmal mit Nachrichten über Gesetzgeber aus Athen: „Den Athenern soll (φασιν) Kekrops der Zweigestaltige und Erdgeborene als erster als König Gesetze gegeben haben; von seinen Gesetzen seien die [Lücke] berühmt. Philochoros (FGrHist 328 F 93) allerdings [Text bricht ab]." Hier wurde also zuerst die bekannte Überlieferung kurz angesprochen und dann eine abweichende Variante des Philochoros hinzugefügt. Nach einer Lücke von 33 Zeilen, der vielleicht ein Lemma über Triptolemos zum Opfer gefallen ist,[47] schließt sich ein winziger Eintrag über Buzyges an (col. II 53–55): „Buzyges; er soll Gesetze gegeben haben. Ihn erwähnt aber auch der Dichter Lasos (F 705 Page = 4 Brussich)." Es folgt ein Eintrag über den sonst gänzlich unbekannten Archimachos.

Hermippos' Buch war offenkundig primär nach Landschaften und sekundär chronologisch geordnet, und diese Struktur behält Herakleides bei. Seine Epitome enthält keine Inhaltsangaben der einzelnen Viten, sondern nur wenige, kurze und nicht repräsentative Exzerpte aus einem ursprünglich umfangreichen Text. Die extreme Kürze überrascht und erinnert an Scholien-Einträge, ein Eindruck, der noch dadurch verstärkt wird, daß kein Zusammenhang zwischen den einzelnen Exzerpten besteht. Die Informationen sind dekontextualisiert, eine historische Einordnung ohne zusätzliche Kenntnis der Zusammenhänge ist daher zum Teil nicht möglich. Herakleides hatte eine Vorliebe dafür, Exzerpte mit einem gelehrten Zitat zu beschließen, das er aus seiner Vorlage übernahm. Eigene Beiträge finden wir im Erhaltenen nicht, inhaltlich zeigt sich eine Vorliebe für besondere Ereignisse und seltene Informationen (dazu unten mehr). Stilistisch steht die Schrift auf einem sehr niedrigen, fast subliterarischen Niveau. Der Vorwurf der Sorglosigkeit, der Herakleides bisweilen gemacht wurde, hat sich allerdings als unbegründet erwiesen.[48]

Für die Epitomai der Werke des Sotion und des Satyros hat Gallo eine andere Form erschlossen.[49] Ausgehend von der Feststellung, daß die Sotion-Epitome noch beinahe die Hälfte des umfangreichen Originals umfaßte, sechs von wohl

---

46 Hierzu siehe Gallo 1975, 48.
47 Hierzu siehe Gallo 1975, 52–53; vgl. Bollansée 1999a, 127.
48 Erhoben von Bloch 1940, 36; Dilts 1971, 8; dagegen Gallo 1975, 48–49; Bollansée 1995; 1999b, 118–120.
49 Gallo 1975, 28–33.

dreizehn Büchern, meint er zu Recht, daß ihr Informationsgehalt nicht so dürftig gewesen sein kann wie der der Hermippos-Epitome. Da Herakleides in der Satyros-Epitome offenkundig einmal eine Angabe des Satyros korrigiert hatte (F 12 Schorn), schließt er für diese und die Sotion-Epitome auf die Präsenz von Varianten und Korrekturen, ohne jedoch so weit zu gehen wie Diels und Wilamowitz, die ihr einen eigenen wissenschaftlichen Wert bescheinigten. Als Zielpublikum der Hermippos-Epitome denkt er an Schüler und an „un tipo di insegnamento di non grandi pretese, in cui può | [423] apparire più che giustificata una sommaria trattazione di figure di legislatori e sapienti"[50], während die beiden anderen zur Einführung in das Studium der Philosophie gedient hätten, die in der Vermittlung biographischen und doxographischen Wissens auf propädeutischer Basis bestanden habe.[51] Daher habe Diogenes Laertios die Hermippos-Epitome nicht verwenden können und für dessen Werk auf das Original zurückgreifen müssen, während er aus den beiden anderen Epitomai zitierte.

Es ist allerdings [nicht ohne weiteres einsichtig], daß die Hermippos-Epitome im Elementarunterricht Verwendung finden konnte, da sie weder systematisch Wissen vermittelt, noch ohne ein breites Grundwissen über die Hintergründe des Berichteten mit Gewinn gelesen werden kann, ein Wissen, das Schüler nicht besitzen.[52] Diogenes zitiert sie wahrscheinlich deshalb nicht, weil Hermippos zu seinen Lieblingsautoren gehört zu haben scheint und ihm das Original wohl noch zur Verfügung stand. Auch für seine eigenen Gedichte über die Todesarten der Philosophen griff er mit Vorliebe auf die Variante bei Hermippos zurück.[53] Von Sotion und Satyros hatte er hingegen nur noch die Epitome zur Verfügung oder er gebrauchte ihre Werke anderweitig indirekt.[54]

Der Charakter der Sotion-Epitome scheint von Gallo richtig erschlossen worden zu sein. Da sie Diogenes in der Liste homonymer Herakleidai als eines von zwei Werken des Epitomators erwähnt,[55] dürfte sie von einer gewissen Bedeutung gewesen sein.

---

50 Gallo 1975, 28.
51 Gallo 1975, 30–31; auch Polito 2001, 235 und 238–239 nimmt für alle Epitomai des Herakleides einen Gebrauch in der Schule an.
52 [Wenn die unten vorgetragene Theorie vom epitomatorischen Gesamtwerk des Herakleides zutrifft, konnte diese Epitome, in Kombination mit anderen, aber doch im Rahmen der schulischen Ausbildung Verwendung finden.]
53 Zur direkten Verwendung von Hermippos durch Diogenes siehe Mejer 1978, 32–34; Bollansée 1999a, 114; [unten, S. 356–358].
54 Vgl. Schorn 2004, 54–55 [und v.a. unten, S. 358–360].
55 Diog. Laert. 5,94.

Was Funktion und Charakter der beiden anderen Epitomai angeht, so soll im Folgenden eine von Gallo abweichende Erklärung vorgeschlagen werden. Die These lautet: Epitomatorisches Hauptwerk des Herakleides, zumindest im Bereich der Biographie, war seine Sotion-Epitome, die Sotions *Diadochai* auf die wichtigen Fakten reduzierte und als eine repräsentative Inhaltsangabe anzusehen ist. Die Epitomai aus Hermippos und Satyros waren Supplemente dazu; aus diesen Werken wurde allein das exzerpiert, was im Referenztext nicht zu finden, aber dennoch mitteilenswert war.

Betrachtet man die Fragmente der Sotion-Epitome bei Diogenes, so fällt ihr zum Teil größerer Umfang auf und der Umstand, daß dort nicht allein Spektakuläres, sondern ebenso die Standardangaben über das Leben der Philosophen zu finden sind: F 34 Wehrli ist die Zusammenfassung einer Biographie Epikurs bis zur Gründung seiner Schule, F 8 Wehrli eine Liste der Werke des Pythagoras, und wenn | [424] mit den Verweisen auf Herakleides in der Menedemosbiographie des Diogenes die Sotion-Epitome gemeint ist (F 10–12 Wehrli), wie allgemein angenommen wird,[56] dann hat diese offensichtlich eine längere Biographie dieses Philosophen enthalten. Ganz anders verhält es sich mit den Angaben aus der Hermippos-Epitome, die allesamt singuläre Traditionen darstellen: der Prozeß gegen einen Gesetzgeber, von dem sonst nirgendwo in der Überlieferung die Rede ist, die zusätzlichen Informationen über Demonax, die über das bei Herodot Berichtete hinausgehen und ebenfalls nur hier erscheinen, die Meinung des Philochoros, die von der *communis opinio* über Kekrops abweicht, die Erwähnung des beinahe unbekannten Buzyges durch Lasos, die nur hier vorkommt, und die Nennung des gänzlich unbekannten Gesetzgebers Archimachos.

Gleichen Charakters sind bei Diogenes die Fragmente aus der Satyros-Epitome. Durch ihren extrem komprimierten Charakter sind sie nicht immer leicht verständlich: die Szenerie des Todes des Pythagoras (F 11 Schorn) ist offenkundig singulär, beim Bericht von der Verhaftung und dem Tod des Zenon von Elea (F 15 Schorn) bleiben die historische Einordnung und Details dunkel. Daß Herakleides einmal (F 12 Schorn) einen kleinen Fehler des Satyros (eine Verwandtschaftsbezeichnung) korrigiert – auch hier steht Satyros allein mit seiner Überlieferung –, muß nicht auf einen wissenschaftlichen Charakter hinweisen und ist auch in einer Epitome des Hermippos-Typus denkbar.

Diels lag also, wie es scheint, mit seiner Vermutung, Herakleides habe kaum stupide teilweise identische Informationen aus verschiedenen Biographien ex-

---

56 So z.B. Wehrli 1967–1978, Suppl. II 41; Knoepfler 1991, 189 Anm. 46; 201 Anm. 85.

zerpiert, nicht ganz verkehrt. Die Sotion-Epitome bildete das Gerüst an Informationen, eine Inhaltsangabe mit den wichtigsten Fakten, aber in stilistisch wohl einfacher Form; ergänzend hinzu kamen Informationen aus Hermippos und Satyros in separaten Epitomai, doch waren diese Epitomai komplementär zueinander. Es bot sich an, gerade Sotions *Diadochai* als Basis zu gebrauchen. Sie waren, wie Wehrli betont,[57] durch Wissenschaftlichkeit und Vollständigkeit gekennzeichnet, was sich in zahlreichen Quellenangaben manifestierte. Hier lag also die ältere Forschung gesammelt und bequem zugänglich vor. Da ein weiteres Kennzeichen seiner *Diadochai* ein Verzicht auf phantastische Ausgestaltung gewesen zu sein scheint, wenn uns der Überlieferungsbefund nicht täuscht, so lag es nahe, Hermippos und Satyros zur Ergänzung heranzuziehen, bei denen auch Außergewöhnliches zu finden war: Anekdoten, Paradoxes und Spektakuläres. Man muß sich aber davor hüten, ihre originalen Biographien auf Derartiges zu reduzieren. Ist die hier vorgeschlagene Interpretation korrekt, so führte das Exzerpieren des Herakleides dazu, daß bei diesen Autoren | [425] hauptsächlich oder ausschließlich das Außergewöhnliche und Bizarre ausgewählt und in die Epitome aufgenommen wurde. Denn die gewöhnlichen Informationen, die dort gewiß auch zu finden waren, hatte Herakleides bereits dem Werk Sotions entnommen. Wenn Herakleides' Epitomai, wie anzunehmen ist, Einfluß auf den Überlieferungsprozeß der Werke des Satyros und des Hermippos hatten und bis zu einem gewissen Grad die Originale verdrängten (dazu siehe unten), dann mußte die Einseitigkeit der Auswahl zu einem verzerrten Eindruck von deren Werken führen.

Man kann sich fragen, ob die Sotion-Epitome das einzige Referenzwerk war. Denn während man sich die Exzerpte aus Satyros' Philosophenviten leicht als Ergänzungen zur Sotion-Epitome vorstellen kann und ebenso diejenigen aus Hermippos' *Über die Sieben Weisen* und *Über Pythagoras*, ist dies bei den Exzerpten aus *Über Gesetzgeber* nicht unmittelbar einsichtig. Da allerdings Sotion einen weiten Philosophiebegriff hatte, können in seinem Werk die frühen Gesetzgeber zum Teil auch im Zusammenhang mit der Behandlung von Weisen behandelt worden sein, so daß die Exzerpte aus Hermippos' Werk hierzu ergänzende Funktion haben konnten. Wir wissen zudem, daß Herakleides auch die Verfassungssammlung des Aristoteles epitomiert hat. Von diesem Werk ist ein Teil in der handschriftlichen Tradition erhalten. Der Text wurde bei der Besprechung der bi-

---

57 Wehrli 1967–1978, Suppl. II 14.

ographischen Epitomai bisher bewußt nicht mit einbezogen, da es sich, wie zuletzt wieder Polito gezeigt hat,[58] um eine erneut epitomierte Fassung der Epitome des Herakleides handelt. In ihrer heutigen Form gleicht sie eher der Hermippos-Epitome, hat einen beinahe paradoxographischen Charakter[59] und enthält zudem eine Reihe von Fehlern, die auf | [426] schlampiges Exzerpieren zurückzuführen sind. Dies ist aber wohl nicht charakteristisch für die ursprüngliche von Herakleides veranstaltete Epitome, die eher einer Inhaltsangabe geglichen zu haben scheint.[60] Als Ergänzung zu diesem ursprünglichen Werk kann man sich die Exzerpte aus *Über Gesetzgeber* gut vorstellen. Ob Herakleides alle Biographien des Hermippos und des Satyros epitomierte oder nur diejenigen, aus denen er zusätzliche Angaben zu dem oder den Referenztexten finden konnte, muß leider offenbleiben.

---

58 Siehe Polito 2001, 199–243. Zu der Epitome vgl. nun auch, mit Schwerpunkt auf der Verfassung von Kyrene, Ottone 2007; auch Ottone (S. 464) folgt Polito in der Einschätzung der Schrift als *excerpta excerptarum*.

59 Zu diesem Aspekt der Epitome vgl. Bloch 1940, 37; Schepens 2009, 153–154; es ist allerdings wenig wahrscheinlich, daß diese Epitome eine Vorarbeit zu den *Historien* darstellte, die später dann noch zusätzlich publiziert wurde, wie Bloch meint. Blochs Hinweis darauf, daß eines der Fragmente (bei Festus p. 329 Müller: über die Gründung Roms) auf Aristoteles' Νόμιμα βαρβαρικά (F 609 Rose = 702,1 Gigon) zurückgeht, die Benutzung der Epitome in den *Historien* also bewiesen sei, ist nicht zwingend. Bloch betont den paradoxographischen Charakter der Aristoteles-Epitome und der Fragmente aus den *Historien*. Es ist aber zu bemerken, daß von den gerade einmal fünf Fragmenten der *Historien* vier durch Athenaios überliefert sind und in ihrer Thematik eher Rückschlüsse auf die Interessen des Athenaios als auf die des Herakleides ermöglichen. Es ist kaum denkbar, daß die (mindestens!) 37 Bücher *Historien* so auf Außergewöhnliches beschränkt waren, wie die Fragmente suggerieren; der Titel *Historien* läßt eher an eine allgemeine Geschichte denken; dafür können natürlich die Angaben aus Aristoteles' *Verfassungen* zum Teil verwendet worden sein, doch war es wohl kaum nötig, für ein solches Werk das gesamte Verfassungswerk des Aristoteles zu epitomieren. Da also 1) weder die Epitome, die Herakleides von Aristoteles' *Verfassungen* anfertigte, einen so paradoxographischen Charakter hatte wie ihr aktueller Zustand vermuten lassen könnte, es 2) unwahrscheinlich ist, daß die *Historien* in hohem Maße paradoxographisch waren, und es 3) zum Verfassen eines allgemeinen Geschichtswerkes nicht nötig ist, *alle* Verfassungen des Aristoteles zu exzerpieren, ist es wahrscheinlicher anzunehmen, daß die Epitome nicht vor allem eine Vorarbeit für die *Historien* darstellte, sondern als ein eigenständiges Werk verfaßt wurde. Schon Jacoby (in einem unveröffentlichten Brief an Bloch vom 10. Januar 1940, der im Nachlaß Jacobys in Leuven aufbewahrt ist) bemerkt, daß man den paradoxographischen Charakter der *Historien*-Fragmente nicht überbetonen dürfe. Er verweist statt dessen auf ihren biographischen Charakter und die Tendenz in der Historiographie ab Theopomp, sich der Biographie anzunähern. Aber auch hinsichtlich dieser Erklärung ist zu bemerken, daß unser Bild von den *Historien* durch die Auswahl des Athenaios bestimmt ist.

60 Vgl. Polito 2001, 237–241.

Die bedeutsame Rolle, die Leo für Herakleides angenommen hat, war daher wohl grundsätzlich berechtigt, wenngleich nicht im Detail. Herakleides verfasste kein Handbuch mit Variantensammlungen; betrachtet man aber sein epitomatorisches Gesamtwerk, so kann man es wohl als Sammlung des biographischen Wissens über die griechischen Philosophen (und andere?) bezeichnen, beschränkt auf die wesentlichen und interessanten Fakten. Es kann Schüler als Publikum im Auge gehabt haben, aber ebensogut jeden anderen, der schnell auf die wichtigsten Daten und verschiedenen Überlieferungen zurückgreifen wollte, ohne die Originale zu konsultieren.

Herakleides traf allerdings eine stoffliche Auswahl, die Einfluß auf den Überlieferungsprozeß der von ihm epitomierten Autoren hatte. Er muß selbst in der Sotion-Epitome und noch mehr in den beiden anderen Epitomai einen Teil der Fakten weggelassen haben, aber vor allem muß er deutliche Abstriche bei der literarischen Gestaltung gemacht haben.[61] Was Satyros angeht, so wissen wir nicht, ob alle seine Biographien dialogisch gestaltet waren. Was wir aber als sicher annehmen können, ist, daß sie wie die Euripidesvita literarisch ausgefeilt waren und sich der Autor nicht nur in der Euripidesvita des problematischen Charakters der dort gesammelten Informationen bewußt war, sondern auch in seinen anderen Biographien. Auch dort, so können wir annehmen, machte er dem Leser den Historizitätsgrad seiner Angaben deutlich. Eine ähnliche Gestaltung hat Bollansée richtig für die Schriften des Hermippos erschlossen.[62] Dieser Aspekt kam in den Epitomai des Herakleides entweder nicht mehr oder nur noch bedingt zum Ausdruck. Die Hermippos-Epitome macht zwar noch deutlich, wenn sich Hermippos auf Quellen berief: auf die | [427] allgemeine Tradition über Demonax (λέγε[ται], col. I 21) und Herodot; auf die Vulgata (φασιν, col. I 44) und auf Philochoros über Kekrops; auf die Vulgata (indirekte Rede) und auf Lasos über Buzyges und auf die allgemeine Tradition (φ[ασί], col. II 56) über Archimachos. Was allerdings schon hier nicht mehr zu erkennen ist, ist die persönliche Meinung des Hermippos, bzw., wann es sich um autoritative Zitate und wann um solche handelt, durch die der Schreiber sich der Verantwortung für das Überlieferte entledigt. Ein weiterer Schritt im Deformierungsprozeß ist erreicht, sobald jemand aus einer solchen Epitome zitiert, wie die Zitate bei Diogenes deutlich machen. Die Angaben erscheinen dort entweder als Meinung des Herakleides (ohne Hinweis, daß es sich bei seinem Werk um eine Epitome handelt!)[63] oder in

---

61 Dies bemerkt schon Gallo 1975, 30.
62 Vgl. Bollansée 1999a, 184.
63 Diog. Laert 2,113; 2,120; 2,135; 2,138; 2,143; 2,144; 8,44; 8,58: in diesen Fällen ist es nicht mit Sicherheit festzustellen, aus welcher Epitome die Angaben stammen.

der Form: „Herakleides sagt in der Epitome des Satyros/Sotion".[64] In keinem dieser Fälle ist mehr zu erkennen, wem der epitomierte Autor sein Wissen verdankte oder wie er sich zur Historizität der Angabe stellte. Die Angabe erscheint vielmehr als Meinung von Sotion oder Satyros selbst. Es ist zu vermuten, daß Diogenes auch dort, wo er sich allein auf Satyros oder Sotion beruft, in Wirklichkeit die Epitome des Herakleides benutzt oder diese Autoren sonstwie indirekt zitiert. Auch die meisten anderen Biographen, die er zitiert, zitiert er nicht direkt, sondern zumeist durch mehrere Zwischenquellen vermittelt. Die Folge davon ist, daß die Fragmente der hellenistischen Biographie bei ihm Informationsbruchstücke darstellen, die auf die reinen Fakten reduziert sind und als die Meinung eines bestimmten Autors präsentiert werden, obwohl sie in den originalen Texten oft nicht als solche oder mit der entsprechenden Zurückhaltung präsentiert worden sein dürften. Unser Bild von der hellenistischen Biographie ist daher in doppelter Hinsicht durch Diogenes' Werk beeinflußt: Als einzige erhaltene umfassende Sammlung von Philosophenbiographien prägt sie unser Bild von den hellenistischen Philosophenbiographien, so daß man sich ihre Vorgänger mehr oder weniger so wie dieses Werk vorstellt. Zusätzlich ist die Schrift eine unserer wichtigsten Quellen für 'Fragmente' der hellenistischen Biographie und das letzte Glied in einem Prozeß wiederholter Epitomierung, der uns die Inhalte der ursprünglichen Werke nur noch in rudimentärer Form überliefert. Setzt man diese 'Fragmente' lediglich mechanisch zusammen und schließt aus der Summe auf die verlorenen Werke, so muß man in der Tat zu dem Schluß kommen, daß die hellenistische Biographie, wie das Werk des Diogenes, ein naives Sammelsurium kurioser und meist erfundener Geschichten darstellte, die von ihren Autoren als die historische Wahrheit präsentiert wurden. | [428]

Herakleides hat den großen Biographen seiner Zeit durch seine Epitome einen schlechten Dienst erwiesen. Ob seine Epitomai für die Schule bestimmt waren oder nicht, sie fanden jedenfalls auch außerhalb der Schule Verwendung, wie Diogenes zeigt. Inwieweit sie auch die Originale verdrängten, ist schwer auszumachen, doch dürfte dies zum Teil der Fall gewesen sein, da man in ihnen bequem die 'Fakten' und die ältere Forschung finden konnte. Ganz ersetzten sie die Originale nicht. Der Papyrus mit Satyros' Euripidesvita stammt aus dem 2. Jh. n.Chr., der Text wurde zu diesem Zeitpunkt also noch gelesen (doch ist hier unsicher, ob es auch von den Tragikerviten eine Epitome des Herakleides gab). Diogenes hat Hermippos wohl noch im Original vor sich gehabt, und Hermippos als der wohl bedeutendste hellenistische Biograph wurde, wie es scheint, bis in die

---

64 Satyros: Diog. Laert. 8,40 = F 11 Schorn; 9,26 = F 15 Schorn. Sotion: Diog. Laert. 5,79 = F 18 Wehrli; 8,7 = F 24 Wehrli; 10,1 = F 34 Wehrli.

Spätantike auch im Original gelesen.⁶⁵ Bei Satyros' Quellenautoren ist allein im Falle des Athenaios eine direkte Benutzung wahrscheinlich, während bei Sotion wohl alle unsere Quellenautoren nur indirekte Kenntnis von seinen *Diadochai* hatten. Seine *Diadochai*, so scheint es, wurden durch Herakleides' Epitome verdrängt oder gingen in den *Diadochai* späterer Autoren auf.⁶⁶ Es ist zu vermuten, daß biographische Angaben über die Epitome des Herakleides und über vergleichbare Werke Eingang in die κοινὴ ἱστορία fanden und, wie an zahllosen Stellen bei den unterschiedlichsten Autoren zu sehen ist, als mehr oder weniger sichere Angaben über das Leben von Philosophen (und anderer) tradiert wurden. Auf diese Weise haben seine Werke zweifellos zur Popularisierung und Trivialisierung des biographischen Materials beigetragen.

8.4 Die Rolle anderer Handbücher

Es würde jedoch zu weit führen, Herakleides die Hauptschuld am schlechten Image der hellenistischen Biographie zu geben. Er war nicht der erste und nicht der letzte Autor, der die Werke seiner Vorgänger exzerpierte oder zusammenfaßte. Vielmehr scheint diese Tendenz im Umgang mit biographischer Überlieferung so alt zu sein wie die Gattung Βίος überhaupt. Schon im 4. Jh., kurz nachdem Aristoxenos die ersten Βίοι schrieb, verfaßte Neanthes von Kyzikos Werke, die den Charakter biographischer Handbücher hatten.⁶⁷ Dies war zum einen ein Werk *Über berühmte Männer*, in dem er biographische Traditionen zu Philosophen (z.B. Heraklit, Xenophanes, Platon), Dichtern und anderen sammelte, zum anderen enthielten | [429] seine *Nach Städten geordnete Mythen* Biographien von Personen, die zu seiner Zeit bereits halbmythischen Charakter hatten, des Pythagoras und des als Pythagoreer erachteten Empedokles. Er referierte in seinen Werken unter Nennung seines Gewährsmannes mündliche Traditionen, zitierte aber ebenso die Angaben aus der ihm vorliegenden Literatur. Bei seiner Behandlung der Pythagoreer zitierte er an schriftlichen Quellen beispielsweise die Tragödien des Empedokles, den ps.-pythagoreischen Telaugesbrief und Timaios für die Empedoklesbiographie, Aristoteles, Aristoxenos und Theopomp für Pythagoras'

---

65 Vgl. Bollansée 1999a, 104–116; [siehe unten, S. 356–358].
66 F 14 und 21 Wehrli sind über Nikias von Nikaia überliefert (= F 4 und 1 Giannattasio Andria); vgl. F 4 Wehrli, das Hegesandros von Delphi (FHG IV 416–417 F 17) erhalten hat.
67 Zum Handbuchcharakter siehe Burkert 1972, 102; zum generellen Charakter von Neanthes' biographischen Werken siehe Schorn 2007 [= Kap. 1 in diesem Band].

Herkunft, Androkydes, Eubulides und Aristoxenos für seine Chronologie und daneben noch Asklepiades von Zypern.[68] Für die pythagoreischen Traditionen (und sicher nicht allein für diese) stellte er somit einen wichtigen Mittler früherer biographischer Traditionen dar, der später wohl häufig verwendet, aber nicht als Zwischenquelle namentlich genannt wurde, um so die Lektüre der Originalwerke vorzutäuschen. So gelangte etwa das Material des für die Geschichte der Pythagoreer so wichtigen Aristoxenos über die Filiation Aristoxenos → Neanthes von Kyzikos → Nikomachos von Gerasa zu Porphyrios.[69]

Einen weiteren wichtige Schritt im Epitomierungsprozeß stellen die bereits erwähnten Philosophen-*Diadochai* dar, die nach Sotion, dem Begründer der Gattung, im 2. und 1. Jh. v.Chr. geschrieben wurden.[70] Zu dieser Gruppe von Schriften kann man auch das bio-doxographische Reihenwerk Φιλοσόφων ἀναγραφή des Hippobotos aus dem 1. Jh. v.Chr. rechnen. Hippobotos benutzte unter anderen auch Neanthes und übernahm die Zitate aus seiner Quelle.[71] Bei den *Diadochai* folgte im 2. und 1. Jh. v.Chr. eine Kompilation auf die andere, bis die Informationen schließlich bei den erhaltenen Autoren der Kaiserzeit landeten.

Die hellenistische Biographie ist demnach eine Gattung, von der unsere Vorstellung maßgeblich durch das geprägt ist, was nach einem langen Prozeß wiederholten Epitomierens, Exzerpierens und Kompilierens übriggeblieben ist, mit allen Folgen einer solchen Überlieferung. | [430] Es kann kein Zweifel bestehen, daß ihr schlechtes Image vor allem eine Folge dieses Umstandes ist.

---

68 Zum Nachweis der Quellenbenutzung vgl. Schorn 2007, 128–138 [= oben, S. 17–29].
69 Vgl. z.B. Burkert 1972, 98–102; [Schorn 2012, 202–203 = oben, S. 129].
70 Hierzu gehören die Werke von Sosikrates von Rhodos (1. Hälfte 2. Jh. v.Chr.), Alexandros Polyhistor (* 110–105; † um 40), Nikias von Nikaia (1. Jh. v.Chr.), Jason von Nysa (* 90–80; aktiv 65–60) und Antisthenes (von Rhodos). Die Fragmente mit Kommentar in Giannattasio Andria 1989. Einen Einblick in das Genre ermöglichen uns die Reste der Σύνταξις τῶν φιλοσόφων Philodems (* nicht lange vor 110; † nach 40), doch ist hier zu bemerken, daß es sich beim am besten erhaltenen *Index Academicorum* um die Exzerptsammlung Philodems handelt, die er als Basis für seine Geschichte der Akademie angelegt hat. Die Reste der 'Reinschrift' sind so dürftig, daß nicht mehr auszumachen ist, wie er diese Exzerpte dann bei der Abfassung seines neuen Werkes verwendet hat. Ausgaben: Dorandi 1991 und 1994; [Kurzcharakteristik und Literatur in Schorn 2014a, 720–723].
71 Vgl. Schorn 2007, 136 [= oben, S. 27]: Neanth., FGrHist 84 F 29b = Hippob. F 12 Gigante; Neanth., FGrHist 84 F 33 = Hippob., F 13 Gigante. Zu Hippobotos siehe Engels 2007 [mit der Modifizierung in Schorn 2013b, 54 Anm. 34 = unten, S. 308 Anm. 35].

9 Bio-Doxographie in hellenistischer Zeit

9.1 Einleitung

Was Form, Inhalt und Charakteristika der hellenistischen Biographie betrifft, so sind auch heute noch viele Fragen offen. Der Grund hierfür liegt auf der Hand: alle Werke sind nur fragmentarisch erhalten, zumeist über Zitate bei späteren Autoren und in geringem Umfang durch Papyrusfragmente. Eine vollständige Sammlung des Materials fehlt und entsteht erst jetzt im Rahmen von *Die Fragmente der Griechischen Historiker Continued*, so daß es noch immer schwierig ist, sich einen Überblick über das Erhaltene zu verschaffen.[1] Dennoch hat die Forschung zur hellenistischen Biographie in den vergangenen Jahren deutliche Fortschritte gemacht, und langsam beginnt sich ein differenziertes Bild herauszukristallisieren, das weniger stark als das traditionelle von Stereotypen und Vorurteilen geprägt ist. So hat Guido Schepens kürzlich gezeigt, daß sich die Arbeitsweise der hellenistischen Biographen nicht grundsätzlich von derjenigen der Historiker unterschied und daß die strikte Scheidung von Biographie und Historiographie, wie sie Arnaldo Momigliano für die Antike angenommen hat,[2] nicht aufrechtzuhalten ist.[3] Graziano Arrighetti hat die Überschneidungsbereiche von Dichter-Bioi und literaturwissenschaftlichen Werken deutlich gemacht,[4] und ich selbst habe zu zeigen versucht, daß Werke mit dem Titel *Über + Eigenname eines Dichters*

---

[1] Für die peripatetischen Autoren existiert die Sammlung von Wehrli 1967–1978. Neueditionen der meisten Autoren mit Übersetzung und Aufsätzen nun in der Reihe *Rutgers University Studies in Classical Humanities* (RUSCH); für die Biographie sind hierbei von Interesse: Demetrios von Phaleron: Stork – Van Ophuijsen – Dorandi 2000; Dikaiarchos: Mirhady 2001; Hieronymos von Rhodos: White 2004; Ariston von Keos: Stork – Dorandi – Fortenbaugh – Van Ophuijsen 2006; Herakleides Pontikos: Schütrumpf – Stork – Van Ophuijsen – Prince 2008; [Chamaileon von Herakleia: Martano 2012; Phainias von Eresos: Engels 2015]; die Fragmente des Satyros in Schorn 2004, die des Antigonos von Karystos in Dorandi 1999; die Archilochosinschriften von Paros nun in Ornaghi 2009. Von den Bänden von *Die Fragmente der Griechischen Historiker Continued* sind erschienen: IV A 1: The Pre-Hellenistic Period: Schepens 1998; IV A 3: Hermippos: Bollansée 1999a; IV A 7: Imperial and Undated Authors: Radicke 1999; [Von den Biographen in FGrHist IV sind inzwischen einige online erschienen. Der wichtigste ist Dikaiarchos, FGrHist 1400 von Gertjan Verhasselt, die Druckausgabe folgt 2018]. Ein Überblick über die hellenistische Biographie in Schorn 2014a.
[2] Momigliano 1993.
[3] Schepens 2007; vgl. auch Schorn 2007 zum Historiker und Biographen Neanthes [= Kap. 1 in diesem Band]. Die Beiträge im Sammelband, in dem beide Aufsätze erschienen sind, stellen einen wichtigen Schritt hin zu einem besseren Verständnis der Gattung dar.
[4] Arrighetti 2006, 269–301 (zuerst 1994).

(Περὶ τοῦ δεῖνα) nicht grundsätzlich Kommentare waren, wie seit Friedrich Leo zumeist angenommen wurde,[5] sondern bisweilen inhaltlich und formal antiken Dichter-Βίοι entsprechen konnten.[6]

An dieser Stelle soll die Frage nach dem Verhältnis zwischen Biographie und Doxographie behandelt werden. In seinem grundlegenden Buch zur Arbeitsweise des Diogenes Laertios hat Jørgen Mejer im Jahr 1978 die These aufgestellt, daß in der Zeit vor Diogenes Biographie und Doxographie in unterschiedlichen Werken behandelt worden seien und daß erst Diogenes als Erfinder des Genres Bio-Doxographie zu gelten habe. Einige Wissenschaftler haben allerdings in der Folgezeit auf Werke aus der Zeit *vor* Diogenes hingewiesen, die einer solchen strikten Trennung widersprechen, und haben dafür plädiert, die verschiedenen literarischen Genres nicht als strikt voneinander geschieden zu erachten. Aufbauend auf diesen Beiträgen, in denen schon wichtige Erkenntnisse zu finden sind,[7] soll im folgenden ein Überblick gegeben werden, in welchem Umfang wir im Hellenismus mit bio-doxographischen Schriften zu rechnen haben. Ich beschränke mich dabei auf eine | [28] Analyse der namentlichen Fragmente, ohne zu versuchen, mit Hilfe der Quellenforschung Spuren bio-doxographischer Werke aus dieser Zeit in späteren Werken aufzuspüren.[8]

Da viele Schriften, um die es im folgenden geht, nur ungenau zu datieren sind und das traditionelle Ende der hellenistischen Zeit mit der Eroberung Ägyptens durch die Römer keinerlei Einfluß auf die Entwicklung der literarischen Formen hatte, um die es hier geht, sollen auch Werke mit in die Betrachtung einbezogen werden, die in den ersten Jahrhunderten der Kaiserzeit, also vor Diogenes

---

5 Leo 1901.
6 Schorn 2007/2010 [= Kap. 3 in diesem Band].
7 Mansfeld 1986a, v.a. 303–310 ist der wichtigste Beitrag zur Frage; vgl. seine späteren Bemerkungen: Mansfeld 1999, 25; siehe auch Giannattasio Andria 1989, v.a. 18–21; Aronadio 1990, v.a. 208; 214–216; Runia 1999, 43–44. Skepsis gegenüber der These Mejers von Diogenes als dem Erfinder der Bio-Doxographie auch in der Rezension von Gigante 1983b, der aber nicht näher auf die Frage eingeht; [vgl. Gigante 1986, 20–21; 1998, XLVII; L; Giannantoni 1990, IV 29; Goulet-Cazé 1992, 3932]. Auch in seinem Büchlein *Überlieferung der Philosophie im Altertum* aus dem Jahr 2000 rückte Mejer nicht von seinen Ansichten ab.
8 Eine Untersuchung späterer Werke kann aber durchaus fruchtbar sein. So macht Mansfeld 1986a, 304 darauf aufmerksam, daß bestimmte doxographische Informationen bei Diogenes Laertios sowohl in den biographischen als auch in den doxographischen Partien zu finden sind. Ich gehe auch nicht auf andere Genres wie die Techne-Literatur ein, die interessante Parallelen liefern können. Auch hierfür verweise ich auf Mansfeld 1986a, 306–307. Interessante Bemerkungen über das Zusammenfließen der *Diadochai*- und *Peri haireseon*-Literatur in der Zeit vor Diogenes Laertios bei Aronadio 1990, v.a. 221.

Laertios, entstanden. Dies ist zudem nötig, um Mejers These adäquat einschätzen und Rückschlüsse auf die Zeit des Hellenismus ziehen zu können.

Einige Präzisierungen sind noch erforderlich. Erstens, was ist Doxographie? Der Begriff ist bekanntermaßen nicht antik, sondern eine Schöpfung von Hermann Diels.[9] Ich verwende ihn für „the systematical collection and sometimes analysis of views held by others, for the purpose of polemics, research, edification, or delectation".[10] Es spielt für mich daher keine Rolle, in welcher Form die Lehren angeordnet sind: nach Themen, einzelnen Philosophen oder Schulen.[11] Wenn ich daher nach Doxographischem in Biographien Ausschau halte, geht es nicht um gelegentliche Hinweise auf Lehrer-Schüler-Verhältnisse, die dogmatischen Einfluß erklären sollen, Hinweise auf (fehlende) Übereinstimmung zwischen Leben und Lehre (wofür entsprechende Lehrmeinungen erwähnt werden mußten) oder 'Biographisierung' von Lehren in Form von Apophthegmen und Anekdoten. Es geht vielmehr um in sich geschlossene Darstellungen der Lehre, die nicht zur Illustration oder Erklärung eines bestimmten biographischen Faktums gegeben werden, sondern um den Leser über die Lehre eines Philosophen zu informieren.[12] Umgekehrt, zweitens, suche ich in primär doxographischen Werken nicht nach Lehrer-Schüler-Verhältnissen oder Datierungen, sondern nach Biographischem/Anekdotischem, das berichtet wird, ohne daß dies zum Verständnis der Lehre erforderlich ist. Mit anderen Worten: ich suche nach Werken, die dem des Diogenes Laertios vergleichbar sind, bzw. Werken, in denen Informationen über Leben *und* Lehre der Philosophen in solchem Umfang zu finden

---

9 Diels 1879.
10 Mansfeld 1986b, 3 = 1990, 24.
11 Runia 1999, *passim*, v.a. 52 schließt seine ausgezeichnete Diskussion des Terminus Doxographie mit einer Differenzierung: Doxographie in einem engeren Sinn nach Art der *Placita*-Literatur (siehe unten) und in einem weiteren Sinn, „to describe systematic presentations of the thought of individual philosophers (the potted doxographies in Diogenes Laertius) or of schools of thought in the *On the schools of thought* literature". Er will aber nicht doxographische Passagen in Werken des Cicero oder Sextus Empiricus oder die Beschreibung und anschließende kritische Besprechung der Lehren anderer Schulen bei Plutarch als Doxographie gelten lassen; ebenso Mansfeld 1999, 19. Dann würde vielleicht auch Aristokles' *Über Philosophie* nicht als doxographisch zu erachten sein; zu diesem Werk siehe unten, S. 328–332. Ich verwende aus Gründen der Einfachheit den Begriff etwas weiter. Es geht mir um die Frage, wo und wie Material über die Lehren der Philosophen in mehr oder weniger systematischer Form überliefert wurde, und einen besseren Terminus als Doxographie, mit dem man entsprechende Texte bezeichnen könnte, kenne ich nicht.
12 Ich bin mir natürlich bewußt, daß im antiken Sinn auch ein selbständiges Kapitel über die Lehre eines Philosophen in einer Biographie als ein ἔργον des Porträtierten aufgefaßt werden konnte, das Rückschlüsse auf den Charakter bzw. die Leistung des Philosophen erlaubt.

waren, daß ein Leser für beide Bereiche auf sie zurückgreifen konnte. Zum Beweis seiner These untersucht Mejer eine Reihe doxographischer und biographischer 'Gattungen'[13] des Hellenismus. Seine Argumentation soll im folgenden als Leitfaden der Darstellung dienen und überprüft werden.

9.2 Doxographische Werke

Mejers Untersuchung der doxographischen Gattungen der Περὶ αἱρέσεων-Schriften und der *Placita*-Literatur sind im Hinblick auf unsere Fragestellung weitgehend überzeugend. Werke Περὶ αἱρέσεων schrieben | [29] Eratosthenes (FGrHist 241 T 1), Hippobotos (F 1–4 Gigante), Panaitios (F 49 van Straaten = 141 Alesse), Kleitomachos (F 10 Mette), Apollodoros (in Diog. Laert 1,60), Areios Didymos (in Stob. 2,1,17), Theodoros (F 47 Winiarczyk = SSR IV H 15) und Varro (F 400–403 Buecheler),[14] wobei lediglich von Areios Didymos' Werk umfangreiche Reste erhalten sind. Bei diesen Schriften handelt es sich um systematische Darstellungen der Lehren bestimmter Denkschulen.[15] Abgesehen von sehr vereinzelten Angaben über Herkunft oder Schülerschaft von Philosophen ist biographische Information dort offenkundig bewußt ausgespart. Der Fokus liegt auf den Denkschulen, nicht auf den einzelnen Denkern.[16] Interessanterweise wird aus einem Frag-

---

13 Das Wort 'Gattung' wird in meinem Beitrag in einem nicht-strikten Sinn für Schriften ähnlichen Charakters mit meist identischen oder ähnlichen Titeln verwendet.
14 Die Liste aus Mejer 1978, 76, seine Diskussion der Gattung auf S. 75–81; vgl. Mejer 2000, 31–33; Runia 1999, 41–42; Mansfeld 1999, 19–23 (mit weiterer Literatur). Erhalten ist eine medizinische Schrift Galens Περὶ αἱρέσεως τοῖς εἰσαγομένοις (in: *Scripta minora* III 1–32 Helmreich), welche die allgemeine Einschätzung der philosophischen Werke dieses Typs bestätigt, wie alle genannten Interpreten zu Recht betonen.
15 So die Definition Mejers 1978, 78: „a systematic account of the doctrines of each philosophical school"; vgl. Runia 1999, 41, der betont, daß 'Denkschule' eine bessere Übersetzung als 'Philosophenschule' ist, „because it indicates that the primary distinguishing mark was doctrinal rather than institutional"; Mansfeld 1999, 21–23.
16 Siehe Mejer 1978, 80. Mejer 1987, 78–80 lehnt daher zu Recht die unbeweisbare These von Budde 1914 aber, der viele spätere Interpreten gefolgt waren, nach der zahlreiche biographische Fragmente des Panaitios, die ohne Buchangabe überliefert sind, aus Περὶ αἱρέσεων stammen sollen. Noch Wehrli 1967–1978, Suppl. II 18 spricht, von dieser Interpretation beeinflußt, von den Περὶ αἱρέσεων-Werken als einer „Spielform[en] biographischer Sammlungen"; vgl. dort, 14–15. Man darf zur Bestätigung Mejers ergänzen, daß die kürzlich neuentdeckte Galenschrift Περὶ ἀλυπίας (14–15) gezeigt hat, daß die Angaben des Panaitios über Platons Schriftstellerei aus einer bisher unbekannten kommentierten Platonausgabe des Panaitios oder der Einleitung zu dieser Platonausgabe stammen, nicht aus Περὶ αἱρέσεων, was man als Warnung vor allzu bereitwilligen Zuweisungen an bekannte Schriften sehen sollte; vgl. Gourinat 2008. Mejer ist auch zuzu-

ment deutlich, daß dort auch Polemik zu finden sein konnte, was deutlich macht, daß diese Werke nicht immer dem Zweck dienten, objektive Informationen bereitzustellen.[17] Wie Jaap Mansfeld feststellt: „Another aim could be to defend the views of a particular school against those of the others".[18]

Auch die *Placita*-Literatur, d.h. die Werke, die Diels in *Doxographi Graeci* sammelte und rekonstruierte und in denen unter bestimmten Überschriften die Meinungen verschiedener Philosophen zu bestimmten Themen aufgelistet waren, war ebensowenig biographisch wie die Werke Περὶ αἱρέσεων, auch wenn dort gelegentlich knappe Angaben zu Herkunft, Vater, Schülerschaft o.ä. zu finden sind.[19]

Im einzigen Fragment der Συναγωγὴ τῶν δογμάτων des Apollororos (wohl des 'Kepotyrannos') finden wir allerdings eher als biographisch zu klassifizierende Informationen. Der Autor will zeigen, daß Epikur weitaus mehr geschrieben habe als Chrysippos, da dieser exzessiv aus anderen Autoren zitiere. Nimmt man die Zitate weg, so der Epikureer, bleibe ein leeres Blatt übrig.[20] Hier scheint also Biographisches und Doxographisches nicht strikt getrennt gewesen zu sein.

9.3 Biographien

Was die Fragmente der Philosophenbiographien (Βίοι, Περὶ τοῦ δεῖνα) betrifft, kommt Mejer zu dem Ergebnis, daß dort sehr wenige Angaben über deren Lehre zu finden gewesen seien.[21] Ausnahmen seien Apophthegmen, Anekdoten, 'Erfindungen' (das heißt das Thema des πρῶτος εὑρετής) und Abhängigkeiten in der

---

stimmen, daß es keinen Grund gibt anzunehmen, daß Panaitios' Περὶ Σωκράτους, in dem von der Bigamie des Sokrates die Rede war (F 132–133 van Straaten = 142–143 Alesse), Teil von Περὶ αἱρέσεων war.

17 Im einzigen Fragment der Schrift des Theodoros bei Diog. Laert. 2,65.
18 Mansfeld 1999, 21.
19 Zu diesen Schriften siehe Mejer 1978, 81–89 (eine Liste von Werken aus der Zeit vor Diogenes Laertios auf S. 86–87); Runia 1999, 40–41; Mansfeld 1999, 19–23; was an Biographischem dort zu erwarten ist, zeigen die 'Biographie' des Thales in Aet. 1,3,1 (einzige 'überflüssige' Information ist der Aufenthalt des Thales in Ägypten, was aber so zu verstehen ist, daß er dort philosophisch inspiriert wurde) oder die Bemerkungen über Pythagoras 1,3,9 (Pythagoras flieht vor Polykrates nach Italien, was den Namen 'Italische Schule' erklärt); nur von diesen beiden Archegeten finden sich bei Aetios Mini-Biographien; vgl. Mansfeld 1992, 20–26, v.a. 25; Mansfeld – Runia 2009, I 79–80.
20 [Apollodor. Epic., FGrHist 1028 T 6 = F 2 = Diog. Laert. 7,181; vgl. dazu meinen Kommentar in der Online-Version von FGrHist IV.]
21 Zum Folgenden siehe Mejer 1978, 90–93.

Lehre von Ansichten anderer (die dann natürlich erwähnt werden mußten). Philosophische Lehren seien dort aber nicht in adäquater Weise dargestellt gewesen, die erwähnten 'doxographischen' Elemente hätten der Charakterisierung der Philosophen gedient. Mejer findet in den Biographien aus der Zeit vor 200 v.Chr. nur eine einzige ernsthafte Diskussion einer philosophischen Lehrmeinung, beim Akademiker Xenokrates, der in einem Fragment der Schrift Περὶ τοῦ Πλάτωνος βίου die fünf platonischen Elemente erörtert.[22] Für die Zeit nach 200 v.Chr. diagnostiziert Mejer, daß die Zahl der Philosophenbioi abgenommen habe und daß in | [30] den Fragmenten keine signifikanten Diskussionen philosophischer Ansichten mehr zu finden seien. Das grundsätzliche Fehlen doxographischer Angaben in der vor-diogenischen Biographie sei zudem keine Folge einer einseitigen Auswahl unserer Quellenautoren Diogenes Laertios und Athenaios. Zur Stützung dieser Ansicht verweist er auf die umfangreichen Reste der Biographien des Antigonos von Karystos, die vollständig erhaltene *Demonaxbiographie* Lukians und die anonyme *Philonidesbiographie* (P. Herc. 1044): „none of them contains anything resembling a discussion of philosophical views or a doxographical section".[23]

Im allgemeinen stimme ich Mejers Beobachtungen zu. Dennoch scheinen mir einige Einschränkungen nötig zu sein. Mansfeld hat zu Recht auf ein bio-doxographisches Werk aus der Zeit vor Diogenes Laertios verwiesen, das Mejer entgangen war:[24] Apuleius' *De Platone* (2. Jh. n.Chr.). Es besteht aus einer Biographie Platons, auf die eine Darstellung seiner Physik und Ethik folgt.

Ein zweites Werk, das hier zu erwähnen ist, ist das Περὶ Πλάτωνος des Platonschülers Hermodoros von Syrakus.[25] Die einzigen sicheren Fragmente aus diesem Werk stellen zwei doxographische Passagen dar, die Simplikios erhalten hat.[26] Ohne Angabe der Schrift überliefert Diogenes Laertios zwei biographische Fragmente des Hermodoros über Platon.[27] Ist es wahrscheinlich, daß diese in einem anderen Werk als Περὶ Πλάτωνος standen? Περὶ τοῦ δεῖνα-Schriften können, wenn es um Dichter oder Redner geht, Kommentare sein. Dies hält auch Mejer im Falle von Hermodoros' Werk für möglich und schließt es daher aus seiner Liste bio-doxographischer Werke aus. Mir ist aber keine Περὶ τοῦ δεῖνα-Schrift

---

22 FGrHist 1010 F 1a–c = F 264–266 Isnardi Parente.
23 Mejer 1978, 93.
24 Mansfeld 1986a, 305.
25 Mejer 1978 bespricht es in einer Fußnote: 90 Anm. 58. Mansfeld 1999, 25 verweist auch auf diese Schrift als Beleg gegen die strikte Trennung von Biographie und Doxographie.
26 FGrHist 1008 F 2a/b = Hermod. F 7–8 Isnardi Parente = Simp. *In Ph.* p. 247,30–248,15 Diels und ebenda p. 256,31–257,4 Diels.
27 FGrHist 1008 F 1 (als F von Περὶ Πλάτωνος) = Diog. Laert. 2,106 und 3,6.

über einen Philosophen bekannt, die nicht auch biographisch war. Philodem erklärt zudem in einem Testimonium, das Mejer nicht bekannt zu sein scheint, Hermodoros habe περὶ αὐτ[ο]ῦ geschrieben, über Platon.[28] Er sagt nicht, über dessen Philosophie. Es kann daher kaum bezweifelt werden, daß Περὶ Πλάτωνος bio-doxographisch war. Nimmt man dieses Werk zusammen mit dem des Xenokrates, könnte dies darauf hinweisen, daß in der Anfangsphase der Biographie im 4. Jh. v.Chr. bio-doxographische Darstellungen nicht so vereinzelt waren, wie uns dies aufgrund der Überlieferung erscheint.

Was die berühmten Philosophenbiographen der hellenistischen Zeit betrifft, so gibt der Überlieferungsbefund Mejer weitgehend recht: bei Hermippos, Satyros, Antigonos von Karystos, Neanthes und anderen findet sich in der Tat kein nennenswertes Interesse an den Lehren der Philosophen, jedenfalls keines, das nicht im Dienst der Charakterisierung der Philosophen steht. Hinsichtlich Aristoxenos, den frühesten uns bekannten Autor von Βίοι, wäre ich etwas vorsichtiger als Mejer, denn es gibt in seinem biographischen Werk Hinweise, welche die soeben gemachte Beobachtung über die Frühphase der Philosophenbiographie zu bestätigen scheinen. Die Fragmente seiner *Sokrates-* und *Platonbiographie* sind rein | [31] biographischer Art. In seiner *Pythagorasbiographie* ist die Situation allerdings weniger eindeutig. Die meisten Aristoxenosfragmente über Pythagoras, die pythagoreische Lebensweise und die pythagoreische Lehre sind ohne Buchtitel überliefert, so daß es nicht immer klar ist, ob sie Βίος Πυθαγόρου bzw. Περὶ τοῦ Πυθαγόρου καὶ τῶν γνωρίμων αὐτοῦ (beide Titel sind überliefert), Περὶ τοῦ Πυθαγορικοῦ βίου, Πυθαγορικαὶ ἀποφάσεις oder noch anderen Werken entstammen. F 12 Wehrli, das Hippolytos ohne Werkangabe überliefert,[29] berichtet von einem Besuch des Pythagoras beim Chaldäer Zaratas. In diesem Zusammenhang wird ausführlich die Lehre des Zaratas referiert, die Pythagoras von ihm gehört habe. Diese Passage kann ohne weiteres als doxographisch klassifiziert werden. Dennoch macht es die biographische Einbettung sehr wahrscheinlich, daß es sich um ein Fragment aus der *Pythagorasbiographie* handelt, und entsprechend ordnet es Wehrli auch ein. Höchst interessant ist ein weiteres – diesmal sicher bezeugtes – Fragment seiner *Archytasbiographie* (F 50 Wehrli).[30] In einem biographischen Kontext findet sich dort eine lange doxographische Passage, drei volle

---

28 FGrHist 1008 T 1 = Phld. *Ind. Acad.*, P. Herc. 1021, col. VI 6–8.
29 Hippol. *Haer.* 1,2,12–14 = Diels 1879, 557. Wehrli 1967–1978, II 50–51 verweist zu Recht darauf, daß nicht alles, was bei Hippolytos steht, auf Aristoxenos zurückgehen kann. Er wird dort zusammen mit Diodoros von Eretria zitiert, der ihn wohl seinerseits zitiert hatte. Es spricht aber nichts dagegen anzunehmen, daß der Großteil der Doxographie auf Aristoxenos zurückgeht.
30 F 50 Wehrli = Ath. 12,545a–546c.

Seiten in Kaibels Edition des Athenaios, der es überliefert. Es handelt sich um einen Ausschnitt aus einem Gespräch zwischen Archytas und seinem Schüler Polyarchos, der eine strikt hedonistische Lebensauffassung vertrat. Diese legt er hier ausführlich dar. Die Entgegnung des Archytas, die sicher nicht weniger ausführlich war,[31] hat Athenaios seinem Interesse entsprechend nicht mehr zitiert. Es wird also deutlich, daß wir beim Philosophen Aristoxenos mit weitaus mehr Angaben über die Philosophie seiner Protagonisten – und anderer – rechnen müssen als vielleicht bei anderen Biographen. Wenn die wenigen Zeugnisse nicht täuschen, waren sie zwar in biographische Kontexte eingebettet, aber sie waren in seinen Biographien zu finden, und zwar in so ausführlicher Form, daß sie einen Eindruck von der jeweiligen Lehre vermittelten.

Hier ist ein weiteres Werk zu nennen, das Mejer nur in einer Fußnote bespricht und das seiner Grundthese widerspricht:[32] die anonyme *Pythagorasbiographie* (Βίος Πυθαγόρου), von der Photios einen langen Auszug überliefert, der zu Beginn kurz biographisch, ansonsten aber rein doxographisch ist.[33] Mejer versucht die Schrift ohne zwingende Gründe spät zu datieren (nach der Mitte des 2. Jh.s n.Chr.), doch überzeugen die gewöhnlichen Datierungen ins 1. Jh. v. oder 1. Jh. n.Chr. mehr.[34] Hier haben wir es also mit einem weiteren bio-doxographischen Βίος zu tun, der lange Zeit vor Diogenes Laertios entstanden ist.[35] Mejer spricht

---

31 Über das, was auf der Basis der Adaption des Gesprächs in Ciceros *Cato maior* (39–41) darüber vermutet werden kann, siehe Wehrli 1967–1978, II 64–65. Man beachte auch bei Cicero den nicht geringen Umfang des Referats der Meinung des Archytas.
32 Mejer 1978, 91–92 Anm. 60.
33 Phot. *Bib.* cod. 249 p. 438b–441b.
34 Siehe z.B. Dörrie – Baltes 1990, II 261–263: 1. Jh. v. oder n.Chr.
35 Zwei Schriften, denen in der Forschung bio-doxographischer Charakter bescheinigt wurde, bleiben hier außer Betracht: Im Hinblick auf Hippobotos spricht Engels 2007, 173 u.ö. von einem „bio-doxographischen Reihenwerk unter dem Titel Φιλοσόφων ἀναγραφή". Allerdings schrieb Hippobotos auch Περὶ αἱρέσεων, und in den meisten Fällen wissen wir nicht, aus welchem der beiden Werke die Fragmente stammen (gesammelt von Gigante 1983a). Etwas später erklärt Engels (179): „Die beiden vollständigen Werke des Hippobotos dürften sich zu ihrer Entstehungszeit damit gegenseitig zu einer bio-doxographischen Gesamtdarstellung der griechischen Philosophie ergänzt haben". Dies ist gut möglich. Aber dann handelt es sich nicht um *ein* Werk, sondern um *mehrere*, in denen die Bereiche Biographie und Doxographie (entsprechend der These Mejers) getrennt waren. Runia 1999, 44 erklärt hinsichtlich der *Verspottung der heidnischen Philosophen* des Hermeias (um 200 n.Chr.; ed. Hanson 1993): „The combination of biographical and doxographical information makes it into a kind of miniature Diogenes, except that its tone is entirely different". Ich sehe dort nichts eigentlich Biographisches, sicher keine Biographien. Allenfalls findet sich im Rahmen der Polemik gegen die Lehren der heidnischen Philosophen die eine oder andere witzige Bemerkung mit einem biographischen Hintergrund, etwa daß Empedokles vom Ätna aus schreiend seine Lehre verkündete (§ 8), was auf den Tod des Philosophen

von einer Ausnahme, die mit der Sonderstellung des Pythagoras und des Pythagoreismus zu tun habe, bei denen Leben und Lehre in engerer Weise miteinander verbunden seien als in anderen Philosophenschulen. Es hat sich aber schon oben gezeigt und es wird sich auch noch im folgenden zeigen, daß bio-doxographische Darstellungen in der Zeit vor Diogenes nicht auf Pythagoras und seine Schule beschränkt waren. | [32]

Es scheint mir für ein besseres Verständnis der Fragmente der hellenistischen Biographie von Nutzen zu sein, auch einen Blick auf ihre Überlieferung im allgemeinen zu werfen. Denn Mejer unterschätzt meines Erachtens die Rolle, welche die Auswahlkriterien und Arbeitsweise unserer wichtigsten Quellenautoren im Überlieferungsprozeß gespielt haben. Antigonos, Lukian und die *Vita des Philonides*, auf die er als Beispiele für doxographielose Biographien verweist, beweisen nicht viel. Antigonos ist nicht im Original erhalten, sondern fast ausschließlich durch Zitate bei Philodem und Diogenes Laertios. Die Auswahl kann hier also einseitig sein. Die *Vita des Philonides* und die genannte Lukianschrift enthalten in der Tat keine separaten doxographischen Sektionen. Dies beweist aber nur, daß in der Zeit vor Diogenes Biographien ohne Doxographie möglich waren, nicht aber, daß alle Biographien diese Form hatten. Denn auch bio-doxographische Werke sind bezeugt (siehe oben).

Was an der Überlieferung auffällt, ist das Folgende: die Fragmente der hellenistischen Biographie, die durch unsere primären Quellenautoren überliefert werden (Diogenes, Athenaios, Philodem in der Σύνταξις τῶν φιλοσόφων und in geringerem Umfang auch Plutarch), sind praktisch ausnahmslos biographisch. Dies hat aber 1) damit zu tun, daß einige dieser Autoren in den entsprechenden Schriften primär oder ausschließlich an Biographischem interessiert waren und nicht an Doxographischem. Dies ist der Fall bei Athenaios – denn das Referat der Lehre des Polyarchos findet sich dort nur wegen Athenaios' Interesse an Luxus und üppigem Lebensstil – und bei Philodem in den Schriften der *Syntaxis*. Es hat 2) auch damit zu tun, daß antike Autoren sich vor allem für Biographisches auf Quellen berufen, nicht aber für Doxographisches – zumindest nicht auf ihre Zwischenquellen. Dies ist besonders gut bei Diogenes zu sehen, dessen doxographische Passagen weitgehend ohne Quellenangaben auskommen, was seine Zwischenquellen betrifft, während er in den biographischen Passagen einer der zitierfreudigsten Autoren überhaupt ist. In ähnlicher Weise gilt dies für Plutarch. Auch die Autoren doxographischer Werke und diejenigen Autoren, die in größerem Umfang aus der doxographischen Tradition zitieren, nennen zumeist die

---

durch einen Sprung in den Vulkan anspielt. Über das Leben der Philosophen erfährt man dort so gut wie nichts.

verwendeten Zwischenquellen nicht. Man denke nur daran, daß von den acht oben genannten Autoren von Werken Περὶ αἱρέσεων sechs nur durch jeweils ein Fragment oder Testimonium bekannt sind. Doxographische Information wurde also weitaus seltener mit dem Namen der Zwischenquelle überliefert als biographische.

Es ist bezeichnend, daß die Fragmente hellenistischer Biographien, die doxographischen Inhalts sind, größtenteils durch Autoren erhalten sind, die *nicht* zu den großen Quellenautoren gehören: im Fall von Xenokrates und Hermodoros durch Simplikios (in seinen Aristoteleskommentaren), das mögliche Fragment aus Aristoxenos' *Pythagorasbiographie* durch Hippolytos (im *Elenchos*) und das Referat aus der anonymen *Pythagorasbiographie* durch | [33] Photios, der nur wenige Philosophenbiographien in seiner *Bibliothek* zusammenfaßte. Solche Zufallstreffer außerhalb des üblichen Stroms der Überlieferung sind allerdings selten, gäbe es mehr, wüßten wir wohl von der Existenz einer größeren Zahl biodoxographischer Werke. Diese Einschätzung wird auch durch den Überlieferungsbefund der *Diadochai* bestätigt, auf den ich sogleich noch zu sprechen komme.

Ich will nun aber nicht so weit gehen zu postulieren, daß in allen hellenistischen Biographien doxographische Passagen vorhanden waren und daß das Fehlen von Belegen dafür auf die einseitige Überlieferung zu schieben ist. Im Gegenteil. Bei einem Autor wie Hermippos, für den es eine relativ breite Überlieferung gibt, kann das Fehlen doxographischer Elemente in den Fragmenten kein Zufall sein,[36] auch bei Satyros scheint mir ihre Existenz unwahrscheinlich zu sein, wenngleich bei ihm die Überlieferung der Fragmente der Philosophenbiographien auf einer schmalen Quellenbasis beruht, ebenso beim Historiker und Biographen Neanthes und bei Antigonos von Karystos.[37] Aber in vielen Fällen kann auf die Frage nach dem Vorhandensein oder Fehlen doxographischer Passagen in hellenistischen Biographien keine Antwort gegeben werden, da kaum Fragmente erhalten sind und diese noch dazu durch unsere primären Quellenautoren überliefert werden. Man muß daher mit einer nicht ganz unerheblichen 'Dunkelziffer' rechnen.[38]

---

[36] Zu einigen philosophischen Aspekten und der Rolle der Philosophie in seinen Werken siehe Bollansée 1999b, 96–97. Hinweise auf Doxographien sieht auch er nicht.

[37] Zu Satyros: Schorn 2004, 50; zu Neanthes: Schorn 2007, 149 [= oben, S. 42]; zu Antigonos: Dorandi 2002, LXXVII mit Anm. 1.

[38] Das Studium des Einflusses der Quellenautoren auf die Überlieferung der hellenistischen historischen Literatur steckt noch in den Kinderschuhen. Zur Rolle des Athenaios für unsere (oft verzerrte) Kenntnis dieser Texte siehe die Beiträge in Lenfant 2007; zur Literaturkenntnis des Athenaios siehe Zecchini 1989.

9.4 Diokles von Magnesia

Einen interessanten Fall stellt Diokles von Magnesia dar.[39] Er wird gewöhnlich ins 1. Jh. v.Chr. datiert, doch ist diese Datierung unsicher. Sie beruht allein auf der Identifizierung des Autors mit dem Adressaten des *Kranzes* des Meleagros, die unsicher ist.[40] Der einzige Autor, der ihn zitiert und so einen *terminus ante quem* liefert, ist Diogenes Laertios. Er verweist auf ihn zumeist für biographische Angaben ohne Angabe des Werkes.[41] An zwei Stellen zitiert er für biographische Angaben Diokles' Βίοι τῶν φιλοσόφων (2,54: Ausbildung der Söhne Xenophons in Sparta) bzw. Περὶ βίων φιλοσόφων (2,82: Anekdote über Aristippos und den Tyrannen Dionysios). Für die stoische Doxographie, die 7,48 eingeleitet wird und 7,49 beginnt und deren Umfang in der Forschung vieldiskutiert ist,[42] beruft sich Diogenes auf Diokles' Ἐπιδρομὴ τῶν φιλοσόφων. Auf der Basis des bisher Beschriebenen liegt die Vermutung nahe, Diokles habe eine doxographische *Epidrome*, d.h. eine *Kurze Darstellung <der Lehren> der Philosophen* und eine Biographiensammlung verfaßt. Problematisch ist allerdings ein zweites Zitat aus der *Epidrome*, genaugenommen aus dem 3. Buch, das sich in Diogenes' *Epikurbiographie* findet (10,10–11). Textgestaltung und Abgrenzung des Diokles-Zitats sind dort unsicher. Dennoch sind sie entscheidend für die Frage nach dem Inhalt der *Epidrome*. Usener grenzt die Zitate an dieser Stelle folgendermaßen voneinander ab:[43] | [34]

---

[39] Eine Fragmentsammlung fehlt und wird im Rahmen von *FGrHist Continued* erstellt werden; [Pietro Zaccaria, der im Rahmen einer Leuvener Dissertation an dieser Edition arbeitet, hat inzwischen einige Vorstudien vorgelegt: Zaccaria 2016a; 2016b; 2017a; 2017b]. Müller verweist nur kurz in FHG III 74 in Anm. ** auf diesen Autor. Eine Liste der Stellen, an denen er erwähnt wird, bietet Goulet 1994b zusammen mit einem *status quaestionis* und reicher Bibliographie.
[40] Zur Problematik mit Verweisen auf die Forschungsliteratur siehe Goulet 1994b, 775–776.
[41] Die Stellen bei Goulet 1994b, 775. Bemerkenswert ist die längere Liste von Apophthegmen des Antisthenes (Diog. Laert. 6,12–13). Hier ist es besonders bedauerlich, daß wir nicht wissen, aus welcher Schrift sie stammt.
[42] Nach Celluprica 1989 umfaßt das Zitat lediglich § 49, nach Mansfeld 1986a, 351–373 und Hahm 1992, 4145–4151 §§ 49–53 (was mehr Wahrscheinlichkeit für sich hat), nach anderen geht das Zitat noch weiter. Eine Doxographie der modernen Interpretationen bei Celluprica 1989, 58–59.
[43] Vgl. zum Text auch Schorn zu FGrHist 1028 F 4; Usener 1887, XXVI; etwas anders die Textgestaltung in seiner Edition, in der er auf S. 364 schreibt: Οἳ καὶ πανταχόθεν πρὸς αὐτὸν ἀφικνοῦντο – καθά φησι Ἀπολλόδωρος· ὃν καὶ ὀγδοήκοντα μνῶν πρίασθαι Διοκλῆς δὲ ἐν τῇ τρίτῃ τῆς Ἐπιδρομῆς φησιν – εὐτελέστατα ...; gemeint scheint dasselbe zu sein; die Übersetzung von I. Ramelli in der italienischen Ausgabe der *Epicurea* (S. 773; vgl. 17) folgt einer anderen Interpretation des Textes. Ähnlich wie Usener auch Arrighetti 1973, der ὃν καὶ ... Ἐπιδρομῆς φησιν als Einschub tilgt. In ihrer Übersetzung folgen dieser Textgestaltung u.a. J.-F. Balaudé, in: Goulet-Cazé 1999a,

Οἳ καὶ πανταχόθεν πρὸς αὐτὸν ἀφικνοῦντο καὶ συνεβίουν αὐτῷ ἐν τῷ κήπῳ, καθά φησι καὶ Ἀπολλόδωρος (ὃν καὶ ὀγδοήκοντα μνῶν πρίασθαι· Διοκλῆς δὲ {δέ von Roeper vielleicht zu Recht gestrichen} ἐν τῇ τρίτῃ τῆς Ἐπιδρομῆς φησιν) εὐτελέστατα καὶ λιτότατα διαιτώμενοι. Κοτύλῃ γοῦν, φησίν, οἰνιδίου ἠρκοῦντο, τὸ δὲ πᾶν ὕδωρ ἦν αὐτοῖς ποτόν.

Sie aber (= Epikurs Schüler) kamen von überallher zu ihm und lebten mit ihm im Garten, wie auch Apollodoros sagt (diesen habe er für 80 Minen gekauft; Diokles aber sagt dies im dritten Buch der *Epidrome*), wobei sie in sehr einfacher und schlichter Weise lebten. Sie waren, sagt er, mit einer Kotyle Wein zufrieden, für gewöhnlich aber diente ihnen Wasser als Trank.

Nach dieser Interpretation geht die Angabe über den Preis des Kepos auf Diokles zurück, eine im antiken Sinn biographische Angabe, die in einem rein doxographischen Werk nicht zu erwarten ist. Marcovich hingegen trennt in der Nachfolge älterer Herausgeber anders ab:[44]

Οἳ καὶ πανταχόθεν πρὸς αὐτὸν ἀφικνοῦντο καὶ συνεβίουν αὐτῷ ἐν τῷ κήπῳ, καθά φησι καὶ Ἀπολλόδωρος (ὃν καὶ ὀγδοήκοντα μνῶν πρίασθαι). Διοκλῆς δὲ ἐν τῇ τρίτῃ τῆς Ἐπιδρομῆς φησιν εὐτελέστατα καὶ λιτότατα <αὐτοὺς> {Zufügung von Marcovich} διαιτωμένους {Konjektur von Gassendi und Menagius für διαιτώμενοι BP und διαιτόμενοι F}. Κοτύλῃ γοῦν, φησίν, οἰνιδίου ἠρκοῦντο, τὸ δὲ πᾶν ὕδωρ ἦν αὐτοῖς ποτόν.

Sie aber (= Epikurs Schüler) kamen von überallher zu ihm und lebten mit ihm im Garten, wie auch Apollodoros sagt (diesen habe er für 80 Minen gekauft). Diokles aber sagt im dritten Buch der *Epidrome*, sie hätten in sehr einfacher und schlichter Weise gelebt. Sie waren, sagt er, mit einer Kotyle Wein zufrieden, für gewöhnlich aber diente ihnen Wasser als Trank.

Problematisch ist bei dieser Textgestaltung, daß dann die Konjektur διαιτωμένους für διαιτώμενοι nötig ist und wohl auch Marcovichs Hinzufügung <αὐτοὺς>, auch wenn viele Interpreten auf letztere verzichten. Diokles wird in diesem Fall für die Lebensweise im Kepos zitiert. Mejer geht von dieser Abgrenzung aus und

---

1245 mit Anm. 2 und Jürß 1998, 459. Man kann mit Roeper 1846, 660–661 das δὲ nach Διοκλῆς tilgen, wodurch der Satz weniger holprig wird, doch ist dies nicht zwingend erforderlich. Das 'Exzerpt' ist von Diogenes schlichtweg ungeschickt eingefügt worden; [Dorandi 2013a, 740 folgt dieser Textgestaltung und tilgt das δὲ].

44 Marcovich 1999, I 716–717; diese Abgrenzung der Zitate ohne die Hinzufügung von <αὐτοὺς>, aber mit der Konjektur διαιτωμένους z.B. schon bei Cobet 1850, 257; auch Mansfeld 1986a, 305 mit Anm. 13 und 14 geht von dieser Textgestaltung aus und meint daher, daß eine doxographische oder systematische *Epidrome* von biographischen oder historischen *Bioi* zu unterscheiden sei; er weist aber zu Recht darauf hin, daß in vielen Fällen die Zuweisung von Fragmenten an eines der beiden Werke unklar ist.

sieht hier eine doxographische Angabe. Er folgert daher, daß Diokles ein rein doxographisches und ein rein biographisches Werk geschrieben habe.[45] Es ist jedoch zu bemerken, daß wir es auch nach Marcovichs Textgestaltung eher mit einer biographischen als mit einer doxographischen Information zu tun haben, da das Fragment dann eine Angabe über die Lebensweise der Epikureer enthält. Solche Informationen finden wir typischerweise in Biographien, aber nicht in systematischen Darstellungen der Lehren. Sprachlich scheint zudem die erste Möglichkeit mehr zu befriedigen.[46]

Im folgenden § 12 zitiert Diogenes ein weiteres Mal Diokles, diesmal ohne | [35] Angabe der Schrift. Es ist allerdings wahrscheinlich – wenngleich nicht zu beweisen –, daß es sich bei zwei so unmittelbar aufeinanderfolgenden Zitaten um Zitate aus derselben Schrift handelt. Dort ist zu lesen, daß Epikur laut Diokles unter den alten Philosophen Anaxagoras und Archelaos schätzte und er seine Schüler seine eigenen Werke auswendig lernen ließ. Erstere Angabe paßt sowohl in ein biographisches wie in ein doxographisches Werk, letztere nur in ein biographisches.

Nimmt man also alle Hinweise zusammen, so spricht viel dafür, daß die *Epidrome* bio-doxographisch war. Es ist daher nicht auszuschließen, daß die *Bioi* und die *Epidrome* ein und dasselbe Werk waren, das von Diogenes in unterschiedlicher Weise zitiert wurde, wie man seit Nietzsche oft angenommen hat,[47] oder daß die *Epidrome* die Kurzfassung der *Bioi* war, wie Holwerda und Gigante meinen.[48] Doch will ich mich in dieser Frage an dieser Stelle noch nicht festlegen.[49] Es kommt mir hier lediglich darauf an, daß es deutliche Hinweise gibt, daß die *Epidrome* bio-doxographisch war, und zwar dergestalt, daß dort umfangreiche rein doxographische Partien neben biographischen Angaben zu finden waren. Vielleicht ist es daher kein Zufall, daß der Titel Ἐπιδρομὴ τῶν φιλοσόφων (*Kurze Darstellung der Philosophen*) und nicht Ἐπιδρομὴ τῆς φιλοσοφίας (*Kurze Darstellung der Philosophie*) lautet.

---

45 Mejer 1978, 43–44; 80–81.
46 Goulet 1994b, 775 äußert sich zwar nicht zur Abgrenzung des Diokles-Fragments in Diog. Laert. 10,11, weist aber in seiner Besprechung der *Epidrome* darauf hin, daß das Fragment an dieser Stelle nicht doxographisch ist.
47 Nietzsche 1868, 632–642 = 1982, 75–90, gefolgt u.a. von Martini 1903.
48 So mit Zurückhaltung Holwerda 1962. Ihm stimmt Gigante 1983a, 156 Anm. 27 zu. In diesem Fall wäre die Verwendung des Diokles analog zu der des Herakleides Lembos bei Diogenes: Diogenes zitiert sowohl dessen Epitomai der Biographien des Satyros und des Sotion als auch deren Werke selbst. Siehe dazu Schorn 2004, 18–26; [vgl. unten, S. 356–360 in diesem Band].
49 Diese Frage erfordert noch weitere Studien. Sie wird im Kommentar zu Diokles im Rahmen von *FGrHist Continued* behandelt werden.

9.5 Die *Abfolgen der Philosophen* (Διαδοχαὶ τῶν φιλοσόφων)

Die sogenannten *Diadochai* stellen eine besondere Form der Philosophenbiographie dar. In ihnen wird die Philosophiegeschichte in Form von Philosophenbiographien dargestellt, wobei die einzelnen Denker durch Lehrer-Schüler-Verhältnisse aneinander gekoppelt sind.[50] Das Werk des Diogenes Laertios, in dem die Philosophiegeschichte in zwei großen Reihen (einer ionischen und einer italischen) abgehandelt wird, stellt einen späten Ausläufer dieser Gattung dar (auch wenn sein Titel anders lautet), und ebenso scheinen die Schriften aus Philodems Σύνταξις τῶν φιλοσόφων, der *Index Academicorum* und der *Index Stoicorum* (Titel modern), in dieser Tradition zu stehen. Fragmentarisch erhaltene Werke des Titels Διαδοχαί oder Διαδοχὴ τῶν φιλοσόφων schrieben in vorchristlicher Zeit:[51] Sotion von Alexandreia, Herakleides Lembos, Sosikrates von Rhodos, Alexandros Polyhistor, Jason von Nysa, Antisthenes (von Rhodos[52]) und Nikias von Nikaia. Sotions Werk, das in den ersten Jahren des 2. Jh.s v.Chr. entstand, ist wohl das älteste. Auch von Hippobotos' Ἀναγραφὴ τῶν φιλοσόφων wird allgemein angenommen, daß sie in diese Tradition gehört.[53]

In den beiden Werken Philodems finden sich keine eigenständigen doxographischen Passagen, allenfalls kurze Hinweise auf die wichtigsten Lehren der Philosophen, die dann aber eher als Leistungen der Philosophen gesehen werden, also biographisch interpretiert werden. Diese Schriften erachtet Mejer als typische Beispiele der vordiogenischen *Diadochai*.[54] | [36]

Mejer stellt zudem fest, daß von den ca. 70 Fragmenten der *Diadochai* lediglich vier philosophische Lehren zum Thema haben, von welchen wiederum nur zwei als doxographisch gelten können,

> if by that we mean a coherent exposition of a philosophical system, or a series of longer or shorter statements on a philosopher's views on a number of major philosophical issues, detached from biographical context and not presented as anecdotes.[55]

---

50 Zu dieser Gattung siehe von Kienle 1961, 79–100; 113–118; Mejer 1978, 62–74; Mejer 2000, 45–47; 151–153 (Literatur); Mansfeld 1999, 23–25.
51 Vgl. die Liste in Mejer 1978, 62–63; Sotion ist ediert in Wehrli 1967–1978, Suppl. II; die anderen Autoren in Giannattasio Andria 1989. Eine Neuedition der Fragmente der *Diadochai* wird in *FGrHist Continued* erscheinen.
52 [Die allgemein angenommene Identifizierung des Philosophiehistorikers mit dem Rhodier ist sehr wahrscheinlich; siehe oben, S. 262–264; anders noch Schorn 2003, 55–57.]
53 Siehe z.B. Mejer 1978, 69; Gigante 1983a; zu Hippobotos siehe auch oben, Anm. 35.
54 Mejer 1978, 72–73.
55 Mejer 1978, 65.

Diese Fragmente sind Sotion F 7 (= Sext. Emp. *Math.* 7,15), F 29 (= Diog. Laert. 9,20), F 36 Wehrli (= Diog. Laert. 1,7) und Alexandros Polyhistor F 9 Giannattasio Andria = FGrHist 273 F 93 (= Diog. Laert. 8,24–36). Lediglich die beiden letzten seien doxographisch. Rosa Giannattasio Andria erachtet alle vier Fragmente als doxographisch und folgert:[56]

> Ora è vero forse che la dossografia non aveva largo spazio nelle Diadochai e che anche in Filodemo sono attestati soprattutto contenuti tipicamente 'biografici', ma spunti dossografici non mancavano certamente e il peso dell'ideologia filosofica doveva essere nelle Diadochai più notevole di quanto possa a prima vista sembrare.

Francesco Aronadio listet in seiner wichtigen Studie zu Sotion und Demetrios von Magnesia unter der Rubrik 'doxographisch' (die Belege sind hier beschränkt auf Sotionfragmente bei Diogenes) neben den bereits oben erwähnten F 29 und 36 auch noch Sotion F 35 (= Diog. Laert. 1,1), F 3 (= Diog. Laert. 2,12; dieses Fragment klammert er als unsicher ein), F 17 (= Diog. Laert. 5,86) und F 22 (= Diog. Laert. 7,183) auf.[57] Aronadio ist sich bewußt, daß einige dieser Fragmente auch als biographisch klassifiziert werden können, und in der Tat müssen F 3, 17, 22 und 35 als biographisch gelten. F 29, das auch Mejer erörtert, erwähnt zwar eine Lehrmeinung des Xenophanes, dies aber in Form eines Heurema, was typisch für die Biographie ist, und ist daher ebenfalls nicht als doxographisch im eigentlichen Sinn zu erachten.[58] Auch Aronadio schließt seine Diskussion des Werkes des Sotion mit vorsichtigen Worten:[59]

> Se ne potrebbe dedurre che l'opera di Sozione non contenesse solo aneddoti e informazioni sulla vita dei pensatori, come vorrebbe Mejer, ma anche almeno cenni sulla loro dottrina.

Die verbleibenden drei Fragmente verdienen eine etwas eingehendere Besprechung.

1) Sotion F 7 ist in der Tat doxographisch: Laut Sotion schrieben einige den Kyrenaikern die Ansicht zu, Ethik und Logik seien Teile der Philosophie. Hierzu erklärt Mejer:[60]

---

56 Giannattasio Andria 1989, 18–19. Was Giannattasio Andria auf S. 19 als 'philosophisch' auflistet, ist eher biographisch und wurde in der Antike regelmäßig in Biographien behandelt.
57 Aronadio 1990, 214–216.
58 So schon richtig Mejer 1978, 65.
59 Aronadio 1990, 216.
60 Mejer 1978, 65.

> While this question certainly is important in the ancient tradition about the Cyrenaics (...), it is tied up with the question about the heritage from Socrates and preliminary to the philosophical systems as such, and it need not be taken as part of a doxographical account.

Hierzu ist folgendes zu bemerken: Das Zitat erscheint in einem rein doxographischen Kontext, und es ist darin nicht von einem bestimmten Kyrenaiker, sondern von der gesamten Schule die Rede. Auch wenn das Fragment keinen „doxographical *account*" beweist, haben wir es hier dennoch mit einer doxographischen Information zu tun, die keinen biographischen Kontext erkennen | [37] läßt und wohl keinem solchen entstammt.[61] Wenn die Aussage, daß diese Meinung über die Kyrenaiker *von einigen* vertreten wurde, schon auf Sotion zurückgeht, wie dies der Fall zu sein scheint, dann ist er offenkundig auch auf die Ansichten der anderen eingegangen, die dieser Ansicht widersprachen. Das Zitat scheint also Teil einer größeren Diskussion zu sein. Die Frage, welche Bereiche der Philosophie von den Kyrenaikern akzeptiert wurden, wurde in der Antike häufig diskutiert.[62] Diogenes behandelt sie in 2,92 in einem doxographischen Kontext und zitiert dafür Meleagros' Περὶ δοξῶν und Kleitomachos' Περὶ αἱρέσεων, das heißt doxographische Werke. Dies zeigt, in welchem Rahmen diese Frage gewöhnlich erörtert wurde.

2) Sotion F 36 (vgl. F 35). Mejer erkennt selbst an: „Sotion undoubtedly gave an account of Barbarian philosophy".[63] Dies beweise aber nicht, daß Sotion auch die griechische Philosophie diskutiert habe. Es gehe hier nicht so sehr um die Frage nach den Erfindern einzelner philosophischer Theorien, sondern nach den Erfindern der Philosophie im allgemeinen.

Ist es aber wahrscheinlich, daß ein Autor, der in den Biographien der griechischen Philosophen *nicht* detailliert auf deren Lehrmeinungen eingeht, dann *ausführlich* über die verschiedenen Lehrmeinungen der Barbaren spricht? Sotion konnte dem Leser anhand des 'Barbarenbuches'[64] oder 'Barbarenkapitels' am Ende der *Diadochai* nicht zeigen, ob bzw. inwiefern den Barbaren Priorität als Erfindern der Philosophie als solcher (und erst recht nicht einzelner Konzepte) zukommt, wenn er in den vorangehenden Büchern die entsprechenden übereinstimmenden Lehren der griechischen Philosophen nicht dargestellt hat. Wenn

---

61 Schon Susemihl 1891, I 498 mit Anm. 26 folgerte aus diesem Fragment, daß die *Diadochai* Sotions „wohl schon einen kurzen Abriss ihrer (scil. der Philosophen) Lehren" enthielten; vgl. von Kienle 1961, 84.
62 Siehe Wehrli 1967–1978, Suppl. II 39–40 (zu F 7).
63 Mejer 1978, 65.
64 Überliefert ist zweimal die Buchzahl 23 für dieses Buch, wofür oft 13 konjiziert wird, u.a. von Wehrli 1967–1978, Suppl. II 29–30.

dort aber nur dann gelegentlich auf Lehrmeinungen eingegangen wurde, wenn daraus Rückschlüsse auf den Charakter eines Philosophen möglich waren oder wenn innerhalb der griechischen Philosophie Einflüsse und Abhängigkeiten aufgezeigt werden sollten (so Mejers Vorstellung von Doxographischem in diesem Teil), ist es wahrscheinlich, daß dort manche Aspekte der Philosophie, die im Barbarenbuch zur Sprache kamen, gar nicht erwähnt wurden. Daher erscheint es mir als äußerst wahrscheinlich, daß ein Autor, der eine doxographische Darstellung der barbarischen Philosophen schrieb, auch solche der griechischen Philosophen(schulen) verfaßte, und zwar im Rahmen der Biographien dieser Denker. Biographien der Barbaren konnte Sotion nicht schreiben, da von den östlichen Weisen nichts oder nicht viel bekannt war. Er scheint daher von Gruppen (Chaldäern, Druiden etc.) gesprochen zu haben. Das Biographische war hier wohl auf die Lebensweise beschränkt.[65]

3) Alexandros Polyhistor F 9 Giannattasio Andria (= Diog. Laert. 8,24–33 oder 35) ist eine umfangreiche pythagoreische Doxographie, die dieser einem Werk Πυθαγορικὰ ὑπομνήματα entnommen hat.[66] Sie beweist, daß in einer späten *Diadochai*-Schrift eine selbständige doxographische Sektion vorhanden war.[67]

Mejer sieht einen Zusammenhang zwischen der außergewöhnlichen | [38] Quellenangabe (Πυθαγορικὰ ὑπομνήματα), die Autorschaft des Pythagoras suggerieren soll, und dem Umstand, daß Diogenes und Alexandros die Doxographie zitieren. Zudem verweist er auf Alexandros' besonderes Interesse am Pythagoreismus, das sich in einer weiteren Schrift zum Thema (Πυθαγορικὰ σύμβολα)[68] manifestiere, und auf den besonderen Zusammenhang von Lehre und Leben bei den Pythagoreern. Seine Argumentation läuft darauf hinaus, daß wir es auch hier mit einer Ausnahme zu tun haben, und so konkludiert er, daß die Passage zwar beweise, daß in einer *Diadochai*-Schrift eine Doxographie gefunden werden *konnte*, daß es aber wenig Hinweise gäbe, *daß dies gewöhnlich der Fall war*. Auch der Umstand, daß sich Diogenes sonst nicht für Doxographisches auf *Diadochai* beruft, spreche nach Mejer dagegen, daß er seine Doxographien dort gefunden hat.

Hierzu möchte ich das Folgende zu bedenken geben:

---

65 Aronadio 1990, 215 Anm. 32 nennt die Einbeziehung der Barbaren bei Diogenes „già una presa di posizione dottrinale".
66 Zu Herkunft und Umfang dieses wertvollen Materials siehe Giannattasio Andria 1989, 137–141 (mit der älteren Literatur); vgl. Centrone 1992, 4193–4196; [Laks 2013; Long 2013].
67 Dies ist auch eines der Zeugnisse, auf die Mansfeld 1986a, 306 dafür verweist, daß die Grenze zwischen Doxographie und Biographie in der Antike nicht strikt war.
68 F 10 Giannattasio Andria = FGrHist 273 F 94.

1) Daß es sich hier um eine Ausnahme handelt, läßt sich weder beweisen noch widerlegen. Der Umstand, daß wir auch von einer Doxographie der Barbaren in den *Diadochai* Sotions wissen und daß dort auch das Philosophiekonzept der Kyrenaiker besprochen wurde, spricht eher gegen Mejers Annahme.
2) Doxographien sind meist anonym, auch bei anderen Autoren, wie oben bereits dargelegt. Es ist daher gut möglich, daß sich die Autoren von *Diadochai* sonst nicht oder nur selten auf Quellen für Doxographien berufen, wenn sie solche gaben. Wenn also Diogenes doxographisches Material aus *Diadochai* übernommen hat, ist es denkbar, daß er es, dem antiken Usus im Umgang mit Doxographien folgend, einfach übernommen und ohne Quellenangabe tradiert hat.
3) Es wurde in der Literatur wiederholt darauf hingewiesen, daß die Grundstruktur der *Diadochai* mit ihrer Einteilung der Philosophie in zwei oder drei Reihen durchgehender Lehrer-Schüler-Verhältnisse auch auf der Grundlage von Übereinstimmungen in der Lehre entstanden sein muß, vor allem wenn es um 'erschlossene' Abhängigkeiten geht.[69] Wenn die Lehre also eine wichtige Rolle bei der Strukturierung der *Diadochai* spielt, liegt es nahe, daß sich dies auch im Inhalt niedergeschlagen hat.

Ein wichtiges Zeugnis für den bio-doxographischen Charakter des Genres *Diadochai* scheint mir noch nicht in die Diskussion eingebracht worden zu sein: Sotion F 1 aus Eunapios, das den Charakter der Werke des Porphyrios und des Sotion beschreibt. Der Sophist erklärt dort:[70]

> Τὴν φιλόσοφον ἱστορίαν καὶ τοὺς τῶν φιλοσόφων ἀνδρῶν βίους Πορφύριος καὶ Σωτίων ἀνελέξαντο. Ἀλλ' ὁ μὲν Πορφύριος (οὕτω συμβάν) εἰς Πλάτωνα ἐτελεύτα καὶ τοὺς ἐκείνου χρόνους. Σωτίων δὲ καὶ καταβὰς φαίνεται, καίτοι γε ὁ Πορφύριος ἦν νεώτερος. | [39]

> Die Philosophiegeschichte und die Leben der Philosophen haben Porphyrios und Sotion in systematischer Entwicklung dargestellt. Aber Porphyrios, wie es nun einmal war, hörte mit Platon und dessen Zeit auf, Sotion aber ging, wie man sehen kann, weiter, und das, wo doch Porphyrios jünger war.

Was meint Eunapios mit dem doppelten Ausdruck „Philosophiegeschichte" und „Leben der Philosophen"? Segonds bezieht φιλόσοφος ἱστορία auf den Titel des

---

69 Darauf verweist Wehrli 1967–1978, Suppl. II 9, dem Aronadio 1990, 209 folgt; siehe auch bei letzterem S. 222–223. Ich glaube allerdings nicht, daß Fragen der Lehre in späteren *Diadochai* weniger ausführlich behandelt wurden, wie Aronadio meint. Dagegen spricht das Beispiel des Alexandros Polyhistor.
70 Sotion F 1 Wehrli = Porph. T 198 Smith = Eun. 2,1,1 p. 2 Giangrande = 2,1 Goulet.

Werks des Porphyrios, der Φιλόσοφος ἱστορία lautet, und τῶν φιλοσόφων ἀνδρῶν βίοι auf Sotions *Diadochai*, sieht hier also zwei Werktitel.⁷¹ Das Verbum ἀναλέγομαι „zusammenrechnen, sammeln, systematisch darstellen" legt allerdings nahe, daß hier nicht zwei Buchtitel zitiert werden, da man dann ἀνέγραψαν o. ä. erwartet hätte. Τὴν φιλοσόφων ἱστορίαν καὶ τοὺς τῶν ἀνδρῶν βίους macht vielmehr deutlich, *was* in diesen Werken gesammelt war, umschreibt also deren Inhalt, wobei nicht bestritten werden soll, daß der Ausdruck φιλόσοφος ἱστορία auf Porphyrios' Titel anspielt (der seinerseits den Inhalt der Schrift treffend umschreibt; siehe unten).⁷² Bei einer unbefangenen Lektüre muß man die Stelle jedenfalls so verstehen, daß nach Ansicht des Eunapios sowohl Porphyrios als auch Sotion über φιλόσοφος ἱστορία *und* über φιλοσόφων ἀνδρῶν βίοι geschrieben haben.⁷³

Staab erachtet φιλόσοφος ἱστορία hier als ein Synonym für *Diadochai*: Beides stehe für Reihenbiographien, die Porphyrios und Sotion in systematischer Weise (ἀνελέξαντο) dargestellt hätten.⁷⁴ Das adjektivische φιλόσοφος stünde dann für τῶν φιλοσόφων („Geschichte der Philosophen"). Man kann aber φιλόσοφος auch als τῆς φιλοσοφίας verstehen („Geschichte der Philosophie"): Porphyrios' Φιλόσοφος ἱστορία war ein bio-doxographisches Reihenwerk, in dem die Philosophie und das Leben der Philosophen von den Anfängen bis Platon dargestellt war. Mit seiner Titelwahl wollte Porphyrios deutlich mache, daß in seinem Werk der Lehre

---

71 Segonds 1982, 164; vgl. 177–178.
72 Auch im folgenden umschreibt Eunapios eher den Inhalt der Werke und macht durch erklärende Hinzufügungen deutlich, wenn er einen Werktitel meint: τοὺς τῶν φιλοσόφων ἀνδρῶν βίους hinsichtlich Sotion ist schon sprachlich als Werktitel nicht möglich, da ein Werktitel (Τῶν) φιλοσόφων βίοι (ohne ἀνδρῶν) gelautet hätte. Philostrats *Sophistenviten* umschreibt er (2,1,2 p. 2 Giangrande = 2,2 Goulet) mit Φιλόστρατος ... τοὺς τῶν ἀρίστων <σοφιστῶν> ἐξ ἐπιδρομῆς μετὰ χάριτος παρέπτυσε βίους, über Philostrats Werk über Apollonios sagt er (2,1,4 p. 3 Giangrande = 2,4 Goulet): Ἀλλὰ τὸ μὲν ἐς τοῦτον ὁ Λήμνιος ἐπετέλεσε Φιλόστρατος, βίον ἐπιγράψας Ἀπολλωνίου τὰ βιβλία (hier also mit dem Hinweis, daß es um einen Titel geht). Plutarch schrieb die sogenannten *Parallelviten*: οἱ καλούμενοι Παράλληλοι βίοι (2,1,7 p. 3 Giangrande = 2,7 Goulet) (auch hier wieder ein Hinweis auf den Titelcharakter) und Λουκιανὸς ... Δημώνακτος φιλοσόφου κατ' ἐκείνους τοὺς χρόνους βίον ἀνέγραψεν (2,1,9 p. 4 Giangrande = 2,9 Goulet). Auch als er von seinem eigenen Werk spricht, verwendet er nicht den Titel, sondern umschreibt den Inhalt: συνεχῆ καὶ περιγεγραμμένην εἰς ἀκρίβειαν ἱστορίαν τινὰ ... τοῦ φιλοσόφου καὶ ῥητορικοῦ βίου τῶν ἀρίστων ἀνδρῶν (Eun. 2,2,2 p. 4 Giangrande = 2,11 Goulet).
73 Vgl. unten Anm. 84.
74 Staab 2002, 112–113; 114 Anm. 272: „Er charakterisiert die Tätigkeit der beiden Biographen als ein 'Aufrechnen' der Philosophiegeschichte anhand der zusammengestellten Lebensschilderungen, ἀνελέξατο" (112).

der Philosophen eine entscheidende Rolle zukam.[75] Dies zeigt schon sein Endpunkt Platon, der für ihn der Vollender der Philosophie war.[76] Auch die sonstige Verwendung des Ausdrucks φιλόσοφος ἱστορία in der griechischen Literatur macht den philosophischen Aspekt deutlich. Als Titel ist Φιλόσοφος ἱστορία selten. Sicher bezeugt ist er nur noch für das rein doxographische Werk, das unter dem Namen Galens überliefert ist.[77] Eustathios verweist seine Leser für eine Erörterung der λευκόνοτοι auf die φιλόσοφοι ἱστορίαι, und in der Tat finden wir Besprechungen dieser Winde vor allem in philosophischen und naturwissenschaftlichen Schriften (welche Eustathios als philosophisch erachtet).[78] Stephanos von Byzanz zitiert regelmäßig das Werk des Diogenes Laertios unter dem Titel Φιλόσοφος ἱστορία.[79] Nicht zu Buche schlägt demgegenüber, daß die späte *Suda* regelmäßig Damaskios' Βίος Ἰσιδώρου als Φιλόσοφος ἱστορία zitiert. Der erstgenannte Titel, den Photios bezeugt, ist | [40] zweifelsohne der korrekte.[80] Es handelt sich bei der Schrift um eine Biographie des Isidoros, in welche die Lebensbeschreibungen nahezu aller Menschen als Exkurse eingelegt sind, mit denen der

---

75 Zum Verständnis des Titels als *Geschichte der Philosophie* siehe z.B. Nenci 1973, 97; 102; vgl. Buck 1992, 145; Criscuolo 2005, 778; 781–784.
76 Zur Rolle Platons als Endpunkt des Werkes siehe Segonds 1982, 165.
77 Ediert in Diels 1879, 597–648. Zu den Werken mit diesem Titel siehe Staab 2002, 112 Anm. 265 (mit anderer Interpretation).
78 Eust. *In Hom. Il.* 20,334, IV p. 510,7 van der Valk (der Herausgeber meint, daß Eustathios an *Quaestiones naturales* denkt).
79 Steph. Byz. δ 133 Billerbeck, s.v. Δρυίδαι; ε 80 Billerbeck, s.v. Ἐνετοί; χ 50 Billerbeck, s.v. Χολλεῖδαι.
80 Athanassiadi 1999, 39–42; 47–48; 58–62 plädiert nun für die Richtigkeit des Titels Φιλόσοφος ἱστορία. Sie weist darauf hin, daß Damaskios das Werk auf Bitten der Theodora und anderer geschrieben hat, die sich eine Biographie des Isidoros wünschten. „Complying in his own manner with school convention and ceding to their request, Damascius then seems to have given the alternative title *Life of Isidore* to the great work of transcendental prosopography that he had in mind under the equivocal title of *The Philosophical History*." Letzteres sei Damaskios' eigentlicher Titel gewesen, den Athanassiadi dann auch konsequent verwendet. Hiergegen spricht, daß Photios das Buch unter dem Titel *Leben des Isidoros* kennt und sich sogar darüber beklagt, daß dieser Titel dem Inhalt nicht gerecht werde, da Damaskios dort auch über das Leben vieler anderer Männer spricht und Photios diese Exkurse als lästig erachtet (*Bib.* cod. 181 p. 125b31-126a9). Es gibt keinen Grund, an der Richtigkeit des Buchtitels auf dem Exemplar des Photios zu zweifeln. Das Faktum, daß dieser Titel nach Athanassiadi weniger gut zum Inhalt paßt als der andere, beweist nicht, daß Damaskios ihn seinem Werk nicht gegeben hat (und zwar nur diesen Titel!). Im Gegenteil, *Leben des Isidoros* ist die *lectio difficilior*. Gerade in der *Suda* finden wir häufig Buchtitel, die nicht original sind und eher den Inhalt des Werkes mehr oder weniger passend umschreiben; vgl. unten in Anm. 104; [vgl. Schorn im Druck 1, das Kapitel über Damaskios].

Philosoph in seinem intellektuellen Leben zu tun hatte, daneben viele andere Exkurse z.B. paradoxographischen Charakters. Insofern kann man die Schrift als Darstellung des philosophischen und rhetorischen Lebens zur Zeit des Isidoros erachten. Wie der falsche Titel in der *Suda* zustande kam, ist nicht mit letzter Sicherheit zu klären. Im strikten Sinn doxographische Sektionen über alle erwähnten Philosophen fanden sich dort nicht, aber Philosophie spielte in dem Buch eine weitaus wichtigere Rolle als in vielen anderen Philosophenviten. So wird die Seelenlehre des Isidoros eingehend behandelt, um die Göttlichkeit seiner Seele zu beweisen.[81] Zudem hat O'Meara gezeigt, daß „Damascius, in his *Life of Isidore*, uses biography so as to illustrate progress through the Neoplatonic scale of virtues", eine Tüchtigkeit, die von den verschiedenen Personen in unterschiedlichem Umfang erreicht wird.[82] Diese Kennzeichen zusammengenommen dürften den falschen Titel erklären.

Ein Werk, das als φιλόσοφος ἱστορία beschrieben wird oder diesen Titel trägt, ist also mehr als eine bloße Sammlung von Biographien. Es ist eine Geschichte der Philosophie, zu der auch und vor allem die Darstellung der philosophischen Lehren gehört. So verwendet jedenfalls Porphyrios den Ausdruck, und ihm folgt Eunapios.[83] Eunapios erklärt hier also ganz richtig, daß Porphyrios über Philosophiegeschichte und das Leben der Philosophen geschrieben hat. Trifft diese Interpretation zu, sagt Eunapios zugleich, daß auch Sotion dies getan hat, er bescheinigt also auch seinem Werk bio-doxographischen Charakter.[84]

---

[81] Z.B. F 30 Zintzen.

[82] O'Meara 2006, Zitat S. 74.

[83] Hier ist noch darauf hinzuweisen, daß Eunapios bei allen anderen Werken, auf die er im Proömium zu sprechen kommt, lediglich von βίοι spricht und nie von φιλόσοφος ἱστορία, und dies zu Recht, da sie alle rein biographisch waren. Auch sein eigenes (rein biographisches) Werk nennt er eine συνεχῆ καὶ περιγεγραμμένην εἰς ἀκρίβειαν ἱστορίαν τινά ... τοῦ φιλοσόφου καὶ ῥητορικοῦ βίου τῶν ἀρίστων ἀνδρῶν (Eun. 2,2,2 p. 4 Giangrande = 2,11 Goulet), „eine Geschichte des philosophischen und rhetorischen Lebens", d.h. Philosophen- und Rhetorenbiographien; zum nicht-doxographischen Charakter des Werks des Eunapios vgl. Penella 1990, 33; Buck 1992, 156–157.

[84] So scheint auch Toye im Kommentar zu BNJ 260 T 4 den Text zu lesen. Es hat den Anschein, als ob er keine Kenntnis von Mejers Buch oder überhaupt von der Diskussion über den Charakter von Sotions Werk hat. Er geht davon aus, daß Sotions *Diadochai* so aussahen wie die Werke des Diogenes Laertios und des Porphyrios. Dieses Beispiel zeigt, daß eine unbefangene Lektüre der Eunapiosstelle den Eindruck erweckt, daß es sich bei beiden Werken um Darstellungen der Lehre und des Lebens der Philosophen handelte. Buck 1992, 143–146, hier: 145 betont, daß das Werk des Porphyrios „a history of philosophy and of the lives of philosophers" war, „as Eunapius notes". Er geht aber davon aus, daß Sotions Werk keine längeren Doxographien enthielt und folgert, „that Porphyry wrote in the tradition of Sotion, despite having devoted a large share of

Eine Frage muß allerdings noch gestellt werden: Ist das Zeugnis des späten Sophisten überhaupt vertrauenswert, hatte er noch in irgendeiner Weise Kenntnis vom Werk Sotions? Denn ist dies nicht der Fall, spielt es für uns keine Rolle, was er mit seiner Formulierung meinte. Die meisten Interpreten leugnen, daß Eunapios noch direkte Kenntnis der *Diadochai* Sotions hatte.[85] In diesem Zusammenhang ist vor allem die Interpretation Richard Goulets zu erörtern.[86] Er kommt auf unsere Passage im Rahmen seiner Interpretation der zwei Einteilungen der Geschichte der Philosophie in Epochen zu sprechen, die im Proömium der *Sophistenviten* des Eunapios zu finden sind. Der Text des Proömiums ist an vielen Stellen fehlerhaft überliefert, und die zwei Schemata, die der Autor dort vorstellt, scheinen einander zu widersprechen. Es ist hier nicht der Ort, um auf die zahlreichen textkritischen und interpretatorischen Probleme einzugehen.[87] Goulet meint die Divergenzen unter anderem durch die Annahme beseitigen zu können, daß Eunapios Sotion, den Autor der *Didochai*, mit einem Homonymen aus der Mitte des 1. Jh.s n.Chr. verwechselt habe. Er interpretiert dabei καταβὰς φαίνεται als „Sotion, lui, semble être descendu plus bas",[88] „Sotion scheint in seiner Darstellung | [41] weiter nach unten gegangen zu sein", und schließt daraus, daß Eunapios das Werk nicht direkt kannte und unsicher war, wann genau Sotions zeitlicher Endpunkt war.[89] Für unsere Fragestellung würde diese offensichtliche Un-

---

the Life to doxography" (146). Baldini 1997, 200–201; 206 bezieht Philosophiegeschichte und Philosophenbiographie auf Porphyrios und Sotion, äußert sich aber nicht zum Aussehen von Sotions Werk. Criscuolo 2005, 778: „Citando Porfirio e Sozione come predecessori nell'opera di una φιλόσοφος ἱστορία (...) Eunapio (...) enuncia che suo interesse sono non solo i βίοι dei sofisti, ma anche quelli dei filosofi". [Wie oben interpretiert auch Becker 2013, 155–157, wenn ich ihn richtig verstehe.] Nota bene: Wenn es sich erweisen sollte, daß Eunapios in seinem Proömium die Titel der Werke des Porphyrios und des Sotion meint, fällt zwar ein wichtiges (aber nicht entscheidendes) Argument für den bio-doxographischen Charakter der Sotion-Schrift weg. Dies 'beweist' aber nicht, daß sie rein biographisch war. Auch die bio-doxographische Pythagorasbiographie aus dem ersten Buch der *Philosophos historia* trägt in der Überlieferung der Handschriften den Titel Πυθαγόρου βίος, und oben finden sich Beispiele für andere Biographien, die ebenfalls bio-doxographisch waren. Die anderen oben dargelegten Argumente für den hier vertretenen Inhalt von Sotions Werk genügen zusammen mit dem doxographischen Fragment des Alexandros Polyhistor für die Annahme, daß *Diadochai* im allgemeinen bio-doxographisch waren.

85 Z.B. Wehrli 1967–1978, Suppl. II, 18 (gegen Rohde 1901, I 231); Goulet 1979, 171–172 = 2001, 358; Hahn 1990, 482.
86 Goulet 1979, 171–172 = 2001, 358.
87 Aus der Literatur seien genannt: Nenci 1973; Goulet 1979 = 2001; Hahn 1990; Penella 1990, 32–38; Baldini 1997; Criscuolo 2005; [grundlegend ist jetzt der Kommentar von Becker 2013; vgl. auch Schorn im Druck 1, im Kapitel über Eunapios].
88 Goulet 1979, 162; 171–172 = 2001, 350; 358; ebenso Staab 2002, 113 Anm. 269.
89 Zustimmend in diesem Punkt Hahn 1990, 482.

kenntnis des Umfangs des Werkes seitens des Eunapios diesen auch als Zeugen für dessen Inhalt und Struktur nicht gerade attraktiv machen. Gegen diese Interpretation von καταβὰς φαίνεται hat aber zu Recht Robert Penella eingewandt, daß φαίνεται + Partizip hier nicht bedeutet, daß Sotion „anscheinend" („apparently") den zeitlichen Rahmen des Porphyrios überschritt, sondern daß er dies „augenscheinlich" tat, „wie man sehen kann, wenn man das Buch liest" („manifestly").[90] Eunapios suggeriert daher nicht, daß ihm der zeitliche Rahmen von Sotions Buch unbekannt ist, sondern daß man den im Vergleich zu Porphyrios größeren zeitlichen Rahmen ganz einfach dadurch erkennen kann, daß man es aufschlägt. Dies impliziert eher, daß dies dem Leser möglich war oder daß Eunapios als allgemein bekannt unterstellen will, welchen Umfang Sotions *Diadochai* hatten.[91]

Es ist nun aber in der Tat nicht zu beweisen und auch nicht wahrscheinlich, daß Eunapios Sotions Werk noch direkt kannte. Selbst Diogenes Laertios[92] und Athenaios[93] zitierten es nur noch indirekt, und nach Wehrlis Ansicht war Apollonides von Nikaia, der zur Zeit des Kaisers Tiberius lebte, der letzte Autor, der es noch direkt verwendete.[94] Indirekt aber, über die späteren Autoren von *Diadochai* und andere Philosophenbiographien, blieben der (wahrscheinliche) Begründer der Gattung und sein Werk im Bewußtsein der Gelehrten verankert, was daran zu ersehen ist, daß Sotions *Diadochai* und nicht eines der Nachfolgewerke das am

---

90 Penella 1990, 37–38. Für den Sprachgebrauch von φαίνομαι + Partizip bei Eunapios verweist Penella auf 4,2,5 p. 10 Giangrande = 4,17 Goulet, wo es ebenfalls um Information geht, die einem Buch zu entnehmen ist. Man kann noch auf eine weitere Stelle hinweisen, die unmittelbar auf die oben besprochene Passage folgt (3,4 p. 6 Giangrande = 3,5 Goulet). Dort erklärt Eunapios über Porphyrios' Exegese des Plotin: ἀλλὰ καὶ πολλὰ τῶν βιβλίων ἑρμηνεύσας αὐτοῦ φαίνεται. Porphyrios hat, wie man sehen kann und wie allgemein bekannt ist (φαίνεται), die Werke Plotins interpretiert.
91 Hier ist noch darauf hinzuweisen, daß Hahns (1990) Kritik an Goulet 1979 = 2001 zum Teil auf einem Mißverständnis beruht: Goulet behauptet nicht, daß eine der Personen namens Sotion aus späterer Zeit ebenfalls ein philosophiegeschichtliches Werk geschrieben hat, auf das Eunapios hier Bezug nimmt, sondern daß Eunapios hier zwar an die *Diadochai* des Alexandriners denkt, diesen aber mit einem späteren Sotion identifiziert und folglich das Werk in das 1. Jh. n.Chr. datiert. Ein Teil der Argumentation Hahns geht daher ins Leere. Goulet 2001, 398 hat in einem *Addendum* auf dieses Mißverständnis hingewiesen.
92 Siehe Wehrli 1967–1978, Suppl. II, 18; Mejer 1978, 40–42; Aronadio 1990, 202–235; [unten, S. 358–360].
93 Wehrli 1967–1978, Suppl. II 18.
94 Diog. Laert. 9,109 = Sotion F 31 Wehrli; vgl. Wehrli 1967–1978, Suppl. II 18.

häufigsten zitierte Werk dieses Typus ist.[95] Daher ist Wehrlis Vermutung – jedenfalls in ihrem ersten Teil – sehr wahrscheinlich richtig: „Sotion muss von Porphyrios als massgeblicher Autor der Philosophiegeschichte erwähnt worden sein, aber ohne dass jener oder vollends Eunapios seine Diadochai noch vor sich hatte". Auch wenn Porphyrios Sotion nicht mehr im Original gelesen haben sollte – aber dies wäre zu beweisen! –, zeigen die Fragmente seiner *Philosophos historia*, daß er in jedem Fall indirekt, über Zwischenquellen, ausgezeichnet mit der hellenistischen Philosophiegeschichtsschreibung vertraut war, in deren Tradition er mit seinem eigenen Werk steht.[96] Eunapios kannte seinerseits Porphyrios' Werk sehr gut, da er erklärt, er habe die Biographie des Porphyrios auf Basis der autobiographischen Äußerungen in dessen Werken verfaßt.[97] Ich sehe daher keine Veranlassung, daran zu zweifeln, daß Porphyrios sich in einer (programmatischen?)[98] Passage seiner *Philosophos historia* über seinen Vorgänger geäußert und dort angegeben hat, wie weit dieser zeitlich in seiner Darstellung gegangen war und was in dessen Werk zu lesen war. Diese Angaben hat Eunapios dann in sein Proömium übernommen. Es gibt daher keinen Grund, das Zeugnis des Eunapios über Sotion zu verwerfen.

Wenn wir uns also die *Diadochai* Sotions in Form und Inhalt etwa so vorstellen | [42] wie Porphyrios' *Philosophiegeschichte*, dürften wir nicht fehlgehen.[99] Porphyrios' Werk umfaßte vier Bücher und behandelte die griechische Philosophie in chronologischer Form von Homer über die Sieben Weisen und die Vorsokratiker bis hin zu Sokrates und Platon. Erhalten ist zum größten Teil die *Pythagorasbiographie*, die in das 1. Buch gehörte. Sie gibt einen guten Eindruck von Porphyrios' Arbeitsweise. In großer Ausführlichkeit behandelt Porphyrios erst Pythagoras' Herkunft und Leben, einschließlich seines Wirkens in Kroton (1–29), und später (54–61) den Konflikt mit Kylon, den Tod des Philosophen und einige Ereignisse nach seinem Tod. Dann bricht der Text unvermittelt ab. Porphyrios hat für seinen biographischen Teil wohl nur einige jüngere Darstellungen verwendet (Nikomachos von Gadara, Moderatos, Antonios Diogenes und ein unbekanntes

---

95 Vgl. auch Aronadio 1990, 213 und öfter; vgl. von Kienle 1961, 80.
96 Siehe im folgenden.
97 Giangrande 3,5 p. 6 = 3,5 Goulet; vgl. Penella 1990, 23–30.
98 Vgl. die programmatischen Äußerungen zu seinem Vorgehen und zum Quellengebrauch in der *Sokratesbiographie* zu Beginn der selbigen: F 212 Smith. Mit anderer Interpretation nimmt auch Staab 2002, 113 an, daß Porphyrios in seiner Einleitung auf Sotion Bezug genommen habe.
99 Zum Folgenden siehe z.B. die knappen Ausführungen bei des Places 1982, 12–18 und Giangiulio 2000, II 299–305; ausführlicher Staab 2002, 109–134 (zur *Pythagorasbiographie*); Sodano 1997, 7–17 (zur *Philosophiegeschichte*); [Schorn im Druck 1, das Kapitel über Porphyrios]; die Fragmente der *Philosophiegeschichte* in Smith 1993, 220–249, mit Kommentar in Sodano 1997.

bio-doxographisches Handbuch). Über diese vermittelt kennt er die alten Autoren wie Dikaiarchos, Aristoxenos und Neanthes. Er verweist sehr häufig auf diese und seine direkten Gewährsmänner, vor allem bei widersprüchlicher Überlieferung, aber nicht nur dann. Wenngleich Pythagoras' Lehre in diesen biographischen Teilen häufig explizit oder implizit zur Sprache kommt, findet sie sich vor allem gebündelt in einer eigenen Sektion, in der Lebensweise und Lehrsystem des Pythagoras und seiner Schüler dargestellt werden (30–53). Auch dort gibt Porphyrios für einen Teil der Informationen seine Quellen an.

Diese Art der Darstellung hat aber nicht, wie man unter Berufung auf die von Mejer postulierte Sonderrolle der Pythagorasbiographien meinen könnte, mit der besonders engen Zusammengehörigkeit von Lehre und Leben im Pythagoreismus zu tun. Sie kennzeichnet vielmehr die gesamte *Philosophiegeschichte*, wie die Testimonien und Fragmente zeigen.[100] Nicht zu Unrecht vergleicht man daher oft das Werk des Porphyrios mit dem des Diogenes Laertios.[101]

Die anderen *Diadochai* folgten wahrscheinlich dem Vorbild Sotions, des (wahrscheinlichen) Begründers des Genres. Mit ziemlicher Sicherheit können wir dies für das Werk des Alexandros Polyhistor annehmen, für das der bio-doxographische Charakter durch F 9 bezeugt ist. Es ist natürlich nicht ausgeschlossen, daß es auch *Diadochai* und verwandte Werke gab, die sich, wie Philodems *Syntaxis*, auf das Biographische beschränkten.[102] Aber im allgemeinen sollten wir davon ausgehen, daß *Diadochai* auch die Lehren der Philosophen mit einschlossen, wie man im übrigen in der älteren Forschung zumeist annahm, ohne daß diese Meinung eingehender begründet wurde.[103]

---

100 Siehe z.B. T 195 Smith: Πλούταρχος δὲ καὶ Ἀέτιος τὰς τῶν φιλοσόφων ἐκπαιδεύουσιν δόξας· τὸν αὐτὸν δὲ καὶ ὁ Πορφύριος ἀνεδέξατο πόνον, τὸν ἑκάστου βίον ταῖς δόξαις προστεθεικώς. Besonders eindrucksvoll sind die vielen Fragmente über das Leben des Sokrates (F 210–217 Smith; [dazu Schorn 2012 = Kap. 4 in diesem Band]) und die Philosophie Platons (F 220–223 Smith); vgl. auch Staab 2002, 121. Zum Aussehen der *Philosophiegeschichte* siehe auch Segonds 1982, 164–168.
101 Z.B. Sodano 1997, 9: „il suo scritto dovrebbe non essere lontano dalla composizione delle *Vite* di Diogene Laerzio".
102 Auf weitere Argumente Mejers 1978, z.B. 67–72 gehe ich nicht mehr ein, da sie nicht zwingend oder bereits durch die obigen Ausführungen oder andere Studien widerlegt sind. Kaum noch vertreten wird heute die Ansicht, daß die Liste der 25 philosophischen αἱρέσεις, die im *Hypomnestikon* des Ioseppos unter Berufung auf den Pythagoreer Herakleides wiedergegeben werden, die Kapitelüberschriften der Sotion-Epitome des Herakleides Lembos darstellen; dazu siehe z.B. Gigante 1983a, 159 Anm. 47; [unten, S. 358–360].
103 So z.B. bei Susemihl 1891, I 498 (siehe oben, Anm. 61); Fuhrmann 1960, 150 mit Anm. 1, der aber meint, die *Diadochai* „werden (...) sich nicht merklich von der Περὶ αἱρέσεων betitelten Literatur unterschieden haben"; dafür, daß letztere auch biographisch war, fehlen aber Belege.

Wer sich wundert, daß wir so wenige Zeugnisse für den doxographischen Aspekt der *Diadochai* besitzen, sei auch hier auf die Überlieferung der Fragmente verwiesen: Von den 34 Fragmenten Sotions stammen 30 aus Diogenes (und 2 aus Athenaios), von den 17 Fragmenten des Sosikrates 15 (und 2 aus Athenaios), von Antisthenes alle erhaltenen 13 Fragmente und | [43] ebenso die 9 Fragmente der *Diadochai* des Alexandros Polyhistor. Die 7 Fragmente des Nikias werden Athenaios verdankt, von Jasons Werk kennen wir nur den Titel. Zwei der drei Zeugnisse, die den bio-doxographischen Charakter der *Diadochai* Sotions zeigen, sind nicht auf dem üblichen Weg überliefert, sondern bei Sextus Empiricus und Eunapios. Das heißt, daß insgesamt die Hälfte aller Fragmente (zwei von vier), die den doxographischen Charakter von *Diadochai* zeigen, nicht von Diogenes und Athenaios überliefert werden.

Sollten auch die verlorenen Τῶν ἰατρῶν διαδοχαί des Oreibasios, der vor Diogenes Laertios schrieb, sowohl Leben als auch Lehre der Ärzte behandelt haben, wie Mansfeld meint, spräche auch diese Parallele für den bio-doxographischen Charakter der philosophischen *Diadochai*. Dies ist sehr wahrscheinlich, doch sind die Zeugnisse hier nicht ganz eindeutig.[104]

Hier stellt sich noch die Frage, warum Philodem in den Werken, die wohl Teil seiner *Syntaxis* waren, auf eine Darstellung der Lehre der Philosophen verzichtete. Diese biographischen Schriften sind überraschenderweise weitgehend frei

---

Wehrli 1967–1978, Suppl. II 13 ist zurückhaltend, was Doxographie bei Sotion betrifft: „Trotzdem und trotz einzelnen rein doxographischen Angaben (...) überwiegt in den Fragmenten das biographisch-anekdotische Element über das philosophiegeschichtliche". Vgl. von Kienle 1961, 84.
104 Mansfeld 1986a, 307 verweist auf ein Werk des Soranos mit dem Titel Βίοι ἰατρῶν καὶ αἱρέσεις καὶ συντάγματα in 10 Büchern, das nur in der *Suda* (σ 852, s.v. Σωρανός = FGrHist 1062 T 1) erwähnt wird. Dieser Titel klingt in der Tat nach einem bio-doxographischen Werk. Mansfeld verweist des weiteren auf „[a] snippet of medical doctrine", auf das ein Scholion zu Oreibasios mit Σωρανὸς ἐν ταῖς τῶν Ἰατρῶν διαδοχαῖς (*Schol. R² Oribas.* 44,14,1 p. 132 Raeder [CMG 6,2,1] Raeder = FGrHist 1062 F 1) verweist. Mansfeld ist sich nicht sicher, ob hier zweimal dasselbe Werk gemeint ist. Radicke 1999, 100 (zu FGrHist 1062 F 2) identifiziert die beiden Werke wohl zu Recht: „the Suda seems to give a description of the work rather than its title". Das Problem ist, daß F 2 nicht von „medical doctrine" handelt, sondern den Spitznamen eines Arztes erklärt. Die umfangreichen Fragmente der *Hippokratesbiographie* des Soranos, die in dieses Werk gehören müssen, zeigen keine doxographische Sektion, obwohl sie in unterschiedlicher Brechung von verschiedenen Autoren überliefert wird (FGrHist 1062 F 2–5). Einziges Zeugnis für bio-doxographischen Charakter des Werkes ist also der *Suda*-Eintrag. Es ist natürlich möglich, daß Soranos die Lehren der einzelnen Schulen in eigenständigen Kapiteln seiner *Diadochai* getrennt von den Biographien behandelt hat, was dann die Späteren, die am Leben des Hippokrates interessiert waren, weggelassen haben. Daher scheint es mir nicht notwendig zu sein, an der Korrektheit der Angabe der *Suda* zu zweifeln. Auch Radicke 1999, 97 (Einleitung zu FGrHist 1062) geht von bio-doxographischem Charakter des Werkes aus.

von Polemik gegen andere Philosophenschulen, und Philodem hat dort keinesfalls nur diejenigen Überlieferungen gesammelt, welche diese in ein schlechtes Licht stellen. Dies hängt wahrscheinlich mit dem Genre der Schrift zusammen.[105] Denn ein solcher sachlicher Stil scheint in *Diadochai* und Werken, die in dieser Tradition stehen, üblich gewesen zu sein. Dieses Kennzeichnen des Genres erklärt wohl auch das weitgehende Fehlen der Lehren der Philosophen bei Philodem. Ich meine, es war nicht nach dem Sinn des streitbaren Epikureers, auch noch die *Lehre* anderer Philosophen in knapper und weitgehend sachlicher Form darzustellen. Mit ihr setzte er sich lieber in anderen Werken auseinander, und dies in polemischer Weise. Denn während er im *Index Stoicorum* die Entwicklung der Stoa weitgehend sachlich in Form von Biographien der Stoiker darstellt, findet sich in *De Stoicis* (Titel modern) eine beißende Polemik gegen die kynischen Anfänge der Schule, wobei sich die Polemik sowohl auf die Lehre als auch auf das Leben der Stoiker bezieht. Dieses Werk war also bio-doxographisch. Ausgehend vom vielleicht authentischen Titel auf dem Papyrus Πρὸς τοὺς φιλοσόφους hat Dorandi eine ansprechende Hypothese formuliert:

> Accanto alla *Rassegna dei filosofi* i cui intenti erano volti alla compilazione di un manuale di storia della filosofia, Filodemo può aver ben composto un'opera polemica in più libri destinata a colpire le dottrine delle scuole avversarie con lo scopo di dimostrare, nell'orma del pamphlet di Colote, *Che non si possa vivere secondo i principi degli altri filosofi*: di questo complesso il *Περὶ τῶν Στωικῶν* verrebbe a rappresentare quanto resta del libro dedicato alla confutazione della scuola stoica.[106]

Die biographischen Arbeiten Philodems zu den Epikureern bedurften nicht der Beigabe doxographischer Abschnitte. Die dort dargestellten Personen waren in den Augen Philodems orthodoxe Epikureer, ihre Lehre | [44] war daher in Übereinstimmung mit derjenigen Epikurs. Dasselbe gilt für Philonides, dessen Biographie ein unbekannter Epikureer verfaßte (P. Herc. 1044). Der Vermittlung und Propagierung dieser Lehre dienten die philosophischen Schriften der Epikureer, von Epikur angefangen bis hin zu Philodem selbst.

Die Schriften der *Syntaxis* scheinen mir daher eher untypische Beispiele für *Diadochai* zu sein oder doch zumindest nur *eine* mögliche Form dieser Gattung zu repräsentieren. Dies könnte auch erklären, warum der Epikureer für seine Schrift einen anderen Titel wählte.

---

105 Zu diesen Schriften und ihrer Funktion siehe Arrighetti 2006, 388–431 (zuerst 2003); vgl. Schorn 2014a, 722.
106 Dorandi 1982, 97. Dort auch eine kommentierte Ausgabe der Fragmente.

9.6 Schriften *Über Philosophie* (Περὶ φιλοσοφίας)

Eine weitere Gruppe von Werken trug den Titel Περὶ φιλοσοφίας, *Über Philosophie*. Man sollte erwarten, daß ihr Inhalt rein philosophisch war, doch zeigen die wenigen Fragmente, daß sicher zwei, wahrscheinlich sogar noch mehr in verschiedener Abstufung bio-doxographisch waren.

a) Der Peripatetiker Aristokles von Messene schrieb etwa um die Zeitenwende ein Werk Περὶ φιλοσοφίας in 10 Büchern.[107] Die *Suda* berichtet über ihn:[108]

> (...) συνέταξε Περὶ φιλοσοφίας βιβλία δέκα. Πότερον σπουδαιότερος Ὅμηρος ἢ Πλάτων. Καταλέγει δὲ ἐν τούτοις πάντας φιλοσόφους καὶ δόξας αὐτῶν (...).
>
> (...) Er schrieb 10 Bücher *Über Philosophie. Ob Homer oder Platon besser ist.* Er behandelt in diesen (Büchern) alle Philosophen und ihre Lehren.

Der letzte Satz bezieht sich auf *Über Philosophie*[109] und umschreibt in perfekter Weise seinen bio-doxographischen Charakter, wie er auch aus den teilweise umfangreichen Fragmenten deutlich wird, die Eusebios in seiner *Praeparatio evangelica* erhalten hat.

> Also handelte es sich nicht um das systematische Exposé einer Philosophie – etwa der aristotelisch-peripatetischen – sondern vielmehr um ein vermutlich sowohl biographisches als auch philosophiegeschichtliches Werk, in dem alle oder wenigstens die wichtigsten Denker und Systeme zur Sprache kamen

– so Moraux' gute Charakterisierung.[110]

In Buch 7 behandelte Aristokles die Philosophie Platons, Aristoteles' und der frühen Stoa (F 1–3 Chiesara) (und vielleicht noch anderer), und dies wohl in chronologischer Reihenfolge.[111] Hier kommt die Bedeutung der biographischen Komponente am deutlichsten zum Vorschein. Aristokles geht kurz auf die Vorgänger

---

107 Zur etwas unsicheren Datierung siehe jetzt Chiesara 2001, XIV–XIX, die sich Moraux 1973–1984, II 83–89 anschließt.
108 *Suda* α 3916, s.v. Ἀριστοκλῆς = T 1 Chiesara.
109 So auch Moraux 1973–1984, II 89.
110 Moraux 1973–1984, II 91; Moraux fügt auf S. 92 hinzu: „Das biographische Moment nahm in seinem Werk zweifellos einen bedeutenden Platz ein". Vgl. schon Heiland 1925, 91. Grundlegend zum Verständnis des Werkes Moraux 1973–1984, II 83–207; hinzukommen nun der Kommentar und die Einleitung in Chiesara 2001.
111 Vgl. Moraux 1973–1984, II 125. Jedenfalls war die Darstellung hier personenorientiert und nicht nach Sachthemen geordnet wie im 8. Buch; vgl. Chiesara 2001, XXXVI.

Platons ein, um zu zeigen, daß dieser als erster ein vollständiges System der Philosophie entworfen hat (F 1 Chiesara).[112] Innerhalb dieser Diskussion bescheinigt er Platon erkannt zu habe, daß das Wissen um das | [45] Göttliche und das Wissen um das Menschliche identisch sind, und verweist darauf, daß Platons Lehrer Sokrates diese Erkenntnis laut Aristoxenos (F 53 Wehrli) einem Inder verdanke. Auch wenn Aristokles die Historizität dieser Anekdote bezweifelt, teilt er sie dennoch mit, was bemerkenswert ist. Hier erhält das Doxographisch-Philosophiegeschichtliche eine deutlich biographische Komponente.

Gänzlich biographisch ist die Verteidigung des Aristoteles gegen die persönlichen Angriffe seiner Zeitgenossen und etwas jüngerer Feinde (F 2 Chiesara). Aristokles unterscheidet hier zwei Arten von Vorwürfen:[113] zunächst solche, die er für so absurd und unglaubwürdig hält, daß er sich nicht eingehend mit ihnen auseinandersetzen will. Dennoch referiert er sie ausführlich und nennt jeweils Autor und Werk, in dem sie zu finden sind, und überliefert uns auf diese Weise einen wahren Schatz an 'Fragmenten'.[114] Auf die Anfeindungen Späterer, die er noch weniger glaubhaft findet, will er nicht eingehen. Er verweilt dafür länger bei einer zweiten Gruppe von Vorwürfen, die, wie er erklärt, Glauben gefunden haben, nämlich daß Aristoteles Pythias, die Schwester des Tyrannen Hermeias, geheiratet habe, um diesem zu schmeicheln,[115] und daß Aristoteles undankbar gegenüber Platon gewesen sei.[116] Die Widerlegung des zweiten Vorwurfs hat Eusebios weggelassen, aus der des ersten wird noch deutlich, daß sich Aristokles zu seiner Entkräftung auf ein Werk Apellikons über die Freundschaft zwischen Aristoteles und Hermeias und einen Brief des Aristoteles an Antipatros berief, aus dem Aristoteles' edle Motive und die chronologische Unhaltbarkeit der Behauptung deutlich wurde (Heirat nach dem Tod des Tyrannen).[117] Auch hier hat Eusebios gekürzt.

---

112 Vgl. Moraux 1973–1984, II 128–137.
113 Vgl. Moraux 1973–1984, II 138–147; Chiesara 2001, 68.
114 Von Aristokles werden hier zitiert: Epikurs Brief Περὶ τῶν ἐπιτηδευμάτων (F 171 Usener; nicht in Arrighetti); Timaios' *Historien* (FGrHist 566 F 156 im Apparat); Aristoxenos' *Platonbiographie* (F 64 Wehrli); Alexinos' *Apomnemoneumata* (T 90 Döring = SSR II C 14); Eubulides' Buch gegen Aristoteles (T 60 Döring = SSR II B 9); Demochares' Anklagerede gegen die Philosophen (F 2 Sauppe; BNJ 75 F 2; nicht in FGrHist); Kephisodoros; Lykon der Pythagoreer (F 4 Timpanaro Cardini).
115 Hierfür zitiert Aristokles ein Epigramm des Theokritos von Chios (*Ep.* 1 Page, FGE).
116 Hierfür wird keine Autorität angeführt, was wohl auf Aristokles zurückzuführen ist, der hier auch die Widerlegung des Vorwurfs weggelassen hat.
117 Aristot. F 663 Rose (nicht in Gigon).

Moraux vermißt in Aristokles' Diskussion der Verwürfe der ersten Gruppe Beweise oder Dokumente, welche die Behauptungen entkräften,[118] ist auch mit der Erörterung der Polemik im Zusammenhang mit Aristoteles' Hochzeit unzufrieden und bestreitet, daß Aristokles „persönliche historisch-biographische Untersuchungen angestellt hatte" (143). Er sei „keineswegs der exakte Historiker, der jede seiner Behauptungen mit handfesten Zeugnissen belegte" (146) und er kenne „die spärlichen Dokumente, die er anführt (...) nur aus zweiter Hand" (147). Moraux legt hier allerdings moderne Maßstäbe an das Werk eines antiken Autors an und übersieht, daß das Niveau der Darlegungen des Aristokles – zumindest was die zweite Gruppe von Vorwürfen betrifft – deutlich über dem in der Antike üblichen Durchschnittsniveau liegt und er in der Genauigkeit des Zitierens von Belegen (Autor- und Werkangaben) viele antike Historiker übertrifft. Es ist überhaupt bemerkenswert, daß Aristokles als Aristoteliker die nach seiner Meinung haltlosen Vorwürfe der Aristotelesfeinde überliefert und sie nicht mit Stillschweigen übergeht, was man wohl als Zeichen seiner wissenschaftlichen Aufrichtigkeit als historisch arbeitender Philosoph werten muß. Was die Diskussion der Ehe des Aristoteles betrifft, so sind das Zitat eines aristotelesfeindlichen Epigramms und der Verweis auf zwei Werke, welche den dort | [46] gemachten Vorwurf widerlegen, an sich schon ausreichend, um Aristokles eine sorgfältige Dokumentation zu bescheinigen, doch hat er sich allem Anschein nach zudem in einem größeren Rahmen mit den Ehen des Aristoteles auseinandergesetzt, um Aristoteles von dem Vorwurf zu befreien. Diese Argumentation hat Eusebios, wie er selbst erklärt, gekürzt.[119] Ob Aristokles alle zitierten Quellen aus zweiter Hand kannte, wie zumeist angenommen wird, oder einige direkt konsultierte, ist nicht zu entscheiden, ist aber auch nicht von Bedeutung.[120] Die allermeisten antiken Autoren zitierten auch aus zweiter Hand, was nicht als 'unwissenschaftlich' galt. Die Zitierfreude, die in diesem Fragment deutlich wird, erinnert an philosophiehistorische Werke wie das des Diogenes Laertios oder die hellenistischen *Diadochai*, und als in dieser Tradition stehend will Aristokles durch diese Arbeits- und Darstellungsweise offensichtlich gesehen werden.

---

118 Moraux 1973–1984, II 140–141.
119 Positiver ist die Einschätzung Chiesaras 2001, 68: „Aristocles tries to be a good historian even when he reports indirectly, always mentioning the authors of the calumnies and the titles of the books where the denigrations were put forward, as if he wished to prove that he is not dealing with fantasies".
120 Die meisten Autoren gehen von indirekter Verwendung aller genannten Autoren aus. Chiesara 2001, 68 und XXIV sieht in Hermippos Aristokles' Hauptquelle, nimmt aber auch die gelegentliche Verwendung der Originalwerke an. Siehe dort für eine Liste der Vertreter der *communis opinio*.

Das kurze Fragment über die stoische Physik (F 3), das ebenso ins 7. Buch gehört, ist rein doxographisch.[121]

Buch 8 war offenkundig nicht chronologisch oder nach Einzelphilosophen geordnet, sondern nach Sachthemen.[122] Deutlich wird noch, daß sich Aristokles nacheinander mit den erkenntnistheoretischen Systemen verschiedener Philosophenschulen auseinandersetzte, wobei die ursprüngliche Reihenfolge umstritten ist. Er behandelte die pyrrhonischen Skeptiker, Kyrenaiker, Epikureer und Sensualisten wie Protagoras und die Eleaten (F 4–8 Chiesara). Er folgt in diesem Abschnitt im großen und ganzen einem bestimmten Argumentationsmuster:[123] auf eine kurze Darlegung der entsprechenden Lehrmeinung folgt eine ausführliche Widerlegung, die bisweilen polemisch und bisweilen sachlich ist. Auch hier werden Lehrmeinungen in ihrem historischen Kontext situiert. So unterscheidet er z.B. bei den Philosophen, welche die Sinneswahrnehmung verwerfen, eine frühere Gruppe (Xenophanes, Parmenides etc.) und eine spätere (Stilpon und die Megariker) (F 7 Chiesara). Auch werden Lehrmeinungen unterschiedlicher Schulen miteinander verglichen. Die Darstellung der bekämpften Lehren ist bisweilen unvollständig, und Aristokles simplifiziert, wenn er verschiedenen Denker eine übereinstimmende Lehre zuschreibt, was man kritisieren kann. Er verfälscht hier aber nicht über Gebühr. Biographisches findet sich hier vor allem in der Polemik gegen die pyrrhonischen Skeptiker, denen Aristokles zweierlei vorwirft (F 4 Chiesara):[124] Widersprüche in der Lehre und die Unmöglichkeit, die Lehre im Alltag zu praktizieren, was er durch biographisch-anekdotisches Material aus dem Leben Pyrrhons und Timons belegt. Am Ende dieser Widerlegung findet sich noch eine Art Diadoche der skeptischen 'Schule' mit Lehrer-Schüler-Verhältnissen und einigen biographischen Angaben über die wichtigsten Vertreter dieser Richtung. Diese ist im Grunde nicht mehr zur Widerlegung der skeptischen Lehre vonnöten. Aristokles bringt hier einerseits ein philosophiegeschichtliches Element in seine Darstellung hinein, andererseits führt er die Polemik, die in diesem | [47] Kapitel

---

121 Moraux 1973–1984, II 147 mit Anm. 222 verweist darauf, daß wir nicht sagen können, ob sich an diese Darstellung (wie an die im 8. Buch) eine polemische Erörterung anschloß. Er wendet sich hier zu Recht gegen Trabucco 1958, 147, die meinte, daß Aristokles im 7. Buch nur Lehren referierte, aber nicht gegen diese polemisierte.
122 Siehe hierzu Moraux 1973–1984, II 124–127; Chiesara 2001, XXXV–XXXVIII mit etwas unterschiedlichen Rekonstruktionen.
123 Auf die Argumentation kommen Moraux 1973–1984, Bd. II und Chiesara 2001 bei der Besprechung der jeweiligen Fragmente zu sprechen. Ich erspare mir die Einzelbelege. Auf ihren Erkenntnissen basiert das Folgende großenteils.
124 Hierzu siehe Moraux 1973–1984, II 159; 173–175.

besonders ausgeprägt ist, auf der persönlichen Ebene fort, da die wenigen biographischen Fakten, die er erwähnt, unvorteilhaft für die Porträtierten sind.

Man wüßte gerne mehr über die Struktur der zehn Bücher Περὶ φιλοσοφίας.[125] Wir wissen, daß in Buch 6 der kaum bekannte Sotadas erwähnt wurde, der sich mit den Sprüchen der Sieben Weisen beschäftigte (T 2 Chiesara). Der Platz der Diskussion der fünf Bedeutungen des Wortes σοφός bei „den Alten" (T 3–6 Chiesara), die eine Kulturentstehungslehre nach Art eines Βίος Ἑλλάδος einschloß, ist leider unbekannt. In einem Buch nach Buch 8 scheint Aristokles seine eigene Lehre dargestellt zu haben.[126] Für Aristokles bleibt festzuhalten, daß sein Werk eine deutliche philosophische Zielsetzung hatte, der die doxographischen und biographischen Diskussionen dienten. Es scheint eine Verteidigung und Begründung der peripatetischen Philosophie des Autors gewesen zu sein. In diesem Rahmen analysierte und bewertete er die Lehren und Biographien der verschiedenen Philosophen, ohne sich in den meisten Fällen durch übermäßige Polemik hervorzutun. Es fällt auf, daß die doxographischen Passagen kaum Zitate aufweisen, während in den biographischen ein bunter 'Zitatenteppich' zu finden ist, was mit dem Befund etwa bei Diogenes Laertios vergleichbar ist. Es handelt sich um ein Werk, in dem der Leser, wie es scheint, eine aus peripatetischer Sicht umfassende Übersicht über die Lehren der Philosophen finden konnte und zudem in unterschiedlichem, aber doch beachtlichem Umfang Angaben über das Leben der einzelnen Denker und die Entwicklung der einzelnen Schulen.

b) Von anderen Werken mit dem Titel Περὶ φιλοσοφίας sind zum Teil nur sehr wenige Fragmente erhalten, so daß eine Bestimmung des Inhalts schwerfällt. Sie seien im folgenden kurz besprochen.[127] Die angeblichen Schriften des Simmias und des Schusters Simon dieses Titels waren sokratische Dialoge, spätere Pseudepigrapha, die mit den Namen dieser Sokratesschüler versehen worden waren und von denen heute nur noch der Titel bekannt ist.[128] Sie sind grundsätzlich von den späteren Werken dieses Titels zu scheiden. Die Titelgebung erklärt sich, wenn man den Untertitel der (pseudo)platonischen Dialoge *Anterastai* und *Theages* zum Vergleich heranzieht, der ebenfalls *Über Philosophie* lautet und die Werke thematisch klassifiziert.

---

125 Dazu siehe v.a. Chiesara 2001, XXXV–XXXVIII; vgl. Moraux 1973–1984, II 124–127.
126 So Moraux 1973–1984, II 202 mit Anm. 417 nach Heiland 1925, 52 Anm. 58.
127 Unterschiedlich vollständige Listen von Werken dieses Titels in Chiesara 2001, XXXVII–XXXVIII; Gigon 1987, 267; Tarán 1981, 192–193.
128 Simon: Diog. Laert. 2,122 = SSR VI B 87; Simmias: Diog. Laert. 2,124 (nicht in SSR); zu diesen Schriften siehe Döring 1998, 322.

c) Von den Περὶ φιλοσοφίας-Werken der Akademiker Speusippos[129] und Xenokrates sind ebenfalls keine Fragmente erhalten.

d) Mehr wissen wir von Aristoteles' Περὶ φιλοσοφίας. Chiesara weist nach anderen auf thematische Übereinstimmung zwischen Aristokles' und Aristoteles' gleichnamigen Schriften hin und folgert: „it is possible that Aristotle's and Aristocles' works shared at least the same concerns and aims, if not the same structure". Wenig später schließt sie mit den Worten: „Aristocles' Περὶ φιλοσοφίας depended on Aristotle's works directly."[130] | [48]

Dies wirft die Frage auf, ob es Hinweise darauf gibt, daß schon das Werk des Stageiriten ähnlich bio-doxographisch war wie das des Aristokles. Beim Werk des Aristoteles handelte es sich um einen Dialog in drei Büchern. Es würde hier zu weit führen, ausführlich auf die Übereinstimmungen zwischen den Werken des Aristoteles und des Aristokles einzugehen, die es in der Tat gibt und die beweisen, daß das ältere Werk das jüngere beeinflußt hat. Ich will hier lediglich die Frage nach dem Verhältnis von Biographie und Doxographie bei Aristoteles stellen.[131]

Wenige Fragmente des Werkes sind mit Buchnummer überliefert und viele werden von den Forschern dem Werk zugeschrieben, ohne daß ihre Zugehörigkeit in den Quellen bezeugt ist. Die stellt einen gewissen Unsicherheitsfaktor dar. Buch 2 enthielt eine ausführliche Widerlegung der Prinzipien- und Ideenlehre Platons, Buch 3 eine Darlegung von Aristoteles' eigener Lehre. Nach Ausweis der sicheren und zugewiesenen Fragmente waren diese Bücher rein philosophisch.

> Buch I enthielt eine Darstellung der Geschichte der Philosophie, ausgehend von vorgriechischen, halb-mythischen Ursprüngen im orientalischen Bereich (...) über der Philosophie verwandte religiöse Strömungen und Phänomene (...) bis hin zur eigentlichen Philosophie, beginnend mit Thales (...) bis zu Sokrates, in lebendiger Diskussion mit viel anekdotischem Material

– so Flashars überzeugende Einschätzung.[132] Dort wurde z.B. von Sokrates' Reise nach Delphi berichtet, wo ihn das *Erkenne dich selbst* zur Philosophie gebracht habe (F 1–2 Rose = 709 und 861 Gigon), außerdem wurde die Autorschaft dieses

---

129 Die Identifizierung dieses Werkes mit der Schrift dieses Autors Περὶ φιλοσόφων, die Diogenes Laertios 9,23 für eine biographische Angabe über Parmenides zitiert (= Speusipp. F 118 Isnardi Parente = F 3 Tarán = FGrHist 1009 F 4), ist willkürlich; dagegen z.B. Theys 1998b, 235 (zu FGrHist 1009 F 4).
130 Chiesara 2001, XXXVII und XXXVIII.
131 Vgl. zum Inhalt z.B. Flashar 2004a, 264–265 (mit Literatur auf S. 450–451); Flashar 2004b.
132 Flashar 2004a, 265.

Dictums diskutiert (F 3 Rose = 28–29 Gigon). Wenn F 34 Rose = 664 Gigon in diese Schrift gehört, wie u.a. Flashar meint,[133] wurde dort der Tod Platons erwähnt und Zoroaster 6000 Jahre vor Platon datiert.

Es fällt auf, daß die philosophiegeschichtliche Bedeutung dieser biographischen Angaben stets deutlich ist, und es hat nicht den Anschein, als wären in diesem Buch vollständige Philosophenviten mit Details geboten worden, die nichts zum Verständnis der Philosophiegeschichte beigetragen hätten. Der im Vergleich zu Aristokles geringe Umfang des Biographischen gegenüber dem Doxographischen und Philosophischen dürfte daher nicht nur darauf zurückzuführen sein, daß die meisten Fragmente den spätantiken Aristoteleskommentatoren verdankt werden, sondern eher das ursprüngliche Mengenverhältnis widerspiegeln. Festzuhalten bleibt daher, daß *auch* Biographisches in dieser Schrift zu finden war, wenngleich in untergeordneter Rolle.

e) Der Titel Περὶ φιλοσοφίας im Werksverzeichnis des Peripatetikers Straton von Lampsakos bei Diogenes Laertios 5,59 beruht auf unsicherer Konjektur.[134]

f) Philosophische Polemik und eine philosophiegeschichtliche Angabe bieten die wenigen Fragmente der Περὶ φιλοσοφίας-Schrift des Epikureers Metrodoros, die nur aus Plutarchs *Gegen Kolotes* bekannt ist.[135] Metrodoros | [49] kritisiert dort Philosophen, die nach Art Lykurgs und Solons Staatsentwürfe entwickeln. Des weiteren erklärt er, Epikur sei ohne Demokrit als Vorgänger nicht möglich gewesen. Biographisches ohne engen Bezug zur Philosophie finden wir nicht.

g) Auch das einzige Fragment, das P. Herc. 1520 von Polystratos' Περὶ φιλοσοφίας erhalten hat, ist rein philosophischen Inhalts.[136] Es enthält eine Protreptik zur wahren, d.h. epikureischen, Philosophie und eine allgemeine Kritik an denen, die der falschen Philosophie anhängen.

h) Ein besonders interessanter Fall ist Ktesibios' Περὶ φιλοσοφίας. Der Autor lebte sicher vor Hermippos, der ihn zitiert, und wird oft mit dem Philosophen Ktesibios von Chalkis identifiziert, der ins 3. Jh. v.Chr. datiert und ein Freund des Eretriers Menedemos war.[137] Nachdem sich Hermippos (FGrHist 1026 F 49a bei

---

133 Flashar 2004a, 264.
134 Diog. Laert. 5,59 (p. 350,9 Marcovich): Περὶ βασιλείας φιλοσοφίας, was Wehrli 1967–1978, V 40; 79 (= F 133) durch Konjektur in zwei Werktitel zerlegt: Περὶ βασιλείας, <Περὶ> φιλοσοφίας. Marcovich 1990, 350,9 und Sharples 2001, 28,18 (= Straton F 1) folgen Wehrli nicht; [ebensowenig Dorandi 2013a, 382,18].
135 F 31–33 Körte; dazu vgl. Erler 1994, 219–220.
136 Herausgegeben von Capasso 1976; vgl. dazu Erler 1994, 249.
137 Mit Zurückhaltung Kroll 1922; Identifizierung bei Bollansée 1999a, 398 mit Anm. 74 (zu FGrHist 1026 F 49). Keine Identifizierung in der Ausgabe der Fragmente des Ktesibios von Chalkis in SSR III H.

Plu. *Demosth.* 5,7) auf anonyme *Hypomnemata* für die Angabe berufen hat, Demosthenes sei ein Schüler Platons gewesen, nennt er Ktesibios (FHG II 631) als Zeugen dafür, daß der Redner von Kallias von Syrakus und anderen heimlich die *Technai* des Isokrates und des Alkidamas erhalten habe. Dieselbe Tradition liegt bei Ps.-Plutarch *Vit. X orat.* 844c (= FGrHist 1026 F 49b) vor, der explizit Ktesibios' Περὶ φιλοσοφίας zitiert (FHG II 631). Nach diesem Fragment habe Demosthenes vom genannten Kallias die Reden des Zoilos (Konjektur von Reinsius für Zetos) von Amphipolis und von Charikles von Karystos diejenigen des Alkidamas erhalten. Jan Bollansée hat es zudem wahrscheinlich gemacht, daß auch noch ein Teil von *Suda* δ 454, s.v. Δημοσθένης auf Ktesibios zurückgeht (= FGrHist 1026 F 49c). Trifft dies zu, sprach Ktesibios auch davon, daß Demosthenes die Reden des Polykrates verwendete.[138] Die Art der Information, d.h. 'Schülerschaft, Einflüsse', könnte man als doxographisch bezeichnen, doch war Demosthenes kein Philosoph. Ein Zusammenhang mit der angeblichen Schülerschaft des Demosthenes bei Platon ist zudem auszuschließen, da Hermippos diese offenkundig nur in den anonymen *Hypomnemata*, nicht aber bei Ktesibios bezeugt fand. Der Umstand, daß Ktesibios hier allem Anschein nach ausführlich über Personen gesprochen hat, die einen prägenden Einfluß auf Demosthenes ausgeübt haben, läßt eher an eine biographische Behandlung denken. In jedem Fall haben wir hier ein Zeugnis dafür, daß in einer frühen Schrift mit dem Titel Περὶ φιλοσοφίας ein Thema behandelt wurde, das nichts mit Philosophie zu tun hatte und biographisch war.

i) Varros Schrift *De philosophia*, aus der allein Augustinus in *De civitate dei* Zitate überliefert, war diesem zufolge auf die Lehren der Philosophen beschränkt. Varro erörterte dort die 248 möglichen Denkschulen (*sectae*) und entscheidet sich am Ende für die Alte Akademie.[139]

j) Möglicherweise bio-doxographisch war Περὶ φιλοσοφίας eines Seleukos, der wohl mit Seleukos von Alexandreia zu identifizieren ist und zur Zeit des Augustus und des Tiberius lebte.[140] Diogenes Laertios zitiert sein Περὶ φιλοσοφίας 3,109 (= FGrHist 1056 F 2) für einen Homonymen Platons, | [50] der ein Panaitiosschüler aus Rhodos war. Bei einem zweiten Zitat (9,12) fehlt der Buchtitel. Da aber Diogenes sonst kein Werk dieses Mannes zitiert, liegt die Vermutung nahe, daß es ebenfalls aus Περὶ φιλοσοφίας stammt. Allerdings hat Seleukos laut Harpokration auch Περὶ βίων geschrieben, und noch weitere Werke sind bekannt, so daß

---

138 Bollansée 1999a, 400–401 (zu FGrHist 1026 F 49).
139 Fragmente und Kommentar in Langenberg 1959.
140 Zu ihm und der Identifizierung siehe Radicke 1999, 16–17 (Einleitung zu FGrHist 1056), wo die im weiteren Sinne biographischen Fragmente ediert sind; dort die ältere Literatur.

man hier vorsichtig sein muß.¹⁴¹ Diogenes verweist dort in einer doxographischen Sektion auf die Ansicht des Seleukos, nach der zuerst ein gewisser Krates die Schrift Heraklits nach Griechenland gebracht habe und man ein delischer Taucher sein müsse, um nicht an ihr zu ersticken. Für diese Angabe beruft sich Seleukos seinerseits auf den *Taucher* des Kroton. Die Angaben an beiden Stellen bei Diogenes könnten sowohl in einem biographischen als auch einem doxographischen Werk stehen. Die Frage nach dem Charakter von Seleukos' Περὶ φιλοσοφίας läßt sich daher nicht mit Sicherheit beantworten.

Fazit: Auch Schriften Περὶ φιλοσοφίας kommen in der hellenistischen und der Kaiserzeit als wichtige Quellen für biographische *und* zugleich doxographische Informationen in Frage. Zu Unrecht wurden sie bisher selten als mögliche Überlieferungsträger beachtet.

9.7 Ergebnis

Zum Verhältnis der oben besprochenen Gattungen zueinander erklärt Mansfeld:¹⁴²

> The *Peri haireseon* literature, the *Successions*, and the individual or collective *Lives* did not constitute rigidly distinct domains; the difference is one of emphasis: historical in the *Bioi* and *Diadochai*, systematical in the *Peri haireseon*. (...) Varieties of a mixed nature existed".

Die oben gemachten Ausführungen haben vielleicht dazu beigetragen, daß man sich ein etwas genaueres Bild von den Überschneidungsbereichen machen kann. Biographie und Doxographie gehörten im Hellenismus und in der Folgezeit nicht immer völlig getrennten Bereichen an, wenngleich es auch weitgehend 'reine' Werke gab. Mischformen scheinen schon in der Zeit vor Diogenes Laertios nicht selten gewesen zu sein. Dies betrifft sowohl Werke wie Βίοι und Διαδοχαί, die allgemein als historiographisch klassifiziert werden, als auch Werke der philosophischen Werbung wie Schriften Περὶ φιλοσοφίας. Beide Gruppen gehören keinesfalls getrennten Bereichen an und dürfen nicht getrennt voneinander behandelt werden. Es scheint mir unbegründet zu sein, Περὶ φιλοσοφίας-Schriften aus der Gruppe philosophiegeschichtlicher Werke auszuschließen, wie Mejer dies tut, nur weil sie eine philosophische Zielsetzung hatten.¹⁴³ Auch Biographien

---

141 Radicke 1999, 16–17 (Einleitung zu FGrHist 1056) erwägt eine Identifizierung von Περὶ φιλοσοφίας und Περὶ βίων, doch gibt es hierfür keine hinreichenden Anhaltspunkte.
142 Mansfeld 1986a, 304–305.
143 Mejer 1978, 62; 88–89.

konnten dazu dienen, positive und negative Vorbilder des Lebens zu propagieren und konnten so Teil der philosophischen Diskussion sein. Wir müssen davon ausgehen, daß im Rahmen des Schulkampfes zahlreiche polemische bzw. enkomiastische Biographien verfaßt wurden und daß die Grenze zum Enkomion oft fließend war. Auch in Werken | [51] Περὶ αἱρέσεων war Polemik möglich (siehe Theodoros),[144] sie waren also nicht notwendigerweise rein deskriptiv. Hermippos zitierte in einer Biographie Ktesibios' Περὶ φιλοσοφίας, während Hermippos selbst Quelle in Aristokles' Περὶ φιλοσοφίας war: ein treffendes Beispiel für die Wechselwirkung zwischen den Gattungen, das uns davor warnen sollte, strikt zwischen 'historiographischen' und 'philosophischen' Werken zu trennen.

Man hätte oben wohl noch viele andere bio-doxographische Werke anführen können, wenn auch die im engeren Sinne polemischen Schriften vom Typus Πρὸς τὸν δεῖνα mit in die Untersuchung einbezogen worden wären. Gerade dort ließen sich Leben und Lehre nicht trennen.[145] Auch diese machen einen wichtigen Teil der biographischen und doxographischen Überlieferung aus und haben Eingang in viele andere Gattungen gefunden, auch in die antike Philosophenbiographie (u.a. in das Werk des Diogenes Laertios).

Was den oft konstatierten chamäleon- oder chimärenhaften Charakter der hellenistischen Biographie angeht, so ist, wie ich meine, deutlich geworden, daß man in Zukunft einem weiteren möglichen Bestandteil in höherem Maße Aufmerksamkeit schenken muß, als dies als Folge von Mejers Buch in den vergangenen Jahren der Fall war: der Darstellung der philosophischen Doktrin der Porträtierten. Es ist zu vermuten, daß mehr Menschen, als bisher angenommen wurde, zu Philosophenbiographien oder *Diadochai* griffen, die nicht durch eine Mischung aus Fiktion und Wahrheit unterhalten, sondern in bündiger Weise über die Lehren der Philosophen informiert werden wollten.

---

144 Dazu Runia 1999, 45–46.
145 Erinnert sei hier noch einmal an Philodems *De Stoicis*; siehe oben.

10 Jørgen Mejers *Diogenes Laertius and His Hellenistic Background* nach 30 Jahren – einige Überlegungen

10.1 Einleitung

Diogenes Laertios stellt eine herausragende Quelle für unsere Kenntnis der Geschichte der antiken Philosophie dar. Außerdem ist er die unangefochten wichtigste Quelle für die Biographien griechischer Philosophen. Sein Werk basiert vollständig auf dem Material, das seit dem 4. Jh. v.Chr. bis in seine eigene Zeit (wohl Ende 2./Mitte 3. Jh. n.Chr.)[1] von einer kaum zu überblickenden Zahl von Autoren gesammelt worden war. Erst nach einem Prozeß wiederholten Zitierens, Epitomierens und Kompilierens gelangte es schließlich zu Diogenes. Auf die ihm vorangegangenen Autoren verweist er in großer Zahl, viel häufiger als die meisten Autoren der Antike dies für gewöhnlich tun, und sein Eifer im Zitieren ist allenfalls vergleichbar dem des Athenaios und einiger Kirchenschriftsteller. Aus diesem Grund ist er zudem unsere Hauptquelle für die verlorenen biographischen Werke über Philosophen der hellenistischen und frühen Kaiserzeit.[2] Wäre sein Werk nicht erhalten, wären etliche illustre Autoren für uns kaum mehr als bloße Namen, oder wir wüßten nicht einmal von ihrer Existenz. Von den 34 Fragmenten der *Diadochai* Sotions stammen 30 aus Diogenes, vom gleichnamigen Werk des Antisthenes von Rhodos alle erhaltenen dreizehn Fragmente, ebenso die einzigen neun Fragmente der *Diadochai* des Alexandros Polyhistor.[3] Auch der weitaus größte Teil der Fragmente der Philosophenviten des Satyros wird ihm verdankt, und daß im 2. Jh. v.Chr. Herakleides Lembos Epitomai der Philosophenbiographien des Satyros und des Sotion anfertigte, wäre uns ohne Diogenes nicht bekannt. Diese Liste ließe sich noch eine Weile fortsetzen.[4]

---

[1] Zur Datierung siehe Schorn im Druck 1, Kap. Diogenes Laertios.
[2] Was die hellenistischen Philosophenbiographien angeht, so gibt es direkte Überlieferung lediglich bei einem einzigen Autor, bei Philodem, von dessen Geschichte der Stoa, der Akademie und einiger anderer Schulen herkulanensische Papyri umfangreiche Stücke erhalten haben. Die wichtigsten sind der *Index Academicorum* (ed. Dorandi 1991) und der *Index Stoicorum* (ed. Dorandi 1994); zu den anderen dazugehörenden Werken siehe Schorn 2014a, 722. Von Herakleides Lembos' Epitome von Hermippos' Werken *Über Gesetzgeber*, *Über die Sieben Weisen* und *Über Pythagoras* ist durch P. Oxy. XI 1367 = FGrHist 1026 T 5 und F 3 ein kleiner Rest erhalten; allerdings gehören die Fragmente nur zu der Schrift *Über Gesetzgeber*.
[3] Editionen: Wehrli 1967–1978, Suppl. II; Giannattasio Andria 1989.
[4] Ausführlicher Schorn 2013b, v.a. 42–43 = oben, S. 325–326.

Nach der Zählung von Hope finden sich bei Diogenes 1186 Verweise auf 250 Autoren, hinzu kommen mehr als 350 Verweise auf nicht näher spezifizierte Quellen mit Formulierungen wie „einige berichten" oder „man sagt".[5] Diese Gruppe der anonymen Zitate nimmt zusammen mit den Berichten, in denen Diogenes überhaupt nicht auf eine Quelle Bezug nimmt und die oft einfach in direkter Rede als Tatsachen wiedergegeben werden, einen größeren Raum ein als die namentlichen Zitate. Vor allem bleiben in den meisten Fällen die doxographischen Passagen namenlos. Es ist daher verständlich, daß man seit dem 19. Jh. versucht hat herauszufinden, auf welchen Überlieferungswegen Informationen zu Diogenes gelangt sind. Dabei geht es zum einen um die Frage nach Diogenes' *direkten* Quellen, denn kaum jemand hat je geglaubt, daß er alle von ihm zitierten Werke wirklich gelesen hat. Man ging und geht zu Recht davon aus, daß er auf einige Handbücher und Einzelwerke zurückgegriffen und diese zusammengefaßt, exzerpiert, erweitert und kompiliert hat. Zum anderen beschäftigt die Wissenschaftler die Frage, auf welche Autoren die einzelnen Informationen *letztlich* zurückgehen. Das heißt, daß man auch in Fällen, in denen sich Diogenes auf eine Quelle wie Favorin oder Sotion beruft, versucht, deren Quellen zu ermitteln, um auf diese Weise möglichst nahe an die Zeit des Berichteten zu kommen.

Vor allem im späten 19. und frühen 20. Jh. versuchte man häufig, eine Hauptquelle zu ermitteln, die Diogenes mehr oder weniger zusammengefaßt und/oder erweitert habe: Diokles von Magnesia (Nietzsche),[6] Favorin (Maass),[7] Nikias von Nikaia (Usener)[8] oder ein unbekannter Platoniker, vielleicht Maximos von Nikaia (Gercke)[9]. Alternativ dazu nahm man eine Reihe von Haupt- und Nebenquellen an (Schwartz, Leo, Crönert, Howald, Frenkian).[10] Keine dieser Interpretationen hat sich als plausibel erwiesen. Ich will an dieser Stelle keine Geschichte der Quellenkritik des Diogenes bieten, sondern mich statt dessen mit einigen Thesen aus der jüngsten Monographie zur Arbeitsweise des Diogenes beschäftigen, Jørgen Mejers *Diogenes Laertius and His Hellenistic Background* aus dem Jahr 1978, einem Buch, das immer noch das Standardwerk zum Thema darstellt. Ich habe schon an anderer Stelle zu zeigen versucht, daß Mejers These, Diogenes sei der

---

[5] Hope 1930, 59–60.
[6] Nietzsche 1868–1869 und 1870a/b = 1982, 75–245: Epitome des Diokles mit Ergänzungen aus Favorin; dagegen Diels 1879, 161–163.
[7] Maass 1880; dagegen von Wilamowitz-Moellendorff 1880, 142–164.
[8] Usener 1892 = 1914, 163–175; dagegen Gercke 1899, v.a. 11–17.
[9] Gercke 1899, v.a. 67–74.
[10] Schwartz 1903b; Leo 1901, 35–84; Crönert 1906, 133–147 (14 Haupt- und 7 Nebenquellen); Howald 1917; 1920 (drei Handbücher); Frenkian 1961; zu den verschiedenen Versuchen siehe Hope 1930, 37–59; Mejer 1978, 7–16; ausführlich Desbordes 1990.

Erfinder der Bio-Doxographie gewesen, unzutreffend ist.[11] An dieser Stelle will ich Mejers Ansichten zur Arbeitsweise des Diogenes und zur direkten bzw. indirekten Verwendung einiger biographischer Autoren in den Blick nehmen. Dabei will ich zugleich auch einige Studien aus der Zeit nach Mejer besprechen, die für die Beurteilung seines Buchs wichtig sind und unsere Kenntnis vom Umgang des Diogenes mit seinen biographischen Quellen bereichert haben. Hier ist selektiv zu verfahren, um zu vermeiden, daß dieser Beitrag zu einem Forschungsbericht zu Diogenes seit 1978 wird.[12] Abschließend will ich kurz auf Wege hinweisen, auf denen in der Zukunft vielleicht noch neue Resultate in der Quellenforschung zu Diogenes erzielt werden können.

10.2 Die Arbeitsweise des Diogenes Laertios

10.2.1 J. Mejer

Das Innovative an Mejers Buch liegt darin, daß er von der an sich naheliegenden Frage ausgeht: was wissen wir über den Entstehungsprozeß vergleichbarer Bücher in der Antike und die Arbeitsweise ihrer Autoren? Aufbauend auf den Studien von Friedrich Münzer und Jens Erik Skydsgaard zur Arbeitsweise des älteren Plinius bzw. Varros, rekonstruiert Mejer die Entstehung von Diogenes' Werk wie folgt:[13]

> He has read the more recent literature on the subject, the lives and opinions of the philosophers, made his excerpts, looked through a number of older books and excerpted them so as to supplement and verify various points. He has copied his sources freely, *ad verbum* or in paraphrase, and he has quoted them directly or indirectly according to his interests and

---

11 Schorn 2013b = Kap. 9 in diesem Band.
12 Ich gehe z.B. nicht auf die komplexen und nicht immer leicht nachvollziehbaren Interpretationen von Desbordes 1990 zur Geschichte der Diogenesinterpretation ein.
13 Mejer 1978, 16–29 (Zitat: 28) unter Rückgriff auf die Ergebnisse von Münzer 1897 und Skydsgaard 1968. Zu den Argumenten im Detail dafür, daß auch Diogenes mit Exzerpten arbeitete, siehe Mejer 1978, 24–28. Besonders erwähnenswert ist der Gebrauch von οὗτος, das in einer Vita oft nicht auf die zuletzt erwähnte Person, sondern auf den porträtierten Philosophen verweist. Daneben sind die Fehler interessant, die auf falsche Auflösungen von Abkürzungen bei Eigennamen zurückzuführen sind. Abkürzungen, so Mejer, seien typisch für subliterarische Texte wie z.B. Exzerpte; die Fehler seien bei der Übertragung von den *pugillares* auf die Rollen entstanden. Auch wenn in einigen der von Mejer angeführten Fällen nicht von der falschen Auflösung einer Abkürzung auszugehen ist, wie Gigante 1983b, 11 gezeigt hat, bleiben doch noch genügend Beispiele übrig, um Mejers Argumentation zu stützen. Zustimmung zu Mejer bei Goulet 1997, 151 = 2001, 81.

opportunities. We should not, if only because of the practical problems involved, imagine him switching source every other moment in the sense that he goes from one book (roll) to another. He may have followed various main sources according to which school or philosopher he was writing about, but his main material was a large number of excerpts of which, obviously, he was not in full command.

Da der Gebrauch von Zetteln, so Mejer, für die Antike nicht nachweisbar sei, wurden die Exzerpte, die zuerst auf *pugillares* notiert wurden, auf Rollen übertragen. Er geht davon aus, daß dabei irgendeine Art der Anordnung gewählt wurde, läßt es aber offen, ob nach exzerpiertem Autor oder Thema. Er betont allerdings, daß die Systematisierung nur „along very broad lines"[14] durchgeführt wurde. Dieser Rekonstruktion der Arbeitsweise des Diogenes durch Mejer schloß sich Marcello Gigante an.[15]

Mejer verweist u.a. auf die folgenden Konsequenzen eines solchen Vorgehens:[16]

1) Exzerpte seien dekontextualisiert; dies verwische auch den Unterschied zwischen direkten und indirekten Quellen.[17] Fehler schlichen sich vor allem bei der Übertragung auf die Papyrusrollen ein. Letzteres ist meines Erachtens sicher korrekt. Was allerdings den Unterschied zwischen direkt und indirekt verwendeten Zitaten angeht, so unterschätzt Mejer seine Bedeutung und scheint davon auszugehen, daß es kaum von Bedeutung sei, ob ein Autor direkt oder indirekt bei Diogenes erhalten sei, da es sich in jedem Fall um dekontextualisierte Informationen handle. Will man aber ausgehend von Diogenes die durch ihn erhaltenen Autoren rekonstruieren oder auch nur korrekt einschätzen, was ein verlorener Autor geschrieben hat, so ist die Frage nach dem Direktheitsgrad eines Zitates nicht zu unterschätzen. Gerade in den letzten Jahren wurde von verschiedenen Seiten betont, wie stark Angaben durch wiederholtes Exzerpieren, Kompilieren und Zitieren verwässert und auf diese Weise verfälscht werden. Die Anzahl der Zwischenquellen ist daher von Bedeutung.[18]

2) Die Verwendung von Exzerpten führe, so Mejer, dazu, daß aus derselben Quelle noch ein weiteres Exzerpt in den Text des Diogenes eingefügt wird, auch wenn es nicht in den Kontext paßt, oder daß ein thematisch passendes Exzerpt

---

14 Mejer 1978, 18.
15 Z.B. Gigante 1986, 12: „I risultati che del Mejer a me sembrano accettabili sono relativi al metodo di lavoro di Diogene."
16 Mejer 1978, 18–24.
17 „This fact will also tend to blur the distinction between primary and secondary sources." (18)
18 Brunt 1980; Lenfant 1999; Schepens 2000; Schorn, in: Schepens – Schorn 2011, 410-430 [= Kap. 8 in diesem Band].

aus einer anderen Quelle hinzugefügt wird. Dies scheint mir eine richtige und wichtige Beobachtung zu sein. Man findet diesen Fall auch bei anderen Autoren, so z.B. bei Athenaios. Auch dort werden bisweilen Exzerpte aus einem Autor in eine thematische Sektion eingefügt, die nur zum Teil zum Thema passen.[19] Gerade im Hinblick auf dieses Phänomen wäre es interessant zu wissen, wie sich Mejer die Exzerptsammlungen des Diogenes vorstellt.

3) Der Umstand, daß ein Autor nachweislich indirekt verwendet wurde, schließe nicht aus, daß er zugleich auch direkt verwendet wurde. Dies ist meines Erachtens eine sehr wichtige Erkenntnis und entzieht einem Großteil der alten Quellenforschung zu Diogenes die Grundlage, die davon ausging, daß ein Autor, von dem sich in einem Fall beweisen läßt, daß Diogenes ihn über eine Zwischenquelle zitiert, von ihm sicher nicht direkt verwendet wurde.

4) Mejer fordert daher, auf die Suche nach einer Hauptquelle des Gesamtwerks zu verzichten und erklärt (24):

> There may be a main source for each *Life* or for each school but Diogenes has not followed this source slavishly nor does it today seem possible to reconstruct Diogenes' sources in the individual cases unless it is assumed that the source was of *exactly* the same nature as Diogenes himself.

Was Mejers letzten Punkt angeht, so ist seine Argumentation problematisch und hat mit seiner zentralen These zu tun, nach der das Werk des Diogenes zwar inhaltlich in der Tradition der hellenistischen Biographie und Doxographie stehe, aber in seiner Form nicht charakteristisch für die hellenistischen Werke sei. Die Kombination von Biographie und Doxographie, so Mejer, sei eine Innovation des Diogenes, im Hellenismus seien beide Themenbereiche in unterschiedlichen Typen von Werken behandelt worden. Ich habe an anderer Stelle deutlich zu machen versucht, daß diese Ansicht falsch ist und wohl ein Großteil der hellenistischen Philosophen-*Diadochai* bio-doxographisch war.[20]

10.2.2 Haupt- oder Urquelle mit Ergänzungen: S.N. Mouraviev, D.E. Hahm, M.-O. Goulet-Cazé

Ausgehend von Mejer entwickelt David Hahm seine Überlegungen zum Entstehungsprozeß eines Buches, und im speziellen zu dem von Diogenes' Buch:[21] Der

---

19 Ein Beispiel in Schorn 2015, 205–206 = oben, S. 152–154.
20 Siehe Schorn 2013b = Kap. 9 in diesem Band.
21 Hahm 1992, 4079–4082.

Autor, so Hahm, begann mit Exzerpten: Wenn das erste exzerpierte Buch inhaltlich und strukturell dem entsprach, das er selbst schreiben wollte, konnte es sein, daß er beinahe alles exzerpierte. Wenn es zwar thematisch seinem eigenen entsprach, aber nicht strukturell, exzerpierte er wohl ebenfalls einen Großteil, ordnete aber die Exzerpte nach seinem eigenen Plan neu an. Wenn das Buch weder thematisch noch strukturell seinem eigenen entsprach, aber doch hier und da relevante Informationen enthielt, exzerpierte der Autor diese und ordnete sie in thematischen Sektionen an. Anschließend exzerpierte er weitere Bücher, aus denen er nur noch das entnahm, was er noch nicht in seiner Exzerptsammlung hatte, manchmal Varianten oder Hinweise auf übereinstimmende Interpretationen. Alles ordnete er „under broad categories or topoi" an[22]. Nur ein Exzerpt aus einem Buch desselben Charakters bot einen Bericht, der perfekt zum Topos paßte, unter dem es eingeordnet wurde. Bei Exzerpten aus anderen Werken fanden sich auch unpassende Informationen aus dem alten Kontext. „If such excerpts were not completely rewritten to fit their new contexts, they would give the impression of being digressions or interpolations."[23] Von dieser Konzeption ausgehend analysiert Hahm das siebte Buch des Diogenes und kommt zu dem Ergebnis, daß Diogenes' Stoikerbiographien 'Urbiographien' zugrunde liegen, als deren Autor er den Stoiker Apollonios von Tyros erachtet und die Diogenes durch Hinzufügungen erweitert habe.[24]

In ähnlicher Weise rekonstruiert Marie-Odile Goulet-Cazé eine frühe 'Urvita' des Antisthenes mit sehr wenigen Quellenangaben und ihre sukzessiven Erweiterungen.[25] Sie geht davon aus, daß dieser Grundstock wohl schon vor Diogenes ergänzt worden sei und Diogenes dem Weiteres hinzugefügt habe. Es sei aber grundsätzlich nicht zu entscheiden, welche Ergänzungen von wem stammen. Zudem sei es Diogenes gewesen, der die folgenden Elemente hinzugefügt habe: die Apophthegmensammlung, die zwei Doxographien, sein eigenes Epigramm und vielleicht auch die Werkliste und die Homonymenliste.[26]

---

[22] Hahm 1992, 4080.
[23] Hahm 1992, 4081.
[24] Hahm 1992. Auch Dorandi 1994, 35 spricht in der Nachfolge von Hahm von „Apollonio di Tiro, autore principale di Diogene".
[25] Goulet-Cazé 1992, 3951–3970.
[26] Aber vorsichtig fügt sie hinzu: „On pourrait certes nous objecter qu'il n'y a jamais eu de βίος succinct, que dès le départ ce βίος comportait ce que nous avons appelé des additions. Il est effectivement très difficile de préciser à quel niveau se situent les interventions des prédécesseurs de Diogène Laërce – le βίος dont il disposait avait dû déjà être remanié et amplifié – et les siennes propres. L'état actuel du texte ne permet pas de distinguer les étapes de l'évolution qui du βίος originel a abouti au texte laërtien." (3952).

Serge N. Mouraviev erschließt eine kurze charakteriologische Studie, die fast keine Quellenangaben und Varianten enthalten und die Basis der Heraklitvita gebildet habe.[27]

Bevor diese und Mejers Ansichten evaluiert werden können, empfiehlt es sich, einen Blick auf die neuere Literatur zur Abfassung kompilatorischer Werke in der Antike allgemein zu werfen.

10.2.3 Philodems *Index Academicorum*

Nachdem schon Marcello Gigante auf die Bedeutung von Philodems *Index Academicorum* (P. Herc. 1021 und 164) für die Rekonstruktion der Genese von Diogenes' Werk hingewiesen hatte,[28] hat Tiziano Dorandi in mehreren Studien auf breiter Basis entscheidend zum Verständnis der Arbeitsweise kompilatorisch arbeitender Autoren beigetragen und dabei auch die Entstehung dieser Schrift dem rekonstruiert.[29] Bei PHerc. 1021 handelt es sich um eine Vorstufe zur Ausarbeitung einer Geschichte der Akademie in der Form einer *Diadoche*. Wenngleich nicht anzunehmen ist, daß jeder Autor eines solchen Werkes in derselben Weise gearbeitet hat, bietet dieser Papyrus doch die einzigartige Möglichkeit, den Verfasser eines Werkes, das dem des Diogenes ähnlich ist, bei der Arbeit zu beobachten.

Die Arbeitsschritte Philodems waren nach Dorandi die folgenden (in etwas vereinfachter Form):[30]

1) Lektüre der Literatur und Kennzeichnung der zu exzerpierenden Stellen.
2) „Zumindest einige Exzerpte wurden wohl auf *pugillares* transkribiert."[31] Dorandi macht hier (gegen Mejer) deutlich, daß für solche Notizen in der Antike nicht nur Holz- und Wachstafeln, sondern auch Papyrus- und Pergamentzettel Verwendung fanden.
3) Philodem diktierte Einleitungs- und Übergangspassagen sowie andere eigene Bemerkungen.
4) Erstellung eines ersten Entwurfs; dies ist P. Herc. 1021.

---

27 Mouraviev 1986. Zu Einschüben in die Platonvita siehe Gigon 1986, 135–138.
28 Gigante 1986, 25–34.
29 Ein erster Beitrag Dorandis stammt aus dem Jahr 1991, spätere folgten, in denen er seine Ansichten im Detail modifizierte. Abschließend nahm er in Dorandi 2007 zu dem Thema Stellung. Ich beschränke mich im folgenden auf diese Studie. Vor allem wichtig für unsere Fragestellung sind dort S. 13–46.
30 Dorandi 2007, 40–42.
31 Dorandi 2007, 41.

5) Ergänzung dieses Entwurfs auf der Basis weiterer Lektüre durch Randbemerkungen und Texte auf der Rückseite; diese sind in großer Zahl im Papyrus zu finden.
6) Erstellung der literarisch ausgearbeiteten Schlußfassung. Von dieser sind in P. Herc. 164 geringe Reste einer späteren Abschrift (aus der Zeit nach Philodems Tod) erhalten.[32]

Dorandi geht davon aus, daß die Exzerptsammlungen des älteren Plinius, von denen der jüngere Plinius in einem Brief spricht (3,5,17) und die 160 beidseitig und in kleiner Schrift beschriebene Rollen umfaßten, wohl so aussahen wie P. Herc. 1021.

Es lohnt sich, einen etwas genaueren Blick auf P. Herc. 1021 zu werfen und sich zu fragen, was wir daraus im Detail für die Arbeitsweise des Diogenes lernen können. Bei der Platonbiographie handelt es sich zum Teil um nichts weiter als um Exzerpte aus der früheren Literatur, geordnet nach Autoren (Exzerpte aus Dikaiarchos, Philochoros, Neanthes etc.).[33] Am Rand und auf der Rückseite stehen Ergänzungen, die in einem zweiten Schritt diesen Exzerpten hinzugefügt worden sind. Interessant ist, daß sich von denselben Autoren (Dikaiarchos und Philochoros) auf beiden Seiten Exzerpte finden lassen, Philodem also zu einem späteren Zeitpunkt diese Autoren erneut exzerpiert hat. Auf der Rückseite enthalten col. X–Z eine Darstellung von Platons sizilischen Reisen, die Philodem selbst auf der Basis der ihm vorliegenden Quellen verfaßt hat, ohne daß er seine Vorlagen noch namentlich nennt,[34] was einem späteren Arbeitsschritt als dem des Exzerpierens entspricht. Wahrscheinlich wollte sich Philodem bei den Texten, die er hier mit den Namen der Quellen anführt, die Möglichkeit offenhalten, diese in der Schlußfassung zu zitieren, während er den Bericht über die sizilischen Reisen ohne Nennung der Quelle geben wollte. Die Anordnung der Exzerpte auf der Vorderseite ist nur ganz grob diejenige, wie sie in einer Biographie möglich ist, mit dem Bericht von Platons Tod und der Liste der Schüler am Ende (col. III 34–VI Ende). Doch stehen aufgrund der Anordnung nach exzerpierten Autoren Dinge noch an der falschen Stelle, so im Exzerpt aus Philochoros die Datierung von Platons Tod, die an das Ende der Biographie gehört. Daneben findet sich der Fall, daß zum Bericht von Platons Tod nach Neanthes in col. V eine Randbemerkung

---

32 Dazu siehe Dorandi 2007, 116.
33 Zur Struktur der Platon-Biographie des *Index Academicorum* siehe Dorandi 1991, 29–39 und 86–89 zu den Quellen (aufbauend v.a. auf Gaiser 1988).
34 Vgl. Dorandi 1991, 33–34; nach der Ankündigung, von den Reisen zu berichten ὡς ἄλλοι συν-[ῆγο]ν (col. X Z. 2), verweist lediglich das allgemeine λέγεται (col. Z Z. 3) auf Philodems Quellen.

hinzugefügt ist mit dem Hinweis auf eine alternative Tradition bei Speusippos.³⁵ Zu den Philochorosexzerpten wird in col. *V* auf der Rückseite ein weiteres Exzerpt aus demselben Autor über den Aufenthalt der Schüler Platons nach dessen Tod in Assos nachgetragen,³⁶ das thematisch in keinem erkennbaren Zusammenhang zum Philochorosexzerpt auf der Vorderseite steht und das man sich auch schwer an dieser Stelle der Biographie vorstellen kann. Die 'Platonbiographie' stellt daher eine kuriose Kombination aus einer Materialsammlung nach Autoren und einer vorläufigen Fassung der Biographie dar. Festzuhalten ist, daß innerhalb des Themas 'Platon' die Exzerpte nur in Ansätzen thematisch geordnet sind.

In den folgenden Notizen für die Biographien von Speusippos und Xenokrates (und vielleicht schon bei der Schülerliste Platons) folgt Philodem nach Dorandis Rekonstruktion hingegen einer Hauptquelle, die namentlich im Erhaltenen nirgendwo genannt wird und in die Philodem einige Zitate aus älteren Autoren einfügt; ein Zitat aus Timaios kann indirekt aus der Hauptquelle übernommen sein.³⁷ Quelle des kurzen Kapitels über Herakleides Pontikos ist vielleicht Demochares,³⁸ das sich anschließende Kapitel über Chairon von Pellene besteht aus zwei Exzerpten, einem aus Hermippos, der seinerseits Dikaiarchos als seine Quelle angibt,³⁹ und einem aus Phainias, der sich an einer Stelle auf ungenannte Gewährsmänner beruft.⁴⁰ Die Βίοι von Polemon bis Arkesilaos stellen wörtliche Zitate aus Antigonos von Karystos dar (Polemon, Krates, [Adeimantos]) bzw. Zitate aus Antigonos, ergänzt durch anderes Material (Krantor, Arkesilaos).⁴¹ Danach, in der Sektion über die Neue Akademie, nennt Philodem bei der ersten Gruppe von Akademikerviten (von Lakydes bis Charmadas) keine Quellen. Er zitiert wörtlich Verse aus Apollodors *Chronik*, und dort, wo er dies nicht tut, handelt es sich teilweise um eine Prosaparaphrase Apollodors, die durch anderes Material ergänzt wurde. Dorandi macht es wahrscheinlich, daß Philodem selbst für diese

---

35 *Additamentum* II p. 180 Gaiser; vgl. Dorandi 1991, 38; 222 (Text im Kommentar).
36 Siehe Dorandi 1991, 31–32; 88 nach Gaiser 1988, 101–103; 367–386.
37 Vgl. Dorandi 1991, 39–47; 89–91. Er akzeptiert zu Recht nicht Gaisers (1988, 110–118) Hypothese, diese Quelle sei Diokles von Magnesia gewesen.
38 So Gaiser 1988, 119–123, gefolgt von Bollansée 1999a, 502–506 (zu FGrHist 1026 F 71); Verhasselt 2015, 34 mit Anm. 2; zurückhaltend noch Dorandi 1991, 91, der Hermippos als Quelle für möglich hält.
39 Siehe zur Abgrenzung des Materials aus Dikaiarchos Verhasselt 2015, 44–47 (die ganze Sektion aus Dikaiarchos). Der Name des Dikaiarchos ist in P. Herc. 1021 der Lücke zum Opfer gefallen, aber in P. Herc. 164 fr. 22, Z. 4 erhalten.
40 Dorandi 1991, 47–50; 90–92.
41 Dorandi 1999, XLIV–LXIII, wo er Dorandi 1991, 50–62; 92–94 modifiziert.

Bearbeitung verantwortlich ist.⁴² Wie beim Abschnitt über Platons Sizilienreisen liegt hier also ein späterer Arbeitsschritt als der der Materialsammlung vor. Bei der zweiten Gruppe (Philon, Antiochos, Ariston von Askalon) werden ebenso keine Quellen genannt und sind auch nicht mehr feststellbar.⁴³

Eine Reihe von Annahmen Mejers und anderer finden in P. Herc. 1021 Bestätigung:

1) Philodem arbeitet mit Exzerpten, die auf einer Rolle notiert werden.
2) Für unterschiedliche Philosophenviten werden unterschiedliche Quellen verwendet.
3) Philodem zitiert gelegentlich indirekt ältere Literatur.
4) Autoren werden zugleich direkt und indirekt verwendet (Dikaiarchos).
5) Betrachtet man die Exzerpte nach Autoren (z.B. Philochoros), kann man sich gut vorstellen, daß bei der Übernahme eines Teils davon in die definitive Fassung auch thematisch nicht unmittelbar Dazugehöriges mit aufgenommen wird.

Was die Quellenbasis angeht, liefert der *Index Academicorum* Beispiele für unterschiedliche Vorgehensweisen:

1) Sammlung von Exzerpten aus einer Vielzahl von älteren Autoren, die als Grundlage für eine eigenständig zu erstellende Biographie dienen sollen (Platon).
2) Verwendung einer einzigen Quelle für mehrere Biographien (Polemon, Krates, [Adeimantos]).
3) Verwendung einer Hauptquelle, in die Exzerpte aus wenigen anderen Autoren eingearbeitet werden (Speusippos, Xenokrates, Krantor, Arkesilaos, Lakydes bis Charmadas).

Es fällt auf, daß Philodem sich nicht scheute, seine eigenen Biographien häufig auf sehr schmaler Quellenbasis zu erstellen. Allerdings ist es offensichtlich, daß er sehr viele frühe Quellenautoren direkt und nicht über spätere Kompilationen verwendete.⁴⁴ Leider ist zumeist nicht mit Sicherheit feststellbar, wie wörtlich die einzelnen Exzerpte sind (Ausnahmen sind die Verse Apollodors).

---

42 Dorandi 1991, 62–76, v.a. 62–63; 93–97.
43 Dorandi 1991, 77–82; 97–99.
44 Siehe Gaiser 1988, v.a. 93–95. Dorandi äußert sich meist nicht zum Problem der direkten oder indirekten Verwendung; im Fall von Antigonos und Apollonios plädiert er aber explizit für

Daß Diogenes so arbeitete wie Philodem in der Platonbiographie, können wir wohl für die meisten seiner Biographien ausschließen. Er hat nicht die älteren Biographen direkt exzerpiert (siehe auch unten). Natürlich kann man nicht ausschließen, daß er auf der Basis der späteren Kompilationen eine Exzerptsammlung anlegte, in der er die Exzerpte aus den älteren Quellen nach Autoren zusammenstellte, oder daß er, wenn er innerhalb der Sammlung der Exzerpte zu einem Philosophen Exzerpte in unterschiedlichen Rubriken zusammenstellte, dort die Ansichten der älteren Autoren einzeln aufführte. Dies ist aber unwahrscheinlich. Für ihn war wohl zumeist eher die dritte Art des Umgangs mit Quellen die übliche, d.h. die von Hahm für ihn angenommene: Er nahm *eine* Biographie als Ausgangspunkt, aus der er sehr viel übernahm und die er dann durch anderes Material ergänzte. Einen wichtigen Unterschied zu Philodem stellt allerdings dar, daß es sich dabei wohl zumeist um eine späte kompilatorische Biographie handelte, in der viel ältere Literatur zitiert war. Aus ihr übernahm Diogenes dann die Verweise auf diese Texte. Die zur Ergänzung herangezogenen Werke waren dann bei Diogenes ebenfalls kompilatorische Werke und wohl auch einige frühe Biographien (dazu siehe unten). Inwieweit Diogenes dabei die Struktur seiner Hauptquelle übernahm oder das Material eigenständig umgruppierte, wissen wir nicht. Da die von ihm verwendeten Kompilationen im Gegensatz zu Mejers Annahme zum Teil bio-doxographisch und seiner eigenen demnach sehr ähnlich waren, lag es wohl oft nahe, die vorgegebene Struktur beizubehalten. Wie das Beispiel Philodem zeigt, kann dieselbe Hauptquelle für eine ganze Reihe von Biographien zugrunde gelegen haben. Welche Werke dies für welche Teile von Diogenes' Werk waren, können wir nicht sagen, da von den späten *Diadochai*, die die wahrscheinlichsten Kandidaten sind, nur wenige Fragmente erhalten sind. Zur Vorstellung, daß er eine einzige Hauptquelle für das ganze Werk verwendete, wird man sicher nicht zurückkehren. Aber die Annahme, daß für Einzelbiographien oder Gruppen von Biographien eine einzige Hauptquelle die Grundlage bildete, hat viel für sich, auch wenn wir diese mit unseren Mitteln zumeist nicht bestimmen, oder zumindest nicht *namentlich* bestimmen können. Und wenngleich Rekonstruktionen von Urformen wie die oben beschriebenen ab einem bestimmten Punkt recht subjektiv werden, meine ich, daß diese Beiträge viele interessante Beobachtungen enthalten, die einen Blick auf die Schichten des Textes ermöglichen, v.a. wenn sie mehr als eine Vita in den Blick nehmen. In einigen Fällen hatte Diogenes aber, wie Mejer gezeigt hat, keine Biographie zur Verfügung, die

---

direkte Verwendung: Dorandi 2007, 92–93; 97. Vgl. Dorandi 1999, XLV–XLVI mit der Einschränkung: „Philodème a probablement travaillé sur un texte d'Antigone qui n'était pas complet (peut-être même l'a-t-il découpé), mais de première main" (XLV).

er als Gerüst verwendete. Dort stellen die 'Biographien' bisweilen eine lose und unstrukturierte Aneinanderreihung von Exzerpten dar.[45]

10.2.4 Agnostizismus hinsichtlich des Direktheitsgrades von Zitaten. Möglichkeiten der Identifizierung von Hinzufügungen: R. Goulet u.a.

Weitgehend skeptisch, was die Möglichkeit angeht, bei Diogenes direkte von indirekten Quellen unterscheiden zu können, ist Richard Goulet.[46] Er sieht in den 'Quellenangaben' bei Diogenes keine Angaben der direkt verwendeten Quellen, sondern Verweise auf Autoritäten für eine Behauptung.[47] Es sei der Name, der zählt und der anerkannt sein muß, weshalb nicht die jungen Kompilatoren, sondern die Klassiker des Genres und anderweitig ehrwürdige Autoren 'zitiert' werden.[48] Er hält es für problematisch zu versuchen, die Hinzufügungen zu einem in sich geschlossenen und stimmigen Textkörper – der durch Diogenes erweiterten 'Urvita' – entfernen zu können, da es schwierig zu bestimmen sei, wann und durch wen diese Einfügungen gemacht wurden: durch Diogenes bei der Überarbeitung einer ersten Fassung, durch Diogenes während der Ausarbeitung des Werkes oder durch Diogenes' Vorlage.[49] Aus der Tatsache, daß ein Text als spätere Einfügung erwiesen ist, folgt nach Goulet nicht, daß alle Zitate aus diesem Werk spätere Hinzufügungen sind. Denn er könne ebenfalls in den von Diogenes verwendeten Quellen zitiert worden sein – hier ist also Goulet derselben Auffassung wie Mejer, ohne dies allerdings explizit zu sagen. Er geht des weiteren davon aus, ohne dafür aber Beweise anzuführen, daß Diogenes dann, wenn er ältere Autoritäten in seinen unmittelbaren jüngeren Vorlagen vorfand, meist allein die Namen der älteren erwähnte und nicht die seiner unmittelbaren Quellen. Folglich ist Goulet äußerst pessimistisch hinsichtlich der Möglichkeit, die direkten Quellen des Diogenes bestimmen zu können.[50] Im Umstand, daß ein 'Zitat' als spätere Hinzufügung kenntlich ist, sieht er keinen Beweis für eine direkte

---

45 Mejer 1978, 19–21.
46 Goulet 1997 = 2001, 79–96.
47 Vgl. z.B. die prägnante Formulierung in Goulet 1997, 154 = 2001, 84: „Nous sommes donc confrontés à un problème de psychologie littéraire. Ma conviction est que ces références ne correspondent pas au point de vue moderne, qui est de garantir l'exactitude des propos en citant l'endroit où on peut les vérifier. C'est plutôt en tant que témoin que l'auteur est cité, mais pas nécessairement parce qu'on l'a lu directement." Zustimmend Goulet-Cazé 1999b, 24.
48 V.a. Goulet 1997, 149–155 = 2001, 79–85.
49 Goulet 1997, 155–156 = 2001, 85–86.
50 Goulet 1997, 156–157 = 2001, 86–87.

Lektüre. Diogenes könne den Verweis auch einem späteren Kompilator entnommen haben, den er verschweigt. Als Ausnahme erachtet er den zeitlich Diogenes nahestehenden Favorin, der direkt verwendet worden sei (siehe unten).

Goulet arbeitet anschließend einige Kriterien heraus, mit deren Hilfe man sekundäre Hinzufügungen erkennen könne, aber nicht den Direktheitsgrad des Zitats:[51] Bestimmte Widersprüche in Buch 1 zeigten, daß die Biographien der Weisen nach Thales (ab 1,45) später hinzugefügt worden seien.[52] Auch die festen Strukturen der Viten erwiesen einige thematisch identische Elemente als spätere Anhängsel, die ein und derselben Quelle entstammen: die Briefe der Sieben Weisen am Ende der jeweiligen Viten und ebenso die Philosophentestamente.[53]

Einen interessanten Fall stellen die Epigramme des Diogenes dar. Goulet erklärt, ihm sei praktisch kein Fall bekannt, bei dem das Epigramm des Diogenes auf den Tod eines Philosophen ein geschichtliches Element enthält, das in der Prosafassung des Textes fehlt. Da Diogenes die Epigrammsammlung vor den Viten verfaßt hat, könne eine Quelle, die in der Vita zitiert wird und auf der ein Epigramm beruht, keine spätere Hinzufügung sein. Als Beispiel dient ihm hierbei Hermippos. Hierzu ist anzumerken, daß es nach Bollansée durchaus in mehreren Epigrammen Zusatzinformationen gibt, die über den Prosabericht hinausgehen.[54] Da er ebenso deutlich macht, daß Diogenes' Epigramm immer nur auf einer einzigen der von ihm berichteten Varianten vom Tod eines Philosophen beruht, müssen wir davon ausgehen, daß der Text des Hermippos, der Diogenes zur Verfügung stand, in diesen Fällen umfangreicher war als das Referat davon, das Diogenes in seine Viten aufgenommen hat. Dies beantwortet aber nicht die Frage, ob Diogenes diese ausführlichere Fassung bei Hermippos selbst oder in einer Zwischenquelle gefunden hat.

Ebenso als sekundäre Hinzufügungen seien nach Goulet inhaltlich gleichartige Informationsblöcke zu erachten: in den Viten der Weisen die Werksverzeichnisse mit Stichoi-Angaben einschließlich der Verseinlagen, die, wenngleich nur einmal dessen Name erscheint (1,34), alle auf Lobon von Argos zurückgingen,[55] des weiteren formal homogene Blöcke von Apophthegmen der Sieben Weisen[56]

---

51 Goulet 1997, 157–165 = 2001, 87–96.
52 Goulet 1997, 157–158 = 2001, 87–89; auf diesen Aspekt war Goulet schon 1992 = 2001, 67–77 eingegangen.
53 Goulet 1997, 158–161= 2001, 89–91; vgl. schon Mejer 1978, 23–24.
54 Bollansée 1999b, 231 mit Verweis auf FGrHist 1026 F 20, 63, 65 und 76.
55 Goulet 1997, 162–163 = 2001, 93–94; er folgt hier Crönert 1911; so nun auch weitgehend Garulli 2004 und ohne Vorbehalte Lloyd-Jones – Parsons 1983, Nr. 504–524. Zum Lobon-Problem siehe auch Dorandi 2013b, 119–120.
56 Goulet 1997, 163–164 = 2001, 94–95.

und schließlich einige kurze und lexikalisch sowie thematisch sehr ähnliche Doxographien der Vorsokratiker, die letztlich auf Theophrast zurückgingen, dessen Name in diesem Zusammenhang an einer Stelle (9,22) genannt wird.[57] Auch in den Werklisten erkennt er unterschiedliche Formulare, die er als Hinweise auf unterschiedliche Quellen interpretiert.[58] Hinsichtlich der Kapitel mit Apophthegmen verweist Goulet auf Jan F. Kindstrand, der aufgrund des Formulars aufgezeigt hat, daß bei Diogenes verschiedene Apophthegmensammlungen zusammengeflossen sind. Kindstrand diskutiert zudem ihr Verhältnis zur Gnomologienliteratur und zeigt, daß Diogenes die Apophthegmen zumeist eher Gnomologien als älteren Biographien entnommen und dieses Material selbst in seine Biographien eingefügt hat.[59]

Dies sind alles sehr wichtige und plausible Einsichten. Ist aber Goulets radikaler Skeptizismus hinsichtlich der Möglichkeit, direkt bzw. indirekt verwendete Autoren bestimmen zu können, berechtigt? Ihm ist sicher zuzugeben, daß es kaum möglich sein wird, die jüngeren Handbücher zu bestimmen, die Diogenes verwendet hat, da er diese offensichtlich bewußt verschweigt und es nicht in ausreichendem Umfang von Diogenes unabhängige Parallelüberlieferung gibt. Dies ist auch Mejers Ansicht. Betrachten wir, welche textimmanenten Hinweise Mejer verwendet, um direkten von indirektem Gebrauch zu unterscheiden und überprüfen wir, ob diese trotz der Argumente von Goulet stichhaltig sind.

1) Mejer sieht als ein Argument für direkte Verwendung der älteren, hellenistischen Werke eine gewisse Häufigkeit der Zitate.[60] Dieser Gedanke ist an sich plausibel, denn wenn sich Diogenes schon die Mühe machte, einen Autor zu lesen und zu exzerpieren, begnügte er sich wohl nicht mit einigen wenigen Zitaten. Aber das Kriterium der Häufigkeit ist sicher nicht entscheidend. Denn wir müssen davon ausgehen, daß auch in den Quellen des Diogenes vor allem die Klassiker des Genres häufig zitiert wurden, da sie es waren, die einem Bericht Autorität verliehen. Von dort konnten die Zitate zu Diogenes kommen.

2) Ein sicheres Argument dafür, daß ein Autor nicht direkt verwendet wurde, findet man laut Mejer im Fall des Chronographen Apollodor. Die meisten Datierungen bei Diogenes nach Apollodor verwenden die Olympiadenrechnung. Da

---

[57] Goulet 1997, 164–165 = 2001, 95–96. Hier folgt er Diels 1879, 161–169.
[58] Goulet 1997, 165 = 2001, 96. Zu den Werklisten siehe jetzt den *status quaestionis* in Dorandi 2013b.
[59] Kindstrand 1986, v.a. 233–242; vgl. auch Dorandi 2014, v.a. zum Eingang des Werks des Diogenes in die spätere gnomologische Tradition, und Goulet-Cazé 1992, 3978–4039 zu den Chrien.
[60] Mejer 1987, 29–46.

dieser aber nach athenenischen Archonten datierte, muß hier ein späterer Autor umgerechnet haben.[61]

3) Ein weiteres Kriterium ist für Mejer, wie gut oder schlecht ein Zitat in den Kontext eingebunden ist: gute Einbindung in einen Erzählblock, von wo das Zitat nicht ohne weiteres herausgelöst werden kann, sieht er als Zeichen dafür, daß Diogenes einen Autor indirekt verwendet, paßt ein Zitat nicht in den Kontext oder gibt es andere Hinweise auf eine spätere Hinzufügung, ist dies für ihn ein Argument für direkten Gebrauch: Diogenes habe dann in einem späteren Arbeitsschritt, nachdem er die späten Handbücher exzerpiert hat, noch einige Werke der hellenistischen Biographie direkt gelesen und exzerpiert, diese Exzerpte aber nicht richtig in die thematischen Blöcke eingearbeitet.[62]

Soll dieses Argument gültig sein, müssen allerdings, wie ich meine, einige Prämissen erfüllt sein:

1) Wir müssen davon ausgehen, daß Diogenes' Werk unvollendet ist. Mejer, der dieser Auffassung skeptisch gegenübersteht,[63] entzieht seiner Argumentation hier im Grunde den Boden. Denn dann müßte man das Durcheinander in der Darstellung als bewußtes Stilprinzip ansehen, das keinen Rückschluß auf die Genese des Werkes erlaubt. Der Vergleich mit dem *Index Academicorum* zeigt aber, daß Diogenes' Werk nicht vollendet ist, sondern Teilen davon die letzte Ausarbeitung fehlt. Es stellt aber einen späteren Arbeitsschritt dar als P. Herc. 1021.[64] In seiner Edition des Diogenes spricht Dorandi von einem „draft", der postum herausgegeben wurde, „some books in an almost definite state, the others were to some degree unfinished and in need of revision".[65]

2) Wenn wir nicht Goulet zugeben wollen, daß die Brüche und unpassenden Hinzufügungen möglicherweise schon in Diogenes' Quellen zu finden waren, ist davon auszugehen, daß diese Werke, im Unterschied zu dem des Diogenes, vollendet waren. Dies ist eigentlich selbstverständlich. Wir können angesichts der Sorgfalt antiker Autoren in stilistischen Dingen ausschließen, daß in ihren Werken in großer Zahl – wie bei Diogenes – derartige Störungen zu finden waren. Thematische Sektionen waren daher in sich stimmig ausgearbeitet. Postum herausgegebene Werke wie das des Diogenes, denen der letzte Schliff fehlte, dürften

---

61 Mejer 1978, 34 nach Jacoby 1902, 39ff.
62 Mejer 1978, 19–22; 29–46.
63 Mejer 1978, 15.
64 Gigante 1986, 33; 1998, XLIX.
65 Dorandi 2013a, 45–46 (Zitate: 46). Daß das Werk unvollendet ist, ist heute *communis opinio*; vgl. Gigante 1986, 25–34; z.B. Goulet-Cazé 1992, 3970–3974; Goulet 1997, 158 = 2001, 88; Schorn im Druck, Kap. Diogenes Laertios.

die Ausnahme gewesen sein. Schlechte Argumentationen und Brüche gehen also sehr wahrscheinlich auf das Konto des Diogenes. Natürlich ist Goulet zuzugeben, daß man bei Informationen, die schlecht integriert sind, nicht ohne weiteres bestimmen kann, ob diese direkter oder indirekter Kenntnis eines Werkes zu verdanken sind. Auch ist die Möglichkeit in Betracht zu ziehen, daß Diogenes gelegentlich seine Vorlage ungeschickt zusammenfaßte, so daß man auch bei Material aus ein und demselben Werk auf Brüche in der Argumentation stößt.[66]

4) Wir müssen davon ausgehen, daß Diogenes so gearbeitet hat, wie Hahm vermutet, und daß er Werke verwendet hat, die dem seinen in Inhalt und Struktur sehr ähnlich waren. Ein Schwachpunkt in Mejers Argumentation ist, daß er nie explizit sagt, nach welchen Kriterien Diogenes' Exzerptsammlung seiner Meinung nach geordnet war. Wenn er so gearbeitet hätte wie Philodem in seinen Exzerpten zur Platon-Biographie, wäre zu folgern, daß auch die in sich stimmigen und gut komponierten Passagen seine eigenen Kompositionen sind. Gute Einbindung in den Kontext wäre dann kein Argument mehr für indirekten Gebrauch. Die von Hahm angenommene Arbeitsweise ermöglicht es auch, in Erzählungen, die Diogenes schon zuvor in seinen Gedichte verwendet hat, Hinzufügungen zu einer 'Urvita' zu sehen. Denn es ist denkbar, daß Diogenes in einem späteren Arbeitsschritt das Material aus dieser Sammlung seinen Biographien einverleibte.[67]

Trotz der Bedenken Goulets kann der Umstand, daß ein Text deutlich eine spätere Hinzufügung ist, doch ein Indiz dafür sein, daß ein Autor direkt benutzt worden ist. Allerdings ist es meines Erachtens nötig zu zeigen, daß eine größere Anzahl von Zitaten aus diesem Werk von dieser Art ist. Denn obwohl die Zitate aus den hellenistischen Biographien auch in den späteren Kompilationen zu finden waren, steigt die Chance, daß ein Autor direkt verwendet wurde, wenn die Zitate aus ihm auffällig oft schlecht in den Kontext eingebunden sind, da es unwahrscheinlicher ist, daß Diogenes ein späteres Werk auf Zitate aus einem alten Autor hin exzerpiert hat, als daß er das originale Werk verwendet hat. Dies ist natürlich kein sehr sicheres Kriterium, und auch Zitate aus direkt verwendeten und später zu einem schon bestehenden Textkörper hinzugefügten Autoren können gut in diesen eingefügt sein. Denn niemand sollte Diogenes für einen Autor halten, der nicht in der Lage war, bisweilen neue Informationen harmonisch in seinen Text einzupassen, ohne daß diese als Hinzufügung oder Fremdkörper kenntlich sind. Daher bedeutet gute Einbindung von Zitaten in die Darstellung nicht, daß ein Werk indirekt verwendet sein muß.

---

66 Vgl. Goulet 1997, 156 Anm. 18 = 2001, 86 Anm. 18.
67 Dies im Hinblick auf Goulet 1997, 161 = 2001, 91–92.

10.3 Direkte oder indirekte Verwendung: einige Beispiele

Betrachten wir nun, mit welchen Argumenten Mejer und Forscher nach ihm für direkte oder direkte Verwendung einiger Biographen und Buntschriftsteller plädieren, und überprüfen wir ihre Stichhaltigkeit.

10.3.1 Favorin

Wie Mejer zurecht bemerkt, ist kaum zu bezweifeln, daß Favorin durch Diogenes direkt benutzt wurde:[68] Er ist eine der spätesten und meistzitierten Quellen (ca. 50 Zitate);[69] bei den meisten Zitaten handelt es sich um Hinzufügungen zum Haupttext ohne enge Verbindung dazu, und an einer Stelle (8,53) erklärt Diogenes sogar, er habe eine Angabe selbst bei Favorin gefunden. Der Charakter der Zitate beweist zudem, daß Favorin nicht seine Hauptquelle war, wie einst Ernst Maass vermutet hatte.[70] Diese Ansichten Mejers sind in den Jahren seit Erscheinen seines Buchs mit Recht, wie mir scheint, allgemein akzeptiert worden.[71] Selbst Goulet geht im Fall Favorins von einer direkten Benutzung aus.[72] Er führt als weiteres Argument die auffallende Genauigkeit der Verweise, oft mit Buchtitel und Buchnummer, an. Dennoch betont er, daß Diogenes auch auf Favorin verweise, da dieser die Autorität für eine Angabe darstellt, und nicht, da er seine unmittelbare Quelle ist (wenngleich beides hier identisch ist), und kommt zu einer interessanten Schlußfolgerung. Wenn Diogenes hier seine unmittelbare Quelle entgegen seiner Gewohnheit namentlich nennt, so müsse dies daran liegen, daß Favorin für die entsprechenden Angaben selbst keine ältere Autorität anführte. Diese Erkenntnis ist von Interesse für die Rekonstruktion von Diogenes' Quellen: trifft Goulets Annahme zu, dann war die entsprechende Information in den alten Quellen, soweit sie Diogenes direkt oder indirekt vorlagen, nicht zu finden, da er sich sonst auf die ältere Autorität berufen hätte. Im Falle Favorins

---

[68] Mejer 1978, 30–32; so schon Schwartz 1903b, 743–744; ausführliche Argumentation und Überlegungen zum Umfang bei Mensching 1963, 8–21.
[69] Zur Zählung siehe Mejer 1978, 30 Anm. 62. Die Häufigkeit der Verwendung variiert stark in den einzelnen Büchern.
[70] Maass 1880.
[71] So z.B. durch Kindstrand 1986, 229; Moraux 1986, 258–261; Goulet-Cazé 1992, 3976–3970; 1999b, 22 ist Favorin der einzige Autor, bei dem sie direkte Benutzung für vielleicht möglich hält; Goulet 1997, 151 = 2001, 81.
[72] Goulet 1997, 151; 160–161 = 2001, 81; 92.

zeigt sich jedenfalls, daß das Kriterium 'Hinzufügung zum Haupttext' in Verbindung mit dem der Häufigkeit von Zitaten brauchbar ist zur Bestimmung direkter Abhängigkeit.

10.3.2 Hermippos, Satyros, Sotion, Herakleides Lembos

Kommen wir nun zu den hellenistischen Biographen. Hermippos, Satyros, Sotion und Herakleides Lembos müssen wir gemeinsam betrachten, da Herakleides Epitomai der Biographien der drei zuerst genannten Autoren erstellt hat.[73] Im Falle des Hermippos zitiert Diogenes nie die Epitome, sondern verweist immer auf Hermippos selbst, im Fall von Satyros und Sotion zitiert er manchmal explizit die Epitome, manchmal verweist er auf Satyros selbst. Mejer kommt zu dem Ergebnis, daß Diogenes Hermippos und Sotion direkt benutzte, Satyros hingegen nur in der Epitome des Herakleides. Einige Zitate aus allen diesen Autoren stammten aber aus Zwischenquellen. Betrachten wir zunächst Mejers Argumente.

10.3.2.1 Hermippos
Für eine direkte Verwendung sprechen für Mejer die folgenden Punkte:[74] Hermippos ist der am häufigsten zitierte der älteren Autoren (37 Zitate). Diogenes kannte die Βίοι des Hermippos schon vor der Abfassung seiner Philosophiegeschichte direkt oder indirekt, da er in seiner Gedichtsammlung *Pammetros* in vielen Fällen die Version des Hermippos in Epigrammen auf den Tod von Philosophen verwendete. Wenn er in der Philosophiegeschichte Hermippos im Zusammenhang mit Todesberichten zitiert, geschieht dies mit einer Ausnahme ohne Nennung des Werks, während er in anderen Kontexten bisweilen den Titel des Werks nennt, aus dem eine Angabe stammt. Daraus folgert Mejer, daß Hermippos ein Exzerpt mit Todesszenen aus Hermippos (ohne Buchangaben) angefertigt hatte, auf das er später nur mit dem Namen der Quelle verwies. Mejer erkennt an, daß es bei Todesberichten – und Diogenes zitiert Hermippos achtzehnmal für die Todesgeschichte und neunzehnmal für andere Angaben – schwer zu bestimmen sei, ob ein Exzerpt später in einen vorliegenden Text eingefügt wurde, da die Sektion über den Tod oft unverbunden am Ende der Biographie steht. Er entdeckt aber

---

[73] Auch wenn nur die Epitome einiger Biographien des Hermippos bezeugt ist (siehe Anm. 2), ist es gut möglich, daß Herakleides auch weitere Philosophenviten des Hermippos epitomierte; siehe Schorn, in: Schepens – Schorn 2010, 418–419 = oben, S. 288–289.
[74] Mejer 1978, 32–33.

acht Exzerpte, die seiner Meinung nach eindeutig sekundäre Elemente im Haupttext sind. Als ein weiteres Indiz für direkte Verwendung erachtet er, daß etwa die Hälfte der Zitate Varianten und Parallelen darstellt. Er verweist darauf – warum wird mir nicht deutlich –, daß Hermippos meist für eine „story (anecdote)" und nicht für „small pieces of factual information"[75] verwendet wird und daß Diogenes zweimal erklärt, er verwende Hermippos indirekt.

Bollansée schließt sich Mejers Auffassung von einer direkten Verwendung an, ohne näher darauf einzugehen.[76] Was die dichterischen Werke des Diogenes betrifft, so erinnert er zu Recht daran, daß von den 48 Gedichten nur dreizehn auf der Version des Hermippos beruhen und vier auf anderen Autoren und daß beim Rest die Quelle unbekannt ist.[77]

Mejer und andere Interpreten gehen meines Erachtens zu Recht davon aus, daß Hermippos eine Sammlung von Todesgeschichten des Hermippos verwendet hat, doch herrscht keine Einigkeit darüber, ob er selbst deren Verfasser war oder nicht.[78] Daß er selbst diese Sammlung anlegte, ist angesichts seiner Vorliebe für das Thema wahrscheinlich, doch besagt das noch nicht, daß er dafür Hermippos direkt exzerpierte (und was ist mit den anderen Autoren, deren Todesgeschichten er dort sammelte?). Ist eine solche Annahme erforderlich, wenn nur etwas mehr als ein Viertel der Epigramme auf Hermippos beruht? Nur wenn wir annehmen, daß Hermippos auch noch die Basis für zahlreiche Gedichte ist, deren Quelle für uns nicht mehr feststellbar ist, ist dies wohl der Fall. Dies ist zwar gut möglich, wenn man bedenkt, daß er hinter dreizehn von siebzehn zuweisbaren Texten steht, doch leider nicht zu beweisen.

Betrachtet man alle Zitate (mit Ausnahme der Todesgeschichten), so fällt auf, daß man diese bis auf ca. sieben Fälle leicht aus dem Text entfernen könnte, was aber nicht heißt, daß sie häufig Fremdkörper darstellen. Es ist allerdings auffallend, daß in allen sechs Fällen, in denen Diogenes nicht lediglich auf Hermippos oder allgemein auf dessen Βίοι verweist, sondern den Titel des Werks und manchmal sogar die Buchangabe nennt, diese Angaben leicht zu entfernen sind oder geradezu als fehl am Platz erscheinen.[79] Dies ist wohl als ein Hinweis darauf zu

---

75 Mejer 1978, 33.
76 Bollansée 1999b, 114; 230–232; auch Hahm 1992, 4169 nimmt direkte Verwendung an.
77 Bollansée 1999b, 230–231.
78 Ein anderer Exzerptor: Heibges 1912, 851; Hermippos der Exzerptor: Mejer 1978, 32; Bollansée 1999b, 231–232 (dort weitere Literatur).
79 F 9 = Diog. Laert. 8,88 (*Über die Sieben Weisen, Buch 4*); F 10 = Diog. Laert. 1,42 (*Über die Sieben Weisen*); F 22 = Diog. Laert. 8,10 (*Über Pythagoras, Buch 2*); F 32 = Diog. Laert. 5,1 (*Über Aristoteles*); F 34 = Diog. Laert. 2,55 (*Über Theophrast*); F 56 = Diog. Laert. 1,8 (*Über die Magier, Buch 1*).

sehen, daß Diogenes diese Bücher nachträglich exzerpiert hat. Trifft dies zu, handelt sich um eine parallele Erscheinung zu Favorin, wenngleich in viel kleinerem Rahmen.

Stellt man dazu die Häufigkeit der Zitate in Rechnung, den Umstand, daß Hermippos offenkundig noch lange im Original gelesen wurde[80] und daß Diogenes hier die Epitome nicht zitiert, so gibt es plausible Indizien für eine direkte Benutzung.[81] Dennoch geht möglicherweise ein Großteil der Zitate auf Zwischenquellen zurück, und hat Diogenes nur einige Werke des Kallimacheers gelesen.

10.3.2.2 Sotion, Satyros und Herakleides Lembos

Sotion wird von Diogenes achtzehnmal zitiert, davon neunmal mit Buchnummer, dreimal zitiert er die Epitome ohne Buchnummer. Satyros wird neunmal zitiert, wovon nur einmal mit Buchnummer, dreimal Herakleides' Epitome seiner Biographien ohne Buchnummer. Was Mejer nicht mit in seine Überlegungen einbezieht, sind die neun Verweise auf Herakleides, bei denen nicht spezifiziert wird, welche Epitome gemeint ist.[82] Meist handelt es sich mit hoher Wahrscheinlichkeit um Zitate aus der Sotion-Epitome.[83] „[S]ometimes the references are brief, concerning homonyms, διαδοχή, or a catalogue of books, sometimes they are anecdotes firmly embedded in the text of the biography in question"[84]. Wenn, so Mejer, Diogenes alle drei Autoren direkt kannte, bliebe unerklärt, warum die Verweise auf Sotion exakter sind als die auf Satyros. Dies sei auch der Fall, wenn Diogenes beide nur über Herakleides' Epitome kannte. Mejer verweist zwar auf P. Oxy. XI 1367, ein Fragment von Herakleides' Epitome von Hermippos' *Über Gesetzgeber*, in dem die Struktur von Hermippos' Werk beibehalten ist. Er geht allerdings davon aus, daß Herakleides' Sotion-Epitome nicht der Struktur des Originals folgte. Er sieht nämlich in der Nachfolge von Usener in der Liste der 20 philosophischen Schulen (αἱρέσεις) im *Hypomnematikon* eines gewissen Ioseppos, als deren Autor dort „Herakleides der Pythagoreer" genannt wird, die Einteilung von Herakleides' Sotion-Epitome.[85] Er folgert daher, daß Diogenes, der ja im Fall Sotions häufig die Buchnummern des Originals nennt, dieses direkt verwendet habe,

---

80 Bollansée 1999b, 104–116.
81 Goulet-Cazé 1999b, 22–23 hält es für nicht feststellbar, ob er direkt verwendet wurde.
82 Diog. Laert. 8,53 = Sotion F 25 Wehrli = Satyros F 12 Schorn ist hier nicht mitgezählt, da kaum zu bezweifeln ist, daß die Satyros-Epitome gemeint ist; vgl. Schorn 2004, 25; 368–372.
83 Vgl. zu den Zuweisungen Wehrli 1967–1978, Suppl. II im Kommentar und Schorn 2004, 22–26.
84 Zum Folgenden siehe Mejer 1978, 40–42 (Zitat: 40).
85 Usener 1873; so auch von Kienle 1961, 92–95. Der Text in Diels 1879, 149.

Satyros aber nur in der Epitome, weshalb die Zitate hier weniger exakt seien. Außerdem fügt er hinzu, daß „Sotion is not referred to in many of the authors who otherwise seem well acquainted with the Hellenistic tradition"[86], womit er zu meinen scheint, daß er wenig in den Zwischenquellen rezipiert war, und er fügt hinzu – was wichtig ist –, daß Diogenes sich in seinem eigenen Werk wohl an der Struktur von Sotions *Diadochai* orientiert hat.

Mejers Argumente scheinen mir hier nicht gänzlich überzeugend zu sein, und im Fall dieser Autoren gibt es nun meines Erachtens die Möglichkeit, Diogenes' Umgang mit seinen Quellen besser einzuschätzen, indem man nicht von Diogenes, sondern von den hellenistischen Autoren ausgeht. Es ist nämlich möglich, den Charakter der verschiedenen Epitomai mit Wahrscheinlichkeit zu bestimmen. Auf dieser Grundlage sind dann wieder Rückschlüsse auf Diogenes' Quellengebrauch möglich. Ich rekapituliere im folgenden kurz das Hauptergebnis meiner früheren Untersuchung.[87] Herkleides' Epitome von Hermippos' *Über Gesetzgeber* enthält, wie das Papyrusfragment zeigt, keine Inhaltsangaben der einzelnen Viten, sondern nur wenige, kurze und nicht repräsentative Exzerpte aus einem ursprünglich umfangreichen Text. Die Struktur des Originals ist beibehalten (man konnte also indirekt das Original zitieren), inhaltlich fällt auf, daß alle Informationen singuläre Traditionen darstellen, die sonst nicht bezeugt sind. Die Sotion-Epitome hingegen faßte, wie man auf der Basis der Fragmente rekonstruieren kann, das Original von dreizehn auf sechs Bücher zusammen und war eine repräsentative Inhaltsangabe, in der nicht allein ungewöhnliche Nachrichten, sondern auch die κοινὴ ἱστορία zu finden war. Die Satyros-Epitome war vom Hermippos-Typ. Epitomatorisches Hauptwerk des Herakleides war demnach seine Sotion-Epitome, die Sotions *Diadochai* auf etwa die Hälfte reduzierte, während die Epitomai aus Hermippos und Satyros Ergänzungen dazu darstellten, die nur aufführten, was bei Sotion nicht zu finden, aber dennoch interessant war. Da nun Herakleides schon in der ersten Hälfte des 2. Jh.s v.Chr., also kurz nach der Abfassung der Werke des Sotion, Satyros und Hermippos diese epitomierte, müssen wir davon ausgehen, daß sein Werk schon früh zur teilweisen Verdrängung der Originalwerke beigetragen hat.

Betrachten wir nun auf dieser Grundlage Diogenes Laertios. Daß Diogenes die Hermippos-Epitome nicht verwendet hat, verwundert nun nicht mehr. Dort hätte er kaum die vielen und oft detailreichen Beschreibungen gefunden, die er

---

86 Mejer 1978, 41.
87 Schorn, in: Schepens – Schorn 2010, 418–428 = oben, S. 288–299. Viele richtige Erkenntnisse werden schon Gallo 1975, 25–33 und Bloch 1940, 34–37 verdankt.

z.B. für seine Berichte über den Tod von Philosophen oder für seine Epigramme benötigte.

Daß die Liste der *haireseis* bei Ioseppos die Struktur der Sotion-Epitome widerspiegelt, ist eine unbewiesene Vermutung, die inzwischen von vielen Seiten angezweifelt worden ist.[88] Ausgehend von der Hermippos-Epitome liegt es näher, bei allen Epitomai dieselbe Struktur wie beim Original anzunehmen. Da die Sotion-Epitome noch etwa die Hälfte des Originals umfaßte, konnten Diogenes bzw. seine Quellen dort wohl alle nötigen Informationen finden. Auch auf der Basis der Epitome konnten sie daher wohl nach der Buchnummer des Originals zitieren.

Daß ein Autor die Epitome und das Original verwendet, halte ich für eher unwahrscheinlich. Stand ihm letzteres zur Verfügung, hätte er kaum auf die Epitome verwiesen, sondern auf das prestigereichere Original. Ich halte es daher für unwahrscheinlich, daß Diogenes Satyros und Sotion direkt verwendete, ob dies bei den Epitomai der Fall war, ist schwer zu sagen. Angesichts ihres Charakters als einer Art Sammlung der biographischen Tradition ist dies gut möglich, aber kaum zu beweisen. Verweise auf die Epitome und die Einzelautoren sind zum Teil gut kontextualisiert, zum Teil leicht zu entfernen, so daß hier Mejers Methode nicht weiterhilft. Sicher wurden Satyros und Sotion auch anderweitig indirekt verwendet.

Auch Aronadio kommt nach einer sorgfältigen Analyse der Sotionzitate bei Diogenes zu dem Ergebnis, daß eine indirekte Benutzung wahrscheinlicher ist.[89] Er betont aber zu Recht den großen Einfluß, den Sotions *Diadochai* dennoch auf Diogenes ausübten, da ihre Darstellung Eingang in die spätere Tradition gefunden hatte. Interessant ist auch seine Beobachtung, daß es gerade die Zitate aus der Herakleides-Epitome sind, die sich durch größeren Umfang auszeichnen.[90] Er geht in diesem Zusammenhang aber dann nicht auf die Frage nach der Benutzung dieses Werkes durch Diogenes ein.

---

88 Siehe z.B. Wehrli 1967–1978, Suppl. II 16–18; Gigante 1983a, 159 Anm. 47; Schorn 2004, 54–55 Anm. 229.
89 Aronadio 1990, 216–235; er kommt hier zu demselben Ergebnis wie vor ihm schon Wehrli 1967–1978, Suppl. II 18. Goulet-Cazé 1999b, 22–23 hält es für nicht bestimmbar, ob er direkt benutzt wurde.
90 Aronadio 1990, 234.

10.3.3 Antigonos von Karystos

Leider behandelt Mejer Antigonos von Karystos nicht im Rahmen seiner Einzelanalysen der hellenistischen Quellen des Diogenes und erklärt auch, wie es scheint, nirgendwo, ob er ihn als direkte oder indirekte Quelle des Diogenes erachtet. Dabei hat schon Ulrich von Wilamowitz-Moellendorff gezeigt, daß Philodem und Diogenes häufig auf dasselbe Material bei Antigonos zurückgreifen, weshalb man hier einen der wenigen Fälle vorliegen hat, bei dem die Darstellung des Diogenes in größerem Umfang mit parallelem Material verglichen werden kann.[91] Konrad Gaiser hat argumentiert, und die nachfolgenden Studien von Dorandi haben dies bestätigt, daß Philodem Antigonos direkt exzerpierte, während er bei Diogenes über mindestens eine Zwischenquelle vermittelt vorliegt, in der dessen Darstellung durch anderes Material ergänzt war.[92] In einer minutiösen Untersuchung in der Einleitung zu seiner Ausgabe der Fragmente des Antigonos hat Dorandi die Zuweisungen des Materials bei Diogenes an Antigonos durch Wilamowitz überprüft und vielfach modifiziert (d.h. in den meisten Fällen an Umfang verringert).[93] Daß man mit verändertem Blickwinkel die Ergebnisse der Quellenanalyse des *Index Academicorum* für die Akademikerviten von Polemon bis Arkesilaos bei Diogenes nutzbar machen kann, hat ebenfalls Dorandi auf der Grundlage seiner älteren Studien gezeigt.[94]

10.3.4 Philodem

Ein Autor, auf dessen mögliche Bedeutung als Quelle des Diogenes Mejer nicht eingeht, ist Philodem, der Verfasser der Σύνταξις τῶν φιλοσόφων, zu der u.a. der *Index Academicorum* und der *Index Stoicorum* gehören. Er behandelt ihn nur als Vertreter der *Diadochai*-Schriftstellerei, wobei er, mit Blick auf seine Hauptthese, betont, daß sich bei ihm keine doxographischen Passagen im Stil des Aëtios finden lassen.[95] Gigante sieht indes in Philodem eine wichtige direkte Quelle des Diogenes, da dieser den Epikureer sicher kannte, wie das Zitat aus der *Syntaxis* in

---

91 Von Wilamowitz-Moellendorff 1881.
92 Gaiser 1988, 129–131; Dorandi 1999, XLIV–XLVIII; siehe auch oben, S. 345–348.
93 Dorandi 1999, XLVIII–LXXIV.
94 Dorandi 1992, 3770–3784; 3789–3790 auf der Grundlage seiner früheren Studien.
95 Mejer 1978, 69–74.

Buch 10,3 zeigt.[96] Aufbauend auf den Erkenntnissen von Wilamowitz[97] sieht Gigante in Philodem Diogenes' direkte Quelle, über die dieser nicht nur Antigonos von Karystos, sondern auch andere Autoren wie Hippobotos verwendet habe. Auch beim Umfang des Werkes (zehn Bücher) und dem Schlußpunkt Epikur meint er den Einfluß Philodems erkennen zu können. Dorandi ist allerdings skeptisch gegenüber diesen Schlüssen.[98] Und in der Tat spricht nichts für eine mehr als marginale Bedeutung Philodems für Diogenes. Vor allem zeigen die Akademikerviten beider Autoren, daß keine direkte Linie von Philodem zu Diogenes führt.

Mejer bespricht noch weitere Quellen des Diogenes und den Direktheitsgrad ihrer Verwendung: Aristoteles, Platon, Demetrios von Magnesia, Aristoxenos, Diokles von Magnesia, Sosikrates.[99] Da bei den Biographen in dieser Gruppe eine angemessene Bewertung von Mejers Analysen erst möglich sein wird, wenn ihre Fragmente eingehend im Rahmen von Fragmentsammlungen interpretiert sind, will ich an dieser Stelle auf eine Behandlung verzichten.[100]

---

96 Gigante 1986, 25–34, v.a. 26–27.
97 Von Wilamowitz-Moellendorff 1881, 54–61. Wilamowitz hat gezeigt, daß die gemeinsame Quelle von Diogenes und Philodem in den Akademikerviten Antigonos von Karystos ist; er geht aber nicht von einer direkten Abhängigkeit aus.
98 Dorandi 1992, 3790–3791; vgl. dens., in: Goulet-Cazé 1999a, 484–485.
99 Mejer 1978, 35–46.
100 Zu Mejers (1978, 37) Ansicht, daß Diogenes wahrscheinlich einige Dialoge Platons gelesen hat, siehe die Skepsis von Gigante 1983b, 12. Hinsichtlich Demetrios von Magnesia geht Mejer 1978, 38–39 und 1981 von einer direkten Kenntnis aus. Auch Aronadio 1990, 235–254 kommt zu diesem Ergebnis. Aristoxenos sei von Diogenes nur indirekt verwendet worden, wie Mejer 1978, 42 argumentiert. Mir ist keine gegenteilige Auffassung aus der jüngeren Literatur bekannt. Bei Diokles von Magnesia geht Mejer 1978, 5–7 und 42–45 von direkter Verwendung aus. Im Fall des Sosikrates läßt Mejer 1978, 45–46 die Frage nach direkter oder indirekter Verwendung offen. Giannattasio Andria 1989, 76 Anm. 17 referiert dies, ohne dazu Stellung zu nehmen. Moraux 1986, 252–261 stellt fest, daß es in den Kapiteln über die Peripatetiker des 5. Buchs gerade Passagen aus Favorin, Pamphila, Myronianos und Demetrios von Magnesia sind, die schlecht in den Text integriert sind. Er verweist darauf, daß es sich dabei um Autoren handelt, die zeitlich nicht lange vor Diogenes schrieben (dies stimmt aber nicht für Demetrios: 1. Jh. v.Chr.) und die Diogenes nach Abschluß der (noch nicht finalen, wie ich einschränkend hinzufügen möchte) Redaktion seines Werkes gelesen und exzerpiert habe. Diese 'Lesefrüchte' notierte er am Rand seines Textes, integrierte sie aber nicht mehr in ihn. Die oft schlecht gelungene Einfügung gehe auf das Konto des Redaktors der überlieferten Version. Die Sorgen, die sich Moraux (261–263) im Hinblick auf die Arbeitsweise antiker Autoren macht, sind unbegründet, wie Philodems *Index Academicorum* und die von Dorandi rekonstruierte Entstehung antiker Bücher zeigen. Nach Goulet-Cazé 1992, 3977 hat Diogenes Diokles und Diogenes von Magnesia direkt verwendet; 1999b, 22–23 hat sie in der Nachfolge von Goulet (siehe oben) ihre Meinung revidiert und hält es für nicht

10.4 Ausblick: Was noch zu tun ist

Quellenforschung bei Diogenes ist nicht immer hoffnungslos und durch Mejer, wie sich zeigte, noch keineswegs zum Abschluß gebracht. Auf die folgenden Möglichkeiten und Notwendigkeiten will ich hinweisen:

1) Ein weiteres Studium der Arbeitsweise Philodems kann noch mehr Aufschlüsse über den Entstehungsprozeß von kompilatorischen Philosophengeschichten bringen. Hierbei wären auch systematisch andere Papyri heranzuziehen, die vorläufige Fassungen von Werken enthalten.[101]

2) Die Übereinstimmungen zwischen Philodem und Diogenes inhaltlicher Art, v.a. in der Darstellung der Akademiker, verdienen ebenfalls weiteres Studium, auch wenn Dorandi hier schon wichtige Beiträge geliefert hat. Hier scheint es möglich zu sein, noch Erkenntnisse über die Werke zu gewinnen, die Diogenes vorlagen, und – was noch wichtiger ist – über die frühen hellenistischen Biographien, auf die letztlich viele Informationen zurückgehen. Auch sollten inhaltliche Parallelen zwischen Diogenes und anderen Buntschriftstellern wie Gellius[102] und Clemens von Alexandreia erneut untersucht werden. Dies geschah meines Wissens zuletzt am Ende des 19. Jh.s durch Autoren, die auf der Suche nach einer einzigen Vorlage des Diogenes waren.

3) Die Untersuchungen, die Jaap Mansfeld und David Runia seit Jahrzehnten zur doxographischen Überlieferung anstellen, können, wie zu hoffen ist, auch dazu beitragen zu klären, auf welchen Wegen zumindest einige doxographische Passagen zu Diogenes gelangt sind oder auf welche Sammlungen sie letztlich zurückgehen.

4) Der technische Sprachgebrauch des Diogenes ist noch weitgehend unerforschtes Terrain.[103] Sein Studium wird vielleicht dazu beitragen, verschiedene Textschichten kenntlich zu machen.

5) Es scheint vielversprechend zu sein, nach weiteren inhaltlich oder formal verwandten Blöcken Ausschau zu halten.

6) Weitere Studien wie diejenige Hahms sind nötig, um zu sehen, ob auch noch andere Viten des Diogenes mit Wahrscheinlichkeit aus einem ursprünglichen Kern bestehen, der später erweitert wurde. Dies erlaubt vielleicht Aussagen

---

feststellbar, ob er direkt oder indirekt vorliegt. Hahm 1992, 4136–4137; 4169 (Liste) u.ö. geht von direkter Verwendung von u.a. Diokles, Demetrios, Antisthenes und wahrscheinlich Sosikrates aus. Zu den Traditionen im 8. Buch siehe Centrone 1992, v.a. 4185–4188.
101 Vgl. z.B. Gigante 1986, 25–26.
102 Eine gute Bemerkung in Goulet 1997, 161 = 2001, 92.
103 Siehe aber die Arbeiten von Janáček, die nun gesammelt sind in Janáček 2008.

über die Reihenfolge der Lektüre des Diogenes und, als Folge davon, über die von ihm direkt oder indirekt verwendeten Autoren.

7) Von allen fragmentarischen Autoren, die Diogenes zitiert, müssen die Fragmente gesammelt und ausgiebig kommentiert werden. Vor allem in Fällen, in denen es Überlieferung auch außerhalb von Diogenes gibt, kann man hier zu interessanten Ergebnissen kommen, die dann auch zum Verständnis des Diogenes beitragen können. Die Arbeitsweise, Tendenz und Überlieferung dieser Autoren muß rekonstruiert werden. Dies ist, was die Biographen angeht, das Ziel von FGrHist Continued IV.

6) Parallel dazu werden dringend Kommentare zu einzelnen Büchern und Viten des Diogenes benötigt. Es ist erstaunlich, daß aus jüngerer Zeit solche nicht existieren. Die zum Teil ausführlichen Analysen in ANRW 2,36,5 und 2,36,6 (1992) können als Basis dafür dienen.

11 Historiographie, Biographie und Enkomion. Theorie der Biographie und Historiographie bei Diodor und Polybios

11.1 Biographie und Historiographie bei Diodor

Die Frage nach dem Verhältnis zwischen Biographie und Historiographie in der Antike wurde in der Vergangenheit häufig diskutiert. Ausgehend von Plutarchs Bemerkung am Beginn des *Alexander* (1,2), er schreibe keine *historiai*, sondern *bioi*, hat man für die Antike häufig eine strikte Trennung der beiden Genres konstatiert. | [138] Hauptvertreter dieser Interpretation ist Momigliano,[1] der davon ausgeht, daß nur politisch-militärische Historiographie als echte Historiographie galt, und der die Biographie als Genre betrachtet, das mehr Ähnlichkeiten mit der antiquarischen Literatur aufweist, welche er ebenso strikt von 'echter Historiographie' abgrenzt. Diese Trennung von Biographie und Historiographie (wie auch diejenige von Historiographie und antiquarischer Literatur) wurde in den vergangenen Jahren zu Recht von vielen Forschen bestritten. Ich nenne nur die Namen von Gentili und Cerri, Ampolo, Piccirilli und vor allem Schepens.[2] Letzterer hat in einem grundlegenden Aufsatz gezeigt, daß die Biographie in der Antike als eine Form der Historiographie galt, und dabei zahlreiche Texte interpretiert, die dies deutlich machen.

Ein Text über die Funktion der Biographie innerhalb eines historischen Werkes, auf den er nur am Rande eingeht, steht in Diodors 10. Buch, das in Auszügen durch die *Excerpta Constantiniana* überliefert ist.[3] Nahe am Beginn des Buchs finden wir dort eine ursprünglich ausführliche Biographie des Pythagoras und eine Geschichte seiner Gemeinschaft,[4] auf die der Autor ein Kapitel mit einigen programmatischen Bemerkungen folgen läßt. Diese sind in der Literatur nur selten behandelt worden. An umfangreicheren Interpretationen kenne ich nur einen

---

1 Momigliano 1971/1993, 12; 41 u.ö.
2 Gentili – Cerri 1988, 61–85; Ampolo 1990; Piccirilli 2000; Schepens 2007 (dort weitere Literatur).
3 Schepens 2007, 348 mit Anm. 52 geht nur kurz auf diese Passage ein: „Die Geschichtserzählung von Polybios und Diodor bezeugt zudem, daß zwischen individueller Charakterzeichnung der handelnden Personen und der moralisch-pädagogischen Wirkung der Geschichtserzählung ein enges Band besteht, das von beiden Historikern gelegentlich zum Objekt theoretischer Erörterung gemacht wird." Er verweist dabei auf Diod. 10 F 27,1–2 C.-S = 10,12,1–2 V.
4 Zu dieser Passage siehe den Kommentar von Cohen-Skalli 2012, 177–181; 363–378; Schorn 2013a [= Kap. 6 in diesem Band].

Aufsatz Piccirillis und den Kommentar Cohen-Skallis in der neuen Budé-Ausgabe.[5] Dort finden sich wichtige und gute Interpretationen, doch kann man in einigen Punkten, wie mir scheint, noch etwas weiterkommen.

In dem Kapitel ist folgendes zu lesen (10 F 27,1–3 Cohen-Skalli = 10,12,1–3 Vogel):[6] | [139]

> „(1) Die Darstellung der Leben der Männer der Vergangenheit bereitet ihren Autoren zwar Mühe, ist aber von nicht geringem Nutzen für das Leben der Gemeinschaft. Denn da sie mit Freimut die guten <und schlechten> Taten aufzeigt, ehrt sie die Tüchtigen und demütigt sie die Schlechten, indem sie jeden lobt und tadelt, wie es ihm gebührt. Das Lob ist, wie man sagen könnte, ein Siegespreis für Tüchtigkeit ohne Kosten, der Tadel eine Strafe für Schlechtigkeit ohne Schläge. (2) Es ist aber gut, daß den nachfolgenden Generationen als Grundsatz gilt, daß das Leben so der Erinnerung für wert gehalten werden wird, wie es jemand zu führen gewählt hat, damit sie nicht nach der Errichtung steinerner Denkmäler streben, die sich nur an einem einzigen Ort befinden und schnell vergänglich sind, sondern nach der Vernunft und den anderen Tugenden, die aufgrund des Ruhms überallhin gelangen. Die Zeit aber, die alles andere vergehen läßt, schützt diese (Tugenden) und macht sie unsterblich. Je weiter sie selbst fortschreitet, desto jünger macht sie sie. (3) Es ist offensichtlich, daß das eben Gesagte für <diese> Männer gilt: Denn obwohl sie vor langer Zeit lebten, denken alle an sie, als ob sie jetzt lebten."

Zunächst fällt auf, daß Diodor von „Darstellung der Leben", ἡ τῶν βίων ἀναγραφή, spricht. Βίων ἀναγραφή war der Titel der Biographiensammlung des Satyros, und auch Plutarch verweist bisweilen auf seine eigenen Biographien mit dieser

---

5 Piccirilli 2000; Cohen-Skalli 2012, 170–174; 378–381 Anm. 52–53; wichtig schon in größerem Zusammenhang Ambaglio 1995, 83–95 zur Funktion der Biographie bei Diodor, auch mit Bemerkungen zu unserem Kapitel.
6 Ὅτι δὲ τῶν προγεγονότων ἀνδρῶν ἡ τῶν βίων ἀναγραφὴ δυσκολίαν μὲν παρέχεται τοῖς γράφουσιν, ὠφελεῖ δ' οὐ μετρίως τὸν κοινὸν βίον. Μετὰ παρρησίας γὰρ δηλοῦσα τὰ καλῶς <τε καὶ κακῶς> πραχθέντα τοὺς μὲν ἀγαθοὺς κοσμεῖ, τοὺς δὲ πονηροὺς ταπεινοῖ, διὰ τῶν οἰκείων ἑκάστοις ἐγκωμίων τε καὶ ψόγων. Ἔστι δ' ὁ μὲν ἔπαινος, ὡς ἄν τις εἴποι, ἔπαθλον ἀρετῆς ἀδάπανον, ὁ δὲ ψόγος τιμωρία φαυλότητος ἄνευ πληγῆς. (2) Καλὸν δὲ τοῖς μεταγενεστέροις ὑποκεῖσθαι, διότι βίον οἷον ἄν τις ἕληται ζῶν, τοιαύτης ἀξιωθήσεται μετὰ τὸν θάνατον μνήμης, ἵνα μὴ περὶ τὰς τῶν λιθίνων μνημείων κατασκευὰς σπουδάζωσιν, ἃ καὶ τόπον ἕνα κατέχει καὶ φθορᾶς ὀξείας τυγχάνει, ἀλλὰ περὶ λόγον καὶ τὰς ἄλλας ἀρετάς, αἳ πάντη φοιτῶσι διὰ τῆς φήμης. Ὁ δὲ χρόνος ὁ πάντα μαραίνων τἆλλα ταύτας ἀθανάτους φυλάττει, καὶ πρεσβύτερος γενόμενος αὐτὸς ταύτας ποιεῖ νεωτέρας. (3) Δῆλον δὲ ἐπὶ <τούτων> τῶν ἀνδρῶν ἐγένετο <τὸ> προειρημένον· πάλαι γὰρ γεγονότες ὥσπερ νῦν ὄντες ὑπὸ πάντων μνημονεύονται. Die Textgestaltung nach Cohen-Skalli 2012; der erste Satz von § 3 ist in der Textgestaltung unsicher, wozu der Apparat in ihrer Ausgabe zu vergleichen ist.

Formulierung.[7] Dies legt nahe, daß Diodor hier an in sich geschlossene Biographien als Teil der Historiographie denkt, die das ganze Leben eines Menschen behandeln, und nicht nur an einzelne, mehr oder weniger umfangreiche biographische Elemente, die in die historische Darstellung eingefügt werden. Am Ende des Kapitels (3) bezieht er sich auf die eben zuvor gebotene Biographie des Pythagoras, die er als Beispiel für die Richtigkeit der eben entwickelten Konzeption von Biographie im historiographischen Werk bezeichnet.[8] Trotz ihres fragmentarischen Charakters können wir noch gut sehen, daß es sich um eine offenkundig vollständige Biographie des Philosophen handelte, in der der Schwerpunkt zwar auf dessen politischer und gesellschaftlicher Bedeutung gelegen zu haben scheint, in der aber auch Elemente zu finden waren, die nichts oder nur wenig damit zu tun haben. Sie sagen etwas über den Charakter des Mannes und seiner Gemeinschaft, gehen aber in dem Umfang, in dem sie erzählt werden, deutlich über das hinaus, was man in vielen Geschichtswerken und sonst bei Diodor | [140] an Biographischem findet.[9] Wie Chamoux gezeigt hat, ist es eine Folge von Diodors Konzeption, nach der Menschen durch Exempel guten und schlechten Handelns erzogen werden können, daß die Taten großer Männer ein wichtiges strukturierendes Element in seinem Werk darstellen: „La Bibliothèque historique est nourrie de biographies."[10] Dies zeigt sich überall, besonders aber in den mythographischen Büchern, die z.B. Biographien des Sesostris und der Semiramis enthalten, und vor allem in den Büchern 16 und 17 über Philipp II. und Alexander den Großen, die einer biographischen Darstellung am nächsten kommen.[11] Im allgemeinen muß Diodor aber oft aus Platzgründen auf Details aus dem privaten Leben der Protagonisten verzichten und greift weniger auf Anekdoten zurück als

---

7 Erkannt von Piccirilli 2000, 113 Anm. 3 mit Verweis auf Satyr. F 6 fr. 39 col. XXIII Schorn = P. Oxy. IX 1176; Plu. *Per.* 2,5; *Thes.* 1,2; vgl. Frazier 2010, 156–158.
8 Vgl. Ambaglio 1995, 93; Cohen-Skalli 2012, 173; 198 Anm. 54.
9 Siehe z.B. die ausführlich erzählten Anekdoten über pythagoreische Freundschaft: Kleinias und Proros (10 F 6 C.-S.= 10,4 V.), Damon und Phintias (10 F 6,3–6 C.-S. = 10,4,3–6 V.); den Bericht vom pythagoreischen Gedächtnistraining (10 F 7 C.-S. = 10,5 V.) und von Pythagoras' Präinkarnation als Euphorbos (10 F 10–11 C.-S.= 10,6,2–4 V.); die längere Sektion über pythagoreische Ethik (= 10 F 16–22 C.-S. = 10,9,1–8 V.).
10 Siehe zum Folgenden Chamoux 1997; Zitat S. 60; vgl. Chamoux 1993, XLVIII–LI; Cohen-Skalli 2012, 171–172; schon vor Chamoux finden sich wichtige Interpretationen in Ambaglio 1995, 83–95; 2004, 79–82; 380 Anm. 53; zu den großen Männern im 16. Buch siehe Lefèvre 2002.
11 Man beachte aber, daß Buch 17 mit der Thronbesteigung Alexanders beginnt, „indicating that Diodorus thought of it as a history of a period rather than a complete biography of the Macedonian": Sacks 1990, 17.

die eigentlichen Biographen. Insofern ist die Pythagorasbiographie eine Ausnahme, freilich nicht die einzige. Man muß nämlich noch das gesamte, unmittelbar vorangehende 9. Buch mit hinzunehmen, das den Sieben Weisen sowie Kroisos und Kyros gewidmet ist. Wenngleich die *Excerpta Constantiniana* wohl ein einseitiges Bild davon vermitteln,[12] hat Diodor dort offensichtlich eine hellenistische Sammlung von *Bioi* der Sieben Weisen in sein Werk integriert[13] und auch im Falle von Kroisos und Kyros diesen beiden Protagonisten besondere Beachtung geschenkt. Darauf folgt in anscheinend geringem Abstand die Pythagorasvita mit den hier diskutierten programmatischen Darlegungen und danach eine deutliche Zäsur, da nun die Darstellung des griechisch-persischen Konflikts beginnt.[14] Man hat den Eindruck, als ob Diodor am Ende der Sektion, die – vom Abschnitt über Kroisos und Kyros abgesehen – auf biographischen und nicht auf im engeren Sinne historiographischen Quellen beruht und in der sich der Charakter der biographischen Elemente deutlich von dem anderswo in seinem Werk abhebt, das Bedürfnis hatte, sich für die Aufnahme dieses Materials zu rechtfertigen und deshalb die programmatische Passage über den Nutzen der Biographie innerhalb der Historiographie einfügte. Der letzte Satz unseres Kapitels über die Männer der |
[141] fernen Vergangenheit bezieht sich daher vielleicht nicht nur auf die Pythagoreer, sondern auch auf die Weisen des 9. Buchs.

Die Idee, daß es die Aufgabe der Historiographie, und gerade seiner eigenen, sei, Lob und Kritik nach Verdienst zu verteilen, da dies zu ewigem Ruhm oder ewiger Schande führt, und daß das Wissen, daß die Historiographie dies tut, Menschen zu gutem Handeln motiviert beziehungsweise von schlechtem abhält, findet sich an mehreren Stellen von Diodors Werk in unterschiedlicher Ausführlichkeit und mit unterschiedlich großen inhaltlichen Übereinstimmungen zu unserer Stelle.[15] Dies wurde natürlich schon von den Interpreten gesehen. Was meines Wissens aber noch nicht mit der möglichen Klarheit gezeigt wurde, ist, wie weit die Übereinstimmungen zwischen unserem Kapitel und den programmatischen Äußerungen zur Historiographie bei Diodor gehen. Denn bis in die Details hinein finden sich dort die meisten Ideen wieder, bisweilen sogar mit denselben

---

12 Vgl. Cohen-Skalli 2012, XXV–XXXVI und 127–132 zum Inhalt und den Quellen.
13 Siehe schon Schwartz 1903a, 678–679; vgl. Schorn 2014b, 314.
14 Vgl. Cohen-Skalli 2012, 181–185.
15 Belegsammlungen in Jacoby zu FGrHist 70 T 23; Sacks 1990, 24–25 mit Anm. 3, dort, S. 23–35, zu diesem Konzept bei Diodor allgemein (nicht in allem überzeugend); Camacho Rojo 1994; Ambaglio 1995, 83–95 (im Verlauf seiner Diskussion); Stylianou 1998, 3–4; Piccirilli 2000, 114; Cohen-Skalli 2012, 380–381 Anm. 53. Siehe vor allem 1,1–2; 11,46,1; 14,1–3; 15,1; 15,88,1; 16,1,1–2; 23 F 16,1–2 Goukowski = 23,15,1 Dindorf; 30 F 19 Goukowski = 30,15 Dindorf; 31 F 19 Goukowski = 31,15,1 Dindorf; 38 F 21 Goukowski = 38/39,18 Dindorf.

Formulierungen. Sehr deutlich sind die Übereinstimmungen mit dem Proömium des 15. Buchs, wo wir dieselbe Dichotomie von Lob und Kritik mit den jeweiligen Folgen finden, aber auch mit dem Proömium des 14. Buchs, wo derselbe Gedankengang zu finden ist, diesmal allerdings reduziert auf die Folgen schlechten Handelns. Am vollständigsten aber sind die Übereinstimmungen mit dem Proömium des 1. Buchs. Ich will im folgenden vor allem die Übereinstimmungen zwischen diesem Text zu unserem Kapitel aufzeigen, gehe aber, wenn angebracht, auch auf andere Passagen ein.

Diodor beginnt unser Kapitel mit der Behauptung, es sei schwer (δυσκολίαν ... παρέχει), das Leben der Männer der Vergangenheit (τῶν προγεγονότων ἀνδρῶν) zu beschreiben, aber von großem Nutzen für das Leben der Gemeinschaft (τὸν κοινὸν βίον). Mit derselben Antithese beginnt das erste Proömium, allerdings bezogen auf die Autoren universalhistorischer Werke, die selbst Mühen auf sich nehmen (τοῖς ἰδίοις πόνοις), um dem Leben der Gemeinschaft (τὸν κοινὸν βίον) zu nützen.[16] Während Diodor deutlich macht, worin die Schwierigkeit beim Verfassen eines universalhistorischen Werks besteht, nämlich dem Umfang der Aufgabe an sich, der Beschaffung vieler Bücher und der Rekonstruktion der Ereignisse | [142] der Vergangenheit mit Hilfe unterschiedlicher und zahlreicher historiographischer Werke,[17] bleibt dies im 10. Buch offen. Es scheint sich dort lediglich um den seit Thukydides geläufigen Topos von der Schwierigkeit der Rekonstruktion von Ereignissen der Vergangenheit zu handeln.[18] Mit Blick auf Pythagoras und die Sieben Weisen kann man vermuten, daß Diodor vor allem an die Biographien von Männern einer weit zurückliegenden Vergangenheit dachte.[19] Auch die Idee, daß die Aussicht auf ewigen Ruhm oder ewige Schande die Menschen zu großen Taten motiviert, findet sich mehrfach im Proömium des ersten Buchs (1,1,5):[20]

---

16 Vgl. zum Gedanken auch 1,3,6: Πόνον μὲν ἂν πολὺν ὑπομεῖναι δῆλον ὅτι (scil. der Verfasser eines universalhistorischen Werkes), πραγματείαν δὲ πασῶν εὐχρηστοτάτην συντάξαιτο τοῖς φιλαναγνωστοῦσιν. Vgl. 31 F 19 Goukowski = 31,15,1 Dindorf und die lange Liste in Sacks 1990, 11 Anm. 12 zur allgemeinen Nützlichkeit der Historiographie laut Diodor.
17 1,3,8; vgl. auch 1,3,2 und 1,3,6.
18 Thuc. 1,1,3; 1,20,1.
19 Vgl. 10 F 27,3 C.-S. = 10,12,3 V.: πάλαι ... γεγονότες.
20 (...) τοὺς δ' ἡγεμόνας τῷ διὰ τῆς δόξης ἀθανατισμῷ προτρέπεται τοῖς καλλίστοις τῶν ἔργων ἐπιχειρεῖν, χωρὶς δὲ τούτων τοὺς μὲν στρατιώτας τοῖς μετὰ τὴν τελευτὴν ἐπαίνοις ἑτοιμοτέρους κατασκευάζει πρὸς τοὺς ὑπὲρ τῆς πατρίδος κινδύνους, τοὺς δὲ πονηροὺς τῶν ἀνθρώπων ταῖς αἰωνίοις βλασφημίαις ἀποτρέπει τῆς ἐπὶ τὴν κακίαν ὁρμῆς. Vgl. verkürzt v.a. 1,2,8.

> (...) die politischen Führer veranlaßt sie (scil. die Historiographie) durch die Unsterblichkeit aufgrund des Ruhms dazu, die schönsten Taten in Angriff zu nehmen, außerdem macht sie aufgrund des Lobes nach dem Tod die Soldaten bereitwilliger, Gefahren für die Heimat auf sich zu nehmen, die schlechten Menschen hält sie durch die ewig währende Kritik von ihrem Streben nach Schlechtem ab.

Noch näher an unserem Kapitel und mit wörtlichen Anklängen an Proömium 1 ist die Argumentation im Proömium von Buch 15 (15,1):[21]

> Indem wir in unserem gesamten Werk mit dem zur Historiographie gehörigen Freimut zu sprechen pflegen und den tüchtigen Männern für ihre guten Taten das verdiente Lob spenden, den Schlechten aber, wenn sie sich vergehen, den verdienten Tadel zukommen lassen, meinen wir durch ein derartiges Vorgehen die Männer, die von Natur aus gut sind, durch die Unsterblichkeit aufgrund des Ruhms zu veranlassen, die schönsten Taten in Angriff zu nehmen, und diejenigen, die die entgegengesetzte Veranlagung haben, durch die angemessene Kritik von ihrem Streben nach Schlechtem abzuhalten.

Dort finden wir auch den wichtigen Aspekt des Freimuts (παρρησία), der sich im Proömium des ersten Buchs nicht explizit findet, sondern nur in der Form, daß in der Historiographie die Darstellung mit den Fakten übereinstimmen, also wahr sein muß.[22] Interessant ist hierbei auch der Gedanke im | [143] Proömium des 14. Buchs (14,2), daß Menschen, die in der Öffentlichkeit stehen, schlechte Taten nicht verheimlichen können. Selbst wenn es ihnen zu Lebzeiten gelingt, nicht kritisiert zu werden, wird später die Wahrheit μετὰ παρρησίας das Verborgene verkünden. Diese Argumentation mag auch in unserem Kapitel eine Rolle spielen: bei der Beschreibung von Leben der Vergangenheit ist eine Rücksichtnahme auf die Gegenwart nicht erforderlich, ein Gedanke, der aus Livius' Proömium bekannt ist und mit dem er seine Darstellung der römischen Frühzeit legitimiert.[23]

---

21 Παρ' ὅλην τὴν πραγματείαν εἰωθότες χρῆσθαι τῇ συνήθει τῆς ἱστορίας παρρησίᾳ καὶ τοῖς μὲν ἀγαθοῖς ἀνδράσιν ἐπὶ τῶν καλῶν ἔργων τὸν δίκαιον ἐπιλέγειν ἔπαινον, τοὺς δὲ φαύλους ὅταν ἐξαμαρτάνωσιν ἀξιοῦν δικαίας ἐπιτιμήσεως, διὰ τοῦ τοιούτου τρόπου νομίζομεν τοὺς μὲν εὖ πεφυκότας πρὸς ἀρετὴν τῷ διὰ τῆς δόξης ἀθανατισμῷ προτρέψεσθαι ταῖς καλλίσταις ἐγχειρεῖν πράξεσι, τοὺς δὲ τὴν ἐναντίαν ἔχοντας διάθεσιν ταῖς ἁρμοττούσαις βλασφημίαις ἀποτρέψειν τῆς ἐπὶ τὴν κακίαν ὁρμῆς.
22 1,2,7. Explizit von παρρησία als Kennzeichen der Historiographie spricht Diodor auch in 31 F 19 Goukowski = 31,15,1 Dindorf, wo er ebenso darlegt, daß das Lob der Tüchtigkeit bei vielen Späteren (πολλοὶ τῶν ἐπιγινομένων) Nachahmung bewirkt und daß Kritik an der ἀνανδρίᾳ der Schlechten abschreckt. Ergebnis ist auch dort eine Verbesserung des κοινὸς βίος. Weitere Belege in Sacks 1990, 34 mit Anm. 43.
23 Liv. 1, *praef.* 5. Das *verum*, von dem Livius spricht, ist nicht die historische Wahrheit, da er der Ansicht ist, daß genaues Wissen über die Frühzeit nicht möglich ist. Er will vielmehr sagen,

Die Ewigkeit des Ruhms spielt auch in unserem Kapitel eine wichtige Rolle: „Die Zeit aber, die alles andere vergehen läßt, schützt (φυλάττει) diese (Tugenden) und macht sie unsterblich. Je weiter sie selbst fortschreitet, desto jünger macht sie sie." Daß auch die Erinnerung an schlechte Taten unvergänglich ist, macht Diodor im Satz zuvor deutlich, wenn er erklärt, daß das Leben so in Erinnerung bleiben wird, wie man es gelebt hat. Ganz ähnlich ist das Proömium von Buch 1, wo von der Historiographie als dem Beschützer (φύλαξ) der Tüchtigkeit gesprochen wird (1,2,2) und wo die Zeit ganz ähnlich charakterisiert wird. Dort lesen wir (1,2,4–5):[24]

> (...) da die Historiographie ihre (scil. der vergöttlichten und heroisierten Männer der Vorzeit) Tugenden unsterblich macht. Denn die anderen Denkmäler haben nur kurze Zeit Bestand, da sie durch viele Umstände zerstört werden; die Kraft der Geschichtsschreibung verbreitet sich über die ganze Erde und hat die Zeit, die alles andere zerstört, als Beschützer (φύλακα) der ewigen Überlieferung für spätere Generationen.

Hier ist die Argumentation etwas klarer als in Buch 10 und macht diese besser verständlich. Nach Ansicht Diodors ist Ruhm unsterblich – ein Gedanke, der in Buch 10 nur implizit vorausgesetzt, aber nicht ausgesprochen wird. Daher ist die Zeit, die sonst alles vernichtet, sein Beschützer.[25] Proömium 14 zeigt zugleich, daß Schande ebenso unsterblich ist. Wir finden also im Proömium von Buch 1 bis in die Details dieselben Gedanken wie in unserem Kapitel: die Antithese andere Denkmäler, die vergänglich sind, *versus* Ruhm durch Historiographie/Biographie; die räumliche Begrenztheit anderer | [144] Denkmäler *versus* Ubiquität des Ruhms in Historiographie/Biographie; die Vorbildfunktion für spätere Generationen (τοῖς ἐπιγινομένοις/τοῖς μεταγενεστέροις). Beide Male finden wir zur Einleitung des Gedankens die Wendung: „Es ist schön, daß ..." (καλὸν δὲ ...; 1,2,4).[26] Außer der gnomischen Definition von Lob und Tadel findet sich demnach jeder

---

er könne über die ferne Vergangenheit unvoreingenommen und ohne Rücksicht auf die Gefühle und Interessen Lebender schreiben; vgl. etwa den Hengst 1995, 321 zu der Stelle.

24 (...) τὰς ἀρετὰς αὐτῶν τῆς ἱστορίας ἀπαθανατιζούσης. Τὰ μὲν γὰρ ἄλλα μνημεῖα διαμένει χρόνον ὀλίγον, ὑπὸ πολλῶν ἀναιρούμενα περιστάσεων, ἡ δὲ τῆς ἱστορίας δύναμις ἐπὶ πᾶσαν τὴν οἰκουμένην διήκουσα τὸν πάντα τἆλλα λυμαινόμενον χρόνον ἔχει φύλακα τῆς αἰωνίου παραδόσεως τοῖς ἐπιγινομένοις.

25 Die Ewigkeit des Ruhms bzw. der Schande erwähnt Diodor häufig; siehe z.B. 1,1,5; 1,2,3; 14,1,3; 15,1.

26 Standbilder als Metapher auch in 14,1,3, wo von der ewigen Schande der Schlechten als καθάπερ ἀθάνατος εἰκὼν für die μεταγενέστεροι (vgl. auch ὅ γε προγεγενημένος βίος) gesprochen wird.

Gedanke aus unserer Passage des 10. Buchs auch im ersten und/oder einem anderen Proömium bezogen auf die Historiographie. Man hat hinsichtlich Diodor von einer „indistinzione tra storia e biografia"[27] gesprochen oder davon, daß Diodor der Biographie „una certa quale superiorità" zuerkennt, „laddove mette in evidenza i limiti insiti nella narrazione storiografica. Sostiene infatti cha la storia è costretta a esporre l'uno dopo l'altro, frantumando la contemporaneità dei fatti (…)."[28] Ich bin skeptisch, was beide Schlußfolgerungen betrifft. Biographie und Historiographie sind nur insoweit identisch, als für Diodor Geschichte vor allem das ist, was große Männer tun. Da man am besten aus dem Handeln von Personen lernen kann, muß Geschichte stark biographisch sein. Diodor geht aber mit seinem Lob der Historiographie viel weiter als mit dem der Biographie. Nur erstere ist die „Prophetin der Wahrheit"[29], und natürlich hat nur eine als universal betriebene Geschichtsschreibung den maximalen Nutzen.

11.2 Diodor und die Theorie des Enkomions bei Isokrates

Wie haben wir nun Diodors Theoretisierung der Biographie zu verstehen? Hat er dafür nur seine Definition der Historiographie übernommen? Ich meine, diese Erklärung greift zu kurz. Denn was bisher ebenfalls nicht ausreichend gewürdigt wurde, ist, daß Diodors theoretische Äußerungen zur Biographie (und, soweit identisch, zur Historiographie) in hohem Maße und auch hier bis in die Details Übereinstimmungen mit der Theorie des Enkomions aufweisen, wie sie Isokrates, der Schöpfer des Prosaenkomions, im ersten Werk dieser Gattung, dem *Euagoras*, entwickelt. Diese Erkenntnis ist nicht ganz neu, denn schon Laqueur hat die analogen Aussagen des 15. Proömiums als eine Adaptation der Ideen des *Euagoras* erachtet. Seine Ausführungen haben aber gänzlich zum Ziel zu erweisen, daß Diodor hier auf Ephoros zurückgeht und daß „ein Ephorisches Buch (…) ein ins Detail ausgearbeiteter historisch-epideiktischer Exkurs des Isokrates" ist.[30] Dies ist

---

27 Ambaglio 2004, 79 und schon 1995: „Diodoro non sembra conoscere, dunque, alcuna differenza tra storia e biografia e, in altri termini, scioglie la seconda nella prima"; vgl. auch Cohen-Skalli 2012, 379–380 Anm. 53.
28 Piccirilli 2000, 117–118.
29 προφῆτις τῆς ἀληθείας: 1,2,2; 21 F 31,1 Goukowski = 21,17,4 Dindorf; vgl. Sacks 1990, 11 Anm. 12.
30 Laqueur 1911b, 342–353. In diese Richtung geht auch Stylianou 1998, 6–7. Nachdem er davon gesprochen hat, daß Isokrates' *Euagoras* zahlreiche andere Enkomien inspiriert habe, erklärt er: „all we know about these two (scil. Theopompos und Ephoros), the most influential historians of the fourth century, indicates that they incorporated Isocratean features into their historical

äußerst zweifelhaft, und auch sonst bedarf seine Analyse und sein | [145] Vergleich zwischen Diodor und dem *Euagoras* in mancher Hinsicht der Vertiefung und der Modifizierung.

Die Grundidee bei Isokrates ist, daß die Lobrede auf Euagoras' Taten dessen Sohn Nikokles und andere zur Nachahmung veranlassen soll.[31] Nach der Überzeugung des Redners ist es die Eigenschaft von Männern, die ehrgeizig und von edler Gesinnung sind, daß sie für ihre Taten gelobt werden wollen, einen ruhmvollen Tod dem Leben vorziehen[32] und alles tun, um „eine unsterbliche Erinnerung an sich selbst zurückzulassen".[33] „Die Rede, wenn sie seine Taten gut darstellt, dürfte die Tüchtigkeit des Euagoras bei allen Menschen auf ewig unverges-

---

works, in particular the kind of moralizing which laid emphasis on praise and censure. (...) the ethical character of the *Bibliotheke* was very much the character of Ephorus' universal history too" (6–7). Auf zwei konzeptionelle Übereinstimmungen zwischen unserem Kapitel und dem *Euagoras* verweist Piccirilli 2000, 116, wovon nur eine zutreffend ist (siehe dazu unten, Anm. 31 und 41); vgl. Cohen-Skalli 2012, 172–173 Anm. 27. Pownall 2004 geht bei ihrer Besprechung der rhetorisch-moralisierenden Historiographie des 4. Jh.s v.Chr. (nach ihrer Meinung Xenophon, Ephoros, Theopompos) auch auf den Einfluß des Isokrates ein, der u.a. in der Verwendung ethischer Exempel bestanden habe. Auch sie behandelt die Rolle von Lob und Tadel in der Geschichtsschreibung des 4. Jh.s, scheint darin aber einen Einfluß der Sophistik (Gorgias) zu erblicken (z.B. S. 17–18; 141–142). Sie sieht mehr eine Kontinuität zwischen Isokrates und diesen Historikern als eine Auseinandersetzung mit dessen Theorie des Enkomions, die hier vertreten wird („In the works of all three historians, we find underemphasis, exaggeration, and even suppression of facts in order often to provide a better moral contrast for a system of praise and blame or paradigms, both positive and negative. (...) In general, these fourth-century historians subordinate historical accuracy to the moral education of the elite, the sort of manipulation of strict historical truth that would be deemed acceptable by both Plato and Isocrates because it is sanctioned by a higher calling.": S. 181). Auf die hier interessierenden theoretischen Erörterungen im *Euagoras* und ihre Adaption in der Historiographie geht sie nicht ein. Vgl. Fornara 1983, 108–120 zur Herkunft der Lob-Tadel-Antithese in der Historiographie aus der Rhetorik, aber mit anderer Schlußfolgerung als unten vorgeschlagen (siehe Anm. 60).

31 Siehe Isoc. *Euag.* 76–77; vgl. ebenda 5. Auf diese Konvergenz verweist schon Piccirilli 2000, 116.

32 Diese Übereinstimmung nicht in unserem Kapitel, aber in Diod. 1,1,5.

33 Isoc. *Euag.* 3: Εὑρήσομεν γὰρ τοὺς φιλοτίμους καὶ μεγαλοψύχους τῶν ἀνδρῶν οὐ μόνον ἀντὶ τῶν τοιούτων ἐπαινεῖσθαι βουλομένους, ἀλλ' ἀντὶ τοῦ ζῆν ἀποθνήσκειν εὐκλεῶς αἱρουμένους, καὶ μᾶλλον περὶ τῆς δόξης ἢ τοῦ βίου σπουδάζοντας, καὶ πάντα ποιοῦντας ὅπως ἀθάνατον τὴν περὶ αὑτῶν μνήμην καταλείψουσιν. Die Überlieferung schwankt zwischen ἀποθνήσκειν εὐκόλως αἱρουμένους („mit Leichtigkeit den Tod wählen") und ἀποθνήσκειν εὐκλεῶς αἱρουμένους („einen ruhmvollen Tod wählen"); für letztere Lesung plädiert überzeugend Vallozza 2004; ebenso Alexiou 2010b, 70–71.

sen machen."³⁴ Auch hier finden wir neben der protreptischen Funktion des Ruhms | [146] die Vorstellung von seiner Unvergänglichkeit und Ubiquität. Isokrates polemisiert des weiteren gegen die Dichter von Enkomien auf Helden der mythischen Vorzeit. Man müsse vielmehr Zeitgenossen loben, da das Publikum diese kennt, so daß sich der Autor an die Wahrheit halten muß. Dies würde die jungen Männer mehr zur Arete anspornen, da sie dann wüßten, daß sie dafür gelobt werden, worin sie besser sind als andere. Nun aber werden nur die alten Helden gelobt, während sie selbst nicht einmal dann eines solchen Lobes für würdig erachtet würden, wenn sie größere Taten vollbrächten als diese. Grund dafür sei der Neid der Menschen, die lieber Menschen loben, von denen sie nicht einmal wissen, ob sie je existiert haben, als ihre Wohltäter.³⁵ Es scheint, als ob Diodors Theorie der Biographie eine Antwort auf diese Kritik darstellt. Beide Autoren betonen, daß berechtigtes Lob zu gutem Handeln motiviert. Und an anderer Stelle verwendet auch Isokrates den Begriff der παρρησία, um dies zu umschreiben.³⁶ Beide gebrauchen für „loben" das vor allem dichterische Verb κοσμεῖν.³⁷ Was Isokrates als Problem für die Gegenwart diagnostiziert, das er durch den *Euagoras* beseitigen will, daß nämlich die Menschen auch bei größeren Heldentaten als die der mythischen Helden nicht „eines derartigen Lobes für wert gehalten werden" (μηδέποτε τοιούτων ἐπαίνων ἀξιωθησόμενον), ist bei Diodor gelöst: die Menschen gehen davon aus – und dies zu Recht –, daß sie „einer derartigen Erinnerung für wert gehalten werden" (τοιαύτης ἀξιωθήσεται ... μνήμης), wie es ihrem Leben entspricht. Indem Diodor durch die Hinzunahme von Kritik den Wahrheitsanspruch auch auf die Darstellung von Leben der Vergangenheit ausdehnt,

---

34 Isoc. *Euag.* 4: Ὁ δὲ λόγος εἰ καλῶς διέλθοι τὰς ἐκείνου πράξεις, ἀείμνηστον ἂν τὴν ἀρετὴν τὴν Εὐαγόρου παρὰ πᾶσιν ἀνθρώποις ποιήσειεν. Diese Übereinstimmung zwischen Diodor und Isokrates hat Laqueur 1911b, 343–345 gut gesehen (zu Diod. 15,1 und 11,46): „Der Tadel, den die Geschichte gegen die φαῦλοι erhebt, soll den Leser von schlechtem Tun zurückhalten, weil er sonst demselben Tadel verfallen würde wie der Gebrandmarkte, so lehrt Ephoros-Diodor XIV,1 und entwickelt damit dieselbe Theorie, welche Isokrates im Euagoras vorgetragen hat: der Ruhm, welchen der λόγος verleiht, spornt zu edlem Handeln an, damit man selbst solchen Ruhmes teilhaftig werde." (343–344); „durch die historische Darstellung soll der Leser moralisch beeinflußt werden, wie Isokrates eine politische Wirkung durch seine historischen Exkurse bezweckte. Allerdings nicht ausschließlich; das Proömium zum Euagoras zeigt die allgemein menschlich-pädagogische Tendenz bereits voll entwickelt" (344).
35 Isoc. *Euag.* 5–6.
36 Isoc. *Euag.* 39.
37 Isoc. *Euag.* 5 und 76; Diod. 10 F 27,1 C.-S. = 10,12,1 V.; vgl. die Belege im Kommentar zum *Euagoras* von Alexiou 2010b, 74, die sich alle auf das dichterische Rühmen beziehen.

erhält er den gewünschten Effekt, den Isokrates nur für die Gegenwart für möglich hält.[38] Auch Isokrates vergleicht sein Enkomion mit den Ehrenstatuen und gibt ihm den Vorrang; diese seien schöne Denkmäler (καλὰ μνήματα), jenes aber ein würdiges | [147] Abbild der Taten und der Gesinnung und somit diesen überlegen.[39] Er nennt dafür drei Gründe: (1) Vortreffliche Menschen sind stolzer auf ihre Taten und Gesinnung als auf körperliche Schönheit. (2) Statuen stehen nur an einem einzigen Ort, während sich Lobreden überall in Griechenland verbreiten. (3) Man kann sich nicht, was sein Äußeres betrifft, an Bildern orientieren, aber man kann den Charakter und die Gedanken, wie sie in Reden dargestellt sind, nachahmen.[40] Das zweite Argument finden wir auch bei Diodor. Wir haben zudem gesehen, daß Diodor nur in Buch 10 vom Lob als „Siegespreis für Tüchtigkeit ohne Kosten (ἀδάπανον)" spricht. Dieses Thema findet sich aber schon bei Isokrates, der seine Reden dem Aufwand (δαπάναι) entgegenstellt, den Nikokles anläßlich der Beerdigung seines Vaters betreibt, unter anderem durch Agone (hier also auch das Motiv des Siegespreises). Diese δαπάναι, so Isokrates, bewirken nicht, was seine Rede bewirken kann: Nachahmung des Euagoras und Streben nach Arete.[41]

Die Folgerung, die meines Erachtens aus diesen Konvergenzen zu ziehen ist, lautet, daß die Theorie der Biographie und ein Teil der Theorie der Historiographie bei Diodor in Auseinandersetzung mit der Theorie des Enkomions entstanden ist, wobei diese um den Aspekt der Kritik für schlechtes Handeln erweitert

---

38 Anders hier Laqueur 1911b, 345–346 (s. den oben, S. 372, zitierten Text), der in der Darstellung von Ephoros/Diodor nur einen „historisch-epideiktischen Exkurs" sehen will, beiden also ein ähnlich geringes Streben nach wahrer Darstellung zuerkennt, da sie beide rhetorischen Erwägungen die Priorität zuwiesen. Für ihn ist Ephoros/Diodor die Fortsetzung des Isokrates; meiner Ansicht nach geht es bei Diodor (oder seiner Quelle) um eine Auseinandersetzung mit Isokrates und eine Modifizierung von dessen Theorie. Anders Sacks 1990, 27–32.
39 Zu diesem Vergleich bei Isokrates und in der Literatur siehe die ausgezeichneten Darlegungen von Alexiou 2000b und 2010, 175–181, der aber nicht auf Diodor eingeht. Dazu siehe auch unten. Isokrates wiederholt dieses Motiv in der mit dem *Euagoras* zusammengehörenden Rede *An Nikokles* (36) und in der *Antidosis* (7); vgl. Vallozza 1990, 57 Anm. 38; Alexiou 2000b, 108; 2010, 175–176. Zu Pindar siehe unten, Anm. 44.
40 Isoc. *Euag.* 73–75.
41 Isoc. *Euag.* 4; die Übereinstimmung zwischen Isoc. *Euag.* 8 und Diod. 10 F 27,1 C.-S. = 10,12,1 V., die Piccirilli 2000, 116 sieht, existiert nicht. Diodor spricht von der Schwierigkeit, das Leben der Menschen der Vergangenheit (korrekt) darzustellen, Isokrates beklagt, daß es schwierig ist, das Leben eines Zeitgenossen in Prosa und nicht in Versen zu rühmen.

wurde.⁴² Es geht hier also nicht nur um eine Übernahme isokrateischer (epideiktischer) Elemente in die Historiographie, wie bisweilen behauptet wird, sondern um eine Modifizierung der isokrateischen Theorie des Enkomions, so daß diese überhaupt erst in der Historiographie verwendet werden kann.⁴³ Denn anders als das Enkomion oder sein Gegenstück, die Scheltrede, ist die Historiographie nicht durch die Gattungsregeln dazu verpflichtet, ihren Gegenstand in den Himmel zu heben oder zu verdammen, sondern kann in seiner Beurteilung differenzieren und zugleich loben und tadeln. Auch ist der Wahrheitsanspruch der Historiographie ein anderer als der des Enkomions, und damit verbunden auch die Erwartungshaltung | [148], mit der der Leser an beide Gattungen herangeht. Auch wenn das Lob des Enkomions wahrheitsgemäß und berechtigt sein kann und der Enkomiast die Wahrhaftigkeit seiner Worte beteuert, ist sich sein Publikum bewußt, daß dort im Rahmen der *auxesis* übertreiben werden muß, die Darstellung ausschließlich lobend zu sein hat und eventuelle negative Aspekte auszublenden sind. Dasselbe gilt umgekehrt für die Scheltrede. Bei der Integrierung der Theorie des Enkomions in die Historiographie tritt trotz gleichbleibender Intention (Erziehung durch Vorbilder; Verleihen ewigen Ruhms oder ewiger Schande) an die Stelle des Wahrheitsanspruchs des Enkomions derjenige der Historiographie, und dieser besteht in faktischer Richtigkeit und ausgewogener Darstellung. Die Erwartungshaltung des Lesers ist demnach eine andere als beim Enkomion. Daher war es bei der Übertragung des Konzepts erforderlich, den Aspekt des Lobes um den des Tadels zu erweitern, da andernfalls eine faktisch korrekte Darstellung und Bewertung der historischen Akteure nicht postuliert werden kann. Auf diese Weise entstand etwas Neues, für das der Begriff der rhetorischen Historiographie irreführend wäre, da er suggeriert, daß in dieser Historiographie die Regeln und Konventionen der Epideiktik gelten und ihr Wahrheitsanspruch der der Epideiktik ist, die zwar nach außen wahrheitsgetreue Darstellung für sich beansprucht, in Wirklichkeit aber historische Korrektheit der rhetorischen Zielsetzung unterordnet. Es wird am Ende dieses Beitrags noch darauf einzugehen sein, warum Diodor die zentralen Zielsetzungen und wichtige inhaltliche Elemente der Enkomiastik in seine Historiographie übernommen hat.

---

42 Dies übersieht Sacks 1990, 27–35. Richtig schon die beiläufige Bemerkung von Frazier 2010, 157.
43 Ganz anders Woodman 1988, v.a. 40–44; 95–98, der u.a. die Präsenz von Lob/Tadel in der Historiographie als ein Argument dafür sieht, daß die Historiographie zur Epideiktik gehörte, da auch jene entweder zu loben oder zu tadeln hatte. Polybios' Worte beweisen das Gegenteil. [Zu Woodmans problematischer These, nach der die antike Historiographie zur Rhetorik gehörte und daher nur einen kleinen Nukleus an Fakten enthält, der rhetorisch ausgeschmückt werden durfte, ja mußte, siehe jetzt ausführlich Schorn im Druck 2.]

Ob Diodor oder seine Quelle den *Euagoras* vor Augen hatte oder ein anderes Werk, läßt sich schwer sagen. Denn auch in anderen Enkomien finden sich ähnliche Konzepte. Schon Pindar, dessen Ziel es ist, den Ruhm der Sieger zu verkünden, erklärt, daß gute Dichtung den Ruhm großer Taten auf ewig und überall verbreitet.[44] Auch er präsentiert moralische Exempel und will erzieherisch tätig sein.[45] Zu Beginn der 5. *Nemeischen Ode* erklärt der Dichter sogar (5,1–8):

> Kein Bildhauer bin ich, daß ich verfertige auf ihrem Sockel ruhenbleibende Standbilder. Nein, gehe, süßes Lied, auf jedem Frachtschiff und in jedem Kahn von Aigina aus und melde, daß der Sohn des Lampon, der starke Pytheas, in den Nemeischen Spielen den Siegeskranz im Pankration errungen (…) (Übers. Dönt).

Simonides spricht von der Malerei als schweigender Dichtung und der | [149] Dichtung als sprechender Malerei,[46] und auch sonst ist die Metapher des Bildes für die Rede und die Gegenüberstellung Kunstwerk/Bild–Rede in der enkomiastischen Dichtung, Prosa und Theorie geläufig.[47] Daraus ist zu schließen, daß wir es in unserem Kapitel bei Diodor mit einen Gedankengang zu tun haben, der in unterschiedlicher Form und Ausführlichkeit als typisch für die Enkomiastik bezeichnet werden kann.

Einen Hinweis gibt es allerdings darauf, daß Diodor oder seine Quelle (darauf wird noch einzugehen sein) die oben dargelegte Konzeption von Biographie/Historiographie in Auseinandersetzung mit Isokrates' *Euagoras* entwickelt hat. Eine der ausführlichsten Darlegungen dieser Theorie finden wir, wie erwähnt, am Anfang des Proömiums des 15. Buchs; im weiteren Verlauf des Proömiums bespricht Diodor als mahnendes Beispiel für die Folgen schlechten Verhaltens den Machtmißbrauch der Spartaner während ihrer Vorherrschaft und ihren Fall. Man hat hier den Einfluß von Isokrates' Kritik an den Spartanern im *Panathenaikos*

---

44 Pind. *Isthm.* 3/4,55–60 Snell – Maehler; vgl. *Nem.* 6,29–30 Snell – Maehler; siehe hierzu und zum Folgenden Vallozza 1990, 49–58 („La superiorità della parola sull' immagine"), v.a. 50–52 zu Pindar; dort finden sich weitere Belege für das Konzept; vgl. auch Alexiou 2000b, 106–109 zu Isokrates als Konkurrenten der epideiktischen Dichtung (dort, 106 Anm. 9, weitere Literatur); dazu ausführlich auch Papillon 1998 (S. 52–53 zum Vergleich Kunstwerk–Dichtung/Rede). Umfangreiches Parallelenmaterial und Literatur in Alexiou 2010b, 175–181.
45 Zu diesem Aspekt und seiner Adaptation durch Isokrates siehe Papillon 1998, 51–53; 55–61.
46 Simonid. bei Plu. *Glor. Athen.* 3 p. 346f; die Echtheit des Fragments ist umstritten; siehe Vallozza 1990, 49–50 mit Anm. 19. Es ist nicht aufgenommen in Page, PMG; [Poltera 2008, 84 nimmt es als T 101a auf].
47 Für Belege siehe Vallozza 1990, 49–58 mit Anm. 38; Alexiou 2010b, 175–176.

sehen wollen, was möglich, aber nicht sicher ist.⁴⁸ Weit wichtiger ist aber, womit die historische Darstellung nach der Einleitung beginnt: Es ist der Krieg zwischen Euagoras und den Persern, den Diodor ohne das panhellenische Pathos und die enkomiastischen Ausschmückungen des Isokrates erzählt.⁴⁹ Ich glaube hier nicht an einen Zufall. Wie die *praefatio* von Buch 15 eine Modifizierung der Theorie der epideiktischen Rede des Isokrates im *Euagoras* ist, so ist die darauffolgende Darstellung des zentralen Ereignisses in Euagoras' Regierungszeit das Beispiel dafür, wie eine solche Darstellung in der Historiographie zu erfolgen hat, wenn man die in der *praefatio* formulierten Prinzipien anwendet. Wir haben in Buch 15 gleichsam die Antwort des Historikers an den Panegyriker vorliegen.

11.3 Biographie und Historiographie bei Polybios

Daß Diodor seine Theorie der Biographie innerhalb der Historiographie in Auseinandersetzung mit der Theorie des Enkomions entwickelt hat, wird auch | [150] dadurch bestätigt, daß dies ebenfalls bei Polybios der Fall ist.⁵⁰ Polybios und Diodor haben ihre Bücher selbst eingeteilt. Bei beiden finden sich die programmatischen Äußerungen zur Biographie als Teil der Historiographie im 10. Buch, aber nicht an seinem Beginn, sondern in seinem Verlauf an Stellen, die jeweils aus biographischer Perspektive interessant sind: bei Diodor, nachdem er in ungewöhnlicher Weise einen vollständigen *Bios* des Pythagoras eingefügt hat, bei Polybios, als er auf die Biographie Philopoimens zu sprechen kommt (10,21), auf den er in seiner Jugend ein Enkomion verfaßt hat.⁵¹ Auch hier meine ich, daß die

---

48 Den Einfluß betont Laqueur 1911b, 344–345: „Der ψόγος der Lacedämonier, den Diodor XV, 1 aus Ephoros abschreibt, ist weiter nichts als eine leichte stilistische Überarbeitung von Isokrates' Panathenaikos 53–55, 57–58." Zu den Unterschieden siehe aber Pavan 1961, 117–122. Allgemeiner Stylianou 1998, 102: „Diodorus' comments on the downfall of Sparta were no doubt commonplace by the first century BC. But that does not mean that they did not originate in the fourth century and with the school of Isocrates of which Ephorus was a famous product" (102); vgl. auch S. 113–114 den Hinweis auf Isoc. *De pac.* 95ff. Er sieht in der Kritik einen Rest von Ephoros' Proömium zu Buch 20. Da an anderen Stellen der Einfluß des Isokrates auf Diodor deutlich ist (allerdings nennt die Literatur keine Stellen aus dem *Panathenaikos*), ist er auch hier denkbar. Dazu siehe neben Pavan auch Sacks 1990, 32 mit Anm. 36 (dort Literatur).
49 Vgl. Parmeggiani 2011, 524 zur Tendenz.
50 Siehe schon Fortenbaugh 2007, 70–71. Auf einige Gemeinsamkeiten zwischen der Passage aus Diodors 10. Buch und Polybios 10,21 verweist auch Frazier 2010, 156–157.
51 Bei Diodor hat man aufgrund der ungewöhnlichen Position sogar von einem „anomalo proemio" (Piccirilli 2000, 112), gesprochen, „perché, a differenza di tutti gli altri, non si trova all'inizio di un libro, ma dopo undici capitoli", oder von einer „seconde préface" (Cohen-Skalli

Positionierung der programmatischen Darlegungen kaum Zufall sein kann, und die Vermutung liegt nahe, daß sich Diodor bewußt an seinen Vorgänger anschließt und durch die gleiche Stellung im Werk deutlich machen will, daß er Polybios antwortet, indem er ihm seine Konzeption entgegenstellt.

Kommen wir zum Inhalt der Darlegungen des Polybios.[52] Da er im allgemeinen über die Erziehung (ἀγωγάς) und den Charakter (φύσεις)[53] bedeutender Männer in seinem Werk berichtet, wäre dies auch an dieser Stelle geboten, an der er auf die Taten Philopoimens zu sprechen kommt, erklärt Polybios. Es folgt eine Polemik gegen andere Historiker (συγγραφέας): Es sei widersinnig, daß sie die Gründungen von Städten, „wann, wie und durch wen sie gegründet wurden" und die Bedingungen und Schwierigkeiten der Gründung berichten, aber nicht über die Erziehung (ἀγωγάς) und Absichten (ζήλους) der handelnden Akteure, obwohl dies viel nützlicher wäre:

> Denn um wieviel mehr man lebende Menschen (τοὺς ἐμψύχους ἄνδρας) bewundern und nachahmen kann als leblose κατασκευάσματα, um so mehr dürfte ihre Darstellung sich plausibler Weise unterscheiden im Hinblick auf die Besserung der Zuhörer (πρὸς ἐπανόρθωσιν τῶν ἀκουόντων).

Mit den κατασκευάσματα sind aufgrund des Kontexts eher Gebäude und Strukturen der neugegründeten Polis gemeint als Statuen, obwohl diese | [151] Bedeutung auch belegt ist. Dennoch haben wir hier die Idee vorliegen, daß eine biographische Darstellung eine größere pädagogische Wirkung hat und besser zur Nachahmung geeignet ist als eine Darstellung lebloser Gegenstände. Dies entspricht dem dritten Argument, das Isokrates anführt, um die Überlegenheit seiner Reden gegenüber den leblosen Statuen zu beweisen.[54] Polybios fährt fort, er

---

2012, 170; mit Anm. 20; 379 Anm. 52), oder man hat das Fragment dem Proömium zuweisen wollen (Canfora 1990, 314). Letzteres ist ausgeschlossen, da die *Excerpta Constantiniana* der Struktur der Vorlage folgen (siehe Cohen-Skalli *loc. cit.*). Aber auch die ersten beiden Bezeichnungen sind irreführend, da sie unterstellen, daß programmatische Aussagen nur in Proömien zu finden sein können. Es handelt sich bei Diodor um ein programmatisches *postscriptum*, das durch die ungewöhnlich ausführliche Biographie im Vorangehenden veranlaßt ist.
52 Das Folgende paraphrasiert 10,21,2–8, ohne daß zumeist die jeweiligen Unterkapitel angegeben werden.
53 Zur Bedeutung von φύσις in diesem Kontext siehe die Diskussion in Fortenbaugh 2007, 61–63.
54 Den Zusammenhang erkennt Alexiou 2000b, 109–110, der zu Recht auch auf Plb. 6,47,9–10 verweist, wo sich der Vergleich zwischen Statue und Mensch findet. Schweighaeusers Konjektur ἐμψύχους für das überlieferte εὐψύχους ist zu Recht weitgehend anerkannt; vgl. Walbank 1957–1979, II 221 zu 10,21,4; anders aber Fornara 1983, 114. Die oben vorgetragene Interpretation ist

wolle auf eine ausführliche biographische Darstellung an dieser Stelle verzichten, da er bereits in einer anderen σύνταξις von drei Büchern über Philopoimens Abkunft (τίς ἦν καὶ τίνων), Erziehung (τίσιν ἀγωγαῖς ἐχρήσατο νέος ὤν; vgl. τήν τε παιδικὴν ἀγωγὴν διασαφοῦντες) und bedeutende Taten als Erwachsener (τὰς ἐπιφανεστάτας πράξεις)[55] gesprochen hat. Daher sei es im vorliegenden Werk angemessen (πρέπον) zu kürzen, was Philopoimens Erziehung und Absichten als junger Mann angeht, aber seine Taten als Erwachsener, die dort nur summarisch (κεφαλαιωδῶς) dargelegt waren, ausführlicher zu berichten,

> damit wir das beiden Werken Angemessene beachten. Denn wie jenes Werk, das enkomiastisch (ἐγκωμιαστικός) ist, eine Darlegung der Taten erforderte, die summarisch und übertreibend ist (κεφαλαιώδη καὶ μετ' αὐξήσεως), so erfordert dieses Werk der Historiographie, die zugleich Lob und Tadel (κοινὸς ὢν ἐπαίνου καὶ ψόγου) verteilt, eine wahrheitsgetreue Darstellung und eine, die argumentiert und die Überlegungen bei jeder Handlung deutlich macht.[56]

Im folgenden können nur einige Fragen behandelt werden, die man sich im Zusammenhang mit diesem häufig traktierten Text stellen kann. Schepens und Farrington haben nach anderen deutlich gemacht, daß Polybios von seinem Jugendwerk als einem Enkomion und nicht als einer Biographie spricht, wie häufig irrigerweise angenommen wurde.[57] Auch Polybios kontrastiert hier also biographische Darlegungen in einem historiographischen Werk mit solchen in einem | [152] Enkomion. Wie bei Diodor sind die Kennzeichen biographischen Schreibens in der Historiographie Lob und Tadel sowie Wahrheit. Wenn er die wahrheitsgemäße Darstellung der Historiographie derjenigen des Enkomions gegenüberstellt, die durch Übertreibung (αὔξησις) gekennzeichnet ist, zeigt er sich bewußt, daß der Wahrheitsanspruch des Enkomions, wie wir ihn auch in Isokrates' *Euagoras*

---

nicht im Widerspruch zu Plb. 6,53,9–54,4, wo Polybios von den Bestattungen führender römischer Politiker spricht. Auch dort sind es letztlich nicht die gezeigten *imagines*, sondern die Reden, in denen deren Taten immer wieder erzählt werden, die für die Unsterblichkeit der großen Männer sorgen.

55 Daß es hier nicht um Philopoimens Taten als junger Mann, sondern um die als Erwachsener geht, zeigt Walbank 1957–1979, II 222 zu 10,21,5–8 gegen Pédech 1951, 82–88 = 1982, 140–146.
56 10,21,8; vgl. zur Übersetzung Walbank 1957–1979, II 223 zu 10,21,8.
57 Schepens 2007, 342–344; Farrington 2011, 325–329; vgl. Fortenbaugh 2007, 68–70. Für Vertreter der gegenteiligen Ansicht siehe die Zusammenstellungen in Schepens 2007, 342–343 mit Anm. 28–29 und in Farrington 2011, 325 mit Anm. 5–6; von Biographie sprechen noch Cohen-Skalli 2012, 380 Anm. 53 und Hägg 2012, 95–97, der Fortenbaugh 2007 zitiert, aber Schepens 2007, der im selben Band erschien, ignoriert.

finden, nur ein scheinbarer ist.[58] Er macht dies auch terminologisch deutlich, wie Pernot gut herausstellt:[59]

> l'éloge flatteur, en poésie et en rhétorique, est défini comme *enkômion*, même si l'auteur n'hésite pas à l'appeler également *epainos*; en revanche, l'approbation véridique décernée par l'historien est seulement qualifiée d'*epainos*. Par conséquent, chez Polybe, l'emploi d'*epainos* et d'*enkômion* correspond exactement à la *diaphora epainou kai enkômiou* des théoriciens, dont il associe étroitement les deux aspects 'technique' et 'moral'.

Anders als bei Diodor und Isokrates haben bei Polybios Lob und Tadel nicht die Funktion, Menschen durch die Aussicht auf ewigen Ruhm oder ewige Schande zu gutem Handeln zu veranlassen oder von schlechtem Handeln abzuhalten. Allerdings macht auch Polybios deutlich, daß er ihnen eine moralische Zielsetzung zuerkennt, wenn er von ἐπανόρθωσις als Funktion der biographischen Elemente in der Historiographie spricht.[60] Farrington hat gezeigt, daß für Polybios Enkomion und biographische Elemente in der Historiographie zwar beide eine protreptische Funktion haben, sich aber das Ergebnis der Belehrung in beiden Genres unterscheidet. Denn das Enkomion bewirkt nur eine moralische, die Historiographie | [153] und die biographischen Elemente in ihr eine moralische und prakti-

---

58 Die Diskussion der Präsenz von Verfälschungen der Wahrheit im Enkomion bei Farrington 2011, 330–331 ist unglücklich. Natürlich *muß* der Enkomiast keine Dinge erfinden und beinhaltet αὔξησις dies nach der antiken Theorie nicht. Allerdings stellt auch die Reduzierung eines Charakters auf Positives und die Überbetonung der positiven Aspekte durch die αὔξησις eine Verfälschung der Wirklichkeit im Sinne des Polybios dar; siehe die treffenden Bemerkungen von Fortenbaugh 2007, 71 Anm. 93. Denn αὔξησις ist „eine im Parteiinteresse vorgenommene gradmäßige Steigerung des von Natur aus Gegebenen durch die Mittel der Kunst": Lausberg 1990, 145 (§ 259). Man darf zudem nicht vergessen, daß neben der αὔξησις laut der *Rhetorik an Alexander* (3) auch die Erfindung von Ansichten, Taten und Worten des Gerühmten zum Enkomion gehört. Siehe Pernot 1993, II 524–525 mit Anm. 178 zu dieser Passage und gegen Fuhrmanns Athetese; dort auch, S. 522–532, zur „déformation historique" im Enkomion, die auch ohne freie Erfindungen auskommt.
59 Pernot 1993, I 125.
60 Siehe z.B. Dihle 1987, 10; zustimmend Alexiou 2000b, 109. Wichtig ist Fornara 1983, 114, der die konzeptionelle Übereinstimmung und den Unterschied zwischen Isokrates und Polybios sieht: „Though Isocrates and Polybius are united by a similar paradigmatic approach, a fundamental difference separates them. Isocrates wished to teach moral virtue; Polybius wanted to inculcate patriotism and teach the craft of statesmanship by example. Polybius's historiographical innovation does not flow from Isocratean springs. Polybius's inspiration must be sought in Rome." Nur bei den letzten beiden Sätzen würde ich widersprechen: Polybios nimmt die Epideiktik (ob die des Isokrates oder eines anderen, ist irrelevant) als Ausgangspunkt, modifiziert aber ihre Prinzipien. Zum Unterschied Diodor–Polybios siehe Piccirilli 2000, 115.

sche Belehrung. Dies ist Folge des Vorhandenseins von Argumentation und Analyse, die im Enkomion fehlen und die es dem Leser ermöglichen zu erkennen, welches Handeln warum zum Erfolg führt und welches nicht. Dadurch wird er in die Lage versetzt, das Erkannte im eigenen Handeln umzusetzen.[61] Daß diese Einschätzung richtig ist, wird auch ersichtlich, wenn wir die Art des biographischen Materials betrachten, das laut Polybios in der Historiographie zu finden sein muß: Angaben über Abkunft, Erziehung, Charakter, Intentionen und Taten der Protagonisten. Die hinzukommende Forderung nach wahrheitsgetreuer Darstellung, Argumentation und Darlegung der Überlegungen, die das Handeln der Menschen leiteten, macht deutlich, daß das biographische Material auf diejenigen Elemente zu reduzieren ist, die für Polybios' Konzept der pragmatischen Historiographie relevant sind. Dies stellt eine Verengung des biographischen Interesses im Vergleich zu Diodor dar und noch mehr im Vergleich zu Dionysios von Halikarnassos, der erklärt, daß nach seiner Meinung die Historiographie nicht nur die Taten großer Politiker im militärischen und zivilen Bereich darstellen müsse, sondern auch ihr Privatleben, d.h., ob sie maßvoll und besonnen und gemäß den Traditionen ihres Landes lebten.[62]

Farrington meint zudem, daß es nach Polybios Aufgabe des Historikers sei, möglichst viel von lobenswerten Taten zu berichten, „while only making bare mention of reproachable behavior. (...) It is more fitting for history to present figures and actions that are worthy of emulation than those that are not."[63] Trifft dies zu, wäre dies eine interessante Parallele zu Plutarchs Konzept der Biographie, wie wir es im Vorwort des *Kimon* (2,2–5) finden: Man müsse das Gute, wie es der Wahrheit entspricht, darstellen.

> Fehler und Verirrungen aber, die ihnen aus Leidenschaft unterlaufen sind, müssen wir mehr als Mängel an der Vollkommenheit denn als üble Betätigungen der Schlechtigkeit ansehen und sie nicht geflissentlich und betont in die Darstellung einflechten, sondern nur gleichsam mit dem Gefühl der Scham wegen der Unzulänglichkeit der menschlichen Natur,

---

[61] Farrington 2011, 334–341; er schreibt auf S. 335: „Biographical material is introduced in the historical narrative not only because it is praiseworthy, but also so the reader can form a more considered opinion of individuals' qualities and actions and thereby gain the ability to determine what is noble or successful or admirable and then put that knowledge into action." Und S. 338: „Encomium is protreptic; history, because of its demonstrative quality, is protreptic and descriptive. Encomium remains epideictic; history assigns praise and blame, invites to judge, and encourages the reader to take particular action."
[62] Dion. Hal. *AR* 5,48,1; vgl. Schepens 2007, 351.
[63] Farrington 2011, 331–334; Zitat S. 331.

daß sie keinen ganz reinen und unbestreitbar vollkommenen Charakter hervorbringen kann. (Übers. Ziegler – Wuhrmann)

Als Argument für seine Interpretation verweist Farrington | [154] auf Polybios' Kritik an Phylarchos, der die Eroberung Mantineias und das Leid der Menschen bei diesem Ereignis mit Übertreibung und rhetorischer Kunst (μετ' αὐξήσεως καὶ διαθέσεως) dargestellt habe, das edle Verhalten der Megalopoliten, als sie das gleiche Schicksal traf, aber nicht erwähnt habe,

> als ob es mehr die Aufgabe der Historiographie sei, die Verbrechen der Akteure aufzuzählen, als die schönen und gerechten Taten hervorzuheben, oder als ob die Leser historischer Berichte weniger durch gute und nachahmenswerte Taten gebessert würden als durch widerrechtliche und meidenswerte Handlungen.[64]

Man könnte diese Passage in der Tat als eine Bevorzugung der Darstellung positiver Taten lesen. Doch ist zu bedenken, daß wir uns hier im Kontext historiographischer Polemik befinden. Was Polybios an seinen Widersachern kritisiert, trifft oft auf ihn selbst zu, und was er von ihnen fordert, erfüllt er oft selbst nicht.[65] In dieser Passage kommt hinzu, daß Polybios' Kritik in vielerlei Hinsicht unberechtigt ist und er eine politische Differenz – Phylarchos ist prospartanisch, er selbst proachäisch – als methodologische Differenz präsentiert.[66] Was Polybios hier in ironischer Weise Phylarchos unterstellt, ist, daß nach dessen Meinung die Darstellung schlechter Taten besser zur Erziehung der Leser geeignet sei als diejenige guter Taten. Polybios sagt nicht, daß der Historiker mehr gute als schlechte Taten berichten müsse. Etwas zuvor macht er in seiner Polemik gegen denselben Historiker deutlich, was genau er ihm vorwirft: Der Historiker müsse das Getane und Gesagte wahrheitsgetreu berichten.[67] Dies tue Phylarchos nicht, da er die Leser unter anderem mit Horrorgeschichten erschüttern will. Wir müssen daher folgern, daß der Historiker nach Polybios Lob und Tadel verteilen sowie gute und schlechte Taten berichten muß, wie dies den wirklichen Ereignissen entspricht.[68] Eine Vorliebe für einen der beiden Bereiche würde zu einer Verfälschung der historischen Darstellung führen, mit der Folge, daß der Leser daraus nicht mehr die

---

64 Plb. 2,61,1–3 = Phylarch., FGrHist 81 F 55 (gekürzt).
65 Siehe z.B. die umfassende Studie von Meister 1975 und die Aufsätze in Schepens – Bollansée 2005; zu Polybios' Kritik an Timaios siehe nun Baron 2009; 2013, 58–88.
66 Siehe Meister 1975, 93–108.
67 Plb. 2,56,10 = Phylarch., FGrHist 81 T 3.
68 Siehe vor allem 1,14,5; gute Besprechungen in Scheller 1911, 49 und Avenarius 1956, 159–160 mit weiteren Stellen.

nötigen Schlüsse und Lehren ziehen kann.⁶⁹ Diese Schlußforderung findet auch darin Bestätigung, daß Polybios' eigene Darstellung nicht erkennen läßt, daß er grundsätzlich Berichten über positive Taten den Vorrang gibt.⁷⁰ | [155]

Das Werk des Polybios zeigt, daß er sich weitgehend an das in 10,21 formulierte Programm hält. Wenn wichtige neue Personen eingeführt werden – und meist nur bei solchen – geht er oft auf ihre Abstammung, Erziehung und vor allem ihren Charakter ein. Obwohl er in unserem Kapitel erklärt, er wolle wegen des schon publizierten Enkomions bei der Darstellung von Philopoimens Erziehung und Zielen in der Jugend kürzen, gehören die entsprechenden Darlegungen über diesen zu den umfangreichsten derartigen Beschreibungen in seinem Werk.⁷¹

11.4 Plutarch und die Theorie des Enkomions

Man könnte nun noch Plutarch als weiteres Beispiel für einen Autor diskutieren, der mit seinem Konzept von Biographie in der Tradition des Enkomions steht und dessen Theorie adaptiert und modifiziert. Da dieses Thema kürzlich sehr gut von Alexiou behandelt wurde,⁷² genügt es, auf dessen Ausführungen zu verweisen und hier nur einige wenige Punkte zu wiederholen, die zeigen, daß auch Plutarch in der Tradition der Theorie des Enkomions steht. Auch er verfolgt mit seinen Biographien ein pädagogisches Ziel und will dem Leser Vorbilder zur Nachahmung zur Verfügung stellen. In der oben erwähnten Passage aus dem *Kimon* vergleicht er das Bild, das er vom Leben des Lucullus entwirft, mit einer Statue, welche die Mantineier diesem zu Ehren aufgestellt haben, und stellt es über das Kunstwerk, und an einer anderen Stelle, an der er die philosophische Rede den leblosen Statuen gegenüberstellt, zitiert er aus den oben angeführten ersten Versen der 5. *Nemeischen Ode* Pindars.⁷³ Dort finden sich deutliche wörtliche Anklänge an die

---

69 Das hier Ausgeführte erklärt auch Polybios' Kritik an manchen Werken über Agathokles den Ägypter, die Farrington 2011, 331 für seine Argumentation heranzieht.
70 Vgl. auch Fortenbaugh 2007, 64 Anm. 69: Polybios' Fokus ist in 10,21 auf vorbildhaften Männern, da das Kapitel den von ihm bewunderten Philopoimen einleitet; dies bedeutet nicht, daß nicht auch die Darstellung negativer Charaktere lehrreich sein kann.
71 Siehe die Liste solcher Passagen in Walbank 1957–1979, II 220 zu 10,21,1; Fortenbaugh 2007, 62 Anm. 63.
72 Alexiou 2000b.
73 Plu. *Maxime cum princ.* 1 p. 776c–d mit Alexiou 2000b, 115–116. Zu den programmatischen Äußerungen Plutarchs und ihrer Umsetzung in der biographischen Praxis siehe v.a. Duff 1999, 13–71; Muccioli 2012, v.a. 44–73; dort, S. 54–55, zur konzeptionellen Übereinstimmung zwischen

programmatischen Darlegungen über sein ethisch-pädagogisches Programm in der *praefatio* des *Perikles* (1–2), was zeigt, daß sich Plutarch der Tatsache bewußt ist, daß er mit seinen Ausführungen in der Tradition der Theorie des Enkomions steht. In dieser *praefatio* entwickelt er die Antithese zwischen den von ihm dargestellten großen Taten, die beim Leser das Verlangen wecken, diejenigen nachzuahmen, die sie vollbracht haben, und den Schöpfungen von Bildhauern wie Pheidias und Polyklet oder von Dichtern wie Anakreon, Philemon und Archilochos, die nicht dazu anregen, diese Männer nachzuahmen. Dies ist eine Variation des dritten Arguments des Isokrates, mit dem er die Priorität seines Enkomions gegenüber den Werken der bildenden Kunst für sich beansprucht.[74] | [156] Auch Plutarch reklamiert im *Kimon* wahrheitsgetreue Darstellung für seine Biographie des Lucullus. Sie habe zwar mehr auf die positiven Aspekte des Lebens einzugehen, dürfe aber auch dunkle Flecken nicht verschweigen, wenngleich diese nicht überbetont werden dürften. Seine biographische Praxis macht deutlich, daß er eine deutliche Vorliebe für positive Charaktere hat und lieber lobt als kritisiert.[75]

Es ist also festzuhalten, daß bei Polybios, Diodor und Plutarch die Theorie des Enkomions und die Auseinandersetzung damit maßgeblich ihre Konzeption von Biographie geprägt hat, im Falle Diodors selbst seine Konzeption von Historiographie.

11.5 Der Ursprung der Antithese Enkomion–Historiographie

Kommen wir zu Diodor zurück. Es bleibt die Frage nach dem Ursprung der Antithese Enkomion-Biographie/Historiographie beziehungsweise die Frage, ob Diodor diese Theorie einer Quelle entnommen oder selbst entwickelt hat. Wenngleich er in Buch 10 zwar meines Erachtens auf Polybios antwortet, finden sich bei ihm so viele Übereinstimmungen mit Isokrates, die nicht bei Polybios zu finden sind, daß nicht Polybios allein seine Inspirationsquelle gewesen sein kann.[76] Beide Historiker setzen sich unabhängig voneinander mit der Epideiktik auseinander.

Plu. *Alex.* 1,1–2 und Plb. 10,21. Siehe auch Hirsch-Luipold 2002, 41–86 zu „Der Schrifsteller als Maler" und „Schriftstellerei und Bildkunst als Formen der Nachahmung von Wirklichkeit" bei Plutarch.
74 Vgl. Alexiou 2000b, 114.
75 Dazu siehe Duff 1999, 53–65.
76 Einen gewissen Einfluß des Polybios nimmt Ambaglio 1995, 83–84 und 2004, 80 Anm. 443 an.

Schwartz weist die theoretischen Äußerungen zur Biographie derselben Quelle zu, der Diodor die vorangehende Biographie des Pythagoras entnommen habe (10 F 3–26 C.-S. = 10,3–11 V.) und die er auch für Informationen über die Sieben Weisen in Buch 9 verwendet habe.[77] Ich habe mich an anderer Stelle mit der Pythagorasbiographie beschäftigt.[78] Diodor scheint in Buch 10 eine Biographie des 2. oder 1. Jh.s v.Chr. übernommen zu haben, den sogenannten *Anonymus Diodori*, in der Material aus Aristoxenos, weiteren, nicht zu identifizierenden biographischen Quellen und einer doxographischen Schrift verarbeitet worden ist, die auch Diogenes Laertios verwendet. Ihr Autor ist nicht identisch mit dem des Werkes über die Sieben Weisen, das Eingang in Buch 9 gefunden hat. Daß auch das hier diskutierte Kapitel aus dem *Anonymus Diodori* stammt, ist unwahrscheinlich. Es ist schwer vorstellbar, daß Diodor eine grundlegende Konzeption seiner historiographischen Theorie einem Werk verdankt, das er, wie es scheint, nur an dieser einen Stelle verwendet.

Wie in vielen anderen Fällen hat man auch bei unserem Kapitel in Ephoros | [157] die Quelle Diodors sehen wollen. Sollte dies zutreffen, wäre dies von großer Bedeutung, da man dann davon ausgehen müßte, daß Ephoros die Konzeption der epideiktischen Rede bei Isokrates auf die Historiographie übertragen und modifiziert hat. Dies würde die Diskussion über das Verhältnis beider Männer zueinander und die mögliche Schülerschaft des Ephoros um neues Material bereichern. Der Hauptgrund, den man für Ephoros als Quelle hat anführen können, ist allerdings, daß Diodor in der *praefatio* von Buch 15 vom Recht des Historikers spricht, mit Freimut (παρρησία) Kritik und Lob zu verteilen. Da man dies als typisches Konzept des Ephoros erachtete, reklamierte man diese *praefatio* und auch unser Kapitel für Ephoros.[79] Parmeggiani hat allerdings dafür argumentiert, daß

---

[77] Schwartz 1903a, 679. Parmeggiani 2011, 302 mit Anm. 782 läßt die Frage nach den Quellen des 10. Buchs weitgehend offen. Piccirilli 2000, 117 verzichtet auf einen Vorschlag zur Bestimmung der Quelle unseres Kapitels.

[78] Schorn 2013a [= Kap. 6 in diesem Band]; vgl. Schorn 2014b, 313–315 [= unten, S. 426–429].

[79] So Canfora 1990, 314 unter Berufung auf Laqueur 1911 (ohne nähere Angabe; gemeint sein müssen 1911a, 198–204; 1911b, 342–346); Jacoby zu FGrHist 70 T 23. Cohen-Skalli 2012, 172 und 379 Anm. 52 stimmt Canfora zu und erachtet die Zuschreibung als sicher. Stylianou 1998, 5–10 argumentiert, daß „[t]he moralizing judgments on individuals in the form of set *epainoi* and *psogoi* are characteristic of the first group [d.h. Bücher 11–15] and do not occur in the second [d.h. Bücher 17–20]" (5). Hiergegen ist einzuwenden, daß die programmatischen Bemerkungen Diodors zur Rolle von Lob und Tadel sowie das praktische Loben und Tadeln über das ganze Werk verteilt sind; siehe dazu Kunz 1935, 33–36; Sacks 1990, 24–35.

die Auffassung, Ephoros und Diodor wiesen dem *epainos* und *psogos* im Geschichtswerk dieselbe Funktion zu, falsch ist.[80] Er erklärt hierzu: „Eforo e Teopompo non indulgevano in considerazioni morali del tipo che troviamo in Diodoro, né concepivano la storia come un sistema di paradigmi di condotta morale." (55). Ephoros „non contempla nell' *epainos/psogos* un proprio obiettivo" (54 Anm. 96) der Historiographie, während dies bei Diodor eindeutig der Fall sei.[81] Man könnte allerdings als weiteres Argument für Ephoros als Quelle anführen, daß die Darstellung des Krieges zwischen den Persern und Euagoras sehr wahrscheinlich auf diesen zurückgeht, er dort jedenfalls verwendet wurde, wie die wörtliche Übereinstimmung zwischen Ephor., FGrHist 70 F 76 und Diod. 15,98,2 zeigt.[82] Stimmt also die weitverbreitete Auffassung, nach der Diodors | [158] Bücher 11–15 nicht nur weitgehend auf Ephoros beruhen, sondern daß er auch dessen Proömien übernommen hat?[83] Dies scheint allerdings ausgeschlossen zu

---

80 Parmeggiani 2011, 51–56; vgl. schon Drews 1962, v.a. 386 Anm. 15, mit Verweis auf Drews 1960, 88–121, wo er ausführlich dafür argumentiert, daß das Moralisieren, wie wir es in Diodor finden, bei Ephoros nicht vorhanden war. Vgl. Fornara 1983, 108–112, der S. 112 folgert: „the positive evidence suggesting that Ephorus possessed a view of history reducing it essentially to a repository of *exempla* falls away".
81 Vgl. auch Parmeggiani 2011, 53: „Come le valutazioni di Teopompo, anche quelle di Eforo non erano mai dissociate dalla considerazione del contesto storico più ampio: erano sempre parte del processo di ricostruzione e di spiegazione degli eventi." S. 56: „noi non mettiamo in dubbio che la narrazione storica di Eforo e Teopompo fosse provvista di senso etico; escludiamo, piuttosto, che il senso etico di Eforo e Teopompo pregiudicasse l'intelligenza della loro analisi politica, riducendola a una modalità di approccio simile, per forme e intenti, a quella del Diodoro dagli *epainoi/psogoi*." Vgl. auch Parmeggiani 2014, 788–800.
82 Die Vertreter der *communis opinio* sehen in den narrativen Teilen zur griechischen und persischen Geschichte in den Büchern 11–15 eine Ephoros-Epitome; siehe z.B. Schwartz 1903a, 679; Kunz 1935, 17; Sacks 1990, 13; 20 u.ö. (Ephoros die Hauptquelle); Stylianou 1998, 49–57 (mit Literatur in Anm. 140). Parmeggiani 2011, 349–394, wendet sich gegen eine solche generelle Zuweisung, wenngleich auch er davon ausgeht, daß „Ephoro, tra gli scrittori noti a Diodoro, fosse probabilmente il più importante e fosse stato ampiamente utilizzato (scil. in den Büchern XI–XV). Eforo non era però il solo autore noto a Diodoro." (391) Aber auch er erkennt die Verwendung des Ephoros in der Darstellung der persisch-zyprischen Auseinandersetzung an (2012, 382; 386; 523–524); vgl. Parmeggiani 2014, 792–793. Wie schon vor ihm Reid 1974, 134; 142–143 nimmt er an, daß Diodor die Darstellung des Ephoros gekürzt habe.
83 So z.B. Laqueur 1911a, 197–202; 1911b, 343–347 (die Proömien der Bücher 4–5 und 12–16 aus Ephoros); aber siehe Laqueur 1958, 285: Ephoros inspiriert Diodor zum Proömium von Buch 14, was eine weit schwächere Behauptung ist; wie Laqueur 1911a/b auch Stylianou 1998, 101–104.

sein, da die Übernahme der ephoreischen Proömien von Drews, Sacks und Parmeggiani mit guten Argumenten bestritten wurde.[84] Drews und Sacks haben zudem gezeigt, daß Diodor die entsprechenden Reflexionen über Lob und Tadel häufig den historischen Berichten hinzugefügt hat, die er unterschiedlichen Quellen entnommen hat.[85] Die räumliche Nähe zwischen dem Proömium des 15. Buchs und der Darstellung des Krieges zwischen Euagoras und den Persern nach Ephoros beweist daher nicht die Herkunft der theoretischen Überlegungen aus jenem Autor.

Bei der Suche nach der möglichen Quelle ist auf eine weitere Passage bei Polybios einzugehen. Durch sie erfahren wir, daß sich Ephoros und Timaios mit dem Unterschied zwischen epideiktischer Rede und Historiographie beschäftigten.[86] Im Rahmen seiner Polemik gegen Timaios referiert Polybios aus dem Proömium von dessen 6. Buch. Dort polemisiert Timaios gegen Autoren, die behaupten, epideiktische Reden erforderten mehr Begabung (φύσεως), Mühen (φιλοπονίας) und Ausbildung (παρασκευῆς) als historiographische Werke. Wie Timaios erklärt, habe sich bereits Ephoros mit diesem Thema beschäftigt, aber diese Behauptung nicht in ausreichender Weise widerlegen können. Daher vergleicht Timaios selbst die beiden Gattungen miteinander. Polybios erachtet allerdings die Argumentation des Ephoros als die bessere, die Timaios nur in schlechter Weise adaptiert habe. Laut Timaios, so Polybios, sei der Unterschied zwischen der Historiographie und der Epideiktik derart wie zwischen einem wirklich gebauten | [159] Haus und der Bühnenmalerei. Die Sammlung des Materials in der Historiographie sei zudem arbeitsintensiver als die gesamte Arbeit an einer epideiktischen Rede. Vor allem aus dem erstgenannten Argument wird deutlich, daß es Timaios bei der Feststellung des Unterschieds zwischen beiden Gattungen gerade auf den Aspekt der wahrheitsgemäßen Darstellung ankam, den er für die Historiographie reklamierte, der Enkomiastik aber nicht zubilligte. Es gibt Hinweise darauf, daß Ephoros ähnlich argumentierte.[87] Auch Polybios betont, wie wir ge-

---

84 Drews 1960, 109–117; Sacks 1990, 9–22 zu den Proömien; Parmeggiani 2011, 349–394; 2014, 799. Siehe schon Kunz 1935, die allerdings noch die Proömien der Bücher 11–15 (die entscheidend sind, da dort die Übereinstimmungen mit dem biographischen Kapitel in Buch 10 und mit dem Hauptproömium zu finden sind) auf Ephoros zurückführt. Einen Überblick über die Diskussion in Landucci 2004, 108–113.
85 Dies zeigen Drews 1960, 17–18; 32–75; 79–146; 1962; Sacks 1990, 23–54.
86 Plb. 12,28,8–12,28a = Ephor., FGrHist 70 F 111 (teilweise) = Tim., FGrHist 566 F 7 (teilweise).
87 Zu Timaios siehe Vattuone 1991, 19–62, v.a. 22–28. Auf S. 26 schreibt er ganz richtig über Timaios: „L'analogia pare suggerire che soltanto in apparenza, e per effetto di stravolgimento, i due γένη possano produrre oggetti identici, mentre in realtà essi sono profondamente diversi,

sehen haben, explizit diesen Unterschied, und Diodor scheint ihn implizit zu vertreten, wenn er für die Historiographie die Pflicht fordert, Lob *und* Tadel mit Freimut und nach Verdienst zu verteilen.

Ist im Zeugnis des Polybios also ein Argument für Ephoros als Quelle der Theorie Diodors zu sehen? Ich will keinesfalls ausschließen, daß sich Ephoros im Rahmen seiner Auseinandersetzung mit der Epideiktik auch mit der Rolle von Lob und Tadel in der Historiographie auseinandersetzte, vielleicht in ähnlicher Weise, wie wir dies bei Polybios finden. Was Parmeggiani allerdings sehr wahrscheinlich gemacht hat, ist, daß das andauernde Moralisieren und Verteilen von Lob und Tadel in der geschichtlichen Darstellung selbst, wie wir es aus Diodor kennen, kaum bereits bei Ephoros zu finden war – wie dies ja auch bei Polybios nicht der Fall ist, obwohl auch er Lob und Tadel als Kennzeichen der Historiographie nennt und ihren Wert für die moralische Besserung der Menschen deutlich macht. Es stellt daher eine Möglichkeit dar – aber auch nicht mehr –, daß Diodor in Ephoros' Auseinandersetzung mit der Epideiktik bereits einige Elemente seiner biographischen Theorie und, soweit identisch, seiner historiographischen Theorie fand. Allerdings müssen wir dann davon ausgehen, daß er diesen Elementen | [160] im Rahmen seiner historischen Darstellung eine weitaus größere Bedeutung als Ephoros zukommen ließ und an zahlreichen Stellen seines Werkes die entsprechenden theoretischen Reflexionen sowie lobende bzw. tadelnde Bemerkungen einfügte. Was bei Ephoros wohl allenfalls ein Nebenaspekt seiner historiographischen Theorie und Praxis war (wie denn die entsprechenden Überlegungen auch bei Polybios nicht zu den zentralen Elementen seiner historiographischen Konzeption gehören), wurde dann bei Diodor zu einem Hauptpunkt.

---

anche nelle rispettive finalità: nella storia restituiscono l'evento, il dato, in immagine di come realmente si verificò, nella retorica di apparato così come deve essere percepito 'in lontananza' da uno spettatore che l'osservi, posto ad una distanza intenzionalmente determinata." Auf S. 27 schließt Vattuone aus Ephor. F 8 wohl zu Recht, daß auch dieser Historiographie und Epideiktik im Hinblick auf ihren Wahrheitsgehalt einander gegenüberstellte: „non pare illegittimo ritenere che qui (scil. in F 8) lo storico denunci, oltre alla particolarità della conoscenza storica, una sua ἀλήθεια, anche, ed in relazione a F 111, il significato della differenza tra la storia e l'epidittica (o altre storie) in termini di 'illusione', 'realtà', 'inganno'." Vgl. auch dort S. 45. Zu Ephoros' Argumentation siehe zuletzt die Rekonstruktion von Parmeggiani 2011, 124–139 mit der älteren Literatur. Er schreibt auf S. 128: „Dobbiamo dunque concludere che nella sua *synkrisis* Eforo prendeva in considerazione più aspetti: oltre alla *philoponia* dell' inchiesta diretta, anche la *lexis* e l'*oikonomia*. Eforo accennava – non altrimenti da quanto avrebbe fatto poi Timeo – alla propria esperienza di ricercatore e di scrittore di storia. La sua *synkrisis* riguardava la costruzione del *logos historikos* nella sua interezza: toccava sia i modi dell'inchiesta storica, sia la forma del discorso storico.

Diese Erklärung ist freilich nur eine Hypothese, die deutlich machen soll, daß Diodor hier von Ephoros inspiriert gewesen sein *kann*, ohne daß man zugleich seine Historiographie mit der Diodors gleichsetzen *muß*. Allerdings haben wir gesehen, daß sich auch eine weitere von Diodors Hauptquellen, Timaios, mit dem Verhältnis zwischen Epideiktik und Historiographie beschäftigte, und es ist zu vermuten, daß auch andere Historiker dies taten.[88] Dies läßt es als ratsam erscheinen, darauf zu verzichten, die Quelle hinter Diodors Theorie zu identifizieren. Wenn man bedenkt, daß es sich beim hier diskutierten Konzept um einen der Lieblingsgedanken Diodors handelt, den er über sein ganzes Werk verstreut immer wieder äußert und in der Praxis anwendet, liegt die Vermutung nahe, daß seine definitive Ausarbeitung, trotz Anregungen durch andere Historiker, auf Diodor selbst zurückgeht.[89]

11.6 Schlußbetrachtung

Wenngleich die Quellenfrage hier, wie ich meine, nicht mit Sicherheit zu klären war, ließ es sich meines Erachtens zeigen, daß Diodors Theorie der Biographie und ein Teil seiner Theorie der Historiographie eine Modifikation – nicht eine bloße Übernahme – der Theorie des Enkomions ist, und zwar wohl derjenigen in Isokrates' *Euagoras*. Dies muß nicht überraschen, wenn man bedenkt, daß das Werk in späterer Zeit vielgelesen war. Zudem wurde deutlich, daß eine Auseinandersetzung mit der Theorie der epideiktischen Rede, sei es in expliziter oder impliziter Weise, auch andere Theoretisierungen biographischen Schreibens kennzeichnet (Polybios, Plutarch) und offenkundig im 4. Jh. v.Chr. eine wichtige Rolle in der Theoretisierung der Historiographie (Ephoros, Timaios) spielte.

Wie oben dargelegt, wäre es irreführend, bei Diodor von rhetorischer Historiographie zu sprechen, die lediglich in direkter Linie fortsetzt, was in der Epideiktik zu finden ist. Diodor stellt sich zwar in die Tradition des Enkomions, modifiziert aber seine Theorie und grenzt sich von ihr ab. Er ordnet die historischen Fakten nicht der rhetorisch-pädagogischen Zielsetzung unter, wie dies in der Epideiktik der Fall ist. Während Polybios und vor ihm schon Timaios und Ephoros explizit die Historiographie dem Enkomion gegenüberstellen, macht Diodor, indem er die erzieherische Funktion und typische Elemente des | [161] Enkomions für die Historiographie reklamiert, deutlich, daß er mit seiner Historiographie

---

88 Schon die Historiographie des Philistos enthielt ἔπαινος und ψόγος: FGrHist 556 T 16b mit Fornara 1983, 108. Hat auch er sich mit der Epideiktik auseinandergesetzt?
89 Dies auch die Ansicht von Drews 1960; vgl. Sacks 1990, 9–35.

den Platz der Epideiktik als erzieherische Instanz einnehmen will. Historiographie ist es, die ewigen Ruhm verleiht und die Menschen bessert, nicht Epideiktik, oder doch zumindest ist Historiographie dazu besser in der Lage. Dies ist meines Erachtens die Aussage Diodors. Seine Stellungnahme zur Epideiktik ist vergleichbar derjenigen des Isokrates zur vorangehenden dichterischen Enkomiastik und ein Analogiebeispiel dafür, wie sich ein Autor in eine existierende Tradition stellt, von der er sich zugleich distanzieren möchte. Isokrates will mit seinem *Euagoras* dem traditionellen Versenkomion die Rolle als Mittel ethischer Belehrung und Erziehung streitig machen. Um dies zu erreichen, verwendet er zahlreiche argumentative Strategien des Versenkomions und bedient sich bei seiner theoretischen Darlegung über Funktion und Wert seines Prosaenkomions vieler Gedanken, die schon in Versenkomien zu finden sind.[90] Obwohl er sich in die Tradition des Enkomions einordnet, beansprucht er, etwas Neues und Besseres zu schaffen. Diodor will mit seiner Historiographie Ruhm und Schande unsterblich machen, dem Leser ein umfassendes Arsenal an Exempeln positiven und negativen Handelns bieten und ihn zu richtigem Handeln ermuntern, das heißt, er beansprucht die zentralen Zielstellungen der Epideiktik für sich. Daß die Auseinandersetzung bei ihm nur implizit erfolgt, ändert nichts daran, daß das Konkurrenzverhältnis zwischen beiden Gattungen vorhanden ist und Diodor die Überlegenheit seiner Historiographie gegenüber der Epideiktik reklamiert. Auch er ordnet sich in die vorhandene Tradition ein, schafft dann aber etwas Neues. Sein Bruch mit der Tradition ist viel radikaler als bei Isokrates, der das vorhandene Genre beibehält und es nur reformieren will. Diodor wählt ein anderes Genre. Das Ergebnis ist nicht rhetorische Historiographie, sondern eine Historiographie, die den Platz der epideiktischen Rhetorik als pädagogische Instanz einnehmen will.[91]

---

90 Siehe oben, S. 376–377, zu Pindar und anderen Dichtern; zu Isokrates' Verwendung der literarischen Elemente des Versenkomions und seiner Intention, dessen Platz einzunehmen, siehe v.a. Papillon 1998 und die Literatur in Anm. 44.
91 Dieser Aufsatz entstand im Rahmen des vom Onderzoeksraad der KU Leuven geförderten Forschungsprojekts „Hellenistic biography: antiquarian literature, gossip or historiography? Collection of fragments with commentaries and syntheses within the framework of *Fragmente der Griechischen Historiker Continued*".

12 Überlegungen zu P. Oxy. LXXI 4808

12.1 Einleitung

P. Oxy. LXXI 4808 gehört zu den wichtigsten Texten zur griechischen Historiographie, die in jüngster Zeit bekanntgeworden sind. Es ist daher sehr begrüßenswert, daß sich ausgesprochene Experten auf diesem Gebiet im Rahmen eines Studientages am *Istituto Italiano per la Storia Antica* mit diesem Neufund beschäftigt haben,[1] um über die sehr gute, aber knappe Kommentierung von A.G. Beresford, Peter J. Parsons und M.P. Pobjoy in der *editio princeps* hinauszukommen.[2] Die im folgenden präsentierten Bemerkungen zu diesem Text nehmen ihren Ausgang vom Beitrag von Luisa Prandi und Franca Landucci zu dieser Veranstaltung und der sich daran anschließenden Diskussion. Dieses Dossier trägt in vielerlei Hinsicht zu einem besseren Verständnis des Papyrus bei. Natürlich ist bei einem derart fragmentarischen | [106] Text auf viele Fragen keine Antwort möglich, während auf andere unterschiedliche gegeben werden können. Auf die Bitte des Herausgebers der *Rivista di Filologia e di Istruzione Classica* hin stelle ich im folgenden einige Interpretationen zur Diskussion, in denen sich meine Meinung von der der Autoren des Dossiers unterscheidet oder durch die man vielleicht über das von ihnen Erreichte hinauskommen kann. Daß es sich dabei oft um Hypothesen handelt, die nur ein bestimmtes Maß an Wahrscheinlichkeit für sich beanspruchen können, versteht sich von selbst. Wenn es das Ziel der Veranstaltung in Rom war, einen Anstoß zur bisher schleppend verlaufenden Beschäftigung mit diesem Text zu geben, so ist ihr dies gelungen. Auch an der KU Leuven hat sich eine rege Diskussion über diesen Text entwickelt. Davon zeugen auch die Bemerkungen meines Kollegen Guido Schepens zur Interpretation des Papyrus, die am Ende dieses Aufsatzes mit seiner Erlaubnis angeführt werden.[3]

---

[1] Der Studientag fand am 10. Juni 2011 statt. Die dort präsentierten Beiträge stehen im selben Band der RFIC wie dieser: Moggi 2013, 61–66; Capasso 2013, 66–78; Landucci – Prandi 2013, 79–97. Es schließen sich die Diskussionsbeiträge von G. Geraci (98–99), F. Muccioli (99–100), P. Vannicelli (101–102), G. Zecchini (102–103) und M. Capasso (103–104) an.
[2] Beresford – Parsons – Pobjoy 2007.
[3] Den Diskussionen mit Guido Schepens verdankt dieser Beitrag mehr, als durch Verweise in den Anmerkungen und seinen unter Abschnitt 4 abgedruckten Interpretationsbeitrag deutlich gemacht werden konnte. Für möglicherweise verbliebene Fehler zeichne ich selbst verantwortlich.

12.2 Ein neues Hermippos-Fragment und die Datierung des Kleitarchos

In col. I 14–15 ergänzen die Erstherausgeber den Namen Philippos (Φ[ί|λιπ]πος) als den der Autorität, auf die sich unser Autor für die Angabe beruft, daß Kleitarchos Leiter des Katalogeion und Lehrer des Ptolemaios (IV.) Philopator gewesen sei. Der Verweis ist in einer Weise in den Satz eingeschoben, die zeigt, daß diese Autorität für beide Informationen zitiert wird, die zudem thematisch zusammengehören, da beide Male von Tätigkeiten im Dienst des Königshauses die Rede ist. Ob nun die erste Funktion von den Erstherausgebern richtig ergänzt ist oder, wie Prandi [wohl zu Unrecht meint], zweifelhaft ist, ist hier von untergeordneter Bedeutung. Es ging in jedem Fall um eine amtliche Tätigkeit (ἐπὶ τοῦ, 13).[4] Prandi bezweifelt die Richtigkeit der Ergänzung des Namens aus paläographischen und inhaltlichen Gründen. Statt φ sei als erster Buchstabe eher σ, ε oder ο zu lesen. Die Rundung, die auf dem Foto zu sehen ist, scheint mir aber ebenso zu einem φ zu passen, wenngleich die zuletzt genannten Lesungen in der Tat wahrscheinlicher sind. Diesen Philippos identifizieren die Erstherausgeber mit einem Megariker, von dem Diogenes Laertios (2,113 = FGrHist 137 T | [107] 3) ein Fragment überliefert, in dem ohne Werkangabe zu lesen ist, daß Stilpon Schüler anderer Philosophen abwarb, darunter vom Kyrenaiker Aristoteles Kleitarchos und Simmias. Prandi wendet gegen die Identifizierung mit diesem Philippos ein, daß bei Diogenes Laertios der Fokus des Philippos auf Stilpon liege und unbekannt sei, ob er auch Interesse an Kleitarchos gehabt habe. Allerdings lesen wir Philippos 'durch die Brille' des Diogenes Laertios, der in der Tat nur Interesse an Stilpon hat und dem es auf eine Namensliste von Schülern ankommt, die von anderen Lehrern zu Stilpon wechselten. Es ist aber ohne weiteres möglich, daß Philippos im folgenden – was Diogenes nicht mehr zitiert – noch Bemerkungen über die von Stilpon gewonnenen Schüler hinzufügte, um zu zeigen, daß es sich bisweilen um bedeutende Persönlichkeiten handelte. Prandis Hauptargument gegen die Ergänzung des Namens Philippos scheint mir allerdings sehr überzeugend zu sein: da der Autor im Papyrus ohne nähere Spezifizierung zitiert wird, ist es unwahrscheinlich (wenngleich nicht unmöglich), daß der so gut wie unbekannte Megariker gemeint ist.[5]

---

[4] [Chrysanthou 2015, 26 mit Anm. 8 verteidigt überzeugend die Lesung κ[α|ταλ]ογεί[ου gegen Prandis Zweifel.]

[5] Der Megariker Philippos wird nur an dieser einen Stelle erwähnt (T 164a Döring = SSR II O 3 = II R 1); vgl. den Kommentar von Döring 1972, 144 mit Anm. 6 für mögliche Identifizierungen.

Wer wurde hier zitiert? Aufgrund der Reste und aus inhaltlichen Gründen liegt meines Erachtens nur eine Person nahe: Ἕ[ρ|μιπ]πος, der bekannteste hellenistische Biograph, auf den man auch zur Entstehungszeit des Papyrustextes ohne weitere Spezifizierung verweisen konnte und dessen Name perfekt zu den Resten und der Lücke paßt. Seine Werke wurden bis weit in die Kaiserzeit hinein gelesen,[6] und von seinen Schriften *Über Gesetzgeber*, *Über die Sieben Weisen* und *Über Pythagoras* hat P. Oxy. XI 1367 (= FGrHist 1026 T 5; F 3; geschrieben im 2. Jh. n.Chr.) Reste der Epitome des Herakleides Lembos (entstanden im 2. Jh. v.Chr.) erhalten.

Hermippos lebte etwa von 270–200 und war ein Mitarbeiter des Kallimachos bei der Erstellung der Pinakes an der Bibliothek von Alexandreia.[7] Ptolemaios IV. wurde wohl 244 geboren,[8] war also ein jüngerer Zeitgenosse des Hermippos. Durch seine Tätigkeit an der Bibliothek und seine Nähe zu Kallimachos, der mit den Ptolemäern eng verbunden war,[9] war Hermippos hervorragend über die Zustände am Ptolemäerhof informiert, vor | [108] allem was das Geistesleben betrifft. Zwei andere Personen, die in unseren Quellen als Schüler des Kallimachos bezeichnet werden – wobei Schüler hier in einem weiteren Sinn zu verstehen ist –, waren Leiter der Bibliothek und Prinzenerzieher: Apollonios Rhodios (ca. 260–246) und Eratosthenes (als dessen Nachfolger).[10] In dieses intellektuelle Umfeld um Kallimachos gehörte auch Hermippos. Da er mit ziemlicher Sicherheit noch nach dem Tod des Kallimachos (wohl 2. Hälfte der 240er Jahre oder etwas später)[11] in Alexandreia blieb, muß er auch in der Zeit nach Kallimachos hervorragend über offizielle Tätigkeiten anderer Literaten Alexandreias informiert gewesen sein und so auch darüber, welcher Schriftsteller bestimmte Ämter ausübte und wer den zukünftigen Ptolemaios IV. ab frühestens 237 unterrichtete. Es verwundert daher nicht, daß sich der unbekannte Autor des Papyrus für diese Angaben

---

6 Siehe Bollansée 1999b, 104–116.
7 Siehe Bollansée 1999b, 1–7; 14–15.
8 Huß 2001, 382 mit Anm. 2.
9 Siehe z.B. Cameron 1995, 3–23; Weber 2011 (mit Literatur).
10 Vgl. z.B. Blum 1977, 170–198; Pöhlmann 1994, 28–30 mit den Quellen und weiterer Literatur. Zu Eratosthenes siehe auch Geus 2002, 18–19; 26–30, der hinsichtlich der Historizität der Lehrer-Schüler-Beziehung skeptisch ist. Wenn man μαθητής allerdings mit Pöhlmann in einem weiteren Sinn als 'Anhänger' versteht, spricht nichts gegen ein enges Verhältnis zwischen den beiden Gelehrten. [Siehe auch S. Barbantani zu FGrHist 1766 T 1–3 zu den Funktionen des Apollonios.]
11 Zur Datierung von Kallimachos' Tod siehe z.B. Cameron 1995, 3 mit Anm. 4.

auf ihn beruft: auf einen direkten Zeugen der Ereignisse und einen Landsmann,[12] dessen Werke noch zur Zeit der Abfassung des Papyrustextes zirkulierten.

In welchem Werk Hermippos von der Tätigkeit des Kleitarchos sprach, wissen wir nicht, doch kennen wir nur einen Bruchteil der Titel seines enormen Œuvres. Es ist allerdings bemerkenswert, daß auch er über Stilpon schrieb und allem Anschein nach eine Biographie des Philosophen verfaßte, in der er auf Kleitarchos als dessen wohl berühmtesten Schüler eingegangen sein kann (FGrHist 1026 F 76–77). Während F 76 vom Tod Stilpons handelt, wird Hermippos in F 77 für die Angabe zitiert, Philiskos von Aigina sei ein Schüler Stilpons gewesen. Die Frage nach den Schülern des Philosophen interessierte demnach den Biographen.[13]

Allerdings ist ein anderes Werk des Hermippos die wahrscheinlichere Quelle der Angabe. Hermippos war der Autor von Reihenbiographien: über Gesetzgeber, über Philosophen, über | [109] die Schüler des Isokrates etc. Auf der Grundlage von F 87, das von Thukydides handelt, und der Nennung des Hermippos unter den Vorbildern, die Sueton für die Abfassung seines *De viris illustribus* aufzählt (T 1), hat Bollansée zu Recht eine Sammlung von Historikerbiographien erschlossen.[14] Da Hermippos nicht nur über Personen der Vergangenheit, sondern auch über Zeitgenossen schrieb (Arkesilaos: F 72; Chrysippos: F 81),[15] spricht nichts dagegen, daß er im Rahmen dieses Werkes von Kleitarchos handelte, den er wohl sogar persönlich kannte und über dessen Tätigkeit für die Ptolemäer er aus erster Hand berichten konnte.

Die Reputation des Hermippos als historische Quelle ist zu Recht nicht besonders gut. Was er aber über Kleitarchos' Tätigkeit im ptolemaiischen Dienst zu sagen hatte, kann kaum angezweifelt werden. Ist die Ergänzung seines Namens im Papyrus richtig, ist dies meines Erachtens als ein wichtiges Argument für die Spätdatierung des Alexanderhistorikers zu sehen. Im Papyrus scheint gesagt worden zu sein, daß Kleitarchos starb, nachdem er der Lehrer des Ptolemaios Philopator geworden war.[16] Diese Verbindung Lehrerschaft–Tod ist wohl so zu verstehen, daß er kurz vor seinem Tod zum Lehrer des Ptolemaios berufen wurde, so daß man den Tod des Kleitarchos zwischen 237 (als Ptolemaios sieben Jahre

---

[12] Die Herkunft unseres Autors aus Ägypten vermuten schon die Erstherausgeber, S. 28; ebenso Prandi – Landucci 2013, 96.
[13] Erinnert sei auch an seine Schrift *Über die Schüler des Isokrates* (FGrHist 1026 T 15; F 45–54); vgl. dazu Bollansée 1999b, 82–90.
[14] Bollansée 1999b, 98–101.
[15] Vgl. Bollansée 1999b, 6.
[16] Siehe die Ergänzung in der Erstausgabe im Kommentar zu col. I 15–17: καὶ διδάσκαλος [γε-γο|νὼς] τοῦ [Φ]ιλοπάτορος τε|[λευτ]ᾷι.

alt war) und Ende 222 (dem Beginn seiner Regentschaft) datieren muß.[17] Diese Spätdatierung erklärt vielleicht auch, warum Kleitarchos im Papyrus als letzter Alexanderhistoriker besprochen wird.

Auch bei dieser Spätdatierung kann der von Philippos ohne nähere Spezifizierung als Schüler Stilpons genannte Kleitarchos der Historiker sein.[18] Stilpon lebte von ca. 360–ca. 280.[19] Wenn der Historiker ca. 230 starb, kann er als junger Mann Schüler Stilpons in dessen letzten Lebensjahren gewesen sein.[20] Die allgemein | [110] akzeptierte Schülerschaft ist also rechnerisch möglich. Eine Anekdote berichtet von einer Diskussion zwischen Diodoros Kronos und Stilpon während eines Symposions Ptolemaios' I. in Ägypten,[21] also vor Ende 282.[22] Wenn sie einen historischen Kern hat, dann am ehesten den, daß Stilpon eine Reise nach Ägypten unternahm.[23] Von Kleitarchos kennen wir keinen anderen Aufenthaltsort als Alexandreia (FGrHist 137 T 12), doch besagt dies angesichts der dürftigen Überlieferung über sein Leben nicht viel. Über die Orte, an denen der Kyrenaiker Aristoteles lehrte, ist wenig bekannt.[24] Wie andere späte Kyrenaiker (Theodoros Atheos von Kyrene; Hegesias von Kyrene) kann er sich zeitweise in Alexandreia aufgehalten haben. Die Abwerbung des Kleitarchos kann demnach in Alexandreia stattgefunden haben, als Stilpon dort zu Besuch war. Aber dies ist nicht mehr als eine Möglichkeit unter vielen. Die Abwerbung erfordert nicht einmal die Anwesenheit der beiden Philosophen am selben Ort. Als Datierung des Kleitarchos ergibt sich daher eine Lebenszeit von ca. 300 oder etwas früher bis 237/222. Je früher man die Lehrerschaft bei Ptolemaios ansetzt, desto weiter kann man mit der Geburt nach oben gehen.[25] Wann er seine Alexandergeschichte

---

17 Zur Datierung der Lehrerschaft vgl. die Bemerkungen von Geus 2002, 27–28 zum analogen Fall Eratosthenes.
18 Dies ist die *communis opinio*; vgl. z.B. Jacoby zu FGrHist 137 T 3, der die Identifizierung als „sehr wahrscheinlich" bezeichnet. [Vgl. Lehmann 2015, 17 Anm. 48.]
19 Vgl. Döring 1972, 140. Zustimmend Giannantoni 1990, IV 93–94.
20 Ich bin mir bewußt, daß es Möglichkeiten gibt, trotzdem eine Frühdatierung des Kleitarchos zu verfechten. Denkbare Argumente sind: 1) Die Ergänzung ist falsch; 2) Hermippos hat sich geirrt oder hat gelogen; 3) das Zitat bezieht sich nur auf die erste Information; 4) der Autor des Papyrustextes hat sich geirrt; Hermippos (oder wer dort zitiert wurde) nannte einen anderen Ptolemaios. Alle diese möglichen Erwägungen scheinen mir nicht sehr wahrscheinlich zu sein.
21 Diog. Laert. 2,111 = SSR II F 1,112.
22 Der *terminus ante quem* für den Tod Ptolemaios' I. ist der 2. November 282; siehe Huß 2001, 250 mit Anm. 10.
23 Vgl. Döring 1998, 222, 230.
24 Siehe die Testimonien und Fragmente in SSR IV E 1–5.
25 Zuletzt hat aus anderen Gründen Parker 2009, 49, 52–55 für ein *floruit* um die Mitte des 3. Jh.s plädiert. Versteht man das *floruit* als das 40. Lebensjahr, muß man wohl noch 10 Jahre oder

schrieb, ist eine ganz andere Frage, die hier nicht zur Debatte steht. Sollte er schon 310 geboren sein, wäre sogar eine Datierung in die Zeit Ptolemaios I. denkbar – Droysen veröffentlichte seine Alexandergeschichte mit 25 Jahren –, doch ist dies nicht sonderlich wahrscheinlich, da er dann erst als ziemlich alter Mann zum Lehrer Philopators wurde. Unmöglich ist dies aber nicht.[26] | [111]

12.3 Die Beurteilung des Hieronymos von Kardia

Bei der Ergänzung fragmentarischer literarischer Papyri ist man oft auf die Hilfe der Parallelüberlieferung angewiesen. Diese birgt aber die Gefahr in sich, daß man im Text Informationen zu finden meint, die dort nicht standen. Dies scheint mir bei einigen Ergänzungen im Abschnitt über Hieronymos von Kardia der Fall zu sein. In col. I 27 lesen wir in einem ziemlich zerstörten Kontext die Worte πρὸς χάριν. Schon die Erstherausgeber verweisen in ihrem Kommentar auf die beiden bekannten Stellen bei Pausanias, an denen Hieronymos Voreingenommenheit zugunsten des Antigonos Gonatas vorgeworfen wird.[27] Mit der gebührenden Zurückhaltung sieht Landucci diesen Vorwurf auch in unserem Text. Zugleich führt sie einen Gedanken weiter, der schon in der Erstausgabe zu finden ist, nämlich daß ein Zusammenhang zwischen Z. 28ff., wo in Z. 29 von ῥητορείας die Rede ist, und dem Proömium des 20. Buchs Diodors besteht, in dem der Historiker die Verwendung von überlangen und zu häufigen Reden in der Historiographie kritisiert (20,1,1–2,2). Nach ihrer Auffassung erkläre der Autor des Papyrustextes, Hieronymos habe nur wenige Reden verwendet, und sie sieht einen Zusammenhang mit der Behauptung des Dionysios von Halikarnassos (*Comp.* 4,30 = FGrHist 154 T 12), der zufolge das Werk des Hieronymos wie die Werke des Phylarchos, Duris, Polybios, Psaos, Demetrios von Kallatis, Antigonos, Herakleides, Hegesianax und

---

etwas mehr nach oben gehen. [Aufgrund des neuen Textes plädiert nun auch Lehmann 2015, 17 für eine Spätdatierung des Kleitarchos. Er scheint die Beiträge in RFIC 141, 2013, nicht zu kennen.]

26 Zu den verschiedenen zeitlichen Ansätzen für die Entstehung des Werks siehe die Literatur in Prandi 2012; die ältere Literatur in Goukowsky 1976, XIX–XXXI; von den neueren Datierungsvorschlägen sind u.a. möglich: *terminus post quem* „roughly the first third or half of the third century" (so: Parker 2009, 49); erste Jahre der Regierung des Ptolemaios II. (so Ravazzolo 1998); Zeit Ptolemaios' II. (so Hazzard 2000, 7–17). Vgl. schon die Bemerkungen in der *editio princeps*, S. 34 (zu col. I 15–17), zu den chronologischen Konsequenzen der Angabe im Papyrus. [Aufgrund des Papyrus datiert Lehmann 2015, 18 nun die Alexandergeschichte „(frühestens) in das Jahrzehnt nach 280 v.Chr."]

27 *Ed. princ.*, 35 zu col. I 24–26; siehe Paus. 1,9,8; 1,13,9 = FGrHist 154 F 9; 15.

unzähliger anderer unattraktiv gewesen sei.[28] Dieser Vorwurf gegenüber Hieronymos sei auf seine Zurückhaltung im Gebrauch von Reden zurückzuführen. Die Erstherausgeber vermuten in diesem Teil des Textes einen anderen Sinn, wenn sie *exempli gratia* im Kommentar ergänzen:[29] Καὶ εἰ μὴ | [πυκναῖ]ς ῥητορείαις ἤδε|-[το, τάδε] μὲν γὰρ ἀ[λλό|τρι]α ἱστορία[ς ἀλη]θοῦς | [ὡς] καὶ ὠφελίας [ὅλ]ης | [ἐσ-τί]ν, οὐδενὸς λ[ε]ί|[ποιτ' ἂ]ν ἱστορικῶν. „Und wenn er nicht ein Freund von zahlreichen Reden wäre – denn diese passen nicht zu wahrer und nützlicher Geschichtsschreibung | [112] –, dürfte er keinem Historiker nachstehen". Wenngleich, wie sie zugeben, nicht alle Ergänzungen möglich sind, scheint mir hier grundsätzlich der Sinn des Satzes getroffen zu sein.

Denn betrachtet man die Reste auf dem Papyrus, fällt auf, daß am Anfang der Passage über Hieronymos ausschließlich positive Wörter zu lesen sind, hier also allem Anschein nach ein positives Urteil über den Kardianer gefällt wird: Er wird in Z. 20–21 als ἀν]ὴρ καλὸς [κἀγαθ]ός bezeichnet; in Z. 25–26 lesen wir: διαιτήτην [..]. | [π]αρέσχεν αὐτ[όν, „er erwies sich als Schiedsrichter", und auch ἔμπρακτος in Z. 22 weist, wenn man die Beurteilung des Polybios in col. II vergleicht, auf eine Wertschätzung der praktischen Tätigkeit des Hieronymos hin. Erst mit Z. 28 folgt allem Anschein nach eine Einschränkung des Lobes, da ein neuer Satz mit καὶ εἰ μή beginnt: „und wenn (er) nicht...", wohl gefolgt von einem Irrealis. Dies spricht für die Interpretation der Erstausgabe, jedenfalls insofern, als Hieronymos hier die Verwendung zu vieler Reden in seinem Werk vorgeworfen wird. Daß in diesem Satz verneint wurde, daß Hieronymos viele Reden verwendete, wie Landucci meint, ist meines Erachtens schwer mit den Resten auf dem Papyrus zu vereinbaren.[30] Daher scheint es mir notwendig zu sein, daß vor πρὸς χάριν eine Negation zu ergänzen ist (Z. 27–28): οὐ] πρὸς χάριν ἱστ[ορί|αν συνγ]ράψας, „er schrieb sein Geschichtswerk in unparteiischer Weise",[31] oder daß gesagt wurde, er sei nur selten parteiisch gewesen. Diese Bestreitung der Parteilichkeit scheint mir nicht nur wegen der positiven Wörter zu Beginn der Passage und aufgrund des folgenden καὶ εἰ μή-Satzes vonnöten zu sein, sondern auch, da unser Autor

---

28 Die Möglichkeit, daß „l'opera di Ieronimo sarebbe stata migliore 'se non vi fossero stati troppi discorsi diretti'" (Landucci 2013, 89) erwägt sie zwar, gibt aber dann der oben angeführten Interpretation den Vorzug.
29 *Ed. princ.*, S. 35 zu col. I 28–34.
30 Landucci 2013, 89 spricht von einer Ergänzung μ[ηδ]έ am Ende von Z. 28, die darauf hinweise, daß Hieronymos wenige Reden verwendet habe, was mir ein Irrtum zu sein scheint. Dort liest die Erstausgabe μη gefolgt von Zeilenende. Das Foto zeigt, daß der Papyrus an dieser Stelle inzwischen beschädigt ist, doch gibt es keinen Grund, die Lesung der Erstherausgeber anzuzweifeln.
31 Auch Schepens hat unabhängig von mir diese Möglichkeit der Interpretation erwogen.

mit einem positiven Urteil über den Historiker schließt: συνγραφ[ε]ὺς καὶ ἀνὴρ] | σ[π]ουδαῖος, „ein tüchtiger Schriftsteller und Mensch" (col. II 19–20). Ein solches Urteil scheint mir schwer vorstellbar zu sein, wenn er ihn als parteiisch erachtet, was der Fall ist, wenn die Negation oben fehlt.[32] Man vergleiche | [113] das negative Urteil über Chares, dem der Autor Voreingenommenheit gegenüber Parmenion vorwirft.

Auch die angeführte Passage aus Dionysios von Halikarnassos widerspricht dieser Interpretation nicht. In § 4 von *De compositione verborum*, in dem die Erwähnung des Hieronymos zu finden ist, handelt der Autor nicht von den Makrostrukturen historiographischer Werke wie z.B. Reden und narrativen Passagen. Er bespricht dort die Wortstellung und den Prosarhythmus. Die Geschichtsschreiber der alten Zeit – er nennt in diesem Zusammenhang Herodot und Thukydides – hätten diesem Aspekt der schriftstellerischen Tätigkeit viel Aufmerksamkeit gewidmet, die jüngeren, d.h. die der hellenistischen Zeit, hingegen nicht mehr, was ihre Werke unlesbar mache. Dionysios verdammt hier also die sprachliche Mikrostruktur eines Großteils der historiographischen Werke des Hellenismus.

Es mag verwundern, daß Hieronymos im Papyrus, wie es scheint, übermäßige Verwendung von Reden vorgeworfen wird, da dies aus den wenigen Fragmenten, die von seinem Werk erhalten sind, nicht hervorgeht und ihm Derartiges sonst in den Quellen nicht vorgeworfen wird. Doch ist zu bedenken, daß von ihm nur sehr wenige Fragmente und Testimonien erhalten sind. Schon Jacoby hat auf der Grundlage von Passagen bei Diodor, die wohl auf Hieronymos zurückgehen,

---

32 Das Partizip συνγ]ράψας in Z. 28 hängt allem Anschein nach vom Hauptverb παρέσχεν ab. Es scheint mir nicht möglich zu sein, daß der Autor sagte: „Er präsentierte sich als Schiedsrichter, obwohl er zugunsten von König X schrieb". Denn π]αρέσχεν αὐτ[όν drückt aus, daß er wirklich unparteiisch (wie ein Schiedsrichter) war. In der Lücke am Ende von Z. 26 und Anfang von Z. 27 kann zwar der Name eines Königs ausgefallen sein (aber der des Antigonos ist zu lang und auch am Ende von Z. 27 kann er nicht gelesen werden), doch würde man dann zudem eine adversative Konjunktion wie καί(περ) erwarten. Für beide Ergänzungen reicht der Platz meines Erachtens nicht aus. Ohne Spezifizierung durch den Namen eines Königs würde der Autor erklären, daß Hieronymos überhaupt πρὸς χάριν schrieb. Dies ist mit der positiven Beurteilung des Autors unvereinbar. [Anders Chrysanthou 2015, 29–30: er ergänzt keine Negation vor πρὸς χάριν und spricht davon, daß „Hieronymus is condemned for the use of speeches in historical writing"; dennoch meint er, unser Autor komme zu einem positiven Urteil über ihn. Wie ich oben darlege, paßt dies nicht zusammen. Chrysanthou scheint mein Aufsatz allerdings nicht bekannt zu sein. „Condemned" ist sicher zu stark, und es geht nicht um Reden allgemein, sondern ihren übermäßigen Gebrauch.]

geschlossen, daß er zahlreiche Reden in seine Darstellung eingefügt hatte.³³ Da Diodor ein Gegner von zu vielen und zu langen Reden ist, ist verständlich, daß sie bei ihm zumeist fehlen, auch wenn sie in seinen Quellen zu finden waren. Ihr Fehlen in den Passagen Diodors, in denen er Hieronymos verwendet, muß daher nicht verwundern. Ist die hier vorgeschlagene Interpretation richtig, polemisiert Diodor am Beginn des 20. Buches implizit gerade gegen | [114] einen Autor, der für ihn eine wichtige Quelle in diesem Buch darstellt.³⁴

Dieselbe Ablehnung zu häufiger Reden in Geschichtswerken finden wir bei Polybios (36,1).³⁵ Da der Autor des Papyrustextes in mancher Hinsicht die Geschichtskonzeption des Polybios teilt (siehe unten), ist es denkbar, daß seine Kritik an Hieronymos durch das Vorbild des Polybios motiviert ist. Es handelt sich bei diesem Vorwurf um einen Kritikpunkt, der den Wert von Hieronymos' Geschichtswerk nicht übermäßig schmälert und mit dem positiven Gesamturteil unseres Autors über den Kardianer vereinbar ist. Auch wenn dieser Vorwurf singulär ist, besteht kein Grund, ihn zu bezweifeln. Hieronymos' Werk dürfte daher rhetorischer gewesen sein, als es in den modernen Standardwerken erscheint.

---

33 Jacoby 1913, 1556: „H(ieronymos) war kein Literat, kein Rhetor und kein Gelehrter", und 1558–1559: „Es ist zweifellos, daß er Reden gegeben hat, sogar reichlich"; vgl. Hornblower 1981, 100 mit Anm. 88.
34 [Ohne auf den Papyrus einzugehen, plädiert Achilli 2012 dafür, im Proömium des 20. Buchs eine Schöpfung Diodors zu sehen und sieht in Timaios, der Hauptquelle der Agathoklesgeschichte, denjenigen, gegen den hier polemisiert wird; zustimmend Nicolai 2014. Dies kann durchaus richtig sein, und ich meine, unsere beiden Interpretationen schließen einander nicht aus. Eher sind sie komplementär, und wir können hier implizite Polemik Diodors gegen seine *beiden* Hauptquellen des 20. Buchs sehen.]
35 Auf die Übereinstimmung zwischen Diodor und Polybios in diesem Punkt verweist Kunz 1935, 91–92; vgl. Rathmann 2005, 449. Ob Diodor das Proömium eines anderen Historikers abgeschrieben oder den Text selbst komponiert hat, ist für die Frage, ob er hier implizit gegen Hieronymos polemisiert oder nicht, nicht von Bedeutung. Bemerkenswert ist, daß die Polemik zu Beginn eines Buchs erscheint, das dem Hieronymos viel verdankt. Wollte sich Diodor so von seiner Quelle distanzieren, um sich als selbständigen Autor zu präsentieren? Zur Frage nach den Quellen Diodors in den Proömien siehe Landucci 2008, 108–113 mit einer Darstellung der Forschungsgeschichte [und nun umfassend Achilli 2012].

12.4 Die historiographische und historische Konzeption des Autors

Da wir es beim Papyrus mit einem zufälligen Ausschnitt aus einem vielleicht viel längeren Text zu tun haben, ist bei der Frage nach der historischen und historiographischen Konzeption des Autors sowie dem 'Sinn' unseres Textes besondere Vorsicht erforderlich. Alle Vorschläge können nur sehr hypothetisch sein, da sie davon ausgehen müssen, daß das Erhaltene in irgendeiner Weise repräsentativ für das Ganze ist. Es ist daher einfacher, Argumente gegen eine vorgeschlagene Interpretation zu finden, als eine Interpretation, der keine Aussage des erhaltenen Texts widerspricht.

Ist der Autor des Papyrus ein Verfechter der pragmatischen Historiographie im Stil des Polybios, wie die Kommentatorinnen meinen? Polybios wird im Erhaltenen sehr positiv bewertet, und obwohl der zweite Teil seiner Behandlung verloren ist, weshalb man nicht ausschließen kann, daß auch über ihn noch negative | [115] Bemerkungen folgten, scheint mir das, was über ihn erhalten ist, in Kombination mit der Bewertung des Hieronymos, auf ein grundsätzlich positives Urteil über den Historiker zu weisen. Die zentrale Rolle, welche die Wahrheit und die aktive Teilnahme am historischen Geschehen bei der Beurteilung der einzelnen Historiker spielt, sowie die oben besprochene Ablehnung zahlreicher Reden können auf den Einfluß der historiographischen Konzeption des Polybios zurückzuführen sein.

Eine Angabe, die der Einschätzung unseres Autors als 'Polybianer' widerspricht, findet sich allerdings in der kurzen Charakterisierung des Kleitarchos, falls Mucciolis Interpretation der Passage korrekt ist. Denn nach seinen Ausführungen findet sich dort keine Kritik am Wahrheitsgehalt der Darstellung des Historikers, und er vermutet, unser Autor habe dessen Werk als „attendibile o, almeno, non particolarmente passibile di critica" eingeschätzt. In diesem Fall kann unser Autor kein strikter Verfechter der pragmatischen Historiographie im Sinne des Polybios gewesen sein, sondern muß auch andere Formen als legitim akzeptiert haben. Abgesehen davon, daß Kleitarchos nach den obigen Ausführungen wohl ausschließlich auf der Grundlage existierender historiographischer Werke [und nicht als aktiver Teilnehmer am Geschehen] schrieb, entsprechen der bunte Inhalt und der Stil seines Werkes nicht den Forderungen der polybianischen Geschichtsschreibung. Meister charakterisiert es treffend mit den Worten:[36]

---

[36] Meister 1990, 121. Für eine umfassende Charakterisierung des Werks des Kleitarchos siehe Prandi 1996.

Kleitarchos (...) schmückt die Ereignisse 'in rhetorischer und tragischer Manier' aus. Er sucht durch eine ungemein bildhafte und kunstvolle Darstellung den Leser zu beeindrucken und in Spannung zu halten, wobei ihm nicht nur eine grandiose Vorstellungskraft und Phantasie, sondern auch eine große Fähigkeit zur stilistischen Gestaltung eigen waren. Dazu paßt es, daß sich in seinem Werk sehr viele Exkurse mit teilweise recht phantasievollem Inhalt fanden (F 2, 9–10, 14, 16, 19, 34).

Die Beurteilung des Kleitarchos im Papyrus hängt von der Bedeutung des Wortes κομπω[δῶς] (col. I 9–10) ab, durch das die historische Darstellung des Kleitarchos charakterisiert wird. Prandi – Landucci und Muccioli sehen hier ein Stilurteil.[37] Die Bedeutung des Wortes ist allerdings „prahlerisch, großsprecherisch". | [116] An den Stellen, an denen das Adjektiv, Adverb und dazugehörende Verbum verwendet werden, wird zumeist gesagt, daß etwas in übertriebener Form, das heißt nicht ganz wahrheitsgemäß, erzählt wird.[38] Dies scheint mir auch hier gemeint zu sein und auf die vielen spektakulären und phantastischen Berichte im Werk des Kleitarchos zu zielen. Trifft diese Interpretation zu, handelt es sich um ein negatives Urteil über den Wahrheitsgehalt von Kleitarchos' Werk. Derartige Äußerungen kennen wir bereits aus Cicero (*Brut*. 42 = FGrHist 137 T 7 = F 34) und Quintilian (*Inst*. 10,1,74 = FGrHist 137 T 6).[39] Es wäre meines Erachtens sehr seltsam, wenn unser Autor, dem es bei der Beurteilung der Qualität historiographischer Werke gerade auf deren Wahrheitsgehalt ankommt (siehe unten in Abschnitt 4 den Beitrag von Schepens), keine Kritik an den vielen unglaubwürdigen Geschichten im Werk des Kleitarchos üben würde. Man müßte dann annehmen, daß er bei der Beurteilung der Historiker mit zweierlei Maß mißt, was mir trotz der möglichen, auf Lokalpatriotismus beruhenden Sympathie für Kleitarchos wenig plausibel zu sein scheint. Kritik am Wahrheitsgehalt der Darstellung des Kleitarchos ist freilich in Übereinstimmung mit der polybianischen Konzeption von Historiographie.

Während demzufolge diese Passage nicht zeigt, daß unser Autor von der Konzeption des Polybios abweicht, ist dies bei einer anderen aber sehr wohl der

---

37 „Viene definito effettistico (κομπω[δῶς]) il suo modo di scrivere storia" (Prandi, 84); „viene espresso un apprezzamento di tipo letterario" (Prandi – Landucci, 95); „Di Clitarco invece si riconosce una certa enfasi stilistica" (Muccioli, 99).
38 Die Erstherausgeber übersetzen „Clitarchus himself also wrote his history in a boastful vein" (33); im Kommentar zu col. I 9–17 verweisen sie auf FGrHist 137 T 6 (siehe dazu unten). Sie sehen hier also offenkundig auch ein Urteil über Kleitarchos' Glaubwürdigkeit. [Zur oben vorgeschlagenen Bedeutung des Wortes zustimmend Gehrke 2014, 115–116; vgl. Lehmann 2015, 17: „Kleitarch wird (...) eine 'prahlerisch überhöhte Darstellungsweise' (κομπωδῶς)" vorgeworfen; vgl. Chrysanthou 2015, 27–28.]
39 Vgl. Meister 1990, 119–121.

Fall. Die Wertschätzung des Werks des Hieronymos von Kardia, dem er nahezu Modellhaftigkeit zuzuerkennen scheint, macht deutlich, daß unser Autor der Meinung war, daß in einem Geschichtswerk weit mehr als das Politisch-Militärische erwähnenswert ist.[40] Denn dessen Werk war, | [117] anders als oft zu lesen ist, reich an Exkursen und ethnographischen Elementen, stand also wohl, was seine inhaltliche Breite betrifft, den Alexandergeschichten und dem herodoteischen Modell näher als den *Historien* des Polybios.[41] Man kann daher beim Anonymus nur in eingeschränkter Weise von einer polybianischen Geschichtskonzeption sprechen.

Auch daß der Autor eine makedonische Perspektive hatte, scheint mir zweifelhaft zu sein. Dagegen spricht, daß er Polybios in seinen Katalog besprochener Autoren aufnimmt, dessen Ziel es ist, den Aufstieg Roms zur Weltmacht darzustellen. Makedonien, wie alle anderen griechischen Staaten auch, spielen in seiner Darstellung nur insofern eine Rolle, als sie Gegner und Bundesgenossen der Römer sind. Ihre Geschichte wird behandelt, um zu erklären, wie und warum sie Teil des römischen Reiches wurden.[42]

Hingegen spricht Einiges für das „*continuum* storiografico", auf das die Autorinnen verweisen. Dieses verstehe ich so, daß der Autor in chronologischer Reihenfolge Historiographen bespricht, die über die weltgeschichtlich zentralen Ereignisse einer bestimmten Zeit geschrieben haben. Unter diesem Blickwinkel paßt auch Polybios mit seinem römischen Fokus in die Reihe: wie für die Zeit Alexanders historiographische Werke mit dem Schwerpunkt auf Alexander und

---

40 Daß sich der Autor bei der Besprechung der Alexanderhistoriker nicht im Sinne des Polybios gegen die Aufnahme von Anekdoten und illustrierenden Elementen über ferne Länder, Menschen, Flora und Fauna wendet, könnte man ebenfalls als Zeichen gegen eine polybianische Vorstellung von Historiographie sehen, doch ist hier Vorsicht geboten. Da die meisten Alexandergeschichten derartige Elemente enthielten, auch die zuvor behandelten des Onesikritos und Chares, könnte sich unser Autor an einer früheren Stelle allgemein gegen diese Elemente in der Alexanderhistoriographie gewandt haben. Doch war dies wohl nicht der Fall, wie seine Charakterisierung des Hieronymos von Kardia nahelegt (siehe im folgenden).
41 Zum Charakter von Hieronymos' Geschichtswerk siehe nun v.a. Bosworth 2002 (mit der älteren Literatur). Murray 1972, 210 verweist zwar in seiner grundlegenden Abhandlung zu den herodoteischen Elementen in der hellenistischen Historiographie auf einzelne herodoteische Elemente bei Hieronymos, spricht aber dennoch von „pure political and military history".
42 Zu Makedonien bei Polybios siehe Walbank 2002. Schepens bemerkt zur Interpretation von Prandi – Landucci: „Ist es nicht eines der auffallenden Kennzeichen des Papyrus (siehe G. Geracis *intervento*, 98), daß der Autor darauf verzichtet, sich zum Inhalt der Werke der von ihm charakterisierten Historiker zu äußern? Irgendein Interesse an den historischen Themen, die dort zu finden sind, sollte man doch von einem Autor erwarten, der durch seine Auswahl der Historiker den Übergang vom makedonischen Weltreich zur römischen Herrschaft aufzeigen wollte".

aus seinem Blickwinkel über die wichtigsten Ereignisse dieser Jahre informieren, so Hieronymos und Polybios für die Zeit danach. Warum der Autor mindestens drei Alexanderhistoriker, aber nur einen Autor für die Zeit der Diadochen bespricht, ist schwer auszumachen. Vielleicht behandelt er nur die Historiker mit dem | [118] größten Renommee oder diejenigen, die ihm für seine Argumentation – die wir nur unzureichend kennen – am wichtigsten erscheinen. Aber auch Vannicellis Idee, er habe den jeweils besten Historiker für eine Epoche benennen wollen, ist möglich.[43]

Und hier kommen wir zum Zweck der Darstellung, zu dem lediglich sehr hypothetische Aussagen möglich sind. Inhalt und Stil scheinen darauf hinzuweisen, daß der Text nicht Teil eines Geschichtswerks war, sondern eher ein Hypomnema, das die Basis für ein solches bilden sollte. Die Erstherausgeber denken an „a justification for rewriting the history of the period" als Teil eines historiographischen Werks, wenngleich sie sich letztlich nicht für diese Erklärung entscheiden, oder an „an individual's short notes on Hellenistic historiography", d.h. ein Hypomnema.[44] Beide Erklärungen in Kombination miteinander könnten vielleicht den Text erklären. Das historiographische Konzept, das in diesem Text zum Ausdruck kommt, in Verbindung mit der Kritik an anderen Historikern, auch einem Autor wie Hieronymos, den unser Anonymus offenkundig schätzt, erinnert an die Legitimation des eigenen Schaffens in historiographischen Werken. Der skizzenhafte Charakter und der Stil hingegen sprechen für ein vorbereitendes Werk. Es ist daher denkbar, daß wir es mit Notizen für ein historiographisches Werk zu tun haben, genauer gesagt mit Notizen für die Darlegung der eigenen Prinzipien. Aber es kann sich ebenso um ein Hypomnema für jedes andere Werk gehandelt haben, in dem man seine historiographische Theorie darlegte (vgl. Vannicelli, der das Fragment mit Vorsicht einem Werk Περὶ ἱστορίας zuweist).[45]

---

[43] Auffallend bleibt dann allerdings, daß er bei den Alexanderhistorikern auch negative Beispiele bespricht, während er für die von Hieronymos abgedeckte Periode nur diesen charakterisiert.
[44] Siehe die Einleitung zur Erstausgabe, S. 28, mit dem Hinweis auf Dion. Hal. AR 1,5,4.
[45] [Chrysanthou 2015, 32–36 bespricht den Papyrus im Rahmen der hellenistischen Gelehrsamkeit. Die Parallelen, auf die er verweist (Satyr. Vit. Eur., Plu. Herod. mal., Dion. Hal. Th. u.a.), scheinen mir nicht besonders glücklich gewählt zu sein. Er vermutet, daß der Papyrus aus dem Bereich der Schule stammt. Es seien Notizen eines Lehrers oder „a sort of handbook, designed to provide useful knowledge necessary for a certain level of education". Alternativ schlägt er vor „private use, perhaps for the working purposes of a scholar, who certainly knew very well the texts of the historians" (36). Der Schulkontext in der von ihm vermuteten Weise erscheint mir als wenig plausibel. Dafür ist die Art der hier gesammelten Informationen zu spezifisch.]

12.5 Die Rolle der Wahrheit und der aktiven Teilnahme des Geschichtsschreibers am historischen Geschehen

Im folgenden füge ich einige Ideen meines Leuvener Kollegens Guido Schepens an, die dieser unabhängig von den obigen Ausführungen auf der Grundlage der Erstausgabe entwickelt hat. Sie sind meines Erachtens für die historiographische Einordnung des neuen Textes von großem Interesse.

Das zentrale Thema des Textes scheint die Frage zu sein, in welchem Maß die genannten Historiker aufgrund der von ihnen | [119] gewählten Methode als zuverlässige Autoritäten erachtet werden können. Wenn es einen roten Faden gibt, der sich durch die Einzelbesprechungen der Historiker im Papyrus zieht, dann die Frage nach dem Wahrheitsgehalt ihrer Darstellung. Die zweimalige Verwendung von καὶ αὐτός (col. I 3–4; 9–10), durch das der Autor auf falsche oder übertriebenen Berichte bei Autoren, deren Diskussion im Papyrus verloren ist, zurückverweist, zeigt die Bedeutung des Themas auch im Vorangegangenen. Der Papyrustext erinnert daher in willkommener Weise daran, daß es in der Antike Leser und Kommentatoren gab, deren historiographischer Ansatz und Methode auf das Finden der Wahrheit ausgerichtet war. Er zeigt, daß für die Antike ein Unterschied zwischen Historiographie und anderen narrativen Formen existierte und daß der Gegenstand der Untersuchung der Historiker das wirkliche Geschehen der Vergangenheit war, während Dichter oder Rhetoren andere Formen der Wahrheit kreierten, auch wenn sie oft dieselben narrativen Darstellungsmittel wie die Historiker verwendeten. Wir haben hier eine Konzeption von Historiographie vor uns, für die die Frage nach der Zuverlässigkeit der Historiker von zentraler Bedeutung ist sowie die Frage, welche Autorität Historiker auf der Grundlage ihrer Informationsfindung und Darstellung für sich beanspruchen können (Fragen nach den Quellen, der Tendenz, der Voreingenommenheit, der Komposition von Reden, der stilistischen Ausarbeitung). Es ist interessant zu sehen, daß der antike Leser oder Kommentator, der hier tätig ist, exakt dieselben Fragen stellt, die, wenn man sie heute hinsichtlich der antiken Historiographie stellt, oft als Zeichen für einen naiv-positivistischen und für das 19. Jahrhundert typischen Zugang zur antiken Geschichte erachtet werden. Solche Fragen, so die Kritiker, seien die Folge einer anachronistischen Übertragung einer modernen wissenschaftlichen Konzeption auf die Antike, in der die Autoren historiographischer Werke derartige Fragen nicht gestellt hätten. Ihr Interesse habe in erster Linie der künstlerischen Gestaltung, nicht der korrekten Darstellung der Fakten gegolten. Die historische Korrektheit des Berichts sei allenfalls in der Form von Lippenbekenntnissen als Ziel deklariert worden. Der Papyrus zeigt, daß dem nicht so war.

Die aktive Teilnahme des Historikers am historischen Geschehen scheint ein Aspekt zu sein, dem der Autor großes Gewicht zumißt (col. I 21–24; II 4ff.; 23–26). Er verwendet im Hinblick auf Polybios mit συστρατεύειν dasselbe Wort, mit dem Arrian zu Beginn seiner *Anabasis Alexandri* die direkte und aktive Beteiligung der von ihm gewählten historiographischen Autoritäten | [120] an den historischen Ereignissen herausstellt (Arr. *An. prooem.* 2). Diese Charakterisierung trifft voll auf die Alexanderhistoriker zu, sofern sie von Anfang bis Ende Zeuge der Geschehnisse waren, zum großen Teil auf Hieronymos – den Ps.-Lukian *Macrob.*

11 (FGrHist 154 T 7) als συστρατευόμενος αὐτῷ (scil. Ἀντιγόνῳ, Ipsos 301 v.Chr.) bezeichnet[46] – und in geringerem Umfang auf Polybios. Mit der wahrscheinlich(er) gewordenen Ausnahme von Kleitarchos waren die besprochenen Historiker alle 'teilnehmende Historiker'.[47] Es fällt zudem auf, daß biographische Angaben über die Autoren keinen Selbstzweck haben, sondern Teil der Besprechung der historischen Methode der Autoren sind (ähnlich auch Vannicelli).[48]

---

46 Vgl. Hornblower 1981, 13, 15.
47 Zu den Historikern als Machern von Geschichte siehe Oliver 2006, 121.
48 Zu dieser Funktion biographischer Angaben in der antiken Diskussion über Historiker siehe Schepens 2011, v. a. 109ff.

13 Pythagoras in the Historical Tradition: from Herodotus to Diodorus Siculus

13.1 Introduction

Taking a look at the preserved works of classical historiography, which for the most part focus on political and military history, we get the impression that Pythagoras and Pythagoreanism were of rather marginal interest to historians.[1] The picture changes considerably when we take into account works that are preserved in fragments and, at the same time, apply a broader concept of historiography by including, among others, biography, universal history, local history and doxography (i.e. history of philosophy).[2] Then the following picture emerges: Pythagoras, the Pythagorean way of life and the history of the Pythagorean communities played a prominent role in biographies from the fourth century BC onwards, when the first work titled *Life* was written by Aristoxenus. Furthermore, Pythagorean politics in southern Italy and even the life of Pythagoras seem to have been a regular topic of universal history. The earliest examples of this genre from which fragments of this sort have been preserved are excerpts from Book 10 of Diodorus' *Library* and Justin's epitome of Pompeius Trogus' *Philippic history* (20,4), which both contain important chapters on Pythagoras' life and work in Magna Graecia. We may suppose the existence of such chapters in many other works of this type, for example in Ephorus' *Histories*, although no such fragments have been preserved.[3] Even more information | [297] must have been contained in local histories and histories of the Greek west, all preserved in only fragmentary state or completely lost. We can conclude this on the basis of the fragments of Timaeus' *Histories* that deal with Pythagoras and his students. It is likely that in the works of Antiochus and Philistus of Syracuse among others this topic was treated as well, although we do not have a single fragment.[4] Even in mythography

---

[1] There are good recent chapters on the historiographical tradition of Pythagoras and Pythagoreanism to which the following sketch owes a lot: Burkert 1972, 97–109; Muccioli 2002 (the most comprehensive modern account); Zhmud 2012a, 9–77.
[2] On the necessity of applying a broad concept of historiography when dealing with Pythagoreanism, see Muccioli 2002, 341.
[3] Cf. Burkert 1972, 105.
[4] Cf. Burkert 1972, 105; Muccioli 2002, 396. Lycus of Rhegium (FGrHist 570 F 15), the author of *On Sicily* (fourth to third centuries BC), may have dealt with Pythagoras' origin but in the fragment in question the historian's name is the result of conjecture; Jacoby *ad loc.* is skeptical whereas Muccioli 2002, 393 accepts it.

Pythagoras was mentioned as is shown by Neanthes' *Collection of myths* and maybe also in cultural history, if Dicaearchus' fragments on Pythagoras stem from his *Life of Greece*.[5]

It was also the fourth century BC that saw the first works of doxography. Pythagorean doctrine found its way into the general works of doxography, but as early as Aristotle we also encounter monographs on Pythagorean doctrine. Doxographical information was also transmitted by biographies and, to a smaller extent, historiography. Doxographical sections, rarely attested in biographies of other philosophers, seem to have been frequent, already in Hellenistic times, in those of Pythagoras, and probably most accounts of the successions of philosophers (*Diadochai*), which all contained a section on Pythagoras as the founder of the "Italian line," were bio-doxographical.[6]

In addition, Pythagoras and his (real and alleged) students were topics of philosophical fiction (e.g., Heraclides Ponticus' *On the woman not breathing*; Aeschines' *Telauges*) and rhetoric (e.g. Isocrates' *Busiris*). These works were later used by historians and biographers. Finally the chronographical literature deserves to be mentioned (Eratosthenes, Apollodorus of Athens), where information on Pythagoras and other philosophers was regularly included because its authors usually had a concept of history that included literature and philosophy as well.[7]

There was communication and exchange between all these and many other literary genres. Thus, although in the following I limit myself, for practical reasons, to historiography in a stricter sense, this does not mean that these works form a distinct group, clearly separable from others, with characteristics of its own. | [298]

13.2 Herodotus

The earliest historian who mentions Pythagoras is Herodotus, who refers to him and Pythagorean doctrine in two problematic passages.[8] In addition, there are other passages where he may allude to them. In his report on Egyptian customs

---

5 [But this is far from certain. Verhasselt on Dicaearch., FGrHist 1400 F 56 lists the various possibilities.]
6 I try to show this in Schorn 2013b [= ch. 9 in this volume]; see e.g. Alex. Polyh., FGrHist 273 F 93 = F 9 Giannattasio Andria.
7 Eratosth., FGrHist 241 F 11 with Geus 2002, 327–328; Apollod., FGrHist 244 F 339 with Jacoby *ad loc.* and Jacoby 1902, 215–227.
8 This chapter is much indebted to Burkert 1972, 123–133; 155–161; Riedweg 2007, 76–79.

in Book 2, he mentions the Egyptians' use of linen garments to which he adds (2,81,1–2):

> When they enter sanctuaries or when they are buried, however, they never wear wool, for to do so would offend their religious sensibility. (2) This agrees with the ritual practices called Orphic and Bacchic, which are in reality Egyptian and Pythagorean (ὁμολογέει [*codd. DTRSV*, ὁμολογέουσι *codd. PM*] δὲ ταῦτα τοῖσι Ὀρφικοῖσι καλεομένοισι καὶ Βακχικοῖσι, ἐοῦσι δὲ Αἰγυπτίοισι καὶ Πυθαγορείοισι), for the participants in these rites also find it religiously offensive to be buried in woolen garments, and there is a sacred story concerning this.[9]

One group of manuscripts transmits a short version of the first sentence of § 2: "They agree in this with the so-called Orphics and Pythagoreans, for the participants in these rites also find it religiously offensive (...)" (ὁμολογέουσι δὲ ταῦτα τοῖσι Ὀρφικοῖσι καλεομένοισι καὶ Πυθαγορείοισι [*codd. ABC*]).[10] Although no definite decision is possible, the arguments for the long version, accepted by most scholars, seem to be stronger.[11]

Thus Herodotus believes that the Bacchic and Orphic rites have been imported from Egypt. In addition the equation of Pythagorean with Egyptian shows that he thought Pythagoras to have brought this knowledge from Egypt. He therefore must have known the tradition, attested from Isocrates on (*Bus.* 28), of the philosopher's trip to Egypt.[12] Further, for Herodotus Bacchic rites and Orphism are identical with or based on Pythagorean doctrine.[13] Whether Pythagoreanism did,

---

9 Here and in the following I am drawing freely on Purvis' translation of Herodotus.
10 For the transmission of the text see Rosén's Teubner edition 1987; cf. Bernabé 2005, 219 = PEG T 650.
11 See Burkert 1972, 127–128; cf. Dodds 1951, 169 n. 80; cf. Graf 1974, 92–93 n. 60; Makarov 1999 (*non vidi*); Riedweg 2007, 77; Bernabé – Hernández Muñoz 2010, 85–86. The long version with ὁμολογέουσι appears in the editions of Hude 1927; Rosén 1987; [Wilson 2015, who, however, writes Βακχικοῖσι, ἐοῦσι δὲ Αἰγυπτίοισι, καὶ Πυθαγορείοισι]; the long version with ὁμολογέει in Giangiulio 2000, I 7 = T 9; Bernabé 2005, 219 = PEG T 650; cf. also Riedweg 2007, 77; the fullest collection of literature is in Bernabé 2005, 219 note to T 650. For the short version see Zhmud 2012a, 224–226; cf. Wilamowitz 1931–1932, II 189 n. 1; Rathmann 1933, 52–55; Linforth 1941, 38–50; Casadio 1991, 128–129 n. 23; Casadesús 1994.
12 Thus e.g. Burkert 1972, 128; Riedweg 2007, 77; Graf – Johnston 2007, 159; differently Zhmud 2012a, 224 n. 77.
13 [This interpretation is in agreement with 2,49 where the historian relates that "it was Melampus who disclosed the name of Dionysus to the Hellenes, and who taught them how to sacrifice to him and perform his phallic procession. Strictly speaking, he did not reveal everything to them, but the sages who came later completed the revelation" (transl. Purvis, modified). Pythagoras may have been regarded as one of these later sages (σοφισταί); differently Zhmud 2012a,

in fact, exert a strong influence | [299] on Bacchic rites and Orphism, [or whether it was the other way round, or whether they are independent from each other] remains controversial.[14] What is sure is that there was doctrinal overlap (belief in life after death or metempsychosis) and both Orphics and Pythagoreans led an ascetic life (the first as full the latter as full or partial vegetarians)[15] and abstained from beans. Herodotus must also have noticed this overlap. According to Ion of Chios Pythagoras published poems under the name of Orpheus.[16] This may reflect the same tradition that we find in Herodotus.[17]

Unlike most modern scholars, Herodotus also believes in a strong Egyptian influence on Pythagoras. Apart from the text under discussion, this can be seen in two other passages where Pythagoras' name does not appear. First, Herodotus claims that the Egyptians believed in metempsychosis and that their priests were not allowed to eat beans.[18] This is wrong, but has been correctly explained as a projection of Pythagorean practice onto Egypt.[19] Herodotus must have believed that Pythagoras had found all his doctrines in Egypt and had this view confirmed by Egyptians or Greeks who lived in Egypt by asking leading questions until he got his prejudices confirmed, as he often did. The ban on woolen clothes in Bacchic rites and Orphism and Pythagoreanism in our passage is in all likelihood connected with metempsychosis.[20] It was a small step to conclude from the same custom in Egypt to the same belief. Second, in 2,123,3 he adds to his discussion of Egyptian metempsychosis that "there are certain Hellenes – some who lived earlier, some later – who have adopted this theory as though it were their own; I know their names but shall not write them down" (transl. Purvis). The "earlier Greeks" are most likely to be Pythagoras and his followers, the later ones Empedocles and others.[21] Herodotus thus seems to have started from some real similarities between Egyptian and Pythagorean customs. Since, as a basic principle, he

---

224 n. 77. Also 2,53,3 is in agreement with this interpretation because 'later than Homer and Hesiod' can mean 'at the time of Pythagoras (because Pythagoras is the author of these works)'. Cf. Burkert 1972, 129; differently Zhmud 2012a, 227.]
14 See e.g. Betegh 2014.
15 [Somewhat different in Betegh 2014, 154–159.]
16 VS 36 B 2 = F 116 Leurini.
17 Cf. Burkert 1972, 129–130; Riedweg 2007, 77; Graf – Johnston 2007, 159; West 1983, 7–15.
18 Hdt. 2,123,2–3; 2,37.
19 Cf. e.g. Burkert 1972, 126; 128; 158; Riedweg 2007, 77. On the genesis of the misunderstanding, see Lloyd 1975–1988, I 57–58, III 59–60.
20 Cf. e.g. Zhmud 2012a, 234.
21 Thus Riedweg 2007, 77; Lloyd – Fraschetti 1999, 343; cautious Burkert 1972, 126 with n. 38; differently Casertano 2000, 204–205.

regarded Egypt as a major source of Greek religious beliefs and cults, priority had to be given to the land on the Nile.[22] In combination with the assumption that Pythagoras travelled to Egypt and that he was the author of some Orphic poems he developed the theory of | [300] dependence that we can read in 2,81 and 'found' more similarities by leading questions.[23]

It is noticeable that in 2,81 there is no criticism of Pythagoras and in 2,123,3 he leaves the Greeks he accuses of plagiarism unnamed. Both of these features are best explained by the fact that, when writing, Herodotus was living in Thurii where many influential Pythagoreans resided, whom he did not want to offend.[24]

In the last section to be discussed here, Pythagoras himself is mentioned, and the context is again life after death (4,94–96). In connection with the conquest of the land of the Getae, Herodotus describes their belief in immortality: They assume that after death they come to the *daimon* Salmoxis. But Herodotus has also heard a different story from the Greeks living at the Hellespont and the Pontus. Salmoxis, they claim, had actually been the slave of Pythagoras on Samos. After being manumitted he became rich and returned to his home country. As the Getae were poor and simple-minded whereas Salmoxis was familiar with Ionian lifestyle and more sophisticated manners through his commerce with the Greeks and Pythagoras, "who was not the worst wise man (σοφιστής) among the Greeks," he built a banqueting hall where he entertained the élite of the country. "He taught them that neither he nor they, his drinking companions, nor their descendants would die, but that they would come to a place where they would live on and have all good things" (transl. Purvis). At the same time he constructed an underground room where he hid away at a certain moment. Considered dead by his comrades, he came back after three years, which made them believe in his teachings. Herodotus though is skeptical about this story and does not want to decide if Salmoxis was a man or a local *daimon*. "However," he adds, "this Salmoxis lived many years before Pythagoras." Things are complicated by the fact that Hermippus (third century BC; FGrHist 1026 F 24) tells a very similar story about the

---

22 On Egypt as the main source of Greek religion in Herodotus see e.g. Harrison 2000, 182–207.
23 Cf. Mora 1986, 111–117. If, however, the short version is correct, Herodotus does not attest dependency of Orphism and Bacchic rites on Pythagoras nor essential influence of Egyptian customs on them but only agreement on one single custom.
24 See, e.g., Burkert 1972, 126; Riedweg 2007, 78.

way Pythagoras deceived the Crotoniates. The connection between the two stories has been explained in different ways.[25] One group of scholars holds that Hermippus has transferred Herodotus' story about Salmoxis to his teacher | [301] Pythagoras.[26] This view was contradicted by Burkert, who showed that Hermippus' story presupposes a story of a 'real' descent (*katabasis*) to Hades with Pythagoras as a protagonist, which is parodied by Hermippus.[27] [Traces of it, he argues, have been preserved in a fragment of Hieronymus of Rhodes (F 50 White).[28]] Independent sources show that Salmoxism was a mystery cult restricted to the nobles that promised a happy life after death.[29] The status of its founder alternates in the sources between god and human, and a cave on a mountain as his abode seems to have played an important role.[30] The obvious similarities with Pythagoreanism explain why the Greeks made Salmoxis the apprentice of Pythagoras.

So what did the northern Greeks think of Pythagoras? In any case, he was obviously well known to them.[31] Did they consider him an imposter too? This is possible,[32] since public opinion about secret societies to which the majority does not belong is usually negative. But they may also have claimed that Pythagoras was really able to perform descents to Hades (*katabaseis*), whereas his pupil only pretended to do so and perverted Pythagoras' doctrine. In addition, Pythagoras is called here one of the foremost σοφισταί (wise men), a word that has positive connotations in the two other passages where Herodotus uses it. However, this characterization may have been an addition of Herodotus to the story and not part of the story his informants told.[33] So Herodotus does not make clear the attitude of the northern Greeks to Pythagoras.

---

25 Important recent interpretations are by Burkert 1972, 155–161; Gottschalk 1980, 117–118; Hartog 1980, 102–125; Bollansée 1999a, 263–276 (on FGrHist 1026 F 24); Riedweg 2007, 78–79; Taufer 2008, esp. 132–134; 144–146; Zhmud 2012a, 41–43; cf. Corcella – Medaglia – Fraschetti 1999, 307.
26 Corssen 1912a, 22–25 and other scholars listed by Bollansée 1999a, 265 n. 104; Zhmud 2012a, 218 n. 51.
27 Burkert 1972, 155–161; cf. Riedweg 2007, 79. In later tradition we read of meetings of Pythagoras and his disciples in subterranean chambers on Samos; see Burkert 1972, 155 n. 197; Bollansée 1999a, 268 n. 118 (on FGrHist F 24).
28 [*Pace* Bollansée 1999a, 265.]
29 For the following see Taufer 2008. He postulates for Salmoxis also a 'real' *katabasis*, as does Gottschalk 1980, 118. Possibly the Salmoxians also practiced vegetarianism (see Taufer 2008, 135; 155); differently Marcaccini 1998.
30 See esp. Bollansée 1999a, 270–271 (on FGrHist 1026 F 24).
31 Cf. Burkert 1972, 158; Riedweg 2007, 79; Zhmud 2012a, 195 n. 104.
32 Soph. *El.* 62–64 seems to allude to such an allegation; see Burkert 1972, 161; Riedweg 2007, 79.
33 This is Zhmud's (2012a, 42) view.

What about Herodotus' own attitude? His opinion of the Salmoxis cult seems to have been negative.³⁴ Why does he report gossip that he considers chronologically improbable? His motivation to do so may have been the striking fact that here, too, Pythagoras was presented as the spiritual father of a mystery cult – just as in the case of Orphism and Bacchic rites according to Herodotus' own theory. Does he want to cast a negative light on him by linking him to Salmoxis? Many interpreters do indeed think so,³⁵ but the use of the word *sophistes* seems to speak against it. On the other hand, he | [302] seems to consider Pythagoras a plagiarist. So the evidence is ambiguous. Obviously Herodotus does not want the reader to make out his opinion. It seems as though he does not dare to express his repudiation.

13.3 The fourth and early third centuries

The fourth century saw a remarkable output of works on the life and teachings of Pythagoras and the history of the Pythagorean communities. Authors of that period were the last who were able to gather authentic historical information among the last Pythagoreans or the inhabitants of areas where oral traditions survived.³⁶ Early historiographical works on the Pythagoreans were often written by philosophers who had various thematic focuses.³⁷ The Academics Xenocrates and Speusippus wrote works on Pythagorean philosophy³⁸ as did Aristotle with his *On the Pythagoreans*, which also dealt with biographical and historical aspects.³⁹ It is remarkable that he presents Pythagoras as a wonder-worker. This tendency is also strong in the works of Heraclides Ponticus. He too, wrote *On the Pythagoreans*, and Pythagoras played a role in his philosophical dialogue *On the woman not breathing* and probably in *Abaris*.⁴⁰ In the latter two works Pythagoras seems

---

34 Cf. Harrison 2000, 166–168; 216–217.
35 E.g., Bichler 2000, 91–93; Riedweg 2007, 79.
36 Cf. Zhmud 2012b, 228–229.
37 For the following see esp. Muccioli 2002, 342–392 to whom I am deeply indebted; cf. Fritz 1963, 172–179; Zhmud 2012a, 61–70.
38 Speusipp. F 28 Tarán = 122 Isnardi Parente; Xenocrat. F 2, 13 Isnardi Parente; [cf. Dillon 2014, 250–257].
39 F 190–205 Rose; F 155–179 Gigon; on this work see Muccioli 2002, 372–373 and Primavesi 2014.
40 F 84–86; 149 etc. Schütrumpf; on this author, see Muccioli 2002, 371–372; [cf. Dillon 2014, 257–260].

to have been part of a literary fiction. For all aspects of Pythagoreanism, the various works of Aristoxenus (*Life of Pythagoras, On Pythagoras and his followers, On the Pythagorean way of life, Pythagorean sayings*) and the fragments of Dicaearchus (no title transmitted, maybe from *Life of Greece* or *On lives*) are of special importance. They show a much soberer picture of Pythagoras than Aristotle and Heraclides and focus on his political activity. Both authors used oral traditions, Aristoxenus the reports of a certain group of Pythagoreans, Dicaearchus those of a different group of Pythagoreans and/or non-Pythagoreans living in southern Italy.[41]

At the same time historians discovered the Pythagoreans. In the first half of the century, Anaximander of Miletus (the Younger) wrote an *Interpretation of Pythagorean symbola* (FGrHist 9 T 1), of which nothing is preserved. To the same period belongs Andron of Ephesus' *Tripod*, a | [303] biographical or anecdotal work.[42] In one fragment he discusses the identity of Pythagoras' teacher Pherecydes (FGrHist 1005 F 4; assigned), another (F 3) shows that he had talked about Pythagoras' prophecies. It is interesting to see that the thread of tradition that emphasizes the miraculous side of Pythagoras was not limited to the works of philosophers. Theopompus of Chios deserves special attention. He wrote about Pythagoras in Book 8 of his *Philippica*, which contained a long digression on marvels.[43] Porphyry claims that he transferred the wonder stories told by Andron about Pythagoras to Pherecydes (FGrHist 115 F 70 = Andron, FGrHist 1005 F 3). In another fragment he calls Pythagoras an Etruscan (F 72), as does Aristoxenus (F 11a Wehrli), and in still another he associates Pythagorean doctrine with aiming at tyranny (F 73). This all suggests an account of a certain length. Unlike most of the above authors, who were in various degrees favorable to Pythagoras, with Theopompus we encounter an early authority, who represents the tradition hostile to the philosopher, to which authors like Aristoxenus and Dicaearchus seem to have responded.

---

41 Cf. Fritz 1963, 173–179; Vattuone 1991, 217–231; Muccioli 2002, 373–392; Zhmud 2012a, 63–67; 2012a; Huffman 2014b, 281–295; [Verhasselt's commentary on FGrHist 1400 is now essential reading on Dicaearchus; on Aristoxenus cf. Giangiulio 2016].
42 On Andron, see Bollansée on FGrHist 1005; Muccioli 2002, 369.
43 On this section and Pythagoras within it, see Shrimpton 1991, 15; 17–18; Burkert 1972, 17–18; cf. Muccioli 2002, 369–370.

Aristotle, Aristoxenus, Dicaearchus and Heraclides are usually regarded as the most important sources for the study of Pythagoreanism, together with Timaeus who wrote some years later. But the latter is, in Burkert's words, "the greatest unknown" and thus deserves special attention.⁴⁴

13.4 Timaeus

In his *(Sicilian) Histories*, Timaeus of Tauromenium (*c.* 360/350 – after 260) described the history of the Greek west from mythical times until the death of Agathocles (289/288) in at least thirty-eight books.⁴⁵ Modern scholars have called him the "Herodotus of the West," because he did not limit himself to political-military history but was also interested in geography, mythology, cultural history and other aspects of life.⁴⁶ This explains why there was a long digression on the Pythagoreans in (part of?) | [304] Books 9–10 of his work.⁴⁷ We do not have enough fragments of these books to define precisely the period treated there, but they seem to have covered the late sixth to early fifth centuries, the period that comprised the lifetime of Pythagoras and the heyday of Pythagorean influence in southern Italy. The importance of the movement and Timaeus' notorious local patriotism may explain its length.⁴⁸ Only a few fragments on Pythagoras survive, but some more on Empedocles are preserved, which may help reconstruct Timaeus' picture of Pythagoreanism, since he regarded Empedocles as a direct disciple of Pythagoras.⁴⁹

---

44 Cf. Burkert 1972, 103. Note also his evaluation of the sources.
45 For Timaeus Jacoby's commentary on FGrHist 566 is still fundamental; important contributions are Brown 1958; Pearson 1987; Vattuone 1991; 2002; good introductions in Meister 1990, 131–137; Lendle 1992, 211–218; [see now Baron 2013, esp. 138–169 on "Pythagoras and Pythagoreans in Timaeus"; Giangiulio 2016, 128–132].
46 "Herodotus of the West," in Murray 1972, 210; cf. Meister 1990, 135; Marincola 2001, 109; Baron 2009, 24–25.
47 [Baron 2013, 168 is doubtful about a *long* digression, but I still think that the assumption of a substantial treatment, be it in the form of one excursus or of discussions in various places of the narrative, has a lot to recommend itself; but it need not have been two entire books; see also Giangiulio 2016, 132.]
48 Cf. Jacoby on FGrHist 566 F 13–17 (Vol. IIIb Commentary [Text] 550–552) *pace* Vattuone 1991, 114.
49 The reason for this imbalance is that Timaeus is only used twice for additional information in Diogenes Laertius' *Life of Pythagoras*, while he is one of the main sources in his *Life of Empedocles*; cf. Centrone 1992, 4186–4187. [On Empedocles in Timaeus, see Baron 2013, 164–168.]

FGrHist 566 F 13 (from Book 9) describes the origin of the Pythagorean community and the rules of admission to it.⁵⁰ The young men who wanted to live together with Pythagoras were obliged to practice community of goods.⁵¹ In addition, they had to keep silence for five years, listening to the words of the master without seeing him, and were only admitted to his presence after an examination. Timaeus seems to present this sympathetically as proof of the seriousness of Pythagorean education. F 14 (from Book 9) also is related to the strict rules of admission and the exclusiveness of Pythagorean knowledge. It reports that Empedocles was a disciple of Pythagoras (on the chronological implications see below), but was excluded from the community on account of λογοκλοπία ("stealing of words or thoughts"), as was Plato.⁵² In addition, Empedocles is said to have praised Pythagoras in some of his verses (which are quoted). It is usually assumed that Timaeus disapproved of Empedocles' behavior. However, the other fragments show an encomiastic depiction of this man who, in Timaeus' *Histories*, appears as a champion of democracy.⁵³ To be sure, even if the general evaluation was positive, he could have critiqued individual acts,⁵⁴ but stealing and publishing Pythagoras' doctrine is a serious offense. So I wouldn't exclude the possibility that Timaeus interpreted the deed as a democratization of knowledge. This would at the same time imply reservations concerning the elitist character of Pythagoras' esoteric doctrine. At | [305] any rate, Timaeus is, after Aristotle, the earliest testimony to the secrecy of part of the Pythagorean doctrine and to the existence of two different groups of Pythagoreans.⁵⁵ In general, however, the fragments point to a positive attitude towards Pythagoras without a special bias.⁵⁶ This is

---

50 Cf. Vattuone 1991, 213–214. I do not accept all parts of Vattuone's interpretation of this fragment; [cf. Baron 2013, 144–151].
51 Here and in the following I am drawing freely on Hicks' translation of Diogenes Laertius.
52 For the reference to Plato as part of the Timaeus fragment, see, e.g., Vattuone 1991, 215 n. 30; [Baron 2013, 165]. Jacoby on F 14 remains doubtful.
53 F 2; 134; cf. 132; cf. Vattuone 1991, 117–119; [cf. Horky 2016].
54 That is Vattuone's (1991, 117 n. 97; 215) explanation of the inconsistency; cf. Jacoby, FGrHist IIIb Kommentar (Noten) 326 n. 197.
55 See Burkert 1972, 192; 179 n. 96; 454; Pearson 1987, 114; cf. Vattuone 1991, 215 with n. 28. Whether Timaeus regarded Empedocles a novice or a full member at the time of his exclusion is not clear.
56 Cf. Burkert 1972, 104; Vattuone 1991, 210–227; Muccioli 2002, 397; Zhmud 2012a, 69; but Pearson 1987, 116 remains reserved. At any rate the picture was not encomiastic: see Jacoby on F 13–17 (FGrHist IIIb Kommentar [Text] 550–551). I do not follow Vattuone (1991, 112–121; 210–227; 2002) who assigns to Pythagoras a crucial role within the historiographical concept of Timaeus as embodiment of a "wisdom of the West" nor can I detect any influence of Empedocles' concept of love and strife on Timaeus' philosophy of history.

shown by the verses of Empedocles that Timaeus quotes (VS 31 B 129), and by the fact that he seems to have defended Pythagoras against Heraclitus' allegation of being the inventor of rhetorical tricks (F 132; no book number). Text and context of the latter fragment are uncertain,[57] but the statement may be part of a defense of Pythagoras against the accusation of aiming at tyranny (see above on Theopompus).[58] The names of four goddesses given by Pythagoras to women according to age (F 17 from Book 10) may come from the same context as the parallel report in Iamblichus (*VP* 56) where it is part of Pythagoras' speech to the women of Croton that made them more pious and less attracted to luxurious clothes.[59] If this contextualization is correct, Timaeus also knew of a third (and lowest) stage of instruction by Pythagoras, the one open to everyone.

F 131 (no book number) reporting the honors paid to Pythagoras' daughter and the philosopher himself shows that he was highly esteemed in Croton for a long time. But according to F 44 (cf. 45; no book numbers), Croton fell victim to luxury after the victory over Sybaris (510). This must have happened before the anti-Pythagorean revolution, which shows that Timaeus cannot have spoken of a Pythagorean dominance in politics and customs during a long period of Crotonian history. I would not exclude the possibility that there were also critical remarks on the Pythagoreans and on Pythagoras himself concerning the later years of his stay in Croton. If Iamblichus *VP* 254–264 goes back to Timaeus, the relationship between Pythagoreans and Crotoniates deteriorated in the course of time due to an increasing exclusivity of the brotherhood, which an author like Timaeus may have assessed critically. Timaeus' excursus went far beyond the lifetime of Pythagoras himself. In F 16 (Book 9) he pokes fun at Diodorus of Aspendos, a cynicizing Pythagorist of his own time, and denies his having | [306] been a student of Pythagoreans. This critique may also be significant for Timaeus' conception of Pythagoreanism.[60] [That he denies the historicity of Zaleucus (F

---

57 See Jacoby on F 132; Vattuone 1991, 216.
58 Cf. Vattuone 1991, 216; cf. 210–213; 2002, 211. [Somewhat differently according to Baron 2013, 160–161: "he could have been trying to show that Pythagoras was not a smooth-talking *kopis*, but that his advice was genuine and beneficial".]
59 [*Contra* Baron 2013, 152–156.]
60 On the range of the excursus, see Jacoby on F 13–17 (FGrHist IIIb Kommentar [Noten] 551); on the fragment as a source of Timaeus' concept of Pythagoreanism, see Riedweg 2007, 139; cf. Burkert 1972, 202–204; [Baron 2013, 156–160; Giangiulio 2016, 128–129].

130; no book number) could be interpreted as a polemical move against Aristoxenus (F 17 Wehrli), who anachronistically makes him a student of Pythagoras, if we could be sure that this part of F 17 goes back to Aristoxenus.⁶¹]

In these fragments Timaeus shows no interest in Pythagorean philosophy that goes beyond the general ethical advice given to all citizens,⁶² but he may have dealt with it if he described Pythagoras' teaching to his students (cf. F 9),⁶³ and it is often stressed that they are free from miraculous traits.⁶⁴ But both characteristics may be accidental. We should not forget that Timaeus did not refrain from ascribing to Empedocles a ritual that can be characterized as 'shamanistic' (F 30 from Book 18).⁶⁵

We do not know much about Timaeus' sources.⁶⁶ He was famous for his zeal for collecting books, but he was surely not the armchair scholar Polybius wants us to believe he was. Generally he also made use of documents and oral sources. If he ever returned to Italy from exile, he may have collected local traditions there, and if the Echecrates (F 12), whom in another context he once refers to as his source, is the Pythagorean from Locri or his descendent, he may have been his informant on the Pythagoreans as well.⁶⁷ In F 6 he polemicizes against Heraclides Ponticus' version of Empedocles' death (F 94 Schütrumpf). Thus it does not seem hazardous to assume that he was familiar with all written sources on Pythagoras available in Athens, had knowledge of oral traditions from his time in Italy and perhaps consulted informants from this region.

Many scholars have attempted – in vain – to reconstruct Timaeus' full account of Pythagoras by means of *Quellenforschung*. Nevertheless there are some passages in the preserved texts where it is reasonable to assume the use of Timaeus. Yet a caveat is needed: in none of them are we likely to have pure Timaeus. These texts may include material from other sources and their authors have

---

61 [Jacoby on F 130; Riedweg 2007, 33; but cf. Huffman 2014b, 287 and 292–293, who argues against assigning this text to Aristoxenus.]
62 Cf. Brown 1958, 50; Pearson 1987, 42; somewhat differently Muccioli 2002, 397.
63 I owe this suggestion to Carl Huffman.
64 Thus, e.g., Lévy 1926, 59; Zhmud 2012a, 69.
65 Differently Vattuone 1991, 120; cf. 2002, 210. On the shamanistic character, see Burkert 1972, 154.
66 On his possible sources, see Jacoby on F 13–17 (FGrHist IIIb Kommentar [Text] 552); Pearson 1987, 48; Muccioli 2002, 347–348; 396; Vattuone 1991, 213 n. 23.
67 Thus Jacoby, FGrHist IIIb Kommentar (Noten) 316 n. 66; Brown 1958, 49–50; Muccioli 2002, 396. Pearson 1987, 100–101 remains skeptical. [Baron 2013, 159 does not take a decision.]

surely reworked what they found in Timaeus.⁶⁸ These texts are:⁶⁹ (1) Justin 20,4. This is an excursus | [307] on Pythagoras and is the most important text. It includes his travels, arrival at Croton, three speeches, the revolt, his departure to Metapontum and death; (2) Iambl. *VP* 37–57. This includes his three speeches. The intermediate source is Apollonius;⁷⁰ (3) Iambl. *VP* 71–72 discuss criteria for admission; (4) Iambl. *VP* 254–264 describe the revolution. The intermediate source is Apollonius (FGrHist 1064 F 2); (5) On Polybius and Strabo see below.

Much ink has been spilt over the reconstruction of Timaeus' chronology. Scholars are probably right in assuming that it was superior to that of many other authors of the fourth century, as Timaeus was renowned for his interest in chronology⁷¹ and dealing with Pythagoreanism in the context of a general history of the west, which means that he had to take historical reality more into account than biographers and philosophers.⁷² Unfortunately, the only chronological indication found in the named fragments is that Pythagoras was the direct teacher of Empedocles. The latter's birth was generally dated to the beginning years of the fifth century,⁷³ so that we can assume that Timaeus must have had a late chronology of Pythagoras, unlike e.g. Eratosthenes, because in his account the philosopher must have died after 480. All other elements of his chronology are doubtful. Everything depends on which anonymous texts one is willing to assign to Timaeus.⁷⁴

---

68 Cf. e.g. Jacoby on F 13–17 (FGrHist IIIb Kommentar [Text] 551 with IIIb Kommentar [Noten] 325–326 n. 193); Pearson 1987, 113.
69 For arguments, see Burkert 1972, 104–105 n. 35–37; Radicke 1999, 148–154; Muccioli 2002, 397–398; Zhmud 2012a, 69–70 n. 35 (with literature and other passages).
70 Usually identified with Apollonius of Tyana; see Radicke on FGrHist 1064; differently Staab 2007, Apollonius Molon. [For Flinterman 2014, 357 the authorship of the wonder worker "has some plausibility".]
71 This is even admitted by his enemy Polybius (12,11,1 = FGrHist 566 T 10); cf. Diod. 5,1,3 = T 11; on Timaeus' attention to chronology, see Pearson 1987, 44–48; Vattuone 2002, 223–224.
72 Cf. von Fritz 1963, 177; 180; Brown 1958, 127 n. 30; Vattuone 1991, 212.
73 Cf. Schorn 2007, 129 [= above, p. 19] with references.
74 For various interpretations, see von Fritz 1940, 33–67; 1963, 179–185 (with literature); Pearson 1987, 114–115; Burkert 1972, 111 n. 7; cf. Jacoby, FGrHist IIIb Kommentar (Noten), 326 n. 198; [Baron 2013, 166].

13.5 Neanthes of Cyzicus[75]

Neanthes of Cyzicus, a historian who lived ca. 360/350 – after 274, is known to have written works titled *On famous men*, *Collection of myths according to cities*, *Hellenica*, *On mysteries* and *Yearbooks* (of Cyzicus?). Like his contemporary Timaeus, he studied in Athens under the Isocratean Philiscus of Miletus so that the two historians may have known each other. The fragments show that he wrote biographies of Pythagoras and Empedocles, whom, like Timaeus, he regarded as a Pythagorean (FGrHist 84 F 26; | [308] 28). As F 29a shows, the biography of Pythagoras (and thus probably of Empedocles) was part of *Collection of myths according to cities*, not of *On famous men*, as one might suppose,[76] and there is no reason to doubt the transmitted text. He may have written about them in *On famous men* too, but there is no evidence for that.[77]

In ch. 1 I have characterized his biographical approach as historical or periegetical. Unlike many other biographers he was not a philosopher but a historian who travelled the Greek world in order to gather information for his various historiographical works. Many of his stories are, as a consequence, local oral traditions related to buildings and places where persons he writes about had lived. Some fragments show that Neanthes mentioned the names of his local informants. Furthermore, he extensively read and quoted extant literature often adding to or correcting the information he found there. Burkert was therefore right when he characterized his work as a handbook.[78] Neanthes' fragments on Plato show the tendency to present him as a human and to demystify the picture of the philosopher, whereas he told extravagant stories about Heraclitus and others. But in the latter cases he may just have reported existing traditions without endorsing them, a practice we can discern in some of the more literal fragments. He had a special interest in chronology and seems to have been more concerned about the basic facts of a life than the character of a person.[79]

---

[75] In this chapter I am summarizing part of Schorn 2007 [= ch. 1 in this volume] with a few corrections and additions. A different picture of Neanthes is found in Zhmud 2012a, 67–68.
[76] Zhmud 2012a, 68 assigns the biographies of the Pythagoreans to *On famous men*.
[77] For Neanthes' biography, literary production and the question of the work in which he wrote about the Pythagoreans, see Schorn 2007, 115–119; 132–135 [= above, pp. 1–6; 22–26].
[78] Burkert 1972, 102; cf. Centrone 1992, 4185–4186. I was too cautious in Schorn 2007, 148; [see now above, p. 41 with n. 203].
[79] For a general characterization of Neanthes as a historian, see Schorn 2007, esp. 151 [= above, p. 44].

F 29a (the only one with the book title) discusses the origin and education of Pythagoras.[80] Neanthes considers him a Syrian from Tyre whose father, a merchant, had been naturalized in Samos. Pythagoras, he relates, was educated by the Chaldeans in Tyre, and later by Pherecydes and Hermodamas. In addition to this he mentions a different tradition that made him an Etruscan. The parallel tradition in F 29b shows that in all likelihood he referred to the versions of Aristoxenus, Aristotle and Theopompus in the course of the discussion of Pythagoras' origin. He himself was later used by Hippobotus, who appropriated all the material gathered by Neanthes on this question.[81] F 32 probably belongs to the same context as F 29. There Neanthes and Asclepiades of Cyprus (probably Neanthes' source) describe the origin in mythical times in Syria of | [309] a meat diet and animal sacrifice. The fragments are interrelated because F 32 seems to have explained the reason for Pythagoras' vegetarianism by linking it to his Syrian origin and education. I would not exclude the possibility that F 32 prompted the digression on Pythagoras.[82] That might explain why Neanthes dealt with Pythagoras in a work on myths without forcing us to conclude that he regarded him as some kind of mythical figure.[83]

Neanthes' crucial role as an intermediary can also be seen in the fragments in Diogenes Laertius that relate to the 'Pythagorean' Empedocles. Here we are able to see that he systematically quoted, corrected and added to the reports of Timaeus.[84] Immediately after Timaeus' version of Empedocles' exclusion from the Pythagoreans Diogenes adds that, according to Neanthes (F 26), Pythagorean teaching was public until the time of Philolaus and Empedocles, but after Empedocles had divulged this doctrine in his poems a law was made that excluded poets (ἐποποιοί) from instruction and Plato was also excluded on account of this law. Although this text is not totally clear (why a law if teaching was public? Plato was not a poet), we can clearly see the dialogue between the two authors. This also becomes obvious in the same passage with regard to Empedocles' Pythagorean teacher. Neanthes opposes Timaeus, who sees this teacher as Pythagoras himself, and declares that the letter of Telauges, which stated this view, is untrustworthy,

---

80 On F 29 see Schorn 2007, 132; 135–136 [= above, pp. 22; 26–27].
81 On Hippobotus as a reader of Neanthes, see Schorn 2007, 136 n. 124 [= above, p. 27 n. 130] with reference to Burkert 1972, 102 n. 27.
82 For a separate study of this fragment see Schorn 2009.
83 But the latter interpretation is also possible; see Schorn 2007, 132–135 [= above, pp. 22–26].
84 This was seen by Bidez 1894, 61–67; cf. Schorn 2007, 128–132 [= above, pp. 17–22]; Centrone 1992, 4186 with n. 15.

i.e. a forgery.⁸⁵ According to him, Empedocles had a Pythagorean teacher but not the master. One reason why he thought so and, as a consequence, athetized the letter of Telauges must have been that he advocated a different chronology of Pythagoras from that of Timaeus according to which such a relationship was impossible.⁸⁶ This can be seen from F 33, which comes from the *Theology of arithmetic*,⁸⁷ and attributes to the Pythagoreans Androcydes and Eubulides and to Aristoxenus, Neanthes and (again) Hippobotus the report that Pythagoras was reborn every 216 years. He was born as Euphorbus and was later a contemporary of, among others, Polycrates and Cambyses. The latter made him a prisoner of war when he conquered Egypt and brought him to Babylon where he was initiated into the local mysteries. He died at the age of eighty-two. We cannot be sure that every source reported everything we read in this passage, but if the chronology in the fragment is | [310] also Neanthes', the synchronism with Polycrates probably means that he dated Pythagoras' acme to 532/531; this fits deportation under Cambyses (conquest of Egypt 525). Pythagoras thus died in 490/489 and cannot have been Empedocles' teacher. So it seems that Neanthes followed Aristoxenus' chronology (F 16 Wehrli).⁸⁸ It would be interesting to know if he took the reincarnations seriously. If the chronology is his, which is possible because Pythagoras' places of residence in this fragment are compatible with Neanthes' reconstruction of the philosopher's youth in F 29, he obviously did not oppose Pythagoras' reincarnation as Euphorbus on chronological grounds.

Neanthes also wrote about the anti-Pythagorean revolt (F 30). It has been suggested that his version is chronologically unsound, but that is not correct.⁸⁹ For in F 30 the report that Pythagoras was on Delos at the time of the attack does not go back to him. Neanthes probably owes the long fragment with the story of Myllias and Timycha (F 31; Neanthes is again quoted along with Hippobotus) to a local Pythagorean tradition. It shows that his account was not limited to Pythagoras himself.⁹⁰

We have no clear evidence for Neanthes' attitude towards Pythagoras. If the fragments are not misleading, it was his goal to reconstruct the dates and facts of

---

85 Incidentally, this is the earliest text that mentions a ps.-Pythagorean work; cf. Zhmud 2012a, 68.
86 I leave aside another fragment on Empedocles where he reacts to Timaeus (FGrHist 566 F 28).
87 Cf. Burkert 1972, 139 n. 108; Schorn 2007, 129–130; 136 [= above, pp. 18–20; 27].
88 On the complicated calculation, see Jacoby 1902, 215–227; Schorn 2007, 129–130; 136 [= above, pp. 18–20; 27]; differently Laqueur 1907.
89 I disagree with Musti 1989 and 1990; see Schorn 2007, 137–138 [= above, pp. 28–29].
90 Cf. Schorn 2007, 124–126 [= above, pp. 13–15].

the man's life but he was not interested in his philosophy. What makes Neanthes important is his function as an intermediary who collected information in literature (historiography, biography and philosophy) and supplemented it by oral traditions. Through Hippobotus and other compilers his views and information from his authorities entered the biographies of Pythagoras that have come down to us.[91]

13.6 From Neanthes to Diodorus

From the third to the first centuries BC Pythagoras remained a favorite topic of biography and was on occasion mentioned in historiography.[92] Duris of Samos, in the *Yearbooks of Samos*, defended the Samian origin of the philosopher,[93] and Polybius and Strabo mentioned him in the context of the history of the western Greeks, possibly drawing on Timaeus.[94] In biography the life of the philosopher became the playground of Hellenistic literati with as a consequence a tendency towards more spectacular | [311] stories. Pythagoras was now more often the man of wonders and new 'historical' facts were made up, sometimes by transferring anecdotes from others to Pythagoras or by combining and reinterpreting existing data (cf. the Hermippus fragment in section 13.2 above). New information also came from the ps.-Pythagorean literature. Authors where this description applies are, among others, Hieronymus of Rhodes, Hermippus and Satyrus.[95] Biographical information in works describing successions of philosophers (*Diadochai*) and similar works does not seem to have been very different.[96] Nevertheless all these authors used (and sometimes quoted) their predecessors and in this way preserved valuable material. The doxographical information in the *Diadochai* must

---

91 Cf. Schorn 2007, 138; 151 [= above, pp. 29; 44]; on the general function of such collections of variants, see Schorn, in Schepens – Schorn 2010, 410–430 = ch. 8 in this volume].
92 A sketch of this period in Muccioli 2002, 393–394; 398–402.
93 FGrHist 76 F 23; cf. F 62; Muccioli 2002, 393–394; Landucci Gattinoni 1997, 209–210; 216; 218; 249–251.
94 Plb. 2,39,1; Str. 6,1,12–13 with Zhmud 2012a, 69 n. 35.
95 Hieron. Rhod. F 50 White; Hermipp., FGrHist 1026 F 21–27 with Bollansée 1999a, 233–297; 1999b, 44–52; Satyr. F 10–11 Schorn with Schorn 2004, 24; 358–368.
96 Sotion F 23–24 Wehrli with Wehrli 1967–1978, Suppl. II 55–57; Sosicrat. F 17 Giannattasio Andria with Giannattasio Andria 1989, 111–114; Hippob. F 12–14; 18–19 Gigante; Phld., P. Herc. 1508, edited with commentary by Cavalieri 2002.

sometimes have been remarkable as is shown by the long Pythagorean doxography in Alexander Polyhistor, coming from the *Pythagorean notes*.[97]

13.7 Diodorus

Diodorus of Sicily's *Library*, a universal history covering the period from the beginning of the world until 60/59 BC, was written *c.* 60–30 BC.[98] Although its author claims to have travelled widely in order to collect historical information, his work is for the most part a compilation of existing books. It is likely that Diodorus, for extensive portions of his work, used one main source that he supplemented with one or sometimes several secondary sources. In addition he adapted his sources to his own language and style and added some moralizing interpretations.[99]

Book 10, which originally covered the period from 528/525 (?) until 481, contained a long section on the life of Pythagoras and the history of Pythagoreanism as a part of the history of the western Greeks.[100] The book is not preserved in its entirety but there are ample quotations in the *Constantinian excerpts*, a collection of excerpts on various topics commissioned by Constantinus Porphyrogenitus. Compared to the situation | [312] of other fragmentary authors this manner of preservation has the great advantage that these excerpts are often long literal quotations with essentially no intervention in the text.[101] Within one thematic collection of excerpts (*Excerpts on virtues and vices/on sayings* etc.) the excerptor keeps the sequence of the excerpted text so that we can often get an impression of its structure. By a lucky chance Diodorus' programmatic statement, which followed the chapter on the Pythagoreans, has been transcribed. There Diodorus explains that the function of biography within historiographical works is to provide portraits of virtue and vice in order to motivate men to act virtuously. Thus

---

97 Alex. Polyh., FGrHist 273 F 93 = F 9 Giannattasio Andria with Giannattasio Andria 1989, 129–143. See also Laks 2014, 370–377.
98 On the following see especially the excellent characterization of Diodorus by Meister 1990, 171–181, which summarizes the author's previous research on this historiographer.
99 See Meister 1990, 176–181 on the various theories about Diodorus' use of sources and his own contributions.
100 Cf. Cohen-Skalli 2012, 166–169.
101 On this and the following, see Cohen-Skalli 2012, XXXII–XXXVI. [As the excerpts have been transmitted by two series of excerpts, it is not always easy to determine the exact order of the texts. I think that in the 'Pythagorean chapter' the order in our text editions needs to be modified to some extent; see Schorn 2013a, 185–190 = above, pp. 196–199.]

the section on Pythagoras and his followers must have been inserted as an example of outstanding virtue.[102] A disadvantage of the transmission in the *Constantinian excerpts*, however, is that the selection of texts is one-sidedly focused on passages with an ethical impact.[103]

In addition to the fragments of Book 10, Pythagoras is mentioned occasionally in the preserved books of Diodorus.[104] I will focus here on the long excursus in Book 10, but I cannot discuss all twenty-four fragments in detail. They show that the work contained a description of Pythagoras' life. If 10 F 3 C.-S. (= 10,3,1–3 V.) is the beginning of the biography, as it seems, it focused on his time in Italy. Diodorus dealt with Pythagoras' origin (10 F 3 C.-S. = 10,3,1 V.) and Pherecydes' burial (10 F 4 C.-S. = 10,3,4 V.), mentioned Pythagoras' journey to Egypt (10 F 11 C.-S. = 10,6,4 V.), the recognition of Euphorbus' shield (10 F 9–11 C.-S. = 10,6 V.) and the honors paid to him by the Crotoniates (10 F 23 C.-S.= 10,9,9 V.).[105] We may add that a passage in Book 12 (12,9,2–6) deals with the origin of the war between Croton and Sybaris and highlights the role Pythagoras played in this context. The history of the school after Pythagoras is represented by the description of the revolt in Croton and, as its consequence, the flight of Lysis and Archippus as well as the former's relation to Epaminondas, and especially by the anecdotes that illustrate the teaching of Pythagoras through the behavior of his followers (10 F 6 and 13, negatively 16 C.-S. = 10,4; 10,7,4; 10,9 V.). Verse quotations livened up the text (10 F 11; 22 C.-S. = 10,6,4; 10,9,8 V.). It is worth mentioning that Diodorus explained the revolt as a consequence of envy (10 F 24,2 C.-S. = 10,10,2 V.). It is astonishing how much text in a work that usually focuses on politics and war, is devoted to Pythagoras' teaching. His ethics, of which he is presented as the ideal teacher, was given ample space (esp. 10 F 3; 12; 16–18; 20–24 C.-S. = 10,3; 10,7; 10,9,1–4; 10,9,6–10,1 V.), while miraculous aspects (apart from the Euphorbus story, | [313] 10 F 9–11 C.-S. = 10,6 V.) are absent. That his political activity is largely reduced to the general education of the citizens (10 F 3; 6; 24,2; 26 C.-S. = 10,3; 10,4; 10,10,2; 10,11,2 V.) must be due to the interests of the excerptor. Other fragments are concerned with Pythagorean friendship (10 F 5–6; 14–15 C.-S. = 10,3,5–10,4,6; 10,8 V.), vegetarianism (10 F 9; 11–12 C.-S. = 10,6,1; 10,6,4–10,7,3

---

102 Diod. 10 F 27 Cohen-Skalli (= 10,12 Vogel) with Cohen-Skalli 2012, 170–174; 379–381 n. 53. In the following I first give Cohen-Skalli's new numbering of the Diodorus fragments of Book 10, followed by the traditional numbering as in Vogel's Teubner edition. [On the programmatic chapter see Schorn 2014c = ch. 11 in this volume.]
103 Cf. Cohen-Skalli 2012, 166–167.
104 E.g., 1,69,4; 1,96,2; 1,98,2; 8,14,1; 12,9,4; 15,39,2; 16,2,3.
105 The references are from Cohen-Skalli 2012, 177–178.

V.) and other characteristics of the community (10 F 7–8 C.-S. = 10,5 V.). They all illustrate Pythagorean ethics as well.[106]

Diodorus' chronology seems to have been sound and in line with Aristoxenus. He dated Pythagoras' acme, and probably also his transfer to Croton, to 533/532.[107] Given the early place of 10 F 4 C.-S. (= 10,3,4 V.), he probably had him bury Pherecydes long before the anti-Pythagorean revolt.[108] He dated this conflict to the time after Pythagoras, which fits his statement that Lysis escaped the fire and became Epaminondas' teacher.[109]

Diodorus' main source in the Pythagorean section of Book 10 is still debated, and is difficult to identify. Cohen-Skalli has recently made a case for Timaeus, but he is not a likely candidate because Diodorus and Timaeus disagree in most cases.[110] It was observed long ago that there is some agreement with fragments of Aristoxenus and that some passages look like reworkings of Aristoxenus' text.[111] Thus an author who drew on Aristoxenus (but as well on others) is likely to be Diodorus' source. He cannot be dated early (fourth century BC), as has been suggested,[112] because there are passages in which the *Tripartitum* has been used, a ps.-Pythagorean text written under the name of the master in the late second century BC. As Diels saw, both Diogenes Laertius and Diodorus use the same source

---

[106] See Cohen-Skalli 2012, 178–180 for a systematic discussion of the topics.
[107] Diod. 10 F 3 C.-S. = 10,3,1 V. (ἐγνωρίζετο); cf. Aristox. F 16 Wehrli (Polycrates); cf. von Fritz 1940, 25–26. For details, see Schorn 2013a, 190–192 [= above, pp. 200–202].
[108] Aristox. F 14 Wehrli does not show how this author dated the event; von Fritz 1940, 8–10 is not compelling.
[109] A date after Pythagoras is shown by τοὺς μετ' ἐκεῖνον in Diod. 10 F 24 C.-S. = 10,10,2 V.; cf. Aristox. F 18 Wehrli (with literal reminiscences); cf. Zhmud 2012a, 147 n. 40 for the identity of the two accounts; Cohen-Skalli (2012, 378 n. 50) seems to see an agreement with Aristotle F 75 Rose = 21,1 Gigon and Satyrus F 11 Schorn; but Aristotle and Satyrus are incompatible: see Schorn 2004, 364–368 for Satyrus and add Aristotle F 191,1 Rose = 171 Gigon. Aristoxenus/Diodorus may have followed Aristotle.
[110] Cohen-Skalli 2012, 177–181 and her commentary, *passim*. I deal with the question in Schorn 2013a [= ch. 6 in this volume].
[111] See for references Schwartz 1903a, 679; Lévy 1926, 87: a reworked version of Aristoxenus with additions; similarly Mewaldt 1904, 47–52 (fundamental); von Fritz 1940, 22–26, Meister 1967, 39; De Sensi Sestito 1991, 137 with n. 58; Zhmud 2012a, 72; [Schorn 2013a = ch. 6 in this volume].
[112] Thesleff 1961; 109 (not later than the fourth century BC); cf. Zhmud 2012a, 72.

in which this pseudepigraphon was already used, a text that expanded the *Tripartitum* with illustrative anecdotes.[113] Furthermore a | [314] quote from Callimachus points to a later author, as also might the dating by Olympiads and Athenian archons.[114] Schwartz thought that Diodorus here used the same source as for his narrative on the Seven Sages in Book 9, but that is not convincing.[115] The source will have been some late biographer of the second or first century. In the account of the origin of the war between Croton and Sybaris in Book 12 (12,9,2–6), in which Pythagoras plays a central role, Timaeus may well have been Diodorus' source.[116]

---

113 Diod. 10 F 16–22 C.-S. = 10,9 V. [Not everything in this passage is certain to be from the *Tripartitum* resp. the later extended version of it; for the various degrees of probability, see Schorn 2013a, 226–233 = above, pp. 223–227]. Diels 1890 followed by Delatte 1922a, 166–168; Cohen-Skalli 2012, 178–179 with n. 47 (misleading), 375–376 n. 40–41; differently Zhmud 2012a, 72 n. 47. On the *Tripartitum* see the literature in Huffman 1993, 14 n. 22. [See now above, p. 14 n. 74, on the slight possibility that the *Tripartitum* was already known to Dicaearchus.]
114 Diod. 10 F 3,1 C.-S. = 10,3,1 V.
115 Schwartz 1903a, 678–679, followed by Meister 1967, 39. De Sensi Sestito 1991, 140–143 thinks of Posidonius. There are some remarkable similarities between the information on the Seven Sages and Pythagoras in Diodorus and Satyrus (see Schorn 2004, 56) but not enough to think of dependence. Both may sometimes follow the same tradition. For other identifications proposed by scholars, see Delatte 1922a, 167; Cohen-Skalli 2012, 179 n. 47; 375 n. 40 (she thinks of Aristoxenus which cannot be right).
116 Thus, e.g., Zhmud 2012a, 69 n. 35 with references; for Ephorus: De Sensi Sestito 1991, 131–133.
This contribution is a result of the research project "Hellenistic Biography: Antiquarian Literature, Gossip or Historiography? Fragmente der Griechischen Historiker Continued. Part IV, financed by Onderzoeksfonds KU Leuven. I would also like to thank Gertrud Dietze and Carl Huffman for checking my English.

14 Die hellenistische Biographie in neuem Licht

14.1 Biographie als Historiographie

Zur Würzburger Tagung zur hellenistischen Biographie im Jahr 2005 trug Guido Schepens mit dem Vortrag *Zum Verhältnis von Biographie und Geschichtsschreibung in hellenistischer Zeit* bei,[1] in dem er sich gegen die von Momigliano und anderen vertretene Ansicht wandte, die Biographie sei in der Antike nicht als Historiographie erachtet worden. Letztere gehöre zur sogenannten antiquarischen Literatur, die in der Antike ebensowenig der Historiographie zugerechnet worden sei.[2] Schepens zeigte gegen eine solche Auffassung, daß die Unterschiede, die Momigliano zwischen Biographie und Historiographie annahm, in der von ihm angenommenen Schärfe nicht existieren, und er besprach eine Reihe von programmatischen Aussagen antiker Historiker, die belegen, daß die Lebensbeschreibungen von Menschen integraler Bestandteil historiographischer Werke waren. Mein eigener Beitrag zu dieser Tagung ging das Thema von der Seite der Biographie her an und plädierte dafür, daß der Biograph Neanthes von Kyzikos in seinen historischen und biographischen Werken dieselbe Arbeitsweise, nämlich die eines antiken Historikers, an den Tag legte.[3]

Die Beiträge, die der vorliegende Band vereinigt, zeigen, daß Neanthes nicht der einzige Autor war, der als Historiker an das Leben von Personen heranging, daß es aber ganz verschiedene Formen biographischen Schaffens gab und wir jeden Autor zunächst für sich betrachten müssen. Im folgenden will ich einige Ergebnisse meiner Studien zusammenfassen, soweit sie allgemeine Fragen der Biographie betreffen, sie aber zugleich im weiteren Kontext der antiken Biographie verorten.[4]

Es fällt auf, daß einige frühe Biographen auch andere historische Werke verfaßten. Das beste Beispiel ist hier Neanthes von Kyzikos, der neben *Über berühmte Männer* auch *Hellenika* (also gesamtgriechische Geschichte), eine *Chronik* (von

---

1 Schepens 2007.
2 Momigliano 1993 (zuerst 1971). Daß auch die Trennung der antiquarischen Literatur von der Historiographie unberechtigt ist, zeigt Schepens 2009 gegen Momigliano 1990, v.a. 54–79 und Bravo 2009.
3 Schorn 2007 = Kap. 1 in diesem Band; auf Neanthes als historisch arbeitenden Biographen verweist auch Schepens 2007, 353–254.
4 In Schorn 2014a, 705–724 werden die Ergebnisse der Aufsätze für die Einzelporträts der Biographen verwendet.

Kyzikos), *Über Riten* und *Nach Städten geordnete Mythen* schrieb.[5] Phainias von Eresos war der Autor einer Lokalchronik von Eresos, deren Daten über die frühen Dichter von Lesbos Eingang in das *Marmor Parium* gefunden haben,[6] und Aristoxenos verfaßte zahlreiche, zumeist als antiquarisch klassifizierte Werke zur Geschichte der Musik.[7] Vom Atthidographen und Autor vieler lokalgeschichtlicher Werke Philochoros (ca. 340–260) ist ein Werk *Über Euripides* bezeugt, dem vielleicht die ohne Buchtitel überlieferten biographischen Fragmente über diesen Dichter zuzuweisen sind, außerdem sind Schriften *Über Alkman* (kein Fragment erhalten) und *Sammlung von Heroinnen oder pythagoreischen Frauen* (kein Fragment erhalten) dem Titel nach bekannt, die biographisch gewesen sein können.[8] Auch für den Historiker Duris von Samos (ca. 340–nach 281) ist ein Werk *Über Euripides und Sophokles* bezeugt, doch bleibt sein Charakter undeutlich.[9] In jedem Fall wird aus diesen Beispielen deutlich, daß man für die Frühphase der Biographie nicht anzunehmen hat, daß biographische und historiographische Werke von unterschiedlichen Personengruppen verfaßt wurden. Auch sei daran erinnert, daß Plutarch von Aristoxenos' Βίοι als ἱστορία spricht.[10] Hinzukommt das Selbstzeugnis des Alkidamas (ca. letztes Viertel 5. Jh. bis nach 369) im Papyrus, der den Schluß seines Werkes *Über Homer* erhalten hat, das zumindest in Teilen biographisch war.[11] Nachdem er vom Tod Homers berichtet hat, der das Läuserätsel nicht habe lösen können (als φασίν-Tradition), nennt er sich selbst in seiner Eigenschaft als Autor dieser Schrift einen Historiker (τοὺς ἱστορικούς).

In späterer Zeit finden sich ebenfalls Historiker, die als Biographen tätig waren. Insbesondere bei Autoren kompilatorischer Philosophen-*Diadochai* ist dies häufig der Fall: Wenn Antisthenes, der Autor der *Diadochai*, wie wahrscheinlich ist, mit Antisthenes von Rhodos (Ende 3./Anfang 2. Jh. v.Chr.) identisch ist,[12] war er der Verfasser eines Geschichtswerks, vielleicht einer Geschichte von Rhodos,

---

5 Kap. 1.
6 Kap. 5.
7 Eine Übersicht in Wehrli – Wöhrle – (Zhmud) 2004, 576–580.
8 Alle bezeugt in FGrHist 328 T 1; ich werde mich zu den Fragmenten des Philochoros über Euripides in meinem Beitrag zu den Akten der Tagung *Der Wandel des Euripidesbildes von der Antike bis heute*, die 2015 in Wien stattfand, äußern. Die Fragmente über Euripides sind F 217–222.
9 FGrHist 76 F 29.
10 Kap. 4.
11 P. Mich. 2754 = Alcid. F 27 Muir = 7 Avezzù. Zu der wichtigen Passage siehe Schorn 2014a, 689; 694–695.
12 Kap. 7.

das auch Polybios verwendete. Alexandros Polyhistor (110/105–nach 40), ebenfalls Autor von *Diadochai*, schrieb eine Vielzahl historischer Werke.¹³ Iason von Nysa (* ca. 90/80 v.Chr.) verfaßte neben *Diadochai*, *Leben von Berühmtheiten* und *Leben Griechenlands* auch ein Werk über Rhodos.¹⁴ Hierher kann man ebenso Herakleides Lembos stellen, der in der ersten Hälfte des 2. Jh.s v.Chr. neben *Historien* auch Epitomai der Biographien des Hermippos und des Satyros sowie der *Diadochai* Sotions anfertigte.¹⁵ In einer Zeit, in der zahlreiche kompilatorische Geschichtswerke geschrieben wurden, entstanden also auch diese kompilatorischen Philosophiegeschichten, und mit Alexandros Polyhistor und vielleicht Herakleides Lembos wurden sie von denselben Autoren verfaßt. Von anderen hellenistischen Autoren nenne ich hier nur noch Baton von Sinope (wohl 1. Hälfte 2. Jh. v.Chr.). Er schrieb neben *Persika* auch Werke über Tyrannen, die historische Monographien oder (Teil)biographien waren, und zudem *Über den Dichter Ion*, dessen einziges Fragment biographisch ist. Alle Werke dieses Autors kennzeichnet dieselbe sensationslüsterne Darstellung im rhetorischen Stil.¹⁶ In der Kaiserzeit finden wir dann zahlreiche Geschichtsschreiber, die auch Autoren biographischer Werke waren, wie ein Blick in Jan Radickes Sammlung dieser Biographen in FGrHist IV A 7 zeigt.

Die Autoren des 4. und eines Teils des 3. Jh.s zeigen in ihren Interessen und ihrer Arbeitsweise zahlreiche Parallelen zur zeitgenössischen Geschichtsschreibung, und hier vor allem zur Lokal- und Regionalgeschichtsschreibung. Sie unternahmen Reisen und sammelten dabei Material für ihre Werke. Ob es sich immer um Forschungsreisen zu Recherchezwecken handelte oder das Sammeln von Material Nebeneffekt von Reisen war, die primär zu anderen Zwecken unternommen wurden, ist meist nicht mehr feststellbar. Bei Neanthes wird allerdings deutlich, daß er in großem Stil reiste und Informationen sammelte, so daß man hier von echten Forschungsreisen ausgehen kann.¹⁷ Auch für Aristoxenos möchte ich ausgedehnte Reisen annehmen, auf denen er Material für die vielen Werke sammelte, in denen noch heute sein weitgespanntes Interessensspektrum deutlich wird.¹⁸ Chamaileon reiste wohl nach Korinth, Phainias wohl nach Delphi, was

---

13 Eine nützliche Liste bei S. Blakely zu BNJ 273 (Biographical Essay).
14 *Suda* ι 52, s.v. Ἰάσων; vgl. Giannattasio Andria 1989, 161–162.
15 Seine Fragmente in FHG III 167–171; zu seinem Werk als Epitomator siehe Kap. 8. Ich lasse hier einige unsichere Fälle beiseite, z.B. den Stoiker Sphairos von Borysthenes (3. Jh. v.Chr.), der neben philosophischen und historischen Werken auch Περὶ τῶν Ἐρετριακῶν φιλοσόφων (FGrHist 585 T 1) schrieb, wovon nur der Titel bekannt ist.
16 Zu den biographischen Fragmenten siehe meine kommentierte Edition in FGrHist 1029.
17 Kap. 1.
18 Kap. 4.

dann Niederschlag in ihren biographisch-historischen Darstellungen fand.[19] Mehrfach wird in diesen Fällen noch deutlich, welch große Rolle das Prinzip der Autopsie in der Forschungstätigkeit dieser Autoren spielte, die Kontrolle von Angaben vor Ort.

Zwei weitere Prinzipien hängen eng mit der Reisetätigkeit zusammen, wenngleich nicht immer deutlich wird, in welchem Bezug genau sie dazu stehen. Das erste ist das Sammeln lokaler Traditionen. Wenngleich man sich dafür nicht unbedingt in die Regionen begeben mußte, aus denen sie stammten, vor allem nicht, wenn man in einer stark besuchten Stadt wie Athen lebte, spürte man sie doch am besten vor Ort auf, und dort dürften sie wohl oft gesammelt worden sein. Solche lokalen Erzählungen finden wir in großem Umfang bei Neanthes, bei dem oft noch die Örtlichkeiten kenntlich sind, mit denen sie verbunden waren.[20] Aristoxenos beruft sich auf lokale Traditionen über die Pythagoreer. Da unsicher ist, bis zu welchem Alter er in Tarent lebte, wissen wir nicht, was er noch dort und was er bei Mitgliedern der Pythagoreergruppen zu hören bekam, die wie er ins griechische Mutterland übergesiedelt waren.[21] Lokale Traditionen über die Pythagoreer referiert auch der Aristotelesschüler Dikaiarchos, den ich im folgenden mit in die Betrachtung einbeziehen will, obwohl für ihn nicht explizit bezeugt ist, daß er förmliche Biographien verfaßte.[22] In jedem Fall schrieb er über das Leben von Philosophen und Dichtern sowie über Dichtung der Vergangenheit. Auch für ihn spielte, wie Verhasselt gezeigt hat, das Prinzip der Autopsie eine Rolle, so selbstverständlich bei der Vermessung von Bergen auf der Peloponnes,[23] aber wohl auch bei der Beschreibung des Kottabosspiels, das er aus seiner Heimat kannte,[24] und vielleicht ebenso beim Bericht über die spartanischen Mahlzeiten.[25] Auch verwendete er wahrscheinlich didaskalische und andere Inschriften in Athen für seine literaturgeschichtlichen Studien. Chamaileon sammelte lokale Traditionen aus Keos über den Dichter Simonides und war, wie es scheint, zurückhaltend, was ihre Historizität betrifft.[26] Bei Phainias erwecken zahlreiche Angaben über das Leben des Themistokles den Eindruck, aus seiner Heimat Lesbos oder ihrer

---

19 F 16 Engels (RUSCH). Siehe Kap. 2 und 3.
20 Kap. 1.
21 Zu seinen zahlreichen Aufenthaltsorten siehe Wehrli 1967–1978, II 47–48. Zu ihm siehe Kap. 4.
22 FGrHist 1400 F 57a mit Einleitung und Kommentar von Verhasselt, die im folgenden für Dikaiarchos' Quellengebrauch zugrunde liegen.
23 F 118–120 Mirhady; nicht in FGrHist 1400.
24 FGrHist 1400 F 21a–d.
25 FGrHist 1400 F 23.
26 Kap. 2.

Umgebung zu stammen, doch kann es sich hierbei um seine eigenen Erfindungen handeln, denen er nur den Schein lokaler Überlieferung geben wollte.[27] Auch wenn dem so sein sollte, würde dies zeigen, daß ein Fälscher hier der Erwartungshaltung seiner Leser entgegenkam und solche Traditionen Bestandteil entsprechender Werke waren.

Man kann sich sogar fragen, ob es sich bei einigen dieser Forscher um 'Wanderhistoriker' handelte, die in Griechenland herumreisten, forschten, aus ihren Werken vortrugen und den sie beherbergenden Städten halfen, ihre eigene Geschichte niederzuschreiben.[28] Wenn unser Neanthes der in Syll.³ 377 (= FGrHist 84 T 1) in Delphi geehrte Mann ist, gehörte er zu dieser Gruppe, und auch für Dikaiarchos hat Verhasselt eine solche Tätigkeit vermutet.

Das zweite Prinzip ist das der Befragung von Zeit- und Augenzeugen. Neanthes sammelte Informationen über Platon bei Personen, die den Philosophen noch gekannt hatten, und zwar bei solchen, bei denen mit einer wohlwollenden Haltung gegenüber Platon zu rechnen war, aber auch bei anderen. Bei Aristoxenos erkennen wir ein ähnliches Vorgehen gleich in mehreren Biographien. Für die des Pythagoras und für die Geschichte der pythagoreischen Gemeinschaften befragte er Personen, die der letzten Generation der Pythagoreer angehörten, für die des Sokrates seinen Vater Spintharos und andere, für die Platons den verbannten Tyrannen Dionysios II. in Korinth. Ein interessanter Fall ist auch der des Redners Philiskos von Milet, der im 4. Jh. ein Schüler des Isokrates in Athen war und dann selbst dort als Lehrer wirkte und Timaios und Neanthes unterrichtete. Er schrieb eine Biographie des athenischen Politikers Lykurgos, seines Zeitgenossen. Im einzigen Fragment, das erhalten ist, erfahren wir zwar nichts über seine Quellen,[29] doch ist es sehr wahrscheinlich, daß seine Darstellung zum Großteil auf eigener Anschauung bzw. den Angaben anderer, die den Politiker näher gekannt hatten, beruhte. Auch Aristoxenos schrieb in der Biographie des Dichters Telestes über einen Zeitgenossen, den er persönlich kannte. Etwas später beruhen die Philosophenbiographien des Antigonos von Karystos (ca. 290–nach 225) zum großen Teil auf seinen persönlichen Begegnungen mit diesen Männern und

---

27 Kap. 5.
28 Zu diesen siehe Chaniotis 1988; Schepens 2006.
29 FGrHist 1013 F 1. Aus der Formulierung ὁ Φιλίσκος τὸν βίον γράφων τοῦ Λυκούργου kann man trotz der Bedenken von Engels 1998b, 369–370 (im Kommentar zur Stelle) unbedenklich auf eine Biographie schließen.

sind stark memoirenhaft. Es wird aber auch deutlich, daß er dort zusätzlich die Eindrücke anderer Augenzeugen verarbeitete.[30]

Bei diesen frühen Biographen zeigt sich vielfach das Streben nach einer ausgewogenen Darstellung mit dem Ziel, ein historisch zutreffendes Bild zu zeichnen. Wie unvoreingenommen sie wirklich waren, ist angesichts der fragmentarischen Erhaltung ihrer Werke schwer auszumachen, und v.a. diejenigen Biographen, die Anhänger einer Philosophenschule waren, konnten sich sicher nicht immer von ihren eigenen Überzeugungen freimachen, wenn sie über Vertreter der eigenen bzw. einer fremden Schule schrieben. Doch sehen wir in gleicher Weise bei den Autoren anderer historiographischer Werke, daß sie bei der Darstellung der Geschichte aufgrund ihres lokalen, persönlichen, politischen oder philosophischen Hintergrunds mehr oder weniger voreingenommen waren. Neanthes und Antigonos scheinen keinerlei philosophische Interessen gehabt zu haben, so daß man bei ihnen am ehesten einen unbefangenen Blick auf die Philosophen erwarten möchte, über die sie schrieben. Es wurde bereits angemerkt, daß einige Biographen Informationen bei Freund und Feind der von ihnen Porträtierten sammelten und diese auch in ihren Werken wiedergaben, Neanthes über Platon, Aristoxenos über Sokrates. Bei letzterem wird zudem deutlich, daß er über den Charakter des Sokrates einander widersprechende Meinungen zu Wort kommen ließ. Chamaileon sammelte unterschiedliche, miteinander konkurrierende biographische Deutungen von Simonidesversen. Welche Haltung diese Autoren gegenüber ihren Quellen einnahmen, wird oft nicht mehr deutlich. Wichtig ist aber, daß häufig noch zu sehen ist, daß sie ihre Quellen mit Namen nannten oder Informationen als Hörensagen kennzeichneten. An dieser Stelle verdient auch Philiskos von Milet noch einmal erwähnt zu werden. Obwohl selbst Isokratesschüler und Rhetoriklehrer in Athen, lesen wir im einzigen Fragment seiner Biographie des Lykurgos, dieser habe seine Größe und Fähigkeit, vieles zu vollbringen, seiner Schülerschaft bei Platon zu verdanken gehabt. Ein solches Zugeständnis hätte man von dem Vertreter einer mit der Akademie konkurrierenden Lehreinrichtung nicht unbedingt erwartet.[31]

Die Art der Quellen, welche die Biographen verwendeten, variiert. Bei Aristoxenos werden in seinen Biographien noch zahlreiche mündliche Überlieferungen deutlich (siehe oben), doch müssen wir davon ausgehen, daß er auch sokratische

---

30 Zum Charakter seiner Biographien siehe Dorandi 1999, v.a. XLVI–XLVII; LXXVII–LXXX; vgl. Schorn 2014a, 715–716.

31 FGrHist 1013 F 1 mit Engels 1998b, 370: „It is significant for the quality of P[hiliskos]'s work that he, a prominent pupil of Isokrates, nevertheless stressed Plato's influence on Lykurgos, another well-known pupil of Isokrates."

Dialoge, enkomiastische Darstellungen Platons und schriftliche Werke über die Pythagoreer kannte, denen er seine eigene Darstellung entgegenstellte. Ob er sie darin explizit nannte und besprach, wissen wir nicht. Zu Dikaiarchos' mündlichen und dokumentarischen Quellen wurde bereits oben das Nötige gesagt. Auch die Verwendung literarischer Quellen wird bei ihm deutlich. Leider muß offenbleiben, ob er die älteren Autoren, mit denen er in der späteren Überlieferung zusammen zitiert wird oder von denen feststellbar ist, daß sie ihm in einer Ansicht vorausgegangen waren, zitiert bzw. verwendet hat.[32] Chamaileon zitiert einmal einen Archytas, wohl den Pythagoreer, was sich am ehesten auf eine von dessen Schriften bezieht. Ansonsten sammelte er mündliche Überlieferungen. Letztlich gehen die biographischen und literaturgeschichtlichen Angaben in seinem Werk zum Großteil auf die sogenannte 'Methode des Chamaileon' zurück: sie entstammen den Versen der Dichter selbst, über die er schreibt, oder der zeitgenössischen Komödie. Ich habe zu zeigen versucht, daß Chamaileon weit mehr derartige biographische Interpretationen von Dichterversen sammelte als selbst produzierte und daß er im Unterschied zu anderen Autoren nicht umfangreiche und phantasievolle Geschichten auf der Grundlage angeblich autobiographischer Verse erfand.[33] Bemerkenswerterweise äußert er sich programmatisch sowohl zu den Versen der von ihm porträtierten Dichter als auch zu denen der Komödie als Quellen: was Aischylos seine Figuren tun läßt, tat er selbst, d.h. diese trinken Wein auf der Bühne, da er selbst beim Dichten betrunken war.[34] Und: „Bei den Komikern finden sich vertrauenswürdige Angaben über die Tragiker."[35] Bei diesen Aussagen ist zu erwägen, daß es sich beide Male um humorvolle *statements* handelte, die *cum grano salis* zu nehmen sind und eher deutlich machen sollen, um wie zweifelhafte Belege es sich handelt. In jedem Fall macht Chamaileon deutlich, auf welcher Grundlage biographische und literaturwissenschaftliche Angaben gewonnen sind, indem er regelmäßig die entsprechenden Verse zitiert. Dies gab den Lesern die Möglichkeit, die Geschichtlichkeit der Überlieferung einzuschätzen, jedenfalls in gewissem Maße. Phainias macht zweimal Berichte als Hörensagen deutlich[36] und zitiert einmal das obskure Werk des Historikers Hippys von Rhegion, in dem dieser die noch obskurere philosophische Lehre des Petron von Himera referiert.[37] Hier kann er aber einer Fälschung auf den Leim

---

32 Hierzu siehe Verhasselt zu FGrHist 1400, Einleitung 5.1.
33 Kap. 2.
34 F 43 Martano.
35 F 44 Martano.
36 F 21; 38 Engels (RUSCH).
37 F 56b Engels (RUSCH)

gegangen sein, die nur wenig jünger war als sein eigenes Werk. Neanthes' verschiedene Werke sind frühe Beispiele für handbuchartige Darstellungen, die nicht nur mündliche, sondern auch schriftliche Quellen in großem Umfang zitierten.

Wir sehen vielfach, daß die Autoren, die in diesem Band besprochen werden, und die Geschichtsschreiber im engeren Sinn Teil desselben historischen Diskurses sind, da sie bisweilen über dieselben Themen miteinander streiten. Denn unterschiedlich umfangreiche Angaben zu Dichtern, Philosophen und anderen Prominenten waren auch Teil der Historiographie, und hier vor allem der Lokal- und Regionalgeschichtsschreibung (aber nicht nur dieser!). Die Autoren aller dieser Werke nahmen sich also gegenseitig ernst: Neanthes ergänzte und verbesserte mehrfach die Überlieferung über die Pythagoreer bei Timaios und hatte diesen dabei wohl zitiert. Auch Aristoxenos beteiligte sich an dieser Diskussion. Chamaileon und Theopompos konkurrierten miteinander bei der Interpretation einer Inschrift in Korinth. Es ist des weiteren denkbar, daß sich Philiskos mit seiner Biographie an der auch historiographisch geführten Debatte über die Leistung des Lykurgos beteiligte. Und später sollte Diodor für seine Darstellung der Pythagoreer auf eine späthellenistische Biographie zurückgreifen, die in ihren biographischen Teilen vor allem auf Aristoxenos basiert, und für seine Kapitel über die Sieben Weisen auf andere biographische Werke.[38]

Im Fall der Peripatetiker kann man das Sammeln und Überliefern von Traditionen im Kontext der von Aristoteles inaugurierten großen Materialsammlungen sehen. Zusätzlich führt bei ihnen und anderen Biographen eine direkte Traditionslinie zu Herodot, der sich als Historiker zum *referre relata* verpflichtet fühlte. Diese Tradition scheint auch Plutarch erkannt zu haben, wenn er Neanthes Naivität bei seiner „Darlegung der Geschichte" (πρὸ[ς ἀπόδει]ξιν ἱστορίας) vorwirft.[39]

In vielen Fällen scheinen die Philosophenviten nicht als Mittel im Kampf zwischen den Philosophenschulen untereinander instrumentalisiert worden zu sein. Natürlich waren Neanthes und Antigonos weniger persönlich involviert, wenn sie über Philosophen schrieben, als Aristoxenos. Daß aber auch letzterer zumindest die Intention hatte, ein zutreffendes Bild von Pythagoras und seinen Schülern, von Sokrates und von Platon zu zeichnen und kein Lobredner der einen und Verleumder der anderen war, haben die unabhängig voneinander entstandenen Studien von Carl Huffman und mir hoffentlich deutlich machen können. Biographen geht es in der Frühphase häufig um eine historisch korrekte Rekonstruktion

---

38 Kap. 6 und 13.
39 FGrHist 84 F 10.

oder doch zumindest eine Sammlung der verfügbaren und bisweilen konkurrierenden Traditionen. Biographien sind noch selten Mittel des Schulkampfes oder der Paränese. Diese Tradition lebt auch später in den Philosophen-*Diadochai* weiter. Selbst Philodem, der ansonsten ein begeisterter Propagandist des Epikureismus und leidenschaftlicher Kritiker anderer Philosophenschulen ist, hält den *Index Academicorum* und den *Index Stoicorum* frei von Polemik und epikureischem Gedankengut. Man kann nicht einmal behaupten, er wähle mit Vorliebe biographische Angaben aus, die die gegnerischen Philosophen in ein schlechtes Licht rücken. Er paßt sich hier eindeutig den Gattungsregeln der *Diadochai* an, in deren Tradition seine philosophiegeschichtlichen Werke stehen, und diese forderten allem Anschein nach vom Autor entsprechende Zurückhaltung.[40]

Des weiteren kennzeichnet einige frühe Biographen ein ausgesprochenes Interesse an chronologischen Fragen. Wir finden dies besonders ausgeprägt bei Neanthes und Phainias, die beide auch Autoren von Lokalchroniken sind, aber ebenso bei Dikaiarchos.

Dies alles zeigt, wie ich meine, daß zumindest ein Teil der frühen biographischen Schriftstellerei als Historiographie zu erachten ist und sich ihre Autoren als Historiker sahen. Ich will an dieser Stelle die These wagen, daß die Biographie als eigenständige historische Gattung im 4. Jh. als Reaktion auf die bis dahin dominierenden Darstellungen des Lebens von Personen der Vergangenheit entstand. Sollte es zuvor schon Biographien gegeben haben (siehe unten), schlug die Gattung zumindest eine neue Richtung ein. Um dies plausibel zu machen, muß man sich vergegenwärtigen, in welcher Weise bis ins 4. Jh. in der Hauptsache über das Leben Verstorbener geschrieben wurde, seien es Könige, Politiker, Dichter oder Philosophen.

In der Historiographie war das Leben von Königen und Politikern fester Bestandteil der historischen Darstellung, jedenfalls soweit dies ihre öffentliche Tätigkeit betraf. Dabei konnten gelegentlich schon im 5. Jh. biographische Elemente so stark in den Vordergrund rücken, daß man zum Beispiel einige umfangreiche, aber an unterschiedlichen Stellen zu findende Passagen aus Herodots *Historien* über Kyros den Großen zu einer beinahe vollständigen Biographie dieses Königs zusammenfügen könnte.[41]

Selbständige Werke mit einem rein biographischen Fokus waren vor allem die Enkomien. Isokrates rühmt sich, mit seinem *Euagoras* das erste Prosaenkomion auf einen König verfaßt zu haben, Xenophon folgt ihm wenig später nach

---

40 Dazu siehe Gigante 1986, 28–29; Schorn 2014a, 722 mit Anm. 93 und 94.
41 Hierzu und zu weiteren Beispielen aus der Historiographie siehe Schorn 2014a, 685.

mit dem *Agesilaos*.⁴² Viele andere Enkomien sind aus dieser und etwas späterer Zeit bezeugt: Wir hören von zahlreichen Enkomien auf Xenophons gefallenen Sohn Gryllos,⁴³ einem Enkomion des Kallisthenes auf Hermeias von Atarneus,⁴⁴ einem Enkomion des Theodektes von Phaselis auf Alexandros von Epeiros⁴⁵ sowie Enkomien des Theopompos von Chios auf Philipp II. und Alexander den Großen, um nur einige Beispiele zu nennen.⁴⁶ Doch nicht allein politisch aktive Männer waren Gegenstand solcher Werke. Speusippos verfaßte ein Enkomion auf Platon, in dem vom Gerücht berichtet wurde, er sei ein Sohn Apollons, und in dem ein glänzendes Bild von seiner Begabung und seinem Charakter in allen Phasen seines Lebens gezeichnet wurde,⁴⁷ und auch der Peripatetiker Klearchos von Soloi verfaßte im frühen 3. Jh. ein solches Enkomion.⁴⁸ Negatives Pendant zu Enkomien waren polemische Werke. Hierzu kann man vielleicht die Schrift *Über Themistokles, Thukydides und Perikles* des Stesimbrotos von Thasos (kurz nach 430 entstanden) rechnen. Doch ist in diesem Fall unklar, ob es sich um Einzelbiographien oder lose charakterisierende Erzählungen handelte.⁴⁹

Eine weitere Gruppe von Werken sind philosophische Schriften mit ihren biographischen Fiktionen, allen voran die 'Sokratesdichtungen' der Sokratiker, die ganz unterschiedliche Idealbilder des Sokrates entwarfen.⁵⁰ Gegenstand philosophischer Fiktionen im großen Stil waren auch Alkibiades (etwa bei Platon und Antisthenes) und Kyros der Große (bei Antisthenes und Xenophon), und phantastische und romanhafte Erzählungen finden sich in der philosophischen Literatur des 4. Jh.s des weiteren über Pythagoras und Empedokles. Man denke nur an *Über Krankheiten/Über die Scheintote* des Herakleides Pontikos oder an *Über die Pythagoreer* des Aristoteles.⁵¹ Aber auch außerhalb der philosophischen Literatur, in der Historiographie, der Rhetorik und in mündlichen Traditionen, zirku-

---

42 Für diese Werke und für Argumente gegen die Ansicht, daß das Enkomion eine Untergattung der Biographie darstellt, verweise ich auf Schorn 2014a, 687–688; 698–701.
43 Aristot. F 68–69 Rose = 37–38 Gigon.
44 FGrHist 124 F 2–3.
45 FGrHist 113 T 1.
46 FGrHist 115 T 48; F 255–257.
47 FGrHist 1009 F 1–2; F 3 handelt von seinem Tod im Schlaf.
48 F 2 Wehrli.
49 FGrHist 107; vgl. Schorn 2014a, 695–696.
50 Übersicht in Döring 1998, 143–145.
51 Heracl. Pont. F 82–95 Schütrumpf; Aristot. F 190–205 Rose; F 155–179 Gigon.

lierten höchst widersprüchliche und unglaubhafte Erzählungen über diese Männer.⁵² Über die Dichter der archaischen Zeit, aber selbst über die des 5. Jh.s gab es im 4. Jh. sehr viele romanhafte Geschichten, die oft mit der 'Methode des Chamaileon' fabriziert waren.

Es scheint mir daher kein Zufall zu sein, daß die frühen Biographen Aristoxenos und Neanthes vielfach diejenigen Philosophen zum Gegenstand wählten, die zu ihrer Zeit in unterschiedlicher Weise Gegenstand verklärender und phantastischer Darstellungen waren: Pythagoras, Empedokles, Sokrates und Platon. Diese mußten um so mehr interessieren, als sie von vielen Seiten als ethische Vorbilder präsentiert wurden. Ich habe bereits oben deutlich zu machen versucht, daß sich diese Biographen um ein ausgewogenes Bild von diesen Personen bemühten, um ein Bild, das sie als normale Menschen, nicht als 'göttliche Männer' zeichnete, und meines Erachtens richteten sie sich damit gegen verklärende Darstellungen bzw. gegen Darstellungen, die sie anderweitig für unzutreffend hielten. Die Philosophenbiographie entstand demnach in Griechenland als Gegenreaktion auf die idealisierenden Darstellungen von Personen in Werken unterschiedlicher Art und in mündlicher Überlieferung.⁵³ Es waren Werke von Autoren, die sich selbst bei ihrer biographischen Tätigkeit als Historiker erachteten und die ein authentisches Bild von den dargestellten Personen zeichnen wollten. Gelegentlich ist sichtbar, daß sie dafür sehr heterogenes Material sammelten, doch muß meist offenbleiben, wie weit sie bei dieser Sammeltätigkeit gingen.

Dichterbiographien kann es schon einige Jahre früher gegeben haben. Nicht ganz deutlich ist, wie stark biographisch Alkidamas' *Über Homer* war. Da es im 4. Jh. keine authentischen Informationen mehr über Homer gab, kann es sich dabei allenfalls um eine Sammlung von Überlieferungen und wohl auch einen eigenen Beitrag zur Erweiterung der Homerlegende gehandelt haben. Mehr Materialsammlungen als kritische Sichtung der Überlieferung scheinen die Dichterbiographien Chamaileons gewesen zu sein, wenngleich auch hier gelegentlich kritische Distanz zur Überlieferung deutlich wird. Die Titel seiner Werke waren zwar

---

52 Zu Pythagoras siehe die Übersicht von Muccioli 2002 und die Beiträge in Huffman 2014a; zu Empedokles siehe Bidez 1894.
53 Ganz anders zur Bedeutung von Platons *Apologie* für die Entstehung der griechischen Biographie Dihle 1971; vgl. schon Schorn 2014a, 685–686. Es ist nicht auszuschließen, daß bereits Xanthos von Lydien eine Biographie des Empedokles verfaßte, da eine Angabe über den Philosophen mit ἐν τοῖς περὶ αὐτοῦ zitiert wird (Diog. Laert. 8,63 = FGrHist 1001 F 1). Ob es sich um eine selbständige Biographie oder Kapitel in einem historiographischen Werk handelte, ist unsicher. Sollte es eine Biographie gewesen sein, zeigt sich auch hier, das ein 'kontroverser' Philosoph, um den sich schon zu Lebzeiten phantastische Legenden rankten, zum Thema gewählt wurde (in welcher Weise, ist allerdings unbekannt) und daß der Verfasser ein Historiker war.

vom Typ Περὶ τοῦ δεῖνα, doch handelte es sich um Biographien im antiken Sinn, nicht um Kommentare, wie man seit Leo zumeist angenommen hat.[54] Die Leistung Chamaileons bestand allem Anschein nach darin, daß er als erster die biographische Überlieferung zu einer Reihe von Dichtern der archaischen und klassischen Zeit gesammelt hat. In den Fragmenten des Philochoros über Euripides ist zu erkennen, daß er in einigen Fällen legendenhaften Traditionen widersprach.[55] Wie stark seine Darstellung des Euripides von solcher Kritik geprägt war, läßt sich angesichts der schlechten Überlieferung der entsprechenden Fragmente nicht mit Sicherheit sagen. Da Euripides erst am Ende des 5. Jh. gestorben war und sich daher bis in die Zeit des Philochoros (* 384) authentische Informationen erhalten zu haben scheinen, bot sich hier die seltene Möglichkeit, aus der Überlieferung über einen Dichter sicher falsche biographische Angaben auszuschließen. Bei den Dichtern einer lang zurückliegenden Zeit, über die Alkidamas, Chamaileon und andere schrieben, war diese Möglichkeit kaum mehr gegeben, was dann wiederum erklären kann, warum es sich bei ihren Werken primär um Materialsammlungen handelte. Es hat den Anschein, als ob Dichterbiographien immer einen 'leichteren' Charakter als Philosophenbiographien hatten, vielleicht sogar oft einen heiteren. Auch in Satyros' *Leben des Euripides* sollte dies später noch der Fall sein. Und dies war wohl auch unproblematisch, da Dichter viel weniger als Philosophen ethische Exempel darstellten und keine Streitobjekte konkurrierender Schulen waren.

Interessant ist die Archilochosbiographie des Mnesiepes (Titel unbekannt; 3. Jh. v.Chr.), von der inschriftliche Originalfragmente erhalten sind, die zum Archilocheion in Paros gehörten.[56] Quellen dieser Biographie sind die Gedichte des Archilochos und delphische Orakelsprüche. Da der Text in einen kultischen Kontext gehört und die Verehrung des Dichters als Heros legitimieren soll, gibt sich die Darstellung als ernstgemeinter Bericht. Nicht weniger interessant ist eine andere Inschrift von derselben Insel aus dem 1. Jh. v.Chr.[57] Ein gewisser Sosthenes zeichnet dort Exzerpte aus dem lokalhistorischen Werk des sonst unbekannten Demeas auf, der in eine annalistische Lokalgeschichte Ereignisse aus dem Leben des Archilochos eingeordnet und die entsprechenden Angaben durch die dazugehörenden Archilochosverse illustriert hatte. Das Leben des Dichters war dort Teil der Geschichte der Polis Paros, Lokalgeschichte und Dichterbiographie bildeten in diesem Werk eine Einheit.

---

54 Kap. 3.
55 FGrHist 328 F 218; 221. Siehe dazu meinen in Anm. 8 erwähnten Aufsatz in Vorbereitung.
56 Neueste Edition in Ornaghi 2009; das Folgende nach Schorn 2014a, 712–713.
57 Neueste Edition in Ornaghi 2009; das Folgende nach Schorn 2014a, 713–714.

Daß sich Biographen im 4. Jh. kritisch mit enkomiastischen Werken unterschiedlicher Art auseinandersetzten, ist eine Entwicklung, die eine interessante Parallele in der gemeingriechischen Historiographie aufweist. Ich habe zu zeigen versucht, daß Polybios und Diodor ihre historiographische Theorie über die Rolle der Biographie als Teil der Historiographie in Auseinandersetzung mit der Theorie des Enkomions entwickelt haben und daß dabei Isokrates' *Euagoras* eine wichtige Rolle spielte. Dabei wurde auch deutlich, daß sich bereits Timaios und Ephoros kritisch mit der Epideiktik auseinandersetzen und Timaios einen Unterschied zwischen Enkomion und Historiographie im jeweiligen Wahrheitsgehalt erblickte.[58] Ich meine, wir haben es bei den Biographen und den zeitgleichen Historikern mit zwei parallelen oder mit zusammengehörenden Tendenzen zu tun. Beide beschäftigen sich mit der Vergangenheit, was sie unterscheidet, sind die Schwerpunkte, beide wenden sich gegen rein enkomiastische Darstellungen der Vergangenheit und stellen ihre Werke solchen gegenüber.

Welche frühen Autoren neben Aristoxenos, Neanthes und Philochoros noch zu dieser Gruppe historisch-kritisch (und nicht nur sammelnd) arbeitender Biographen gehörten, ist angesichts der fragmentarischen Überlieferung nicht leicht zu bestimmen. Philiskos von Milet und Antigonos von Karystos scheinen unvoreingenommen über das Leben anderer geschrieben zu haben. Inwieweit sie sich dabei bereits gegen von ihnen als nicht authentisch erachtete Darstellungen wandten, muß allerdings offenbleiben.

Es braucht uns nicht zu verwundern, daß sich in hellenistischer Zeit keine nennenswerte politische Biographie als Reaktion auf Enkomien auf Politiker und Könige entwickelte. Denn Schepens hat gezeigt, daß das Leben dieser Männer fester Bestandteil allgemeiner historiographischer Werke war. Vor allem ab dem 4. Jh. v.Chr. nahm das biographische Element in der Historiographie im Vergleich zur Zeit davor deutlich zu. Daher bestand allem Anschein nach kaum Bedarf an separaten Darstellungen der Biographien dieser Männer.[59] Da Biographien von Dichtern und Philosophen in solchen Werken im allgemeinen nicht ausführlich behandelt wurden, sieht man einmal von lokalgeschichtlichen Werken ab, die dann wiederum wenig verbreitet waren, gab es hingegen wohl Nachfrage nach eigenständigen Lebensbeschreibungen dieser Personen.

Vermeiden von Polemik und 'Objektivität' waren aber nicht für alle biographischen Werke kennzeichnend, auch nicht in der Anfangsphase der Gattung. *Über die Sokratiker* des Epikurschülers Idomeneus von Lampsakos (ca. 325–270) war, wenn die wenigen Fragmente nicht in die Irre führen, polemisch gegenüber

---

58 Kap. 11.
59 Schepens 2007, 349–355; vgl. Schorn 2014a, 688–690.

Sokrates und einigen Sokratikern, was mit der philosophischen Überzeugung des Autors zu erklären ist.[60] Wenn der Idomeneus, der *Über die Demagogen in Athen* (Titel Konjektur)[61] schrieb, mit dem Epikureer identisch ist, war er zudem Autor eines polemischen Werks, das in der Tradition des Stesimbrotos und des Demagogenexkurses bei Theopompos steht.[62] Ob beide Werke vollständige Biographien enthielten, wissen wir nicht; in jedem Fall ist der Inhalt der Fragmente biographisch.

Ein weiterer Problemfall scheint Phainias von Eresos zu sein. Nicht sicher ist zwar, ob seine Werke *Über Dichter* und *Über die Sokratiker* Biographien waren und ob die ohne Buchtitel überlieferten Fragmente über Solon und Themistokles solchen entstammen. Klar ist aber, daß er ausführlich und mit biographischem Fokus über das Leben von Menschen der Vergangenheit schrieb, weshalb ich ihn hier mit in die Betrachtung einbeziehen möchte. Wenn uns die Überlieferung nicht täuscht und er wirklich das behauptete, was in einigen Fragmenten unter seinem Namen überliefert ist, finden wir bei ihm die Übertragung der Tyrannentopik auf Dionysios I., die Praktizierung der 'Methode des Chamaileon' und die 'Biographisierung' philosophischer Lehre zu einem Apophthegma, und dies alles, obwohl er über Personen der jüngeren Vergangenheit schrieb, für die noch bessere Informationen zur Verfügung standen. Einige seiner Berichte erwecken den Anschein lokaler Traditionen, sind aber fiktiv und stammen vielleicht von Phainias selbst, andere sind literarisch ausgeschmückt, um das Erzählte spektakulärer zu machen als in früheren Darstellungen. All dies steht in einem seltsamen Widerspruch zu Phainias' chronologischem Interesse in den biographischen Fragmenten und in *Prytanen von Eresos*. Die noch deutlich zutage tretende ethische Ausrichtung der Fragmente von *Über die Tyrannen Siziliens* und *Ermordungen von Tyrannen aus Rache* drängt die Vermutung auf, daß Phainias mehr als Philosoph denn als Historiker an das Leben von Personen der Vergangenheit heranging und sich größere Freiheiten als die historisch arbeitenden Autoren erlaubte, was die Präsentation fiktionalen Materials und wohl auch die Aufnahme eigener Erfindungen angeht.

---

60 FGrHist 338 F 16–17; F 24–28 Angeli; dazu die Charakterisierung in Angeli 1981a, 56–61; vgl. Cooper zu BNJ 338, v.a. Biographical Essay.
61 Ὡς δὲ Ἰδομενεύς φησι‹ν ἐν Περὶ τῶν Ἀθήνησι›ν δημαγωγῶν, FGrHist 338 F 2; siehe dazu Cooper zu BNJ 338 F 2 mit Literatur.
62 FGrHist 338 F 1–15; gegen Identifizierung: Angeli 1981b; dafür Cooper 1997 (dort, 457–458, zur literarischen Tradition) und zu BNJ 338.

In weitaus geringerem Maße als bei Phainias finden sich auch in manchen Fragmenten des Dikaiarchos Widersprüche und Fehler, die vielleicht als Folge einer philosophischen Intention zu erklären sind.[63]

14.2 Einige spätere Entwicklungen

Ich will nun nicht im Detail die Entwicklung der Biographie bis zum Ende des Hellenismus weiterverfolgen. Um dies tun zu können, müßte man auch die Fragmente der entsprechenden Einzelautoren eingehend untersuchen, um deren jeweiliges historiographisches Profil herauszuarbeiten. Entsprechende Studien entstehen gerade im Rahmen von FGrHist IV. Statt dessen will ich nur auf einige Tendenzen hinweisen.

Es gab auch in späterer Zeit noch Philosophenbiographien, die auf persönlicher Kenntnis der Porträtierten, Befragung von Augenzeugen und authentischem Material basierten. Für die Stoiker beweist dies das oft sehr gute Material, das uns Philodems *Index Stoicorum* überliefert. Zu seinen Quellen gehören Stratokles von Rhodos (um 100 v.Chr.),[64] der Schüler des Panaitios war, und Apollonios von Tyros, der Autor eines *Pinax der Philosophen seit Zenon und ihrer Bücher* war. Über die späten Stoiker berichtete Philodem vielleicht auf der Grundlage persönlicher Bekanntschaft.[65] Bei den biographischen Schriften über Epikur und andere Epikureer konnte Philodem auf sehr reiches dokumentarisches Materials zurückgreifen, v.a. auf Briefe der Epikureer der ersten Generation. Sofern es um Werke über Mitglieder der eigenen Schule geht, ist natürlich immer mit Stilisierung zu rechnen.

Ein Beispiel, in dem Biographie dem Enkomion sehr nahegekommen zu sein scheint, war das mindestens zweibändige *Leben Epikurs* des epikureischen Scholarchen Apollodoros von Athen (genannt „Gartentyrann") aus dem 2. Jh. v.Chr.[66] Biographie scheint hier Mittel der Protreptik gewesen zu sein. Hierzu paßt, daß das einzige Fragment aus Apollodoros' *Sammlung der Lehrmeinungen* Polemik gegen den Stoiker Chrysippos enthält.[67]

---

63 Siehe Verhasselt zu FGrHist 1400, Einleitung, Kap. 5.2.
64 Zu ihm als Quelle des Diogenes Laertios siehe Kap. 10.
65 Zu den Quellen Philodems im *Index Stoicorum* siehe Dorandi 1994, 32–35.
66 FGrHist 1028 mit meinem Kommentar in der Onlineversion von FGrHist IV.
67 FGrHist 1028 F 3.

Wenn Autoren über Personen einer länger zurückliegenden Vergangenheit schrieben, über die kein oder kaum noch neues biographisches Material zu finden war, das noch nicht in älteren Biographien verarbeitet war, boten sich ihnen verschiedenen Möglichkeiten. Die erste war das Schreiben einer gelehrten Biographie mit zahlreichen Verweisen auf die ältere Literatur, wobei man versuchen konnte, durch Zitate aus bisher unbeachteten Quellen oder eine im Vergleich zu den Vorgängern andere Selektion von Quellen und Informationen innovativ zu sein. Dies scheint die Arbeitsweise der Autoren von *Diadochai* und ähnlichen Philosophiegeschichten gewesen zu sein, jedenfalls was die Philosophen der älteren Vergangenheit angeht. Hinsichtlich der Form der *Diadochai* ist anzumerken, daß sie wohl im allgemeinen bio-doxographisch waren, Biographie und Doxographie im Hellenismus also im Gegensatz zu Jørgen Mejers Ansicht nicht immer in unterschiedlichen Werken behandelt wurden. Wenngleich es schon im 4. Jh. v.Chr. bio-doxographische Werke über Platon gab und auch später gelegentlich solche Werke über Philosophen geschrieben wurden, waren, wie es scheint, ausführliche und in sich geschlossene Sektionen zur Lehre zumeist nicht Bestandteil von Βίοι.[68] Auch durch die Aufnahme dieses Materials wollten sich die Autoren von *Diadochai* vielleicht von ihren Vorgängern absetzen.

Nicht nur über Philosophen, auch über Dichter und andere literarisch Tätige scheinen in hellenistischer Zeit gelehrte Werke mit vielen Zitaten aus der älteren historischen Literatur existiert zu haben, da die spätantiken anonymen Biographien vom Typ Γένος καὶ βίος τοῦ δεῖνα, die zusammen mit den Werken der Autoren, über die sie handeln, überliefert sind, auf hellenistische Vorgänger zurückgehen.[69]

Eine zweite Möglichkeit bestand darin, das altbekannte Material literarisch attraktiver als die Vorgänger aufzubereiten. Diesen Weg beschritt Satyros von Kallatis (Werke ca. 240–170 entstanden) in seinem *Leben des Euripides*, das er als Dialog gestaltete. Diese Form bot ihm die Möglichkeit, die Sprecher die unterschiedlichsten und selbst abstruse biographische Interpretationen von Euripidesversen und anderen Texten vortragen zu lassen. Belesenheit konnte der Autor zeigen, indem er die Sprecher Texte als Parallelen zitieren ließ, die man nicht unbedingt in einer Biographie dieses Tragikers erwartete. Für die Leser bestand der Reiz dieses literarischen Spiels darin zu erkennen, auf der Grundlage welcher

---

68 Zur Bio-Doxographie siehe Kap. 9.
69 Zu diesen Werken siehe Schorn im Druck 1, Kap. Literatenbiographien.

Texte die biographischen Fiktionen entstanden sind. Biographie hat hier Spielcharakter und dient der Exemplifizierung des philosophischen Konzepts des Großsinnigen (μεγαλόψυχος).⁷⁰

Während Satyros' Erzählungen über Euripides weniger spektakulär sind als in der Parallelüberlieferung, was mit seiner Sympathie für den Protagonisten zusammenhängt, erkennt man in den Fragmenten seiner Philosophen- und Herrscherbiographien öfters die Tendenz, existierende Erzählungen dramatisch auszugestalten, neue Anekdoten durch Kombination unterschiedlicher Geschichten zu kreieren und Erzählelemente von einer Person auf eine andere zu übertragen.⁷¹ Ob alle diese Änderungen auf Satyros selbst zurückgehen, muß offenbleiben. Jedenfalls zeigen sie Tendenzen, die zwar schon in der Frühphase der Biographie nachweisbar sind, dann aber vor allem in der späteren hellenistischen Zeit immer häufiger zu finden sind. Wir erkennen hier eine weitere Möglichkeit, als Biograph innovativ zu sein.

Eine Kombination aus literarischem Spiel, das der Leser dekodieren soll, und Zitatengelehrsamkeit stellen die Biographien des Hermippos von Smyrna dar (3. Jh.; alle mit Titeln vom Typ Περὶ τοῦ δεῖνα).⁷² Denn während Satyros in der Euripidesvita seine Sprecher nur Primär-, aber keine Sekundärliteratur zitieren läßt, sind die Fragmente des Hermippos reich an Erwähnungen von Gewährsmännern. Es verwundert nicht, daß er als „Kallimacheer" die Tendenz zeigt, gerne abgelegene Quellen zu zitieren. Seine Werke scheinen literarisch sehr attraktiv gewesen zu sein. Bei ihm und bei Satyros zeigt sich zudem die Tendenz zu biographischer Massenproduktion: beide schrieben eine Vielzahl von Werken über Personen aus unterschiedlichen Tätigkeitsfeldern, wobei das Spektrum bei Hermippos am breitesten gewesen zu sein scheint. Der historische Wert der Fragmente des Hermippos hängt ganz von seinen Quellen ab. Interessant ist das neue Fragment in P. Oxy. LXXI 4808 über seinen älteren Zeitgenossen Kleitarchos, das vielleicht einer Biographie dieses Historikers entstammt. Hier überliefert Hermippos authentisches Material aus eigener Kenntnis.⁷³

Eine weitere Möglichkeit im Umgang mit einem vielfach bearbeiteten Thema erkennen wir in der Pythagorasbiographie des späthellenistischen *Anonymus Diodori*. Er nimmt die Pythagorasbiographie des Aristoxenos und das *Tripartitum* als Grundlagen, gestaltet sie aber dem Pythagorasbild seiner Zeit entsprechend literarisch frei um und ergänzt sie durch weiteres Material. Seine Quellen nennt

---

70 Dazu siehe Schorn 2004, v.a. 26–49; 2014a, 718–720.
71 Belege in Schorn 2004, 50.
72 Zu ihm grundlegend Bollansée 1999a und 1999b; vgl. Schorn 2014a, 716–718.
73 Kap. 12.

er nicht, aber er lockert die Darstellung durch unterhaltsame Parallelen und Zitate auf.[74]

In vielen der oben genannten Fälle entfernt sich die Biographie von der historisch-kritischen Arbeitsweise, der wir in der Frühphase der Biographie begegnet sind. Bemerkenswert ist, daß der Historiker Diodor eine Darstellung wie die des Anonymus in seine *Bibliothek* eingegliedert hat.

14.3 Methodologische Erkenntnisse

Die Aufsätze in diesem Band sollen auch einen Beitrag zur Methodologie der Fragmentinterpretation liefern. Viele der dort gewonnenen Einsichten können meines Erachtens nicht nur auf fragmentarische Biographien, sondern ebenso auf andere historische Genres angewendet werden.

Es hat sich gezeigt, welch große Bedeutung der ständige Prozeß des Epitomierens, Zitierens und Paraphrasierens für unsere (Un)kenntis der hellenistischen Biographie hat. Daß diese Art der Überlieferung unser Bild von verlorenen Werken beeinflußt, war seit Brunts grundlegendem Aufsatz im Grunde bekannt.[75] Ich habe versucht, am konkreten Beispiel der Biographie noch etwas mehr Licht in die verschiedenen Phasen der Epitomierung zu bringen. Es ist sehr wichtig, sich zu vergegenwärtigen, daß wir bereits in der Frühphase der Biographie, im 4. Jh. bei Neanthes von Kyzikos, eine handbuchartige Darstellung vorliegen haben, die nicht nur mündliche Traditionen, sondern auch die Ansichten zahlreicher schriftlicher Werke verzeichnet (z.B. Timaios, Aristoxenos). Neanthes wurde von Hippobotos ausgeschrieben, der dann (auf welchen Wegen auch immer) Eingang in die Pythagorasviten des Porphyrios und Iamblichos fand, so daß die Auswahl des Neanthes noch dort nachwirkte. Es ist zu vermuten, daß diese Sammlung auch von anderen Autoren anstelle der Originalwerke verwendet wurde.[76]

Eine weitere wichtige Auswahlsammlung stellen die Epitomai des Herakleides Lembos aus dem frühen 2. Jh. v.Chr. dar, der (alle oder einige) Biographien des Satyros und des Hermippos sowie die *Diadochai* Sotions epitomierte. Meine These lautet, daß die Sotionepitome das Hauptwerk war, das durch die beiden anderen Epitomai um zusätzliches Material ergänzt wurde, d.h. konkret: durch ungewöhnliche Erzählungen, die bei Sotion nicht zu finden waren. Da diese Epitomierung schon wenige Jahre nach der Abfassung der Biographien stattfand,

---

74 Kap. 6.
75 Brunt 1980.
76 Kap. 1.

verdrängte die Epitome sehr wahrscheinlich zum Teil die Originale.[77] Diogenes Laertios kannte Satyros und Sotion wohl nur über die Epitome (oder selbst diese nur indirekt) bzw. anderweitig indirekt, Hermippos aber wohl direkt.[78]

In einer Reihe von *case studies* habe ich deutlich zu machen versucht, zu welchen Problemen mehrfach epitomierte Überlieferungen führen, will man den Inhalt und Charakter der Originale rekonstruieren. Ein Problem ist, daß häufig nicht mehr deutlich wird, wenn sich Autoren für Informationen ursprünglich auf Quellen beriefen oder Dinge mit Zurückhaltung (etwa als „man sagt") präsentierten. Ein genaues Studium der besser überlieferten Fragmente des Chamaileon und des Aristoxenos zeigte, daß sie häufig nur die Ansichten anderer wiedergaben, was zur Frage führt, welchen Traditionen sie sich letztlich anschlossen. Die wenigen gut überlieferten Fragmente des Neanthes bei Philodem machen es wahrscheinlich, daß bei den in mehrfacher Brechung z.B. bei Diogenes Laertios überlieferten Fragmenten desselben Autors zahlreiche Feinheiten der Präsentation und Interpretation verlorengegangen sind.[79] Satyros' *Leben des Euripides* zeigt, daß er keinesfalls die vielen naiven Geschichten über das Leben des Dichters als historische Wahrheit berichtete. Wenn wir aber die Exzerpte aus dieser Biographie im anonymen *Genos* lesen, sehen wir, daß die entsprechenden Angaben weitgehend als Fakten präsentiert werden.[80] Ein Großteil der Fragmente der hellenistischen Biographie ist schlecht, d.h. in mehrfacher Brechung, überliefert und erscheint in den Quellen meist in der Form: „Biograph X sagt, daß". Angesichts der obigen Ausführungen liegt die Vermutung nahe, daß auch andere Biographen, die uns aufgrund kurioser Behauptungen in ihren Fragmenten als naiv oder sensationslüstern erscheinen, die entsprechenden Behauptungen nicht immer als historische Tatsachen präsentiert haben. Es ist daher sehr wichtig, immer nach dem Direktheitsgrad von Fragmenten zu fragen, so insbesondere bei Fragmenten aus Diogenes Laertios, einer unserer Hauptquellen für biographische Fragmente.[81]

Die in unterschiedlicher Brechung bei Kyrill und Theodoret vorliegende Tradition über Sokrates, die über eine Zwischenquelle auf Porphyrios und von dort (über Zwischenquellen?) auf Aristoxenos zurückgeht, ist ein gutes Beispiel, anhand dessen man nachvollziehen kann, wie die beiden christlichen Autoren die Überlieferung entsprechend ihren literarischen Strategien manipuliert haben

---

77 Kap. 8.
78 Kap. 10.
79 Kap. 1.
80 Kap. 8.
81 In Kap. 10 werden Mejers Ergebnisse der Quellenanalyse des Diogenes Laertios überprüft.

und wie schon die ihnen vorliegende Selektion ihre Darstellung beeinflußt hat. Das Beispiel Aristoxenos hat auch gezeigt, daß bei der Beurteilung eines verlorenen Autors alle Testimonien verwendet werden müssen und daß bei jedem Qualitätsurteil aus der Antike ebenso nach seinem literarischen Kontext und der argumentativen Strategie des urteilenden Autors zu fragen ist.[82]

In diesem Zusammenhang ist auch die Studie zur Bio-Doxographie in hellenistischer Zeit zu nennen. Sie macht deutlich, daß es eine Folge des Zitierverhaltens unserer primären Quellenautoren ist, wenn kaum noch deutlich wird, daß die meisten *Diadochai* der hellenistischen Zeit Biographie mit Doxographie kombinierten.[83]

Diodors Pythagoreerkapitel, d.h. der *Anonymus Diodori*, bietet die seltene Möglichkeit nachzuvollziehen, wie ein Autor seine Quelle umarbeitet, in diesem Fall vor allem Aristoxenos' Pythagorasbiographie. Es zeigt sich, daß der Anonymus seine Vorlage nicht nur inhaltlich seiner Vorstellung von Pythagoreern angepaßt, sondern sie sprachlich grundlegend umarbeitet hat, daß er aber die Struktur von Erzählungen trotz aller Modifikationen oft beibehalten hat und einige wörtliche Textstücke aus der Vorlage stehengeblieben sind. Identische Struktur in Verbindung mit einem Maximum an sprachlicher Differenz und (im Idealfall) einer oder mehreren wörtlichen Übereinstimmungen können demnach sekundäre Versionen entlarven. Zu ähnlichen Beobachtungen führt ein Vergleich von Xenophons *Hellenika* mit den *Hellenika von Oxyrhynchos*/Diodor und der verschiedenen Euripidesbiographien innerhalb des spätantiken *Genos*. Es scheint daher vielversprechend zu sein, nach solchen Fällen in der historischen Überlieferung zu suchen.[84]

---

82 Kap. 4.
83 Kap. 9.
84 Kap. 6.

Literaturverzeichnis

Achilli, I., Il proemio del libro 20 della Biblioteca Storica di Diodoro Siculo, Lanciano 2012.
Alexiou, E., Die Funktion der Homerzitate in Plutarchs Biographien, in: A. Haltenhoff – F.-H. Mutschler (Hgg.), Hortus litterarum antiquarum. Festschrift für Hans Armin Gärtner, Heidelberg 2000, 51–65 (= 2000a).
Alexiou, E., Enkomion, Biographie und die 'unbeweglichen Statuen', C&M 51, 2000, 103–117 (= 2000b).
Alexiou, E., Der Euagoras des Isokrates. Ein Kommentar, Berlin – New York 2010.
Ambaglio, D., La Biblioteca storica di Diodoro Siculo. Problemi e metodo, Como 1995.
Ambaglio, D., Introduzione alla Biblioteca storica di Diodoro, in: D. Ambaglio – F. Landucci – L. Bravi (Hgg.), Diodoro Siculo. Biblioteca storica. Commento storico. Introduzione generale, Milano 2004, 3–115.
Amigues, S., Théophraste, Recherches sur les plantes, I, texte établi et traduit, Paris 1988.
Amiotti, G., Gli oracoli sibillini e il motivo del re d'Asia nella lotta contro Roma, in: M. Sordi (Hg.), Politica e religione nel primo scontro tra Roma e l'Oriente, Milano 1982, 18–26.
Ampolo, C., Inventare una biografia. Note sulla biografia greca ed i suoi precedenti alla luce di un nuovo documento epigrafico, QS 73, 1990, 213–224.
Angeli, A., I frammenti di Idomeneo di Lampsaco, CErc 11, 1981, 41–101 (= 1981a).
Angeli, A., L'opera Sui demagoghi in Atene di Idomeneo, Vichiana 10, 1981, 5–16 (= 1981b).
Antela Bernárdez, B., Athenion of Athens Revisited, Klio 97, 2015, 59–80.
Apostle, H.G., Aristotle. The Nicomachean Ethics. Translated with Commentaries and Glossary, Dordrecht – Boston 1975.
Armstrong, A., Timon of Athens – a Legendary Figure?, G&R N.S. 34, 1987, 7–11.
Arnott, W.G., Alexis. The Fragments. A Commentary, Cambridge 1996.
Aronadio, F., Due fonti laerziani: Sozione e Demetrio di Magnesia, Elenchos, 11, 1990, 203–254.
Arrighetti, G., Satiro. Vita di Euripide, Pisa 1964.
Arrighetti, G., Epicuro. Opere, Torino ²1973.
Arrighetti, G., Poeti, eruditi e biografi. Momenti della riflessione dei Greci sulla letteratura, Pisa 1987.
Arrighetti, G., Riflessione sulla letteratura e biografia presso i Greci, in: F. Montanari (Hg.), La philologie grecque à l'époque hellénistique et romaine, Vandœuvres-Genève 1994, 211–262.
Arrighetti, G., Rez. Stoddard 2004, Gnomon 79, 2007, 385–390.
Arrighetti, G., Anekdote und Biographie. Μάλιστα τὸ μικρὸν φυλάττειν, in: Erler – Schorn 2007, 79–100.
Arrighetti, G., Cameleonte peripatetico e gli studi sulla biografia greca, in: P. Arduini u.a. (Hgg.), Studi offerti ad Alessandro Perutelli, I, Roma 2008, 63–69.
Athanassiadi, P., Damascius. The Philosophical History. Text with Translation and Notes, Athens 1999.
Avagianou, A., Sacred Marriage in the Rituals of Greek Religion, Bern u.a. 1991.
Avenarius, G., Lukians Schrift zur Geschichtsschreibung, Meisenheim am Glan 1956.
Babut, D., Plutarque, Aristote, et l'aristotelisme, in: Parerga. Choix d'articles de Daniel Babut (1974–1994), Lyon 1994, 505–529; Ndr. in: L. Van der Stockt (Hg.), Plutarchea Lovaniensia. A Miscellany of Essays on Plutarch, Leuven 1996, 1–28.

Bagordo, A., Die antiken Traktate über das Drama. Mit einer Sammlung der Fragmente, Leipzig 1998.
Baldini, A., Nota alla prefazione delle Vite Sophistarum di Eunapio, Simblos 2, 1997, 191–210.
Baltussen, H., The Peripatetics. Aristotle's Heirs 322 BCE–200 CE, London – New York 2016.
Barber, G.L., The Historian Ephorus, Cambridge 1935.
Baron, C.A., The Use and Abuse of Historians. Polybios' Book XII and the Evidence for Timaios, AncSoc 39, 2009, 1–34.
Baron, C.A., Timaeus of Tauromenium and Hellenistic Historiography, Cambridge 2013.
Baron, C.A., Neanthes (84), in: I. Worthington (Hg.), Brill's New Jacoby, www.brillonline.com (veröffentlicht 1. April 2014).
Bartol, K., Schnee beim Gelage. Zu Simonides, Eleg. 25W^2, Eos 85, 1998, 185–188.
Battezzato, L., Pythagorean Comedies from Epicharmus to Alexis, Aevum (ant) n.s. 8, 2008, 139–164.
Bearzot, C., La maledizione di Atena nel frammento di Antistene, in: M. Sordi (Hg.), Politica e religione nel primo scontro tra Roma e l'oriente, Milano 1982, 12–17.
Becker, M., Eunapios aus Sardes. Biographien über Philosophen und Sophisten. Einleitung, Übersetzung, Kommentar, Stuttgart 2013.
Bell, J.M., Κίμβιξ καὶ σοφός. Simonides in the Anecdotal Tradition, QUCC 28, 1978, 29–86.
Beresford, A.G. – Parsons, P.J. – Pobjoy, M.P., 4808. On Hellenistic Historians, in: The Oxyrhynchus Papyri, LXXI, London 2007, 27–36.
Bernabé, A., Poetae epici graeci. Testimonia et fragmenta. Pars II. Orphicorum et Orphicis similium testimonia et fragmenta. Fasciculus 2, München – Leipzig 2005.
Bernabé, A. – Hernández Muñoz, F.G., Manual de crítica textual y edición de textos griegos, Madrid 2010.
Bernays, J., Theophrastos' Schrift über Frömmigkeit. Ein Beitrag zur Religionsgeschichte, Berlin 1866.
Bertelli, L., Dosiadas (458), in: I. Worthington (Hg.), Brill's New Jacoby, www.brillonline.com (veröffentlicht 1. April 2009).
Bertermann, W., De Iamblichi vitae Pythagoricae fontibus, Diss. Königsberg 1913.
Berti, M., Istro il Callimacheo, I. Testimonianze e frammenti su Atene e sull'Attica, Tivoli 2009.
Bertini, F., Prolegomena Noniana, III, Genova 2004.
Bertram, F., Die Timonlegende. Eine Entwicklungsgeschichte des Misanthropentypus in der antiken Literatur, Diss. Heidelberg 1906.
Berve, H., Dion, Wiesbaden 1957.
Betegh, G., Pythgoreans, Orphism and Greek Religion, in: Huffman 2014a, 149–166.
Bettini, M., Il canto delle pernici in Alcmane. Poeti uccelli e uccelli poeti, Lexis 27, 2009, 243–251.
Beutler, R., Art. Porphyrios 21, RE 22,1, 1953, 273–313.
Bichler, R., Herodots Welt. Der Aufbau der Historie am Bild der fremden Länder und Völker, ihrer Zivilisation und ihrer Geschichte, Berlin 2000.
Bicknell, P.J., Sokrates' Mistress Xanthippe, Apeiron 8, 1974, 1–5.
Bicknell, P.J., Themistokles' Father and Mother, Historia 31, 1982, 161–173.
Bidez, J., La biographie d'Empédocle, Gent 1894.
Bignone, E., L'Aristotele perduto e la formazione filosofica di Epicuro, I–II, Firenze 1973.
Bleckmann, B., Athens Weg in die Niederlage. Die letzten Jahre des Peloponnesischen Kriegs, Stuttgart – Leipzig 1998.
Bleckmann, B., Fiktion als Geschichte, Göttingen 2006.

Bloch, H., Herakleides Lembos and His Epitome of Aristotle's Politeiai, TAPA 71, 1940, 27–39.
Blum, R., Kallimachos und die Literaturverzeichnung bei den Griechen. Untersuchungen zur Geschichte der Biobibliographie, Frankfurt am Main 1977.
Blume, H.-D., Art. Kallippides, NP 6, 1999, 201.
Boas, M., De epigrammatis Simonideis, I. Commentatio critica de epigrammatum traditione, Diss. Amsterdam 1905.
Bodéüs, R., Aristote. Éthique à Nicomaque. Traduction, présentation, notes et bibliographie, Paris 2004.
Bodin, L., Histoire et biographie. Phanias d'Érèse, REG 28, 1915, 251–281; 30, 1917, 117–157.
Boeckh, A., Corpus inscriptionum Graecarum, II, Berlin 1843.
Boissevain, U.Ph., Excerpta historica iussu imp. Constantini Porphyrogeniti confecta, IV. Excerpta de sententiis, Berlin 1906.
Bollansée, J., Hermippos of Smyrna on Lawgivers: Demonax of Mantineia, AncSoc 26, 1995, 289–300.
Bollansée, J., 1008. Hermodoros of Syracuse, in: Schepens 1998, 192–211.
Bollansée, J., Felix Jacoby. Die Fragmente der Griechischen Historiker Continued, IV. Biography and Antiquarian Literature. IV A. Biography. Fasc. 3. Hermippos of Smyrna, Leiden – Boston – Köln 1999 (= 1999a).
Bollansée, J., Hermippos of Smyrna and His Biographical Writings. A Re-appraisal, Leuven 1999 (= 1999b).
Bollansée, J., Animadversiones in Diogenem Laertium, RhM 144, 2001, 64–106.
Bonnechere, P., Le sacrifice humain en Grèce ancienne, Athènes – Liège 1994.
Bosworth, A.B., Hieronymus' Ethnography. Indian Widows and Nabataean Nomads, in: ders., The Legacy of Alexander. Politics, Warfare, and Propaganda under the Successors, Oxford 2002, 169–209.
Bowen, A., Plutarch. The Malice of Herodotus (de Malignitate Herodoti). Translated with an Introduction and Commentary, Warminster 1992.
Bradley, J.R., The Sources of Cornelius Nepos. Selected Lives, New York – London 1991.
Brancacci, A., Oikeios logos. La filosofia del linguaggio di Antistene, Napoli 1990.
Bravi, L., Gli epigrammi di Simonide e le vie della tradizione, Roma 2006.
Bravo, B., Felix Jacoby, Arnaldo Momigliano e l'erudizione antica, in: C. Ampolo (Hg.), Aspetti dell'opera di Felix Jacoby, Pisa ²2009, 227–257.
Bréchet, C., Homère dans l'œuvre de Plutarque. La référénce homérique dans les Œuvres Morales, Diss. Université Paul Valéry – Montpellier III 2003. (*non vidi*; Zusammenfassung in Ploutarchos N.S. 2, 2004–2005, 181–187).
Bréchet, C., La lecture plutarquéenne d'Homère. De la Seconde Sophistique à Théodore Métochite, Pallas 67, 2005, 175–201.
Breitenbach, H., De genere quodam titulorum comoediae Atticae, Diss. Basel 1908.
Bremmer, J.N., Götter, Mythen und Heiligtümer im antiken Griechenland, Darmstadt 1996.
Bremmer, J.N., Richard Reitzenstein, Pythagoras and the Life of Antony, in: Renger – Stavru 2016, 227–245.
Briant, P., Dons de terres et de villes. L'Asie Mineure dans le contexte achéménide, REA 87, 1985, 53–72.
Bringmann, K., Poseidonios and Athenion. A Study in Hellenistic Historiography, in: P. Cartledge – P. Gernsey – E. Gruen (Hgg.), Hellenistic Constructs. Essays in Culture, History, and Historiography, Berkeley u.a. 1997, 145–158.
Brink, K.O., Art. Peripatos RE S 7, 1940, 899–949.

Brink, K.O., Callimachus and Aristotle. An Inquiry Into Callimachus' ΠΡΟΣ ΠΡΑΞΙΦΑΝΗ, CQ 40, 1946, 11–26.
Brisson, L., Les accusations de plagiat lancées contre Platon, in: M. Dixsaut (Hg.), Contre Platon, I. Le platonisme dévoilé, Paris 1993, 339–356.
Brown, C., From Rags to Riches. Anacreon's Artemon, Phoenix 37, 1983, 1–15.
Brown, H.A., Philosophorum Pythagoreorum specimen, Diss. Univ. of Chicago 1941.
Brown, T.S., Timaeus of Tauromenium, Berkeley – Los Angeles 1958.
Brunt, P.A., On Historical Fragments and Epitomes, CQ N.S. 30, 1980, 477–494.
Brussich, G.F., Laso di Ermione. Testimonianze e frammenti. Testo, traduzione e commento, Pisa 2000.
Buck, D.F., Eunapius' Lives of the Sophists. A Literary Study, Byzantion, 62, 1992, 141–157.
Budde, K., Quaestiones Laertianae, Diss. Göttingen 1914; nur in der handschriftlichen Fassung des Verfassers in der Universitätsbibliothek Göttingen verfügbar; eine Zusammenfassung von M. Pohlenz in JFG 12, 1920, 73–79.
Budin, S.L., The Myth of Sacred Prostitution in Antiquity, Cambridge 2008.
Buè, F., La musica degli uccelli e la parola del divino. Alcmane e Messiaen, RCCM 57, 2015, 365–383.
Bürcher, L., Art. Sipylos 1, RE 3 A 1, 1927, 275–281.
Büttner-Wobst, Th. – Roos, A.G., Excerpta historica iussu imp. Constantini Porphyrogeniti confecta, II. Excerpta de virtutibus et vitiis. Pars 1, recensuit et praefatus est Th.B.W., editionem curavit A.G.W., Berlin 1906.
Burguière, P. – Évieux, P., Cyrille d'Alexandrie. Contre Julien. Tome I. Livres I et II. Introduction, texte critique, traduction et notes, Paris 1985.
Burkert, W., Hellenistische Pseudopythagorica, Philologus 105, 1961, 16–43; 226–246; Ndr. in: Kleine Schriften, III. Mystica, Orphica, Pythagorica, hg. v. F. Graf, Göttingen 2006, 236–277.
Burkert, W., Weisheit und Wissenschaft. Studien zu Pythagoras, Philolaos und Platon, Nürnberg 1962.
Burkert, W., Lore and Science in Ancient Pythagoreanism, Cambridge, MA 1972 (= überarbeitete Version von Burkert 1962).
Burkert, W., Neanthes von Kyzikos über Platon. Ein Hinweis aus Herculaneum, MH 57, 2000, 76–80.
Burkert, W., Griechische Religion der archaischen und klassischen Epoche, Stuttgart ²2011.
Burkert, W. – Gemelli Marciano, L. – Matelli, E. – Orelli, L. (Hgg.), Fragmentsammlungen philosophischer Texte der Antike. Le raccolte dei frammenti di filosofi antichi. Atti del Seminario Internazionale, Ascona, Centro Stefano Franscini, 22–27 Settembre 1996, Göttingen 1998.
Burstein, S.M., Agatharchides of Cnidus, On the Erythraean Sea, London 1989.
Busolt, G., Griechische Geschichte bis zur Schlacht bei Chaeroneia, I–II, Gotha 1893–1895.
Busolt, G., Der neue Historiker und Xenophon, Hermes 43, 1908, 255–285.
Busolt, G., Zur Glaubwürdigkeit Theopomps, Hermes 45, 1910, 220–249.
Cagnazzi, S., Nicobule e Panfila. Frammenti di storiche greche, Bari 1997.
Cagnazzi, S., Gli esìli in Persia, Bari 2001.
Calame, C., Alcman. Fragmenta edidit, veterum testimonia collegit, Roma 1983.
Camacho Rojo, J.M., En torno a Diodoro de Sicilia y su concepción moralizante de la historia, in: J. Lens Tuero (Hg.), Estudios sobre Diodoro de Sicilia, Granada 1994, 63–69.

Camassa, G., La biografia, in: Lo spazio letterario della Grecia antica, I. La produzione e la circolazione del testo. 3. I Greci e Roma, Roma 1994, 303–332.
Cameron, A., Callimachus and His Critics, Princeton 1995.
Canfora, L., Le but de l'historiographie selon Diodore, in: H. Verdin – G. Schepens – E. De Keyser (Hgg.), Purposes of History. Studies in Greek Historiography from the 4th to the 2nd Centuries B.C., Leuven 1990, 313–322; 351–359 (Diskussion).
Canfora, L. (Hg.), Ateneo, I deipnosofisti. I dotti a banchetto, prima tradzione italiana commentata su progetto di L.C. Introduzione di Ch. Jacob, IV, Roma 2001.
Canivet, P., Histoire d'une enterprise apologétique au Ve siècle, Paris 1957.
Capasso, M., L'opera polistratea Sulla filosofia, CErc 6, 1976, 81–84.
Capasso, M., Le raccolte di papiri storici greci e latini, RFIC 141, 2013, 66–78.
Capel Badino, R., Polemone di Ilio. I frammenti dei trattati periegetici: la Grecia, Diss. San Marino 2014.
Capelle, W., Theophrast in Ägypten, WS 69, 1956, 173–186.
Carena, C. – Manfredini, M. – Piccirilli, L., Plutarco. Le vite di Temistocle e di Camillo, Milano 1983.
Casadesús Bordoy, F., Heródoto II 81: ¿Órficos o Pitagóricos?, in: Actas del VIII congreso español de estudios clásicos (Madrid, 23–28 de septiembre de 1991), II, Madrid 1994, 107–111.
Casadio, G., La metempsicosi tra Orfeo e Pitagora, in: Ph. Borgeaud (Hg.), Orphisme et Orphée en l'honneur de Jean Rudhardt, Genève 1991, 119–155.
Casertano, G., Orfismo e pitagorismo in Empedocle? in: M. Tortorelli Ghidini – A. Storchi Marino – A. Visconti (Hgg.), Tra Orfeo e Pitagora. Origini e incontri di culture nell'antichitá. Atti dei seminari napoletani 1996–1998, Napoli 2000, 195–236.
Caujolle-Zaslawsky, F. – Goulet, R. – Queyrel, F., Art. Aristippe de Cyrène (A 356), DPhA 1, 1994, 370–375.
Cavalieri, M.C., La Rassegna dei filosofi di Filodemo. Scuola eleatica ed abderita (PHerc 327) e scuola pitagorica (PHerc 1508), PLup 11, 2002, 17–53.
Celluprica, V., Diocle di Magnesia fonte della dossografia stoica in Diogene Laerzio, Orpheus n.s. 10, 1989, 58–79.
Centrone, B., L'VIII libro delle Vite di Diogene Laerzio, ANRW 2,36,6, 1992, 4183–4217.
Centrone, B., Art. Cleinias de Tarente (C 145), DPhA 2, 1994, 421–422 (= 1994a).
Centrone, B., Art. Damon de Syracuse (D 15), DPhA 2, 1994, 607–608 (= 1994b).
Chambers, M., Aristoteles. Staat der Athener, übersetzt und erläutert, Berlin 1990.
Chamoux, F., Introduction générale. Diodore. L'homme et l'œuvre, in: Diodore de Sicile. Bibliothèque historique. Tome I. Introduction général par. F. Chamoux et P. Bertrac. Livre I, texte établi par P. Bertrac, traduit par Y. Vernière, Paris 1993, VII–LXXVI.
Chamoux, F., La biographie dans la Bibliothèque historique de Diodore de Sicile, in: J.A. Sánchez Marín – J. Lens Tuero – C. López Rodríguez (Hgg.), Historiografía y biografía. Actas del Coloquio internacional sobre historiografía y biografía (de la Antigüedad al Renacimiento), Granada, 21–23 de septiembre de 1992, Madrid 1997, 57–65.
Champion, C.B., Timaios (566), in: I. Worthington (Hg.), Brill's New Jacoby, www.brillonline.com (veröffentlicht 1. Oktober 2010).
Chaniotis, A., Historie und Historiker in den griechischen Inschriften. Epigraphische Beiträge zur griechischen Historiographie, Stuttgart 1988.
Chantraine, P., Dictionnaire étymologique de la langue grecque. Histoire des mots. Avec un suppl. sous la dir. de A. Blanc, Paris 1999.

Cháves Reino, A. – Ottone, G., Les fragments de Théopompe chez Athénée. Un aperçu general, in: D. Lenfant (Hg.), Athénée et les fragments d'historiens. Actes du colloque de Strasbourg (16–18 juin 2005), Paris 2007, 139–174.
Chiesara, M.L., Aristocles of Messene. Testimonia and Fragments. Edited with Translation and Commentary, Oxford 2001.
Christ, G., Simonidesstudien, Diss. Zürich, gedr. Freiburg (Schweiz) 1941.
Chroust, A.-H., Aristotle. New Light on His Life and on Some of His Lost Works, I. Some Novel Interpretations of the Man and His Life, Notre Dame, IN 1973.
Chrysanthou, Chr.S., P. Oxy. LXXI 4808: Bios, Character, and Literary Criticism, ZPE 193, 2015, 25–38.
Cizek, E., Structures et idéologie dans Les Vies des Douze Césars de Suétone, Bucureşti 1977.
Clarke, M.L., Rhetoric at Rome. A Historical Survey, London 1966.
Classen, C.J., Aristoteles' Darstellung der Sophistik und der Sophisten, in: ders., Ansätze. Beiträge zum Verständnis der frühgriechischen Philosophie, Würzburg – Amsterdam 1986, 191–215 [zuerst: Aristotle's Picture of the Sophists, in: G.B. Kerferd (Hg.), The Sophists and Their Legacy. Proceedings of the Fourth International Colloquium on Ancient Philosophy Held in Cooperation with Projektgruppe Altertumswissenschaften der Thyssenstiftung at Bad Homburg, 29. August – 1. September 1979, Wiesbaden 1981, 7–24].
Clay, D., The Scandal of Dionysos on Paros (The Mnesiepes Inscription E_1 III), Prometheus 27 2001, 97–112.
Clay, D., Archilochos Heros. The Cult of Poets in the Greek Polis, Cambridge, MA – London 2004.
Cobet, C.G., Diogenis Laertii de clarorum philosophorum vitis, dogmatibus et apophthegmatibus libri decem. Ex Italicis codicibus nunc primum excussis recensuit, Paris 1850.
Cobet, C.G., Collectanea critica quibus continentur observationes criticae in scriptores Graecos, Leiden 1878.
Cohen-Skalli, A., À propos de l'anecdote pythagoricienne de Phintias et Damon. Extrait du Pseudo-Maxime, un nouveau témoin d'un fragment de Diodore, REG 123, 2010, 543–583.
Cohen-Skalli, A., Diodore de Sicile. Bibliothèque historique. Fragments. Tome I. Livres VI–X. Texte établi, traduit et commenté, Paris 2012.
Cook, J.M., The Troad. An Archaeological and Topographical Study, Oxford 1973.
Cooper, C., Phaenias of Eresus on Solon and Themistocles, EMC N.S. 14, 1995, 323–335.
Cooper, C., Idomeneus of Lampsacus on the Athenian Demagogues, EMC N.S. 16, 1997, 455–482.
Cooper, C., Phainias' Historiographical and Biographical Method. Chronology and Dramatization, in: Hellmann – Mirhady 2015, 253–271.
Coppola, A., Il re, il barbaro, il tiranno. Poesia e ideologia in età ellenistica, Padova 2002.
Corcella, A. – Medaglia, S.M. – Fraschetti, A., Erodoto. Le storie, IV. Libro IV. La Scizia e la Libia. Introduzione e commento di A.C. Testo critico di S.M.M. Traduzione di A.F., Milano 1999.
Cordiano, G., La diaspora pitagorica in Dicearco e Aristosseno. Tradizioni pitagoriche a confronto, Kokalos 45, 1999, 301–327.
Corssen, P., Der Abaris des Heraklides Ponticus. Ein Beitrag zu der Geschichte der Pythagoraslegende, RhM 67, 1912, 20–47 (= 1912a).
Corssen, P., Die Schrift des Arztes Androkydes ΠΕΡΙ ΠΥΘΑΓΟΡΙΚΩΝ ΣΥΜΒΟΛΩΝ, RhM 67, 1912, 240–263 (= 1912b).
Courcelle, P., Les lettres grecques en Occident. De Macrobe à Cassiodore, Paris ²1948.

Criscuolo, U., Biografia e agiografia fra pagani e cristiani fra il IV e il V secolo. Le Vitae di Eunapio e la Historia Lausiaca, Salesianum 67, 2005, 771–798.
Crönert, W., Kolotes und Menedemos. Texte und Untersuchungen zur Philosophen- und Literaturgeschichte, Leipzig 1906.
Crönert, W., De Lobone Argivo, in: ΧΑΡΙΤΕΣ Friedrich Leo zum sechzigsten Geburtstag dargebracht, Berlin 1911, 123–145.
Cromey, R.D., Sokrates' Myrto, GB 9, 1980, 57–67.
Crusius, O., Art. Artemon 15, RE 2,2, 1896, 1446.
Cuvigny, M. – Lachenaud, G., Plutarque. Œuvres morales. Tome XII 1, texte établi et traduit, Paris 1981.
David, E., Solon's Electoral Propaganda, RSA 15, 1985, 7–22.
Davies, M., Poetarum melicorum Graecorum fragmenta, post D.L. Page edidit, Oxford 1991.
Davies, M. – Finglass, P.J., Stesichorus. The Poems. Edited with Introduction, Translation, and Commentary, Cambridge 2014.
De Coninck, L., Over gebruik en waardebepaling van primaire geschreven bronnen in de Romeinse geschiedkundige literatuur. De Keizerbiografieën van Suetonius, Diss. Leuven 1978.
de Kreij, M., Οὔκ ἐστι Σαπφοῦς τοῦτο τὸ ᾆσμα. Variants of Sappho's Songs in Athenaeus' Deipnosophistae, JHS 136, 2016, 59–72.
De Sensi Sestito, G., La storia italiota in Diodoro. Considerazioni sulle fonti per i libri VII–XII, in: E. Galvagno – C. Molè Ventura (Hgg.), Mito, storia, tradizione. Diodoro Siculo e la storiografia classica. Atti del Convegno Internazionale, Catania-Agira 7–8 dicembre 1984, Catania 1991, 125–152.
de Waele, J.A., Acragas Graeca. Die historische Topographie des griechischen Akragas auf Sizilien, I. Historischer Teil, 's-Gravenhage 1971.
de Wet, B.X., Plutarch's Use of the Poets, AClass 31, 1988, 13–25.
Decleva Caizzi, F., Antisthenis fragmenta, Milano-Varese 1966.
Del Mastro, G., Altri frammenti dal PHerc. 1691: Filodemo, Historia Academicorum e Di III, CErc. 42, 2012, 277–292.
Delatte, A., La chronologie pythagoricienne de Timée, MB 24, 1920, 5–13.
Delatte, A., La Vie de Pythagore de Diogène Laërce. Édition critique avec introduction et commentaire, Bruxelles 1922 (= 1922a).
Delatte, A., Essai sur la politique pythagoricienne, Liège – Paris 1922 (= 1922b).
Delcourt, M., Biographies anciennes d'Euripide, AClass 2, 1933, 271–290.
Deman, T., Le témoignage d'Aristote sur Socrate, Paris 1942.
Den Hengst, D., Het prooemium van Livius' Ab urbe condita, Lampas 28, 1995, 314–330.
des Places, É., Porphyre. Vie de Pythagore. Lettre à Marcella, texte établi et traduit par É. des P. Avec un appendice d'A.Ph. Segonds, Paris 1982.
Desbordes, B.A., Introduction à Diogène Laërce. Exposition de l'Altertumswissenschaft servant de préliminaires critiques à une lecture de l'œuvre, I–II, Diss. Utrecht 1990.
Desrousseaux, A. – Astruc, C., Athénée de Naucratis. Les Deipnosophistes. Livres I et II, texte établi et traduit, Paris 1956.
Deubner, L., Attische Feste, Berlin 1932.
Deubner, L. – Klein, U., Iamblichi de vita Pythagorica liber, edidit L.D., editionem addendis et corrigendis adiunctis curavit U.K., Stuttgart 1937/1975.
Deufert, M., Zur Datierung des Nonius Marcellus, Philologus 145, 2001, 137–149.

Di Marco, M., Variazioni sul 'mito' di Saffo. Il divertissement di Ermesianatte, PhilAnt 6, 2013, 49–63.
Diels, H., Doxographi graeci, collegit, recensuit, prolegomenis indicibusque instruxit, Berlin 1879.
Diels, H., Ueber die ältesten Philosophenschulen der Griechen, in: Philosophische Aufsätze Eduard Zeller zu seinem fünfzigjährigen Doctor-Jubiläum gewidmet, Leipzig 1887, 239–260.
Diels, H., Ein gefälschtes Pythagorasbuch, AGPh 3, 1890, 451–472.
Dihle, A., Studien zur griechischen Biographie, Göttingen ²1970.
Dihle, A., Die Entstehung der historischen Biographie, Heidelberg 1987.
Dillon, J., Aristoxenus' Life of Plato, in: Huffman 2012, 283–296.
Dillon, J., Pythagoreanism in the Academic Tradition. The Early Academy to Numenius, in: Huffman 2014a, 250–273.
Dilts, M.R., Heraclidis Lembi excerpta politiarum. Edited and Translated, Durham, NC 1971.
Dindorf, L., Diodori Bibliothecae historicae l. VII.–X. et XXI.–XL. Excerpta Vaticana ex recensione L. Dindorfii. Accedunt A. Maii annotationes, Leipzig 1828.
Dindorf, L., Diodori Siculi Bibliothecae historicae quae supersunt ex nova recensione L. Dindorfii. Graece et Latine. Perditorum librorum excerpta et fragmenta ad integri operis seriem accomodare studuit, rerum indicem locupletissimum adjecit K. Müller, I, Paris 1842.
Dindorf, L., Diodori Bibliotheca historica, ex recensione et cum annotatione L.D., II, Leipzig 1867.
D'Ippolito, G., L'Omero di Plutarco, in: I. Gallo (Hg.), La biblioteca di Plutarco. Atti del IX convegno plutarcheo, Pavia, 13–15 giugno 2002, Napoli 2004, 11–35.
Dittmar, H., Aischines von Sphettos. Studien zur Literaturgeschichte der Sokratiker, Berlin 1912.
Dodds, E.R., The Greeks and the Irrational, Berkeley – Los Angeles 1951.
Dönt, E., Pindar. Oden. Griechisch/Deutsch, übersetzt und herausgegeben, Stuttgart 1986.
Döring, K., Die Megariker. Kommentierte Sammlung der Testimonien, Amsterdam 1972.
Döring, K., Diogenes und Antisthenes, in: La tradizione socratica. Seminario di studi, Napoli 1995, 125–150.
Döring, K., Sokrates, die Sokratiker und die von ihnen begründeten Traditionen, in: H. Flashar (Hg.), Grundriss der Geschichte der Philosophie, begründet von F. Ueberweg. Die Philosophie der Antike, II 1. Sophistik, Sokrates, Sokratik, Mathematik, Medizin, Basel 1998, 139–364.
Döring, K., Biographisches zur Person des Sokrates im Corpus Aristotelicum, in: Erler – Schorn 2007, 257–267.
Dörrie, H. – Baltes, M., Der Platonismus in der Antike. Grundlagen, System, Entwicklung, II. Der hellenistische Rahmen des kaiserzeitlichen Platonismus. Bausteine 36–72, Stuttgart-Bad Cannstadt 1990.
Donaire Vazquez, J.C., La profecia de Antistenes entre romanos y 'antiromanos', Gallaecia 12, 1990, 351–358.
Donini, P., Lo scetticismo academico. Aristotele e l'unità della tradizione platonica secondo Plutarco, in: G. Cambiano (Hg.), Storiografia e dossografia nella filosofia antica, Torino 1986, 203–226.
Dorandi, T., Filodemo. Gli Stoici (PHerc. 155 e 339), CErc 12, 1982, 91–133.
Dorandi, T., Filodemo. Storia dei filosofi. Platone e l'Academia (PHerc. 1021 e 164). Edizione, traduzione e commento, Napoli 1991.

Dorandi, T., Il quarto libro delle Vite di Diogene Laerzio. L'Academia da Speusippo a Clitomaco, ANRW 2,36,5, 1992, 3761–3792.
Dorandi, T., Filodemo. Storia dei filosofi. La Stoà da Zenone a Panezio (PHerc. 1018). Edizione, traduzione e commento, Leiden – New York – Köln 1994.
Dorandi, T., Antigone de Caryste. Fragments, texte établi et traduit, Paris 1999.
Dorandi, T., Nell'officina dei classici. Come lavoravano gli autori antichi, Roma 2007.
Dorandi, T., Laertiana. Capitoli sulla tradizione manoscritta e sulla storia del testo delle Vite dei filosofi di Diogene Laerzio, Berlin – New York 2009.
Dorandi, T., Diogenes Laertius. Lives of Eminent Philosophers. Edited with Introduction, Cambridge 2013 (= 2013a).
Dorandi, T., Diogene Laerzio e la tradizione catalogica. Liste di libri nelle Vite e opinioni dei filosofi, AntPhilos 7, 2013, 107–126 (= 2013b).
Dorandi, T., Diogenes Laertius and the Gnomological Tradition. Considerations from an Editor of the Lives of the Philosophers, in: E. Odelman –D.M. Searby (Hgg.), Ars Edendi Lecture Series, III, Stockholm 2014, 71–103.
Dorandi, T., Fainia di Ereso sulle cause delle tirannidi. Una testimonianza negletta, GFA 19, 2016, 57–60.
Douglas, A.E., Cicero. Tusculan Disputations I. Edited with Translation and Notes, Warminster 1985.
Dover, K.J., Ion of Chios. His Place in the History of Greek Literature, in: ders., The Greeks and Their Legacy. Collected Papers, II. Prose Literature, History, Society, Transmission, Influence, Oxford 1988, 1–12 [zuerst 1986].
Drews, R., Historiographical Objectives and Procedures of Diodorus Siculus, Diss. Johns Hopkins University 1960.
Drews, R., Diodorus and His Sources, AJPh 83, 1962, 383–392.
Drossaart Lulofs, H.J., Nicolaus Damascenus On the Philosophy of Aristotle, Leiden ²1969.
Düring, I., Aristotle in the Ancient Biographical Tradition, Göteborg 1957.
Duff, T., Plutarch's Lives. Exploring Virtue and Vice, Oxford 1999.
Einarson, B. – De Lacy, Ph., Plutarch's Moralia in 15 Volumes. With an English Translation, XIV. 1086c–1147a, London – Cambridge, MA 1967.
Engels, J., 1012. Phainias of Eresos, in: Schepens 1998, 266–351 (= 1998a).
Engels, J., 1013 (= 337bis). Philiskos of Miletos, in: Schepens 1998, 356–375 (= 1998b).
Engels, J., Ἄνδρες ἔνδοξοι or 'Men of High Reputation' in Strabo's Geography, in: D. Dueck – H. Lindsay – S. Pothecary (Hgg.), Strabo's Cultural Geography. The Making of a Kolossourgia, Cambridge 2005, 129–143.
Engels, J., Philosophen in Reihen. Die Φιλοσόφων ἀναγραφή des Hippobotos, in: Erler – Schorn 2007, 173–194.
Engels, J., Phaenias of Eresus. The Sources, Text and Translation, in: Hellmann – Mirhady 2015, 1–99.
Erbì, M., Il retore e la città nella polemica di Filodemo verso Diogene di Babilonia (PHerc. 1004, coll. 64–70), CErc 39, 2009, 119–140.
Ercoles, M., Stesicoro. Le testimonianze antiche, Bologna 2013.
Erler, M., Epikur – Die Schule Epikurs – Lukrez, in: H. Flashar (Hg.), Grundriss der Geschichte der Philosophie, begründet von F. Ueberweg. Völlig neu bearbeitete Ausgabe. Die Philosophie der Antike, IV. Die hellenistische Philosophie. Erster Halbband, Basel 1994, 29–490.
Erler, M., Grundriss der Geschichte der Philosophie, begründet von F. Ueberweg. Völlig neu bearbeitete Ausgabe. Die Philosophie der Antike, II 2. Platon, Basel 2007.

Erler, M. – Schorn, S. (Hgg.), Die griechische Biographie in hellenistischer Zeit. Akten des internationalen Kongresses vom 26.–29. Juli 2006 in Würzburg, Berlin 2007.

Falcon, A., Aristotelianism in the First Century BCE, Cambridge 2012.

Farrington, S.T., Action and Reason. Polybios and the Gap between Encomium and History, CPh 106, 2011, 324–342.

Fazzo, S., Nicolas, l'auteur du Sommaire de la philosophie d'Aristote. Doutes sur son identité, sa datation, son origine, REG 121, 2008, 99-126.

Federico, E., Euforbo/Pitagora genealogo dell'anima. Strategie e nuove rappresentazioni dell'historíe pitagorica, in: M. Tortorelli Ghidini – A. Storchi Marino – A. Visconti (Hgg.), Tra Orfeo e Pitagora. Origini e incontri di culture nell'antichità. Atti dei seminari napoletani 1996–1998, Napoli 2000, 367–396.

Fernández, F.J., Temístocles en Artemisio según el fragmento de Fanias de Éreso (Plut., Tem. 7,5–7), in: R.M. Aguilar – M. López Salvá – I. Rodríguez Alfageme (Hgg.), ΧΑΡΙΣ ΔΙΔΑΣΚΑΛΙΑΣ. Studia in Honorem Ludovici Aegidii. Homenaje a Luis Gil, Madrid 1994, 659–668.

Ferrary, J.-L., Philhellénisme et impérialisme. Aspects idéologiques de la conquête romaine du monde hellénistique, de la seconde guerre de Macédonie à la guerre contre Mithridate, Rome 1988.

Fitton, J. W., That Was No Lady, That Was..., CQ N.S. 20, 1970, 56–66.

Flacelière, R. – Chambry, É., Plutarque. Vies. Tome III. Périclès – Fabius Maximus. Alcibiade – Coriolan, texte établi et traduit, Paris 1964.

Flashar, H., Aristoteles. Problemata Physica. Übersetzt und erläutert, Berlin 1991.

Flashar, H., Aristoteles, in: H. Flashar (Hg.), Grundriss der Geschichte der Philosophie, begründet von F. Ueberweg. Völlig neu bearbeitete Ausgabe. Die Philosophie der Antike, III. Ältere Akademie, Aristoteles, Peripatos, Basel ²2004, 167–492 (= 2004a).

Flashar, H., Aristoteles, Über die Philosophie, in: A. Bierl – A. Schmitt – A. Willi (Hgg.), Antike Literatur in neuer Deutung, München – Leipzig 2004, 257–273 (= 2004b).

Flinterman, J.-J., Pythagoreans in Rome and Asia Minor around the Turn of the Common Era, in: Huffman 2014a, 341–359.

Flower, M.A., Theopompus of Chius. History and Rhetoric in the Fourth Century BC, Oxford 1994; Ndr. mit Nachwort 1997.

Fongoni, A., Philoxeni Cytherii testimonia et fragmenta, collegit et edidit, Pisa – Roma 2014.

Fornara, C.W., The Nature of History in Ancient Greece and Rome, Berkeley – Los Angeles – London 1983.

Fortenbaugh, W.W., Biography and the Aristotelian Peripatos, in: Erler –Schorn 2007, 45–78.

Fortenbaugh, W.W., Chamaeleon on Pleasure and Drunkenness, in: Martano – Matelli –Mirhady 2012, 359–386.

Fortenbaugh, W.W., Theophrastus of Eresus. Commentary Volume 9.2. Sources on Discoveries and Beginnings, Proverbs et al. (Texts 727–741). With Contributions on the Arabic Material by D. Gutas, Leiden – Boston 2014.

Fortenbaugh, W.W., Two Eresians: Phainias and Theophrastus, in: Hellmann – Mirhady 2015, 101–131.

Fraser, P.M., The Career of Erasistratus of Ceos, RIL III 103, 1969, 518–537.

Fraser, P.M., Ptolemaic Alexandria, I–III, Oxford 1972.

Frazier, F., Bios et Historia. À propos de l'écriture biographique dans les Vies Parallèles de Plutarque, in: M.-R. Guelfucci (Hg.), Jeux et enjeux de la mise en forme de l'histoire. Recherches sur le genre historique en Grèce et à Rome, Besançon 2010, 155–172.

Frenkian, A.M., Analecta Laertiana, StudClas 3, 1961, 395–403.

Frey, H., Der ΒΙΟΣ ΕΥΡΙΠΙΔΟΥ des Satyros. Diss. Zürich, gedr. Gotha [1919?].
Freyburger, G., De l'amicitia païenne aux vertus chrétiennes. Damon et Phintias, in: G. Freyburger – L. Pernot (Hgg.), Du héros païenne au saint chrétien. Actes du colloque organisé par le Centre d'Analyse des Rhétoriques Religieuses de l'Antiquité (C.A.R.R.A.), Strasbourg, 1er–2 décembre 1995, Paris 1997, 87–93.
von Fritz, K., Pythagorean Politics in Southern Italy. An Analysis of the Sources, New York 1940.
von Fritz, K., Art. Pythagoras, RE 24,1, 1963, 172–209.
von Fritz, K., Art. Xenophanes 1, RE 9 A 2, 1967, 1541–1562.
Frost, F.J., Plutarch's Themistocles. A Historical Commentary, Princeton 1980.
Fuentes González, P.P., Art. Néanthe de Cyzique (N 10), DPhA 4, 2005, 587–594.
Fuhrmann, M., Das systematische Lehrbuch. Ein Beitrag zur Geschichte der Wissenschaften in der Antike, Göttingen 1960.
Gabba, E., P. Cornelio Scipione Africano e la leggenda, Athenaeum 63, 1975, 3–17.
Gaiser, K., La biografia di Platone in Filodemo. Nuovi dati dal PHerc. 1021, CErc 13, 1983, 53–62 (= 1983a).
Gaiser, K., Der Ruhm des Annikeris, in: P. Händel – W. Meid (Hgg.), Festschrift für Robert Muth zum 65. Geburtstag am 1. Januar 1981, dargebracht von Freunden und Kollegen, Innsbruck 1983, 111–128; Ndr. in: ders., Gesammelte Schriften, hg. von Th.A. Szlezák – K. Stanzel, Sankt Augustin 2004, 597–616 (= 1983b).
Gaiser, K., Philodems Academica. Die Berichte über Platon und die Alte Akademie in zwei herkulanensischen Papyri, Stuttgart-Bad Cannstadt 1988.
Gallo, I., Frammenti biografici da papiri, I. La biografia politica, Roma 1975.
Gallo, I., Studi sulla biografia greca, Napoli 1997.
Garofalo, I., Erasistrati fragmenta, collegit et digessit, Pisa 1988.
Garulli, V., Il Περὶ ποιητῶν di Lobone di Argo, Bologna 2004.
Garzya, A., Alcmane. I frammenti. Testo critico, traduzione, commentario, Napoli 1954.
Gascou, J., Suétone historien, Rome 1984.
Gasse, H., Die Novelle von der Bürgschaft im Altertum, RhM 66, 1911, 607–615.
Gauger, J.-D., Phlegon von Tralleis, mirab. III. Zu einem Dokument geistigen Widerstandes gegen Rom, Chiron 10, 1980, 223–261.
Gegenschatz, E., Die 'pythagoreische Bürgschaft' – zur Geschichte eines Motivs von Aristoxenos bis Schiller, in: P. Neukam (Hg.), Begegnungen mit Neuem und Altem, München 1981, 90–154.
Gehrke, H.-J., Geschichte als Element antiker Kultur. Die Griechen und ihre Geschichte(n), Berlin 2014.
Gentili, B., Anacreonte. Introduzione, testo critico, traduzione, studio sui frammenti papiracei, Roma 1958.
Gentili, B., I frr. 39 e 40 P. di Alcmane e la poetica della mimesi nella cultura greca arcaica, in: Studi filologici e storici in onore di Vittorio de Falco, Napoli 1971, 57–67.
Gentili, B. – Cerri, G., History and Biography in Ancient Thought, Amsterdam 1988.
Georgiadou, A., Plutarch's Pelopidas. A Historical and Philological Commentary, Stuttgart – Leipzig 1997.
Gerber, D.E., Greek Lyric Poetry since 1920, II. From Alcman to Fragmenta Adespota, Lustrum 36, 1994 [ersch. 1996], 7–188.
Gercke, A., De quibusdam Laertii Diogenis auctoribus, Index lectionum Greifswald 1899.
Gerstinger, H., Satyros ΒΙΟΣ ΕΥΡΙΠΙΔΟΥ, WSt 38, 1916, 54–71.

Geus, K., Eratosthenes von Kyrene. Studien zur hellenistischen Kultur- und Wissenschaftsgeschichte, München 2002.
Geyer, F., Art. Lais, Lais 1, Lais 2, RE 12,1, 1924, 513–516.
Ghiron-Bistagne, P., Recherches sur les acteurs dans la Grèce, Paris 1976.
Giangiulio, M., Pitagora. Le opere e le testimonianze, I–II, Milano 2000.
Giangiulio, M., Aristoxenus and Timaeus on the Pythagorean Way of Life, in: Renger – Stavru 2016, 121–133.
Giangrande, G., On Anacreon's Poetry, QUCC 21, 1976, 43–46.
Giannantoni, G., I Cirenaici. Raccolta delle fonti antiche, traduzione e studio introduttivo, Firenze 1958.
Giannantoni, G., Socratis et Socraticorum reliquiae, collegit, disposuit, apparatibus notisque instruxit, I–IV, Napoli 1990.
Giannattasio Andria, R., I frammenti delle Successioni dei filosofi, Napoli 1989.
Giannini, A., Paradoxographorum Graecorum reliquiae, Milano 1966.
Giannini, P., Ibico tra Reggio e Samo, in: B. Gentili – A. Pinzone (Hgg.), Messina e Reggio nell'antichità. Storia, società, cultura. Atti del Convegno della S.I.S.A.C., Messina – Reggio Calabria 24–26 maggio 1999, Messina 2002, 301–310.
Gigante, M., Frammenti di Ippoboto. Contributo alla storia della storiografia filosofica, in: A. Mastrocinque (Hg.), Omaggio a Piero Treves, Padova 1983, 151–193 (= Gigante 1983a).
Gigante, M., Rez. Mejer 1978, Gnomon 55, 1983, 9–14 (= Gigante 1983b).
Gigante, M., Biografia e dossografia in Diogene Laerzio, Elenchos 7, 1986, 7–102.
Gigante, M., Diogene Laerzio. Vite dei filosofi, I–II, Roma – Bari ³1998.
Gigon, O., Interpretationen zu den antiken Aristoteles-Viten, MH 15, 1958, 147–193.
Gigon, O., Sokrates. Sein Bild in Dichtung und Geschichte, Bern – München 1979.
Gigon, O., Das dritte Buch des Diogenes Laertios, Elenchos 7, 1986, 133–182.
Gigon, O., Aristotelis opera, III. Librorum deperditorum fragmenta, collegit et annotationibus instruxit, Berlin 1987.
Gigon, O. – Straume-Zimmermann, L., Marcus Tullius Cicero. Über die Ziele des menschlichen Handelns. De finibus bonorum et malorum. Herausgegeben, übersetzt und kommentiert, München – Zürich 1988.
Gilula, D., Stratonicus, the Witty Harpist, in: D. Braund – J. Wilkens (Hgg.), Athenaeus and His World. Reading Greek Culture in the Roman Empire, Exeter 2000, 423–433; 584–586.
Giordano, D., Chamaeleontis Heracleotae fragmenta iteratis curis commentarioque instruxit, Bologna 1990.
Glucker, J., Antiochus and the Late Academy, Göttingen 1978.
Göller, F., De situ et origine Syracusarum ad explicandam Thucydidis potissimum historiam scripsit atque Philisti et Timaei rerum Sicularum fragmenta adjecit, Leipzig 1818.
Gottschalk, H.B., Heraclides of Pontus, Oxford 1980.
Gottschalk, H.B., Aristotelian Philosophy in the Roman World from the Time of Cicero to the End of the Second Century AD, ANRW 2,36,2, 1987, 1079–1174.
Gouirand, P., Aristippe de Cyrène le chien royal. Une morale du plaisir et de la liberté, Paris 2005.
Goukowsky, P., Diodore de Sicile, Bibliothèque historique. Livre XVII, texte établi et traduit, Paris 1976.
Goulet, R., Eunape et ses devanciers. À propos de Vitae Sophistarum P. 5,4–17 G., GRBS 20, 1979, 161–172; Ndr. in: Goulet 2001, 349–358; 397–398 (Addenda).

Goulet, R., Des sages parmi les philosophes, in: M.-O. Goulet-Cazé u.a. (Hgg.), ΣΟΦΙΗΣ ΜΑΙΗ-ΤΟΡΕΣ. Chercheurs de Sagesse. Mélanges Jean Pépin, Paris 1992, 167–178; Ndr. in: Goulet 2001, 67–77.
Goulet, R., Art. Athénodore de Tarse dit Calvus (A 497), DPhA 1, 1994, 654–657 (= 1994a).
Goulet, R., Art. Dioclès de Magnésie (D 115), DPhA 2, 1994, 775–777 (= 1994b).
Goulet, R., Les references chez Diogène Laërce: sources ou autorités?, in: J.-C. Fredouille u.a. (Hgg.), Titres et articulations du texte dans les œuvres antiques. Actes du Colloque international de Chantilly, 13–15 décembre 1994, Paris 1997, 149–166; Ndr. in: Goulet 2001, 79–96.
Goulet, R., Études sur les vies de philosophes dans l'antiquité tardive. Diogène Laërce, Porphyre de Tyr, Eunape de Sardes, Paris 2001.
Goulet-Cazé, M.-O., Le livre VI de Diogène Laërce. Analyse de sa structure et réflexions méthodologiques, ANRW 2,36,6, 1992, 3880–4048.
Goulet-Cazé, M.-O. (Hg.), Diogène Laërce. Vies et doctrines des philosophes illustres. Traduction française sous la direction de M.-O. G.-C., Paris 1999. – Übersetzungen mit Anmerkungen von der Herausgeberin, R. Goulet, M. Narcy, L. Brisson, T. Dorandi, J.-F. Balaudé und J. Brunschwig (= 1999a).
Goulet-Cazé, M.-O., Introduction générale, in: Goulet-Cazé 1999a, 9–31 (= 1999b).
Goulet-Cazé, M.-O. – Hellmann, M.-Ch., Art. Antisthène (A 211), DPhA 1, Paris 1994, 245–254.
Gourinat, J.-B., „Le Platon de Panétius". À propos d'un témoignage inédit de Galen, PhilosAnt 8, 2008, 139–151.
Graf, F., Eleusis und die orphische Dichtung Athens in vorhellenistischer Zeit, Berlin – New York 1974.
Graf, F., Nordionische Kulte. Religionsgeschichtliche und epigraphische Untersuchungen zu den Kulten von Chios, Erythrai, Klazomenai und Phokaia, Roma 1985.
Graf, F. – Johnston, S.I., Ritual Texts for the Afterlife. Orpheus and the Bacchic Gold Tablets, London – New York 2007.
Grant, R.M., Greek Literature in the Treatise De Trinitate and Cyril Contra Julianum, JThS N.S. 15, 1964, 265–279.
Grenfell, B.P. – Hunt, A.S. (Hgg.), The Oxyrhynchus Papyri, XI, London 1915.
Grünewald, Th., Menschenopfer im klassischen Athen? Zeitkritik in der Tragödie Iphigenie in Aulis, AKG 83, 2001, 1–23.
Gudeman, A., Art. Satyros 16, RE A 2,1, 1921, 228–235.
Gudeman, A., Rez. Stuart 1928, PhW 49, 1929, 37–47.
Gudeman, A., Aristoteles. ΠΕΡΙ ΠΟΙΗΤΙΚΗΣ. Mit Einleitung, Text und adnotatio critica, exegetischem Kommentar, kritischem Anhang und Indices nominum, rerum, locorum, Berlin – Leipzig 1934.
Gulick, C.B., Athenaeus. The Deipnosophists. With an English Translation, I–VII, Cambridge, MA – London 1927–1941.
Haake, M., Der Philosoph in der Stadt. Untersuchungen zur öffentlichen Rede über Philosophen und Philosophie in den hellenistischen Poleis, München 2007.
Hägg, T., The Art of Biography in Antiquity, Cambridge 2012.
Hagendahl, H., Latin Fathers and the Classics. A Study on the Apologists, Jerome and Other Christian Writers, Göteborg 1958.
Hagendahl, H. – Waszink, J.-H., Art. Hieronymus, RAC 15, 1991, 117–139.
Hahm, D.E., Diogenes Laertius VII: On the Stoics, ANRW 2,36,6, 1992, 4076–4182; 4404–4411.

Hahn, J., Quellen und Konzeption Eunaps im Prooemium der Vitae Sophistarum, Hermes 118, 1990, 476–497.
Hamilton, J.R., Plutarch Alexander. A Commentary, Oxford 1969.
Hamilton, R., Choes and Anthesteria. Athenian Iconography and Ritual, Ann Arbor 1992.
Hammerstaedt, J., Die Vergöttlichung unwürdiger Menschen bei den Heiden als apologetisches Argument in Schriften des Sokrates, Theodoret, Cyrill von Alexandrien und Johannes Chrysostomos, JAC 39, 1996, 76–101.
Hansen, G.C., Porphyrios über Sokrates, Philologus 138, 1994, 264–266.
Hanson, R.P.C., Hermias. Satire des philosophes païens. Introduction, texte critique, notes, appendices et index par R.P.C.H. et ses collègues. Traduction française par D. Joussot, Paris 1993.
Harding, P., Didymos. On Demosthenes. Introduction, Text, Translation, and Commentary, Oxford 2006.
Harrison, G.W.M., The Critical Trends in Scholarship on the Non-Philosophical Works in Plutarch's Moralia, ANRW 2,33,6, 1992, 4646–4681.
Harrison, T., Divinity and History. The Religion of Herodotus, Oxford 2000.
Hartog, F., Le miroir d'Hérodote. Essai sur la représentation de l'autre Paris, 1980.
Hazzard, R.A., Imagination of a Monarchy. Studies in Ptolemaic Propaganda, Toronto – Buffalo – London 2000.
Hecker, A., Epistolae criticae ad F.G. Schneidenwinnum V. Cl. pars secunda, Philologus 5, 1850, 414–512.
Heibges, J.S., Art. Hermippos 6, RE 8,1, 1912, 845–852.
Heiland, H., Aristoclis Messenii reliquiae, Diss. Gießen 1925.
Hellmann, O. – Mirhady, D. (Hgg.), Phaenias of Eresus. Text, Translation, and Discussion, New Brunswick – London 2015.
Henrichs, A., Human Sacrifice in Greek Religion. Three Case Studies, in: J. Rudhardt – O. Reverdin (Hgg.), Le sacrifice dans l'antiquité, Vandœuvres-Genève 1980, 194–242.
Hepding, H., Attis, seine Mythen und sein Kult, Gießen 1903.
Hershbell, J.P., Plutarch's Portrait of Socrates, ICS 13, 1988, 365–381.
Hershbell, J.P., Plutarch and Herodotus – the Beetle in the Rose, RhM 136, 1993, 143–163.
Hicks, R.D., Diogenes Laertius. Lives of Eminent Philosophers, I–II, London – Cambridge, MA 1925.
Hirsch-Luipold, R., Plutarchs Denken in Bildern. Studien zur literarischen, philosophischen und religiösen Funktion des Bildhaften, Tübingen 2002.
Hobein, H., Art. Staseas, RE 3 A 2, 1929, 2153–2158.
Holladay, C.R., Fragments From Hellenistic Jewish Authors, III. Aristobulus, Atlanta 1995.
Holwerda, D., De novo Chamaeleontis studiorum testimonio, Mnemosyne IV 5, 1952, 228–231.
Holwerda, D., De Dioclis alterius operis vestigio neglecto, Mnemosyne IV 15, 1962, 169–170.
Homeyer, H., Zu den Anfängen der griechischen Biographie, Philologus 106, 1962, 75–85.
Homeyer, H., Zu Plutarchs De malignitate Herodoti, Klio 49, 1967, 181–187.
Hope, R., The Book of Diogenes Laertius. Its Spirit and Its Method, New York 1930.
Hordern, J.H., The Fragments of Timotheus of Miletus. Edited with an Introduction and Commentary, Oxford 2002.
Horky, Ph.S., Empedocles Democraticus. Hellenistic Biography at the Intersection of Philosophy and Politics, in: M. Bonazzi – S. Schorn (Hgg.), Bios Philosophos. Philosophy in Ancient Greek Biography, Turnhout 2016, 37–70.
Hornblower, J., Hieronymus of Cardia, Oxford 1981.

Hose, M., Aristoteles. Die historischen Fragmente. Übersetzt und erläutert Berlin 2000.
Howald, E., Handbücher als Quellen des Diogenes Laertius, Philologus 74, 1917, 119–130.
Howald, E., Das philosophiegeschichtliche Compendium des Areios Didymos, Hermes 55, 1920, 68–98.
Hude, K., Herodoti Historiae, recognovit brevique adnotatione critica instruxit, I, Oxford ³1927.
Huffman, C.A., Philolaus of Croton. Pythagorean and Presocratic, Cambridge 1993.
Huffman, C.A., Archytas of Tarentum. Pythagorean, Philosopher and Mathematician King, Cambridge 2005.
Huffman, C.A., Another Incarnation of Pythagoras, AncPhil 28, 2008, 201–225.
Huffman, C.A. (Hg.), Aristoxenus of Tarentum. Discussion, New Brunswick – London 2012 (= 2012a).
Huffman, C.A., Aristoxenus' Life of Socrates, in: Huffman 2012a, 251–281 (= 2012b).
Huffman, C.A., Aristoxenus' Account of Pythagoras, in: R. Patterson – V. Karasmanis – A. Hermann (Hgg.), Presocratics and Plato. A Festschrift at Delphi in Honor of Charles Kahn, Las Vegas – Zurich – Athens 2012, 125–143 (= 2012c).
Huffman, C.A. (Hg.), A History of Pythagoreanism, Cambridge 2014 (= 2014a).
Huffman, C.A., The Peripatetics on the Pythagoreans, in: Huffman 2014a, 274–295 (= 2014b).
Hughes, D.D., Human Sacrifice in Ancient Greece, London 1991.
Hunt, A.S. (Hg.), The Oxyrhynchus Papyri, IX, London 1912.
Huß, W., Ägypten in hellenistischer Zeit. 332–30 v.Chr., München 2001.
Huxley, G., Glaukos of Rhegion, GRBS 9, 1968, 47–54.
Immisch, O., Agatharchidea, Heidelberg 1919.
Isnardi Parente, M., Speusippo. Frammenti. Edizione, traduzione e commento a cura di M.I.P. Precedono testimonianze sull'Academia scelte e ordinate da M. Gigante, Napoli 1980.
Isnardi Parente, M., Addenda Speusippea, Elenchos 3, 1982, 355–359 (= 1982a).
Isnardi Parente, M., Senocrate. Ermodoro. Frammenti. Edizione, traduzione e commento, Napoli 1982 (= 1982b).
Isnardi Parente, M., Supplementum Academicum, MAL IX 6, 1995, 247–311.
Jacoby, F., Apollodors Chronik. Eine Sammlung der Fragmente, Berlin 1902.
Jacoby, F., Hieronymos 10 von Kardia, RE 8,2, 1913, 1540–1560.
Jacoby, F., Die Fragmente der Griechischen Historiker, I–XV, Berlin, später Leiden 1923–1958.
Jäger, H., Die Quellen des Porphyrios in seiner Pythagoras-Biographie, Diss. Zürich, gedr. Chur 1919.
Janáček, K., Studien zu Sextus Empiricus, Diogenes Laertius und zur pyrrhonischen Skepsis, hg. v. J. Janda – F. Karfík, Berlin – New York 2008.
Janda, J., D'Antisthène, auteur des Successions des philosophes, LF 89, 1966, 341–364.
Jürß, F., Diogenes Laertios. Leben und Lehre der Philosophen. Aus dem Griechischen übersetzt und herausgegeben, Stuttgart 1998.
Kaibel, G., Athenaei Naucratitae dipnosophistarum libri XV, I–III, Leipzig 1887–1890.
Kaibel, G., Stil und Text der ΠΟΛΙΤΕΙΑ ΑΘΗΝΑΙΩΝ des Aristoteles, Berlin 1893.
Kaiser, S.I., Die Fragmente des Aristoxenos aus Tarent. Neu herausgegeben und ergänzt, erläutert und übersetzt, Hildesheim – Zürich – New York 2010.
Keaveney, A., The Life and Journey of Athenian Statesman Themistocles (524–460 B.C.?) as a Refugee in Persia, Lewiston – Queenston – Lampeter 2003.
Kelly, A., Stesikhoros and Helen, MH 64, 2007, 1–21.
Kennedy, G., The Art of Rhetoric in the Roman World. 300 B.C.–A.D. 300, Princeton 1972.

Kerferd, G.B. – Flashar, H., Die Sophistik, in: H. Flashar (Hg.), Grundriss der Geschichte der Philosophie, begründet von F. Ueberweg. Völlig neu bearbeitete Ausgabe. Die Philosophie der Antike, II 1. Sophistik, Sokrates, Sokratik, Mathematik, Medizin, Basel 1998, 1–137.

von Kienle, W., Die Berichte über die Sukzessionen der Philosophen in der hellenistischen und spätantiken Literatur, Diss. FU Berlin 1961.

Kindstrand, J.F., Diogenes Laertius and the Chreia Tradition, Elenchos 7, 1986, 217–243.

Kindstrand, J.F., Art. Eudocia et Pseudo-Eudocia (E 96), DPhA 3, 2000, 289–290.

Kinzig, W. – Brüggemann, Th. (Hgg.), Kyrill von Alexandrien. Werke, I. Gegen Julian. Teil 2, Buch 6–10, Berlin 2017.

Knoepfler, D., La Vie de Ménédème d'Érétrie de Diogène Laërce. Contribution à l'histoire et à la critique du texte des Vies des philosophes, Basel 1991.

Köpke, E., De Chamaeleonte peripatetico, Progr. Berlin 1856.

Körte, A., Der Kothurn im fünften Jahrhundert, in: Festschrift zur 49. Versammlung Deutscher Philologen und Schulmänner in Basel im Jahre 1907, Basel 1907, 198–212.

Koumakis, G.C., Das Sokratesbild in 'Therapeutik' des Theodoretus und seine Quellen, Platon 23, 1971, 337–351.

Kroll, W., Art. Ktesibios 1, RE 11,2, 1922, 2073–2074.

Kühhas, G., Die Platonvita des Diogenes Laertios, Diss. Graz 1947.

Kühner, R. – Gerth, B., Ausführliche Grammatik der griechischen Sprache. Zweiter Teil. Satzlehre, I–II, Hannover – Leipzig ³1898–1904.

Kumaniecki, K., De Satyro peripatetico, Kraków 1929.

Kunz, M., Zur Beurteilung der Prooemien in Diodors historischer Bibliothek, Diss. Zürich 1935.

Kurke, L., Pindar and the Prostitutes, or Reading Ancient 'Pornography', Arion 4, 1996, 49–75.

Labarbe, J., La mort tragique de Sophocle, BAB V 55, 1969, 265–292.

Labarbe, J., Les compagnes de Socrate, AClass 67, 1998, 5–43.

Laks, A., The Pythagorean Hypomnemata Reported by Alexander Polyhistor in Diogenes Laertius (8.25–33). A Proposal for Reading, in: G. Cornelli – R. McKirahan – C. Macris (Hgg.), On Pythagoreanism, Berlin – Boston 2013, 371–383.

Laks, A., Diogenes Laertius' Life of Pythagoras, in: Huffman 2014a, 360–380.

Lamedica, A., Il P. Oxy. 1800 e le forme della biografia greca, SIFC III 3, 1985, 55–75.

Lanata, G., Poetica pre-platonica. Testimonianze e frammenti. Testo, traduzione e commento, Firenze 1963.

Landucci Gattinoni, F., Duride di Samo, Roma 1997.

Landucci, F., Cronologia e proemi, in: D. Ambaglio – F. Landucci – L. Bravi (Hgg.), Diodoro Siculo. Biblioteca storica. Commento storico. Introduzione generale, Milano 2004, 103–115.

Landucci, F. – Prandi, L., POxy LXXI 4808. Contenuto e problemi, RFIC 141, 2013, 79–97.

Langenberg, G., M. Terenti Varronis Liber de philosophia. Ausgabe und Erklärung der Fragmente, Diss. Köln, gedr. Xanten 1959.

Laqueur, R., Zur griechischen Sagenchronographie. Excurs. Zur Chronologie des Pythagoras, Hermes 42, 1907, 530–532.

Laqueur, R., Ephoros. 1. Die Proömien, Hermes 46, 1911, 161–206 (= 1911a).

Laqueur, R., Ephoros. 2. Die Disposition, Hermes 46, 1911, 321–354 (= 1911b).

Laqueur, R., Art. Neanthes, RE 16,2, 1935, 2108–2110.

Laqueur, R., Art. Nikolaos 20, RE 17,1, 1936, 362–424.

Laqueur, R., Art. Phainias aus Eresos, RE 19,1, 1938, 1565–1591.

Laqueur, R., Diodorea, Hermes 86, 1958, 257–290.

Lasserre, F., Die Fragmente des Eudoxos von Knidos. Herausgegeben, übersetzt und kommentiert, Berlin 1966.
Lasserre, F., De Léodamas de Thasos à Philippe d'Oponte. Témoignages et fragments. Édition, traduction et commentaire, Napoli 1987.
Laurenti, R., Aristotele, I frammenti dei dialoghi, I–II, Napoli 1987.
Lausberg, H., Handbuch der literarischen Rhetorik. Eine Grundlegung der Literaturwissenschaft, mit einem Vorwort von A. Arens, Stuttgart ^{3}1990 (Ndr. von ^{2}1973 in einem Band).
Leão, D.F., Plutarch and the Dark Side of Solon's Political Activity, Ploutarchos N.S. 1, 2003–2004, 51–62.
Lebreton, S., Dionysos Ômèstès (Plutarque, Thémistocle, 13; Antoine, 24), in: L. Bodiou u.a. (Hgg.), Chemin faisant. Mythes, cultes et société en Grèce ancienne. Mélanges en l'honneur de Pierre Brulé, Rennes 2009, 193–203.
Lefebvre, D., Aristotle and the Hellenistic Peripatos. From Theophrastus to Critolaus, in: A. Falcon (Hg.), Brill's Companion to the Reception of Aristotle in Antiquity, Leiden – Boston 2016, 13–34.
Lefèvre, F., Le livre XVI de Diodore de Sicile. Observations sur la composition et sur le traitement des grands personnages, REG 115, 2002, 518–537.
Lefkowitz, M.R., The Lives of the Greek Poets, Baltimore 1981; ^{2}2012.
Lefkowitz, M.R., Satyrus the Historian, in: Atti del XVII congresso internazionale di papirologia, II, Napoli 1983, 339–343.
Lehmann, G.A., Alexander der Große und die 'Freiheit der Hellenen'. Studien zu der antiken historiographischen Überlieferung und den Inschriften der Alexander-Ära, Berlin 2015.
Lenardon, R.J., The Saga of Themistocles, London 1978.
Lendle, O., Einführung in die griechische Geschichtsschreibung. Von Hekataios bis Zosimos, Darmstadt 1992.
Lenfant, D., Peut-on se fier aux 'fragments' d'historiens? L'exemple des citations d'Hérodote, Ktèma 24, 1999, 103–121.
Lenfant, D. (Hg.), Athénée et les fragments des historiens. Actes du colloque de Strasbourg (16–18 juin 2005), Paris 2007.
Lenschau, T., Art. Timon 12, RE 6 A 2, 1937, 1299–1301.
Leo, F., Die griechisch-römische Biographie nach ihrer litterarischen Form, Leipzig 1901.
Leo, F., Didymos Περὶ Δημοσθένους, NGG 1904, 254–261; Ndr. in: ders., Ausgewählte kleine Schriften, hg. v. E. Fraenkel, II, Roma 1960, 387–394.
Leo, F., Satyros βίος Εὐριπίδου, NGG 1912, 273–290; Ndr. in: ders., Ausgewählte kleine Schriften, hg. v. von E. Fraenkel, II, Roma 1960, 365–383.
Leo, G.M., Anacreonte. I frammenti erotici. Testo, commento e traduzione, Roma 2015.
Lesky, A., Die tragische Dichtung der Hellenen, Göttingen 1972.
Leurini, L., Ionis Chii testimonia et fragmenta. Collegit, disposuit, adnotatione critica instruxit, Amsterdam 1992.
Lévy, I., Recherches sur les sources de la légende de Pythagore, Paris 1926.
Lewis, D.M., Themistocles' Mother, Historia 32, 1983, 245.
Lewis, L.C.St.A., Satyrus's Life of Euripides, in: J.U. Powell – E.A. Barber (Hgg.), New Chapters in the History of Greek Literature, Oxford 1921, 144–152.
Lightfoot, J.L., Parthenius of Nicaea. The Poetical Fragments and the Ἐρωτικὰ Παθήματα. Edited with Introduction and Commentaries, Oxford 1999.
Linforth, I.M., The Arts of Orpheus, Berkeley 1941.
Livrea, E., Simonidea, ZPE 182, 2012, 45–53.

Llorente Pinto, A.L., La Compendiosa Doctrina de Nonio Marcelo, Helmantica 60, 2009, 15–72.
Lloyd, A.B., Herodotus. Book II, I–III, Leiden 1975–1988.
Lloyd, A.B. – Fraschetti, A., Erodoto. Le storie. Volume II. Libro II. L'Egitto. Introduzione, testo e commento a cura di A.B.L. Traduzione di A.F., Milano ⁴1999.
Lloyd, G.E.R., A Note on Erasistratus of Ceos, JHS 95, 1975, 172–175.
Lloyd-Jones, H., Problems of Early Greek Tragedy. Pratinas and Phrynichus, in: Greek Epic, Lyric, and Tragedy. The Academic Papers of Sir H.Ll.-J., Oxford 1990, 225–237 [zuerst 1966].
Lloyd-Jones, H. – Parsons, P.J., Supplementum Hellenisticum, Berlin – New York 1983.
Long, A.A., The Eclectic Pythagoreanism of Alexander Polyhistor, in: M. Schofield (Hg.), Aristotle, Plato and Pythagoreanism in the First Century BC. New Directions for Philosophy, Cambridge 2013, 139–159.
López Cruces, J.L., Sobre la colometría de PMG 836a (Philoxenus Leucadius) y SH 737 (Stratonicus Atheniensis), FlorIlib 2, 1991, 281–284.
Lucas, D.W., Aristotle. Poetics. Introduction, Commentary and Appendices, Oxford 1968.
Lucas, H., Zu Herakleides Lembos, Hermes 75, 1940, 234–237.
Luppe, W., Zum Verkauf Platons als Sklaven in PHerc. 1021 (aus Philodems Geschichte der Akademie), CErc 38, 2008, 161–163.
Luzac, J., Lectiones Atticae. De διγαμία Socratis dissertatio. Libri edendi curam post mortem auctoris suscepit et praefatus est J.O. Sluiter, Leiden 1809.
Lynch, J.P., Aristotle's School. A Study of a Greek Educational Institution, Berkeley u.a. 1972.
Maas, P., Art. Stratonikos 2, RE 4 A 1, 1931, 326–327.
Maass, E., De biographis Graecis quaestiones selectae, Berlin 1880.
Macé, A., Essai sur Suétone, Paris 1900.
Macris, C., Art. Phintias de Syracuse (P 169), DPhA 5a, 2012, 578–580.
Maier, H., Sokrates. Sein Werk und seine geschichtliche Stellung, Tübingen 1913.
Majoli, A., Le iscrizioni archilochee di Paro e il metodo di Cameleonte, Vichiana 4, 1993, 28–37.
Makarov, I.A., Orphism and the Greek Society in VI–IV Centuries B.C., VDI 228.1, 1999, 8–19 (russisch mit englischer Zusammenfassung).
Manfredini, M. – Piccirilli, L., Plutarco. La vita di Solone. Milano 1995.
Mannebach, E., Aristippi et Cyrenaicorum fragmenta, Leiden – Köln 1961.
Mansfeld, J., Diogenes Laertius on Stoic Philosophy, Elenchos 7, 1986, 295–382 (= 1986a).
Mansfeld, J., Aristotle, Plato, and the Preplatonic Doxography and Chronography, in: G. Cambiano (Hg.), Storiografia e dossografia nella filosofia antica, Torino 1986, 1–59; Ndr. in: ders., Studies in the Historiography of Greek Philosophy, Assen – Maastricht 1990, 22–83; 457 (Addenda) (= 1986b).
Mansfeld, J., Heresiography in Context. Hippolytus' Elenchos as a Source for Greek Philosophy, Leiden – New York – Köln 1992.
Mansfeld, J., Sources, in: K. Algra – J. Barnes – J. Mansfeld – M. Schofield (Hgg.), The Cambridge History of Hellenistic Philosophy, Cambridge 1999, 3–30.
Mansfeld, J. – Runia, D., Aëtiana. The Method and Intellectual Context of a Doxographer, II. The Compendium, I–II, Leiden – Boston 2009.
Mantero, T., La inscriptio dei codici del De compendiosa doctrina e Nonius Marcellus Peripateticus Thuburscensis, in: Studia Noniana, III, Genova 1975, 123–188.
Marcaccini, C., Hdt. 4.93–96: Zalmoxis Dioniso del Nord, Sileno 24, 1998, 135–158.
Marcovich, M., Diogenis Laertii vitae philosophorum. Vol. I. Libri I–X, Stuttgart – Leipzig 1990.
Marincola, J.M., Plutarch's Refutation of Herodotus, AncW 25, 1994, 191–203.

Marincola, J.M., Greek Historians, Oxford 2001.
Mariotti, I., Aristone d'Alessandria. Edizione e interpretazione, Bologna 1966.
Marr, J.L., Don't Take it Literary. Themistocles and the Case of the Inedible Victuals, 1994, 536–539.
Marr, J.L., Plutarch. Life of Themistocles. Introduction, Text, Translation and Commentary, Warminster 1998.
Martano, A., Pre-edizione delle testimonianze e dei frammenti di Cameleonte, Milano 2007.
Martano, A., Note di esegesi anacreontea antica. P.Oxy. 3722 e Anacreonte, fr. 82 Gentili, Aegyptus 88, 2008, 25–35.
Martano, A., Chamaeleon of Heraclea Pontica. The Sources, Text and Translation, in: Martano – Matelli – Mirhady 2012, 157–337.
Martano, A. – Matelli, E. – Mirhady, D. (Hgg.), Praxiphanes of Mytilene and Chamaeleon of Heraclea. Text, Translation, and Discussion, New Brunswick – London 2012.
Martelli, F., In margine a un frammento di Antistene: FGrHist 257, F 36, RSA 8, 1978, 123–131.
Martelli, F. Ancora in margine ad un frammento di Antistene, RSA 12, 1982, 251–260.
Martini, E., Art. Diokles 50, RE 5,1, 1903, 798–801.
Marzullo, B., Alcman fr. 59 P., Helikon 4, 1964, 297–302.
Matelli, E., Praxiphanes, Who is He?, in: Martano – Matelli – Mirhady 2012, 525–578.
Maux, R., Art. Sambuca, RE 1 A 2, 1920, 2124–2125.
McKinlay, A.P., The 'Indulgent' Dionysius, TAPA 70, 1939, 51–61.
Meister, K., Die sizilische Geschichte bei Diodor von den Anfängen bis zum Tod des Agathokles. Quellenuntersuchungen zu Buch IV–XXI, Diss. München 1967.
Meister, K., Historische Kritik bei Polybios, Wiesbaden 1975.
Meister, K., Die griechische Geschichtsschreibung. Von den Anfängen bis zum Ende des Hellenismus, Stuttgart – Berlin – Köln 1990.
Mejer, J., Diogenes Laertius and His Hellenistic Background, Wiesbaden 1978.
Mejer, J., Demetrios von Magnesia: On Poets and Authors of the Same Name, Hermes 109, 1981, 447–472.
Mejer, J., Überlieferung der Philosophie im Altertum. Eine Einführung, København 2000.
Mejer, J., Heraclides' Intellectual Context, in: W.W. Fortenbaugh – E. Pender (Hgg.), Heraclides of Pontus. Discussion, New Brunswick – London 2009, 27–40.
Mekler, S., Academicorum philosophorum index Herculanensis, Berlin 1902.
Mensching, E., Favorin von Arelate. Der erste Teil der Fragmente. Memorabilien und Omnigena historia. Herausgegeben und kommentiert, Berlin 1963.
von Mess, A., Die Anfänge der Biographie und der psychologischen Geschichtsschreibung in der griechischen Literatur, II. Aristoxenos, RhM 71, 1916, 79–101.
Mewaldt, J., De Aristoxeni Pythagoricis Sententiis et Vita Pythagorica, Diss. Berlin 1904.
Micunco, S., La geografia nella Biblioteca di Fozio. Il caso di Agatarchide, Diss. San Marino – Reims 2008.
Minar, E.L., Early Pythagorean Politics in Practice and Theory, Baltimore 1942.
Mirhady, D., The Political Thought of Theophrastus. A Critical Edition of the Named Texts with Translation and Commentary, Diss. Rutgers University 1992.
Mirhady, D., Dicaearchus of Messana. The Sources, Text and Translation, in: W.W. Fortenbaugh – E. Schütrumpf (Hgg.), Dicaearchus of Messana. Text, Translation, and Discussion, New Brunswick – London 2001, 1–142.
Mirhady, D., Something to Do with Dionysus. Chamaeleon on the Origins of Tragedy, in: Martano – Matelli – Mirhady 2012, 387–409.

Moggi, M., Un nuovo catalogo di storici ellenistici (POxy LXXI 4808), RFIC 141, 2013, 61–66.
Molyneux. J.H., Simonides. A Historical Study, Wauconda 1992.
Momigliano, A., The Classical Foundations of Modern Historiography, Berkeley 1990.
Momigliano, A., The Development of Greek Biography. Expanded Edition, Cambridge, MA – London 1993 (^{1}1971); darin: Second Thoughts on Greek Biography, 105–121; zuerst MAWA 34,7, 1971.
Mora, F., Religione e religioni nelle Storie di Erodoto, Milano 1986.
Moraux, P., Les listes anciennes des ouvrages d'Aristote, Leuven 1951.
Moraux, P., Der Aristotelismus bei den Griechen von Andronikos bis Alexander von Aphrodisias, I–II, Berlin – New York 1973–1984.
Moraux, P., Art. Xenarchos 5, RE 9 A 2, 1983, 1422–1435.
Moraux, P., Diogène Laërce et le Péripatos, Elenchos 7, 1986, 245–294.
Mosshammer, A.A., Phainias of Eresos and Chronology, CSCA 10, 1978, 105–132.
Most, G.W. (Hg.), Collecting Fragments. Fragmente sammeln, Göttingen 1997.
Mouraviev, S.N., La Vie d'Héraclite de Diogène Laërce, Phronesis 32, 1987, 1–33.
Mouraviev, S.N., Héraclite d'Éphèse. Les vestiges. 1. La vie, la mort et le livre d'Héraclite. Témoignages extraits des sources (traditio), complétés, disposés et commentés (= Heraclitea III. Recensio. 1. Memoria Heraclitea), Sankt Augustin 2003.
Muccioli, F., Dionisio II. Storia e tradizione letteraria, Bologna 1999.
Muccioli, F., La critica di Plutarco a Filisto e a Timeo, in: L. Van der Stockt (Hg.), Rhetorical Theory and Praxis in Plutarch. Acta of the IVth International Congress of the International Plutarch Society. Leuven, July 3–6, 1996, Leuven – Namur 2000, 291–307.
Muccioli, F., Pitagora e i Pitagorici nella tradizione antica, in: R. Vattuone (Hg.), Storici greci d'occidente, Bologna 2002, 341–409.
Muccioli, F., Filosseno di Citera, Dionisio I e la fortuna del mito di Polifemo e Galatea tra IV e III secolo a.C., in: D. Ambaglio (Hg.), Sungraphe 6, Como 2004, 121–147.
Muccioli, F., „Fania di Lesbo, un filosofo e assai esperto di ricerca storica" (Plut., Them., 13,5), in: A.G. Nikolaidis (Hg.), The Unity of Plutarch's Work. Moralia Themes in the Lives, Features of the Lives in the Moralia, Berlin – New York 2008, 461–480.
Muccioli, F., La storia attraverso gli esempi. Protagonisti e interpretazioni del mondo greco in Plutarco, Milano – Udine 2012.
Müller, C., Fragmenta Historicorum Graecorum, I–V, Paris 1841–1870 (I mit Th. Müller).
Müller, C.W., Die Archilochoslegende, RhM 128, 1985, 99–151.
Müller, C.W., Der Tod des Sophokles. Datierung und Folgen, RhM 138, 1995, 97–114.
Münscher, K., Xenophon in der griechisch-römischen Literatur, Leipzig 1920.
Münzer, F., Beiträge zur Quellenkritik der Naturgeschichte des Plinius, Berlin 1897.
Muir, J.V., Alcidamas. The Works and Fragments, Bristol 2001.
Murray, O., Herodotus and Hellenistic Culture, CQ N.S. 22, 1972, 200–213.
Musti, D., Pitagorismo, storiografia e politica tra Magna Grecia e Sicilia, AION (filol.) 11, 1989, 13–56.
Musti, D., Le rivolte antipitagoriche e la concezione pitagorica del tempo, QUCC 36, 1990, 35–65.
Mygind, B., Intellectuals in Rhodes, in: V. Gabrielsen u.a. (Hgg.), Hellenistic Rhodes. Politics, Culture, and Society, Aarhus 1999, 247–293.
Nails, D., The People of Plato. A Prosopography of Plato and Other Socratics, Indianapolis – Cambridge 2002.
Németh, G., On Dating Sophocles' Death, Homonoia 5, 1983, 115–128.

Nenci, G., Eunapio, V. Sophist. 2,2,6–8 e la periodizzazione della φιλόσοφος ἱστορία, ASNP III 3, 1973, 95–102.
Nesselrath, H.-G., Die attische Mittlere Komödie. Ihre Stellung in der antiken Literaturkritik und Literaturgeschichte, Berlin – New York 1990.
Nicolai, R., The Proem of Diodorus Book XX [= Rez. Achilli 2012], Histos 8, 2014, I–IX.
Nietzsche, F., De Laertii Diogenis fontibus, RhM 23, 1868, 632–653; 24, 1869, 181–228; Ndr. in: Nietzsche 1982, 75–167.
Nietzsche, F., Analecta Laertiana, RhM 25, 1870, 217–231 (= 1870a); Ndr. in: Nietzsche 1982, 169–190.
Nietzsche, F., Beiträge zur Quellenkunde und Kritik des Diogenes Laertius, Programm Basel 1870 (= 1870b); Ndr. in Nietzsche 1982, 191–245.
Nietzsche, F., Werke. Kritische Gesamtausgabe, II 1. Philologische Schriften, 1867–1873, hg. v. F. Bornmann – M. Carpitella, Berlin – New York 1982
Nikolaidis, A.G., Plutarch's Criteria for Judging His Historical Sources, in: C. Schrader – V. Ramón – J. Vela (Hgg.), Plutarco y la historia. Actas del V simposio español sobre Plutarco, Zaragoza, 20–22 de junio de 1996, Zaragoza 1997, 329–341.
Nilsson, M.P., Griechische Feste von religiöser Bedeutung mit Ausschluss der attischen, Leipzig 1906.
Nock, A.D., Art. Kornutos, RE S 5, 1931, 995–1005.
Nollé, J., Themistokles in Magnesia. Über die Anfänge der Mentalität, das eigene Porträt auf Münzen zu setzen, SNR 75, 1996, 5–31.
Nollé, J. – Wenninger, A., Themistokles und Archepolis. Eine griechische Dynastie im Perserreich und ihre Münzprägung, JNG 48–49, 1998–1999, 29–70.
Notopoulos, J.A., The Name of Plato, CPh 34, 1939, 135–145.
Obbink, D., Dionysos in and out of the Papyri, in: R. Schlesier (Hg.), A Different God? Dionysos and Ancient Polytheism, Berlin – Boston 2011, 281–295.
Ogden, D., Greek Bastardy in the Classical and Hellenistic Periods, Oxford 1996.
Oliver, G.J., History and Rhetoric, in: G.R. Bugh (Hg.), The Cambridge Companion to the Hellenistic World, Cambridge 2006, 113–135.
Olson, S.D., Athenaeus. The Learned Banqueters. Edited and Translated, I–VIII, Cambridge, MA – London 2006–2012.
Opelt, I., Art. Epitome, RAC 5, 1962, 944–973.
Opelt, I., Das Bild des Sokrates in der christlichen lateinischen Literatur, in: H. Blume – F. Mann (Hgg.), Platonismus und Christentum. Festschrift für Heinrich Dörrie, Münster 1983, 192–207.
Ornaghi, M., La lira, la vacca e le donne insolenti. Contesti di ricezione e promozione della figura e della poesia di Archiloco dall'arcaismo all'ellenismo, Alessandria 2009.
Ottone, G., La ΚΥΡΗΝΑΙΩΝ ΠΟΛΙΤΕΙΑ di Aristotele, in: L. Gasperini – S.M. Marengo (Hgg.), Cirene e la Cirenaica nell'Antichità. Atti del convegno internazionale di studi, Roma-Frascati, 18–21 Dicembre 1996, Tivoli 2007, 461–480.
Page, D.L., Poetae melici Graeci, Oxford 1962.
Page, D.L., Further Greek Epigrams. Epigrams before A.D. 50 from the Greek Anthology and Other Sources, Not Included in 'Hellenistic Epigrams' or 'The Garland of Philip'. Edited by D.L.P. Revised and Prepared for Publication by R.D. Dawe and J. Diggle, Cambridge 1981.
Papillon, T.J., Isocrates and the Greek Poetic Tradition, Scholia 7, 1998, 41–61.
Parker, V., Source-Critical Reflections on Cleitarchus' Work, in: P. Wheatley – R. Hannah (Hgg.), Alexander and His Successors. Essays from the Antipodes, Claremont, CA 2009, 28–55.

Parmeggiani, G., Eforo di Cuma. Studi di storiografia greca, Bologna 2011.
Parmeggiani, G., Diodoro lettore di Eforo, in: P. De Fidio – C. Talamo – L. Vecchio (Hgg.), Eforo di Cuma nella storia della storiografia greca. Atti dell'incontro internazionale di studi Fisciano-Salerno, 10–12 dicembre 2008, II, Napoli 2014, 781–806 (= PP 69, 2014).
Patillon, M. – Segonds, A.Ph. – Brisson, L., Porphyre. De l'abstinence. Tome III. Livre IV, texte établi, traduit et annoté par M.P. et A.Ph.S., avec le concours de L.B., Paris 1995.
Patzer, A., Antisthenes der Sokratiker. Das literarische Werk und die Philosophie, dargestellt am Katalog der Schriften, Diss. Marburg 1970.
Patzer, A., Sokrates und Archelaos. Historische und fiktionale Texte über den jungen Sokrates, in: W. von der Weppen – B. Zimmermann – G. Figal (Hgg.), Sokrates im Gang der Zeiten, Tübingen 2006, 9–56; weitgehend identischer Nachdruck in: ders., Studia Socratica. Zwölf Abhandlungen über den historischen Sokrates, München 2012, 163–202.
Pavan, M., La teoresi storica di Diodoro Siculo, RANL VIII 16, 1961, 19–52; 117–151.
Pearson, L., The Lost Histories of Alexander the Great, New York – London 1960.
Pearson, L., On the Malice of Herodotus, in: L. Pearson – F.H. Sandbach, Plutarch's Moralia. With an English Translation, XI. 854E–874C, 911C–919F, Cambridge, MA – London 1965, 1–129.
Pearson, L., The Greek Historians of the West. Timaeus and His Predecessors, Atlanta 1987.
Pédech, P., Polybe et l'"Éloge de Philopoemen', REG 64, 1951, 82–103 ; deutsche Übersetzung: Polybios und das 'Lob des Philopoimen', in: K. Stiewe – N. Holzberg (Hgg.), Polybios, Darmstadt 1982, 140–161.
Pelling, C., Truth and Fiction in Plutarch's Lives, in: D.A. Russell (Hg.), Antonine Literature, Oxford 1990, 19–52; Ndr. in: ders., Plutarch and History, London 2002, 143–170.
Pelling, C., De Malignitate Plutarchi. Plutarch, Herodotus, and the Persian Wars, in: E. Bridges – E. Hall – P.J. Rhodes (Hgg.), Cultural Responses to the Persian Wars. Antiquity to the Third Millennium, Oxford 2007, 145–164.
Penella, R., Greek Philosophers and Sophists in the Fourth Century A.D. Studies in Eunapius of Sardis, Leeds 1990.
Pernot, L., La rhétorique de l'éloge dans le monde gréco-romain, I–II, Paris 1993.
Perrin, B., Plutarch' Lives. With an English Translation, II. Themistocles and Camillus, Aristides and Cato Major, Cimon and Lucullus., Cambridge, MA – London 1914.
Perrin, B., Plutarch's Lives. With an English Translation, III. Pericles and Fabius Maximus. Nicias and Crassus, Cambridge, MA – London 1916.
Perrin, B., Plutarch's Lives. With an English Translation, VI. Dion and Brutus. Timoleon and Aemilius Paulus, Cambridge, MA – London 1918.
Pfeiffer, R., Callimachus, I. Fragmenta, Oxford 1949; ed. corr. 1965.
Pfeiffer, R., Geschichte der Klassischen Philologie. Von den Anfängen bis zum Ende des Hellenismus, München ²1978.
Philipson, R., Art. Athenodoros 19, RE S 5, 1931, 47–55.
Piccirilli, L., Diodoro tra biografia e storia, SIFC III 18, 2000, 112–118.
Piccolomini, E., Sulla morte favolosa di Eschilo, Sofocle, Euripide, Cratino, Annali delle Università Toscane, Parte I. Scienze noologiche 18, 1888, 95–132.
Plezia, M., De Hermippi Vita Aristotelis, in: Charisteria Thaddaeo Sinko (...) oblata, Warszawa 1951, 271–287.
Podlecki, A.J., The Life of Themistocles. A Critical Survey of the Literary and Archaeological Evidence, Montreal – London 1975.

Pöhlmann, E., Der Peripatetiker Athenodor über Wortakzent und Melodiebildung im Hellenismus, WS 79, 1966, 201–213.
Pöhlmann, E., Einführung in die Überlieferungsgeschichte und in die Textkritik der antiken Literatur, I. Altertum, Darmstadt 1994.
Polito, M., Dagli scritti di Eraclide sulle costituzioni. Un commento storico, Napoli 2001.
Poltera, O., Simonides lyricus. Testimonia und Fragmente. Einleitung, kritische Ausgabe, Übersetzung und Kommentar, Basel 2008.
Porqueddu Salvioli, M., La Storia di Antistene di Rodi e la profezia antiromana, in: M. Sordi (Hg.), Politica e religione nel primo scontro tra Roma e l'Oriente, Milano 1982, 3–11.
Pownall, F., Lessons from the Past. The Moral Use of History in Forth-Century Prose, Ann Arbor 2004.
Prandi, L., Fortuna e realtà dell'opera di Clitarco, Stuttgart 1996.
Prandi, L., New Evidence for the Dating of Cleitarchus (POxy. LXXI. 4808)?, Histos 6, 2012, 15–26.
Preller, L., Polemonis periegetae fragmenta, collegit, digessit, notis auxit, Leipzig 1838.
Primavesi, O., Aristotle on the 'So-Called Pythagoreans': from Lore to Principle, in: Huffman 2014a, 227–249.
Prince, S., Antisthenes of Athens. Texts, Translations, and Commentary, Ann Arbor 2015.
Privitera, G.A., Laso di Ermione nella cultura ateniese e nella tradizione storiografica, Roma 1965.
Puech, A., Recherches sur le Discours aux Grecs de Tatien, Paris 1903.
Puech, B., Prosopographie des amis de Plutarque, ANRW 2,33,6, 1992, 4831–4893.
Puglia, E. Platone e l'ospite caldeo nella storia dell'Academia di Filodemo (PHerc 1021, coll. III 39–V 19), SEP 2, 2005, 123–127.
Puglia, E., Platone in vendita a Egina nella Storia dell'Academia (PHerc 1021, coll. II 38–III 17), SEP 3, 2006, 181–185.
Pulch, P., De Eudociae quod fertur Violario, in: Dissertationes Philologicae Argentoratenses Selectae 4,5, Straßburg 1880 (dies die vollständige Version der Dissertation).
Purvis, A.L., The Landmark Herodotus. The Histories. A New Translation by A.L.P. with Maps, Annotations, Appendices, and Encyclopedic Indices. Edited by R.B. Strassler. With an Introduction by R. Thomas, New York 2007.
Radice, R., La filosofia di Aristobulo e i suoi nessi con il De mundo attribuito ad Aristotele, Milano 1994.
Radicke, J., Felix Jacoby. Die Fragmente der Griechischen Historiker Continued, IV A. Biography. Fascicle 7. Imperial and Undated Authors, Leiden – Boston – Köln 1999.
Radt, S., Strabons Geographika. Mit Übersetzung und Kommentar, I–X, Göttingen 2002–2011.
Rathmann, M., Diodoros. Griechische Weltgeschichte. Buch XVIII–XX. Teilband B: Kommentar und Anhang, übersetzt von O. Veh und G. Wirth. Eingeleitet und kommentiert von M. Rathmann, Stuttgart 2005.
Rathmann, W., Quaestiones Pythagoreae Orphicae Empedocleae, Diss. Halle 1933.
Ravazzolo, C., Clitarco e il suo tempo, Patavium 6, 1998, 31–44.
Reale, G. – Bos, A.P., Il trattato Sul cosmo per Alessandro attribuito ad Aristotele, Milano ²1995.
Reid, C.I., Ephoros Fragment 76 and Diodoros on the Cypriote War, Phoenix 28, 1974, 123–143.
Reifferscheid, A., C. Suetoni Tranquilli praeter Caesarum libros reliquiae, Leipzig 1860.
Renger, A.-B. – Stavru, A. (Hgg.), Pythagorean Knowledge from the Ancient to the Modern World. Askesis, Religion, Science, Wiesbaden 2016.

Riedweg, C., Jüdisch-hellenistische Imitation eines orphischen Hieros Logos. Beobachtungen zu OF 245 und 247 (sog. Testament des Orpheus), Tübingen 1993.
Riedweg, C., Zum Ursprung des Wortes Philosophie oder Pythagoras von Samos als Wortschöpfer, in: A. Bierl – A. Schmitt – A. Willi (Hgg.), Antike Literatur in neuer Deutung, München – Leipzig 2004, 147–181.
Riedweg, C., Pythagoras. Leben, Lehre, Nachwirkung. Eine Einführung, München ²2007.
Riginos, A.S., Platonica. The Anecdotes concerning the Life and Writings of Plato, Leiden 1976.
Ritter, F., Didymi Chalcenteri opuscula auctori suo restituta, ad codices antiquos recognita, annotatione illustrata, Köln 1845.
Rives, J.B., Aristotle, Antisthenes of Rhodes, and the Magikos, RhM 147, 2004, 35–54.
Robert, C., Griechische Mythologie. 3. Buch. Die grossen Heldenepen. 2. Abteilung, 1. Hälfte. Der troische Kreis bis zu Ilions Zerstörung, Berlin ⁴1923.
Roeper, G., Emendationen zu Diogenes Laertius, Philologus 1, 1846, 652–663.
Rohde, E., Kleine Schriften, I–II, Tübingen – Leipzig 1901.
Roos, C., De Theodoreto Clementis et Eusebii compilatore. Accedit epimetrum de Platonis codicibus, Halle 1886.
Rosén, H.B., Herodoti Historiae, I, Leipzig 1987.
Rossetti, L., Ricerche sui 'dialoghi socratici' di Fedone e di Euclide, Hermes 108, 1980, 183–200.
Rostagni, A., Pitagora e i pitagorici in Timeo, in: Scritti minori, II 1. Hellenica–Hellenistica, Torino 1956, 3–50; zuerst in AAT 49, 1913–1914, 373–395; 554–574.
Rotstein, A., Literary History in the Parian Marble, Cambridge, MA – London 2016.
Rudberg, G., Thespis und die Tragödie, Eranos 45, 1947, 13–21.
Ruge, W., Art. Perkote, RE 19,1, 1937, 862–865.
Runia, D.T., Why Does Clement of Alexandria Call Philo 'The Pythagoean'?, VChr 49, 1995, 1–22.
Runia, D.T., What is Doxography?, in: Ph. Van Der Eijk (Hg.), Ancient Histories of Medicine. Essays in Medical Doxography and Historiography in Classical Antiquity, Leiden – Boston – Köln 1999, 33–55.
Russell, D.A., Plutarch, London 1973.
Sacks, K.S., Diodorus Siculus and the First Century, Princeton 1990.
Sancisi-Weerdenburg, H., ΠΕΡΣΙΚΟΝ ΔΕ ΚΑΡΤΑ Ο ΣΤΡΑΤΟΣ ΔΩΡΟΝ. A Typically Persian Gift (Hdt. IX 109), Historia 37, 1988, 372–374.
Scarborough, J., Erasistratus, Student of Theophrastus?, BHM 59, 1985, 515–517.
Schäfer, C., Xenophanes von Kolophon. Ein Vorsokratiker zwischen Mythos und Philosophie, Stuttgart – Leipzig 1996.
Schefer, C., Platon und Apollon. Vom Logos zurück zum Mythos, Sankt Augustin 1996.
Schefer, C., Platons unsagbare Erfahrung. Ein anderer Zugang zu Platon, Basel 2001.
Scheller, P., De hellenistica historiae conscribendae arte, Diss. Leipzig 1911.
Schepens, G. (Hg.), Felix Jacoby. Die Fragmente der Griechischen Historiker Continued, IV. Biography and Antiquarian Literature. IV A. Biography. Fascicle 1. The Prehellenistic Period, Leiden – Boston – Köln 1998.
Schepens, G., Probleme der Fragmentedition (Fragmente der griechischen Historiker), in: C. Reitz (Hg.), Vom Text zum Buch, Sankt Katharinen 2000, 1–29.
Schepens, G., Travelling Greek Historians, in: M.G. Angeli Bertinelli (Hg.), Le vie della storia. Migrazioni di popoli, viaggi di individui, circolazione di idee nel Mediterraneo antico. Atti del II Incontro Internazionale di Storia Antica, Genova 6–8 ottobre 2004, Roma 2006, 81–102.

Schepens, G., Zum Verhältnis von Biographie und Geschichtsschreibung in hellenistischer Zeit, in: Erler – Schorn 2007, 335–361.
Schepens, G., Storiografia e letteratura antiquaria. Le scelte di Felix Jacoby, in: C. Ampolo (Hg.), Aspetti dell'opera di Felix Jacoby, Pisa ²2009, 149–171.
Schepens, G., Some Aspects of Source Theory in Greek Historiography, in: J. Marincola (Hg.), Greek and Roman Historiography, Malden – Oxford – Chichester 2011, 100–118.
Schepens, G. – Bollansée, J. (Hgg.), The Shadow of Polybius. Intertextuality as a Research Tool in Greek Historiography. Proceedings of the International Colloquium Leuven, 21–22 September 2001, Leuven – Paris – Dudley 2005.
Schepens, G. – Schorn, S., Verkürzungen in und von Historiographie in klassischer und hellenistischer Zeit, in: M. Horster – Ch. Reitz (Hgg.), Condensing Texts – Condensed Texts, Stuttgart 2011, 395–433.
Schmitz, H., Hypsos und Bios. Stilistische Untersuchungen zum Alltagsrealismus in der archaischen griechischen Chorlyrik, Bern 1970.
Schneider, J.-P., Art. Héraclide Lembos (H 61), DPhA 3, 2000, 568–571.
Schneider, J.-P., Art. Pasiclès de Rhodes (P 47), DPhA 5a, 2012, 170–172.
Schorn, S., Platons Inspirationstheorie in Satyros' Euripidesvita (Satyrus, Vita Euripidis, POxy. IX 1176, Fr. 16 = Plat. Phaedr. 245A6–8), ZPE 134, 2001, 15–21.
Schorn, S., Wer wurde in der Antike als Peripatetiker bezeichnet?, WJA n.F., 27, 2003, 39–69.
Schorn, S., Satyros aus Kallatis. Sammlung der Fragmente mit Kommentar, Basel 2004.
Schorn, S., 'Periegetische Biographie', 'Historische Biographie'. Neanthes von Kyzikos (FGrHist 84) als Biograph, in: Erler – Schorn 2007, 115–156.
Schorn, S., Chamaileon. Biographie und Schriften ΠΕΡΙ ΤΟΥ ΔΕΙΝΑ, SCO 53, 2007 [ersch. 2010], 31–65; englische Übesetzung: Chamaeleon. Biography and Literature Peri tou deina, in: Martano – Matelli – Mirhady 2012, 73–105.
Schorn, S., Chamaileon-Studien, in: K. Herrmann – K. Geus – U. Fehn – E. Porsch (Hgg.), Dona sunt pulcherrima. Festschrift für Rudolf Rieks, Oberhaid 2008, 50–80.
Schorn, S., On Eating Meat and Human Sacrifice. Greek Anthropology in Asclepiades of Cyprus and Theophrastus of Eresus, in: P. Van Nuffelen (Hg.), Faces of Hellenism. Studies in the History of the Eastern Mediterranean (4th Century B.C.–5th Century A.D.), Leuven 2009, 11–47.
Schorn, S., Politische Theorie, 'Fürstenspiegel' und Propaganda. Philistos von Syrakus, Xenophons Hieron und Dionysios I. von Syrakus, in: D. Engels – L. Geis – M. Kleu (Hgg.), Zwischen Ideal und Wirklichkeit. Herrschaftsausübung auf Sizilien von der Antike bis zur Frühen Neuzeit, Stuttgart 2010, 37–62.
Schorn, S., Aristoxenus' Biographical Method, in: Huffman 2012a, 177–221.
Schorn, S. Die Pythagoreer im zehnten Buch der Bibliothek Diodors. Zitate, Traditionen – und Manipulationen, in: V. Costa – M. Berti (Hgg.), Ritorno ad Alessandria. Storiografia antica e cultura bibliotecaria. Tracce di una relazione perduta, Tivoli 2013, 179–259 (= 2013a).
Schorn, S., Bio-Doxographie in hellenistischer Zeit, in: G. Zecchini (Hg.), Ellenismo come categoria storica e come categoria ideale, Milano 2013, 27–67 (= 2013b).
Schorn, S., Überlegungen zu POxy. LXXI 4808, RFIC 141, 2013, 105–122 (= 2013c).
Schorn, S., Biographie und Autobiographie, in: B. Zimmermann – A. Rengakos (Hgg.): Handbuch der griechischen Literatur der Antike, II. Die Literatur der klassischen und hellenistischen Zeit, München 2014, 678–733 (= 2014a).
Schorn, S., Pythagoras in the Historical Tradition. From Herodotus to Diodorus Siculus, in: Huffman 2014a, 296–314 (= 2014b).

Schorn, S., Historiographie, Biographie und Enkomion. Theorie der Biographie und Historiographie bei Diodor und Polybios, RSA 44, 2014, 135–162 (= 2014c).
Schorn, S., Biography and History in Phaenias of Eresus, in: Hellmann – Mirhady 2015, 201–252.
Schorn, S., Biographie und Autobiographie, in: B. Zimmermann – A. Rengakos (Hgg.): Handbuch der griechischen Literatur der Antike, III. Die Literatur der Kaiserzeit, München (= im Druck 1).
Schorn, S., Rhetorik und Historiographie, in: M. Erler – Ch. Tornau (Hgg.): Handbuch antike Rhetorik, Berlin (= im Druck 2).
Schütrumpf, E., Phainias' The Tyrants in Sicily, On Killing of Tyrants out of Revenge, and Aristotle's Explanation of the Violent End of Tyrants, in: Hellmann – Mirhady 2015, 323–350.
Schütrumpf, E. – Gehrke, H.-J., Aristoteles. Politik. Buch IV–VI. Übersetzt und eingeleitet von E.S., erläutert von E.S. und H.-J.G., Berlin 1996.
Schütrumpf, E. – Stork, P. – Van Ophuijsen, J.M. – Prince, S., Heraclides of Pontus. Texts and Translation, New Brunswick – London 2008.
Schwartz, E., Art. Agatharchides 3, RE 1,1, 1893, 739–741.
Schwartz, E., Art. Asklepiades 22, RE 2,2, 1896, 1627.
Schwartz, E., Art. Diodoros 38, RE 5,1, 1903, 663–704 (= 1903a).
Schwartz, E., Art. Diogenes 40, RE 5,1, 1903, 738–763 (= 1903b).
Schweighaeuser, J., Animadversiones in Athenaei Deipnosophistas, I–IX, Straßburg 1801–1807.
Schweighaeuser, J., Athenaei Naucratitae Deipnosophistarum libri quindecim (...), III, Straßburg 1803.
Scorza, G., Il peripatetico Cameleonte, RIGI 18, 1934, 1–48.
Seavey, W., Forensic Epistolography and Plutarch's De Herodoti Malignitate, Hellas 2, 1991, 33–45.
Segonds, A.-Ph., Les fragments de l'Histoire de la philosophie, in: Porphyre. Vie de Pythagore. Lettre à Marcella, texte établi et traduit par É. Des Places, Paris 1982, 163–197.
Sharples, R.W., Strato of Lampsacus. The Sources, Texts and Translations, in: M.-L. Desclos – W.W. Fortenbaugh (Hgg.), Strato of Lampsacus. Text, Translation, and Discussion, New Brunswick – London 2011, 5–229.
Shrimpton, G.S., Theopompus the Historian, Montreal u.a. 1991.
Skydsgaard, J.E., Varro the Scholar, København 1968.
Slater, W.J., Artemon and Anacreon. No Text without Context, Phoenix 32, 1978, 185–194.
Smith, A., Porphyrii philosophi fragmenta. Fragmenta Arabica D. Wasserstein interpretante, Stuttgart – Leipzig 1993.
Snyder, J.M., The Barbitos in the Classical Period, CJ 67, 1971–1972, 331–340.
Sodano, A.R. – Girgenti, G., Porfirio. Storia della filosofia (Frammenti). Introduzione, traduzione, commento e note di A.R.S. Impostazione editoriale, notizia biografica e indici di G.G., Milano 1997.
Sollenberber, M.G., The Life and Times of Phaenias of Eresus, in: Hellmann – Mirhady 2015, 133–146.
Solmsen, F., Art. Philiskos 9, RE 19,2, 1938, 2384–2387.
Sonnabend, H., Geschichte der antiken Biographie. Von Isokrates bis zur Historia Augusta, Weimar – Stuttgart 2002.

Squillace, G., Erofilo ed Erasistrato e il recupero di testi medici per la biblioteca di Alessandria, in: V. Costa – M. Berti (Hgg.), Ritorno ad Alessandria. Storiografia antica e cultura bibliotecaria. Tracce di una relazione perduta, Tivoli 2013, 155–178.

Staab, G., Pythagoras in der Spätantike. Studien zu De Vita Pythagorica des Iamblichos von Chalkis, München – Leipzig 2002.

Staab, G., Der Gewährsmann Apollonios in den neuplatonischen Pythagorasviten – Wundermann oder hellenistischer Literat?, in: Erler – Schorn 2007, 195–217.

Stadter, P.A., Plutarch's Historical Methods. An Analysis of the Mulierum Virtutes, Cambridge, MA 1965.

Stadter, P.A., A Commentary on Plutarch's Pericles, Chapel Hill – London 1989.

Steffen, V., Chamaeleontis fragmenta, Warszawa 1964.

Steidle, W., Sueton und die antike Biographie, München ²1963.

Stevens, P.T., Euripides and the Athenians, JHS 76, 1956, 87–94.

Stoddard, K., The Narrative Voice in the Theogony of Hesiod, Leiden – Boston 2004.

Stork, P., Lyco of Troas. The Sources, Text and Traslation, in: W.W. Fortenbaugh – S.A. White (Hgg.), Lyco of Troas and Hieronymus of Rhodes. Text, Translation, and Discussion, New Brunswick – London 2004, 1–78.

Stork, P. – Dorandi, T. – Fortenbaugh, W.W. – Van Ophuijsen, J.M., Aristo of Ceos. The Sources, Text and Translation, in: W.W. Fortenbaugh – S.A. White (Hgg.), Aristo of Ceos. Text, Translation, and Discussion, New Brunswick – London 2006, 1–177 (= SDFO).

Stork, P. – Van Ophuijsen, J.M. – Dorandi, T., Demetrius of Phalerum. The Sources, Text and Translation, in: W.W. Fortenbaugh – E. Schütrumpf (Hgg.), Demetrius of Phalerum. Text, Translation and Discussion, New Brunswick – London 2000, 1–310 (= SOD).

Stronk, J.P., Neanthes the Younger (171), in: I. Worthington (Hg.), Brill's New Jacoby, www.brillonline.com (veröffentlicht 1. Oktober 2013).

Strothmann, M., Art. Lais 1 und 2, NP 6, 1999, 1067–1068.

von Strzelecki, W., Art. Nonius 38, RE 17,1, 1936, 882–897.

Stuart, D.R. Epochs of Greek and Roman Biography, Berkeley 1928.

Stylianou, P.J., A Historical Commentary on Diodorus Siculus Book 15, Oxford 1998.

Susemihl, F., Geschichte der griechischen Litteratur in der Alexandrinerzeit, I–II, Leipzig 1891–1892.

Tarán, L., Parmenides. A Text with Translation, Commentary, and Critical Essays, Princeton 1965.

Tarán, L., Speusippus of Athens. A Critical Study with a Collection of the Related Texts and Commentary, Leiden 1981.

Taufer, M., Zalmoxis nella tradizione greca. Rassegna e rilettura delle fonti, QS, 68, 2008, 131–164.

Teodorsson, S.-T., A Commentary on Plutarch's Table Talks, I, Göteborg 1989.

Teodorsson, S.-T., Ethical Historiography. Plutarch's Attitude to Historical Criticism, in: C. Schrader – V. Ramón – J. Vela (Hgg.), Plutarco y la historia. Actas del V simposio español sobre Plutarco, Zaragoza, 20–22 de junio de 1996, Zaragoza 1997, 439–447.

Theander, C., Plutarch und die Geschichte, Lund 1951.

Theodoridis, C., Drei übersehene Bruchstücke des Apollodoros von Athen, Glotta 50, 1972, 29–34.

Thesleff, H., An Introduction to the Pythagorean Writings of the Hellenistic Period, Åbo 1961.

Thesleff, H., The Pythagorean Texts of the Hellenistic Period. Collected and Edited, Åbo 1965.

Theys, E., 1011. Philippos of Opus, in: Schepens 1998, 248–264 (= 1998a).

Theys, E., 1009. Speusippos of Athens, in: Schepens 1998, 212–239 (= 1998b).
Tigerstedt, E.N., The Decline and Fall of the Neoplatonic Interpretation of Plato. An Outline and Some Observations, Helsinki – Helsingfors 1974.
Timpanaro Cardini, M., Pitagorici. Testimonianze e frammenti, I–III, Firenze 1958–1964.
Toepffer, J., Attische Genealogie, Berlin 1889.
Toye, D.L., Porphyry (260), in: I. Worthington (Hg.), Brill's New Jacoby, www.brillonline.com (veröffentlicht 1. Oktober 2011).
Trabucco, F., Il problema del De philosophia di Aristocle di Messene e la sua dottrina, Acme 11, 1958, 97–150.
Unger, G.F., Herakleides Pontikos der Kritiker, RhM 38, 1883, 481–506.
Usener, H., Vergessenes IX, RhM 28, 1873, 430–433.
Usener, H., Epicurea, Leipzig 1887; Ndr. mit italienischer Übersetzung: Epicurea. Testi di Epicuro e testimonianze epicuree nella raccolta di H. Usener. Testo greco e latino a fronte. Traduzione e note di I. Ramelli, presentazione di G. Reale, Milano 2002.
Usener, H., Die Unterlage des Diogenes Laertios, SPAW 49, 1892, 1023–1034; Ndr. in: Kleine Schriften, III, Leipzig 1914, 163–175.
Vallozza, M., Alcuni motivi del discorso di lode tra Pindaro e Isocrate, QUCC 64, 1990, 43–58.
Vallozza, M., Isocrate e la conquista della lode: εὐκόλως ὁ εὐκλεῶς?, in: F. Benedetti – S. Gradoloni (Hgg.), Studi di filologia e tradizione greca in memoria di Aristide Colonna, II, Napoli 2004, 813–816.
Van der Eijk, P., Aristoteles über die Melancholie, Mnemosyne IV 43, 1990, 33–72.
Van der Waerden, B.L., Die Pythagoreer. Religiöse Bruderschaft und Schule der Wissenschaft, Zürich – München 1979.
van Gelder, H., Geschichte der alten Rhodier, Den Haag 1900.
van Groningen, B.A., Théopompe ou Chamaeléon? À propos de Simonide 137 B, 104 D, Mnemosyne IV 9, 1956, 11–22.
van Groningen, B.A., Pindare au banquet. Les fragments des scolies édités avec un commentaire critique et explicatif, Leiden 1960.
Vattuone, R., Sapienza d'occidente. Il pensiero storico di Timeo di Tauromenio, Bologna 1991.
Vattuone, R., Timeo di Tauromenio in: R. Vattuone (Hg.), Storici greci d'occidente, Bologna 2002, 177–323.
Vecchio, L., Deioco di Proconneso. Gli Argonauti a Cizico, Napoli 1998.
Verdin, H., Agatharchide et la tradition du discours politique dans l'historiographie grecque, in: E. Van 't Dack (Hg.), Egypt and the Hellenistic World. Proceedings of the International Colloquium Leuven, 24–26 May 1982, Leuven 1983, 407–420.
Verhasselt, G., Hermippus on Chaeron of Pellene (Phld., Acad. Hist., PHerc. 1021, coll. 10,40–12,4 and PHerc. 164, fr. 22 and fr. 24). Edition and Discussion, CErc 45, 2015, 33–47.
Verhasselt, G., Philodemus' Excerpt from Dicaearchus on Plato in the Historia Academicorum (PHerc. 1021, coll. 1*–1–2). Edition, Translation and Commentary, CErc 47, 2017, 55–72.
Verhasselt, G., Felix Jacoby. Die Fragmente der Griechischen Historiker Continued. Part IV B. History of Literature, Music, Art and Culture. Fasc. 9. Dikaiarchos, Leiden – Boston 2018 (im Druck); Online-Version: www.brillonline.com (erscheint 2017).
Vogel, F., Diodori bibliotheca historica. Editionem primam curavit I. Bekker, alteram L. Dindorf, recognovit F.V., II, Leipzig 1890.
Voisin, A., Diatribe academica inauguralis de Phania Eresio, philosopho peripatetico, Diss. Gent 1824.
Wacholder, B.Z., Nicolaus of Damascus, Berkeley – Los Angeles 1962.

Wagner, E.A., Agatharchides und der mittlere Peripatos, I, Programm Annaberg, gedr. Leipzig 1901.
Walbank, F.W., A Historical Commentary on Polybius, I–III, Oxford 1957–1979.
Walbank, F.W., Polybius and Macedonia, in: ders., Polybius, Rome and the Hellenistic World. Essays and Reflections, Cambridge 2002, 91–106.
Walter, N., Der Thoraausleger Aristobulos. Untersuchungen zu seinen Fragmenten und zu pseudepigraphischen Resten der jüdisch-hellenistischen Literatur, Berlin 1964.
Walter, N., Rez. Riedweg 1993 und Radice 1994, StudPhilon 8, 1996, 177–185.
Wardman, A., Plutarch's Lives, London 1974.
Weber, G., Poet and Court, in: B. Acosta-Hughes – L. Lehnus – S. Stephens (Hgg.), Brill's Companion to Callimachus, Leiden – Boston 2011, 225–244.
Webster, T.B.L., Studies in Later Greek Comedy, Manchester 1953.
Wehrli, F., Die Schule des Aristoteles. Texte und Kommentar, Basel $^{1-2}$1967–1978. 1. Dikaiarchos, ^{2}1967; 2. Aristoxenos, ^{2}1967; 3. Klearchos, ^{2}1969; 4. Demetrios von Phaleron, ^{2}1968; 5. Straton von Lampsakos, ^{2}1969; 6. Lykon und Ariston von Keos, ^{2}1968; 7. Herakleides Pontikos, ^{2}1969; 8. Eudemos von Rhodos, ^{2}1969; 9. Phainias von Eresos, Chamaileon, Praxiphanes, ^{2}1969; 10. Hieronymos von Rhodos, Kritolaos und seine Schüler. Rückblick. Der Peripatos in vorchristlicher Zeit. Register, ^{2}1969; Supplementband 1. Hermippos der Kallimacheer, 1974; Supplementband 2. Sotion, 1978.
Wehrli, F. Art. Aristoxenos 7, RE S 11, 1968, 336–343.
Wehrli, F., Der Peripatos bis zum Beginn der römischen Kaiserzeit, in: H. Flashar (Hg.), Grundriss der Geschichte der Philosophie, begründet von F. Ueberweg. Völlig neu bearbeitete Ausgabe. Die Philosphie der Antike, III. Ältere Akademie, Aristoteles, Peripatos, Basel – Stuttgart 1983, 459–599.
Wehrli, F. – Wöhrle, G. – Zhmud, L., Der Peripatos bis zum Beginn der römischen Kaiserzeit, in: H. Flashar (Hg.), Grundriss der Geschichte der Philosophie, begründet von F. Ueberweg. Völlig neu bearbeitete Ausgabe. Die Philosphie der Antike, III. Ältere Akademie, Aristoteles, Peripatos, Basel – Basel ^{2}2004, 493–666.
Weiher, A., Philosophen und Philosophenspott in der attischen Komödie, Diss. München 1913.
West, M.L., The Orphic Poems, Oxford 1983.
West, M.L., Ion of Chios, BICS 32, 1985, 71–78.
West, S., Chalcenteric Negligence, CQ N.S. 20, 1970, 288–296.
West, S., Satyrus: Peripatetic or Alexandrian?, GRBS 15, 1974, 279–286.
Westlake, H.D., The Sources of Plutarch's Pelopidas, CQ 33, 1939, 11–22.
White, S.A., Principes Sapientiae. Diacaearchus' Biography of Philosophy, in: W.W. Fortenbaugh – E. Schütrumpf (Hgg.), Dicaearchus of Messana. Text, Translation, and Discussion, New Brunswick – London 2001, 195–236.
White, S.A., Hieronymus of Rhodes. The Sources, Text and Translation, in: W.W. Fortenbaugh – S.A. White (Hgg.), Lyco of Troas and Hieronymus of Rhodes. Text, Translation, and Discussion, New Brunswick – London 2004, 79–276.
Wiemer, H.-U., Rhodische Traditionen in der hellenistischen Historiographie, Frankfurt am Main 2001.
von Wilamowitz-Moellendorff, U., Ad Ernestum Maassium epistula, in: Maass 1880, 142–164.
von Wilamowitz-Moellendorff, U., Antigonos von Karystos, Berlin 1881.
von Wilamowitz-Moellendorff, U., Commentariolum grammaticum, IV, Index lectionum Göttingen 1889; Ndr. in: ders., Kleine Schriften, IV. Lesefrüchte und Verwandtes, Berlin 1962, 660–696.

von Wilamowitz-Moellendorff, U., Lesefrüchte 51, Hermes 34, 1899, 633–636; Ndr. in: ders., Kleine Schriften, IV. Lesefrüchte und Verwandtes, Berlin 1962, 103–106.
von Wilamowitz-Moellendorff, U., Sappho und Simonides. Untersuchungen über griechische Lyriker, Berlin 1913.
von Wilamowitz-Moellendorff, U., Pindaros, Berlin 1922.
von Wilamowitz-Moellendorff, U., Der Glaube der Hellenen, I–II, Berlin 1931–1932.
Wilson, N.G., Herodoti Historiae, recognovit brevique adnotatione critica instruxit, I, Oxford 2015.
Woodbury, L., Socrates and Archelaus, Phoenix 25, 1971, 299–309.
Woodbury, L., Ibycus and Polycrates, Phoenix 39, 1985, 193–220.
Woodman, A.J., Rhetoric in Classical Historiography, London – Sidney 1988.
Wright, M.R., Empedocles, The Extant Fragments. Edited with Introduction, Commentary, Concordance and New Bibliography, London 1981; Ndr. mit wenigen Ergänzungen 1995.
Yatromanolakis, D., Sappho in the Making. The Early Reception, Washington 2007.
Zaccaria, P., Antisthenes the Ἁπλοκύων. A Critical and Exegetical Note on Diogenes Laertios 6,13, WJA n.F. 40, 2016, 141–167 (= 2016a).
Zaccaria P., Citazioni poetiche nei frammenti di Diocle di Magnesia. Tra poesia, filosofia e storiografia. Erga – Logoi 4, 2016, 119–141 (= 2016b).
Zaccaria P., Diocle di Magnesia tra text e cover-text. Editio princeps e communes opiniones, in: G. Ottone (Hg.), Historiai para doxan. Documenti greci in frammenti: Nuove prospettive esegetiche. Atti dell'incontro internazionale di studi, Genova, 10–11 marzo 2016, Tivoli 2017, 203–231 (2017a).
Zaccaria P., The First Dog: Diogenes (Aristot. Rhet. 3,10,1411a24–25). Hermes 145, 2017, 364–370 (= 2017b).
Zacher, K.-D., Plutarchs Kritik an der Lustlehre Epikurs. Ein Kommentar zu Non posse suaviter vivi secundum Epicurum: Kap. 1–8, Königstein im Taunus 1982.
Zanata, M., Aristotele. Etica Nicomachea. Introduzione, traduzione e commento, I (libri I–V). Testo greco a fronte, Milano 1986.
Zecchini, G., La cultura storica di Ateneo, Milano 1989.
Zeller, E., Die Philosophie der Griechen in ihrer geschichtlichen Entwicklung, II 1. Sokrates und die Sokratiker. Plato und die Alte Akademie, Im Anhang: Der gegenwärtige Stand der Platonforschung von E. Hoffmann, Leipzig ^{5}1922; der Text Zellers entspricht ^{4}1889.
Zembaty, J.S., Aristotle on Lying, JHPh 31, 1993, 7–29.
Zhmud, L., Pythagoras and the Early Pythagoreans, Oxford 2012; zuerst Russisch 1994, dann Deutsch 1997; Übesetzungen jeweils überarbeitet (= 2012a).
Zhmud, L., Aristoxenus and the Pythagoreans in: Huffman 2012a, 223–249 (= 2012b).
Zhmud, L., Phaenias' Work On the Socratics and His Fragment on Petron of Himera (56A–B = fr. 12 Wehrli), in: Hellmann – Mirhady 2015, 273–288.
Ziegler, K., Art. Theon 10, RE 5 A 2, 1934, 2059–2066.
Ziegler, K. – Wuhrmann, W., Plutarch. Grosse Griechen und Römer, II, Mannheim 2010.

Verzeichnis der Erstpublikationen

Von den in der folgenden Liste aufgeführten Kapiteln erschienen frühere Fassungen bereits an anderer Stelle. Der überarbeitete Nachdruck in diesem Band erfolgt mit Zustimmung der Verlage der Originalpublikationen. Sofern Verlage das Copyright besitzen, bleibt dieses unangetastet. Die Kapitel 10 und 14 stellen Originalpublikationen dar.

1) 'Periegetische Biographie', 'Historische Biographie'. Neanthes von Kyzikos (FGrHist 84) als Biograph, in: M. Erler – S. Schorn (Hgg.), Die griechische Biographie in hellenistischer Zeit. Akten des internationalen Kongresses vom 26.–29. Juli 2006 in Würzburg (Beiträge zur Altertumskunde 245), Berlin: De Gruyter 2007, 115–156.
2) Chamaileon-Studien, in: K. Herrmann – K. Geus – U. Fehn – E. Porsch (Hgg.), *Dona sunt pulcherrima*. Festschrift für Rudolf Rieks, Oberhaid: Utopica 2008, 50–80.
3) Chamaileon. Biographie und Schriften ΠΕΡΙ ΤΟΥ ΔΕΙΝΑ, Studi Classici e Orientali: Edizioni Plus – Pisa University Press 53, 2007 [erschienen 2010], 31–65.
4) Aristoxenus' Biographical Method. This piece originally appeared in: C.A. Huffman (Hg.), Aristoxenus of Tarentum. Discussion (Rutgers University Studies in Classical Humanities 18), New Brunswick, NJ – London: Transaction Publishers 2012, 177–221. Reprinted with permission.
5) Biography and History in Phaenias of Eresus. This piece originally appeared in: O. Hellmann – D. Mirhady (Hgg.), Phaenias of Eresus. Text, Translation, and Discussion (Rutgers University Studies in Classical Humanities 19), New Brunswick, NJ – London: Transaction Publishers 2015, 201–252. Reprinted with permission.
6) Die Pythagoreer im zehnten Buch der Bibliothek Diodors. Zitate, Traditionen – und Manipulationen, in: V. Costa – M. Berti (Hgg.), Ritorno ad Alessandria. Storiografia antica e cultura bibliotecaria. Tracce di una relazione perduta (Ricerche di Filologia, Letteratura e Storia 18), Tivoli: Tored 2013, 179–259.
7) Wer wurde in der Antike als Peripatetiker bezeichnet?, Würzburger Jahrbücher für die Altertumswissenschaft. Neue Folge: Kommissionsverlag Ferdinand Schöningh, 27, 2003, 39–69.
8) Epitomai und hellenistische Biographie. Hierbei handelt um den zweiten, von mir verfaßten Teil des Aufsatzes: Verkürzungen in und von Historiographie in klassischer und hellenistischer Zeit, in: M. Horster – Ch. Reitz (Hgg.), Condensing Texts – Condensed Texts (Palingenesia 98), Stuttgart: Franz Steiner 2010, 395-434, hier: 410–430. Der erste, von Guido Schepens verfaßte Teil ist hier nicht abgedruckt. Ein Teil meiner Darstellung stellt eine erweiterte und modifizierte Fassung meiner Ausführungen in S. Schorn, Satyros aus Kallatis. Sammlung der Fragmente mit Kommentar, Basel: Schwabe AG 2004 dar.
9) Bio-Doxographie in hellenistischer Zeit, in: G. Zecchini (Hg.), Ellenismo come categoria storica e come categoria ideale (Temi metafisici e problemi del pensiero antico. Studi e testi 130), Milano: Vita e Pensiero 2013, 27–67.
11) Historiographie, Biographie und Enkomion. Theorie der Biographie und Historiographie bei Diodor und Polybios, Rivista Storica dell'Antichità: Pàtron Editore 44, 2014, 135–162.
12) Überlegungen zu POxy. LXXI 4808, Rivista di Filologia e di Istruzione Classica: Loescher Editore 141, 2013, 105–122.

https://doi.org/9783110449006-016

13) Pythagoras in the Historical Tradition. From Herodotus to Diodorus Siculus, in: C.A. Huffman (Hg.), A History of Pythagoreanism, Cambridge: Cambridge University Press 2014, 296–314. © Cambridge University Press 2014, reproduced with permission.

Eigennamen

Abaris 415
Abrotonon 33
Adaios 46
Adeimantos (Akademiker) 347–348
Adeimantos von Korinth 181–183
Aelian 177
Aetios 129, 325, 361
Agamemnon 178
Agatharchides von Knidos 245, 253–255, 273, 290
Agathokles der Ägypter 384
Agathokles von Syrakus 401
Agesilaos von Sparta 42, 440
Aischines (Sokratiker) 161, 166, 168, 410
Aischylos 52, 54, 66–72, 75–77, 80, 83, 89, 91, 93–94, 96, 98, 133, 177, 279, 285, 437
Alexander der Große 7, 37, 107, 121, 149, 367, 397–398, 404–405, 440
Alexandros Polyhistor 226–227, 300, 314–315, 317–318, 325–326, 339, 426, 433
Alexandros von Epeiros 440
Alexinos 329
Alexis 158, 163, 166
Alkaios 58–59, 151, 155, 160, 178
Alkibiades 187, 440
Alkidamas 71, 151, 335, 432, 441–442
Alkimos 14
Alkman 53–57, 70, 72, 79, 83, 85, 89, 93, 96, 133, 432
Alyattes 57
Ammonios 249
Amphikrates von Athen 258
Amyklas 143
Anakreon 39–40, 57–59, 62–66, 70, 79, 87–88, 155, 385
Anaxagoras 20, 123, 155, 282, 313
Anaximandros von Milet der Jüngere 416
Anaximenes von Milet 262
Androkydes 27, 29, 200, 226, 300, 424
Andron von Ephesos 416
Andronikos von Rhodos 247, 249, 254, 278
Anonymus Diodori 195–244, 386, 447–448, 450

Antigonos Monophthalmos 400, 407
Antigonos von Karystos 46, 132, 144, 161–162, 258, 265, 277, 290–291, 301, 306–307, 409–310, 348–349, 361–362, 435–436, 438, 443
Antimachos von Kolophon 100
Antiochos IV. 289
Antiochos von Askalon 348
Antiochos von Syrakus 19, 409
Antisthenes (Sokratiker) 31–32, 129, 131, 138–141, 160–166, 234, 263
Antisthenes von Rhodos 245, 262–264, 274, 300, 314, 326, 339, 344, 363, 432
Antonios Diogenes 324
Apelles 37
Apellikon von Teos 257, 329
Apematos 30, 35
Aphrodite 73–74, 89, 94
Aphrodite Porne 23, 47
Apollodoros (Doxograph) 304
Apollodoros Kepotyrannos 305, 312–313, 445
Apollodoros von Athen 100, 200–201, 242, 347–348, 352–353, 410
Apollon 8–10, 23, 26, 440
Apollon Iasonios 25
Apollonides von Nikaia 323
Apollonios (über Pythagoras) 194, 421
Apollonios Molon 421
Apollonios Rhodios 268, 395
Apollonios von Tyana 421
Apollonios von Tyros 344, 445
Apuleius 306
Arastes 162
Aratos (Dichter) 83
Archedemos (Stoiker) 255
Archelaos (Philosoph) 134, 137–138, 313
Archelaos von Makedonien 258
Archikleia 283
Archilochos 59, 62–63, 71, 97, 99, 103, 111, 151, 154–156, 279, 301, 385, 442
Archimachos 292, 294, 297
Archippos 28, 203–204, 427
Architeles 181–183, 187

Archytas (Pythagoreer) 41, 55–57, 69, 71, 96, 103, 107, 144, 198–199, 206–208, 213, 228, 238, 307–308,437
Archytas (Musiker) 55
Areios Didymos 304
Argas 152, 170
Arion 155
Aristandros 9
Aristarchos von Samothrake 100, 291
Aristeides von Athen 64
Aristippos (Sokratiker) 37, 97, 158, 160–163, 165–168, 311
Aristobulos (Historiker) 113–115, 120–121
Aristobulos (Thorainterpret) 245–246, 254, 259–262, 273
Aristogeiton 188–189
Aristokles von Messene 86, 328–332, 337
Ariston von Alexandreia 273
Ariston von Askalon 348
Ariston von Chios 257
Ariston von Keos 247, 254, 256–257, 274–275, 277, 301
Ariston (Autor über den Nil) 254
Aristophanes (Komiker) 35, 52, 67, 69, 72, 75–76, 80, 91, 98, 282, 287
Aristophanes von Byzanz 100, 110
Aristoteles 23, 29, 68, 80, 107, 113–115, 120–121, 134–137, 142–143, 149–151, 155, 165–166, 193, 205, 229, 247–250, 252, 256–258, 260–261, 263–264, 266–267, 269, 274–276, 278, 288, 290, 296, 299, 310, 328–330, 333–334, 357, 362, 410, 415, 417, 423, 428, 438, 440
Aristoteles (Kyrenaiker) 394, 397
Aristoxenos 12, 14, 29, 39, 44, 80, 103, 107–147, 151, 159–161, 167, 190, 193–194, 200–223, 226, 228, 230–233, 238–241, 256–257, 264–265, 277, 300, 307–308, 310, 325, 329, 362, 386, 409, 416–417, 420, 423–424, 428, 432–436, 438, 441, 443, 447–450
Arkesilaos 347–348, 361, 396
Arktinos 154–156
Arrianos 406
Arsenios 164
Artabanos 183–184, 187
Artaxerxes 174

Artemon (Feind Anakreons) 62–66, 70–71
Artemon (Ingenieur) 62–66
Asklepiades (über Platon) 162
Asklepiades von Zypern 28–29, 180, 300, 423
Aspasia 123
Athenaios (Mathematiker) 16
Athenaios von Naukratis 3, 5, 88–90, 152–154, 175–176, 188, 255–259, 266, 269–270, 279, 281, 296, 306, 308–310, 323, 326, 339, 343
Athenaios von Seleukeia 254
Athenion der Ältere 257
Athenion der Jüngere (Tyrann) 257
Athenodoros (Peripatetiker) 245, 264–265, 274
Athenodoros von Rhodos 265
Athenodoros von Tarsos 47
Attalos I. von Pergamon 3, 47
Attalos II. von Pergamon 47
Attalos III. von Pergamon 47
Atticus 110
Attis 25
Augustinus 335
Augustus (Kaiser) 335
Baton von Sinope 433
Boethos 249
Boxos 254
Brotinos 18
Busiris 410
Buzyges 292, 294, 297
Chairon von Pellene 189, 347
Chamaileon 6, 41, 51–105, 107, 132–133, 155, 157, 160, 190, 208, 258, 275–276, 287, 301, 433–434, 436–438, 441–442, 444, 449
Charikles von Karystos 335
Charmadas 347–348
Charondas 242
Chiron 138, 164
Chrysippos 290, 305, 396, 445
Cicero 110, 249, 274, 403
Clemens von Alexandreia 48, 259–262, 279, 363
Damasios (Archon) 155
Damaskios 320–321
Damastes von Sigeion 151

Damon 41, 145, 193–194, 199, 208–209, 210–217, 238, 367
Demadas 224–225, 241
Demeas 62
Demetrios von Kallatis 398
Demetrios von Magnesia 258, 277, 362–363
Demetrios von Phaleron 149, 155, 167, 256, 273, 301
Demetrios von Skepsis 46–47
Demochares 329, 347
Demokrit 110, 142–143, 263, 334
Demonax 94, 291, 294, 297, 306
Demosthenes 37, 80–81, 85, 98, 258, 335
Didymos 80, 85
Dikaiarchos 14–15, 41, 110, 151, 162, 193–194, 227, 229, 234, 256, 269, 301, 325, 346–348, 410, 416–417, 434, 439, 445
Diodor von Sizilien 193–244, 365–391, 400–401, 409, 426–429, 443, 448, 450
Diodora (Dialogfigur) 281–282, 284
Diodoros (Peripatetiker) 261
Diodoros Kronos 397
Diodoros von Aspendos 152, 229, 238, 419
Diodoros von Tyros 257
Diogenes (Kyniker) 32, 37, 97, 263
Diogenes Laertios 3–4, 48, 143, 208, 219–221, 223–227, 231, 240–241, 256, 262, 265, 279–281, 289, 293, 297–299, 302–303, 305–306, 308–309, 311–314, 317, 320–321, 323, 325–326, 330, 332, 334–337, 339–364, 386, 394, 417, 428, 449
Diogenes von Apollonia 262
Diogenes von Sinope 12
Diokles von Magnesia 31–32, 277, 311–313, 340, 362–363
Dion von Syrakus 12–13, 15, 124, 226
Dionysios I. von Syrakus 13–15, 124, 156–160, 212
Dionysios II. von Syrakus 12–15, 41, 143, 145, 159, 161, 166, 208, 211–217, 238, 435, 444
Dionysios (Freigelassener Ciceros) 110
Dionysios Thrax 265
Dionysios von Halikarnassos 382, 398–400
Dionysios von Olynth 100
Dionysos 29–31, 59–62, 151, 411
Dionysos Omadios 177

Dionysos Omestes 177–181
Dosiadas 178
Duris von Samos 151, 398, 425, 432
Echekrates 420
Empedokles 15, 17–26, 29, 36, 41–42, 48, 131–132, 201, 299, 308–309, 417–420, 422–424, 440–441
Empedokles der Ältere 20–21
Epameinondas 28–29, 203, 241, 427–428
Epeios 59–62
Ephoros 100, 119–120, 123–125, 174, 184, 187, 372–375, 378, 386–390, 409, 429, 443
Epicharm 36–37, 85
Epikrates von Herakleia 247
Epikur 294, 305, 312–313, 327, 334, 362, 443–445
Epimenides 26
Erasistratos von Keos 247, 273
Eratosthenes 20, 46, 100, 304, 395, 410, 421
Euagoras 42, 373–378, 380, 387–388, 390, 439, 443
Eubulides 27, 29, 200, 300, 329, 424
Eudemos von Rhodos 155, 247
Eudoxos von Knidos 113–115, 120–121,
Euelpis von Karystos 177
Eukleia (Dialogfigur) 281, 284
Eukleides 161
Eunapios 318–324, 326
Euphantos 290
Euphorbos 198, 232–233, 238, 367, 427
Euphrantides 177, 180
Euripides 23, 31–32, 37, 52, 66–67, 83–84, 87, 94, 98, 102–103, 151, 157, 178, 241, 258–259, 268, 279, 281–288, 297, 432, 442, 446–447, 449
Eurybiades von Sparta 181–183
Eurymenes von Syrakus 15
Eurymneus (Peripatetiker) 257
Eurypyle 62–66
Eusebios 129, 259, 266, 329–330
Euterpe 33, 174
Favorin 355–356, 362
Galateia 156–160, 163, 166
Galen 251–252, 271, 304, 320
Gellius 363
Glaukos von Rhegion 68, 91, 151

Glaukos von Samos 265
Gongylos von Eretria 175
Gorgias 373
Gryllos 440
Habrotonon 174
Hadrianus (Kaiser) 262
Harmodios 188–189
Harpokration 335
Hegesianax 398
Hegesias von Kyrene 397
Hegestratos (Archon) 170
Helena 97
Hellanikos 285
Hera 178
Herakleides Lembos 203, 205, 245–246, 253, 272, 279, 288–299, 313–314, 339, 356–360, 395, 433, 448–449
Herakleides Pontikos 51, 70, 80, 151, 193, 228, 237, 256, 301, 347, 410, 415, 420, 440
Herakleides (Pythagoreer) 325, 358
Herakles 138, 140, 164
Heraklit 38, 263, 299, 336, 345, 419, 422
Hermeias von Atarneus 308, 329, 440
Hermesianax 57–59
Hermippos 245–246, 258, 265–273, 275, 277, 279, 285, 289–299, 301, 307, 310, 330, 334, 337, 347, 351, 356–360, 394–398, 425, 433, 447–449
Hermodamas 27, 423
Hermodoros 162, 306–307, 310
Hermokrates von Iasos 265
Hermotimos 232
Herodes I. von Judäa 250
Herodot 43, 100, 113–122, 125, 177, 181–183, 187, 190, 228, 291, 294, 297, 400, 410–415, 438–439
Herpyllis 267
Hesiod 54, 83, 85, 97, 151, 412
Hieron von Syrakus 36, 93, 101, 185–186
Hieronymos von Kardia 257, 398–402, 404–406
Hieronymos von Rhodos 155, 247–248, 257, 261, 301, 425
Hieronymus 111–113, 265–270
Hippasos 18

Hippobotos 28–29, 129, 200, 218, 300, 304, 308, 314, 362, 423–425, 448
Hippokrates 326
Hippolytos von Rom 307, 310
Hipponax 59
Hippys von Rhegion 168–169, 190, 437–438
Homer 80, 85, 92, 97, 99–100, 113–115, 120–121, 151, 324, 328, 412, 432, 441
Hyginus 111, 265
Iamblich 48, 202–203, 206–211, 214, 219–223, 229, 231–234, 237, 240, 242, 419, 421, 448
Ibykos 39–40, 56, 83, 155
Idomeneus von Lampsakos 163, 277, 443–444
Ion von Chios 43, 137–138, 190, 412, 433
Ioseppos 325, 358, 360
Isidoros (Neuplatoniker) 320–321
Isokrates 16, 42, 335, 372–381, 385, 390, 396, 410–411, 435–436, 439, 443
Istros (Kallimacheer) 47
Iulian (Kaiser) 127–128
Iustinus (Historiker) 194, 206, 233, 235, 421
Jason von Nysa 300, 314, 326, 433
Kallias (Archon) 155
Kallias von Syrakus 335
Kalligenes von Kyzikos 16
Kallimachos 35, 100, 198, 232, 241, 266, 268, 270, 272, 395
Kallippides 29–31
Kallisthenes 153, 155, 440
Kallistratos 157
Kambyses 27, 424
Kekrops 292, 297
Kephisodoros 329
Kephisophon 284, 287
Kineas 253
Klearchos von Soloi 153, 256, 261, 440
Kleinias 143, 199, 207–210, 217, 238, 367
Kleitarchos 394–398, 402–403, 407, 447
Kleite 24–35
Kleitomachos 304, 316
Kleon 123, 283
Kleopatra VII. Philopator 251
Klytos von Milet 257
Kolotes 114, 247, 327, 334
Konstantinos Porphyrogenitos 426–427

Kornutos 47
Krantor 347–348
Krates von Athen (Akademiker) 347–348
Krates von Pergamon 100
Kratippos von Athen 241
Kratippos von Pergamon 249
Kritolaos 261, 265, 275
Kriton 168
Kroisos 57, 368
Kroton (Autor) 336
Ktesias 187
Ktesibios von Chalkis 334–335, 337
Kybele 25
Kylon 196, 202, 203–206
Kyrillos 127–131, 133, 449
Kyros der Große 42, 57, 140, 164, 439, 368
Kyzikos (Heros) 25
Laïs 4, 36–37
Lakydes 347–348
Lampos 377
Lamprokles 97
Lampros von Erythrai 107
Lasos von Hermione 92–93, 292, 294, 297
Leon (Tyrann) 237
Lesches 154–156
Livius 370
Lobon von Argos 351
Lucullus 384
Lukian 94, 306, 309
Lykon (Peripatetiker) 256–257, 261, 274
Lykon (Pythagoreer) 329
Lykos von Rhegion 409
Lykurg von Athen 16, 435–436, 438
Lykurg von Sparta 121, 145, 334
Lynkeus von Samos 151
Lysandros 224–225, 241
Lysilla 283
Lysis (Pythagoreer) 28–29, 203–204, 226, 238, 427–428,
M. Antonius 250
M. Aurelius (Kaiser) 252
M. Pupius Piso Frugi Calpurnianus 249
Maximos Confessor (Ps.) 211–212
Maximos von Nikaia 340
Megakleides 100
Megalostrate 55–57, 70, 89
Melampus 411

Melanippe 283, 286
Meleagros (Dichter) 311
Meleagros (Doxograph) 316
Menandros 151
Menedemos 263, 294, 334
Metakleides 276
Metrodoros (Epikureer) 334
Milon 203, 229
Mimnermos 97
Mnesarchos 26
Mnesiepes 103, 279, 442,
Mnesiphilos 170–172
Moderatos 324
Moses 94
Myllias 13–15, 29, 215, 218, 424
Myronianos 362
Myrto 128, 133, 135
Neanthes der Jüngere 3–4, 45–49
Neanthes von Kyzikos 1–49, 86, 107, 129, 131–133, 142, 146, 155, 161, 163, 169, 174–176, 190, 200, 204–205, 215, 218, 221, 227–228, 245, 277, 299, 301, 307, 310, 325, 346, 410, 422–425, 431, 433–436, 438–439, 441, 443, 448–449
Nepos 111, 265
Nereus 156
Nikias (Politiker) 13, 123
Nikias von Nikaia 258, 300, 314, 326, 340
Nikokles von Salamis 153, 373
Nikolaos von Damaskos 250–251, 256–257
Nikomachos von Gerasa 129, 202, 204, 211, 232, 241, 300, 324
Niobe 24, 36
Nonius Marcellus 246, 270–271
Odysseus 113–114, 156–157
Olbios 184
Onatas 205
Onesikritos 228
Oreibasios 326
Orestades 36
Origines 9
Orpheus 412
Pamphila 362
Pan 138
Panaitios 121, 304–305, 335, 445
Pantheia 113–114, 121
Parmenides 20, 331, 333

Parmeniskos 36
Pausanias von Sparta 123
Pelopidas 122
Periandros 37–38
Perikles 43, 63, 440
Petron von Himera 168–169, 437–438
Phaidon von Elis 135, 137, 161
Phainias von Eresos 44, 107, 149–191, 247, 254, 256, 301, 347, 432–434, 437, 439, 444–445
Phalaris 214
Pheidias 123, 385
Pherekydes 27–28, 196, 199, 201–202, 204, 219, 416, 423, 427–428
Philemon 88, 385
Philipp von Opus 1–2, 7, 16, 45, 131, 161–162
Philippos (Megariker) 394, 397
Philippos II. von Makedonien 367, 440
Philiskos von Aigina 2, 7, 10–11, 16, 32, 45, 131–132, 161, 396
Philiskos von Milet 2, 16–17, 45, 422, 435–436, 438, 443
Philistos von Syrakus 19, 120, 124, 126, 390, 409
Philochoros 100, 245, 285, 294, 297, 346–348, 432, 442–443
Philodem 1, 6, 300, 307, 309, 314, 325–327, 339, 345–350, 361–363, 439, 445, 449
Philolaos 19, 218
Philon von Alexandreia 94, 261
Philon von Larissa 348
Philonides 306, 309, 327
Philopoimen 378–380, 384
Philoxenos von Kythera 37, 153, 156–160, 165
Phintias 41, 145, 193–194, 199, 208–217, 238, 262–264, 367
Phlegon von Tralleis 262–264
Phokylides 97
Photios 308, 310, 320
Phrynichos 75
Phrynis 170
Phylarchos 383, 398
Pindar 54, 56, 71, 73–74, 79, 83, 94, 98, 101, 133, 261, 377, 384
Platon (Komiker) 69, 77, 98

Platon (Philosoph) 1–2, 6–18, 26, 35, 42, 103, 107–113, 116, 121, 124, 127, 129, 131, 139–140, 142–144, 146, 159, 161–163, 166–168, 208, 226, 261, 299, 306–307, 320, 324–325, 328–329, 332–333, 335, 346–349, 354, 362, 418, 422, 435–438, 440–441, 446
Plinius der Ältere 341, 346
Plinius der Jüngere 346
Plotin 323
Plutarch 5, 83, 113–126, 129, 142, 170–172, 179–180, 182–185, 189, 279, 303, 325, 334, 365–366, 382, 384–385, 390, 432, 438
Polemon von Athen (Akademiker) 347–348, 361
Polemon von Ilion 46–47
Polyarchos 308
Polybios 40–41, 119, 356, 376, 378–385, 388–390, 398–399, 401–407, 421, 425, 433, 443
Polydamas 100
Polyidos 166
Polyklet 64, 385
Polykrates 27, 39, 57, 200, 305, 335, 424, 428
Polyphem 156–158
Polystratos (Epikureer) 334
Polyxenos 166
Pompeius Trogus 409
Porphyrios 4, 27, 48, 126–131, 140–142, 202, 204, 211, 232, 300, 318–324, 416, 448
Poseidonios 110, 241–242, 255, 257, 429
Pratinas 75
Praxiphanes von Rhodos 247, 268
Prometheus 164
Proros 199, 207–210, 217, 238, 367
Protagoras 142, 331
Psaos 398
Ptolemaios I. Soter 273, 397
Ptolemaios II. Philadelphos 273, 398
Ptolemaios IV. Philopator 394–398
Ptolemaios VI. Philometor 259, 289
Pyrrhon (Skeptiker) 331
Pythagoras 10, 13–29, 36, 39, 41–42, 48, 86, 103, 107–110, 112, 116, 127, 129,

131–132, 142–145, 160–161, 169, 193–244, 279, 288, 294–295, 299–300, 305, 307–310, 317–318, 324–325, 357, 365, 367–369, 378, 386, 395, 409–429, 434–435, 437–438, 440–441, 447–448, 450
Pytheas 377
Pythias (Frau des Aristoteles) 329
Quintilian 403
Salmoxis 413–415
Sandake 177
Santra 265
Sappho 57–59, 70, 85, 90–91, 155, 160
Sarapion 289
Sardanapal 23
Satyros 3, 23, 68, 72, 83–84, 87, 94, 103–104, 203, 245–259, 263, 265, 268–269, 271–272, 274–275, 277, 279, 281–299, 301, 307, 310, 313, 339, 356, 358–360, 366, 425, 428–429, 433, 442, 446–449
Seleukos I. 51
Seleukos von Alexandreia 335–336
Semiramis 367
Sergius 264–265
Sesostris 367
Sextos Empeirikos 326
Simichos 214
Simmias 332, 394
Simon (Schuster) 332
Simonides 59–62, 70–71, 83, 92–94, 98, 101–102, 111, 153, 157, 377, 434, 436
Simplikios 250, 306, 310
Sokrates 9, 13, 41, 103, 107–112, 116–117, 126–142, 146–147, 160–169, 206, 214, 282, 284, 305, 307, 324–325, 329, 333, 435–436, 438, 440–441, 443–444, 449
Solon 149, 154, 169–172, 186, 187, 334, 444
Sophokles 29–30, 35, 54, 66–67, 83–84, 151, 157, 279, 285, 432
Sophron 85, 88
Sophronios 250
Sophroniskos 129
Soranos 326
Sosigenes 88
Sosikrates von Rhodos 258, 300, 314, 326, 362–363
Sosthenes 62, 442
Sostrate 283

Sotades 332
Sotion 245–246, 256, 258, 271–272, 288–295, 300, 313–324, 326, 339–340, 356, 358–360, 433, 448–449
Speusippos 7–9, 16, 142, 162, 333, 347–348, 415, 440
Sphairos von Borysthenes 433
Spintharos 41, 107–108, 133–134, 137, 139, 141, 145–146, 161, 206, 208, 435
Staseas von Neapel 249
Stephanos von Byzanz 320
Stesichoros 56, 83, 96–98
Stesimbrotos von Thasos 43, 100, 190, 440
Stilpon 331, 394, 396–397
Strabon 253–255, 421, 425
Stratokles von Rhodos 445
Straton von Lampsakos 248, 261, 334
Stratonikos 152–154
Sueton 94, 111–113, 146–147, 265–270, 396
Tatian 100, 275–276
Telauges 18–19, 21, 29, 36, 299, 410, 424
Telenikos 152, 170
Telestes 83, 103, 107, 144, 161, 435
Terpandros 154–156, 170
Thales 305, 333, 351
Theagenes von Rhegion 100
Thebe 113–114, 121
Themistokles 5, 33–34, 43, 48, 118, 149–150, 162, 169–187, 189, 440, 444
Theodektes von Phaselis 440
Theodoret 127–131, 133–134, 141, 449
Theodoros Atheos 397
Theodoros (Doxograph) 304
Theodosios I. 111
Theokritos von Chios 329
Theon (Freund Plutarchs) 114–118, 120–121, 125
Theophrast 149, 153, 155, 180, 185–187, 247, 254, 257, 261, 265, 269, 273–274, 278, 352, 357
Theopompos (Historiker) 29, 95, 113–115, 119–122, 126, 162–163, 188, 190, 241, 299, 372–373, 387, 416, 423, 438, 440, 444
Therikles (Archon) 200
Thespis 68, 75, 80, 91–92, 96
Thestes 100

Thestor von Poseidonia 209
Thukydides 43, 120, 122–124, 150, 175, 181, 187, 369, 396, 400
Thukydides Melesiou 43, 440
Thymaridas von Paros 209
Tiberius (Kaiser) 323, 335
Timaios 29, 37, 40–41, 46–47, 119, 153, 193–244, 299, 329, 383, 388–390, 401, 417–422, 428–429, 435, 438, 443, 448
Timokleia 113–114, 121–122
Timolaos (Akademiker) 16
Timon (Misanthrop) 30, 34–35
Timon von Phleius 163
Timon (Skeptiker) 331
Timotheos 99
Timycha 13–15, 29, 215, 218, 424
Triptolemos 292
Tyrannion von Amisos 265
Varro 111, 264–265, 304, 335, 341
Xanthippe 128, 133, 135, 168

Xanthos von Lydien 441
Xenarchos von Seleukeia 249–250, 254, 273
Xenokrates 142, 162, 306–307, 310, 333, 347–348, 415
Xenophanes 35–36, 299, 331
Xenophilos 41, 107, 145
Xenophon von Athen 42, 113–115, 120–121, 139–140, 161–162, 166, 241–242, 311, 373, 439–440, 450
Xenophon von Korinth 89
Xerxes 177
Zaleukos 242, 419–420
Zaratas 307
Zenodotos 100
Zenon von Elea 20, 294
Zenon von Kition 86, 445
Zeus 100, 178, 184
Zeuxippos 114
Zopyros 135

Stellen

Aelian
  NA 12,43 — 178
  VH 2,26 — 235
Aesop (ed. Chambry)
  246 — 93
Aetios (ed. Diels)
  1,3,1 — 305
  1,3,9 — 305
Agatharchides (FGrHist 86)
  F 1 — 253
  T 2 — 290
Aischines (Sokratiker; SSR VI A)
  13,62 — 166
Aischylos
  Pers. 441–464 — 177
  Testimonien (ed. Radt)
  T 1,13 — 97
  T 1,14–15 — 96
  T 100–110 — 96
  T 117 — 66–67
Alexandros Polyhistor (FGrHist 273)
  F 88 — 10
  F 93 — 225, 315, 317–318, 325, 426
  F 94 — 317
Alexandros von Aphrodisias
  Fat. 6 — 134
  In Arist. met. (ed. Heyduck)
  p. 818,10 — 75
Alexinos (SSR II C)
  14 — 329
Alexis (ed. Kassel-Austin)
  F 37 — 158
Alkaios (ed. Lobel-Page)
  F 129,9 — 178
Alkidamas (ed. Avezzù)
  F 7 — 432
  F 8 — 20
Alkman (ed. Davies)
  F 39 — 53–54
  F 40 — 53
  F 59a–b — 55–57
Ammonios
  In APr. (ed. Wallies)
  1,1 p. 31,12–13 — 249

In Int. p. 5,28–29 (ed. Busse) — 249
Amphikrates (FHG IV)
  p. 300 F 1 — 169, 174
Anakreon (ed. Page)
  F 27 — 62–66
  F 43 — 62–66
Anaximandros von Milet d. J. (FGrHist 9)
  T 1 — 416
Andron von Ephesos (FGrHist 1005)
  F 3–4 — 416
Anonymus
  De capt. Thessalon. (ed. Kyriakidis)
  p. 92,20 — 65
Anonymus (ed. Page, PMG)
  F 35 — 58–59, 90
Anonymus
  Proleg. in Plat. phil. (ed. Westerink)
  2,10–13 — 11
  6,1–11 — 9
Anonymus
  Rhet. ad Alex. 3 — 381
Anonymus
  Suppl. Hell. 1153 — 113–114
Anthologia Palatina
  7,27,5 — 63
  7,31,10 — 63
Antigonos von Karystos (ed. Dorandi)
  F 1 — 111, 265
  F 2a — 86
  F 4a — 86
  F 23 — 247
  F 34a — 86
  F 35a — 86
Antipatros von Sidon (ed. Gow-Page)
  F 15,5 — 63
Antisthenes (SSR V A)
  6 — 140
  12,5–6 — 140
  13,1–24 — 140
  23 — 263
  41 — 263
  81–82 — 140
  85 — 164
  87 — 164

92,1–6	138	**Aristobulos (FGrHist 139)**	
92–99	164	F 2	113–114, 122
96	163	**Aristokles von Messana (ed. Chiesara)**	
99	164	F 1	329
161	139	F 1,8	130
169	166	F 1–3	328
172	163	F 2	329
172,9	166	F 3	331
173	139	F 4–8	331
187	234–235	F 7	331
Antisthenes von Rhodos		T 1	328
(ed. Giannattasio Andria)		T 2	332
F 3	262	T 3–6	332
F 15	262	**Ariston von Keos (SDFO)**	
Antoninus Liberalis		F 2a	254
1	61	F 9	274
Apollodoros Kepotyrannos (FGrHist 1028)		F 31	254
F 2	306	**Aristophanes**	
F 3	445	*Ach.* 850	65
F 4	311	*Eq.* 80–84	185
T 6	306	*Fragmente* (ed. Kassel-Austin)	
Apollodoros von Athen (FGrHist 244)		F 596	286–288
F 31	20	F 696	68–69, 76
F 32a	20	*Pax* 607–609	101–102
F 37	9	*Ran.*	
F 213	85	814–817	67
F 214	88	1028	76
F 214–218	85	*Thesm.*	
F 216	88	335–337	283–284
F 338–339	19	373–375	283
F 339	200	**Aristoteles**	
Apollonios (Biograph; FGrHist 1064)		*Ath.* 11–12	258
F 2	421	*EN*	
Apollonios (Paradoxograph; FGrHist 1672)		4,13	185
2	144	7,8 p. 1150b25–28	136
Apollonios Rhodios (FGrHist 1766)		7,15 p. 1154b11–15	136
T 1–3	395	*Fragmente* (ed. Gigon)	
Appendix proverbiorum **(CPG I)**		F 14–22	276
4,32	65	F 17	22
Archedemos (SVF)		F 21,1	205, 428
F 1	255	F 29	262
Archytas (ed. Huffman)		F 37–38	440
T A6c	228	F 47	115
Aristippos (SSR IV A)		F 155	27
1,1–3	162	F 155–179	269, 415, 440
1–14	166	F 158	229
170	165	F 171	205, 428

F 173	235	F 14	86, 201, 428
F 497	229	F 16	19, 200, 214, 424, 428
F 521–522	37	F 17	214, 230, 420
F 523,1	229	F 18	145, 161, 203, 428
F 664	334	F 24	233
F 702,1	296	F 25	41, 86, 145, 161, 228
F 709	333	F 26	208, 230
F 861	333	F 27	230
F 863	20	F 29	41
Fragmente (ed. Rose)		F 29a	228
F 28–29	334	F 30	41, 161, 206–208
F 663	329	F 31	41, 145, 161, 206, 210–217
Metaph.		F 32	121, 143, 159, 161
1,3 p. 984a5–7	262	F 35	223
1,3 p. 984a11–13	20	F 37–38	222
3,2 p. 996a30–b1	165	F 39	226–227
3,5 p. 1010a5–7	36	F 43	145, 161, 218
[*Mir.*] 38 p. 833a15–16	36	F 44	121, 145
Poet. 3 p. 1448a29–34	37	F 45	145
Pol.		F 45 l	145
2,9 p. 1269a29–1271b19	269	F 47–48	145
2,12 p. 1273b27–1274b28	269	F 50	145, 307–308
5,4 p. 1300a31–33	37	F 51	108
5,10 p. 1311a25–27	150	F 52a–b	107, 137
5,10 p. 1311a39–b1	37	F 53	130, 140, 329
[*Probl. phys.*]		F 54a	41, 107, 133, 161
4,30 p. 880a30–34	136	F 55	108, 117–126, 139
30,1 p. 953a10–955a40	135–137	F 58	121
Rh.		F 59	134, 139, 167
2,15 p. 1390b28–31	134–135	F 60	130, 140
2,23 p. 1400b6–8	36	F 61	142
3,2 p. 1405b23–28	101	F 64	329
Tit. 143,12 (ed. Gigon)	113–114	F 67	142–143
		F 68	142

Aristoteles von Kyrene (SSR IV E)

1–5	397

Aristoxenos

Harm. 39–40 (ed. Da Rios)	143, 161	F 69a–b	110
Fragmente (ed. Wehrli)		F 97	39
F 1	107	F 99	40
F 4	110	F 114	91
F 9	111	F 115	107
F 10a	108, 113–126	F 117	83, 103, 144
F 10b	111–113, 265	F 119	110
F 11a	416	F 120a–b	110
F 11a–c	200	F 131	142–143, 208
F 11b	27, 86	F 132	121
F 12	27, 200–201, 307		

Arrianos

An. prooem. 2	406

Arsenios
p. 502,13–14	164

Asklepiades (ed. Lasserre)
F 1	7

Asklepiades von Zypern (FGrHist 752)
F 1	28, 180

Athenaios
1,21e–f	68–69
1,22a	68, 75
1,29f	175
1,84b	88
2,48b	257
2,48c	34
2,58f	266
3,89a	88
4,153f	257
4,163e	152
4,168b–c	274
4,168b–d	259
4,175d–e	39
4,182f	39
5,206e	257
5,211d–215b	257
5,213f	266
6,248c	255
6,249a	257
6,252f	257
6,266e	257
6,274e	257
7,327b	270
8,348d–353d	153
9,388e–390e	53
9,389f–390a	53–54
9,410a	88
10,415e	257
10,428f–429a	66–67
10,437d–e	30
10,456c–457a	59–62
11,460f–461a	256
11,468e–f	88
11,493c–d	88
12,533e–534b	62–66
12,540c–d	257
12,541c	255
12,543a	257
12,544e–f	158
12,545a–546c	307
12,547d	247
13,555d–556a	256
13,556a	255
13,572e–f	23
13,573c–574b	73–74
13,576c–d	33
13,588c	4
13,589a	4
13,589a–b	4
13,598d–e	102
13,599c–d	57–59
13,600d	55
13,600f–601a	55–57
13,602c–d	26
13,602f	5
13,603e	86
13,607e	86
14,628d–e	69, 75–77
14,635b–c	40
14,655b–e	257
14,656c–e	74–75
15,666b	256
15,696f	266
15,966d	3

Celsus
6,8	9

Chamaileon (ed. Martano)
F 1a	51
F 5	208
F 15	80, 100, 275
F 16	51, 91
F 17–24	100
F 26	53–54, 72, 96
F 27	53, 55–57, 69–70, 89, 93, 96
F 28	57–59, 70, 90
F 29	85
F 30	97
F 31b	97
F 32	96–97
F 33	92–93
F 34	54, 71, 101
F 35	61, 71, 73–74, 89, 94, 98
F 36	74–75, 92–93, 101–102, 157
F 36–38	74
F 37	59–62, 70–71, 95, 101
F 38	94, 98
F 39	62–67, 70, 81, 87–88, 94

F 41	81, 91, 96	**Demetrios von Phaleron (SOD)**	
F 42	70, 99	F 35	273
F 43	54, 69–72, 93–94, 96, 437	F 93–94	155
F 43a	66–67	F 102	167
F 44		**Demochares (BNJ)**	
	68–69, 72, 75–77, 80, 89, 91, 437	F 2	329
F 45	69, 72, 76–77, 91, 98	**Didymos**	
Charon von Lampsakos (FGrHist 262)		De Demosth. col. I 14–15	88
F 1–2	39	**Dikaiarchos**	
Cicero		*Fragmente* (ed. Mirhady)	
Att. 8,4,1	110	F 2	41
Brut. 42	403	F 118	41
Cato 9–41	308	F 118–120	434
De or.		F 119	41
1,104	249	F 124	41
3,132	110	*Fragmente/Testim.* (FGrHist 1400)	
Fat. 10	134	F 20	256
Fin.		F 21a	256
5,13	274	F 21a–d	434
5,50	110	F 22	162
5,75	249	F 23	434
Tim. 1	249	F 53–55	269
Tusc.		F 56	229, 234
1,19	110	F 57a	41, 201, 434
1,24	110	F 60–62	162
1,41	110	F 62	14
4,78	206–207	F 63	162
4,80	134	F 64b	162
Clemens von Alexandreia		T 33	110
Strom.		**Diodor**	
1,60,3	262	Ed. Teubner	
1,62,2	26–27, 86	1,1–2	368
1,63,5	261	1,1,5	369–371, 373
1,70,2	261	1,2,2	371–372
1,72,4	259, 261	1,2,3–6	371
2,127,3	261	1,2,7	370
5,102,2	261	1,2,8	369
6,138,2	260	1,3,2	369
Damaskios		1,3,6	369
Vit. Isid. 30 (ed. Zintzen)	321	1,3,8	369
Deiochos		1,69,4	427
Fragmente (ed. Mette)		1,96,2	427
F 11	24	1,98,2	427
Fragmente (FGrHist 471)		5,1,3	421
F 5	25	8,14,1	427
F 9	25	11,46	374
		11,46,1	368

11,57,1	179	10 F 16bis	197, 224
11,58,2–3	185	10 F 16–18	427
12,9,2	427	10 F 16–22	223, 367, 429
12,9,2–6	429	10 F 18	225
12,9,4	427	10 F 19	225
12,38	124	10 F 20	224
14,1–3	368, 371	10 F 20–24	427
14,2	370	10 F 21	224
15,1	368, 370–371, 374	10 F 22	224–225, 427
15,2	198	10 F 23	234–235, 238
15,39,2	427	10 F 24	235, 428
15,88,1	368	10 F 24,1	242
15,98,2	387	10 F 24,2	201, 203, 427
16,1,1–2	368	10 F 25–26	202
16,2,3	427	10 F 25	203
20,1,1–2,2	398, 401	10 F 26	203, 427
Ed. CUF		10 F 27	196, 427
10 F 3	200, 233, 235, 237, 427–428	10 F 27,1	374–375
10 F 3,2–3	233	10 F 27,1–3	365–391
10 F 3,3	227, 235	10 F 27,3	369
10 F 3–8	197–198	21 F 31,1	372
10 F 3–14	199	23 F 16,1–2	368
10 F 3–26	386	30 F 19	368, 370
10 F 4	201, 219, 427	38 F 21	368
10 F 5–6	197–198, 216–217, 427	**Diodoros (Peripatetiker; ed. Wehrli)**	
10 F 6	217, 367	F 1	261
10 F 6,1	209	**Diogenes (Kyniker; SSR V B)**	
10 F 6,3–6	210–217	20	140
10 F 6bis	198	22	140
10 F 6bis,3–6	210–217	**Diogenes Laertios**	
10 F 7	198, 219–221, 243–244, 367	1,1	315
10 F 7–8	428	1,7	315
10 F 8	197, 222–223	1,8	357
10 F 9	231	1,12	237
10 F 9–10	197–198	1,15	36
10 F 9–11	232–233, 427	1,34	351
10 F 9–12	228	1,40	262
10 F 9–14	198	1,42	357
10 F 9–16	197	1,45	351
10 F 10–11	367	1,60	304
10 F 12	231–233, 427	1,98–99	37
10 F 12,1–2	230	1,110	26
10 F 13	206, 228, 427	1,118	86
10 F 14	198, 217	1,119	39
10 F 14–15	216, 427	2,12	315
10 F 15	198, 212, 218–219	2,20	139
10 F 16	198, 224–225, 230	2,23	138

2,46	205	8,13	231
2,54	311	8,20	207
2,55	357	8,22	219–220
2,62	166	8,24–35	317–318
2,82	311	8,24–36	315
2,92	316	8,25–33	225
2,106	306	8,40	205, 298
2,111	397	8,44	297
2,113	297	8,51	20
2,120	297	8,53	355, 358
2,122	332	8,54	17, 20
2,124	332	8,55	15, 18–19
2,135	297	8,56	20
2,138	297	8,58	22, 297
2,143–144	297	8,63	441
3,3	8, 11, 265	8,64	18, 20–21
3,4	10, 161	8,65	18
3,6	306	8,71–72	21
3,25	12	8,72	18–19, 22, 48
3,109	335–336	8,73	19, 21
4,41	248	8,74	19, 21
5,1	357	8,78	37
5,2	247	8,82	55
5,36	265	8,88	357
5,37	273	9,4	38
5,45	269	9,12	335
5,58	273	9,18	35–36
5,59	334	9,20	36, 315
5,79	298	9,22	352
5,86	256, 315	9,23	333
5,94	290, 293	9,26	298
6,2	140, 164	9,40	208
6,4	140, 166	9,42	265
6,7	164	9,57	262
6,9	166	9,62	86
6,12–13	311	9,109	323
6,13	31–32	10,1	298
6,81	265	10,3	361–362
6,103–104	139	10,12	313
6,105	164	**Diogenes von Sinope (SSR V B)**	
7,48–49	311	70–80	12
7,181	306	**Dionysios von Halikarnassos**	
7,183	315	*AR*	
8,7	298	1,5,3	405
8,9	231	5,48,1	382
8,9–10	223–227	*Comp.* 4,30	398–401
8,10	357		

Dioskorides (ed. Gow-Page)
  F 19,10 — 63
Diphilos (ed. Kassel-Austin)
  F 70–71 — 59
Dosiadas (FGrHist 458)
  F 7 — 178
Duris von Samos (FGrHist 76)
  F 22 — 39
  F 23 — 425
  F 29 — 432
  F 62 — 425
Empedokles (VS 31)
  B 129 — 419
Ephoros (FGrHist 70)
  F 2 — 153
  F 8 — 389
  F 76 — 387
  F 111 — 388–389
  F 187 — 123
  F 189 — 123
  F 194 — 63–66
  F 196 — 124
  F 213 — 124
  F 220 — 125
  T 21 — 124
  T 23 — 368, 386
Epicharm (ed. Kassel-Austin)
  F 143 — 36
  T 1 — 37
  T 4 — 37
  T 9 — 37
Epiktet
  Ench. 3,24,67–69 — 140
Epikur (ed. Usener)
  F 171 — 329
Epimenides (FGrHist 457)
  F 16 — 10
Erastos (ed. Lasserre)
  F 1 — 7
Eratosthenes
  [*Cat.*] 40 — 138
  T 1 (FGrHist 241) — 304
Eriphos (ed. Kassel-Austin)
  F 2 — 88
Eubulides (ed. Kassel-Austin)
  F 1 — 30

Eubulides (SSR II B)
  9 — 329
Eudemos (ed. Wehrli)
  F 6 — 247
[Eudokia]
  Viol. 712 (ed. Flach) — 5
Eudoxos von Knidos (ed. Lasserre)
  D 27 — 121
  D 70 — 121
  F 272 — 113–114
  F 324 — 10
  F 325 — 228
  F 352 — 121
  T 7 — 228
  T 17 — 121
Euelpis (FHG IV)
  p. 408 — 177
Eunapios (ed. Goulet)
  2,1 — 318
  2,2 — 319
  2,4 — 319
  2,7 — 319
  2,9 — 319
  2,11 — 319, 321
  3,5 — 323–324
  4,17 — 323
Euripides
  Fragmente (ed. Kannicht)
  F 494 — 283, 286–288
  F 588 — 160
  Phoen. 1364–1375 — 224–225
  Testimonien (ed. Kannicht)
  T 1 — 241, 281–288
  T 1 I A 2 — 96
  T 1 I A 9 — 97
  T 1 II — 268, 287–288
  T 1 IV 1–2 — 268
  T 1 IV 1–3 — 285–287
  T 106a — 102
  T 135–141 — 96
Eusebios
  Chron. Ol. 59,4 — 39
  PE
  9,6,6 — 259
  11,3,6–9 — 130
  13,11,3 — 259
  13,12,8 — 261

13,12,10	260	**Heraklit (VS 22)**	
14,18,26	86	A 1,4	38
Eustathios		**Hermeias**	
In Hom. Il. (ed. van der Valk)		*Irris*. 8	308
20,334, IV p. 510,7	320	**Hermesianax (ed. Powell)**	
Favorin (ed. Amato)		F 7,47–56	58–59
F 69	11	F 7,61–68	102
Festus (ed. Müller)		F 8	25
p. 329	296	**Hermippos (FGrHist 1026)**	
Galenos		F 3	272, 279, 291–292, 339, 358–359, 395
De indol. 14–15	304	F 3 col. I 21	297
De libr. ord. 1,3–4	251	F 3 col. I 44	297
De sect. p. 1–32 (ed. Helmreich)	304	F 3 col. II 56	297
Gellius		F 9	357
1,8,1	246	F 10	357
4,11,4	86	F 20	351
4,11,7	41	F 21–27	425
15,20	241	F 22	357
Geminos		F 24	413–414
17,5	41	F 28–38	267
Glaukos von Rhegion (ed. Lanata)		F 32	357
F 1–2	151	F 33	247
F 2–3	154	F 34	357
Harpokration (ed. Keaney)		F 37	269
α 260	25	F 45–54	396
Hegesandros von Delphi (FHG IV)		F 49a	334–335
p. 416–417 F 17	299	F 49b	335
Hekataios von Abdera (FGrHist 264)		F 49c	335
F 21	88	F 56	357
Hellanikos (FGrHist 4)		F 63	351
T 6	285	F 65	351
Herakleides Lembos		F 70	9
Exc. Polit. 20 (ed. Dilts)	37	F 72	396
Fragmente (FHG III)		F 73–75	267
p. 167–171	289, 433	F 76	351
p. 169 F 6	205	F 76–77	396
Herakleides Pontikos (ed. Schütrumpf)		F 81	396
F 1,86	256	F 84	285
F 1,92	91	F 87	396
F 29	37	F *novum*	394–398
F 45	63–66	T 1	111, 265, 396
F 82–95	440	T 2	266
F 84–85	237	T 3	270
F 84–86	415	T 5	279, 291–292, 339, 358–359, 395
F 86	232	T 15	396
F 94	21, 420	T 19b	266
F 149	415		

T 20	269	F 19	218
Hermippos (Komiker ; ed. West²)		**Hippolytos**	
F 6	33	*Haer.*	
Hermodoros (FGrHist 1008)		1,2,12–14	307
F 1	306	1,14,5	36
F 1b	9	**Hippys von Rhegion (FGrHist 554)**	
F 1–2	7	F 5	168
F 2a–b	306–307	**Homer**	
T 1	307	*Od.* 14,463–467	96
Herodianos		**Iamblich**	
Καθολικὴ προσῳδία		[*Theol. ar.*] p. 40b	27
cod. Vind. fol. 25f	24	*VP*	
Herodot		7	10
2,37	412	13	231
2,49	411	25	229
2,53,3	412	37–54	234
2,81,1–2	228, 410–415	37–57	421
2,98,1	176	44	20, 237
2,123,3	411–413	56	233, 419
4,94–96	413–415	57	235
4,161	291	58	237
8,4–5	181	63	232
8,57–58	171	71–72	421
8,95	177	85	228
Hieronymos von Kardia (FGrHist 154)		127	208
F 9	398	159	237
F 15	398	164–166	219–221
T 12	398–401	166	244
T *novum*	398–401	170	235
Hieronymos von Rhodos (ed. White)		187	222
F 4	248	189–194	13
F 12	261	197	41, 206
F 50	235, 414, 425	198	207
F 59a	257	205–207	222
F 62	257	233	208
Hieronymus		233–236	41, 210–217
Adv. Jov. 1,42 p. 273b	112	233–239	209
Adv. Pelag. 1,14 p. 506d	112	239	207–208
Epist. 60,4	111	248	202
In Epist. ad Galat. 3,487	112	248–249	205
Vir. ill. 1–2	111–113, 265–270	254–264	419, 421
Hippobotos (ed. Gigante)		256	219–221
F 1–4	304	267	208
F 12	27, 300	**Ibykos (PMGF)**	
F 12–14	425	T A 1–2	39
F 13	27, 300	**Idomeneus von Lampsakos**	
F 18–19	13, 425	*Fragmente* (ed. Angeli)	

F 24–28	168, 444	**Klearchos von Soloi (ed. Wehrli)**	
Fragmente (FGrHist 338)		F 2	440
F 1–15	444	F 5	261
Inscriptiones		**Kleidemos (FGrHist 323)**	
IG XII 5, 544	61	F 14	88
IG XII 5, 599,8–10	61	**Kleitarchos (FGrHist 137)**	
IG XII 5, 604,4–5	61	F 2	403
IG XII 6,1, 128, 4–5 und 12–13	248	F 9–10	403
Syll.³, 377	2, 44–45, 435	F 14	403
Ion von Chios		F 16	403
F 116 (ed. Leurini)	412	F 19	403
F 9 (FGrHist 392)	138	F 34	403
Isokrates		T 3	394, 397
Ad Nic. 36	375	T 6	403
Antid. 7	375	T 7	403, 406–407
De pac. 278	378	T 12	397
Euag.		T *novum*	394–398
3	373–374	**Kleitomachos (ed. Mette)**	
4	374–375	F 10	304
5	373	**Klytos von Milet (FGrHist 490)**	
5–6	374	F 1–2	257
8	375	**Konstantinos Porphyrogenitos**	
39	374	*Exc. de sent. Diod.* 75–81	197–199
73–75	375	*Exc. de virt. Diod.*	
76	374	60–65	197–199
76–77	373	64	198, 243–244
Istros (FGrHist 334)		**Kritolaos (ed. Wehrli)**	
F 37	29–31	F 4	261
F 59	47	**Ktesibios (FHG II)**	
Iustinus (Historiker)		p. 631	335
20,4	205, 421	**Kyrillos**	
20,4,1–2	235	*Adv. Iul.*	
20,4,5	235	6,3 p. 781d–784a	133
20,4,5–13	234	6,3 p. 783d	41
20,4,18	235	6,34 p. 817c	108, 131
Josephos		6,34 p. 817c–d	128
Ap. 1,185	88	7,11 p. 845a–b	130
Julian		**Lasos (ed. Brussich)**	
Or. 8 (5), 3	249	F 4	292
Kallimachos (ed. Pfeiffer)		T 9	92–93
F 191,59–63	232	**Livius**	
Kallisthenes (FGrHist 124)		1, praef. 5	370
F 2–3	440	**Lukian**	
F 46	67	[*Macrob.*] 11	406–407
Kallistratos (FGrHist 348)		**Lykon (Peripatetiker; ed. Stork)**	
F 3	92, 157	F 3a	261
		F 11–12	274

Lykon
(Pythagoreer; ed. Timpanaro Cardini)
F 4	329

Lykos von Rhegion (FGrHist 570)
F 15	409

Menedemos von Eretria (SSR II F)
1,112	397

Metrodoros (ed. Körte)
F 31–33	334

Mnesiepes (ed. Ornaghi)
E1 col. II 20–22	62
E1 col. III	99

Neanthes (FGrHist 84)
F 1–3	5, 132
F 2a–b	33
F 2b	48
F 4	3
F 5	5, 39, 132, 155
F 6	23–24, 48
F 6–12	4, 132
F 8	22, 31, 48–49
F 9	23, 47–48
F 10	23, 31, 42, 437
F 11	23–24, 48
F 12	23–24, 48
F 13	1, 4
F 14–16	4, 132
F 16	5, 26, 31, 46
F 17a–b	34, 48
F 18	29–31
F 19	37–38
F 20	8–9, 18
F 21a	10, 161
F 21b	6, 10
F 21b (BNJ)	8, 45, 131–132, 161
F 22	12
F 23	6
F 24	31–32, 163
F 25	38
F 26	15, 18–19, 49, 422–423
F 26–28	26
F 26–33	132
F 27	22
F 28	18–19, 21–22, 48, 422
F 29	22, 228, 424
F 29a	26, 422–423
F 29b	27, 48, 300, 423
F 29–33	26
F 30	28, 48, 203, 424
F 31a–b	13, 218, 424
F 31a	48, 215
F 31b	15, 48
F 32	28, 228, 423
F 33	18, 27, 39, 300, 424
F 35	34–35
F 36	36
F 37	25
F 39	25, 46
T 1	2, 44, 435
T 1a	45
T 1b	5, 45–46
T 2	2, 44–45, 48
T 3	5
T 4	42

Nepos
Alc. 11,1–6	187
Them. 1,2	174

Nikias von Nikaia
(ed. Giannattasio Andria)
F 1	299
F 4	299

Nikolaos von Damaskos (FGrHist 90)
F 73	257
F 77a–b	257
F 78	257
F 80	257
F 95	257
F 132,1–2	250
T 2	251

Nikomachos von Gerasa (FGrHist 1063)
F 3	211

Nonius (ed. Lindsay)
III p. 723,11–12	271

Onesikritos (FGrHist 134)
F 17a	228

Orphica (ed. Bernabé)
F 377–378	260
F 650	410–415

Ovidius
Met. 15,163–164	232

Pamphila (ed. Cagnazzi)
F 5	37

Panaitios (ed. Alesse)
F 141	304

F 142–143	305	F 36–37	7
Papyri		F 37	165–167, 185
P. Hib. I 17	75	F 38	152–154, 437
P. Oxy.		F 39–40	188
VII 1012, fr. 9 col. II 23–34	185–186	F 40	176
XV 1800	85, 87	F 45	175
LXXI 4808	393–407, 447	F 56b	168–169, 437
LXXI 4808 col. I 3–4	406	**Phanodemos (FGrHist 325)**	
LXXI 4808 col. I 9–10	403, 406	F 11–12	31
LXXI 4808 col. I 13–17	394–398	**Philemon (ed. Kassel-Austin)**	
LXXI 4808 col. I 18–34	398–401	F 118	286
LXXI 4808 col. I 21–24	406	**Philippos von Opus (FGrHist 1011)**	
LXXI 4808 col. II 4ff.	406	F 1	7
LXXI 4808 col. II 19–20	400	T 2	7
LXXI 4808 col. II 23–26	406	**Philiskos von Milet (FGrHist 1013)**	
Parthenios		F 1	16, 435–436
7	188	F 23a	124–125
33	24	F 40b	125
Pausanias		T 5c	124
1,9,8	398	T 13b	124
1,13,9	398	**Philochoros (FGrHist 328)**	
1,38,3	172	F 57	31
7,17,5	25	F 93	292
Phainias von Eresos (Engels, RUSCH)		F 159	88
F 1	149	F 217–222	432
F 2	254	F 218	31, 441
F 14	166	F 220	285
F 15	152, 170	F 220–221	31
F 16	188, 434	F 21	160, 441
F 17	156–160	T 1	432
F 18–23	188	**Philodemos**	
F 20	188	*Ind. Acad.*, P. Herc. 164 (ed. Dorandi)	
F 21	189, 437		345–346
F 24	154	fr. 12,1–2	16
F 25	154–156	fr. 22,4	347
F 26	167, 172, 185–186	*Ind. Acad.*, P. Herc. 1021	
F 27	170, 172	(ed. Dorandi)	345–350, 353, 361–362
F 28	171–172, 188	col. II 38–40	7
F 29	33, 172, 174–175, 187, 191	col. II 38–III 17	161
F30	34, 167, 172, 181–183, 185, 187, 191	col. II 38–V 19	6, 132
		col. II 40–43	10
F 31	34, 172, 177–181, 187, 191	col. II 43–III 15	11
F 32	34, 172, 183–186	col. III 35–39	7
F 33	34, 172	col. III 39–V 19	8, 131, 161
F 34	34, 172, 174–177, 187	col. VI 1a–2a	16
F 35	188	col. VI 6–8	307
F 36	163–165, 168	col. X 2–5	12

col. XI–XII	189	Phdr. 245a6–8	96
col. Z	13	Prt.	
col. Z 7ff.	12	343a	37
Ind. Acad., P. Herc. 1021 (ed. Gaiser)		360d	13
add. II ad col. 5	6–7	R. 4,430b	14

Ind. Acad., P. Herc. 1691 (ed. Del Mastro)

Platon (Komiker; ed. Kassel-Austin)

		F 138	69
pezzo 2, col. II 7ff.	14	**Plinius der Ältere**	
Rhet. VII, P. Herc. 1004, col. 67	188	Nat.	
Vit. Philon., P. Herc. 1044		2,162	41
	306, 309, 327	34,56	64
P. Herc. 327 (ed. Cavalieri)		36,79	263
fr. 1	35–36	**Plinius der Jüngere**	
P. Herc. 1508 (ed. Cavalieri)	425	3,5,17	346
Philoxenos (ed. Fongoni)		**Plutarch**	
F 2	156	Adv. Col.	
F 30	156	14 p. 1115a	247
Phlegon von Tralleis (FGrHist 257)		32 p. 1126c–d	121
F 36 III 1	262–264	Alc.	
Photios		10,4	187
Bib.		23,3–6	187
cod. 181 p. 125b31–126a9	320	Alex.	
cod. 213 p. 171a	253	1,1–2	115, 385
cod. 249 p. 438b–441b	253, 308	1,2	365
cod. 250 p. 442a	254	4,4	121
Phrynichos		12	121
T 13 (ed. Snell)	69	26,7	120–121
Phylarchos (FGrHist 81)		Amat. 9 p. 753d	174
F 55	383	Ant.	
T 3	383	70	35
Pindaros		70,2	30
Fragmente (ed. Maehler)		Arist.	
F 122	74, 89–90	9,2	177
F 125	40	27,3–4	121
Isthm. 3/4,55–60	377	Cim. 2,2–5	382
Nem.		Coniug. praec. 48 p. 145f	121
5,1–8	377, 384–385	Conv. sept. sap. 11 p. 154c	170
6,29–30	377	Dem. 5,7	335
Ol. 13	89	Dion	
Platon (Philosoph)		11,4	124
Ap.		35–36	124–125
34a	10	Exil.	7 p.
38b	10	601f	273
Ep. 7,350c–d	12	F 9 (ed. Sandbach)	83
La. 194e	13	Garr. 22 p. 514c	124
Parm. 127a ff.	20	Gen. Soc. 15 p. 585a	222
Phd. 59b	10	Glor. Ath. 3 p. 346f	377

Her. mal.	
1 p. 855a	122
2 p. 855b	123
3 p. 855c	123
3 p. 855c–d	124
4 p. 855f–856a	123
9 p. 856c	108
9 p. 856c–d	117–126
34 p. 867b–c	182
36 p. 869a	123
39 p. 871a–b	95
Isid. et Osir. 10 p. 354d–e	121
Lyc. 31,4	121
Lys. 30,2	122
Marc. 14,9	121
Maxim. cum princ. 1 p. 776c–d	384
Mul. vir. 24	121
[*Mus.*]	
4 p. 1132e	151
7 p. 1133f	151
Nic.	
7,6	123
11,3–8	123
Non posse suav.	
3–19 p. 1087c–1100c	114
9–10 p. 1092e–1093c	113–126
10	108
11 p. 1094a–b	121
25–31 p. 1104a–1107c	114
Pel. 34,1	125
Per.	
1–2	385
2,5	367
24–32	123
27,3–4	63–66
[Περὶ ἀσκήσεως] (ed. Bücheler)	
p. 527	134
Praec. rei publ. ger. 6 p. 803b	124
Pyth. or. 17 p. 402d	121
Quaest. conv.	
1,10,2 p. 628b–d	23, 41–42
2,1,7 p. 623e	140
8,4,1 p. 723d	250
8,9 p. 732f	69, 75
Quom. adul. 7 p. 52d–e	187
Stoic. rep. 15 p. 1041a	121
Them.	
1,2	33
2,6	170–172
7,6–7	34, 182
13,2–5	34
13,5	187
24,1	186
25,1	185
25,2	181
25,3	185
26,2–3	184
27,2–8	34
28,5	184
29,11	34
31,4–7	185
Thes. 1,2	367
Tim. 15,5	121, 143, 215
[*Vit. X or.*]	
833d	151
844c	335
Polemon Hist. (ed. Preller)	
F 44	4
Polybios	
1,14,5	383
2,39,1	425
2,56,10	383
2,61,1–3	383
6,47,9–10	379
6,53,9–54,4	380
10,21	379–385
12,11,1	421
12,25d,1	17
12,25h,1	17
12,28,8–28a	388
31,1	401
Polystratos	
De philos., P. Herc. 1520	334
Porphyrios	
Abst.	
2,55	177
4,15	28
Fragmente/Testimonien (ed. Smith)	
195	325
195–197	129
198	318–324
210	131
210–217	325
211	133

212	108, 324	F 6 fr. 39 col. IX	67
216	130, 134	F 6 fr. 39 col. IX 11–XV 17	283–287
220–223	325	F 6 fr. 39 col. X 23–XIII 22	268
VP		F 6 fr. 39 col. XVIII 12	258
1,2	26	F 6 fr. 39 col. XX 22–XXI	287–288
1–29	324	F 6 fr. 39 col. XX 25–XXI	268
2	26	F 6 fr. 39 col. XXI 33–35	258
19	229	F 6 fr. 39 col. XXIII	367
27	232	F 10	226
30–53	325	F 10–11	425
38–41	221	F 11	205, 294, 428
40	219–220	F 12	293–294, 358
54	202	F 15	294, 298
54–61	324	F 16b	256
55	28	F 20	187
56	205, 41	F 27	259, 274
59–61	210–217	F *28–*29	255
61	13	T 2	255

Poseidonios (ed. Edelstein-Kidd)
F 253	257
T 48	255

Proklos
In Eucl. p. 67,16–19 (ed. Friedlein)	16

Quintilian

Inst.
2,17,15	265
10,1,74	403

Rutilius Lupus
2,7	274

Santra (ed. Funaioili)
T 6	111, 265

Sappho (ed. Page)
F 13	57–59

Satyros (ed. Schorn)
F 1	97
F 3	96
F 3–5	279
F 5	29–31
F 6	83–84, 87, 94, 99, 103–104, 241, 279, 281–288, 405
F 6 fr. 8 col. II 3–8	258
F 6 fr. 9	96
F 6 fr. 16 col. I	96
F 6 fr. 39 col. II 23–III 18	258
F 6 fr. 39 col. V–VI	98
F 6 fr. 39 col. VII	98, 258
F 6 fr. 39 col. VIII	98, 258

T 6	111, 265

Scholia zu Apollonios Rhodios
1,1063	24
1,1065–1066	24

Scholia zu Aristophanes
Ach. 850a	63–65
Lys. 808	34–35

Scholia zu Homer

Il. (ed. Erbse)
11,229	176
17,29–30, IV p. 334	232
Od. II p. 202,25 (ed. Stallbaum)	65

Scholia zu Pindar
Ol. 13,32b (ed. Drachmann)	74

Scholia zu Platon
Ap. 7 ad 18b3 (ed. Cufalo)	130

Seleukos von Alexandreia (FGrHist 1056)
F 2	335–336

Seneca

Epist.
58,31	9
88,42	271

Sergius

De acc. (ed. Keil)
IV p. 529	265
IV p. 530	264

Sextus Empiricus
Math. 7,15	315

Simias von Rhodos (ed. Powell)
F 5 — 24

Simon (SSR VI B)
87 — 332

Simonides
Epigr. (ed. Page)
14 — 89
88 — 92
Fragmente (ed. Diehl)
F 69 — 59–62
F 70 — 60–62
F 104 — 74
Testimonien (ed. Poltera)
T 74–77 — 102
T 96 — 75, 92, 101–102
T 101a — 377
T 107 — 75, 92
T 108 — 59–62, 95

Simplikios
In cael. (ed. Heiberg)
p. 3,28 — 250
p. 398,36–399,1 — 250
In Ph. VI (ed. Diels)
p. 247,30–248,15 — 306
p. 256,31–257,4 — 306
p. 923,7–16 — 247

Skamon von Mytilene (FGrHist 476)
F 5 — 39

Sokrates (Kirchenhistoriker)
Hist. eccl. 3,23,14 — 131

Sokrates (Philosoph; SSR)
I B 41–51 — 127
I B 49 — 121
I C 49 — 134
I G 88–94 — 111

Sophokles
El. 62–64 — 414
OT 1169–1170 — 113–114
Testimonien (ed. Radt)
T 1,4 — 96
T 1,6 — 96
T 1,14 — 29–31
T 1,18 — 97
T 1,23 — 96
T 95–99 — 96

Sophronios
Laud. Cyri et Ioanni (PG 87.3)
p. 3621 — 251

Soranos (FGrHist 1062)
F 1–5 — 326
T 1 — 326

Sosibios (FGrHist 595)
F 6 — 85
F 26 — 88

Sosikrates (ed. Giannattasio Andria)
F 10 — 97
F 15 — 31–32
F 17 — 425

Sotion (ed. Wehrli)
F 1 — 318–324
F 2 — 37
F 3 — 315
F 4 — 299
F 7 — 315–316
F 8 — 294
F 10–12 — 294
F 14 — 299
F 17 — 256, 315
F 18 — 298
F 21 — 299
F 22 — 315
F 23–24 — 425
F 24 — 298
F 25 — 358
F 29 — 315
F 31 — 323
F 34 — 294, 298
F 35 — 315–316
F 36 — 315–317

Speusippos
Fragmente (ed. Isnardi Parente)
F 122 — 415
Fragmente (FGrHist 1009)
F 1–3 — 6, 440
F 3a–b — 16
F 4 — 333

Sphairos von Borysthenes (FGrHist 585)
T 1 — 433

Stephanos von Byzanz (ed. Billerbeck)
δ 133 — 320
ε 80 — 320
κ 209 — 1, 4, 36
χ 50 — 320

Stesichoros
   F 200 (ed. Davies)   60–62
   T b21 (ed. Ercoles)   97
Stilpon (SSR II O)
   3   394
Stobaios
   1,49,1b   249
   2,1,17   304
   2,31,34   164
   2,31,76   139
Strabon
   1,2,38 p. 45   25
   2,4,1 p. 104–105   41
   6,1,12–13 p. 262–263   425
   10,5,6 p. 486   254
   13,2,4 p. 618   254
   14,2,13 p. 655   254
   14,2,15 p. 656   253
   14,2,19 p. 658   254
   14,5,4 p. 670   249, 254
   14,5,14 p. 674   255
   16,2,10 p. 753   255
   17,1,5 p. 790   254
Straton von Lampsakos (ed. Sharples)
   F 1   273, 334
   F 5a   261
Suda
   α 2723   263
   α 3508   34
   α 3916   328
   δ 454   335
   δ 1062   41
   ε 2766   37
   ε 3695   241, 285
   η 462   246
   ζ 77   20
   ι 52   433
   ι 80   39
   κ 158   46
   κ 209   5
   κ 231   46
   ν 114   2, 44
   ν 393   250
   π 1707   11
   σ 852   326
   σ 1185   273
   φ 73   149

Sueton
   Cal. 34,3   112
   F *1 (ed. Reifferscheid)   111–113, 265–270
Tatian
   Ad. Graec. 31   100, 275
Terpandros (ed. Gostoli)
   T 45   40
Themistios
   De virt. p. 33 (ed. Schantau)   163
Theodektes von Phaselis (FGrHist 113)
   T 1   440
Theodoret
   Graec. aff. cur.
   1,27–29   130
   1,29   139
   2,95   129
   4,2   130, 134, 138
   4,31   129
   5,16   129
   12,61–68   130
   12,64–65   133
   12,65   128, 130
   12,66–68   137
   12,67   138
   12,68   139
Theodoros Atheos (SSR IV H)
   15   304
Theokritos von Chios (ed. Page, FGE)
   Ep. 1   329
Theophrast
   Metaph. 12a3–b1   269
   Fragmente (FHS&G)
   F 1,57   273
   F 2   254
   F 11.5   261
   F 516   101
   F 589   269
   F 611   185–186
   F 612–613   185
   F 705   187
   F 715   115
Theopompos (FGrHist 115)
   F 70   416
   F 72–73   416
   F 134   159
   F 225b   159

F 255–257	440	T 4c–d	17
F 259	163	T 10–11	421
F 285a	73–74	T 16	47
F 285b	95	T 16b	390
F 295	163	**Timon von Phleius (ed. Di Marco)**	
F 333	122	F 19	10
F 337	113–114	F 37	163
T 48	440	**Timotheos (ed. Hordern)**	
Thespis (ed. Snell)		*Pers.* 206–212	54, 99
T 1	91	**Varro**	
T 14	91	F 282 (ed. Funaioli)	264
T 17	91	F 400–403 (ed. Buecheler)	304
T 19	91	**Xanthos von Lydien (FGrHist 1001)**	
Thukydides		F 1	441
1,1,3	369	F 20	24
1,137,2	181	**Xenarchos (ed. Falcon)**	
1,138,1	185	T 1	249, 254
1,138,5	34, 175	T 13–14	249
4,39,3	123	**Xenokrates**	
Timaios (FGrHist 566)		*Fragmente* (ed. Isnardi Parente)	
F 2	418	F 2,13	415
F 6	21, 420	F 221	10
F 7	388	*Fragmente* (FGrHist 1010)	
F 9	420	F 1	7, 306
F 10	73–74	**Xenophanes (VS 21)**	
F 12	420	A 1,20	36
F 13	216–217, 418	A 8	36
F 13a	217	A 13	36
F 14	17, 20, 418	A 15	36
F 16	229, 419	A 33,5	36
F 17	233, 419	A 48	36
F 24a	4	B 21	101
F 30	420	**Xenophon**	
F 44–45	419	*An.* 1,4,9	176
F 130	419–420	*Cyr.* 4,6,11–7,3,16	113–114
F 131	234–235, 419	*Mem.* 1,2,60	166
F 132	418–419	*Symp.*	
F 133	36	3,8	140
F 134	18, 21, 418	4,61–64	140
F 147	229	4,34–44	140
F 156	329	**Zenobios Ath.**	
F 285b	74	1,64	65

www.ingramcontent.com/pod-product-compliance
Lightning Source LLC
Chambersburg PA
CBHW051158300426
44116CB00006B/351